Internet-Werbung im europäischen Binnenmarkt

Europäische Hochschulschriften
Publications Universitaires Européennes
European University Studies

Reihe II
Rechtswissenschaft

Série II Series II
Droit
Law

Bd./Vol. 3557

PETER LANG
Frankfurt am Main · Berlin · Bern · Bruxelles · New York · Oxford · Wien

Ralf Morshäuser

Internet-Werbung im europäischen Binnenmarkt

Gemeinschaftsrechtliche Grenzen nationaler Werberegelungen unter besonderer Berücksichtigung des sekundärrechtlichen Herkunftslandprinzips

PETER LANG
Europäischer Verlag der Wissenschaften

Bibliografische Information Der Deutschen Bibliothek
Die Deutsche Bibliothek verzeichnet diese Publikation in der Deutschen Nationalbibliografie; detaillierte bibliografische Daten sind im Internet über <http://dnb.ddb.de> abrufbar.

D 355
ISSN 0531-7312
ISBN 3-631-39652-X

www.peterlang.de

Vorwort

Diese Arbeit wurde im Wintersemester 2001/2002 von der Rechtswissenschaftlichen Fakultät der Universität Regensburg als Dissertation angenommen. Gesetzgebung, Rechtsprechung und Literatur sind bis August 2001 berücksichtigt.

Besonderer Dank gilt meinem Doktorvater, Herrn Prof. Dr. Rainer Arnold, für die Betreuung meiner Dissertation, für ein hohes Maß an wissenschaftlicher Freiheit und für interessante und weiterführende Rechtsgespräche, die wir im Verlauf des Dissertationsvorhabens führen konnten. Ich danke weiter Herrn Prof. Dr. Robert Uerpmann, dass er die Mühe auf sich genommen hat, in kurzer Zeit das Zweitgutachten zu erstellen.

Ich danke meiner Lebenspartnerin, Frau Rechtsanwältin Jeannette Seidl, für kritische und konstruktive Gespräche sowie für ihren steten Zuspruch und ihre Geduld, die das gesamte Dissertationsvorhaben begleitet und wesentlich vorangebracht haben.

Weiter danke ich Herrn Tobias Pippig für die sehr professionelle und hilfreiche IT-Betreuung.

Schließlich möchte ich die Gelegenheit nutzen, meinen Eltern für das Ermöglichen einer hervorragenden Ausbildung, aber auch für die menschliche Unterstützung in dieser Lebensphase zu danken.

München, im Juli 2002 Ralf Morshäuser

Inhaltsverzeichnis

Abkürzungsverzeichnis

a.A.	andere Auffassung
aaO	am angegebenen Ort
ABl.	Amtsblatt der Europäischen Gemeinschaften
aF	alte Fassung
allg.M.	allgemeine Meinung
Alt.	Alternative
AfP	Archiv für Presserecht
AG	Amtsgericht
AMG	Arzneimittelgesetz
AnwBl.	Anwaltsblatt
Art.	Artikel
Bd.	Band
BGH	Bundesgerichtshof
BGHZ	Entscheidungen des Bundesgerichtshofs in Zivilsachen
BRAO	Bundesrechtsanwaltsordnung
BR-Dr.	Bundesregierung-Drucksache
CMLRev.	Common Market Law Review
CR	Computer und Recht
CR Int.	Computer und Recht Internationaler Teil
DB	Der Betrieb
ders.	derselbe
dies.	dieselbe
Dok.	Dokument
EEA	Einheitliche Europäische Akte
EFTA	European Free Trade Association
EG	Europäische Gemeinschaft
EGG	Entwurf eines Gesetzes über die rechtlichen Rahmenbedingungen für den elektronischen Geschäftsverkehr
EGBGB	Einführungsgesetz zum Bürgerlichen Gesetzbuch
EGMR	Europäischer Gerichtshof für Menschenrechte
EGV	Vertrag zur Gründung der Europäischen Gemeinschaft
ELR	European Law Review
EJIL	European Journal of International Law
endg.	endgültig
EuR	Europarecht
EuGH	Europäischer Gerichtshof
EuGVÜ	Europäisches Gerichtsstands- und Vollstreckungsabkommen
EUV	Vertrag über die Europäische Union
EuZ	Zeitschrift für Europarecht
EuZW	Europäische Zeitschrift für Wirtschaftsrecht
EWG	Europäische Wirtschaftsgemeinschaft
EWS	Europäisches Wirtschaft- und Steuerrecht
FAZ	Frankfurter Allgemeine Zeitung
ff.	fortfolgende
Fn.	Fußnote
FS	Festschrift
GA	Generalanwalt

GG	Grundgesetz
GRUR	Gewerblicher Rechtsschutz und Urheberrecht
GRUR Int.	Gewerblicher Rechtsschutz und Urheberrecht Internationaler Teil
GTE	Von der Groben/Thiesing/Ehlermann
GWB	Gesetz gegen Wettbewerbsbeschränkungen
h.M.	herrschende Meinung
Hrsg.	Herausgeber
Hs.	Halbsatz
HWG	Heilmittelwerbegesetz
IPR	Internationales Privatrecht
IPRax	Praxis des internationalen Privat- und Verfahrensrechts
iSd	im Sinne des/der
iSv	im Sinne von
iVm	in Verbindung mit
JA	Juristische Ausbildung
JAV	Jahrbuch der Absatz und Verbraucherforschung
JuS	Juristische Schulung
JZ	Juristenzeitung
KOM	Dokumente der Kommission der Europäischen Gemeinschaften
K&R	Kommunikation und Recht
LG	Landgericht
LMBG	Lebensmittel- und Bedarfsständegesetz
lit.	litera
MDStV	Mediendienstestaatsvertrag
MK	Münchner Kommentar
mit Anm.	mit Anmerkung
MMR	MultiMedia und Recht
mwN	mit weiteren Nachweisen
nF	neue Fassung
NJW	Neue Juristische Wochenschrift
NJW CoR	Neue Juristische Wochenschrift – Computerreport
Nr.	Nummer
OECD	Organisation for Economic Cooperation and Development
OLG	Oberlandesgericht
ÖJZ	Österreichische Juristenzeitung
RabattG	Rabattgesetz
RabelsZ	Rabels Zeitschrift für ausländisches und internationales Recht
RfStV	Rundfunkstaatsvertrag
RIW	Recht der internationalen Wirtschaft
Rl.	Richtlinie
Rn.	Randnummer
Rs.	Rechtssache
S.	Satz
Slg.	Amtliche Sammlung der Rechtsprechung des Gerichtshofs der Europäischen Gemeinschaften
sog.	sogenannte(r)
st. Rspr.	ständige Rechtsprechung

StBerG	Steuerberatungsgesetz
str.	strittig
SZ	Süddeutsche Zeitung
u.a.	und andere
TDG	Teledienstegesetz
UNO	United Nations Organisation
UWG	Gesetz gegen den unlauterenWettbewerb
u.U.	unter Umständen
verb. Rs.	verbundene Rechtssachen
vgl.	vergleiche
VO	Verordnung
Vol.	Volume
WBl.	Wirtschaftsrechtliche Blätter (Wien)
WPO	Wirtschaftsprüferordnung
WRP	Wettbewerb in Recht und Praxis
WTO	World Trade Organisation
ZEuP	Zeitschrift für europäisches Privatrecht
ZfRV	Zeitschrift für Rechtsvergleichung
ZHR	Zeitschrift für das gesamte Handels- und Wirtschaftsrecht
ZIP	Zeitschrift für Wirtschaftsrecht
ZPO	Zivilprozessordnung
ZRP	Zeitschrift für Rechtspolitik
ZUM	Zeitschrift zum Urheber- und Medienrecht
ZVglRWiss	Zeitschrift für vergleichende Rechtswissenschaften

Einleitung

„As we increasingly move into a world where the Internet defines commerce, this push for common global standards is going to become hugely intensified, for one very simple reason; from the minute you decide to do business on the Internet as a retailer or service provider, from the first moment you open your Web site, you are a global company – whether you are in India, Italy or Indianapolis." [1]

Der grenzüberschreitende Geschäftsverkehr in Europa hat sich in den letzten Jahrzehnten schnell entwickelt. Einen entscheidenden Beitrag hierzu hat die Schaffung neuer Kommunikationswege geleistet, welche die Überbrückung räumlicher Distanzen ermöglichen. Das Internet stellt sowohl für die Globalisierung als auch für das Zusammenwachsen der Märkte in Europa den Aufbruch in ein neues Zeitalter dar. Denn es bietet jedem Wirtschaftsteilnehmer, gleich an welcher Stelle des europäischen Wirtschaftsraumes er sich befindet, die Möglichkeit, seine geschäftlichen Aktivitäten auf alle Mitgliedstaaten der Gemeinschaft auszudehnen. Wesentlicher Bestandteil der wirtschaftlichen Tätigkeit im Internet ist die Anbahnung möglicher Vertragsverhältnisse durch Werbung für Waren und Dienstleistungen. War der Anbieter aus einem anderen Mitgliedstaat, der seine Produkte grenzüberschreitend vermarkten wollte, früher zur Aufnahme kostspieliger Marketingmaßnahmen gezwungen, so ermöglicht ihm das Internet heute eine vergleichsweise einfache und kostengünstige Kontaktaufnahme zu potentiellen Kunden in der gesamten Gemeinschaft. Schon das Versenden einer Werbe-E-Mail oder das Innehalten einer Website im World Wide Web kann Verbraucher aus allen Mitgliedstaaten auf die angebotenen Produkte aufmerksam machen.

Nationale Werberegelungen bilden seit langem einen Untersuchungsgegenstand des europäischen Gemeinschaftsrechts. Der Grund dafür liegt in den erheblichen Divergenzen, die in den mitgliedstaatlichen Rechtsordnungen im Bereich des Werberechts bestehen. Diese führen bei grenzüberschreitenden Werbemaßnahmen von Anbietern aus anderen Mitgliedstaaten regelmäßig dazu, dass diese auf vom Regelungsniveau ihres Heimatstaates abweichende Rechtsvorschriften treffen. Dieser Umstand kann ein wesentliches Hemmnis für den europäischen Binnenmarkt bedeuten, da durch Beschränkungen der Werbung für Waren und Dienstleistungen auch der Verkehr der Produkte selbst beeinträchtigt sein kann, wenn die Anbieter im Bereich der marktöffnenden Werbung Restriktionen hinzunehmen haben.

Wird im Internet für Waren und Dienstleistungen geworben, potenziert sich diese Problematik. Denn Werbung im Internet kann auf die Werbevorschriften sämtlicher Mitgliedstaaten der Gemeinschaft gleichzeitig treffen. Für den Anbieter geht es also nicht mehr nur darum, die jeweilige Werbemaßnahme am Werberecht gezielt ausgewählter Mitgliedstaaten ausrichten zu müssen. Vielmehr kann bei Werbung im Internet eine Berücksichtigung sämtlicher geltender Rechtsordnungen erforderlich sein, um einen Rechtsverstoß zu verhindern.

Die vorteilhaften Effekte, die das Internet und der elektronische Geschäftsverkehr für grenzüberschreitende Werbung und Handel von Unternehmen im Binnenmarkt mit sich bringt, werden durch dieses rechtliche Risiko verringert. Um dieser für den Binnenmarkt negativen Wirkung Einhalt zu gebieten, hat der europäische Gesetzgeber in der Richtlinie

[1] Thomas L. Friedman, The Lexus and the Olive Tree - Understanding Globalization, S. 176.

2000/31/EG über den elektronischen Geschäftsverkehr[2], der sog. E-Commerce-Richtlinie, ein sekundärrechtliches Herkunftslandprinzip verankert. Dieses sieht vor, dass der Staat der Niederlassung eines Anbieters dessen rechtliche Kontrolle übernehmen soll und verbietet im Gegenzug den übrigen 14 Mitgliedstaaten, eine nach dem Recht des Herkunftsstaates zulässige Werbung zu verhindern.

Die Schaffung des sekundärrechtlichen Herkunftslandprinzips soll zum Anlass genommen werden, den Problemsachverhalt grenzüberschreitender Werbung im Internet aus Sicht des europäischen Gemeinschaftsrechts zu untersuchen. Ziel der Arbeit ist es dabei zum einen, den status quo des europäischen Gemeinschaftsrechts für den Bereich grenzüberschreitender Internet-Werbung umfassend darzustellen. Zum anderen sollen durch die Darstellung der sich aus dem europäischen Gemeinschaftsrecht für Werbung im Internet ergebenden Grenzen das Erfordernis und die Wirkweise eines sekundärrechtlichen Herkunftslandprinzips für den zu untersuchenden Regelungssachverhalt hergeleitet werden.

Der erste Teil der Darstellung stellt die Grundlagen der für das europäische Gemeinschaftsrecht bestehenden Problematik dar.

Der erste Abschnitt führt zunächst in die tatsächlichen und wirtschaftlichen Voraussetzungen von Internet, E-Commerce und Werbung im Internet ein. Beabsichtigt ist eine bewusst kurz gehaltene Klärung wesentlicher Begrifflichkeiten des Mediums Internet, ein Hinweis auf die wirtschaftliche Bedeutung von Geschäften im Netz sowie eine kurze Erläuterung der für die vorliegende Arbeit bedeutsamen Differenzierung zwischen Werbung im World Wide Web und Werbung im Wege der E-Mail.

Im zweiten Abschnitt wird nach einer überblicksartigen Darstellung möglicher Erscheinungsformen werbebeschränkender Vorschriften die für Werbung im Internet bestehende besondere Problemlage der potentiellen Anwendbarkeit der Rechtsordnungen sämtlicher Mitgliedstaaten erörtert. Grundlage ist dabei die Bestimmung des anzuwendenden Rechts. Diese wird vornehmlich aus Sicht des deutschen Kollisionsrechts dargestellt. Zudem erfolgt ein Blick auf die Kollisionsregeln anderer Mitgliedstaaten. Die an die Bestimmung des anwendbaren Rechts anschließende Darstellung der Situation im europäischen Werberecht zeigt, dass es für den Anbieter tatsächlich ein Problem darstellt, auf sämtliche Rechtsordnungen zu treffen. Diese weisen erhebliche Divergenzen auf. Die Harmonisierung des Sachrechts ist im Bereich des Werberechts noch nicht weit genug gediehen, um die bestehenden Rechtsunterschiede aufzufangen. Aus dieser Situation ergibt sich für den Anbieter von Werbung im Internet ein Rechtsanwendungsrisiko, welches den Werbenden im World Wide Web zwangsläufig am schwersten trifft. Bevor mit der Prüfung des europäischen Gemeinschaftsrechts begonnen wird, erfolgt vorab ein Überblick über mögliche Lösungsansätze aus Sicht des Gemeinschaftsrechts, der nicht zuletzt auch der späteren Einordnung des sekundärrechtlichen Herkunftslandprinzips dienen soll.

Der zweite Teil der Darstellung beschäftigt sich mit den Auswirkungen des primären Gemeinschaftsrechts, namentlich der Warenverkehrs- und Dienstleistungsfreiheit, auf nationale Beschränkungen der Werbung im Internet. Die Einordnung der Besonderheiten der Werbung im Internet wird für beide Grundfreiheiten durch eine umfassende Betrachtung der Handha-

---

[2] Richtlinie 2000/31/EG des Europäischen Parlaments und des Rates vom 8 Juni über bestimmte rechtliche Aspekte der Dienste der Informationsgesellschaft, insbesondere des elektronischen Geschäftsverkehrs, im Binnenmarkt („Richtlinie über den elektronischen Geschäftsverkehr“), ABl. EG Nr. L178/1 vom 17.7.2000. Die Richtlinie wird in der nachfolgenden Darstellung vereinfacht als E-Commerce-Richtlinie bezeichnet.

bung der Warenverkehrs- und Dienstleistungsfreiheit für Werberegelungen im Allgemeinen vorbereitet. Aus den so entwickelten Grundsätzen heraus erfolgt dann jeweils eine Darstellung der Besonderheiten im Bereich der Internet-Werbung.

Schwerpunkt der Darstellung der Warenverkehrsfreiheit ist der Anwendungsbereich des Art. 28 EGV. Dieser ist gerade auch in Bezug auf Werbevorschriften seit der einschränkenden Rechtsprechung des Gerichtshofs in der Rechtssache „Keck" umstritten. Grundlegend ist zunächst die Analyse der Folgerechtsprechung des Gerichtshofs, welche für Werbevorschriften eine deutliche Konturierung der Aussagen der Entscheidung „Keck" mit sich bringt. Auf Grundlage der sich hieraus ergebenden Feststellungen wird dann auf die weitergehende Anwendbarkeit der Warenverkehrsfreiheit im Bereich werbebeschränkender Vorschriften eingegangen. Im Mittelpunkt steht dabei die für die nachfolgende Prüfung wesentliche Frage, ob auch in Ansehung der Entscheidung „Keck" die Warenverkehrsfreiheit dann Anwendung finden kann, wenn ein Anbieter sich einer einheitlichen Werbestrategie für mehrere Mitgliedstaaten bedient und diese Werbestrategie aufgrund der divergierenden Rechtsvorschriften in einzelnen Mitgliedstaaten aufgeben muss.

Auf der Basis der insoweit gefundenen Ergebnisse kann dann eine Lösung für Werbebeschränkungen, die Werbung im Internet betreffen, entwickelt werden. Werbung im World Wide Web ist aufgrund ihrer Unteilbarkeit stets einheitlich und muss aufgrund abweichenden Werberechts im Zweifel an die strengste in der Gemeinschaft geltende Rechtsordnung angepasst werden. Die sich aus dieser Anpassungsverpflichtung ergebenden Konsequenzen für die Anwendbarkeit der Warenverkehrsfreiheit werden untersucht.

Unangeforderte Werbung via E-Mail unterliegt nach deutschem Recht einem Verbot. Es stellt sich die Frage nach der Vereinbarkeit dieses Verbots mit bereits bestehenden sekundärrechtlichen Harmonisierungen und den Auswirkungen des Verbots auf die Anwendbarkeit der Warenverkehrsfreiheit.

Den Abschluss der Untersuchung der Warenverkehrsfreiheit bildet eine Darstellung der möglichen Rechtfertigung nationaler Werberegelungen, wobei die für Werbung im Internet bestehenden Besonderheiten aufgezeigt werden.

Von immer größerer Bedeutung für die Frage der Vereinbarkeit werberechtlicher Vorschriften mit dem europäischen Gemeinschaftsrecht ist die Dienstleistungsfreiheit. Grundlegend zu unterscheiden ist dabei zwischen der Fallgruppe „Werbung für Dienstleistungen", in der die Werbetätigkeit eines Dienstleistungserbringers als Annex zur Grundtätigkeit geschützt ist und der Fallgruppe „Werbung als Dienstleistung", in der die freie Erbringung von Werbedienstleistungen inmitten steht.

Die Darstellung analysiert zunächst die Rechtsprechung des Gerichtshofs für beide Fallgruppen. In der Fallgruppe „Werbung als Dienstleistung" erweist sich diese vor allem im Bereich der Fernsehwerbung als wegweisend. Im Anschluss daran wird aufgezeigt, dass neben Dienstleistungen, die im Rahmen der Fernsehwerbung erbracht werden, auch sonstige grenzüberschreitende Werbedienstleistungen dem Schutz des freien Dienstleistungsverkehrs in Bezug auf Werbevorschriften unterfallen müssen. Um einen abschließenden rechtlichen Rahmen für die Behandlung von Werberegelungen im Bereich der Dienstleistungsfreiheit zu finden, ist zuletzt die umstrittene Frage zu klären, ob die Grundsätze der Entscheidung „Keck" auf die Dienstleistungsfreiheit übertragen werden können.

Sodann wird auf die Behandlung der Dienstleistungsfreiheit bei Werbung im Internet eingegangen. Im Bereich der Werbung für Dienstleistungen ergibt sich eine weitgehende Kongruenz mit der Warenverkehrsfreiheit. Von besonderer Bedeutung ist die Dienstleistungsfreiheit für im Bereich der Internet-Werbung in vielfältiger Weise erbrachte Werbedienstleistungen, denen ein eigenständiger Schutz zukommen kann. Eine Besonderheit im Rahmen des

Art. 49 EGV ist die Anwendung der Dienstleistungsfreiheit auch auf Beschränkungen, die vom Erbringerstaat der Dienstleistung ausgehen.

Vervollständigt wird die Untersuchung der Dienstleistungsfreiheit für auf Internet-Werbung bezogene Werberegelungen durch einen Blick auf die Rechtfertigungsebene.

Der dritte Teil der Darstellung befasst sich mit dem sekundärrechtlichen Herkunftslandprinzip der E-Commerce-Richtlinie bezogen auf Werbung im Internet.

Die Untersuchung beginnt mit einer kurzen Herleitung der Grundlagen des Herkunftslandprinzips im sekundären Gemeinschaftsrecht, die insbesondere das Sendestaatsprinzip der Fernsehrichtlinie vorstellt, welches für viele Problemstellungen als Auslegungshilfe herangezogen werden kann. Im Anschluss daran wird die Eröffnung des Anwendungsbereichs des Herkunftslandprinzips bei grenzüberschreitender Werbung im Internet untersucht. Neben der Subsumtion unter die formalen Anwendungsvoraussetzungen sind dabei insbesondere die Kriterien für die Bestimmung des Herkunftsstaates des Diensteanbieters von besonderer Relevanz. Nach Klärung der Anwendungsvoraussetzungen können dann die Folgen des Herkunftslandprinzips für Werbung im Internet geklärt werden.

Nachdem das Herkunftslandprinzip ein umfassendes Beschränkungsverbot beinhaltet, welches für eine weitgehende Unanwendbarkeit nationaler Werberegelungen des Bestimmungsstaates sorgt, ist im nächsten Schritt nach dem verbleibenden Schutzniveau der Bestimmungsstaaten zu fragen. Dieses ergibt sich zum einen aus einem spezifischen Einzelfallausnahmetatbestand, der den Bestimmungsstaaten auf Grundlage eines Rechtfertigungstatbestandes ein Berufen auf mitgliedstaatliche Regelungsinteressen ermöglicht. Das diesem Rechtfertigungstatbestand zugrundeliegende Regelungsprinzip wird umfassend erörtert. Es wird der Versuch unternommen, taugliche Auslegungsgrundsätze sowohl im Hinblick auf die erfassten Schutzziele als auch hinsichtlich der Rechtfertigungsprüfung zu entwickeln. Zum anderen erweist sich das Regelungsmodell der Richtlinie als offen für weitergehende Harmonisierungen des Sachrechts. Die im Zusammenhang mit einer Integration harmonisierender Vorschriften entstehenden Rechtsprobleme werden besprochen.

Nach der Beschreibung des Regelungssystems des sekundärrechtlichen Herkunftslandprinzips, stellt sich die Frage, auf welche Weise dieses in der Praxis Anwendung finden soll. In Betracht kommen insoweit zwei Lösungsmöglichkeiten. Das Herkunftslandprinzip kann entweder als Kollisionsregel angesehen werden, die sich bereits auf die Bestimmung des anwendbaren Rechts auswirkt, oder aber es bietet sich eine Einordnung als rein gemeinschaftsrechtliches Rechtsprinzip an, welches im Falle der Beschränkung ausländischer Anbieter gleich den Produktfreiheiten des EGV zur Nichtanwendung des nationalen Sachrechts führt.

In einer den dritten Teil abschließenden Ergebniszusammenfassung wird das sekundärrechtliche Herkunftslandprinzip in seiner praktischen Anwendung auf nationale Werberegelungen gewürdigt.

Teil 1: Beschränkungen der Internet-Werbung im europäischen Binnenmarkt

A. Tatsächliche und wirtschaftliche Grundlagen der Werbung im Internet

I. Das Medium Internet

Das Medium Internet stellt mit seinen technischen Eigenheiten und wirtschaftlichen Nutzungsmöglichkeiten den Ausgangspunkt des Untersuchungsgegenstandes dar. Im Folgenden soll daher zunächst ein kurzer Überblick über die wichtigsten tatsächlichen Grundlagen dieses Mediums und seine wirtschaftlichen Nutzungsmöglichkeiten im Rahmen des elektronischen Geschäftsverkehrs gegeben werden.

1. Tatsächliche Grundlagen

Das Internet ist ein weltumspannender Verbund von Datennetzwerken.[3] Die technische Kommunikation zwischen den angeschlossenen Rechnern erfolgt über das Netzwerkprotokoll TCP/IP[4], dessen weltweite Anerkennung und Verwendung die Verbindung unterschiedlicher Rechner und Datennetze ermöglicht. Das Internet ist also kein eigenes physikalisches Datennetz, sondern vielmehr eine spezielle Netzwerkarchitektur, die auf Grundlage einheitlicher Übertragungsprotokolle funktioniert.[5]

Im Rahmen des Internet existieren Dienste[6], die unterschiedliche Nutzungsmöglichkeiten des Netzwerks bieten. Für den hier interessierenden Bereich der Internet-Werbung sind die bedeutsamsten[7] das World Wide Web sowie die E-Mail.

Das World Wide Web besteht aus einer Sammlung von mehreren Millionen von Einzeldokumenten, den sog. Web-Seiten, die dezentral auf WWW-Servern auf der ganzen Welt abgelegt sind.[8] Diese Einzeldokumente weisen Inhalte verschiedenster Art auf. Firmen stellen ihre Produkte vor, Händler bieten Produkte zum Verkauf, Zeitungen und Zeitschriften veröf-

---

[3] Zur Geschichte und Entwicklung des Internet vgl. ausführlich Ohliger in: Hoeren/Sieber, Kap.1 B.; Hoeren, NJW 1995, 3295; Bleisteiner, Rechtliche Verantwortlichkeit im Internet, S. 15 ff.; Griese/Sieber in: Hilty, Information Highway, S. 45 ff. Die Entstehungsgeschichte des Internet wird allgemein zurückgeführt auf die Gründung der Advanced Research Projects Agency (ARPA) als Amt des US-amerikanischen Verteidigungsministeriums im Jahre 1957, die 1969 das ARPANET ins Leben rief. Die Funktionsweise dieses Netzes bestand darin, die zu transportierenden Daten in Pakete aufzuteilen, die dann auf verschiedenen Wegen durch ein dezentral strukturiertes Netz ihre Destinationen erreichen konnten und am Bestimmungsort wieder zusammengesetzt wurden. Fiel dabei eine Leitung aus, konnte das Datenpaket den Weg über andere Leitungen nehmen und das Ziel trotzdem erreichen. Genau hier liegt auch das Ziel, welches das US-amerikanische Verteidigungsministerium mit dem ARPANET-Projekt verfolgte. Netzwerke sollten dezentral eingerichtet werden, so dass im Falle eines Nuklearkrieges bei Ausfall von einzelnen Netzteilen das restliche Netz voll funktionsfähig sein würde.

[4] Die Umstellung auf das Transmission Control Protocol und das Internet Protocol (TCP/IP) erfolgte 1983. Vgl. Sieber, CR 1997, 581, 593 ff.; Bleisteiner, Rechtliche Verantwortlichkeit im Internet, S. 24 ff. zur technischen Funktionsweise dieser einheitlichen Netzarchitektur sowie zu den jeweiligen Einzelfunktionen von TCP und IP.

[5] Sieber, CR 1997, 581, 589, 593.

[6] Vgl. etwa Hage/Hitzfeld in: Loewenheim/Koch, Praxis des Online-Rechts, Kap. 1, S. 35 ff.; P.G. Mayer, Das Internet im öffentlichen Recht, S. 34 ff.

[7] Zu weiteren Diensten und Anwendungen des Internet ausführlich Determann, Kommunikationsfreiheit im Internet, S. 45 ff.

[8] Bleisteiner, Rechtliche Verantwortlichkeit im Netz, S. 33.

fentlichen ihre aktuellen Ausgaben, Behörden und sonstige öffentliche Einrichtungen stellen sich und ihre Tätigkeitsfelder vor, Universitäten geben Informationen zu Forschung und Lehre, Einzelpersonen veröffentlichen „Homepages“ mit persönlichen Inhalten. Der Begriff Homepage ist dabei von dem Begriff „Web-Site“ abzugrenzen. Lassen sich mehrere „Web-Seiten“ im einleitend verwandten Sinne zu einem einheitlichen Informationsangebot zusammenfassen, spricht man von einer „Web-Site“.[9] An deren Spitze steht dann in der Regel eine Homepage, die auf das weitere Informationsangebot im Rahmen der „Web-Site“ verweist.

Die Kommunikation im WWW beruht in technischer Hinsicht auf einem einheitlichen Protokoll für den Datentransport, dem Hyper Text Transport Protocol (HTTP), und einem einheitlichen Protokoll für die Datendarstellung, der Hyper Text Markup Language (HTML), welche einen weitgehenden Datenaustausch ermöglichen. Softwareprogramme[10] können HTML-Dateien (Websites) abrufen und auf dem Bildschirm darstellen. Sie setzen dabei das Übertragungsprotokoll HTTP ein und werden als „Browser“[11] bezeichnet.[12] Grundlage des HTML-Standards ist die Theorie des Hypertexts, dessen zentraler Gedanke die weltweite Vernetzung vorhandener Informationen ist.[13] Dieses Hypertext-System zeichnet sich dadurch aus, dass innerhalb einer aufgerufenen Datei bestimmte Stichworte meist durch Unterstreichung hervorgehoben sind. Gleich einer Verweisung in einem Lexikon ist damit die Möglichkeit gegeben, durch bloßen Mausklick auf ein markiertes Stichwort, ein Bild oder eine Graphik, Verbindungen zu anderen Dokumenten herzustellen. Im Unterschied zu einem konventionellen Lexikon muss der Nutzer aber keine Sorge dafür tragen, woher ihm diese neuen Informationen übermittelt werden. Diese Form der WWW-Anwendung nennt sich „Hyperlink“.

Die sich aus der unendlichen Weite des WWW ergebende Problematik, einzelne Informationen zu relevanten Themenbereichen aufzufinden, löst die sogenannte Suchmaschine. Bekannte Suchmaschinenbetreiber sind z.B. Yahoo, Lycos oder Alta Vista. Dem Benutzer werden Formulare angeboten, in die er Stichworte eingeben kann. Nach kurzer Suche[14] wird als Suchergebnis eine Anzahl von Web-Sites aufgeführt, die per Hyperlink angeklickt werden können und so direkt zur gewünschten Information führen.

Im Bereich der Individualkommunikation wichtigste Kommunikationsform ist die E-Mail.[15] Die E-Mail ermöglicht es dem Nutzer, Mitteilungen, aber auch Bild-, Ton- oder Videodateien an einen oder mehrere andere Internet-Nutzer zu versenden und von diesen zu empfangen.

Jeder Teilnehmer erhält eine persönliche Adresse, welche in der Regel aus dem Namen des Teilnehmers und einer Bezeichnung des Servers seines Zugangsvermittlers besteht. Der Server muss ständig betrieben werden. Es besteht dort die Möglichkeit, dass eine ausgehende E-Mail des Nutzers zwischengespeichert wird und eventuell zeitversetzt an die angegebene Empfängeradresse versendet wird.[16] Ebenfalls auf dem Server befindet sich eine „Mailbox“ des Teilnehmers, in der ankommende E-Mails bis zum Abruf durch den Teilnehmer gespei-

---

[9] Engl. site: Platz, Raum.

[10] Als Beispiele für solche Browserprogramme können Microsoft Internet Explorer, Netscape Navigator oder MOSAIC angeführt werden.

[11] Engl. to browse: abgrasen, blättern, schmökern.

[12] Determann, Kommunikationsfreiheit im Internet, S. 53.

[13] Vgl. P.G.Mayer, Das Internet im öffentlichen Recht, S. 36.

[14] Zu den unterschiedlichen Suchverfahren P.G.Mayer, Das Internet im öffentlichen Recht, S. 37, 38.

[15] Eine gruppenorientierte Variante der E-Mail ist die Mailing List. Indem von einem die Diskussionsgruppe verwaltenden Rechner elektronische Rundbriefe an gemeldete TeilnehmerInnen versandt werden, werden sie zum Austausch von Informationen zu einem bestimmten Themenbereich verwendet.

[16] Bleisteiner, Rechtliche Verantwortlichkeit im Internet, S. 30.

chert werden, wenn gerade keine Online-Verbindung des Teilnehmers besteht.[17] Wenn der Teilnehmer seine Mailbox auf neu eingegangene E-Mails überprüft, wird sie normalerweise vom Server des Providers gelöscht, wenn sie bei dem Teilnehmer gespeichert ist. Dadurch wird eine Überlastung der Rechner der Provider vermieden. Der Übertragungsvorgang läuft automatisch ab, so dass der Teilnehmer keinen Einfluss darauf nehmen kann, welche Nachrichten ihm übermittelt werden.[18] Der E-Mail-Dienst bietet dem Teilnehmer verschiedene Funktionen. Mehrfachadressierungen funktionieren durch Eingabe einer weiteren E-Mail-Adresse unter der Rubrik „cc". Durch die Angabe eines „subject" kann dem Empfänger der Inhalt der E-Mail mitgeteilt werden, damit dieser die Möglichkeit hat, vor dem Lesen des Inhalts eine ihn nicht interessierende E-Mail zu löschen. Die „forward"-Funktion ermöglicht eine Weiterleitung einer erhaltenen E-Mail an einen weiteren Teilnehmer. Zur Übertragung größerer Datenmengen kann der Nutzer ein Dokument, welches zuvor im Wege der Textverarbeitung erstellt wurde, per „attachment" versenden.

Neben den Diensten sind für den vorliegenden Untersuchungsgegenstand die Funktionsträger in Datennetzen von Bedeutung. Unter dem Begriff Funktionsträger[19] zusammenzufassen ist die Gruppe aller in internationalen Computernetzen tätigen Personen.[20] Diese personenbezogene Definition des Funktionsträgerbegriffes ist allerdings problematisch, wenn derselbe Funktionsträger mehrere Funktionen erfüllt, was häufig der Fall ist. Providing im nachstehend relevanten Sinne ist eine Tätigkeitsform, die sich danach bestimmt, welche Leistung im Einzelfall angeboten wird. Dieser Gesichtspunkt ist stets zu beachten, wenn die Tätigkeit eines bestimmten Providers in Rede steht.

Network Provider[21] betreiben die Leitungsverbindung, auf welcher der Datentransport stattfindet. Unternehmen wie z.B. die Deutsche Telekom stellen diese Leitungsverbindungen anderen Funktionsträgern, wie z.B. den Access Providern zur Verfügung. *Access Provider* ermöglichen in technischer Hinsicht den Zugang des Nutzers zum Internet und seinen Diensten.[22] Unter *Service Providern* werden diejenigen Funktionsträger verstanden, die durch das Bereitstellen entsprechender Anlagen, insbesondere auch des Servers, Dritten ermöglichen, die Dienste des Internet umfassend zu nutzen. Sie vermitteln ebenfalls den Zugang zum Internet, darüber hinaus stellen sie aber auch selbst Dienste zur Verfügung und sind somit Anbieter der Internet-Infrastruktur.[23] Solche angebotenen Dienste sind insbesondere der Betrieb und das Zurverfügungstellen von Zugriffsmöglichkeiten auf Server für die diversen Internet-Dienste wie z.B. E-Mail oder WWW.[24] Ebenfalls Tätigkeiten im Bereich des Service Providing nimmt der *Internet Presence Provider*[25] wahr, welcher die Internet-Präsenz von Werbetreibenden betreut. Das diesbezügliche Serviceangebot kann sowohl die programmiertechnische und designerische Gestaltung von Web-Seiten als auch das Zugänglichmachen der fertiggestellten Informationen über das Internet umfassen, wenn der Werbetreibende selbst über keinen Webserver verfügt.[26] *Online Provider* oder Online-Dienste unterscheiden sich gegenüber Service-Providern dadurch, dass sie ihren Kunden den Internet-Zugang zur Verfügung

[17] Determann, Kommunikationsfreiheit im Internet, S. 47.
[18] Determann, Kommunikationsfreiheit im Internet, S. 47.
[19] Sieber, CR 1997, 581, 597; ders., Verantwortlichkeit im Netz, S. 7 ff. mwN.
[20] Sieber, CR 1997, 581, 597.
[21] Engl. to provide: zur Verfügung stellen.
[22] Ausführlich zum Access-Providing Briner in: Hilty, Information Highway, S. 492 ff.
[23] P.G.Mayer, Das Internet im öffentlichen Recht, S. 49.
[24] Bleisteiner, Rechtliche Verantwortlichkeit im Internet, S. 56.
[25] So die Bezeichnung bei Hage/Hitzfeld in: Loewenheim/Koch, Praxis des Online-Rechts, S. 16.
[26] Hierzu Hage/Hitzfeld in: Loewenheim/Koch, Praxis des Online-Rechts, S. 16 ff.

stellen und zusätzlich auf eigenständigem Datenformat Dienste anbieten, die in der Regel nicht für beliebige Dritte erreichbar sind.[27] Der *Content Provider* stellt auf den Servern von Access-, Service- oder Online-Providern, möglicherweise aber auch auf eigenen Rechnern eigene Inhalte und Informationen zur Verfügung. Ihm kommt es auf Erarbeitung, Aufbereitung und Verbreitung eigener Daten an.[28]

User oder Nutzer sind diejenigen, die Internetdienste nachfragen. Teilnehmer, welche Dienste des Internet nutzen wollen, müssen sich zunächst die Zutrittsmöglichkeit zum Internet verschaffen. Für private Nutzer ist neben einem entsprechend leistungsfähigen Computer mit Modem- oder ISDN-Anschluß ein Internet-Zugang und geeignete Software[29] erforderlich, welche die Verbindung zum Internet herstellen kann. Den Zugang schaffen dabei entweder kommerzielle Diensteanbieter (als Access-, Service- oder Online-Provider) oder aber auch Universitäten oder größere Unternehmen, die einen eigenen Server bereithalten.

2. Der elektronische Geschäftsverkehr

Die wirtschaftliche Nutzung des Internet erfolgt im Wege des elektronischen Geschäftsverkehrs.[30] Das Internet bietet mit seinen systemunabhängigen und weltweit etablierten einheitlichen Standards ein für alle Teilnehmer offenes Netzwerk und damit eine in hohem Maße geeignete Plattform für einen weltweiten Kommunikations- und Wirtschaftsverkehr zwischen Unternehmen sowie zwischen Unternehmen und Verbrauchern.[31] Diese optimalen Rahmenbedingungen haben zu einem enormen Wachstum der wirtschaftlichen Nutzung des Internet in Form des elektronischen Geschäftsverkehrs geführt, weshalb der E-Commerce „über Nacht“ ein wirtschaftswissenschaftlicher und wirtschaftsrechtlicher Untersuchungsgegenstand geworden ist.[32]

a. Der elektronische Geschäftsverkehr in wirtschaftlicher Hinsicht

Elektronischer Geschäftsverkehr ist die Summe aller Tätigkeiten, die unter Einsatz der technischen Möglichkeiten des Internet erbracht werden und die den Zweck haben, Handelstransaktionen im Internet anzubahnen und durchzuführen.[33] Da die geschäftlichen Tätigkeitsfelder unbegrenzt sind, ist eine abschließende Definition nicht möglich. Schärfere Konturen erfährt der Begriff des E-Commerce, wenn man ihn zunächst in verschiedene Erscheinungsformen untergliedert. Man unterscheidet nach bisheriger Sichtweise sechs unterschiedliche Beziehungen[34], den Business-to-Business-Commerce (B2B), den Business-to-Customer-Commerce

---

[27] Sieber, CR 1997, 581, 598.

[28] P.G. Mayer, Das Internet im öffentlichen Recht , S. 51.

[29] Zu Anforderungen an die Software vgl. Bleisteiner, Rechtliche Verantwortlichkeit im Internet, S. 21.

[30] Neben dem Begriff elektronischer Geschäftsverkehr, engl. Electronic Commerce oder abgekürzt E-Commerce existieren verschiedene andere Termini. Diese werden teilweise synonym gebraucht wie Elektronischer Geschäftsverkehr als deutsche Übersetzung des Begriffs. Weiter gefasst ist der Begriff e-business, der erstmals im Jahre 1998 von der Firma IBM im gleichnamigen Handbuch benutzt wurde und als Oberbegriff alle Geschäftsprozesse innerhalb und außerhalb des Unternehmens umfasst. Spezieller sind Begriffe wie Online-Kataloge, Online-Shops oder virtual malls, die Anwendungsformen des Electronic Commerce beschreiben.

[31] Taupitz/Kritter, JuS 1999, 839.

[32] Lehmann in: Lehmann, Rechtsgeschäfte im Netz, Vorwort S. VI.

[33] Vgl. insoweit auch den ähnlichen Definitionsansatz bei Merz, E-Commerce, S. 19, der ebenfalls zwischen der Intention des E-Commerce und seinen Ausführungsvarianten unterscheidet.

[34] Engl. business: Handel; customer: Kunde; administration: Verwaltung; commerce: Geschäft. Beispielhaft übersetzt meint Business-to-Customer-Commerce also die Geschäftsbeziehung zwischen dem Handel und dem Kunden. Die Abkürzungsweise entspricht einer Erscheinung des Computerzeitalters, anstelle dem (englischen) Vokabular solche Zahlen als Kürzel für ein Wort einzusetzen, die in der Sprechweise identisch klingen, also 2 für to, oder 4 für for.

(B2C), den Business-to-Administration-Commerce (B2A), den Customer-to-Customer-Commerce (C2C), den Administration-to Customer-Commerce (A2C) und den Administration-to-Administration-Commerce (A2A). Von gesteigerter praktischer Relevanz sind bislang vor allem die Bereiche B2B, B2C. Im Zusammenhang mit Internet-Werbung ist insbesondere der B2C-Commerce bedeutsam, denn dort ist die Anpreisung von Waren und Dienstleistungen ein wichtiges Element des Absatzes.

Der B2C-Commerce zielt auf den Handel zwischen Händlern und Privatpersonen ab. Solche Geschäftsbeziehungen sind in der Regel durch mittlere bis kleinere Transaktionsvolumina gekennzeichnet. Üblicherweise findet neben der Produktauswahl auch die Bezahlung online statt.[35] Die Erscheinungsformen des B2C-Commerce sind mittlerweile mannigfach. Die bekannteste Form des E-Commerce sind Online-Shops, die als erste Erscheinungsform des E-lektronischen Handels existieren.[36] Verkauft werden Produkte aller Art, wobei eine grundsätzliche Unterscheidung zwischen Hard-Goods und Soft-Goods zu treffen ist.[37] Hard-Goods sind körperliche Gegenstände, deren Absatz zusätzlich zum Vertragsschluss, der online vonstatten geht, physische Prozesse erfordert. Die gegenständliche Ware muss ausgeliefert werden, Nachbestellungen oder Produktionsaufträge an andere Abteilungen oder externe Partner müssen veranlasst werden. Soft-Goods sind Produkte, die online im Wege des Herunterladens (download) ausgeliefert werden können. Beispiele hierfür sind insbesondere Schriften oder sonstige Dokumente, Audio- oder Video-Clips sowie Software-Distribution.[38] Weiterhin werden im Bereich des B2C-Commerce Dienstleistungen aller Art angeboten, die vom Online-Banking bis zur elektronischen Buchung von Reisen reichen.[39]

Die wirtschaftlichen Vorteile des elektronischen Geschäftsverkehrs liegen zum einen darin, dass fast alle denkbaren Geschäftsprozesse im Internet abgewickelt werden können. Mit Ausnahme der Lieferung körperlicher Gegenstände sind von der Verkaufsvorbereitung über die Abwicklung des Geschäfts bis hin zur After Sales-Betreuung des Kunden alle Tätigkeiten online durchführbar. Diese Vereinfachung kann für den Anbieter eine weitgehende Kosteneinsparung bedeuten.[40] Zum anderen ist der Marktplatz Internet[41] von allen Marktteilnehmern, insbesondere von den Kunden, sehr leicht erreichbar. So kann mit dem Internet ein sehr weiter Kreis von Nachfragern angesprochen werden. Weiterhin ist in diesem Zusammenhang die im Internet besonders stark ausgeprägte Markttransparenz zu nennen. Der Nutzer ist selbstständig in der Lage, sich alle gewünschten Informationen selbst zu beschaffen, womit Informationsmonopole entfallen.[42] Als letzter Punkt dieser gewiss nicht abschließenden Aufzählung von Vorteilen soll die Internationalität des elektronischen Geschäftsverkehrs angeführt

---

[35] Merz, E-Commerce, S. 20.

[36] In neuerer Zeit haben sich verschiedene Shop-Architekturen herausgebildet, die das reine Verkaufselement um andere Elemente ergänzt haben, vgl. hierzu ausführlich Merz, E-Commerce, S. 275 ff.

[37] Die europäische Kommission verwendet die Termini „indirekter“ und „direkter“ elektronischer Geschäftsverkehr, siehe „Europäische Initiative für den elektronischen Geschäftsverkehr“, Mitteilung der Kommission an den Rat, das Europäische Parlament, den Wirtschaft- und Sozialausschuss und den Ausschuss der Regionen, KOM (97), 157 endg., S. 9.

[38] Zur Handhabung insbesondere von Logistik und Vertrieb vgl. auch Merz, S. 266 ff.

[39] Zu Finanzdienstleistungen und Reisevermittlung im Internet, vgl. Krause, E-Commerce, S. 34, 35.

[40] Krause, E-Commerce, S. 211 ff.

[41] Ein Markt wird in der wirtschaftswissenschaftlichen Literatur als ökonomischer Ort des Tausches bezeichnet, wo es durch das Zusammentreffen von Angebot und Nachfrage zur Preisbildung kommt. Markt aller wirtschaftlichen Güter ist der Gesamtmarkt. Partialmärkte sind Märkte für einzelne Güter. Vgl. Corsten, Lexikon der Betriebswirtschaftlehre.

[42] Krause, E-Commerce, S. 206 ff., 211.

werden. Ein wirtschaftliches Tätigwerden im Internet bewirkt automatisch den Eintritt in einen weltweiten Markt.

Die gesamtwirtschaftliche Bedeutung des E-Commerce ist im Moment noch geringer als es die Popularität des Begriffes vermuten lässt.[43] Das Weltmarktvolumen des E-Commerce, an welchem allerdings der B2B-Commerce mit 79, 2 % den größten Anteil hat, wird für das Jahr 2000 bei 286 Mrd. US-Dollar taxiert, wovon auf Nordamerika 72, 3 %, auf Europa 12 % und auf Asia/Pacific 13,8 % entfallen.[44] Für die wirtschaftliche Bedeutung relevant sind insbesondere die Wachstumsquoten, die diese Art des Handels zu verzeichnen hat. Europaweit entfiel auf das Online-Shopping im B2C-Bereich im Jahre 1997 ein Umsatz von gerade einmal 95 Mio. Euro[45], für anno 2000 werden für den B2C-Commerce zwischen 7, 6 und 8, 9 Mrd. US-Dollar angesetzt.[46] Für das Jahr 2003 prognostiziert Forrester Research einen Umsatz von 74, 8 Mrd. US-Dollar.[47] Auch auf die Bundesrepublik Deutschland bezogen lässt sich diese Entwicklung nachvollziehen. Im Jahr 1998 nutzten in der BRD 7 Millionen Bürger das Internet und setzten dabei 42 Mio. DM um. Im Jahr 2000 soll es bereits eine Milliarde DM sein, die von 18 Millionen Internet-Nutzern umgesetzt wird.[48] Für den Anteil des Electronic Commerce am Gesamtwarenumsatz wird bis zum Jahr 2004 ein Wachstum auf 12,8 % erwartet.[49]

b. Der elektronische Geschäftsverkehr in wirtschaftsrechtlicher Hinsicht

Auch in rechtlicher Hinsicht hat der elektronische Geschäftsverkehr in neuerer Zeit steigende Bedeutung erlangt. Der elektronische Handel ist aufgrund seiner Eigenarten ein Bereich, der sich nicht an bekannten juristischen Kategorien ausrichtet, sondern umfassend einen neuen Markt kennzeichnet, auf dem einzelne rechtliche Problembereiche kumulativ auftreten.[50] Das Recht des elektronischen Geschäftsverkehrs kann daher nicht als eigenständiges Rechtsgebiet bezeichnet werden, sondern umfasst vielmehr, gleichsam als Mantel eine Vielzahl von tradierten Rechtsgebieten.[51] Teilgebiet des Rechts des elektronischen Geschäftsverkehrs ist auch das allgemeine und besondere Werberecht, welches im Bereich der Internet-Werbung besondere Bedeutung erlangt.

Ein anderer wesentlicher Problembereich aus rechtlicher Sicht im Rahmen des elektronischen Geschäftsverkehrs wird durch die Ubiquität[52] des Internet hervorgerufen. Alle Daten, Informationen, Nachrichten und auch die Werbung, die einmal in das World Wide Web ein-

---

[43] Umfassende und aktuelle Informationen insbesondere auch zur Nutzung des Internet und des E-Commerce finden sich in der Februar-Ausgabe von „Monitoring Informationswirtschaft", einem halbjährlich erscheinenden Bericht des Markt- und Meinungsforschungsinstituts NFO Infratest/Infratest Burke, welcher im Auftrag des Bundesministeriums der Wirtschaft erstellt wird. Dieser Bericht ist im Internet der Öffentlichkeit zugänglich und abrufbar unter www.infrasearch.de/bmwi. (zuletzt abgerufen am 15.7.2001)

[44] Quelle: „Monitoring Informationswirtschaft", abrufbar unter www.infrasearch.de/bmwi. (zuletzt abgerufen am 15.7.2001).

[45] Merz, E-Commerce, S. 43.

[46] Quelle: „Monitoring Informationswirtschaft", abrufbar unter www.infrasearch.de/bmwi. (zuletzt abgerufen am 15.7.2001).

[47] Quelle: „Monitoring Informationswirtschaft", abrufbar unter www.infrasearch.de/bmwi. (zuletzt abgerufen am 15.7.2001).

[48] Quelle: GFK-Gruppe, abrufbar unter www.media.de/gfk/ (abgerufen am 10.10.2000).

[49] Quelle: Forrester Research, abrufbar unter www.forrester.com (abgerufen am 10.10.2000).

[50] Paulus in: Immenga/Lübben/Schwintowski, Das internationale Wirtschaftsrecht des Internet, S. 18.

[51] Die Aufzählung der in Frage kommenden Rechtsgebiete lässt sich am besten aus den Inhaltsübersichten der einschlägigen Werke zum Online-Recht entnehmen. Erwähnt seien hier insbesondere Hoeren/Sieber, MulitmediaRecht; Loewenheim/Koch, Praxis des Online-Rechts; Schwarz, Recht im Internet; Strömer, Online-Recht; Hoeren, Rechtsfragen des Internet.

[52] Engl. ubiquity: Allgegenwart, weite Verbreitung.

gespeist worden sind, sind binnen Sekunden weltweit abrufbar, was zur Folge hat, dass jede dieser Handlungen im Netz weltweit auch in rechtlicher Hinsicht von Relevanz sein kann.[53] Folge dieser Tatsache ist, dass das Internationale Recht für Rechtsfragen im Zusammenhang mit dem Internet von ganz besonderer Bedeutung ist. Internationales Recht im Sinne von Internationalem Einheitsrecht[54], welches dem Recht des Internet einen eigenständigen Rechtsrahmen geben könnte, existiert nicht. Die grundsätzlichen Probleme bei der Vereinheitlichung des materiellen Rechts zu Internationalem Einheitsrecht sind bekannt, die Prozesse der Rechtssetzung und Ratifikation sind langwierig. Gerade das Internet ist aber auf Grund seiner alle Grenzen ignorierenden Wirkung prädestiniert für die Schaffung einer weltweit einheitlichen Regelung.[55] So existieren zu diesem Thema denn auch schon Arbeitsgruppen bei internationalen Organisationen wie UNO oder OECD.[56] Statt der Schaffung Internationalen Einheitsrechts geht die Tendenz im Moment aber eher dahin, zunächst rechtliche Rahmenbedingungen für die in sich geschlossenen Wirtschaftsräume der USA, Asiens und Europas zu finden. Dies kann zwar als Vorbereitung für spätere Verhandlungen auf internationaler Ebene durchaus fruchtbar sein[57], wirft jedoch bei isolierten Regulierungen nur für einzelne Wirtschaftsräume Probleme bezüglich deren Einbindung in internationale Organisationen, z.B. die WTO[58] auf.[59] Als Konsequenz aus dem Fehlen international einheitlicher Regelungen gewinnt das Kollisionsrecht, vor allem das Internationale Privatrecht[60] entscheidend an Bedeutung.

Die Europäische Gemeinschaft betätigt sich intensiv bei der Schaffung eines rechtlichen Rahmens für den elektronischen Geschäftsverkehr. Die Bestrebungen, einen weitestgehend einheitlichen Regelungsrahmen zu schaffen, gehen zurück auf die „Europäische Initiative für den elektronischen Geschäftsverkehr", mit der die Europäische Kommission die Thematik erstmalig aufgegriffen hat.[61] Die Kommission ging schon damals von der Überlegung aus, dass der Elektronische Geschäftsverkehr als sich schnell entwickelnder wirtschaftlicher Sektor erheblichen Einfluss auf die Wettbewerbsfähigkeit Europas auf den globalen Märkten haben würde. Dabei ist vor allem ein Faktor von besonderer Relevanz, der in direktem Zusammenhang mit der oben aufgezeigten Ubiquität des Internet steht. Die Beibehaltung und Entstehung voneinander abweichender nationaler Rechtsvorschriften führt auf dem zwangs-

---

[53] Moritz, CR 2000, 61, 65.

[54] Internationales Einheitsrecht ist vereinheitlichtes materielles Recht und bestimmt im Gegensatz zum Internationalen Privatrecht (IPR) nicht das anzuwendende Recht, sondern verdrängt sowohl das IPR als auch das nationale Recht und tritt an deren Stelle, vgl. Hüßtege, Internationales Privatrecht, S. 3.

[55] F.C. Mayer, EJIL 11 (2000), 149, 168 ff. Zu weltweit geltender Selbstregulierung der Internet-Wirtschaft auch Boehme-Neßler, CyberLaw, S. 134.

[56] Vgl. Schippan, ZUM 1997, 813, 816 mwN.

[57] So auch die Einschätzung der Kommission im Rahmen der „Europäischen Initiative zum Elektronischen Geschäftsverkehr", Mitteilung an das Europäische Parlament, den Rat, den Wirtschafts- und Sozialausschuss und den Ausschuss der Regionen, KOM (97), 157 endg., S. 3 sowie Begründungserwägung 58 E-Commerce-Richtlinie.

[58] WTO, World Trade Organization. An dem zugrundeliegenden Abkommen sind sowohl die Europäische Gemeinschaft als auch die einzelnen Mitgliedstaaten formell Vertragspartei, vgl. Streinz, Europarecht, Rn. 598a.

[59] So sieht Hoeren, EuZ 2000, 74, 75 im Herkunftslandprinzip zur E-Commerce-Richtlinie eine Diskriminierung von EU-Ausländern, auf die dieses anbieterbegünstigende Rechtsprinzip keine Anwendung findet.

[60] Internationales Privatrecht ist nationales Recht und löst als Kollisionsrecht bei grenzüberschreitenden Sachverhalten den Konflikt, welche der verschiedenen in Betracht kommenden Rechtsordnungen auf einen Sachverhalt anzuwenden ist. IPR ist die Gesamtheit aller Rechtssätze einer nationalen Rechtsordnung, die aus der Vielzahl der nationalen Rechtsordnungen diejenigen berufen, die auf ein konkretes Lebensverhältnis zur Anwendung kommen, Firsching/von Hoffmann, Internationales Privatrecht, § 1, Rn. 34.

[61] „Europäische Initiative für den elektronischen Geschäftsverkehr", Mitteilung an das Europäische Parlament, den Rat, den Wirtschafts- und Sozialausschuss und den Ausschuss der Regionen, KOM (97), 157 endg.

läufig globalen Markt des Internet zu einer Gefahr der Zersplitterung des Binnenmarktes und in Konsequenz daraus zu einer Behinderung des Ausbaus des Electronic Commerce in Europa, wenn von den zwangsläufig grenzüberschreitend tätigen Unternehmen im Elektronischen Geschäftsverkehr keine einheitlichen Rahmenbedingungen vorgefunden werden.[62] Mittlerweile sind neben der E-Commerce-Richtlinie verschiedene andere Gesetzesvorhaben auf den Weg gebracht oder verabschiedet worden.[63]

II. Werbung und Werbung im Internet

Im nachfolgenden Abschnitt soll zunächst der Begriff der Werbung im Allgemeinen definiert werden, um einen für die vorliegende Untersuchung maßgeblichen Werbebegriff festzulegen. Im Anschluss daran erfolgt eine Darstellung der Besonderheiten der Werbung im Internet. Zuletzt soll die wirtschaftliche Bedeutung grenzüberschreitender Werbung erläutert werden, welche von besonderer Relevanz für die Beantwortung der Frage nach der Reichweite des Schutzes durch gemeinschaftsrechtliche Vorschriften ist.

1. Werbung und kommerzielle Kommunikation

Voraussetzung für die Bestimmung eines rechtlichen Rahmens der Werbung ist zunächst die Definition des Begriffs der Werbung selbst. In diesem Zusammenhang soll der Begriff der kommerziellen Kommunikation[64] als Ausgangspunkt dienen.

Der Begriff der kommerziellen Kommunikation ist offensichtlich eine Übersetzung des englischen Terminus „commercial communication", der in der Rechtsprechung des Europäischen Gerichtshofs für Menschenrechte[65] entwickelt wurde. Die Kommission versteht hierunter nach dem gleichnamigen Grünbuch *„sämtliche Formen von Werbung, Direktmarketing, Sponsoring, Verkaufsförderung und Öffentlichkeitsarbeit"*.[66] Im Folgedokument zum Grünbuch vom 4. März 1998[67] werden kommerzielle Kommunikationen zusammenfassend noch einmal als *„sämtliche Formen der Kommunikation, die auf die Förderung des Absatzes von Produkten und Dienstleistungen bzw. des Images eines Unternehmens oder einer Organisation gegenüber den Endverbrauchern und/oder Vertriebsunternehmen abzielen"*, definiert. Kommerzielle Kommunikation ist der Arbeitsbegriff der Europäischen Kommission in der Diskussion über die Harmonisierung des Werberechts in Europa.[68] Er beschreibt die Reichweite, in der aus Sicht des Gemeinschaftsrechts eine Befassung mit dem Recht der Werbung

---

[62] Vgl. hierzu auch Schippan, ZUM 1997, 813, 814.

[63] Zu nennen sind insbesondere die Transparenz-Richtlinie 98/34/EG, ABl. Nr. L 204/37 vom 21.7.1998, geändert durch die Richtlinie 98/48/EG, ABl. L 217/18 vom 5.8.1998, die der Schaffung weiterer abweichender nationaler Regelungen entgegenwirken will sowie die Fernabsatz-Richtlinie 97/7/EG, ABl. Nr. L 144/19 vom 4.6.1997. Weiterführend hierzu Waldenberger in: Hoeren/Sieber, Kap.13.4; Reich, EuZW 1997, 581; Gößmann, MMR 1998, 38; Martinek NJW 1998, 207.

[64] Vgl. das gleichnamige Grünbuch „Kommerzielle Kommunikation im Binnenmarkt", KOM (96), 192 endg.

[65] Zum Schutz kommerzieller Information erstmals EGMR, Series A Vol. 165, p. 17 (Markt Intern Verlag u.a./Deutschland). Weitere entschiedene Fälle betrafen z.B. die Übertragung von Werbespots im Kabelfernsehen, EGMR, 1990 Series A Vol. 173, p. 22 (Groppera Radio u.a./Schweiz), sowie die Werbung eines Rechtsanwaltes für seine Kanzlei in einer Tageszeitung, EGMR, 1994 Series A Vol. 285, p. 17 (Casado Coca/Spanien).

[66] KOM (96), 192 endg., S. 7

[67] KOM (98), 121 endg.

[68] Nacken, WRP 1997, 929; Henning-Bodewig, GRUR Int. 1997, 515, 516.

stattfinden soll und begreift das gesamte Werberecht als in sich geschlossene Einheit.[69] Umfasst vom Begriff der kommerziellen Kommunikation sind neben der klassischen Wirtschaftswerbung auch weitere Marketingmaßnahmen wie insbesondere Formen des Direktmarketing und sonstige Verkaufsfördermaßnahmen wie die Gewährung von Rabatten und Zugaben.

Für den Bereich der Werbung im Internet ist der Begriff der kommerziellen Kommunikation zugrunde zu legen. Zwar wird der Begriff der Werbung verschiedentlich enger definiert, so dass andere Marketingmaßnahmen von diesem nicht erfasst sind.[70] Im Bereich der Werbung im Internet spielen aber gerade diese sonstigen Marketingmaßnahmen eine bedeutende Rolle. Auch die E-Commerce-Richtlinie nimmt den Begriff der kommerziellen Kommunikation zum Ausgangspunkt für Regelungen der Werbung und des Marketing.[71] In terminologischer Hinsicht wird zum Zwecke der Vereinfachung jedoch von Internet-Werbung oder Werbung im Internet gesprochen werden.[72]

2. Werbung im Internet

a. Das Internet als Werbemedium

Will man Werbung im Internet klassifizieren[73], bietet sich eine Unterscheidung zwischen Mediawerbung, Direktwerbung und Wertwerbung an. Im Falle der Mediawerbung sind die Werbemittel[74] mit dem jeweiligen Werbeträger, auf dem sich die Werbung befindet, verbunden.

---

[69] Das Grünbuch wurde von der Kommission der Europäischen Gemeinschaften am 8. Juni 1996 vorgelegt. Ausgangspunkt dieses Dokuments ist die Erwartung, dass der sog. kommerziellen Kommunikation in einer durch grenzüberschreitende Medien bedingten europäischen Informationsgesellschaft wachsende Bedeutung zukommen wird. Die Kommission geht aber davon aus, dass die Unterschiedlichkeit der Rechtsordnungen in den Mitgliedstaaten der Europäischen Union, insbesondere im Bereich des Wettbewerbsrechts, ein Hemmnis für eine derartige Entwicklung und damit für ein Funktionieren des Binnenmarktes darstellt. Im Grünbuch sowie im Folgedokument zum Grünbuch wird diese Problemlage von der Kommission unter verschiedenen Gesichtspunkten analysiert und mögliche Maßnahmen werden in Aussicht gestellt. Wesentliches Ziel des Grünbuches ist die Erstellung eines Gesamtkonzepts für die zukünftige Politik der Kommission auf dem Gebiet der kommerziellen Kommunikation. Als wesentliche Gegenmaßnahme zur Verhinderung der Uneinheitlichkeit der Rechtsordnungen schlägt die Kommission ein „Notifizierungssystem" vor, in welchem einzelstaatliche Regelungen im Bereich der kommerziellen Kommunikation überprüft werden sollen. Im Rahmen dessen werden mitgliedstaatliche Regelungen auf die verfolgten Ziele und deren Rechtmäßigkeit überprüft. Ein Schwerpunkt ist dabei die Prüfung der Verhältnismäßigkeit der Regelungen. Hierfür schlägt die Kommission eine „Bewertungsmethode" vor, in deren Rahmen zunächst anhand von fünf Kriterien geprüft wird, welche Reaktionen eine einzelstaatliche Maßnahme auslöst. Gefragt wird in einem ersten Schritt nach den Auswirkungen der Maßnahme auf die betroffenen Nutzer und Anbieter und nach deren Zielen, weiter, ob ein unmittelbarer Zusammenhang zwischen Maßnahme und verfolgten Zielen besteht, ob die Maßnahme Auswirkungen auf andere Zielsetzungen des Allgemeininteresses hat und ob sie letztlich wirksam ist. Im Folgedokument zum Grünbuch wurde der Katalog erweitert, insbesondere um die Beachtung kultureller und sozialer Besonderheiten der Mitgliedstaaten. In einem zweiten Schritt wird dann unter Beachtung der gefundenen Ergebnisse eine umfassende Verhältnismäßigkeitsprüfung durchgeführt. Vgl. ausführlich zu den Inhalten und Erwägungen des Grünbuchs Henning-Bodewig, GRUR Int. 1997, 515, 516 ff., zur Bewertungsmethode S. 520. Zum Folgedokument Henning-Bodewig, GRUR Int. 1999, 233, 239.

[70] Siehe nur Schricker, Recht der Werbung, Rn. 1.

[71] Vgl. Art. 2 lit. h und Teilüberschrift vor Art. 6 ff. der E-Commerce-Richtlinie.

[72] Genauer wäre demzufolge der Terminus „kommerzielle Kommunikation im Internet" oder „kommerzielle Internet-Kommunikation".

[73] Zu anderen möglichen Klassifizierungen der Werbung vgl. Perau, Werbeverbote, S. 27, 28.

[74] Baumbach/Hefermehl, vor §§ 3-8 UWG, Rn. 2. Werbemittel sind Maßnahmen, mit denen der Werbende auf die Verbraucher einzuwirken versucht, um deren Interesse für Erzeugnisse und Dienstleistungen zu wecken und

Es sind dies insbesondere die traditionellen Medien wie Printmedien, Hörfunk und Fernsehen.[75] Unter Direktwerbung fallen Instrumente der direkten Kontaktaufnahme mit dem potentiellen Kunden wie Werbebriefe, Werbefaxe und Telefonmarketing. Bei Wertwerbung wird dem Kunden eine Ware oder Leistung zugewendet, die er als besondere Vergünstigung ansehen soll.

Werbung im Internet ist zuvorderst als Teilbereich der Mediawerbung anzusehen. Das Internet tritt dabei als zusätzliche Trägerplattform neben die herkömmlichen Werbeträger.[76] Unter dem Oberbegriff der Direktwerbung erlangt die Werbung via E-Mail besondere Relevanz.[77] Auch Arten der Wertwerbung wie Rabatte und Zugaben finden sich insbesondere im elektronischen Geschäftsverkehr häufig.

Die Internet-Werbung ist wesentlicher Bestandteil des Electronic Commerce. Aus Sicht des Werbetreibenden erfüllt sie Informationsfunktionen gegenüber dem Nutzer und fördert den Online-, aber auch den Offline-Handel. Werbung im Netz ist zudem eine der bedeutendsten Einnahmequellen des weit überwiegend werbefinanzierten World Wide Web.[78] Mit dem Verkauf von Werbeplätzen an dritte Unternehmen wird ein wesentlicher Teil des im Internet erzeugten Umsatzes erzielt.[79]

b. Werbeträger im Internet

Als mögliche Werbeträger[80] im Internet lassen sich E-Mail und Website im World Wide Web unterscheiden.

(1) E-Mail

Die E-Mail als Werbeträger ermöglicht es dem Werbetreibenden, direkten und individuellen[81] Kontakt zum potentiellen Kunden aufzunehmen. Im Bereich des Direktmarketings lassen sich durch den Einsatz von E-Mail-Werbung gegenüber herkömmlichen Übertragungswegen erhebliche Erleichterungseffekte erzielen. Einerseits kann auf diesem Wege eine Vielzahl von Adressaten gleichzeitig mit Werbebotschaften versehen werden, ohne auf kostenintensive Erzeugung von Druckwerken und deren reale Versendung zurückgreifen zu müssen.[82] Andererseits bieten die technischen Möglichkeiten auch die Versendung aufwendig gestalteter Informationen im Wege des „attachments", wodurch eine hohe Qualität der Werbung erzeugt werden kann.

---

dadurch den Absatz zu steigern oder zu erhalten. In Betracht kommen schriftliche, mündliche, akustische oder visuelle Werbemittel.

[75] Vgl. Baumbach/Hefermehl, vor §§ 3-8 UWG, Rn. 2.

[76] Baumbach/Hefermehl, vor §§ 3-8 UWG, Rn. 2.

[77] Jöhri, Werbung im Internet, S. 71 ff.

[78] Vgl. die Nachweise bei Jöhri, Werbung im Internet, S. 49. So belief sich das Werbevolumen im Internet im Jahre 1998 auf 1,92 Mrd. US$; im ersten Halbjahr 1999 lag das Volumen mit 934,4 Mio. US$ bereits doppelt so hoch wie im Vorjahreszeitraum.

[79] Kiethe, WRP 2000, 616, 617 mwN.

[80] Siehe auch Jöhri, Werbung im Internet, S. 52.

[81] Auch im World Wide Web kann durch Multimedia-Anwendungen eine quasi-individualisierte Kommunikationssituation geschaffen werden, die dem Nutzer, der eine Website besucht, Werbung präsentiert, die genau auf sein Informationsbedürfnis zugeschnitten ist, vgl. hierzu Hamm, Werbung im Internet, S. 66.

[82] Hamm, Werbung im Internet, S. 67 ff.

(2) Website im World Wide Web

Das World Wide Web gibt Werbetreibenden für ihr Waren- oder Dienstleistungsangebot eine internationale Plattform, gleich welcher Werbestrategie sie sich bedienen.[83] Werbung im World Wide Web ist auf verschiedenste Weise möglich. Bedeutsam ist zunächst die grundlegende Unterscheidung zwischen der Einrichtung einer eigenen Website und der Werbung im Wege unterschiedlicher Werbeformen auf fremden Websites.

Die Einrichtung einer eigenen Website ist der erste Schritt und die Grundlage der Internetaktivität eines Unternehmens. Auch wenn die Website nur informiert und die Firma oder deren Produkte präsentiert, so steigert sie den Bekanntheitsgrad eines Unternehmens und seines Leistungsangebots und hat zumindest im Hinblick auf ihre Wirkungen werblichen Charakter.[84] Die Präsenz im Internet bildet somit die Grundlage einer erfolgreichen Internet-Werbung.[85]

Als eigentliche Internet-Werbung ist jedoch die Schaltung von Werbung auf fremden Websites anzusehen. Es existieren dabei verschiedene netzspezifische Werbeformen.[86] Früheste, aber mit einer Verbreitung von 90 %[87] nach wie vor häufigste Form der Werbung im World Wide Web ist der sog. Werbebanner. Es handelt sich hierbei um eine graphisch gestaltete Werbefläche, die an auffälliger Stelle auf Web-Sites anderer Anbieter postiert wird. Der Werbebanner kann als solcher Werbebotschaften verschiedener Art enthalten, also im klassischen Sinne Werbewirkung durch seine Inhalte entfalten. Insoweit ist er mit Werbeanzeigen in Druckwerken vergleichbar. Darüber hinaus können Werbebanner vielseitig und aufwendig gestaltet werden und z.B. mit Filmsequenzen oder Musikclips versehen werden.[88] Eine Besonderheit besteht aber darin, dass diese Werbebanner in den meisten Fällen anwählbare Links gemäß dem Hypermedia-Prinzip enthalten.[89] Die Bannerwerbung, die auf einer fremden Website erscheint, ermöglicht so durch Anklicken besonders gekennzeichneter Bilder oder Wörter, dass eine direkte Weiterverbindung zur Website des Werbetreibenden erfolgen kann. Der Banner wirkt also zunächst wie herkömmliche Werbung auf den insoweit passiven Nutzer ein. Ob er dann aber den Link zu der Website des Anbieters nutzt oder nicht, ist eine Frage seiner eigenen willentlichen Entscheidung und Aktivität.

In diesem zuletzt beschriebenen Umstand spiegelt sich im Hinblick auf die Werbewirkung das wesentliche Charakteristikum des World Wide Web als Werbeträger wieder. Im Gegensatz zur reinen push-Kommunikation bei herkömmlichen Werbeträgern wie Printmedien und Fernsehen ist der potentielle Kunde bei der Internet-Werbung nicht nur passives Objekt der Werbebotschaft.[90] Er kann vielmehr selbst die für ihn relevant erscheinenden Informationen aktiv anwählen. Es liegt ein interaktives Werbemedium vor[91], dessen Dialogfähigkeit zudem

---

[83] Hamm, Werbung im Internet, S. 59.

[84] In rechtlicher Hinsicht ist umstritten, ob eine Website als Ganzes immer als Werbung anzusehen ist oder ob nach den jeweiligen Inhalten zu differenzieren ist. Vgl. hierzu Jöhri, Werbung im Internet, S. 139 ff.

[85] Vgl. auch Hamm, Werbung im Internet, S. 59, 85 ff.

[86] Zu weiteren Werbeformen vgl. auch Leupold/Bräutigam/Pfeiffer, WRP 2000, 575, 580 ff. Eine Vorstellung der wesentlichen praxisrelevanten Werbeformen sowie eine Erläuterung jeweils mit Einzelbeispielen findet sich auch unter www. werbeformen.de (zuletzt abgerufen am 15.10.2000).

[87] Krause, E-Commerce, S. 406. Zu weiteren Werbeformen aaO, S. 406 ff.

[88] Leupold/Bräutigam/Pfeiffer, WRP 2000, 575, 579.

[89] Zur Verkettung verschiedener Medien durch Hypermedia ausführlich Hamm, Werbung im Internet, S. 20 ff.

[90] Leupold/Bräutigam/Pfeiffer, WRP 2000, 575, 579.

[91] Leupold/Bräutigam/Pfeiffer, WRP 2000, 575, 577 ff. nennen neben dem Merkmal der Interaktivität als weitere Kerneigenschaften Integration, Individualisierung und Unmittelbarkeit. Individualisierung ist dabei durch die Auswertung von Nutzerdaten möglich, die online durch den Werbeanbieter bezogen werden können. Dies hat

durch die Möglichkeit der Versendung von E-Mail erhöht wird, die ohne Wechsel des Mediums eine direkte Kommunikation zwischen Unternehmen und Kunden ermöglicht.

3. Wirtschaftliche Bedeutung grenzüberschreitender Wirtschaftswerbung unter besonderer Berücksichtigung der Werbung im Internet

a. Bedeutung in mikroökonomischer Hinsicht

Die Globalisierung der Märkte hat dazu geführt, dass immer mehr Unternehmen ihre Produkte international vermarkten wollen. Wichtigster betriebswirtschaftlicher Grund für eine Vereinheitlichung der grenzüberschreitenden Produktvermarktung sind die dadurch möglichen Kosteneinsparungen. Diese lassen sich insbesondere im Bereich der Werbung erzielen. Jede Werbemaßnahme muss nur einmal konzipiert und produziert werden, was bei aufwendigen Werbemaßnahmen eine bedeutende Rolle spielen kann. International vernetzte Medien führen zu weiteren Einsparungen. An erster Stelle steht dabei das Internet, da eine einmalige Einstellung der jeweiligen Werbekampagne ins Netz zu einem globalen Vertretensein des Anbieters führt. Im Raum steht also die wesentliche Fragestellung, ob im Rahmen einer internationalen Produktvermarktung einheitliche Marketingstandards für alle internationalen Aktivitäten sinnvoll sind. Dabei ist in der wirtschaftswissenschaftlichen Literatur insbesondere umstritten, ob eine Standardisierung im Hinblick auf unterschiedliche Nachfragerstrukturen sinnvoll sein kann, sei es aus Gründen einer unterschiedlichen Konsumstruktur[92], sei es wegen wesentlicher kultureller Differenzen[93] z.B. auch im Hinblick auf die Sprachbarriere. Von überwiegenden Stimmen in der Literatur werden die Vorteile einer Standardisierung höher bewertet als deren Nachteile. Dies wird in erster Linie mit der zunehmenden Angleichung der internationalen Märkte und der Bedürfnisse der jeweiligen Zielgruppen begründet.[94] Die Gegenauffassung bestreitet eine derartige Konvergenz vor allem wegen der bereits angeführten unterschiedlichen Strukturen auf den nationalen Märkten. Richtigerweise wird man weder die eine noch die andere Auffassung in vollem Umfang halten können, da es für die Frage, ob sich nationale Unterschiede derart auswirken, dass eine Standardisierung ineffektiv ist, ausschließlich auf das konkret zu vermarktende Produkt und die Art der Vermarktung ankommt.[95] Für die Produktvermarktung im Internet lässt sich aber anführen, dass kulturelle, insbesondere sprachliche Unterschiede ein immer schwächer werdendes Argument gegen das Vorliegen eines Standardisierungspotenzials sein können. Englisch als „Sprache des Internet" gibt der Kommunikation einen einheitlichen Rahmen und lässt diesbezügliche Barrieren verschwinden. Zusammenfassend kann also sowohl generell als auch für das Internetmarketing im Besonderen davon ausgegangen werden, dass grenzüberschreitend einheitliche Marketingstrategien sinnvoll sind.

---

zur Folge, dass dem Nutzer, der eine Website, die Werbung enthält, häufiger besucht, zunehmend Werbung präsentiert wird, die genau auf seine ermittelten Interessenschwerpunkte ausgerichtet ist.

[92] Vgl. hierzu Müller/Kornmeier, JAV 1996, 4, 8 mwN.

[93] Müller/Kornmeier, aaO, 4, 19.

[94] Eine sehr ausführliche Darstellung des diesbezüglichen Diskussionsstandes findet sich bei Schmitz, Die kommerzielle Kommunikation im Binnenmarkt, S. 33 ff., zur Gegenauffassung aaO, S. 36, 37.

[95] So im Ergebnis auch Schmitz, Die kommerzielle Kommunikation im Binnenmarkt, S. 43.

b. Bedeutung im europäischen Binnenmarkt

Neben den Auswirkungen grenzüberschreitender Werbung auf die Mikroökonomie der am Binnenmarkt beteiligten Unternehmen sind auch die Wirkungen auf die gesamtwirtschaftliche Konzeption des Binnenmarktes zu beachten.[96]

Sowohl die Kommission als auch der EuGH erkennen die Integrationsfunktion der Werbung für den Binnenmarkt an. Die Kommission[97] und ihr folgend das Europäische Parlament und der Rat[98] bezeichnen die Werbung als *„sehr wichtiges Instrument, mit dem überall in der Gemeinschaft wirksame Märkte für Erzeugnisse und Dienstleistungen erschlossen werden können"*. In seiner Entscheidung in der Rechtssache „GB-INNO-BM" bestätigt auch der EuGH[99] diesen Ansatz und betont, dass die Warenverkehrsfreiheit auch das Recht des Verbrauchers auf Zugang zu dem im Einkaufsland zugänglichen Werbematerial beinhaltet.

Die wissenschaftliche Herleitung dieser Binnenmarktrelevanz der Werbung wird dabei auf verschiedene Ansätze gestützt. Allen Ansätzen zugrundeliegendes Muster ist folgende Systematik: Information – Verbraucherwirkung – Marktzugang oder Ausbau der Marktposition des Unternehmens – Förderung des grenzüberschreitenden Waren- und Dienstleistungsverkehrs. Die Mitteilungs- und Kommunikationsfunktion[100] der Werbung ist für den Anbieter ein wesentliches Element, um mit dem Kunden Kontakt aufzunehmen und ihn von der Qualität seines Produkts zu überzeugen. Erst diese Voraussetzung ermöglicht einen potentiellen Marktzutritt für neue Anbieter. Der Zutritt zum Markt kann dabei einerseits durch direkte Bekanntmachung des Produkts beim Kunden, andererseits indirekt über die Beeinflussung der Entscheidung des Handels erfolgen, ein Produkt für den Anbieter zu vertreiben. Der Marktzutrittsgedanke ist dabei unter zwei Gesichtspunkten von Relevanz. Zum einen erhalten neue Anbieter als solche über die Werbung die Möglichkeit, ihre noch unbekannten Produkte in den Verkehr zu bringen und damit in die Phalanx der bereits am Markt etablierten Unternehmen einzubrechen. Denn Anbieter aus anderen Mitgliedstaaten treffen typischerweise auf verfestigte Marktstrukturen, die sich nicht zuletzt auch aus der Etablierung von Marken ergeben.[101] Zum anderen beherbergt gerade der europäische Binnenmarkt eine große Anzahl von Unternehmen, die in den jeweils anderen Mitgliedstaaten noch keinerlei Bekanntheit erlangt haben und somit als Marktneulinge anzusehen sind.[102] Denn der Binnenmarkt weist eine enorme Vielfalt an Produkten und Dienstleistungen auf. Deren Vertrieb ist zwar in einigen Fällen durch regionale Unterschiede auch auf den nationalen Markt begrenzt. Im wesentlichen besteht aber un-

---

[96] Zur allgemeinen makroökonomischen Fragestellung, welche Wirkungen die Werbung auf den Wettbewerb als solchen hat, vgl. Schmitz, Die kommerzielle Kommunikation im Binnenmarkt, S. 40 ff.

[97] KOM (94), 151 endg., Geänderter Vorschlag für eine Richtlinie des Europäischen Parlaments und des Rates über vergleichende Werbung und zur Änderung der Richtlinie 84/450/EWG über irreführende Werbung, Begründungserwägung 2.

[98] Richtlinie 97/55/EG des Europäischen Parlaments und des Rates zur Änderung der Richtlinie 84/450/EWG über irreführende Werbung zwecks Einbeziehung der vergleichenden Werbung, ABl. EG Nr. L 290/18 vom 23.10.1997, Begründungserwägung 2.

[99] EuGH, Rs. C-362/88, GB-INNO-BM, Slg. 1990, I-667, 686, Erwägung 8.

[100] Lüder, EuZW 1996, 615.

[101] Lüder, EuZW 1996, 615, ist der Auffassung, dass der europäische Markt trotz des Prozesses der wirtschaftlichen Integration immer noch durch das Vorherrschen nationaler Verbrauchermärkte gekennzeichnet ist. Vgl. nun auch EuGH, Rs. C-405/98, Konsumentombudsmannen/Gourmet International Products (GIP), Urteil vom 8. März 2001, EuZW 2001, 251 ff.; EWS 2001, 184 ff., Erwägung 21: „ (...) *kann festgestellt werden, dass* (...) *ein Verbot jeder an den Verbraucher gerichteten Werbung* (...) *geeignet ist, den Marktzugang für Erzeugnisse aus anderen Mitgliedstaaten stärker zu behindern, als es dies für inländische Erzeugnisse tut, mit denen der Verbraucher unwillkürlich besser vertraut ist"*.

[102] Ebenso Steindorff ZHR 158 (1994), 149, 163, 164, und Lüder, EuZW 1996, 615, der diesen Gesichtspunkt unter den Begriff der Schutzverstärkungsfunktion der Werbung einordnet, womit eine Verstärkung des Schutzes zugunsten der Warenverkehrsfreiheit durch die Produktwerbung gemeint ist.

streitig eine Eignung zum Vertrieb in allen Mitgliedstaaten. Zweck des Binnenmarktes ist es gerade, die Nationalität der Vermarktung aufzuheben und dieser Vielfalt eine erweiterte Vertriebsmöglichkeit zu geben.

Die Werbemöglichkeiten im Internet verstärken diese positiven Effekte der Werbung für den europäischen Binnenmarkt. Zum einen dient das Internet als Informationsmedium, welches dem Verbraucher die Möglichkeit gibt, aktiv für ihn relevante Produktinformationen zu beziehen. Hierdurch entsteht Markttransparenz. Zum anderen stellt es eine kostengünstige Möglichkeit zur Teilnahme am Handel gerade auch für kleinere Unternehmen dar, die so eine Marktzutrittschance auch auf internationalen Märkten erhalten. Die Marktzutrittschwelle wird so erheblich gesenkt.[103]

B. Nationale Werbebeschränkungen und Rechtsanwendungsrisiko bei Werbung im Internet

I. Erscheinungsformen von Werbebeschränkungen

1. Übersicht über das Recht der Werbung

Das Werberecht stellt in allen Mitgliedstaaten der europäischen Gemeinschaft ein uneinheitliches, in sich nicht geschlossenes Rechtsgebiet dar, welches seine relevanten Regelungen aus verschiedenen Rechtsbereichen bezieht.[104] Vorschriften[105], die Werbung begrenzen können, finden sich im deutschen Recht zum einen im Recht des unlauteren Wettbewerbs, welches für alle Produktionsbereiche gilt und daher auch als allgemeines Werberecht bezeichnet[106] wird. Zum anderen lassen sich demgegenüber unter dem Oberbegriff des besonderen Werberechts produktspezifische, berufsspezifische sowie medienspezifische Werberegelungen unterscheiden.

a. Allgemeines Werberecht

Das Recht des unlauteren Wettbewerbs, unter welches vornehmlich[107] die Vorschriften des UWG fallen, erfasst die verschiedensten Fallgestaltungen der Werbung, gleich welches Produkt durch welches Medium beworben wird. Traditionell im Vordergrund steht dabei der Schutz vor irreführender und rufschädigender Werbung. Weiterhin umfasst sind aber auch vergleichende, belästigende und behindernde Werbung.[108] Der Schutzzweck des Lauterkeitsrechts hat sich im Laufe der Zeit gewandelt. Ging es zunächst nur um den Schutz individueller Rechte der am Wettbewerb beteiligten Unternehmen[109], wurden bald auch Elemente des

---

[103] So auch Mankowski, GRUR Int. 1999, 909.

[104] Schricker, Recht der Werbung, Rn. 8.

[105] Außer Betracht bleiben die rechtlich nicht bindenden Selbstbeschränkungsregeln der Werbebranche. Vgl. hierzu die Übersicht bei Perau, Werbeverbote, S. 36 ff.; Schricker, Recht der Werbung, Rn. 29 ff.

[106] Schricker, Recht der Werbung, Rn. 9; Perau, Werbeverbote, S. 35.

[107] Auch Einzelgesetze wie RabattG und ZugabeVO zählen zum Recht des unlauteren Wettbewerbs, vgl. Baumbach/Hefermehl, Einl. ZugabeVO, Rn. 14; Einl. RabattG, Rn. 11. Zugaben als Mittel der Wertwerbung und Rabatte als sonstige Verkaufsförderungsmaßnahmen werden dagegen gemeinhin nicht als Werbung im eigentlichen Sinne angesehen, vgl. Schricker, Recht der Werbung, Rn. 1. Aus diesem Grund werden die diesbezüglichen Regelungen auch nicht unter den Begriff des allgemeinen Werberechts gefasst. Die vorliegende Darstellung, die von einem weit gefassten Werbebegriff ausgeht, vgl. oben Teil 1 A.II.1., wird auch Regelungen über Rabatte und Zugaben unter dem Begriff des allgemeinen Werberechts behandeln.

[108] Schricker, Recht der Werbung, Rn. 9; Perau, Werbeverbote, S. 35.

[109] Schricker, Recht der Werbung, Rn. 13.

Kollektivschutzes einbezogen und so Interessen des Verbrauchers und der Allgemeinheit berücksichtigt.[110]

b. Besonderes Werberecht

Das produktspezifische Werberecht setzt sich aus einer Vielzahl von Einzelvorschriften aus produktbezogenen Regelwerken zusammen.[111] Diese enthalten zum einen Vorschriften über Produktzusammensetzung und Verpackung, zum anderen aber auch Werbebeschränkungen und Werbeverbote für die betroffenen Produkte, zum Beispiel für Lebensmittel, Arzneimittel, Kosmetika und Tabakwaren. Zweck dieser Vorschriften ist vor allem der Schutz des Verbrauchers vor Gesundheitsschäden. Die Entwicklung der Verbraucherschutzpolitik in Europa hat zu einer Erhöhung der Regelungsdichte und Regelungsintensität geführt.[112] Die Werbemöglichkeiten, insbesondere für Tabakwaren und Alkoholika, wurden in den letzten Jahren weitgehend beschränkt, teilweise wurden absolute Werbeverbote eingeführt.[113]

Das Recht der freien Berufe enthält berufsspezifische Werbeschränkungen u.a. für Steuerberater, Rechtsanwälte, Ärzte und Apotheker, welche sich vor allem aus berufsständischen Gründen entwickelt haben.

Besonderheit des medienspezifischen Werberechts ist, dass sich Werbebeschränkungen konkret auf das betroffene Medium als Werbeträger beziehen. Im Rundfunk- und Fernsehrecht existieren in allen Mitgliedstaaten weitreichende Regelungen[114], welche ein eigenständiges Fernseh- und Hörfunkwerberecht statuieren. Geregelt werden einerseits nur auf das Medium bezogene Werbebeschränkungen wie z.B. die zulässige tägliche Gesamtwerbedauer oder die Art und der Umfang zulässiger Werbeunterbrechungen bei verschiedenen Arten von Fernsehsendungen.[115] Zu beachten sind andererseits auch produktspezifische Werbebeschränkungen und Werbeverbote z.B. für Tabak, welche für das Trägermedium Fernsehen eigenständige Beurteilungsmaßstäbe aufstellen. Das medienspezifische Fernsehwerberecht hat auf europäischer Ebene durch die Fernsehrichtlinie[116] eine umfangreiche Harmonisierung erfahren, auf die im Zusammenhang mit der Darstellung des sekundärgemeinschaftsrechtlichen Herkunftslandprinzips noch näher einzugehen sein wird.

2. Beschränkungen der Werbung im Internet

Zunächst ist klarzustellen, dass alle vorstehend aufgeführten Werbevorschriften[117] grundsätzlich auch auf Internetsachverhalte Anwendung finden können.[118] Im Folgenden soll nur ein

---

[110] Baumbach/Hefermehl, Wettbewerbsrecht, Einl. UWG, Rn. 40; Schricker, Recht der Werbung, Rn. 13 ff. In Deutschland setzt sich diese Sichtweise seit Ende der zwanziger Jahre durch.

[111] Zu Regelungszwecken und Entwicklungen in Europa vgl. Schricker, Recht der Werbung, Rn. 19 ff.

[112] Schmitz, Die kommerzielle Kommunikation im Binnenmarkt, S. 63.

[113] Siehe auch Schricker, Recht der Werbung, Rn. 21; Schmitz, Die kommerzielle Kommunikation im Binnenmarkt, S. 63.

[114] Zum deutschen Rundfunkstaatsvertrag Weisser, NJW 2000, 3526, 3529 ff.

[115] § 26 IV des deutschen Rundfunkstaatsvertrages, welcher Anzahl und Umfang von Werbeunterbrechungen bei Spielfilmen regelt, war unlängst Gegenstand der Entscheidung EuGH, Rs. C-6/98, ARD, Slg. 1999, I-7599 ff. Dazu unten Teil 2 B.II.3.b.(1) sowie Teil 2 C.II.2.a.

[116] Richtlinie 89/552/EWG in der geänderten Fassung der Richtlinie 97/36/EG, konsolidierte Fassung abgedruckt in GRUR Int. 1998, 120 ff.

[117] Auch speziell für das Internet und die Internet-Werbung existieren nichtstaatliche, selbstregulierende Verhaltensregeln. Zu nennen sind einmal die ICC-Guidelines-Internet der Internationalen Handelskammer in Paris, welche 1996 speziell zur Marketingkommunikation im Internet erlassen wurden. Weiterhin haben sich im Inter-

schwerpunktmäßiger Überblick über Besonderheiten der Beschränkung der Werbung im Internet gegeben werden. Die Anzahl nationaler internetspezifischer Besonderheiten ist zwar einerseits nicht unbeträchtlich[119], die jeweiligen Einzelheiten des nationalen Rechts berühren aber die grundlegende gemeinschaftsrechtliche Einordnung nicht. Auf Einzelfälle mit besonderer gemeinschaftsrechtlicher Relevanz wird daher im Rahmen der jeweiligen Problemdarstellung in Teil 2 eingegangen.

Im Bereich des allgemeinen Werberechts finden die Vorschriften des Rechts des unlauteren Wettbewerbs in vollem Umfang Anwendung. Es haben sich dabei einige internetspezifische Fallgruppen herausgebildet, auf deren Verortung im System des deutschen Lauterkeitsrechts sich die diesbezügliche Literatur konzentriert.[120] Von besonderer praktischer Relevanz ist hier die Problematik der Zusendung unerwünschter E-Mails und deren rechtliche Beurteilung im Rahmen des § 1 UWG.[121] Nach momentan in Deutschland herrschender Auffassung kann § 1 UWG zu einem vollständigen Werbeverbot für E-Mail-Werbung führen. Auf diese Fallgruppe wird aufgrund ihrer besonderen gemeinschaftsrechtlichen Bedeutung in Teil 2 ausführlich eingegangen.[122] Beispielhaft zu nennen sind im Bereich des § 1 UWG überdies das Gebot der Trennung von Werbung und Programm, welches medienspezifisch auch in § 9 Absatz 2 MDStV geregelt ist[123], sowie die vergleichende Werbung.[124] Weiterhin existieren einige internetspezifische Irreführungskonstellationen, welche im Rahmen des § 3 UWG diskutiert werden.[125] Von Bedeutung ist auch die Wertwerbung mit Zugaben sowie die Verkaufsförderung durch Rabatte, welche im Rahmen des elektronischen Geschäftsverkehrs in verschiedenen Formen vorkommt und einen Verstoß gegen das deutsche Rabattgesetz und die Zugabenverordnung darstellen kann.

Auch produktspezifische Werberegelungen sind auf Internet-Werbung anwendbar[126] und besitzen gerade im Internet gesteigerte Relevanz, da der elektronische Geschäftsverkehr in zunehmendem Maße als Vertriebsweg für reglementierte Produkte genutzt wird und auch im Netz für derartige Produkte geworben wird. Als aktuelles Beispiel für diese Problematik kann

---

net Sitten und Gebräuche, sog. Cybermanners, entwickelt, die als nicht rechtsverbindliche Verhaltensregeln auch als Netiquette bezeichnet werden und auch Regeln zur Werbung enthalten. Vgl. zu den Selbstregulierungen Jöhri, Werbung im Internet, S. 65 ff.

[118] Statt aller Jöhri, Werbung im Internet, S. 59.

[119] Die ausführlichste Darstellung des deutschen Werberechts im Internet findet sich bei Hoeren/Sieber, Multimediarecht, Kapitel 11. Die Thematik ist weiterhin behandelt u.a. bei Koch, Internet-Recht, S. 276 ff.; Strömer, Online-Recht, S. 130 ff.; Eichhorn, Internet-Recht, S. 159 ff.; Niebler in: Loewenheim/Koch, S. 243 ff.

[120] Siehe hierzu die umfassenden Nachweise bei Körner/Lehment in: Hoeren/Sieber, Kap.11.1, Rn. 20 ff. Eine Darstellung der internetspezifischen Fragestellungen im Bereich der §§ 1, 3 UWG bei Naumann, Präsentation im Internet als Verstoß gegen §§ 1, 3 UWG, S. 7 ff. Vgl. auch Hoeren, Rechtsfragen des Internet, Rn. 260 ff.; ders. WRP 1997, 993, 994 ff.

[121] Ausführliche Darstellung des Problemstandes bei Körner/Lehment in: Hoeren/Sieber, Kap. 11.1, Rn. 27 ff. Siehe auch Gruber, Werbung im Internet, in: Gruber/Mader, S. 128 ff. für die Entwicklung im österreichischem Recht; Jöhri, Werbung im Internet, S. 75 ff. in rechtsvergleichender Darstellung der Rechtslage in Deutschland und der Schweiz.

[122] Dazu unten Teil 2 B.III.2. im Rahmen der Warenverkehrsfreiheit sowie Teil 2.C.III.2. im Rahmen der Dienstleistungsfreiheit.

[123] Zur Anwendung des Trennungsgebotes auf die Unternehmenswebsite, Websites mit Fremdverweisen sowie typischerweise fremdfinanzierte Websites Jöhri, Werbung im Internet, S. 139 ff. Siehe weiterhin Körner/Lehment in: Hoeren/Sieber, Kap. 11.1, Rn. 160 ff.; Hoeren, Rechtsfragen des Internet, Rn. 264 ff..

[124] Körner/Lehment in: Hoeren/Sieber, Kap. 11.1, Rn. 127 ff.

[125] Körner/Lehment in: Hoeren/Sieber, Kap. 11.1, Rn. 149 ff.

[126] Ausführlich zu den verschiedenen produktbezogenen Regelungen Marwitz in: Hoeren/Sieber, Kap.11.2, Rn. 100 ff.

der Handel mit Arzneimitteln im Internet dienen.[127] Das Preisniveau für rezeptpflichtige Arzneimittel ist aufgrund von Eingriffen der Gesundheitsbehörden in den Mitgliedstaaten der Europäischen Gemeinschaft sehr unterschiedlich, was dazu führt, dass im grenzüberschreitenden E-Commerce reger Handel mit rezeptpflichtigen Heilmitteln eingesetzt hat.[128] Die deutsche Vorschrift des § 43 Arzneimittelgesetz (AMG) regelt die Apothekenpflicht fast aller Arzneimittel und schließt somit den Versandhandel als Vertriebsweg für Arzneimittel praktisch aus. Die öffentliche Werbung gegenüber Verbrauchern für Heilmittel ist dabei für verschreibungspflichtige Heilmittel generell gemäß § 10 Absatz 1 Heilmittelwerbegesetz (HWG), im Versandhandel gemäß § 8 Absatz 1 HWG für alle apothekenpflichtigen Arzneimittel ausgeschlossen.[129] Auf die gemeinschaftsrechtliche Beurteilung dieser Beschränkung wird in Teil 2 und 3 ausführlich einzugehen sein.[130]

Die durch den elektronischen Geschäftsverkehr hervorgerufenen geschäftlichen Möglichkeiten für die Inhaber freier Berufe sorgen für eine zunehmende Bedeutung der berufsgruppenspezifischen Werbebeschränkungen im Internet.[131]

Neben den vorgenannten werbebeschränkenden Vorschriften existieren unter dem Oberbegriff des medienspezifischen Werberechts weitere spezielle Werbebeschränkungen[132] für das Internet, welche sich aus den Regelungen des Teledienstegesetzes (TDG) und des Mediendienstestaatsvertrages (MDStV) ergeben.[133] Einzig relevante Vorschrift des TDG in Bezug auf Werbung im Internet ist das Transparenzgebot für Anbieter, welches in § 6 TDG geregelt ist. § 9 Absatz 1 MDStV trifft Regelungen für die Werbung gegenüber Kindern und Jugendlichen, § 9 Absatz 2 MDStV enthält das Trennungsgebot und § 9 Absatz 3 MDStV regelt das Sponsoring.[134]

II. Rechtliche Grenzen der Werbung im Internet

Grenzüberschreitende Werbung in Europa stößt in erheblichem Umfang auf rechtliche Grenzen, welche auf die unterschiedlichen Standards in den Rechtsordnungen der einzelnen Mitgliedstaaten zurückzuführen sind. Diese Problematik ist seit Jahrzehnten Gegenstand der wis-

---

[127] Die niederländische Internet-Apotheke www. 0800DocMorris.com betreibt einen solchen Versandhandel mit grenzüberschreitendem Angebot in der gesamten Gemeinschaft. Der Fall hat bereits deutsche Gerichte beschäftigt, vgl. LG Frankfurt/Main K&R 2001, 153 ff. = CR 2001, 185 ff.; LG Berlin, K&R 2001, 168. Hierzu ausführlich Koenig/Engelmann, ZUM 2001, 19, 21 ff.; Eichler, K&R 2001, 144 ff.

[128] Vgl. Ahrens, CR 2000, 835, 840.

[129] Doepner, Heilmittelwerbegesetz, § 8, Rn. 8. Vgl. auch das Beispiel bei Ahrens, CR 2000, 835, 840 sowie Marwitz in: Hoeren/Sieber, Kap.11.2, Rn. 170.

[130] Unten Teil 2 B.III.1.b. sowie Teil 3 C.II.3.b.(2)(b).

[131] Zur Anwendung des deutschen berufsspezifischen Werberechts im Internet Marwitz in: Hoeren/Sieber, Kap. 11.2, Rn. 228 ff. (Rechtsanwälte), Rn. 260 ff. (Steuerberater), Rn. 273 ff. (Notare), Rn. 285 ff. (Ärzte), Rn. 302 ff. (Apotheker); Köhler/Arndt, Recht des Internet, Rn. 376 ff. zur Anwaltswerbung.

[132] Marwitz in: Hoeren/Sieber, Kap.11.2, Rn. 46 ff.; Leupold/Bräutigam/Pfeiffer, WRP 2000, 575, 583 ff.; Hoeren, Rechtsfragen des Internet, Rn. 249 ff.

[133] Das TDG findet, wenn keine der in § 2 II TDG genannten Fallgruppen einschlägig ist, gem. § 2 I TDG auf Dienste der Individualkommunikation Anwendung, der MDStV -in Ermangelung einer besonderen Zuordnung nach § 2 II MDStV- gem. § 2 I MDStV auf an die Allgemeinheit gerichtete Dienste. Die Abgrenzung des Anwendungsbereichs zwischen TDG und MDStV ist für bestimmte Online-Dienste problematisch. Zur Abgrenzung vgl. Engel-Flechsig/Maennel/Tettenborn, NJW 1997, 2981, 2983 ff.; Marwitz in: Hoeren/Sieber, Kap. 11.2, Rn. 51 ff.; kritisch zum Überschneidungsbereich beider Regelungen Hoeren, MMR 1999, 192, 194.

[134] Vgl. hierzu auch Pfeiffer/Bräutigam/Leupold, WRP 2000, 575, 583 ff.

senschaftlichen und politischen Diskussion.[135] Schon bei grenzüberschreitenden Werbemaßnahmen außerhalb des Internet trifft den Anbieter einer Ware oder Dienstleistung die Gefahr, sein Werbekonzept an die einzelnen nationalen Werberechtsordnungen anpassen zu müssen. Bei Werbemaßnahmen im Internet potenziert sich diese Gefahr jedoch um ein Vielfaches. Der Grund hierfür liegt in der grenzenignorierenden Wirkung des Internet als Trägermedium der Werbung. Werbung im Internet kann, an einem Ort der Erde ins Netz gestellt, überall und unabhängig vom Ort ihres Ursprunges empfangen werden. Die Werbekonzeption eines Anbieters wird somit automatisch von einer nationalen zu einer internationalen. Die nachfolgende Darstellung nimmt die Internationale Zuständigkeit mitgliedstaatlicher Gerichte zum Ausgangspunkt, prüft sodann die kollisionsrechtlichen Besonderheiten bei der Bestimmung des auf Internet-Werbung anwendbaren Rechts und zeigt abschließend die Situation im europäischen Werberecht auf.

1. Internationale Zuständigkeit mitgliedstaatlicher Gerichte

Zur Anwendung werberechtlicher Vorschriften kommt es im deutschen Recht in aller Regel in einem wettbewerbsrechtlichen Verfahren. Liegt ein grenzüberschreitender Sachverhalt vor, an dem z.B. ein Werbetreibender aus einem anderen Mitgliedstaat beteiligt ist, so ist zunächst die Internationale Zuständigkeit des angerufenen Gerichts zu ermitteln.

Die Internationale Zuständigkeit der Gerichte der Mitgliedstaaten der Europäischen Union bestimmt sich unbeschadet besonderer Vorschriften gemäß Art. 2 Absatz 1 EuGVÜ[136] nach dem Wohnsitz des Beklagten oder dem Sitz der juristischen Person. Darüber hinaus enthält Art. 5 Nr. 3 EuGVÜ eine besondere Zuständigkeitsregel für unerlaubte Handlungen, welche auch Verstöße gegen Wettbewerbsrecht umfasst.[137] Hiernach sind die Gerichte des Staates international zuständig, in dem das schädigende Ereignis eingetreten ist. Umfasst sind nach Ansicht des Gerichtshofs davon sowohl der Begehungsort und als auch der Erfolgsort einer schädigenden Handlung.[138] Für Werbemaßnahmen in grenzüberschreitenden Medien hat dies zur Folge, dass eine Internationale Zuständigkeit der Gerichte der Verbreitungsstaaten des Mediums grundsätzlich gegeben ist.[139] Dies führt also regelmäßig auch zu einer Zuständigkeit der Gerichte des Bestimmungslandes der Werbung und somit zu einem Gleichlauf im Hinblick auf das im Folgenden zu erläuternde Marktortprinzip im internationalen Privatrecht.[140]

---

[135] Zum Stand der politischen Diskussion siehe insbesondere das Grünbuch „Kommerzielle Kommunikationen im Binnenmarkt", KOM (96), 192 endg. Vgl. hierzu die Beiträge von Henning-Bodewig, GRUR Int. 1997, 515 ff. sowie GRUR Int. 1999, 233, 239 zum Folgedokument des Grünbuches. Instruktiv auch der Beitrag von Nacken, WRP 1997, 929 ff. Siehe auch oben Teil 1 A.II.1.

[136] Europäisches Gerichtsstands- und Vollstreckungsabkommen (EuGVÜ), abgedruckt bei Jayme/Hausmann, Internationales Privat- und Verfahrensrecht, Textsammlung, Nr. 72. Das EuGVÜ geht im Rahmen seines Anwendungsbereichs den nationalen Regelungen vor. Zur Eröffnung des Anwendungsbereichs siehe Hüßtege in: Thomas/Putzo, Vorb. EuGVÜ, Rn. 3 ff. Findet das EuGVÜ keine Anwendung wird die internationale Zuständigkeit autonom nach den Regeln zur Bestimmung der örtlichen Zuständigkeit bestimmt. § 24 I, II UWG kommt dabei zum selben Ergebnis wie das nachfolgend dargestellte EuGVÜ.

[137] Hüßtege in: Thomas/Putzo, Art. 5 EuGVÜ, Rn. 10. Trotz des Wortlauts, der auf den Ort abstellt, an dem „der Schaden eingetreten ist", wird überwiegend davon ausgegangen, dass Art. 5 Nr. 3 EuGVÜ auch auf vorbeugende Unterlassungsansprüche anzuwenden ist. Vgl. Baumbach/Hefermehl, Einl. UWG, Rn. 194.

[138] EuGH, Rs. 21/76, Mines de potasse d' Alsace, Slg. 1976, 1735, 1747, Erwägungen 24, 25; vgl. auch EuGH, Rs. C-68/93, Shevill/Presse Alliance, Slg. 1995, I-415, 459, Erwägung 20.

[139] Siehe auch Dethloff, Europäisierung des Wettbewerbsrechts, S. 127.

[140] Hierzu Mankowski, GRUR Int. 1999, 909, 915.

2. Anwendbares Recht bei Werbung im Internet

Steht die Internationale Zuständigkeit des Gerichts fest, so ist nach den Grundsätzen des Internationalen Privatrechts das anwendbare Sachrecht zu ermitteln. Die Frage, welches Internationale Privatrecht dabei zur Anwendung gelangt, richtet sich nach den Grundsätzen der *lex fori*. Das bedeutet, dass das zuständige Gericht grundsätzlich sein eigenes nationales Internationales Privatrecht zur Bestimmung des anwendbaren Rechts verwendet, ein deutsches Gericht also insbesondere die Regelungen des EGBGB, andere mitgliedstaatliche Gerichte wiederum deren Kollisionsrecht.

a. Anwendbares Werberecht nach deutschem Kollisionsrecht

(1) Internationales Öffentliches Recht

Teil des besonderen Werberechts, vor allem im Bereich der produktspezifischen Werbebeschränkungen sind in nicht geringem Umfang auch Vorschriften des Öffentlichen Rechts, wobei vor allem Vorschriften des Arzneimittelrechts und des Lebensmittelrechts zu nennen sind. Im Zusammenhang mit der internationalen Anwendbarkeit öffentlich-rechtlicher Werbevorschriften stellen sich regelmäßig zwei Fragen. Zum einen ist der Anwendungsbereich der jeweiligen Vorschrift zu bestimmen. Zum anderen ist das Verhältnis zur Anknüpfung nach den Grundsätzen des internationalen Privatrechts zu klären, da die Prüfung öffentlich-rechtlicher Werbevorschriften in den meisten Fällen im Rahmen eines Verstoßes gegen § 1 UWG[141] erfolgt, dessen internationale Anwendbarkeit im zivilgerichtlichen Verfahren nach den Grundsätzen des Internationalen Privatrechts ermittelt wird.[142]

Die Anwendbarkeit nationaler öffentlich-rechtlicher Vorschriften auf grenzüberschreitende Sachverhalte richtet sich nach dem Territorialitätsprinzip.[143] Im Grundsatz sind Rechtsnormen eines Mitgliedstaates demnach an alle gerichtet, die sich in deren territorialem Geltungsbereich aufhalten. Dies gilt ohne Rücksicht auf Wohnsitz, Nationalität oder Art des Rechtssubjekts.[144] Weiterhin erstreckt sich die verwaltungsrechtliche Kontrolle auch auf Vorgänge, die im räumlichen Kompetenzbereich der jeweiligen Staatsgewalt stattfinden.[145] Die Anwendbarkeit einer öffentlich-rechtlichen Vorschrift ist dabei nach der Regelungsintention der jeweiligen Vorschrift zu bestimmen. Produktspezifische Werberegelungen dienen regelmäßig dem Verbraucher- und Gesundheitsschutz der inländischen Bevölkerung. Wird Werbung im deutschen Hoheitsgebiet verbreitet, so finden die betreffenden Vorschriften des Arznei- und Lebensmittelrechts auf diese Werbung Anwendung, denn nur so kann die Schutzfunktion der

---

[141] Vgl. zur Anwendbarkeit des § 1 UWG im Falle des Verstoßes gegen gesetzliche Vorschriften und zu den Voraussetzungen für eine wettbewerbsrechtliche Relevanz eines solchen Gesetzesverstoßes Baumbach/Hefermehl, § 1 UWG, Rn. 611 ff. Zur Einschlägigkeit des § 1 UWG insbesondere bei Verstößen gegen das Heilmittelwerbegesetz sowie das Lebensmittelrecht, aaO, Rn. 618, 621.

[142] Vgl. auch Ahrens, CR 2000, 835, 840.

[143] Wolf/Bachof/Stober, § 21, Rn. 12, § 27, Rn. 15; Ossenbühl in: Erichsen/Martens, Allgemeines Verwaltungsrecht, § 9 II, III, S. 136; Kegel/Schurig, IPR, S. 939; Schricker, Recht der Werbung, Rn. 83. Es liegt eine nur einseitige Kollisionsnorm vor, da nur geregelt wird, wann das eigene Verwaltungsrecht eines Staates anwendbar ist, jedoch nicht, welches Recht anwendbar sein soll, wenn das eigene Recht nicht anwendbar ist, vgl. Firsching/von Hoffmann, Internationales Privatrecht, § 1, Rn. 131.

[144] Ossenbühl in: Erichsen/Martens, Allgemeines Verwaltungsrecht, § 9 II, III, S. 136; Vgl. hierzu auch Reese, Grenzüberschreitende Werbung, S. 8, unter Hinweis auf die treffende Aussage von Ferid, IPR, § 2, 2-66,2: „Who goes to Rome must do as those at Rome do."

[145] Vgl. Schricker, Recht der Werbung, Rn. 83.

Vorschrift erfüllt werden.[146] Dies gilt mithin auch für gegen produktspezifische Werbevorschriften verstoßende Internet-Werbung, welche von einem Anbieter aus einem anderen Mitgliedstaat verantwortet wird. Bietet also ein niederländischer Apotheker unter Einhaltung der niederländischen Vorschriften in Deutschland rezeptpflichtige Arzneimittel von den Niederlanden aus im Internet nach Deutschland an und wirbt für sein Angebot[147], verstößt er grundsätzlich gegen §§ 43 Absatz 1, 73 Absatz 2 AMG und § 8 Absatz 2 HWG. Es ist ihm verwehrt, diese Produkte im Wege des E-Commerce nach Deutschland zu vertreiben und im Internet zu bewerben, weil der Schutzzweck der einschlägigen Vorschriften des deutschen öffentlichen Rechts dies erfordert.

Werden produktspezifische Werberegelungen in Verbindung mit § 1 UWG Entscheidungsgrundlage im Wettbewerbsprozess, ist die internationale Anwendbarkeit öffentlichrechtlicher Vorschriften im Verhältnis zum Internationalen Privatrecht zu klären.[148] Möglich ist eine Sonderanknüpfung für die öffentlich-rechtlichen Werbevorschriften als Eingriffsnormen.[149] Das Internationale Privatrecht dient mit seinen regelmäßig allseitigen Kollisionsnormen dem Ausgleich privater Interessen. Stehen neben den privatrechtlichen Beziehungen in einem Sachverhalt zudem durch öffentlich-rechtliche Vorschriften repräsentierte überindividuelle Gemeinschaftsinteressen inmitten, so ist für diese eine gesonderte Anknüpfung vorzunehmen. Es kommt somit zu einer Zweipoligkeit des IPR und des Kollisionsrechts für Eingriffsnormen.[150] Eine Sonderanknüpfung setzt das Vorliegen einer Eingriffsnorm voraus. Für das Bestehen eines eingriffsrechtlichen Charakters ist die Ordnungsrelevanz der jeweiligen Vorschrift im Einzelfall erforderlich.[151] Diese kann für den Bereich des produktspezifischen Werberechts im Regelfall bejaht werden. Denn produktspezifische Werberegelungen dienen entweder selbst übergeordneten Gemeinschaftsinteressen des Verbraucher- und Gesundheitsschutzes wie etwa Werbebeschränkungen aus dem Bereich des Lebensmittelrechts. Oder die jeweilige produktbezogene Werbevorschrift sichert andere ordnungsrechtliche Normen ab, die ihrerseits diese Zwecke verfolgen. So liegt der Fall etwa bei dem Werbeverbot des § 8 Absatz 2 HWG, welches die Regelungen der §§ 43, 73 Absatz 2 AMG absichert.[152]

Für produktbezogene Werbevorschriften aus dem Bereich des öffentlichen Rechts ist mithin neben der Bestimmung des anwendbaren Wettbewerbsrechts nach den Grundsätzen des Internationalen Privatrechts eine Sonderanknüpfung vorzunehmen, die deren internationale Anwendbarkeit bestimmt. Nationale produktspezifische Werberegelungen sind dabei nach den oben dargestellten Grundsätzen regelmäßig auf im Inland wirkende ausländische Werbung anwendbar. Dadurch entsteht eine weitgehende Konformität mit den Ergebnissen, die aus dem nun darzustellenden Internationalen Wettbewerbsrecht folgen.

---

[146] Allgemein Schricker, Recht der Werbung, Rn. 83. Für das Werbeverbot des § 8 II HWG entwickelt Mankowski, MMR 2001, 251, 252 dies aus dem an §§ 43 I, 73 II AMG angelehnten Schutzzweck der Vorschrift. A.A. Eichler, K&R 2001, 144, 147, der das Territorialitätsprinzip offenbar nur auf den räumlichen Aufenthalt beziehen will.
[147] Vgl. Nachweise bei Ahrens, CR 2000, 835, 840.
[148] Vgl. Mankowski, MMR 2001, 251, 252. Nur auf die Grundsätze des Internationalen Wettbewerbsrechts gehen Koenig/Müller, WRP 2000, 1366 ff. ein. Dies kritisierend Mankowski, MMR 2001, 251, 252.
[149] Zur Sonderanknüpfung bei Eingriffsnormen allgemein Sonnenberger in: MK, Einl. IPR, Rn. 34 ff.; für den Fall der Heilmittelwerbung im Internet Mankowski, MMR 2001, 251 ,252. Die Möglichkeit, inländische Eingriffsnormen gesondert anzuknüpfen, stellt eine allgemeine Regel dar und ist nicht auf den Fall des Art. 34 EGBGB beschränkt, vgl. Sonnenberger in: MK, Einl. IPR, Rn. 56.
[150] Sonnenberger in: MK, Einl. IPR, Rn. 34.
[151] Vgl. Sonnenberger in: MK, Einl. IPR, Rn. 39 ff.
[152] So Mankowski, MMR 2001, 251, 252.

(2) Internationales Wettbewerbsrecht

Das Internationale Wettbewerbsrecht ist Teil des Internationalen Privatrechts und umfasst alle Kollisionsnormen, die über die Anwendbarkeit des Sachrechts in Bezug auf den unlauteren Wettbewerb entscheiden.

(a) Grundlagen der Bestimmung des anwendbaren Wettbewerbsrechts

Das internationale Wettbewerbsrecht ist nicht gesetzlich geregelt und wird traditionell dem internationalen Deliktsrecht zugeordnet.[153] Bis zum Inkrafttreten der Art. 40 – 42 EGBGB durch die EGBGB-Novelle vom 1.6.1999 rekurrierte die deutsche Rechtsprechung zur Bestimmung des anwendbaren Deliktsrechts auf die Vorschrift des Art. 38 EGBGB a.F. und entwickelte hieraus für unerlaubte Handlungen die Anwendbarkeit des Tatortrechts, die sog. *lex loci delicti commissi*.[154] Die Neuregelung des Art. 40 I EGBGB behält die Anknüpfung an den Tatort bei, kodifiziert damit den bis dato gewohnheitsrechtlich geltenden Rechtszustand[155] und gibt dem Geschädigten ein Wahlrecht[156] zwischen dem Recht des Ortes, an dem die unerlaubte Handlung begangen wurde und dem Recht des Ortes, an dem der Erfolg der unerlaubten Handlung eintritt. Das Tatortprinzip wurde von der Rechtsprechung auch auf das Internationale Wettbewerbsrecht übertragen[157] und ist mangels eigenständiger Regelung auch nach der Novellierung der Art. 40, 41 EGBGB Grundlage für die Bestimmung des Wettbewerbsstatuts.[158] Eine besondere Kollisionsnorm für das Recht des unlauteren Wettbewerbs wurde im Rahmen der Reform zwar erwogen, jedoch nicht geschaffen.[159]

Bei der Konkretisierung der Tatortregel für den Bereich des Internationalen Wettbewerbsrechts stand im Mittelpunkt der wissenschaftlichen Diskussion über viele Jahre die Frage, wie der Tatort der Wettbewerbshandlung zu ermitteln sei.[160] Nach längerer Entwicklung folgte die Rechtsprechung dem Ansatz der schon damals herrschenden Literaturauffassung und bestimmt seither den Handlungsort eines marktbezogenen[161] Wettbewerbsverstoßes nach dem Ort, an dem die wettbewerblichen Interessen der Parteien aufeinandertreffen.[162] Diese Be-

---

[153] Vgl. nur Schricker, Recht der Werbung, Rn. 92; Baumbach/Hefermehl, Wettbewerbsrecht, Einl. UWG, Rn. 176; MK-Kreuzer, Art. 38 EGBGB (aF), Rn. 231; Palandt-Heldrich, Art. 40 EGBGB, Rn 11.

[154] Zur Entwicklung aus Art. 38 EGBGB (aF) Reese, Grenzüberschreitende Werbung, S. 8ff.

[155] Palandt-Heldrich, Art. 40 EGBGB, Rn. 1.

[156] Die Voraussetzungen für das Wahlrecht des Verletzten regelt Art. 40 I 2, 3 EGBGB. Näher zu diesem Bestimmungsrecht Spickhoff, IPRax 2000, 1, 5 ff. In Ausnahme zur Tatortregel kommt zudem gem. Art. 40 II EGBG eine Sonderanknüpfung an den gemeinsamen gewöhnlichen Aufenthalt in Betracht. Weiterhin ermöglicht Art. 41 EGBG die Anwendung des Rechts eines Staates, zu dem eine wesentlich engere Verbindung besteht. Vgl. hierzu Palandt-Heldrich, Art. 40, Rn. 5 ff.

[157] Vgl. BGHZ 35, 329, 333; BGHZ 40, 391, 395; BGHZ, 113, 11, 14; BGH NJW 1998, 1227, 1228; BGH NJW 1998, 2531, 2532.

[158] So auch Sack, WRP 2000, 269, 272, der annimmt, der Marktort stelle insoweit zugleich den Handlungs- und Erfolgsort dar. In diesem Sinne auch Mankowski, GRUR Int. 1999, 909, 910, der allerdings Probleme bei der konstruktiven Umsetzung sieht.

[159] Sack, WRP 2000, 269, 270.

[160] Eine Übersicht über die Entwicklung und den Stand der Meinungen zur Bestimmung des Wettbewerbsstatuts findet sich bei Kreuzer in: MK, Art. 38 EGBGB (aF), Rn. 231 ff.

[161] Neben marktbezogenen Wettbewerbshandlungen existieren, für das Recht der Werbung nicht relevante, betriebsbezogene Wettbewerbshandlungen. Vgl. hierzu Sack, WRP 2000, 269, 273.

[162] Grundlegend BGHZ 35, 329, 333 ff.; BGHZ 40, 391, 395; BGH GRUR 1971, 153, 154; BGH GRUR 1977, 672, 673; BGH GRUR 1982, 495, 497; BGH GRUR 1988, 453, 454; BGHZ 113, 11, 15; BGH NJW 1998, 1227, 1228. Eine Ausnahme von der Marktortanknüpfung kann sich bei Auslandswettbewerb deutscher Unternehmen nach der Stahlexport-Entscheidung, BGHZ 40, 391, 395 ff., dann ergeben, wenn sich eine Werbeaussage gezielt gegen einen inländischen Mitbewerber richtet. In diesem Fall kann in Abweichung von der Interessen-

stimmung des anwendbaren Wettbewerbsrechts nach dem Ort der wettbewerblichen Interessenkollision wird auch als Marktortprinzip bezeichnet. Aus dieser Festlegung auf den Ort der wettbewerblichen Interessenkollision folgt die Frage, nach welchen Kriterien die Belegenheit dieser Interessenkollision zu bestimmen ist. Nach zutreffender Auffassung ist der Ort einer möglichen Interessenkollision auf dem nationalen Markt anzusiedeln, auf welchem durch die konkret im Streit stehende Wettbewerbshandlung auf die Marktgegenseite, also den Abnehmer der Ware oder der Dienstleistung eingewirkt wird.[163] Nur an diesem Ort zeitigt unlauteres Verhalten seine Wirkungen. Dort soll das Wettbewerbsrecht unlauteres Konkurrenzverhalten verhindern. Am Ort der Einwirkung auf die Marktgegenseite besteht auch das Interesse der Allgemeinheit an einem lauteren Wettbewerb bei der Gewinnung von Kunden und dasjenige des Kunden selbst, als Marktteilnehmer vor unlauteren Praktiken bei Werbung und Vertriebsmaßnahmen geschützt zu werden.[164] Dieser so zu bestimmende Marktort ist zugleich auch der Erfolgsort, da die Einwirkung auf die Marktgegenseite auch der relevante Erfolg einer Wettbewerbshandlung ist. Begehungsort und Erfolgsort fallen also zusammen.[165]

Für den Bereich des Rechts der Werbung im Besonderen lässt sich der Ort der wettbewerblichen Interessenkollision und damit der maßgebliche Ort für die kollisionsrechtliche Anknüpfung nach denselben Kriterien bestimmen, die vorstehend für marktbezogene Wettbewerbshandlungen grundsätzlich aufgezeigt wurden.[166] Relevant ist auch hier der Ort, an dem auf die Marktgegenseite als Empfängerin der Werbebotschaft eingewirkt wird. Dies ist regelmäßig der Ort, an dem die Werbung erscheint. Ein besonderes Problem entsteht, wenn Werbemarkt und Absatzmarkt auseinanderfallen, wenn also z.B. auf dem grenznahen deutschen Markt für den Lebensmittelabsatz in niederländischen Supermärkten geworben wird. In diesen Fällen ist ausschließlich auf den Werbemarkt und nicht auf den Absatzmarkt abzustellen.[167] Auf eine ausländische Werbemaßnahme findet deutsches Recht grundsätzlich also immer dann Anwendung, wenn diese auf den deutschen Abnehmer einwirkt. Dann ist das deutsche Recht als Marktortrecht anzuwenden.

(b) Anwendbares Recht bei E-Mail-Werbung

Die Bestimmung des anwendbaren Rechts im Falle grenzüberschreitender E-Mail-Werbung gestaltet sich im Gegensatz zur nachfolgend zu prüfenden Werbung im World Wide Web einfach. Denn E-Mail Werbung ist stets gezielt an Empfänger gerichtet, die durch die verwendete E-Mail-Adresse problemlos lokalisierbar sind.[168] Richtet sich eine Werbung also gezielt an

---

kollisionsanknüpfung deutsches Wettbewerbsrecht anzuwenden sein. Vgl. hierzu Kreuzer in: MK, Art. 38 EGBGB (aF), Rn. 250 mwN; Fezer in: Staudinger, Internationales Wirtschaftsrecht, Rn. 491.

[163] BGHZ 113, 11, 15; BGH NJW 1998, 1227, 1228; BGH NJW 1998, 2531, 2532. So auch Kreuzer in: MK, Art. 38 EGBGB (aF), Rn. 240 mwN.; Dethloff, NJW 1998, 1596, 1599; Sack, WRP 2000, 269, 272; vgl. auch Fezer in: Staudinger, Internationales Wirtschaftsrecht, Rn. 488.

[164] In diesem Sinne auch BGHZ, 113, 11, 15; BGH NJW 1998, 1227, 1228; BGH NJW 1998, 2531, 2532. Vgl. auch Sack, WRP 2000, 268, 272 mwN. sowie Kreuzer in: MK, Art. 38 EGBGB (aF), Rn 240.

[165] Sack, WRP 2000, 269, 272.

[166] Vgl. Fezer in: Staudinger, Internationales Wirtschaftsrecht, Rn. 488 unter Berufung auf die Rechtsprechung des BGH und die ganz überwiegende Auffassung im Schrifttum.

[167] So ausdrücklich BGH GRUR 1991, 463, 465. Ebenso Fezer in: Staudinger, Internationales Wirtschaftsrecht, Rn. 489; Kreuzer in: MK, Art. 38 EGBGB (aF), Rn 241. Vgl. auch Sack, WRP 2000, 269, 272, der diese Frage gerade auch unter dem Gesichtspunkt der nach Art. 40 I 2 EGBGB möglichen Erfolgsortanknüpfung betrachtet, im Ergebnis aber eine Einordnung des Absatzmarktes als Erfolgsort zu Recht verneint.

[168] Vgl. Gruber in: Gruber/Mader, 109, 130.

einen Empfänger in Deutschland, so liegt nach der Marktortregel eine Einwirkung auf die Marktgegenseite in Deutschland vor, deutsches Wettbewerbsrecht ist anwendbar.[169]

(c) Anwendbares Recht bei Werbung im World Wide Web

i. Ausgangssituation

Eine besondere Konstellation ergibt sich für die Bestimmung des anwendbaren Wettbewerbsrechts im Falle der Werbung im World Wide Web, bei welcher es sich regelmäßig um sog. Multistate-Werbung handelt. Multistate-Sachverhalte liegen immer dann vor, wenn eine einzige rechtlich relevante Handlung gleichzeitig in verschiedenen Rechtsordnungen Rechtswirkungen entfaltet.[170] Im Bereich der Werbung ist dies der Fall, wenn sich der Anbieter einer Ware oder Dienstleistung eines Massenmediums zur Verbreitung seiner Werbebotschaft bedient, welches in mehreren Staaten erreichbar ist. Klassische Beispiele hierfür sind Werbemaßnahmen in international erscheinenden Printmedien[171] und vor allem in über die Grenzen zu empfangenden Hörfunk- und Fernsehsendungen.[172] Werbung im Internet, genauer gesagt im World Wide Web, stellt dabei den Extremfall[173] der Multistate-Werbung dar, da sie automatisch ohne weiteren technischen Aufwand weltweite Wirkungen entfalten kann.

Die Bestimmung des anwendbaren Wettbewerbsrechts nach dem oben dargestellten Marktortprinzip führt dazu, dass der Ort der wettbewerblichen Interessenkollision im Falle der Werbung der Einwirkungsmarkt[174] ist, auf dem auf den Verbraucher als Marktgegenseite eingewirkt wird. Bei Werbung in Printmedien kann dies jeder Markt sein, auf dem die jeweilige Publikation erscheint, bei Hörfunk- und Fernsehwerbung alle Märkte, auf denen die Werbesendung empfangen werden kann.[175] Bei Werbung im World Wide Web können demnach theoretisch weltweit alle Märkte in Betracht kommen, sofern eine Einwirkung auf die Marktgegenseite geben ist.[176] Eine Einwirkung kann bereits dann gegeben sein, wenn die Web Site durch einen potentiellen Kunden aufgerufen wird. Auf jede Internet-Werbung, die auch in Deutschland empfangen werden kann und auf den deutschen Markt einwirkt, findet demnach jedenfalls auch deutsches Werberecht Anwendung. Geht man davon aus, dass alle Mitgliedstaaten der Europäischen Gemeinschaft das anwendbare Wettbewerbsrecht ebenfalls nach dem Markortprinzip bestimmen[177], so sind auf Werbung im World Wide Web potentiell alle Wettbewerbsrechtsordnungen sämtlicher Mitgliedstaaten anzuwenden.

---

[169] Dies gilt auch, wenn die E-Mail auf Aufforderung des Angeschriebenen versandt wird, da mit der Versendung einer Werbe-E-Mail immer auch ein gezieltes Tätigwerden auf dem entsprechenden Markt verbunden ist. In diesem Sinne auch Mankowski, GRUR Int. 1999, 909, 917. A.A. Gruber in: Gruber/Mader, 109, 130; in diese Richtung nun auch Dethloff, Europäisierung des Wettbewerbsrechts, S. 118, 119, welche allerdings differenziert und von der Maßgeblichkeit des Rechts am Sitz des Empfängers jedenfalls dann ausgeht, wenn das werbende Unternehmen mit seiner Online-Werbung auch auf den Absatz auf bestimmten ausländischen Märkten zielt.

[170] Grundlegend zur Problematik Kreuzer in: MK, Art. 38 EGBGB (aF), Rn. 248.

[171] Erstmals für Printmedien BGH GRUR 1971, 153 ff.

[172] Vgl. Kotthoff, CR 1997, 676, 678; Dethloff, NJW 1998, 1596, 1599; Sack WRP 2000, 269, 273; Kreuzer in: MK, Art. 38 EGBGB (aF), Rn. 248; Fezer in: Staudinger, Internationales Wirtschaftsrecht, Rn. 499 ff.

[173] So zutreffend Kotthoff, CR 1997, 676, 677; vgl. auch Mankowski, GRUR Int. 1999, 909, 915.

[174] Fezer in: Staudinger, Internationales Wirtschaftsrecht, Rn. 488.

[175] Zur Einordnung der Reichweite grenzüberschreitender Fernsehsendungen ausführlich Wellan, Die Auswirkung der Harmonisierung durch die Fernsehrichtlinie, S. 41 ff.

[176] Kreuzer in: MK, Art. 38 EGBGB (aF), Rn. 248; Kotthoff, CR 1997, 676, 678; Sack, WRP 2000, 269, 273, 277.

[177] Dass dies mit geringen Unterschieden in den Rechtsordnungen der Mitgliedstaaten der Fall ist, wird im Folgenden gesondert dargestellt.

Das Erfordernis einer Modifikation des Marktortprinzips im Bereich der Multistate-Werbung wurde in der Literatur schon lange vor dem Auftreten der Problematik im Internet diskutiert. Der Schwerpunkt dieser Diskussion lag, ausgehend von den Problemen bei Multistate-Werbung in Printmedien und im Fernsehen, hauptsächlich auf der Frage der kollisionsrechtlichen Behandlung sogenannter Spillover- oder Overspill-Effekte.[178] Hierunter sind Fälle zu verstehen, in denen Werbeinformationen, die ausschließlich für einen bestimmten Markt bestimmt sind, unbeabsichtigt in den Marktbereich eines anderen Staates gelangen. Dies kann etwa durch Mitbestrahlen anderer Staaten bei Rundfunk- oder Satellitenwerbung der Fall sein, aber auch durch Erscheinen bestimmter Printmedien im Grenzbereich zweier Staaten. Von dieser Frage zu unterscheiden ist das gewollte und gezielte Bewerben mehrerer ausländischer Märkte durch Ausstrahlung von für das Inland oder international konzipierten Werbesendungen über das Fernsehen oder im Wege des Internet.[179]

Auch bei Multistate-Werbung im Internet sind es diese beiden Fallgruppen, die Probleme bei der Anwendung des Marktortprinzips hervorrufen. Im ersten Fall möchte ein Anbieter das Internet dazu nutzen, um Waren und Dienstleistungen auf vorher genau bestimmten Märkten zu vertreiben und hierfür zu werben. Er hat sich dann in der Regel über die rechtlichen Voraussetzungen dieser Märkte informiert und möchte in anderen Staaten gerade nicht tätig werden. Durch die grenzenignorierende Wirkung des Internet kann er sich aber nicht darauf verlassen, dass nicht auch in anderen Staaten von seiner Werbemaßnahme Kenntnis genommen wird. Denn gerade im Internet sind aufgrund der technischen Gegebenheiten Spillover-Effekte der Wettbewerbshandlung sehr wahrscheinlich.[180] Der Anbieter ist also nach dem Marktortprinzip unter Umständen Rechtsordnungen ausgesetzt, mit deren Relevanz er gar nicht gerechnet hatte. Im zweiten Fall hat es der Waren- und Dienstleistungsanbieter demgegenüber gerade darauf abgesehen, die europaweiten Wirkungen des Internet für seine geschäftlichen Belange auszunutzen. Er wird z.B. das World Wide Web für seine international konzipierte Werbestrategie gebrauchen oder im Rahmen des B2C-Commerce Waren oder Dienstleistungen grenzüberschreitend handeln und bewerben wollen.[181]

Im Folgenden wird sich zeigen, dass für erstere Variante eine modifizierte Anwendung des Marktortprinzips eine für manche Fallgruppen der Internet-Werbung taugliche, wenn auch sicherlich nicht ausreichende Begrenzung bei Spillover-Effekten bietet, die in Fällen, in denen es vom Anbieter nicht gewollt ist, dessen Risiko der Anwendung verschiedener Marktortrechte minimieren kann. In der zweiten Fallgruppe jedoch bestehen über das Marktortprinzip freilich keine Lösungsmöglichkeiten.

ii. Begrenzungen des Marktortprinzips bei Spillover-Effekten

Wichtiger Ansatzpunkt für eine modifizierte Anwendung des Marktortprinzips bei Multistate-Werbesachverhalten ist die Tampax-Entscheidung.[182] Dort hatte der BGH über ein Werbeinserat in einer deutschsprachigen schweizerischen Zeitung zu entscheiden, in welchem von

---

[178] Vgl. Fezer in: Staudinger, Internationales Wirtschaftsrecht, Rn. 499 ff.; Dethloff, NJW 1998, 1596, 1599 ff.; Sack, WRP 2000, 269, 274.

[179] Zur insbesondere für die beabsichtigt grenzüberschreitende Werbung im europäischen Binnenmarkt wichtigen Unterscheidung dieser beiden Konstellationen vgl. Fezer in: Staudinger, Internationales Wettbewerbsrecht, Rn. 499.

[180] Zu technischen Begrenzungsmöglichkeiten Mankowski, GRUR Int. 1999, 909, 916.

[181] Siehe oben Teil 1 A.I.2.a. sowie Teil 1 A.II.3. zur Bedeutung grenzüberschreitender Werbung im europäischen Binnenmarkt.

[182] BGH GRUR 1971, 153 ff. mit Anm. Droste = JZ 1971, 731 ff. mit Anm. Deutsch.

einem Hygieneartikelhersteller in nach Schweizer Recht zulässiger Weise, jedoch unter Verstoß gegen §§ 1, 3 des deutschen UWG mit gesundheitsrelevanten Behauptungen geworben wurde. Die Zeitung wurde in nicht unerheblichem Umfang auch in Deutschland vertrieben. Der BGH bejahte einen relevanten Marktort in Deutschland und kam zur Anwendung deutschen Rechts mit der Begründung, dass es an einem inländischen Begehungsort nur dann fehle, wenn nur *„da und dort"* ein Einzelexemplar der betreffenden Zeitung über die Grenze gelange, nicht jedoch, wenn die Zeitungen im regelmäßigen Geschäftsgang die Grenze überschritten.[183]

Für die Annahme eines Marktortes ist demnach also zumindest eine Minimalauswirkung der jeweiligen Wettbewerbshandlung auf den inländischen Markt erforderlich. Ausgehend von diesem Erfordernis wurde in der Literatur versucht, Kriterien zu entwickeln, mit denen eine sinnvolle Begrenzung des Marktortprinzips bei Spillover-Konstellationen erreicht werden sollte. Diese Grundsätze wurden in jüngerer Zeit auch auf das Internet übertragen und weiterentwickelt.[184] Gemeinsam ist all diesen Ansätzen, eine Mindestschwelle aufzustellen, die erreicht sein muss, damit eine Wettbewerbshandlung auch auf dem inländischen Markt Bedeutung erlangen kann. Dieser Ansatz hat mittlerweile auch Zugang in die obergerichtliche Rechtsprechung gefunden.[185] Unterschiedlich ist lediglich der dogmatische Ansatzpunkt, weshalb die Problematik teilweise unter dem Begriff der Spürbarkeit[186] verortet wird, teilweise auf die objektiv zu ermittelnde Zielrichtung der Wettbewerbshandlung abgestellt wird[187] und teilweise geprüft wird, ob die objektiven Umstände eine nennenswerte Wirkung der Werbung auf den inländischen Markt wahrscheinlich machen.[188]

In der vorliegenden Konstellation ist zu klären, in welchen Fällen Internet-Werbung, die nicht gezielt auf den inländischen Markt gerichtet ist, trotzdem nach deutschem Marktortrecht zu beurteilen ist. Zur Beantwortung der Frage, wann eine wettbewerbliche Interessenkollision gegeben ist, wann also ein ausreichendes Einwirken einer Internet-Werbung auf die Marktgegenseite auch für den deutschen Markt vorliegt, kommen eine Vielzahl mehr oder weniger tauglicher Kriterien in Betracht, die sich aus der Natur der Werbung und des Angebots im Internet ergeben.[189]

Möglichkeiten zur Ermittlung der Ausrichtung einer Website ergeben sich zunächst aus der Art und Weise der Darbietung eines Webauftritts oder einer Internet-Werbung, z.B. aus der Angabe von Telefonnummern, Zahlungsmodalitäten[190] oder ähnlichem. Ein nur schwaches Indiz für die Ausrichtung einer Wettbewerbshandlung auf einen bestimmten Markt ist

---

[183] BGH GRUR 1971, 153, 154.

[184] Vgl. Kotthoff, CR 1997, 676 ff; Dieselhorst, ZUM 1998, 293, 294 ff.; Dethloff, NJW 1998, 1596 ff.; Mankowski, GRUR Int. 1999, 909 ff.; ders., CR 2000, 763 ff.; Sack, WRP 2000, 269 ff.; Fezer in: Staudinger, Internationales Wirtschaftsrecht, Rn. 501 ff.; Gruber in: Gruber/Mader, 109, 116.

[185] OLG Frankfurt/Main, K&R 1999, 138, vgl. hierzu die Anmerkung von Kotthoff, K&R 1999, 139, 140; OLG Bremen, CR 2000, 770 ff., dort freilich für die Bestimmung der örtlichen Zuständigkeit iSd. § 24 UWG, was jedoch keine Unterschiede hinsichtlich der verwandten Kriterien bewirkt. Anmerkung hierzu bei Mankowski, CR 2000, 763 ff.

[186] So z.B. Mankowski, GRUR Int. 1999, 909, 915 ff.; Dethloff NJW 1998, 1596, 1600; Sack, WRP 2000, 269, 274, 278; Gruber in: Gruber/Mader, 109, 116. Dagegen Kotthoff, CR 1997, 676, 680. Dieselhorst, ZUM 1998, 293, 295 spricht von Erheblichkeit.

[187] Kotthoff, CR 1997, 676, 680.

[188] Fezer in: Staudinger, Internationales Wirtschaftsrecht, Rn. 503.

[189] Einen umfassenden Überblick über den Kriterienkatalog gibt Mankowski, GRUR Int. 1999, 909, 916 ff.; ders., CR 2000, 763, 764 ff. im Hinblick auf die Entscheidung des OLG Bremen, CR 2000, 770 ff. Siehe auch Kotthoff, CR 1997, 676, 682; Dieselhorst, ZUM 1998, 293, 295; Dethloff, NJW 1998, 1596, 1600; Gruber in: Gruber/Mader, S. 116 ff.

[190] Hierzu Mankowski, GRUR Int. 1999, 909, 918; ders. CR 2000, 763, 764.

dagegen die Sprache der Werbung. Denn ein Großteil der Internet-Werbung findet in englischer Sprache statt, weshalb eine englischsprachige Werbung auch auf dem deutschen Markt Wirkungen entfalten kann.[191] Ein untaugliches Kriterium ist weiterhin die Top Level Domain einer Website, da geographische Kürzel nicht erforderlich sind.

Unter dem gemeinsamen Oberbegriff des Angebots und der Angebotsstruktur lassen sich verschiedene Kriterien zusammenfassen, welche die Ermittlung der spürbaren Marktbeeinflussung im Zusammenhang mit dem beworbenen Produkt des Anbieters ermöglichen. So kann eine Werbung für eine Ware oder Dienstleistung dann keine nennenswerten Auswirkungen auf einen inländischen Markt haben, wenn die beworbene Ware oder Dienstleistung in einem Staat überhaupt nicht erhältlich ist.[192] Dies kann zum einen für Produkte gelten, die generell außerhalb des E-Commerce vertrieben und nur im Internet beworben werden[193], zum anderen aber auch für Hard-Goods, die online bestellt werden können, deren Vertrieb aber offline erfolgt. Ist ein solches Produkt im Versandwege in einem Staat nicht erhältlich, so kann auch die Werbung hierfür keine Wirkungen entfalten. Ebenfalls unter diese Fallgruppe lässt sich die Angabe von Zahlungs- und Verkaufsmodalitäten für den E-Commerce fassen.

Bei einer Werbung auf fremden Websites ist die Reichweite des Angebots des diese Website unterhaltenden Unternehmens zu beachten und zu ermitteln, zu welchen Märkten die auf dieser Website geschaltete Werbung Zugang verschafft.[194] Gleiches hat zu gelten, wenn die Werbung in elektronischen Zeitschriften platziert ist. In diesem Falle ist das Verbreitungsgebiet der betreffenden elektronischen Zeitschrift zu ermitteln.

Die genannten Indizien sind einerseits tauglich, ex-post die objektive Wirkung einer Internet-Werbung auf einen Markt zu ermitteln, können andererseits aber auch aus der ex-ante Sicht dem Anbieter helfen, rechtlich relevante Auswirkungen seiner Werbung auf bestimmte Märkte zu verhindern, auf die er mit seinem Angebot nicht abzielt. Es stehen dem Anbieter aber noch weitere Gestaltungsmöglichkeiten zur Verfügung, mit denen er die Zielrichtung seines Angebots bestimmen und damit das Rechtsanwendungsrisiko reduzieren kann. So besteht die Möglichkeit, auf der Website einen sogenannten Disclaimer anzubringen, dass das Angebot auf der Website nur für bestimmte Märkte gelte oder für bestimmte Märkte nicht gelte.[195] Ein solcher ist zwar mangels Parteiautonomie im internationalen Wettbewerbsrecht nicht tauglich, eine Rechtswahl zu begründen[196], und genügt auch für sich genommen nicht, um eine spürbare Inlandsauswirkung der Online-Werbung auszuschließen.[197] Ein Disclaimer kann jedoch ein wesentliches Indiz dafür sein, auf welche räumlichen Märkte der Anbieter seine Internet-Werbung objektiv ausgerichtet hat. Erforderlich ist dabei aber, dass sich der Anbieter an die im Disclaimer angegebene Begrenzung auf bestimmte Märkte hält und keine dem Inhalt des Disclaimers entgegenstehenden Leistungen in ausgeschlossene Staaten er-

---

[191] Dieselhorst, ZUM 1998, 293, 295; Dethloff, NJW 1998, 1596, 1600; Gruber in: Gruber/Mader, S. 116; Fezer in: Staudinger, Internationales Wirtschaftsrecht, Rn. 503, der auch auf die Entwicklungsmöglichkeiten von Online-Übersetzungsprogrammen hinweist; differenzierend, im Ergebnis aber ebenso Mankowski, GRUR Int. 1999, 909, 917. Ebenso OLG Frankfurt/Main, K&R 1999, 138.

[192] Dieselhorst, ZUM 1998, 293, 295; Mankowski, GRUR Int. 1999, 909, 918; Fezer in: Staudinger, Internationales Wirtschaftsrecht, Rn. 504. Vgl. auch OLG Frankfurt, K&R 1999, 138.

[193] Mankowski, GRUR Int. 1999, 909, 918, gibt als Beispiel das Angebot eines US-amerikanischen Greyhoundtickets, oder das Internet-Angebot eines lokalen Restaurants.

[194] Dethloff, NJW 1998, 1596, 1600; Mankowski, GRUR Int. 1999, 909, 920; Gruber in: Gruber/Mader, S. 117; Körner/Lehment in: Hoeren/Sieber, Kap. 11.1, Rn. 205.

[195] Dieselhorst, ZUM 1998, 293, 295; Mankowski, GRUR Int. 1999, 909, 919 ff.

[196] Mankowski, CR 2000, 763, 766 mwN.

[197] Dieselhorst, ZUM 1998, 293, 295; Fezer in: Staudinger, Internationales Wirtschaftsrecht, Rn. 503; vgl. auch Wegner, CR 1998, 676, 681;.

bringt. Denn durch ein insoweit widersprüchliches Verhalten des Anbieters ginge die Indizwirkung des Disclaimers verloren, der Disclaimer würde nach dem Grundsatz „protestatio facto contraria“ unbeachtlich.[198]

Disclaimer und andere ex-ante Gestaltungsmöglichkeiten können dem Anbieter im Internet also helfen, mit seinen Wettbewerbshandlungen und Angeboten auf bestimmten Märkten tätig zu werden und das Risiko der ungewollten Einwirkung auf andere Märkte zu verringern. Die Tauglichkeit dieser Beschränkungsindizien ist jedoch begrenzt, wenn man die verschiedenen Fallgruppen der Internet-Werbung betrachtet.[199] Die meisten der genannten Begrenzungskriterien stellen darauf ab, dass ein Anbieter eine Ware oder Dienstleistung bewirbt, die er auch im Rahmen des elektronischen Geschäftsverkehrs anbietet.[200] Denn nur wenn die Werbung der Vertragsanbahnung eines Online-Geschäfts dient, kann durch die Angebotsstruktur und durch einen Disclaimer, der sich ebenfalls auf ein konkretes Angebot bezieht, auf die Ausrichtung der Werbung auf bestimmte Märkte geschlossen werden.

Damit sind von der vorstehend aufgezeigten Begrenzungsmöglichkeit für Spillover-Effekte alle Varianten der Werbung ausgeschlossen, in denen im Internet für auf Offline-Märkten frei verfügbare Waren und Dienstleistungen geworben wird, die auf verschiedenen europäischen Märkten erhältlich sind. Eine Beschränkung der Werbung durch Disclaimer wird in diesen Fällen eine Wirkung auf bestimmte Einzelmärkte nicht ausschließen können, da es für die Beurteilung des relevanten Marktes nicht auf die Absicht des Anbieters ankommt, einen bestimmten Markt zu erreichen.[201] Vielmehr ist nur auf die tatsächliche, objektiv zu ermittelnde Einwirkung auf den Verbraucher eines Marktes abzustellen. Diese Problematik potenziert sich zudem dann, wenn auf fremden Websites geworben wird, da deren Reichweite für den Anbieter noch schwerer kontrollierbar ist.

Es verbleiben also nur die Fälle des „echten“ E-Commerce, also des Angebots von Dienstleistungen oder Waren im Internethandel, sei es für offline zu liefernde Hard-Goods, sei es für online lieferbare Soft-Goods. Nur in diesem Bereich ist eine Beschränkung des Angebots auf bestimmte Märkte denkbar, zum einen über die Angebotsstruktur, insbesondere über die Vertriebswege für Hard-Goods, zum anderen grundsätzlich auch über die Anbringung von Disclaimern. Für die Verwendung von Disclaimern ist allerdings zu beachten, dass dann tatsächlich keine Lieferung auf verbal ausgeschlossene Märkte erfolgen darf. Die Identifikation der geographischen Herkunft eines Kunden ist allerdings für den Anbieter mit technischem Aufwand[202] verbunden, der umso größer wird, je mehr verschiedene Märkte von dem jeweiligen Angebot erfasst sein sollen. Wirkliche Sicherheit lässt sich also vorwiegend in solchen Fällen erzielen, in denen ein Anbieter mit seinen Internetangebot tatsächlich nur einen oder wenige Staaten avisiert.[203] Dann kann er durch konkrete Angebotsstruktur, Disclaimer und Kontrolle die Einwirkung von Wettbewerbshandlungen auf andere Märkte nahezu ausschließen.

---

198 Mankowski, CR 2000, 763, 767; vgl. auch Hoeren WRP 1997, 993, 998.

199 Generell an der Tauglichkeit von Begrenzungsmöglichkeiten hinsichtlich des Marktortprinzips zweifelnd Löffler, WRP 2001, 379, 381 ff.

200 Die Einbeziehung von Selbstschutzmöglichkeiten entstammen denn auch der Diskussion um die Bestimmung des internationalen Verbraucherschutzrechts im Internet, vgl. ausführlich Mankowski, MMR-Beilage 7/2000, 22, 25 ff., mithin einem Bereich, der sich mit Rechtsproblemen des Vertragsschlusses befasst.

201 BGH GRUR 1971, 153, 154. Vgl. auch Fezer in: Staudinger, Internationales Wirtschaftsrecht, Rn. 508 mwN.

202 Zur Möglichkeit eines Passwort-Systems vgl. Mankowski, GRUR Int. 1999, 909, 920.

203 Zur parallelen Handhabung mit dem Internationalen Verbrauchervertragsrecht Mankowski, GRUR Int. 1999, 909, 915, der ein „richtig verstandenes Marktortprinzip“ im Ergebnis für ausreichend erachtet.

b. Anwendbares Wettbewerbsrecht nach ausländischem Kollisionsrecht

Wie bereits angesprochen, ist zur Beurteilung der rechtlichen Grenzen von Werbung im Internet aufgrund der grenzenignorierenden Wirkung einer Werbeaktion im World Wide Web die Betrachtung insbesondere auch des Kollisionsrechts anderer Mitgliedstaaten der europäischen Gemeinschaft erforderlich. Denn nur in Ansehung auch des ausländischen Kollisionsrechts lässt sich hinreichend beurteilen, welche rechtlichen Folgen sich durch das europaweite Erscheinen einer Werbemaßnahme im Internet ergeben, da jedes angerufene Gericht nach dem lex fori-Grundsatz sein eigenes nationales Kollisionsrecht anwendet. Es soll hier deshalb eine Übersicht über die wichtigsten Tendenzen gegeben werden.[204]

Die Bestimmung des Wettbewerbsstatus wird in den meisten Mitgliedstaaten der europäischen Gemeinschaft vorherrschend so gehandhabt, dass ebenfalls eine Anknüpfung an den Marktort vorgenommen wird. Diese Anknüpfung hat, wie im deutschen Internationalen Wettbewerbsrecht, ihren Ursprung zumeist im allgemeinen Deliktsstatut, dem Grundsatz der lex loci delicti commissi.[205] So verfolgen die französische, die belgische, die niederländische und die luxemburgische Rechtsprechung einen deliktsrechtlichen Ansatz.[206] In der belgischen[207] und luxemburgischen[208] Rechtsprechung wird dabei auf den Begehungsort abgestellt, die niederländischen Gerichte[209] beurteilen den Tatort der Wettbewerbshandlung nach dem Ort, an dem sich die Folgen des unlauteren Wettbewerbs zeigen, was dem Ort der wettbewerblichen Interessenkollision entspricht. In Frankreich ist noch als ungeklärt anzusehen, ob an den Handlungs- und Erfolgsort angeknüpft wird.[210] Diese dogmatischen Unterschiede im Rahmen der Anwendung eines deliktsrechtlichen Ansatzes ändern nichts daran, dass im Ergebnis der jeweils bestimmte Deliktsort in der Regel der Ort ist, an welchem die zu beurteilende Werbung ihre Wirkung entfaltet.[211] Auch Dänemark wendet das Recht des Marktortes an. Das finnische Verbraucherschutzgesetz ist anwendbar, sobald eine Werbemaßnahme an in Finnland ansässige Verbraucher gerichtet ist.[212] Manche Mitgliedstaaten haben bereits in neueren Kodifikationen eine besondere Wettbewerbskollisionsnorm geschaffen, die direkt an den so verstandenen Marktort anknüpft. So sehen Österreich in § 48 II IPR-Gesetz und Spanien in Art. 4 Ley de Competencia Desleal ein Marktortprinzip vor. Im Vereinigten Königreich wird ein unterschiedlicher Ansatz verfolgt. Für Inlandstaten gilt inländisches Recht. Für Auslandstaten gilt inländisches Recht nur, wenn das Delikt auch bei inländischer Begehung klagbar wäre und nicht nach dem Recht des Tatortes gerechtfertigt ist.[213]

Die Anknüpfung an den Marktort stimmt auch mit der beabsichtigten Vereinheitlichung des Internationalen Wettbewerbsrechts in Europa überein.[214] Der *Entwurf einer Ratsverordnung über das auf außervertragliche Schuldverhältnisse anwendbare Recht* vom 21. Juni 1999, der sogenannten ROM II – Verordnung[215], die auf Basis der neu geschaffenen Ermäch-

---

[204] Ein prägnanter Überblick findet sich auch bei Schricker, Recht der Werbung, Rn. 108 ff.
[205] Dethloff, JZ 2000, 179, 180.
[206] Vgl. auch den Überblick bei Reese, Grenzüberschreitende Werbung, S. 13 ff.
[207] Zur belgischen Rechtsprechung vgl. Schricker, Recht der Werbung, Rn. 109.
[208] Reese, Grenzüberschreitende Werbung, S. 14.
[209] Schricker, Recht der Werbung, Rn. 114; Reese, Grenzüberschreitende Werbung, S. 14.
[210] Schricker, Recht der Werbung, Rn. 111.
[211] So auch Dethloff, JZ 2000, 179, 180.
[212] Für Dänemark und Finnland siehe Schricker, Recht der Werbung, Rn. 110.
[213] Schricker, Recht der Werbung, Rn. 117. Siehe hierzu auch die Entscheidung des High Court of Justice, Chancery Division, abgedruckt in GRUR Int. 1989, 704.
[214] Dethloff, JZ 2000, 179, 180; Fezer/Koos, IPRax 2000, 349, 351; Mankowski, ZVglRWiss 100 (2001), 137, 176 ff.
[215] Unveröffentlicht. Zitiert bei Dethloff, JZ 2000, 179, 180. Siehe ebenso Mankowski, ZVglRWiss 100 (2001), 137, 176. Vgl. hierzu auch den diesem Entwurf zugrundeliegenden Vorschlag der Groupe européen de droit

tigung des Art. 65 lit. b EGV erlassen werden soll, sieht in Art. 3 Absatz 1 vor, dass für außervertragliche Schuldverhältnisse allgemein der Grundsatz der engsten Verbindung gelten soll. Für das internationale Wettbewerbsrecht stellt Art. 3 Absatz 6 des Entwurfes die Vermutung auf, dass die engste Verbindung zu dem Staat besteht, in dem sich die schädigende Handlung auswirkt.[216] Dieser Wirkungsort der Wettbewerbshandlung ist als Ort der wettbewerblichen Interessenkollision nach oben dargestellten Grundsätzen der Marktort.[217]

Es lässt sich also zusammenfassen, dass die Bestimmung des anwendbaren Wettbewerbsrechts in Europa weitestgehend dem Marktortprinzip folgt, und dass dieser Grundsatz auch im zukünftigen internationalen Wettbewerbsrecht Europas eine feste Größe sein wird.

c. Folgen des Marktortprinzips bei europaweiter Internet-Werbung

Für die Bestimmung des anwendbaren Werberechts bei Internet-Werbung im europäischen Binnenmarkt lässt sich also folgern:

Auf eine Werbemaßnahme, welche von einem Mitgliedstaat Europas aus im World Wide Web platziert wird, können nach dem Marktortprinzip potentiell alle mitgliedstaatlichen Wettbewerbsrechtsordnungen Anwendung finden.[218] Will der Anbieter einzelne Teilmärkte ausschließen, so stehen ihm zu diesem Zweck Begrenzungsmöglichkeiten im oben geschilderten Sinne zur Verfügung. Alle mitgliedstaatlichen Rechtsordnungen sind aber dann anwendbar, wenn Waren oder Dienstleistungen gezielt auf allen Märkten Europas beworben und auch angeboten werden sollen. Das Marktortprinzip knüpft bei der Ermittlung des anwendbaren Wettbewerbsrechts an den Ort der wettbewerblichen Interessenkollision an.[219] Dieser ist bei Wettbewerbshandlungen in Form von Werbeangeboten am Ort der Einwirkung auf die Marktgegenseite belegen. Daraus ergibt sich für den Anbieter von Waren und Dienstleistungen im europäischen E-Commerce folgende Situation: Beabsichtigt er Werbung und Handel im elektronischen Geschäftsverkehr europaweit auszubreiten, so kommen sämtliche Wettbewerbsrechtsordnungen Europas zur Anwendung. Dasselbe gilt in den Fällen, in denen er sich, möglicherweise zu Beginn seines Tätigwerdens, keine Gedanken über die zu erschließenden Märkte macht und dabei in Kauf nimmt oder gerade erreichen will, dass sein Angebot auch auf noch unerschlossenen Märkten Anklang findet. Der Anbieter ist also durch eine stets einheitliche Wettbewerbshandlung im World Wide Web gleichzeitig der Anwendung sämtlicher Wettbewerbsrechtsordnungen Europas ausgesetzt. Auch eine einschränkende Auslegung des Marktortprinzips kann dies nicht verhindern.[220]

Im Falle der E-Mail-Werbung zeitigt die Anwendung des Marktortprinzips weniger problematische Folgen. Zwar kann auch eine Werbung auf diesem Werbeträger zu einer Anwendbarkeit aller Rechtsordnungen der Gemeinschaft führen. Jedoch ist die Werbung im Gegensatz zu derjenigen im World Wide Web nicht einheitlich. Der Anbieter kann also je nach Bestimmungsstaat auch bei massenhafter Versendung von Werbe-E-Mail diesen unterschiedliche Werbeinhalte zu Teil werden lassen.

---

international privée, IPRax 1999, 286 ff. Zur Vereinheitlichung des IPR für außervertragliche Schuldverhältnisse Wagner, EuZW 1999, 709 ff.

[216] Zitiert bei Dethloff, JZ 2000, 179, 180. Vgl. auch Mankowski, ZVglRWiss 100 (2001), 137, 176.

[217] Dethloff, JZ 2000, 179, 180; Mankowski, ZVglRWiss 100 (2001), 137, 176.

[218] Ebenso Kotthoff, CR 1997, 676, 678; Dethloff, NJW, 1998, 1596, 1601; dies., JZ 2000, 179, 181 ff.; Sack, WRP 2000, 269, 273, 277; Mankowski, GRUR Int. 1999, 909, 910; ders., CR 2000, 763, 764; Ahrens, CR 2000, 835, 836.

[219] BGHZ 35, 329, 333 ff.; BGHZ 40, 391, 395; BGH GRUR 1971, 153, 154; BGH GRUR 1977, 672, 673; BGH GRUR 1982, 495, 497; BGH GRUR 1988, 453, 454; BGHZ 113, 11, 15; BGH NJW 1998, 1227, 1228.

[220] Vgl. Dethloff, NJW 1998, 1596, 1601 ff.; Sack, WRP 2000, 269, 274. Neuerdings auch Dethloff, Europäisierung des Wettbewerbsrechts, S. 121, 122.

3. Die Situation im europäischen Werberecht

Die sich für die Werbung im Internet aus der möglichen Anwendbarkeit sämtlicher europäischer Rechtsordnungen ergebende Problematik basiert auf der Unterschiedlichkeit des Werberechts in Europa. Die Rechtsunterschiede im Werberecht der Mitgliedstaaten der europäischen Gemeinschaft sind seit langer Zeit Gegenstand der wissenschaftlichen Diskussion und europäischer Harmonisierungsbestrebungen.[221] Es ist nicht einmal ansatzweise möglich und im gegebenen Kontext auch nicht sinnvoll, die Unterschiede in den Werberechtsordnungen Europas darzustellen. Insoweit kann auf weiterführende Literatur verwiesen werden.[222] Im vorliegenden Zusammenhang ist vielmehr ein kurzer Überblick über die Situation im europäischen Werberecht angezeigt, welche sich aus den Rechtsunterschieden in den Mitgliedstaaten einerseits und dem Stand europäischer Harmonisierung andererseits zusammensetzt. Denn das sekundärgemeinschaftsrechtliche Herkunftslandprinzip ist, wie zu zeigen sein wird, in engem Zusammenhang mit der Harmonisierungsdebatte im europäischen Werberecht zu sehen.[223]

Die teilweise tiefgreifenden Rechtsunterschiede im europäischen Werberecht sind durch die unterschiedlichsten Ursachen bedingt. Im allgemeinen Werberecht sind dies zum einen historisch gewachsene, divergierende Grundauffassungen der Mitgliedstaaten[224] über die Reichweite und den Schutzzweck des Rechts des unlauteren Wettbewerbs. Grundlegende Unterschiede bestehen dabei naturgemäß zwischen den kontinentaleuropäischen Staaten und dem durch das *common law* geprägten Recht der britischen Inseln. Während insbesondere in den Rechtsordnungen Kontinentaleuropas das Lauterkeitsrecht seit jeher eine wichtige Rolle für die Ordnung der Märkte spielte, ist der Schutz eines lauteren Wettbewerbs dem englischen Recht im Ansatz fremd, weil im Grundsatz davon ausgegangen wird, dass es nicht in der Gewalt der Gerichte liege, einzelne Wettbewerbshandlungen als lauter oder unlauter einzustu-

---

[221] Grundlegend das durch das Max-Planck-Institut für ausländisches und internationales Patent-, Urheber- und Wettbewerbsrecht in München unter Federführung von Eugen Ulmer im Auftrag der Kommission erstattete Gutachten über das Recht des unlauteren Wettbewerbs in den damaligen Mitgliedstaaten der EWG. Ulmer, Das Recht des unlauteren Wettbewerbs in den Mitgliedstaaten der EWG, Band I, Vergleichende Darstellung, München/Köln, 1965 sowie weitere Bände zu den Rechtsordnungen in verschiedenen Mitgliedstaaten.

[222] Darstellungen etwa in der mehrbändigen Reihe „Recht der Werbung in Europa", herausgegeben von Gerhard Schricker in Zusammenarbeit mit dem Zentralverband der deutschen Werbewirtschaft; Schotthöfer, Handbuch des Werberechts in den EG-Staaten, Österreich, Schweiz und USA. Zu den einzelnen Mitgliedstaaten der EG sind aus neuerer Zeit folgende Einzelveröffentlichungen zu nennen: Belgien: van den Bergh, Das neue belgische Gesetz über die Handelspraktiken und die Information zum Schutze des Verbrauchers, GRUR Int. 1992, 803 ff.; Dänemark: Reinel, Dokumentation der Besonderheiten des Wettbewerbsrechts in Europa – Dänemark, WRP 1990, 92 ff.; Finnland: Kur, Das Recht des unlauteren Wettbewerbs in Finnland, Norwegen und Schweden, GRUR Int. 1996, 38, 42 ff.; Frankreich: Langer, Das französische Wettbewerbsrecht, WRP 1991, 11 ff.; Szöny, Das französische Werbe- und Verbraucherrecht, GRUR Int. 1996, 83 ff.; Griechenland: Alexandridou, Die gesetzgeberische Entwicklung des Verbraucherschutz- und Wettbewerbsrechts in Griechenland, GRUR Int. 1992, 120 ff.; Großbritannien: Boyle, Das Recht des unlauteren Wettbewerbs in Großbritannien, WRP 1990, 159 ff.; Irland: Conrads-Hassel, Dokumentation der Besonderheiten des Wettbewerbsrechts in Europa – Irland, WRP 1990, 223 ff.; Italien: Schultz, Unlauterer Wettbewerb in Italien, WRP 1991, 556 ff.; Luxemburg: Henning-Bodewig, Das Wettbewerbsrecht in Luxemburg, GRUR Int. 1994, 809 ff.; Niederlande: Henning-Bodewig, Das neue (alte) Recht des unlauteren Wettbewerbs der Niederlande, GRUR Int. 1993, 126 ff.; Österreich: Wiltschek, Wettbewerbs- und Markenrecht in Österreich, WRP 1992, 434 ff.; Portugal: Kuhlmann, Der unlautere Wettbewerb im portugiesischen Recht, 1988; Schweden: Kur, Das Recht des unlauteren Wettbewerbs in Finnland, Norwegen und Schweden, GRUR Int. 1996, 38, 40 ff.; Spanien: Otero Lastres, Das neue spanische Gesetz gegen unlauteren Wettbewerb, GRUR Int. 1992, 183 ff.

[223] Vgl. auch Henning-Bodewig, GRUR Int. 1999, 233, 239, mit Nachweisen über die Debatte zum Folgedokument zum Grünbuch „Kommerzielle Kommunikationen im Binnenmarkt", in der seitens der Kommission verdeutlicht wurde, dass das Herkunftslandprinzip eines der Hauptanliegen des Grünbuches sei.

[224] Ausführlich Schmitz, Die kommerzielle Kommunikation im Binnenmarkt, S. 65 ff.

fen.[225] Diese Sichtweise hat ihren Ursprung in der wesentlich liberaleren Grundhaltung des englischen Wirtschaftsrechts, welches ein hohes Maß an wirtschaftlicher Betätigungsfreiheit bietet.[226] Aber auch innerhalb der kontinentaleuropäischen Wettbewerbsrechtsordnungen gibt es erheblich differierende Sichtweisen über die Schutzrichtung des Wettbewerbsrechts. Teilweise steht der Konkurrentenschutz als Schutzobjekt im Vordergrund[227], während in der Mehrzahl der Mitgliedstaaten mittlerweile verstärkt auch Verbraucher- und Allgemeininteressen berücksichtigt werden.[228]

Eine weitere grundlegende Ursache für Divergenzen innerhalb der mitgliedstaatlichen Rechtsordnungen ist die unterschiedliche Zuordnung des Wettbewerbsrechts zum Zivil-, Straf- oder Verwaltungsrecht. So sind etwa das deutsche und auch das österreichische[229] Wettbewerbsrecht grundsätzlich dem Zivilrecht zuzuordnen. Straftatbestände[230] und verwaltungsrechtliche Vorschriften haben lediglich ergänzende Funktion. Ebenfalls eine vorwiegend zivilrechtliche Prägung weisen das belgische, luxemburgische, niederländische und spanische Wettbewerbsrecht auf.[231] Demgegenüber ist ein großer Teil des französischen Wettbewerbsrechts, insbesondere im Bereich der irreführenden Werbung, strafrechtlich aufgestaltet.[232] Auch in Großbritannien herrscht im Bereich des verbraucherschützenden Wettbewerbsrechts strafrechtlicher Schutz vor.[233] Zivilrechtliche Regelungen treten in diesen Staaten in den Hintergrund. In Schweden und anderen nordischen Ländern existiert ein sog. Verbraucherombudsmann als eigenständiger Sachwalter von Verbraucherinteressen. Es liegt insoweit eine Kombination aus verwaltungs-, zivil- und strafrechtlichen Elementen vor.[234] Die Zuordnung des Wettbewerbsrechts zu einem bestimmten Rechtsgebiet und die damit im Regelfall verbundene unterschiedliche Rechtsdurchsetzung kann erheblichen Einfluss auf das Schutzniveau haben, welches im Falle straf- oder verwaltungsrechtlicher Kontrolle in vielen Fällen höher liegen kann.[235] Liegt dagegen eine vorwiegend zivilrechtliche Ausgestaltung vor, hängt die Qualität des Schutzniveaus wesentlich davon ab, welchen Betroffenen einer Wettbewerbshandlung nach der jeweiligen Rechtsordnung ein Klagerecht zugestanden ist.[236]

Diese grundlegenden Unterschiede haben starke Auswirkungen auf das jeweils herrschende Schutzniveau. So sind die Regelungen über irreführende Werbung und deren rechtliche

---

225 Vgl. hierzu die Nachweise bei Boyle, WRP 1990, 159, 160. Vgl. auch Schricker, Recht der Werbung, Rn. 12.

226 Boyle, WRP 1990, 159, 160.

227 So z.B. in Italien, vgl. Baumbach/Hefermehl, Einl. UWG, Rn. 6 a: Art. 2598 Nr. 3 CC verbietet generell, sich direkt oder indirekt eines Mittels zu bedienen, das mit den Grundsätzen der beruflichen Korrektheit nicht vereinbar und geeignet ist, das Unternehmen eines anderen zu schädigen. Ausführlich zu Italien auch Schmitz, Die kommerzielle Kommunikation im Binnenmarkt, S. 75 ff.

228 Schricker, Recht der Werbung in Europa, Rn. 15.

229 Preslmayr in: Schotthöfer, Handbuch des Werberechts, Öst., Rn. 3 ff.

230 So im deutschen Recht etwa § 4 UWG zur strafbaren Werbung.

231 Für Belgien Kocks in: Schotthöfer, Handbuch des Werberechts, Bel., Rn. 5 ff.; für die Niederlande und Luxemburg Koblitz in: Schwappach, EU-Rechtshandbuch, § 26, Rn. 12, 13; für Spanien v. Schiller in: Schotthöfer, Handbuch des Werberechts, Spa., Rn. 37 ff. Vgl. auch Dethloff, Europäisierung des Wettbewerbsrechts, S. 40 mwN. zu den Rechtordnungen dieser Staaten.

232 Schmitz, Die kommerzielle Kommunikation im Binnenmarkt, S. 67; Ranke in: Schotthöfer, Handbuch des Werberechts, Fra., Rn. 2; Dethloff, Europäisierung des Wettbewerbsrechts, S. 41 jeweils mwN.

233 Boyle, WRP 1990, 159, 161. Bedeutsam ist hier insbesondere der Schutz vor falschen Warenbeschreibungen, vgl. Schmitz, Die kommerzielle Kommunikation im Binnenmarkt, S. 70.

234 Kur, GRUR Int. 1996, 38, 40 ff.

235 Schricker, Recht der Werbung, Rn. 33.

236 Vgl. auch Schricker, Recht der Werbung, Rn. 33. Zur Klagebefugnis bei Unterlassungsansprüchen im deutschen Wettbewerbsrecht vgl. § 13 II UWG, der sowohl dem Konkurrenten (Nr. 1), rechtsfähigen Vereinen zur Förderung gewerblicher Interessen (Nr. 2), Verbraucherschutzverbänden (Nr. 3), sowie den Industrie- und Handelskammer und Handwerkskammern (Nr. 4) eine Klagebefugnis insbesondere im Hinblick auf § 1, 3 UWG zugesteht.

Durchsetzung stark von der Gewichtung verbraucherschutzrechtlicher Interessen gekennzeichnet. Während es in Italien bis zur Umsetzung der Irreführungsrichtlinie keine ausdrückliche Regelung zur irreführenden Werbung gab[237], steht in Mitgliedstaten mit hohem Verbraucherschutzniveau der Schutz vor irreführender Werbung im Mittelpunkt. Erhebliche Auswirkungen auf das Verbotsniveau ergeben sich in diesem Bereich aber auch durch die Maßstäbe, nach denen eine unzulässige Irreführung des Verbrauchers zu beurteilen ist. Das Verbraucherleitbild wird in den Mitgliedstaaten unterschiedlich gesehen.[238] Während einige Rechtsordnungen von einem aufgeklärteren Verbraucher ausgehen[239], knüpfen andere an einen unterdurchschnittlich begabten Verbraucher an.[240]

Die Existenz lauterkeitsrechtlicher Sondervorschriften wie etwa Regelungen über Rabatte und Zugaben verstärken die bestehenden Diskrepanzen. Während das deutsche RabattG, welches vorwiegend wirtschaftspolitischen Interessen[241] dient, die Möglichkeiten zur Rabattgewährung in weitem Umfang beschränkt, sind Rabatte in den meisten europäischen Staaten nahezu uneingeschränkt zulässig.[242]

Auch im Bereich des besonderen Werberechts ergeben sich gewichtige Unterschiede. Das produktspezifische Werberecht ist stark durch sich unterscheidende verbraucherpolitische Interessen beeinflusst, die in den jeweiligen Mitgliedstaaten eine unterschiedlich starke Ausprägung aufweisen. Dies wird im Bereich der Regelungen zur Tabak-, Alkohol- oder Heilmittelwerbung deutlich, die umso strenger sind, je stärker der verbraucher- und gesundheitsschützende Aspekt in den Vordergrund tritt. Eine Extremposition nehmen hier etwa die schwedischen Beschränkungen der Alkoholwerbung ein, die eine Werbung in diesem Bereich praktisch vollständig verhindern.[243] Divergenzen ergeben sich auch bei den berufsspezifischen Werbevorschriften, insbesondere im Hinblick auf die werberechtlichen Regelungen für Rechtsanwälte. Während es Rechtsanwälten in einigen Staaten erlaubt ist, in Zeitungen, Radio und Fernsehen für ihre Tätigkeit zu werben[244], ist die Ausgestaltung des Werberechts in anderen Staaten wesentlich restriktiver. So liegt in Deutschland gem. § 43 b BRAO eine Werberegelung vor, die die Werbung von Anwälten auf sachliche Unterrichtung in Form und Inhalt begrenzt, die nicht auf die Erteilung eines Auftrags im Einzelfall gerichtet sein darf. Im me-

---

[237] Zur Entwicklung Schmitz, Die kommerzielle Kommunikation im Binnenmarkt, S. 76.

[238] Vgl. hierzu Schmitz, Die kommerzielle Kommunikation im Binnenmarkt, S. 67 ff. zu Frankreich, Großbritannien, Deutschland und Italien; Schricker, Recht der Werbung, Rn. 34.

[239] So z.B. Großbritannien und Frankreich, welche vom Marktverständnis des vernünftigen Durchschnittsverbrauchers („ordinary man", „bon père de famille") ausgehen. Hierzu Schricker, Recht der Werbung, Rn. 34; Perau, Werbeverbote, S. 46.

[240] In Deutschland führt die Berücksichtigung einer Irreführungsrate von 10-15% der angesprochenen Werbeadressaten zu einem strengen Verbotsniveau. Vgl. Schricker, Recht der Werbung, Rn. 34; Schmitz, Die kommerzielle Kommunikation im Binnenmarkt, S. 74.

[241] Vgl. Baumbach/Hefermehl, Einl. RabattG, Rn. 8 ff.

[242] Baumbach/Hefermehl, Einl. RabattG, Rn. 14. Differenzierter ist die Situation im Hinblick auf gesetzliche Regelungen über Zugaben. Solche sind auch in den Niederlanden, in Frankreich, Luxemburg, Belgien, Dänemark, Finnland und Schweden grundsätzlich verboten, Baumbach/Hefermehl, Einl. ZugabeVO, Rn. 21 ff. Zum Rechtszustand in den Mitgliedstaaten siehe auch Bodewig/Henning-Bodewig, WRP 2000, 1341, 1342 ff.

[243] Das schwedische Alkoholwerbeverbot stand vor Kurzem auch auf dem Prüfstand des europäischen Gemeinschaftsrechts, vgl. EuGH, Rs. C-405/98, Konsumentombudsmannen/Gourmet International Products (GIP), Urteil vom 8. März 2001, EuZW 2001, 251 ff.; EWS 2001, 184 ff. Hierzu unten Teil 2 B.II.3.b.(3).

[244] So etwa in Großbritannien, Irland, Dänemark und den Niederlanden, vgl. Mälzer, AnwBl. 1993, 481, 483 ff.

dienspezifischen Werberecht kommt weiterhin eine starke Prägung durch kulturelle Eigenheiten hinzu.[245]

Auf diese Situation treffen die Harmonisierungsbemühungen der europäischen Gemeinschaft im Bereich des Werberechts. Trotz einer Vielzahl von Einzelregelungen[246] ist unstreitig, dass eine Gesamtharmonisierung des Werberechts bisher nicht gelungen ist.[247] Dies ist nicht zuletzt auf die oben angeführte Vielschichtigkeit der Unterschiede in den Rechtsordnungen, aber auch auf die Unüberwindlichkeit gegenläufiger nationaler Interessen zurückzuführen.[248]

Am weitesten fortgeschritten ist die Rechtsvereinheitlichung auf dem Gebiet des produktbezogenen Werberechts im Bereich der Lebensmittel-, Arzneimittel- und Tabakwerbung.[249] Im Bereich des allgemeinen Werberechts sind insbesondere die Richtlinie über irreführende und vergleichende Werbung[250] als bedeutsame Harmonisierungen zu nennen. Die Fernsehrichtlinie[251] beinhaltet eine Angleichung bestimmter Werberegelungen, welche für Fernsehsendungen gelten. Die Fernabsatzrichtlinie[252] trifft Spezialregelungen im Hinblick auf Beschränkungen der Verwendung bestimmter Fernkommunikationstechniken für Marketing und Vertragsanbahnung. Die E-Commerce-Richtlinie schafft in ihren Art. 6 bis 8 für die Werbung im elektronischen Geschäftverkehr nur wenige materielle Regelungen.

Auf die für den Bereich der Internet-Werbung relevanten Harmonisierungen des Sachrechts wird im Rahmen der vorliegenden Darstellung im Zusammenhang mit den jeweils hierauf bezogenen Problemstellungen eingegangen.[253]

---

[245] Für das Fernsehwerberecht lässt sich dies am Beispiel der niederländischen Mediengesetze darstellen. Die niederländische *Kabelregeling* suchte den pluralistischen Charakter des niederländischen Fernsehens dadurch zu erhalten, dass sie unter anderem alle Werbung einer gemeinnützigen Stiftung vorbehielt, deren Einnahmen nach einem gewissen Schlüssel pluralistisch verteilt wurden. Zur Absicherung dieses Systems wurde bestimmt, dass im Wege des Kabelfernsehens aus dem Ausland keine Sendungen mit an das niederländische Publikum gerichteter Werbung verbreitet werden durften. Die *Kabelregeling*, inzwischen durch eine *Mediawet* ersetzt, war Gegenstand der Rs. 352/85, „Bond van Adverteerders", Slg. 1988, 2085 ff., in welchem es unter anderem um einen Verstoß dieser Vorschriften gegen die Dienstleistungsfreiheit des EGV ging. Die *Mediawet* stand in der Folge ebenfalls auf den Prüfstand des EuGH. Dazu unten Teil 2 C.II.2.a.

[246] Eine umfassende rechtliche Würdigung gemeinschaftsrechtlicher Werberegelungen findet sich bei Perau, Werbeverbote im Gemeinschaftsrecht, S. 208 ff.

[247] Vgl. nur Schricker, GRUR Int. 1990, 771 ff.; Kotthoff, WRP 1996, 79; Henning-Bodewig, GRUR Int. 1999, 233 sowie Bodewig, GRUR Int. 2000, 475, 477; Arndt/Köhler, EWS 2001, 102, 105 im Zusammenhang mit den Regelungen der E-Commerce-Richtlinie.

[248] Eine Darstellung der Gründe der Stagnation bei der Harmonisierung des Werberechts gibt Schricker, GRUR Int. 1990, 771 ff.

[249] Schricker, Recht der Werbung, Rn. 187 ff. Zur Rechtswidrigkeit eines vollständigen europäischen Tabakwerbeverbots vgl. neuerdings EUGH, Rs. C-376/98, Bundesrepublik Deutschland/Europäisches Parlament und Rat der EU, abgedruckt in NJW 2000, 3701 ff.

[250] Richtlinie 84/450/EWG zur Angleichung der Rechts- und Verwaltungsvorschriften der Mitgliedstaaten über irreführende Werbung, ABl. EG Nr. L 250/17 vom 19.9.1984, geändert durch die Richtlinie 97/55/EG zur Änderung der Richtlinie 84/450/EWG über irreführende Werbung zwecks Einbeziehung der vergleichenden Werbung, ABl. EG Nr. L 290/18 vom 23.10.1997.

[251] Richtlinie 89/552/EWG, geändert durch Richtlinie 97/36/EG, konsolidierte Fassung abgedruckt in GRUR Int. 1998, S. 120 ff. Hierzu unten Teil 3 I.2.

[252] Richtlinie 97/7/EG des Europäischen Parlaments und des Rates über den Verbraucherschutz bei Vertragsschlüssen im Fernabsatz, ABl. EG 1997 Nr. L 144/19 vom 4.6.1997.

[253] Unten Teil 2 B.III.2. zur Reichweite der Harmonisierung des Sachrechts im Bereich der E-Mail Werbung; unten Teil 3 I.2. zur Fernsehrichtlinie; unten Teil 3 C.II. zur Reichweite der materiellen Harmonisierung durch Art. 6 der E-Commerce-Richtlinie; unten Teil 3 C.III. zur Auswirkung der Mindestklauseln des Art. 7 Irreführungsrichtlinie und Art. 14 der Fernabsatzrichtlinie im Bereich des sekundärrechtlichen Herkunftslandprinzips.

III. Das Rechtsanwendungsrisiko bei Werbung im Internet

1. Der Begriff Rechtsanwendungsrisiko

Aus der Anwendung des Marktortprinzips zur Bestimmung des anwendbaren Rechts bei grenzüberschreitenden Werbehandlungen folgt, dass jeweils das Werberecht desjenigen Mitgliedstaates zur Anwendung gelangt, auf dessen Märkten die Werbung den jeweiligen Abnehmer des beworbenen Wirtschaftsgutes erreicht. Die Situation im europäischen Werberecht bringt es mit sich, dass jeder Werbetreibende mit der von ihm geführten Werbemaßnahme auf erhebliche Rechtsunterschiede trifft. Dies hat zur Folge, dass grundsätzlich jede europäische Grenzen überschreitende Werbung, unabhängig von ihrer Erscheinungsform, einem Rechtsanwendungsrisiko[254] unterliegt. Dies gilt im Grundsatz auch für Werbung, die sich auf konventionellen Wegen vollzieht.

Bei Werbung im Internet ergibt sich im Hinblick auf das den Anbieter treffende Rechtsanwendungsrisiko eine zweigeteilte Situation.

Werbung im Wege der E-Mail ist teilbar und kann individuell für den Empfänger oder eine Gruppe von Empfängern gestaltet und somit grundsätzlich gezielt auf bestimmte Märkte ausgerichtet werden. Dies hat zur Folge, dass ein Anbieter die Möglichkeit hat, sich auf die anwendbaren Rechtsordnungen einzustellen und seine Werbung dem jeweils geltenden Recht eines Mitgliedstaates anzupassen. Diese Anpassungsverpflichtung kann zwar kostenintensiv sein und dem Anbieter so den Zutritt zu anderen Märkten erschweren.[255] Gleichwohl lässt sich das Risiko des Anbieters, der sich der E-Mail als Werbeträger bedient, im Vergleich zur Werbung im World Wide Web als „einfaches Rechtsanwendungsrisiko“ bezeichnen.

Werbung im Wege des World Wide Web ist demgegenüber unteilbar. Vergleichbar mit anderen grenzüberschreitenden Medien wie Hörfunk, Fernsehen oder Printmedien[256] kann Werbung im World Wide Web nur aus einer einzigen natürlichen Handlung bestehen, die in dieser Form zwangsläufig auf sämtliche Märkte im Ausstrahlungsbereich des Mediums trifft. Gegenüber der Werbung via E-Mail und auch im Gegensatz zu sonstigen konventionellen Werbeformen hat der Anbieter keine Möglichkeit, eine entsprechende Anpassung seiner Werbehandlung an bestimmte Rechtsordnungen vorzunehmen. Die rechtlichen Grenzen, auf die er in Form der unterschiedlichen mitgliedstaatlichen Rechtsordnungen stößt, treffen ihn also ungleich härter, weshalb im Sinne einer einheitlichen Begriffsbildung insoweit von einem „qualifizierten Rechtsanwendungsrisiko“ gesprochen werden kann.

Welche konkreten Folgen diese Situation für die Möglichkeiten von Werbung im elektronischen Geschäftsverkehr hat und welche wirtschaftliche Bedeutung sich für den Anbieter und für den europäischen Binnenmarkt aus diesem Risiko ergibt, soll im Folgenden erörtert werden. Denn die Beantwortung dieser Frage ist Grundlage für die Einordnung der Problemstellung in einen gemeinschaftsrechtlichen Kontext, gleich ob die Anwendung der Warenverkehrs- und Dienstleistungsfreiheit auf nationale Werbebeschränkungen (Teil 2 der Darstellung) oder die inhaltliche Darstellung und Würdigung des sekundärgemeinschaftlichen Herkunftslandprinzips (Teil 3 der Darstellung) betroffen ist.

---

[254] Zu diesem Begriff im Zusammenhang mit dem grenzüberschreitenden elektronischen Geschäftsverkehr im Allgemeinen und der Internet-Werbung im Besonderen Mankowski, MMR-Beilage 7/2000, 22 ff.; ders., CR 2000, 763 ff. Allerdings beschränkt Mankowski den Begriff auf die potentielle Anwendbarkeit mehrerer Rechtsordnungen auf Grundlage des Internationalen Privatrechts.

[255] Zur Marktöffnungsfunktion der Werbung vgl. Lüder, EuZW 1996, 615; ausführlich auch Schmitz, Die kommerzielle Kommunikation im Binnenmarkt, S. 53 ff. Dazu auch oben Teil 1 A.II.3.

[256] Dethloff, IPRax 1999, 347, 350 ff.

2. Folgen des Rechtsanwendungsrisikos für den Anbieter

a. Werbung im World Wide Web

(1) Folgen in tatsächlicher und rechtlicher Hinsicht

Der Anbieter hat grundsätzlich ex-ante zwei verschiedene Möglichkeiten, auf dieses sich für ihn ergebende Rechtsanwendungsrisiko zu reagieren. Will er ein einheitliches Marketingkonzept im Internet beibehalten, so kann er es entweder im Rahmen seines wie auch immer gearteten Internetauftritts dem strengsten in Betracht kommenden europäischen Werberecht anpassen, wenn er nicht unter Beibehaltung seines Konzepts sein Rechtsanwendungsrisiko ignorieren und einen möglichen Rechtsverstoß billigend in Kauf nehmen will. Anderenfalls bleibt dem Anbieter, unter Vorbehalt der technischen Durchführbarkeit, nur die Möglichkeit, auf die Einbeziehung von Staaten mit einem höheren Werberechtsstandard in sein Internet-Marketing ganz zu verzichten.

(a) Verzicht auf den Marktzugang

Die zuletzt genannte Möglichkeit des Verzichts auf ein einheitliches Marketingkonzept[257] ist aus technischen Gründen nur begrenzt möglich. Ein Abblocken von Aufrufen aus Märkten, deren Ansprache nicht beabsichtigt ist, ist nach dem momentanen Stand der Technik genauso wenig möglich wie die Begrenzung auf einen Markt oder einige bestimmte nationale Märkte.[258] Der einzige denkbare Weg, ausgewählte Märkte aus dem Bezugsbereich der Internet-Werbung auszuklammern, liegt in der entsprechenden Gestaltung des Angebots und dem Anbringen von Disclaimern in der zuvor dargestellten Art und Weise.[259] Die Wirkweise dieser Maßnahmen ist jedoch begrenzt. Sie ist -unter Verbleib eines Restrisikos- dann tauglich, wenn die Werbe- oder Marketingmaßnahme im direkten Zusammenhang mit einem konkreten Waren- oder Dienstleistungsangebot steht, welches den potentiellen Kunden identifizierbar zu machen geeignet ist.[260] In den Fällen, in denen eine Beschränkung der Marketingmaßnahme auf bestimmte Märkte nach den angeführten Kriterien möglich ist, führt diese dazu, dass der Anbieter vom Marktzugang zu dem jeweiligen Staat im Wege des Internet ausgeschlossen ist.

(b) Anpassung an das strengste Werberecht

In Ermangelung technischer Möglichkeiten oder von dem Willen getragen, die Vorteile des elektronischen Geschäftsverkehrs in vollem Umfang zu nutzen, wird die Folge des Rechtsanwendungsrisikos jedoch in den meisten Fällen darin liegen, an einem einheitlichen Marketing festzuhalten und den gesamten Werbeauftritt im Internet dem denkbar strengsten Recht in Europa unterzuordnen.[261] Dies führt zu einem „race to the top" hinsichtlich der Anwendung der Schutzstandards in den einzelnen europäischen Werberechtsordnungen, da sich automatisch für jede Werbemaßnahme der höchste, in einer europäischen Rechtsordnung vorhandene Standard durchsetzen würde und bildet das Gegenteil des gegenüber dem Herkunftslandprin-

---

[257] Vgl. hierzu auch Dethloff, NJW 1998, 1596, 1601.

[258] So auch Mankowski, GRUR Int. 1999, 909, 916 mit Nachweisen auch aus der Rechtsprechung US-amerikanischer Gerichte zu dieser Fragestellung. Vgl. ders., CR 2000, 763, 764; Dethloff, NJW 1998, 1596, 1602; Sack, WRP 2000, 269, 278.

[259] Dazu oben Teil 1 B.II.2.a.(2)(c)ii.

[260] Dazu oben Teil 1 B.II.2.a.(2)(c)ii.

[261] Dethloff, NJW 1998, 1596, 1601 ff.; dies., JZ 2000, 179, 182; Sack, WRP 2000, 269, 278; Mankowski, CR 2000, 763, 764.

zip vorgebrachten „race to the bottom".[262] Für den Anbieter sind mit der Anpassung seiner Internet-Werbung an das strengste Recht verschiedene Probleme und auch Kosten verbunden. Zum einen muss er das auf seine Werbeaktion anwendbare Recht ermitteln, was in Anbetracht der unterschiedlichen Rechtsordnungen und der Reichweite richterlicher Entscheidungsbefugnis bei der Ausfüllung von Generalklauseln nicht unerhebliche Probleme in sich birgt. Weitere Folge dieses Vorgehens sind Anpassungskosten bezüglich der Werbemaßnahme selbst. Zum anderen führt eine Anwendung des strengsten Rechts regelmäßig dazu, dass der Anbieter eine ihm günstigere Werbestrategie auch für diejenigen Staaten aufgeben muss, in denen diese nach den dort geltenden Vorschriften zulässig wäre. In dieser automatischen Wirkung auch bezüglich anderer Staaten liegt eine wichtige Besonderheit der Internet-Werbung gegenüber Werbung auf anderen Werbeträgern.[263] Denn bei Werbung im Internet ist der Anbieter faktisch gezwungen, unter Umständen effektivere Werbemöglichkeiten auch für andere Märkte aufzugeben, während er bei anderen Werbeträgern seine Werbestrategie für einzelne Teilmärkte abändern kann, auch wenn dies Kosten verursacht.

Die Problematik der potentiellen Anwendbarkeit sämtlicher Werberechte Europas zeigt sich auch, wenn man aus der Sichtweise ex-post die Rechtsfolgen eines Verstoßes gegen das Werberecht eines Mitgliedstaates durch eine Werbemaßnahme im World Wide Web betrachtet.[264] Wirbt ein in einem Mitgliedstaat der Europäischen Gemeinschaft ansässiger Anbieter im Internet und verstößt diese Werbung gegen das Werbrecht auch nur eines der Mitgliedstaaten, kann der Fall eintreten, dass er von einem Konkurrenten vor einem Gericht dieses Staates auf Unterlassung der Werbung in Anspruch genommen wird und dazu verurteilt wird, die Maßnahme rechtlich beschränkt auf diesen Staat zu unterlassen. Es stellt sich sodann die Frage, wie der Anbieter seiner Unterlassungsverpflichtung nachkommen kann, bzw. wie diese vollstreckbar ist. Da es sich bei der Werbung im World Wide Web um eine unteilbare Wettbewerbshandlung handelt, kann eine solche nur insgesamt unterlassen werden.[265] Dies hat zur Folge, dass eine auf das Gebiet eines Staates gerichtete Untersagung faktisch zum Verbot der gesamten Werbemaßnahme führt.[266] Es ist also denkbar, dass ein Anspruchsteller[267] unter Zuhilfenahme des strengsten Rechts nach seiner Wahl eine Multistate-Wettbewerbshandlung im Ganzen für alle europäischen Märkte unterbinden kann.[268]

(2) Folgen in wirtschaftlicher Hinsicht

Wie diese Folgen des Rechtsanwendungsrisikos für den Anbieter in wirtschaftlicher Hinsicht zu bewerten sind, ist umstritten und soll aufgrund des rechts- und wirtschaftpolitischen Inhalts dieser Diskussion hier nur im Ansatz erwähnt werden.

---

[262] So die Befürchtungen weiter Teile der Literatur zum sekundärgemeinschaftsrechtlichen Herkunftslandprinzip in der E-Commerce-Richtlinie, vgl. statt vieler Mankowski, GRUR Int. 1999, 909, 914; Bodewig, GRUR Int. 2000, 475, 482 ff.; Spindler, MMR-Beilage 7/2000, 4, 8; Thünken, IPRax 2001, 15, 16. Zur Problematik auch Hoeren, MMR 1999, 192, 194; Tettenborn, K&R 2000, 59, 61 ff. Dagegen Lindholm/Maennel, CR Int. 2000, 65, 66 ff.

[263] Eine ähnliche Konstellation ergibt sich freilich für die Fernsehwerbung, sofern eine grenzüberschreitende Programmausstrahlung durch einen Fernsehveranstalter vorliegt.

[264] Zu den Folgen eines Unterlassungsanspruches Dethloff, NJW 1998, 1596, 1602; Sack WRP 2000, 269, 274.

[265] Sack, WRP 2000, 269, 274. Siehe auch Dethloff, Europäisierung des Wettbewerbsrechts, S. 124.

[266] Dethloff, NJW 1998, 1596, 1602; dies., Europäisierung des Wettbewerbsrechts, S. 124.

[267] Diese Möglichkeit ist insbesondere für Konkurrenten und klagebefugte Interessenverbände zu beachten, vgl. § 13 II UWG.

[268] Dethloff, NJW 1998, 1596, 1602; Mankowski, GRUR Int. 1999, 909, 912; Sack, WRP 2000, 269, 274. Zur Problematik dieses „Wahlrechts" auch Dethloff, Europäisierung des Wettbewerbsrechts, S. 125, 126.

Die Diskussion[269] konzentriert sich dabei vor allem auf zwei Fragen. Einerseits wird in Frage gestellt, ob die oben aufgezeigten Folgen des Rechtsanwendungsrisikos die Chancen einzelner Anbieter zur Teilnahme am elektronischen Geschäftsverkehr verringern oder diese gar ganz davon abhalten können. Das Meinungsspektrum reicht dabei von der Annahme eines gefährlichen Hemmnisses für den Anbieter im E-Commerce, welches sogar zu einer Schwächung des gesamten Internethandels führen kann[270], bis zur Negierung negativer Folgen, die über die üblichen, dem grenzüberschreitenden Geschäfts- und Rechtsverkehr innewohnenden Folgen hinausgehen.[271] Andererseits wird die Notwendigkeit einer besonderen Förderung von im E-Commerce tätigen Unternehmen diskutiert. Diese Frage stellt sich nicht zuletzt im Hinblick darauf, welche Art von Unternehmen am elektronischen Geschäftsverkehr teilnehmen. Sind dies vorwiegend Großunternehmen[272], so rechtfertigt dies eine Besserstellung im Rahmen des E-Commerce nicht, da diese in höherem Maße in der Lage sind, der Rechtsermittlungs- und Anpassungsverpflichtung nachzukommen. Sind es jedoch vor allem kleinere oder mittelständische Unternehmen[273], so kann das Rechtsanwendungsrisiko für diese ein entscheidendes Hemmnis für die Teilnahme am elektronischen Geschäftsverkehr bedeuten.[274]

b. Werbung via E-Mail

Für die Werbung via E-Mail ergeben sich gegenüber konventionellen Werbeträgern keine Besonderheiten. Der Anbieter ist zwar zur Beachtung der Rechtsordnung jedes Staates gezwungen, den er sich durch E-Mail-Werbung erschließen will. Im Hinblick auf die individuelle Gestaltbarkeit der Werbeinhalte ist jedoch eine Anpassung möglich.

3. Das Rechtsanwendungsrisiko aus Sicht des europäischen Binnenmarktes

a. Problemstellung aus Sicht des europäischen Gemeinschaftsrechts

Unter europäischem Binnenmarkt versteht man nach der Legaldefinition des Art. 14 Absatz 2 EGV einen Raum ohne Binnengrenzen, in dem der freie Verkehr von Waren, Dienstleistungen und Kapital gemäß den Bestimmungen des Vertrages gewährleistet ist.[275] Der Binnen-

---

[269] Im Bereich des Verbrauchervertragsrechts für Verträge im elektronischen Geschäftsverkehr ist die Frage der wirtschaftlichen Auswirkungen des Rechtsanwendungsrisikos für den Anbieter schon verschiedentlich diskutiert worden, so insbesondere Mankowski, MMR-Beilage 7/2000, 22 ff. Vgl. auch Spindler MMR 2000, 18 ff.; Borges, ZIP 1999, 565 ff.; Ahrens, CR 2000, 835, 836. Freilich ist die Situation mit derjenigen im Werberecht nur bedingt vergleichbar, da die Nähe zum jeweiligen Kunden und die damit gegebenen Möglichkeiten, das Bestimmungsland des Rechtsgeschäfts zu ermitteln, dem Verbrauchervertragsrecht immanent sind, was auch Mankowski, CR 2000, 763, 764 zugesteht.

[270] In diesem Sinne die Kommission, „Europäische Initiative für den elektronischen Geschäftsverkehr", Mitteilung der Kommission an den Rat, das Europäische Parlament, den Wirtschafts- und Sozialausschuss und den Ausschuss der Regionen, KOM (97), 157 endg., S. 22. Ebenso Maennel, MMR 1999, 187, 189; Ahrens, CR 2000, 835, 836.

[271] Mankowski, MMR-Beilage 7/2000, 22, 33, für Verbraucherverträge; ders., RabelsZ 63 (1999), 203, 235. Gegen ihn Ahrens, CR 2000, 835, 836, Fn. 4.

[272] Dies für die Anbieterseite im B2C-Commerce im Bereich der Verbraucherverträge bejahend Mankowski, MMR-Beilage 7/2000, 22, 33 ff.

[273] Sog. SME (small and medium enterprises) oder KMU (kleine und mittelständische Unternehmen), wie diese von der Kommission und in der Literatur häufig genannt werden.

[274] Deren Schutzwürdigkeit stellen in den Vordergrund die Kommission, „Europäische Initiative für den elektronischen Geschäftsverkehr", Mitteilung der Kommission an den Rat, das Europäische Parlament, den Wirtschafts- und Sozialausschuss und den Ausschuss der Regionen, KOM (97), 157 endg., S. 11. Ebenso Maennel, MMR 1999, 187, 189.

[275] Der heutige Art. 14 EGV wurde durch Art. 13 der Einheitlichen Europäischen Akte (EEA) in den damaligen EWG-Vertrag eingefügt. Zur historischen Entwicklung und den Grundlagen des Binnenmarktbegriffes Barden-

markt ist zuvorderst in seiner wirtschaftlichen Dimension zu sehen, nach der offene Märkte und Wettbewerb weitgehend das Marktgeschehen in Europa bestimmen. Nach dieser Definition steht die Verwirklichung der Marktfreiheiten im Vordergrund.[276] Ein wesentliches Hindernis für die Verwirklichung des Binnenmarkts stellen die Unterschiede in den Rechtsordnungen Europas dar. Für das Gebiet des Werberechts wurden diese rechtlichen Grenzen vorstehend verdeutlicht. Diese Unterschiedlichkeit der Rechtsordnungen steht dem Ziel der Integration[277] diametral gegenüber.

b. Lösungsmöglichkeiten aus Sicht des europäischen Gemeinschaftsrechts

Aufgabe des europäischen Gemeinschaftsrechts ist es, derartige Hemmnisse abzubauen und möglichst einheitliche rechtliche Bedingungen für den europäischen Rechtsverkehr zu schaffen. Für den Fall der Internet-Werbung bedeutet dies, dass eine Kanalisierung auf eine einzige anwendbare Rechtsordnung erforderlich ist.[278] Hierfür stehen aus Sicht des Gemeinschaftsrechts vier unterschiedliche Wege zur Verfügung. Zum einen sieht der EGV in den verschiedensten Tätigkeitsbereichen der Europäischen Gemeinschaft Kompetenzen zur Angleichung[279] von innerstaatlichen Rechtsvorschriften vor. Die Harmonisierung des Rechts wird auch als Aktiv- oder Positiv-Integration[280] bezeichnet, weil durch ein Tätigwerden des europäischen Gesetzgebers gemeinsame Standards geschaffen werden. In Bereichen, in denen keine Aktiv-Integration vorgenommen werden kann oder soll, bieten die unmittelbar anwendbaren[281] Grundfreiheiten des EGV die Möglichkeit, Behinderungen durch nationale Vorschriften auszugleichen. Diese Vorgehensweise kann auch als Passiv- oder Negativ-Integration bezeichnet werden. Als -gemäß Art. 65 lit. b EGV mittlerweile auch im Gemeinschaftsrecht verankerter- dritter Lösungsweg kommt weiterhin eine Angleichung der Regelungen des Internationalen Privatrechts in Betracht. So sind denn auch zur Lösung der vorliegenden Konstellation verschiedene Wege denkbar, deren Darstellung nicht zuletzt deshalb für die vorliegende Untersuchung von Bedeutung ist, weil sie eine dezidierte Einordnung des sekundärgemeinschaftsrechtlichen Herkunftslandprinzips, welches schließlich als vierte Lösungsmöglichkeit in Betracht kommt, vorbereiten und ermöglichen kann.

(1) Vereinheitlichung des Sachrechts

Die Vereinheitlichung des Sachrechts stellt die effektivste Form der Beseitigung von Rechtsunterschieden und der Schaffung einheitlicher rechtlicher Bedingungen im europäischen Rechtsraum dar. Sie führt dazu, dass die Rechtsunterschiede in den Mitgliedstaaten derart verringert werden, dass ein Anbieter aus einem Staat in jedem anderen Mitgliedstaat auf die

---

hewer/Pipkorn in: GTE, Art. 7a EGV (aF), Rn. 1; Kahl in: Calliess/Ruffert, Art. 14 EGV, Rn. 1-3; Streinz, Europarecht, Rn. 947; Grabitz/v.Bogdandy, JuS 1990, 170, 174; Immenga, JA 1993, 257.

[276] Immenga, JA 1993, 257, 258.

[277] Unter Integration versteht Bleckmann, Europarecht, Rn. 803 ff. allgemein einen Prozess, in dem eine Vielheit zu einer Einheit verschmilzt. Rechtliche Integration im europäischen Binnenmarkt bedeutet demzufolge den allmählichen Übergang vom Pluralismus zum Monismus der europäischen Rechtsordnungen.

[278] Zutreffend Ahrens, CR 2000, 835, 836.

[279] Die Termini „Angleichung", „Koordinierung" und „Harmonisierung" werden dabei in den einzelnen Rechtsgrundlagen des EGV synonym gebraucht, vgl. grundlegend Streinz, Rn. 957.

[280] Vgl. zur Gegenüberstellung speziell bei lauterkeitsrechtlichen Regelungen Reese, Grenzüberschreitende Werbung, S. 17 ff. einerseits, S. 36 ff. andererseits. Ebenso Glöckner, GRUR Int. 2000, 29, 31 ff. Zur Terminologie vgl. auch Schulte-Nölke/Schulze, Einführung, S. 13.

[281] St. Rspr. Für die Warenverkehrsfreiheit vgl. aus neuerer Zeit etwa EuGH, Rechtssache C-48/93, Brassserie du pecheur, Slg. 1996, I-1029, 1150, Erwägungsgrund 54. Für die Dienstleistungsfreiheit gilt dies seit EuGH, Rechtssache 33/74, Van Binsbergen, Slg. 1974, 1299, 1311, Erwägungsgrund 27. Vgl. aus der Literatur statt aller Epiney in: Calliess/Ruffert, Art. 28 EGV, Rn. 4; Kluth in: Calliess/Ruffert, Art. 50 EGV, Rn 34.

selben rechtlichen Rahmenbedingungen trifft. Das hinreichend bekannte Hauptproblem ausführlicher Detailharmonisierung liegt darin, dass eine Einigung über die Angleichung komplexer Rechtsmaterien regelmäßig schwer herbeizuführen ist.[282] Im Bereich des Werberechts[283] wird eine umfassende Harmonisierung seit langem angestrebt, konnte aber bislang nicht herbeigeführt werden.[284] Es lässt sich als allgemeine Auffassung bezeichnen, dass eine materielle Vereinheitlichung auch in Zukunft nicht zu erwarten ist.

(2) Anwendung der Produktfreiheiten des EGV

Auch in der Passiv-Integration liegt die Möglichkeit, die Einheitlichkeit der Rechtsbedingungen zumindest zu verbessern. Die Anwendung der Grundfreiheiten des EGV auf beschränkende nationale Werbevorschriften ist bislang wesentlicher Bestandteil des Abbaus nationaler Hemmnisse für die grenzüberschreitende Werbung. Der EuGH behandelt die Warenverkehrs- und die Dienstleistungsfreiheit als allgemeine Beschränkungsverbote.[285] Demnach dürfen nationale Vorschriften dann nicht auf grenzüberschreitende Sachverhalte angewandt werden, wenn sie den freien Waren- und Dienstleistungsverkehr behindern. Dies gilt auch dann, wenn solche nationalen Vorschriften Ausländer wie Inländer gleichermaßen betreffen. Hieraus ergibt sich ein umfassendes System gegenseitiger Anerkennung von Rechtsvorschriften aus anderen Mitgliedstaaten, welches nur dann durchbrochen ist, wenn sich der Mitgliedstaat, der eine beschränkende Vorschrift anwenden will, auf „zwingende Erfordernisse" des Allgemeininteresses oder den jeweiligen ordre public-Vorbehalt berufen kann. Aus diesem System ergibt sich, dass Waren und Dienstleistungen, welche in einem Mitgliedstaat der Gemeinschaft rechtmäßig in den Verkehr gebracht worden sind, im gesamten Binnenmarkt grundsätzlich frei zirkulieren können müssen.[286] Dieses Prinzip der gegenseitigen Anerkennung lässt sich auch als durch Rechtfertigungsmöglichkeiten eingeschränktes Herkunftslandprinzip bezeichnen[287], weil die Anerkennungsverpflichtung des Bestimmungsstaates dazu führt, dass im Einzelfall das Recht des Herkunftslandes beachtlich ist, auch wenn es als solches nicht angewandt wird, sondern vielmehr zur Nichtanwendung des Bestimmungslandrechts führt.

(3) Vereinheitlichung des Kollisionsrechts

Im Rahmen der Diskussion über die Anwendung des Marktortprinzips auf Internet-Werbung, welches zur Anwendbarkeit verschiedener Wettbewerbsrechtsordnungen auf denselben Werbesachverhalt führt, werden Lösungen gerade auch in einer Angleichung des Kollisionsrechts gesucht. So wird zum Teil vorgeschlagen, das Herkunftslandprinzip für den Bereich der Multistate-Werbung als Kollisionsnorm an die Stelle des Marktortprinzips zu setzen und dies für

---

[282] In dieser Problematik lag auch der Grund für die seitens der Kommission im Weißbuch zur Vollendung des Binnenmarktes vorgeschlagene *neue Strategie*, die eine Abkehr von der Detailharmonisierung hin zum Prinzip der gegenseitigen Anerkennung in Verbindung mit erforderlichen Minimalharmonisierungen beinhaltet, vgl. hierzu Langeheine in: Grabitz/Hilf, Art. 100 EGV (aF), Rn. 75 ff.; Kahl in: Calliess/Ruffert, Art. 95 EGV, Rn. 2; sowie Eiden in: Bleckmann, Europarecht, Rn. 2180.

[283] Zur Undurchführbarkeit einer Rechtsvereinheitlichung für das Internetrecht als Ganzes vgl. Ahrens, CR 2000, 835, 836.

[284] Vgl. Schricker, GRUR Int. 1990, 771 ff.; Kotthoff, WRP 1996, 79; Henning-Bodewig, GRUR Int. 1999, 233; Bodewig, GRUR Int. 2000, 475, 477; Arndt/Köhler, EWS 2001, 102, 105. Dazu oben Teil 1 B.II.3.

[285] Für die Warenverkehrfreiheit ständige Rechtsprechung seit EuGH, Rs. 8/74, Dassonville, Slg. 1974, 837, 852, Erwägung 5; für die Dienstleistungsfreiheit seit EuGH, Rs. 33/74, van Binsbergen, Slg. 1974, 1299, 1311, Erwägungen 24/26 (str.). Zu den durch die Entscheidung in der Rechtssache Keck gegebenen Auswirkungen auf die Behandlung von Werbebeschränkungen siehe Teil 2.

[286] Vgl. statt aller Epiney in: Calliess/Ruffert, Art. 28 EGV, Rn. 16.

[287] Zum aus den Grundfreiheiten folgenden eingeschränkten Herkunftslandprinzip vgl. Teil 2 B.I.3. im Bereich der Warenverkehrsfreiheit und Teil 2 C.I.2. im Bereich der Dienstleistungsfreiheit.

alle europäischen Mitgliedstaaten zu vereinheitlichen mit dem Ziel, dass bereits bei der Bestimmung des anwendbaren Rechts im Rahmen des internationalen Wettbewerbsrechts an das Recht des Herkunftslandes anzuknüpfen ist.[288] Dieser Ansatz steht allerdings im Gegensatz zum tatsächlichen Stand des *Entwurfes einer Verordnung über das auf außervertragliche Schuldverhältnisse anwendbare Recht*, der sogenannten ROM II-Verordnung, die auf ein Marktortprinzip abstellt.[289] Eine ausführliche kollisionsrechtliche Würdigung dieses Ansatzes würde allerdings über die Intention der vorliegenden Darstellung hinausgehen.

(4) Sekundärgemeinschaftsrechtliches Herkunftslandprinzip

Der europäische Gesetzgeber hat sich zur Erreichung des Ziels einer Kanalisierung auf eine einzige anwendbare Rechtsordnung für ein sekundärgemeinschaftsrechtliches Herkunftslandprinzip entschieden.[290] Betrachtet man die Parallelen zwischen Fernsehen und Internet, so verwundert es nicht, dass diese Vorgehensweise gerade aus dem Bereich des Fernsehrechts bekannt ist. Handelt es sich doch sowohl bei der Fernsehwerbung als auch bei der Internet-Werbung um Multistate-Wettbewerbshandlungen, deren Reichweite nicht auf einzelne Staaten begrenzbar ist. So regelt die Fernsehrichtlinie[291] für Veranstalter grenzüberschreitender Fernsehsendungen das Sendestaatsprinzip, wonach eine Fernsehsendung einerseits den Rechtsvorschriften des Sendestaates entsprechen muss, im Gegenzug jedoch der Bestimmungsstaat den freien Empfang und die Weiterverbreitung der Fernsehsendung zu gewährleisten hat. Eine strukturell identische Vorschrift enthält die E-Commerce-Richtlinie für die Erbringung von Diensten der Informationsgesellschaft. Enthalten ist in beiden Vorschriften also ein sekundärgemeinschaftsrechtliches Herkunftslandprinzip, welches zumindest im Kollisionsfall bewirkt, dass sich das Recht des Herkunftsstaates gegen das des Bestimmungsstaates durchsetzt.

---

[288] Eine einheitliche Sonderanknüpfung an das Herkunftsland für Multistate-Wettbewerbshandlungen entwickelt mit beachtlichen Argumenten Dethloff, JZ 2000, 179, 182 ff. unter Berücksichtigung der Erfordernisse des Kollisionsrechts einerseits und des europäischen Gemeinschaftsrechts andererseits. Vgl. hierzu nun auch dies., Europäisierung des Wettbewerbsrechts, S. 292 ff. Gegen eine Einführung des Herkunftslandprinzips in das IPR mit grundsätzlichen Erwägungen Mankowski, GRUR Int. 1999, 909, 913 ff.; ders., ZVglRWiss 100 (2001), 137, 158 ff.

[289] Dazu oben Teil 1 B.II.2.b. Zu einer möglichen Auflösung der Diskrepanz zwischen dem Marktortprinzip des VO-Entwurfs und einem kollisionsrechtlich verstandenen Herkunftslandprinzip der E-Commerce-Richtlinie vgl. Mankowski, ZVglRWiss 100 (2001), 137, 176 ff.

[290] Art. 3 Absätze 1 und 2 der E-Commerce-Richtlinie. Ausführlich zum sekundärgemeinschaftsrechtlichen Herkunftslandprinzip in Teil 3 der Darstellung.

[291] Art. 2 I, 2a I der Richtlinie 89/552/EWG, geändert durch Richtlinie 97/36/EG, konsolidierte Fassung abgedruckt in GRUR Int. 1998, S. 120 ff.

Teil 2: Werbebeschränkungen im Internet und primäres Gemeinschaftsrecht

Für grenzüberschreitende Werbung im Internet ergeben sich gegenüber herkömmlichen Werbeformen verschiedene Besonderheiten. Zum einen vollzieht sich Werbung im Internet, gleich ob für Waren oder für Dienstleistungen geworben wird, häufig unter Einschaltung mehrerer Beteiligter. Dadurch entstehen Dienstleistungsbeziehungen, deren Betroffensein durch Werbebeschränkungen im Internet es zu würdigen gilt. Die Untersuchung der Dienstleistungsfreiheit ist demgemäß von besonderer Bedeutung. Zum anderen führen das im Rahmen der Internet-Werbung gegebene qualifizierte Rechtsanwendungsrisiko und die sich hieraus in tatsächlicher und rechtlicher Hinsicht ergebenden Folgen[292] zu einer besonderen Qualität der Beeinträchtigung für den Anbieter von Waren und Dienstleistungen selbst. Diese besondere Situation erfordert eine Untersuchung der Vereinbarkeit nationaler Werbebeschränkungen für die Internet-Werbung mit den Grundfreiheiten des EGV.

A. Nationale Werbebeschränkungen im System der Warenverkehrs- und Dienstleistungsfreiheit

I. Einordnung nationaler Werberegelungen im Allgemeinen

Bei der Einordnung von nationalen Werberegelungen unter die Grundfreiheiten des EGV hat man nach der Sichtweise des Europäischen Gerichtshofes grundsätzlich drei Fallgruppen zu unterscheiden. Erstens die Werbung für den Vertrieb von Waren, zweitens die Werbung für den Vertrieb von Dienstleistungen und drittens die Werbung selbst als Dienstleistung.

In den ersten beiden Fallgruppen wird die Werbung als Annex der jeweiligen Grundtätigkeit angesehen. Eine nationale Werbebeschränkung stellt ein Hindernis für den Verkehr der jeweiligen Waren oder Dienstleistung dar und wird demgemäss unter den Anwendungsbereich der Warenverkehrs- und Dienstleistungsfreiheit gefasst. Die Werbung ist aus dieser Sicht als ein Akzessorium zu den Freiheiten des Warenimporteurs oder Dienstleistenden zu sehen.[293] In der dritten Fallgruppe liegt die Besonderheit darin, dass die Werbebeschränkung nicht nur den Absatz der jeweiligen Ware oder Dienstleistung, sondern weitergehend auch die Dienstleistungsfreiheit des Werbeanbieters selbst betrifft.

II. Besonderheiten im Internet

Aufgrund der Besonderheiten des elektronischen Geschäftsverkehrs lässt sich die Zuordnung zur Warenverkehrs- oder Dienstleistungsfreiheit nicht so unproblematisch durchführen, wie dies bei körperlichen Gegenständen der Fall ist. Will man die Frage beantworten, zu welcher der beiden Grundfreiheiten die Werbung im Internet ein Akzessorium darstellt, muss zunächst eine Zuordnung der jeweiligen Grundtätigkeit zu einer der beiden Grundfreiheiten erfolgen.[294] Zu unterscheiden ist dabei grundsätzlich zwischen vier denkbaren Erscheinungsformen der Internet-Werbung.

---

[292] Teil 1 B.III.1.

[293] Troberg in: GTE, Art. 59 EGV (aF), Rn. 36.

[294] Die E-Commerce-Richtlinie differenziert nicht zwischen den Einzeltätigkeiten, sondern ordnet alle Internet-Geschäfte als Dienste der Informationsgesellschaft ein, vgl. Begründungserwägung 18. Diese Vorgehensweise bewirkt eine Vereinfachung und präjudiziert die Beurteilung im Rahmen der Grundfreiheiten nicht.

Problemlos gestaltet sich der Fall der reinen Produktwerbung im Internet, mit der für Warenangebote geworben wird, die auf dem freien Markt außerhalb des Online-Handels erhältlich sind. Beworbenes Produkt ist eine Ware, Werbebeschränkungen sind daher im Rahmen der Warenverkehrsfreiheit zu prüfen. Ebenfalls unschwer lassen sich die typischen online erbrachten Dienstleistungen, wie Bankdienstleistungen oder Reisebuchungen einordnen. Wird für derartige Dienstleistungen geworben, so ist die Werbung hierfür als Akzessorium der Dienstleistungsfreiheit geschützt.

Schwieriger gestaltet sich dagegen die Einordnung der Fallgruppen des echten elektronischen Geschäftsverkehrs, also der Handel im Internet mit Hard-Goods und Soft-Goods. Beim Handel mit Hard-Goods erfolgt die Bestellung einer Ware online, während die Lieferung des bestellten Produkts offline durchgeführt wird. Obwohl die E-Commerce-Richtlinie auch diesen Fall als Dienst der Informationsgesellschaft begreift[295], handelt es sich im Hinblick auf die Einordnung unter die Grundfreiheiten des EGV eindeutig um die Bestellung eines körperlichen Wirtschaftsgutes. Die Hauptleistung im Hinblick auf die Relevanz für den Binnenmarkt liegt im Absatz der Ware in einen anderen Mitgliedstaat, also einem ausschließlich materiellen Vorgang. Eine Werbung für diesen Vorgang unterfällt daher als Annex der Warenverkehrsfreiheit.[296] Die Beurteilung verkompliziert sich, wenn statt des elektronischen Handels mit Hard-Goods der elektronische Handel mit Soft-Goods betroffen ist, die wie Computerprogramme oder Musikdateien im Wege eines „download" online bezogen werden können. Fraglich ist, ob dieses Vorgehen die Lieferung einer Ware oder eine Dienstleistung zum Gegenstand hat. Waren im Sinne des EGV sind alle beweglichen Güter einschließlich Gas, Wassers und elektrischen Stroms, wobei es sich um Gegenstände handeln muss, die einen Geldwert haben und Gegenstand von Handelsgeschäften sein können.[297] Ebenfalls unter den Warenbegriff fallen Tonträger, die Musikwerke enthalten, oder elektronische Datenträger mit darin enthaltener Software.[298] Zwar handelt es sich in diesen Fällen um geistige Leistungen, die Gegenstand des Warenverkehrs werden können. Jedoch liegt in allen Fällen noch eine Verkörperung dieser Leistung vor, die sich in der Existenz eines materiellen Gegenstandes niederschlägt. Im Falle von Software, die im Wege des Internet geliefert und im Wege eines „download" bezogen werden kann, fehlt es gerade an dieser Verkörperung. Sie ist deshalb nicht als Ware im Sinne des EGV anzusehen.[299] Vielmehr liegt in der Übermittlung und der Zurverfügungstellung via Internet eine Dienstleistung. Die Werbung für online beziehbare Soft-Goods unterfällt also der Dienstleistungsfreiheit.

---

[295] Begründungserwägung 18 der E-Commerce-Richtlinie. Hierzu ausführlich unten Teil 3 B.I.1.

[296] Ebenso Waldenberger, EuZW 1999, 296, 297.

[297] Voß in: Grabitz/Hilf, Art. 23 EGV, Rn. 12.

[298] EuGH, Rs. 79/89, Brown, Boveri & Cie., Slg. 1991, I-1853, 1890, Erwägung 21.

[299] Ebenso Voß in: Grabitz/Hilf, Art. 23 EGV, Rn. 12. So neuerdings auch Dethloff, Europäisierung des Wettbewerbsrechts, S. 227. Anders Waldenberger, EuZW 1999, 296, 297, der auch auf die deutsche zivilgerichtliche Rechtsprechung zur Einordnung von Software als Gegenstand des Sachkaufs abstellt, was jedoch als Maßstab für die hier erforderliche Beurteilung ebenso untauglich sein dürfte, wie der von Waldenberger kritisierte Vergleich mit der Behandlung von Softwarelieferungen als Dienstleistung in der Umsatzsteuerrichtlinie. Erforderlich ist vielmehr eine genuin auf die Besonderheiten der Grundfreiheitenprüfung bezogene Einordnung. Diese erfordert aber im Falle der Lieferung von Soft-Goods eine Anwendung der Dienstleistungsfreiheit, da der Dienstleistungscharakter bei derartigen Geschäften im Vordergrund steht.

B. Warenverkehrsfreiheit

I. Grundlagen der Warenverkehrsfreiheit

1. Der Tatbestand des Art. 28 EGV

Art. 28 EGV verbietet für den Warenverkehr zwischen den Mitgliedstaaten mengenmäßige Einfuhrbeschränkungen, sowie Maßnahmen gleicher Wirkung. Die Vorschrift ist unmittelbar anwendbar.[300] Mengenmäßige Einfuhrbeschränkungen sind alle Maßnahmen, die die Einfuhr einer Ware der Menge oder dem Wert nach begrenzen.[301] Grundlage für die Entwicklung der Warenverkehrsfreiheit zu einem umfassenden Beschränkungsverbot war die Auslegung des Begriffs der Maßnahmen gleicher Wirkung. In der Rechtssache „Dassonville" entschied der EuGH, dass eine Maßnahme gleicher Wirkung im Sinne des Art. 28 EGV immer dann vorliegen solle, wenn eine nationale *„Handelsregelung geeignet ist, den innergemeinschaftlichen Handel unmittelbar oder mittelbar, tatsächlich oder potentiell zu behindern"*.[302] Der Begriff der Handelsregelung hat dabei keine einschränkende Bedeutung. Entscheidend ist vielmehr die potentielle Eignung der Maßnahme, handels- bzw. einfuhrbeschränkende Wirkung zu entfalten[303], gleich ob die Behinderung tatsächlich eingetreten ist.[304] Weiterhin muss die jeweilige nationale Regelung, um eine Maßnahme gleicher Wirkung darzustellen, auch keine Spürbarkeitsschwelle überschreiten.[305] Sie ist vielmehr grundsätzlich bereits dann geeignet, die Einfuhr zu behindern, wenn die *„Behinderung gering ist und noch andere Möglichkeiten für den Vertrieb der eingeführten Erzeugnisse bestehen"*.[306] In der Entscheidung „Cassis de Dijon"[307] hatte der EuGH erstmals auch über eine mitgliedstaatliche Regelung zu entscheiden, welche unterschiedslos auf inländische wie ausländische Waren anwendbar war. Auch in diesem Fall wandte er, wenn auch unter gleich aufzuzeigenden Einschränkungen, die Dassonville-Formel an. Von diesem sehr weiten Verständnis des Tatbestandes des Art. 28 EGV als allgemeines Beschränkungsverbot wurden nationale Vorschriften verschiedenster Art erfasst[308], wodurch sich eine nahezu unbegrenzte Reichweite des Anwendungsbereichs der Warenverkehrsfreiheit ergab. Nachdem in Folge der Reichweite der Dassonville-Formel eine Vielzahl allgemein wirtschaftsregelnder Vorschriften auf ihre Vereinbarkeit mit der Warenverkehrsfreiheit zu prüfen war, wurden Einschränkungen des Anwendungsbereichs des Art. 28 EGV erforderlich.[309] Eine einschränkende Entwicklung begann zunächst für nationale Regelungen, die sich nicht primär auf die Einfuhr auswirkten, wie in den Entscheidungen zum deutschen Nachtbackverbot[310] und zum belgischen Ausschankverbot für Alkoholika[311] und endete

---

300 Müller-Graff in: GTE, Vorbemerkung Art. 30 EGV (aF), Rn. 12. Zum Anwendungsvorrang des Gemeinschaftsrechts siehe auch unten Teil 3 D.I.2.

301 Vgl. statt aller Epiney in: Calliess/Ruffert, Art. 28 EGV, Rn 6. Zur strittigen, aber in praxi nicht mehr allzu relevanten Abgrenzung zu Maßnahmen gleicher Wirkung, dies., Art. 28 EGV, Rn. 8 ff. mwN.

302 EuGH, Rs. 8/74, Dassonville, Slg. 1974, 837, 852, Erwägung 5.

303 Epiney in: Calliess/Ruffert, Art. 28 EGV, Rn. 16.

304 Becker in: Schwarze, EU-Kommentar, Art. 28 EGV, Rn. 38.

305 Becker in: Schwarze, EU-Kommentar, Art. 28 EGV, Rn. 40. Für die Errichtung einer generellen Spürbarkeitsschwelle streiten eine Vielzahl von Autoren, vgl. Sack, WRP 1998, 103, 116 ff. mwN. Dieser Gesichtspunkt wird im Rahmen der Diskussion um die Reichweite der Entscheidung „Keck" nochmals aufgegriffen.

306 EuGH, verb. Rs. 177/82 u. 178/82, van de Haar, Slg. 1984, 1797, 1813, Erwägung 13.

307 EuGH, Rs. 120/78, Cassis de Dijon, Slg. 1979, 649 ff.

308 Vollständige Übersicht bei Müller-Graff in: GTE, Art. 30 EGV (aF), Rn. 16 ff., Rn. 71 ff.

309 Vgl. auch Leible in: Grabitz/Hilf, Art. 28 EGV, Rn. 27.

310 EuGH, Rs. 155/80, Bußgeldverfahren gegen Oebel, Slg. 1981, 1993, 2010, Erwägung 20.

311 EuGH, Rs. 75/81, Blesgen/Belgien, Slg. 1982, 1211, 1229, Erwägung 9.

schließlich mit der Entscheidung in der Rechtssache „Keck", deren Wirkungen im Rahmen des Werberechts ausführlich dargestellt werden.

2. Die Rechtfertigung nationaler Regelungen

Das wichtigste Korrelat für die Anwendung der Warenverkehrsfreiheit auch auf unterschiedslos anwendbare nationale Regelungen wurde in der Entscheidung „Cassis de Dijon" geschaffen, in der es um eine Vorschrift des deutschen Branntweinmonopolgesetzes ging, die den Mindestweingeistgehalt für Liköre mit 25% festsetzte, was die Einfuhr des französischen Produkts „Cassis de Dijon" als Likör verhinderte. Danach ist es *„in Ermangelung einer gemeinschaftsrechtlichen Regelung der Herstellung oder Vermarktung (...) Sache der Mitgliedstaaten, alle die Herstellung oder Vermarktung (...) betreffenden Vorschriften für ihr Hoheitsgebiet zu erlassen"*.[312] Auf nationalen Rechtsvorschriften beruhende Handelshemmnisse sind dann hinzunehmen, *„soweit die Bestimmungen notwendig sind, um zwingenden Erfordernissen gerecht zu werden, insbesondere den Erfordernissen einer wirksamen steuerlichen Kontrolle, des Schutzes der öffentlichen Gesundheit, der Lauterkeit des Handelsverkehrs und des Verbraucherschutzes"*.[313] Bereits aus dem Vorbehalt des Art. 30 EGV ergibt sich die Möglichkeit einer Rechtfertigung den freien Warenverkehr beschränkender Vorschriften. Dieser bezweckt jedoch nur die Rechtfertigung diskriminierender Maßnahmen der Mitgliedstaaten, wird infolgedessen vom EuGH restriktiv interpretiert und ist daher im Hinblick auf die Reichweite des Begriffs der Maßnahmen gleicher Wirkung zu einer Beschränkung untauglich.[314] Die Bedeutung der Cassis-Formel liegt also darin, im nichtharmonisierten Bereich, bei unterschiedslos anwendbaren Vorschriften, den Mitgliedstaaten die Möglichkeit an die Hand zu geben, nationale Regelungen auch auf grenzüberschreitende Sachverhalte dann anzuwenden, wenn diese Regelungen notwendig sind, zwingende nationale Erfordernisse durchzusetzen.

Unabhängig davon, ob man diese Ausnahmemöglichkeit als negatives Tatbestandsmerkmal des Art. 28 EGV behandelt[315] oder mit guten Gründen auf der Rechtfertigungsebene prüft[316], handelt es sich bei den zwingenden Erfordernissen der Sache nach um eine ungeschriebene Schranke des Art. 28 EGV.[317] In diesem Sinne wird im Rahmen der vorliegenden Darstellung von einer Einordnung der zwingenden Erfordernisse als Rechtfertigungsgründe ausgegangen.

Zur Feststellung, ob eine nationale Vorschrift „notwendig" ist, um zwingenden Erfordernissen gerecht zu werden, ist nach ständiger Rechtsprechung des Gerichtshofes im Einzelfall eine Verhältnismäßigkeitsprüfung vorzunehmen. Die Prüfung der Verhältnismäßigkeit erfolgt dabei in systematischer Hinsicht nach den allgemeinen Grundsätzen.[318] Das bedeutet, dass

---

[312] EuGH, Rs. 120/78, Cassis de Dijon, Slg. 1979, 649, 662, Erwägung 8.

[313] EuGH, Rs. 120/78, Cassis de Dijon, Slg. 1979, 649, 662, Erwägung 8. Der Katalog der zwingenden Erfordernisse wurde in der Folgezeit in zahlreichen Entscheidungen konkretisiert und weiterentwickelt, vgl. Müller-Graff in: GTE, Art. 30 EGV (aF), Rn. 203 ff.; Epiney in: Calliess/Ruffert, Art. 28 EGV, Rn. 16.

[314] Müller-Graff in: GTE, Art. 30 EGV (aF), Rn. 190.

[315] So die st. Rspr. des EuGH, vgl. Epiney in: Calliess/Ruffert, Art. 28 EGV, Rn. 21 sowie die wohl überwiegende Auffassung der Literatur, vgl. etwa Müller-Graff in: GTE, Art. 30 EGV (aF), Rn. 190; Dauses in: Dauses, HdbEGWiR, C.I., Rn. 109.

[316] So Becker, EuR 1994, 162, 165 ff.; ders., in: Schwarze, EU-Kommentar, Art. 28 EGV, Rn. 107 ff. Die Ansicht Beckers, EuR 1994, 162, 165 ff. überzeugt insbesondere auch im Hinblick darauf, dass eine Verortung der Prüfung in der Rechtfertigungsebene zu einer möglichst klaren Umgrenzung der Tatbestandsvoraussetzungen des Art. 28 EGV zwingt, die nicht durch Abwägungselemente verwischt wird.

[317] Die praktische Bedeutung der Frage verneinend Joliet, GRUR Int. 1994, 979, 980.

[318] Epiney in: Calliess/Ruffert, Art. 28, Rn. 25.

zunächst das Regelungsziel der den freien Warenverkehr beschränkenden Vorschrift zu ermitteln ist, im Anschluss daran die Geeignetheit der Vorschrift zur Erreichung des Ziels sowie die Erforderlichkeit geprüft wird, um zuletzt eine Abwägung der Beeinträchtigung des freien Warenverkehrs mit dem Interesse des Mitgliedstaates an der Verfolgung des zwingenden Erfordernisses vorzunehmen.

3. Eingeschränktes Herkunftslandprinzip

Das Spannungsfeld zwischen den Erfordernissen des europäischen Binnenmarktes und den mitgliedstaatlichen Interessen wird im Rahmen der Warenverkehrsfreiheit mithin auf eine Weise gelöst, die sich als Ursprungs- oder Herkunftslandprinzip bezeichnen lässt.[319] Auf der einen Seite führt die Dassonville-Formel zum Schutze des Binnenmarktes dazu, dass die Einfuhr von Waren aus anderen Mitgliedstaaten, welche dort rechtmäßig in den Verkehr gebracht worden sind, nicht durch nationale Regelungen behindert wird. Dadurch wird der Grundsatz der gegenseitigen Anerkennung[320] nationaler Rechtsvorschriften und somit auch des Herkunftslandprinzips in dem Sinne verwirklicht, dass nationale Vorschriften auf im Herkunftsland rechtmäßig in den Verkehr gebrachte Waren dann nicht angewandt werden dürfen, wenn sie zu einer Behinderung der Einfuhr führen können. Auf der anderen Seite gewährt die Cassis-Formel nationalen Erfordernissen den notwendigen Schutz, in dem sie diese gleichsam als Schranken einer weit verstandenen Warenverkehrsfreiheit ansieht. Im Rahmen der Verhältnismäßigkeitsprüfung kommt es dann zu einem flexiblen Kontrollmechanismus und zu einer einzelfallbezogenen Abwägung der inmitten stehenden Interessen, die durch den Gerichtshof nach gemeinschaftsrechtlichen Kriterien durchgeführt wird. Nimmt man den Terminus des Herkunftslandprinzips in Bezug, so erscheint es nach dieser Prüfungssystematik präziser, von einem durch mitgliedstaatliche Rechtfertigungsmöglichkeiten eingeschränkten Herkunftslandprinzip zu sprechen.[321]

II. Werberegelungen im Rahmen der Warenverkehrsfreiheit

Nach demselben Grundprinzip verfuhr der EuGH zunächst auch bei der Behandlung nationaler Werbevorschriften im Rahmen der Warenverkehrsfreiheit. Dabei ist auf der ersten Stufe zu fragen, ob eine Werberegelung eine Maßnahme gleicher Wirkung im Sinne der Dassonville-Formel darstellen kann. Diese Frage wurde vom EuGH zunächst grundsätzlich bejaht, erfuhr dann aber erhebliche Einschränkungen durch die Entscheidung in der Rechtssache „Keck“. Nach Bejahung der Anwendbarkeit des Art. 28 EGV ist zu prüfen, ob die jeweilige Werbe-

---

[319] Müller-Graff in: GTE, Art. 30 EGV (aF), Rn. 190, 191. Vgl. auch Langeheine in: Grabitz/Hilf, Art. 100b EGV (aF), Rn. 3; Steindorff, ZHR 150 (1986), 687; ders., EG-Vertrag und Privatrecht, S. 56, 65; Schmitz, Die kommerzielle Kommunikation im Binnenmarkt, S. 135.

[320] Das Herkunftslandprinzip fußt also bei genauer Betrachtung auf dem Grundsatz der gegenseitigen Anerkennung, da die Anerkennung der Rechtsvorschriften anderer Mitgliedstaaten Voraussetzung für die Verkehrsfähigkeit diesen Vorschriften entsprechender Waren ist, vgl. Müller-Graff in: GTE, Art. 30 EGV (aF), Rn. 191.

[321] Vgl. zum Begriff auch Schmitz, Die kommerzielle Kommunikation im Binnenmarkt, S. 135 ff. In diesem im Hinblick auf die Beachtung von Rechtfertigungsmöglichkeiten einschränkenden Sinne auch Becker in: Schwarze, EU-Kommentar, Art. 28 EGV, Rn. 45. Nach Leible in: Grabitz/Hilf, Art. 28 EGV, Rn. 26 beinhaltet bereits der Grundsatz der gegenseitigen Anerkennung diese Grundregel: *„Alle rechtlichen und technischen Regelungen der Mitgliedstaaten sind prima facie als gleichwertig anzuerkennen und daher die in einem Mitgliedstaat nach dessen Regeln rechtmäßig in den Verkehr gebrachten Waren in der gesamten Gemeinschaft verkehrsfähig, sofern dem nicht ausnahmsweise zwingende Erfordernisse iSd Cassis-Rechtsprechung oder Schutzinteressen iSv Art. 30 entgegenstehen.“*

vorschrift durch zwingende Erfordernisse oder den Vorbehalt des Art. 30 EGV gerechtfertigt ist.[322]

1. Die Entwicklung bis zur Rechtssache „Keck“

Werbung als Teil des Produktmarketings dient der Förderung des Absatzes von Waren. Nationale Regelungen, die der Werbung Grenzen ziehen, können demnach den grenzüberschreitenden Warenabsatz negativ beeinflussen. Infolgedessen werden werbebeschränkende Vorschriften, sofern sie den Absatz von Waren betreffen, traditionell im Rahmen der Warenverkehrsfreiheit geprüft. Zu unterscheiden sind dabei einerseits diskriminierende Werberegelungen, andererseits unterschiedslos wirkende nationale Regelungen, worunter insbesondere alle Vorschriften des allgemeinen Werberechts zu fassen sind. So sind es denn auch diese unterschiedslos wirkenden Vorschriften, deren Einordnung als Maßnahmen gleicher Wirkung die größten Probleme aufwirft, da diese sich regelmäßig nur mittelbar auf die Einfuhr der beworbenen Ware auswirken.

Grundlegend für die Entwicklung der Rechtsprechung des Europäischen Gerichtshofes im Bereich des Werberechts ist die Entscheidung „Oosthoek“.[323] Zu prüfen war dort ein niederländisches Verbot des Angebots und der Gewährung von Zugaben im Rahmen der Ausübung gewerblicher Tätigkeit. Die holländische Firma Oosthoek vertrieb Nachschlagewerke, die teilweise in Belgien hergestellt wurden, in Holland sowie in den niederländischsprachigen Gebieten Belgiens und Frankreichs und bewarb diese mit dem Versprechen von Zugaben. Dies verstieß gegen das niederländische Zugabeverbot, wohingegen die Werbung mit Zugaben in Belgien erlaubt war. Der Gerichtshof bejahte das Vorliegen einer Maßnahme gleicher Wirkung.

> *„Eine Regelung, die bestimmte Formen der Werbung und bestimmte Methoden der Absatzförderung beschränkt oder verbietet, kann – obwohl sie die Einfuhren nicht unmittelbar regelt – geeignet sein, das Einfuhrvolumen zu beschränken, weil sie die Absatzmöglichkeiten für die eingeführten Erzeugnisse beeinträchtigt. Es ist nicht auszuschließen, dass der für den betroffenen Unternehmer bestehende Zwang, sich entweder für die einzelnen Mitgliedstaaten unterschiedlicher Systeme der Werbung oder Absatzförderung zu bedienen oder ein System, das er für besonders wirkungsvoll hält, aufzugeben, selbst dann ein Einfuhrhindernis darstellen kann, wenn eine solche Regelung unterschiedslos für inländische und eingeführte Erzeugnisse gilt.“*[324]

Die Entscheidung in der Rechtssache Oosthoek enthält drei richtungsweisende Hauptaussagen.[325] Erstens ordnete der EuGH eine unterschiedslos geltende nationale Werberegelung in enger Anlehnung an die Dassonville-Formel als Maßnahme gleicher Wirkung ein und stellte auf die bloße Eignung der niederländischen Zugaberegelung zur Behinderung des freien Warenverkehrs ab. In der Literatur wird daher insoweit auch von der „Oosthoek“-Formel gesprochen.[326] Zweitens handelt es sich bei dem Zugabeverbot um eine bloß vertriebsbezogene Vermarktungsregelung, deren Einwirkung auf die Einfuhren, wie der Gerichtshof selbst fest-

---

[322] Hierzu unten Teil 2 B.IV.
[323] EuGH, Rs. 286/81, Oosthoek's Uitgeversmaatschappij, Slg. 1982, 4575 ff.
[324] EuGH, Rs. 286/81, Oosthoek, Slg. 1982, 4575, 4587, Erwägung 15.
[325] Hierzu sehr dezidiert auch Schmitz, Die kommerzielle Kommunikation im Binnenmarkt, S. 105 ff. Vgl. auch Hammer, Handbuch zum freien Warenverkehr, S. 44 ff.
[326] So Schmitz, Die kommerzielle Kommunikation im Binnenmarkt, S. 101. Siehe auch Schroeder/Federle, ZIP 1994, 578, 579.

stellt, nur mittelbar ist, was im Lichte der später zu untersuchenden Keck-Rechtsprechung nicht mehr ausreichend wäre. Zuletzt ist die Argumentation bemerkenswert, mit der die Wirkung auf den freien Warenverkehr begründet wird. Der EuGH sieht nämlich offensichtlich den Grund für die Einordnung des Zugabeverbotes als Maßnahme gleicher Wirkung darin, dass gerade der Zwang zur Wahl bestimmter Vermarktungsstrategien im grenzüberschreitenden Verkehr auch die Einfuhr der betroffenen Waren behindern kann.[327] Es genügt demzufolge auch nach der Entscheidung „Oosthoek" grundsätzlich nicht, dass die betreffende Werberegelung auch Einfluss auf die Vermarktung ausländischer Waren haben kann. Erforderlich ist vielmehr, dass die Werberegelung den Anbieter eines Erzeugnisses aus einem anderen Mitgliedstaat zwingt, unterschiedliche Werbe- und Absatzmaßnahmen zu verwenden und so auf eine einheitliche Vermarktungsstrategie ausländischer Anbieter einwirkt.[328]

Diese Rechtsprechung bestätigte der EuGH in einer Vielzahl von Folgeentscheidungen und behandelte die verschiedensten nationalen Werberegelungen als Maßnahmen gleicher Wirkung[329], so in der Entscheidung „Buet"[330] für ein französisches Verbot des Haustürverkaufs und der Haustürwerbung, in der Rechtssache „GB-INNO"[331] für das luxemburgische Verbot, außerhalb von Sonder- und Schlussverkäufen bei Angeboten, die mit einem Preisnachlass verbunden waren, die Dauer des Angebots und den früheren Preis anzugeben, in der Entscheidung „SARPP"[332] für eine produktbezogene französische Regelung der Werbung für synthetische Süßstoffe, die Angaben verbot, die das Wort Zucker enthielten, in der Entscheidung „Pall"[333] im Hinblick auf ein Verbot der irreführenden Werbung mit einem in Italien, nicht aber in Deutschland eingetragenen Warenzeichen, in der Entscheidung „Aragonesa"[334] für ein Werbeverbot für Alkoholika über 23% und in der Rechtssache „Yves Rocher"[335] für das damalige deutsche Verbot der Werbung durch Eigenpreisvergleich gem. § 6e UWG.

Keine abschließende Beurteilung hat der Gerichtshof hingegen zu der Fragestellung getroffen, auf welchen Bezugspunkt für die Beurteilung einer Beschränkung der Warenverkehrsfreiheit durch nationale Werberegelungen abzustellen ist. In Betracht kommt insoweit einerseits die Rechtsordnung des Herkunftsortes der beworbenen Ware, andererseits das Recht des Herkunftsortes der Werbung selbst. Der Gerichtshof ließ es in den von ihm entschiedenen Fallgestaltungen genügen, wenn durch eine einheitliche Werbekonzeption für ein ausländisches Erzeugnis geworben wurde, welches aus einem anderen Mitgliedstaat eingeführt werden sollte. Am deutlichsten war der grenzüberschreitende Bezug in der Sache „GB-

---

[327] Diese Problematik der Auswirkungen von Werberegelungen gerade auf die grenzüberschreitende Produktvermarktung, das sog. Euro-Marketing, wird unten, Teil 2 B. II.4. ausführlich besprochen.

[328] Die Frage, ob die Grundsätze der Entscheidung „Oosthoek" nur im Falle der Behinderung einer einheitlichen Marketingkonzeption eingreifen oder ob diese Entscheidung ganz generell eine Anwendbarkeit der Warenverkehrsfreiheit auf nationale Werberegelungen statuiert, ist umstritten, muss aber in Ansehung der nachfolgend zu erörternden Entscheidung „Keck" nicht mehr entschieden werden, da nach dieser werbebeschränkende Regelungen im Grundsatz nicht mehr der Warenverkehrsfreiheit unterfallen und eine Anwendung nurmehr in Ausnahmefällen möglich ist, also jedenfalls nicht, wenn allgemein oder potentiell die Einfuhr eines ausländischen Produkts von einer Werberegelung berührt wird. Zur hier vertretenen Ansicht vgl. etwa Ackermann, RIW 1994, 189, 191; Perau, Werbeverbote, S. 136; Roth in: FS für Großfeld, 929, 935; Schmitz, Die kommerzielle Kommunikation im Binnenmarkt, S. 106 mit Nachweisen auch zur Gegenansicht.

[329] Umfassender Rechtsprechungsüberblick bei Hammer, Handbuch des freien Warenverkehrs, S. 43 ff.

[330] EuGH, Rs. 382/87, Buet, Slg. 1989, 1235, 1251, Erwägungen 7, 8.

[331] EuGH, Rs. C-362/88, GB-INNO-BM, Slg. 1990, I-667, 686, Erwägungen 7, 8.

[332] EuGH, Rs. C-241/89, SARPP, Slg. 1990, I-4695, 4723, Erwägung 29.

[333] EuGH, Rs. C-238/89, Pall, Slg. 1990, I-4827, 4848, Erwägung 13.

[334] EuGH, verb. Rs. C-1/90 und C-176/90, Aragonesa, Slg. 1991, I-4151, 4183, Erwägungen 9-11.

[335] EuGH, Rs. C-126/91, Yves Rocher, Slg. 1993, I-2361, 2388, Erwägungen 9 ff.

INNO".[336] Dort warb ein grenznaher belgischer Supermarkt für den Einkauf in seinen Geschäftsräumen mit Zielrichtung auf Klientel aus Luxemburg. Sowohl die Vertriebseinheit, als auch die Werbung stammten also aus Belgien, so dass eine Behinderung der Werbestrategie eines ausländischen Anbieters leichterdings angenommen werden konnte. Aber auch in den Entscheidungen „Oosthoek" und „Yves Rocher" gelangte der Gerichtshof zu einer Anwendung der Warenverkehrsfreiheit, obgleich in diesen Fällen jeweils nur die beworbene und zu vertreibende Ware aus einem anderen Mitgliedstaat stammte, Vertriebsorganisation und Werbung des Anbieters jedoch im Staat der Beschränkung angesiedelt waren.[337]

2. Die Rechtssache „Keck"

Eine entscheidende Veränderung für die Einordnung von unterschiedslos anwendbaren, vertriebsbezogenen Werberegelungen als Maßnahmen gleicher Wirkung ergab sich durch die Rechtssache „Keck et Mithouard".[338]

a. Hintergrund der Entscheidung „Keck"

Der Entscheidung in der Rechtssache „Keck" lag das Bestreben zugrunde, die Reichweite des Begriffes der Maßnahmen gleicher Wirkung nicht grenzenlos auszudehnen, sondern in einem vernünftigen Rahmen zu halten.[339] Hintergrund der Problematik war insoweit die Reichweite der Dassonville-Formel. Diese führte dazu, dass unterschiedslos anwendbare Vorschriften, die in ihrem Regelungsgehalt neutral waren und denen keine die Einfuhr regelnde Tendenz innewohnte, als Maßnahmen gleicher Wirkung anzusehen waren.[340] Bezüglich solcher Vorschriften hatte sich die Rechtsprechung des Gerichtshofes in den Jahren vor der Entscheidung „Keck" höchst widersprüchlich entwickelt.[341] Teilweise beurteilte der EuGH neutrale Vorschriften nicht als Maßnahmen gleicher Wirkung, da sie in keinem Zusammenhang mit den Einfuhren stünden und daher nicht geeignet seien, den Handel zwischen den Mitgliedstaaten zu behindern, so in der Sache „Oebel"[342] zum deutschen Nachtbackverbot, in der Sache „Blesgen"[343] zu einem belgischen Ausschankverbot für alkoholische Getränke oder in der

---

[336] Siehe auch Remien, JZ 1994, 349, 352; Hammer, Handbuch zum freien Warenverkehr, S. 149.

[337] Kritisch zur Anwendung der Warenverkehrsfreiheit in der Konstellation einer im Inland angesiedelten Vertriebseinheit Remien, JZ 1994, 349, 352, der „Yves Rocher" für falsch entschieden hält, weil die in Deutschland ansässige Vertriebseinheit sich in der selben Lage befand wie jedes andere im Inland ansässige Unternehmen. Ebenso im Ergebnis Roth in: FS für Großfeld, 929, 951, der dem der Entscheidung „Yves Rocher" zugrundeliegenden Sachverhalt den grenzüberschreitenden Bezug abspricht.

[338] EuGH, verb. Rs. C-267/91 und C-68/91, Keck und Mithouard, Slg. 1993, I-6097 ff.

[339] Vgl. Leible in: Grabitz/Hilf, Art. 28 EGV, Rn. 27. Der Gerichtshof konstatierte in EuGH, verb. Rs. C-267/91 und C-68/91, Keck und Mithouard, Slg. 1993, I-6097, 6131, Erwägung 14 selbst: *„Da sich die Wirtschaftsteilnehmer immer häufiger auf Artikel 30 EWG-Vertrag berufen, um jedwede Regelung zu beanstanden, die sich als Beschränkung ihrer geschäftlichen Freiheit auswirkt, auch wenn sie nicht auf Erzeugnisse aus anderen Mitgliedstaaten gerichtet ist, hält es der Gerichtshof für notwendig, seine Rechtsprechung auf diesem Gebiet zu überprüfen und klarzustellen."*

[340] Terminologisch werden derartige Vorschriften als „allgemeine Regelungen des Wirtschaftslebens", vgl. Geiger, Art. 28 EGV, Rn. 20, als „nicht spezifisch produktbezogene Ordnungsvorschriften", vgl. Müller-Graff, Art. 30 EGV (aF), Rn. 250, oder auch wertungsfrei als „neutrale Vorschriften" bezeichnet, vgl. Schmitz, die kommerzielle Kommunikation im Binnenmarkt, S. 107.

[341] GA Tesauro gibt in seinen Schlussanträgen in der Rechtssache Hünermund, Rs. C-292/92, Slg. 1993, I-6787, 6805 ff., Erwägungen 12 ff. einen ausführlichen Überblick über die Entwicklung der Rechtsprechung in diesem Bereich verbunden mit deutlicher Kritik.

[342] EuGH, Rs. 155/80, Oebel, Slg. 1981, 1993, 2010, Erwägung 20.

[343] EuGH, Rs. 75/81, Blesgen, Slg. 1982, 1211, 1229, Erwägung 9.

Sache „Krantz"[344] für die Regelung eines Pfändungspfandrechts zugunsten von Steuerbehörden.[345] Andererseits bejahte der Gerichtshof für andere, gleichsam neutrale Regelungen die Anwendbarkeit des Art. 28 EGV, so für Regelungen über den Ladenschluss, in deren Mittelpunkt mehrfach Sonntagsverkaufsregelungen standen.[346] Allerdings führte der Gerichtshof aber auf der Rechtfertigungsebene eine modifizierte Verhältnismäßigkeitsprüfung durch, wonach derartige Regelungen nicht nach den üblichen, strengeren Kriterien zu überprüfen waren, sondern nur eine Kontrolle der Vernünftigkeit der fraglichen Maßnahme stattfand. Ebenfalls in die Vorgeschichte zur Entscheidung in der Rechtssache „Keck" lassen sich die oben dargestellten Urteile zu nationalen Werbevorschriften einreihen[347], die aber aufgrund der Besonderheiten der Werbung für den Produktimport und ihrer Funktion als Marktzutrittsfaktor nicht als neutrale Regelungen in diesem Sinne angesehen werden können.[348]

b. Die Entscheidung „Keck" und ihr Aussagegehalt

Zugrunde lag der Entscheidung „Keck" ein französisches Strafverfahren gegen die Einzelhändler Keck und Mithouard, die gegen das französische strafbewehrte Verbot des Verkaufs unter Einstandspreis verstoßen hatten. Der Gerichtshof entschied im Hinblick auf das Vorliegen einer Maßnahme gleicher Wirkung und die Anwendbarkeit der Warenverkehrsfreiheit wie folgt:

> *„ Demgegenüber ist entgegen der bisherigen Rechtsprechung die Anwendung nationaler Bestimmungen, die bestimmte Verkaufsmodalitäten beschränken oder verbieten, auf Erzeugnisse aus anderen Mitgliedstaaten nicht geeignet, den Handel zwischen den Mitgliedstaaten im Sinne des Urteils „Dassonville" (...) unmittelbar oder mittelbar, tatsächlich oder potentiell zu behindern, sofern diese Bestimmungen für alle betroffenen Wirtschaftsteilnehmer gelten, die ihre Tätigkeit im Inland ausüben, und sofern sie den Absatz der inländischen Erzeugnisse und der Erzeugnisse aus anderen Mitgliedstaaten rechtlich wie tatsächlich in der gleichen Weise berühren. "*[349]

Im Hinblick auf die vorstehend genannten Versuche einer Eingrenzung des Begriffs der Maßnahmen gleicher Wirkung hat sich der Gerichtshof in der Entscheidung „Keck" für eine Beschränkung auf der Ebene des Tatbestandes des Art. 28 EGV entschieden. Er nahm eine Umgestaltung[350] der Dassonville-Formel insoweit vor, als er Regelungen, die bestimmte Verkaufsmodalitäten beschränken oder verbieten, grundsätzlich nicht mehr für Maßnahmen gleicher Wirkung hält. Demgegenüber stellte der Gerichtshof in Erwägung 15 der Entscheidung fest, dass Vorschriften, die die Bezeichnung, Form, Abmessung, Gewicht, Zusammensetzung, Aufmachung, Etikettierung und Verpackung einer Ware betreffen, der Ware also selbst anhaf-

---

[344] EuGH, Rs. C-69/88, Krantz, Slg. 1990, I-583, 597, Erwägung 11

[345] Weitere Beispiele bei GA Tesauro, Schlussanträge in der Rechtssache Hünermund, Rs. C-292/92, Slg. 1993, I- 6787, 6805 ff., Erwägungen 12 ff.

[346] So EuGH, Rs.C-145/88,Torfaen, Slg. 1989, 3851 ff.; EuGH, Rs. 312/89, Conforma, Slg. 1991, I-997 ff.; EuGH, Rs. C-332/89, Marchandise, Slg. 1991, I-1027 ff.; EuGH, Rs. C-169/91, B&Q, Slg. 1992, I-6635 ff.

[347] So GA Tesauro, Schlussanträge in der Rechtssache Hünermund, Rs. C-292/92, Slg. 1993, I-6787, 6807 ff. Erwägungen 16 ff. Vgl. auch Hammer, Handbuch zum freien Warenverkehr, S. 43 ff.

[348] Eine ausführliche Darstellung der Entwicklung der Rechtsprechung zu neutralen Vorschriften findet sich bei Schmitz, Die kommerzielle Kommunikation im Binnenmarkt, S. 107 ff. sowie Hammer, Handbuch des freien Warenverkehrs, S. 30 ff.

[349] EuGH, verb. Rs. C-267/91 und C-68/91, Keck und Mithouard, Slg. 1993, I-6097, 6131, Erwägung 16.

[350] Die Auffassung, dass die Dassonville-Formel überholt ist und die Warenverkehrsfreiheit nach der Entscheidung „Keck" nicht mehr als allgemeines Beschränkungsverbot anzusehen ist, dürfte jedenfalls in Ansehung der Folgerechtsprechung kaum mehr vertretbar sein, so aber Mülbert, ZHR 159 (1995), 1, 17, 20.

ten, weiterhin als Maßnahmen gleicher Wirkung anzusehen seien.[351] Grundlegend ist also die Unterscheidung zwischen nationalen Vorschriften mit Produktbezug und nationalen Vorschriften, die bestimmte Verkaufsmodalitäten beschränken und verbieten. Unter letztere lassen sich mangels direkten Produktbezuges alle diejenigen Vorschriften fassen, die die Vermarktung der Waren in irgendeiner Weise betreffen. Somit stellen auch Werberegelungen grundsätzlich Bestimmungen dar, die nur Verkaufsmodalitäten beschränken oder verbieten.

Ausgangspunkt der Klärung des Aussagegehalts der Entscheidung „Keck" ist Sinn und Zweck der vom Gerichtshof vorgenommenen Differenzierung.[352] Der Gerichtshof sieht den Grund für die Unterscheidung offensichtlich in den unterschiedlichen Wirkungen der Vorschriften.[353] Vorschriften, die die Ausgestaltung des Produkts betreffen, sind regelmäßig geeignet, Waren aus anderen Mitgliedstaaten den Zugang zum Inlandsmarkt zu versperren oder doch zumindest eine erhöhte Marktzugangsschwelle zu begründen. Die Existenz einer produktbezogenen Vorschrift veranlasst nämlich den Anbieter einer Importware in jedem Falle zu der Entscheidung, ob er das Produkt den Erfordernissen des Bestimmungslandes anpassen oder auf den Marktzutritt verzichten will.[354] Die technische Anpassung des Produkts zieht dabei stets erhebliche Kosten nach sich, was einen Wettbewerbsnachteil für eingeführte Erzeugnisse und demzufolge einen Wettbewerbsvorteil für inländische Produkte bewirkt. Genau diese Eignung, den Marktzugang zu versperren oder zu behindern, sieht der Gerichtshof bei Vorschriften, die bloß bestimmte Verkaufsmodalitäten regeln, als im Regelfall nicht gegeben an.[355] Dem liegt der Gedanke zugrunde, dass die Wirkungen vertriebsbezogener Vorschriften erst auf der Stufe ansetzen, in denen Waren aus anderen Mitgliedstaaten die Grenze bereits überschritten habe, also nur noch für die Art und Weise der Vermarktung, nicht mehr jedoch für den Marktzutritt als solchem relevant sind.[356] Ein zu verhindernder Wettbewerbsvorteil inländischer Produkte liegt also im Regelfall nicht vor.

Daraus ist zu folgern, dass produktbezogene Regelungen grundsätzlich ohne weitere Prüfung als Maßnahmen gleicher Wirkung anzusehen sind. Regelungen, die bestimmte Ver-

---

[351] EuGH, verb. Rs. C-267/91 und C-68/91, Keck und Mithouard, Slg. 1993, I-6097, 6131, Erwägung 15. Siehe hierzu insbesondere die nachfolgend dargestellte Folgerechtsprechung in den Rechtssachen „Clinique" und „Mars".

[352] Zur Interpretation des Aussagegehalts der Entscheidung „Keck" existiert eine Vielzahl an Stellungnahmen in der Literatur. Umfassende Übersicht hierzu bei Hammer, Handbuch des freien Warenverkehrs, S. 108 ff., die 16 unterschiedliche Thesen zählt. Für den vorliegenden Untersuchungsgegenstand, der sich konkret mit den Auswirkungen der Entscheidung in Bezug auf nationale Werberegelungen befasst, ist eine Darstellung all dieser Ansätze deshalb nicht erforderlich, weil der Gerichtshof in diesem Bereich den Aussagegehalt der Entscheidung „Keck" in wichtigen Punkten konkretisiert und fortentwickelt hat, so dass sich unter Berücksichtigung der Folgerechtsprechung für diesen Bereich eindeutige Unterscheidungsmerkmale herausarbeiten lassen.

[353] Als weitere Erklärungsansätze für eine Neudefinition des Tatbestandsmerkmals der Maßnahmen gleicher Wirkung wurden die *Finalität*, die *Spürbarkeit* einer nationalen Maßnahme, sowie deren *grenzüberschreitender Bezug* diskutiert. Im Rahmen *Finalität* stellt sich die Frage nach dem Zweck der jeweiligen nationalen Maßnahme, welche jedoch zurecht als nicht in den Erwägungen des Gerichtshofs enthalten anzusehen ist, vgl. Ebenroth in: FS für Piper, 133, 142. Die Diskussion um das Erfordernis der *Spürbarkeit* oder Intensität einer nationalen Regelung im Gegensatz zu bloß mittelbar auf die Wareneinfuhr wirkenden Regelungen wird seit langem als Abgrenzungsalternative in der Literatur vorgeschlagen, lässt sich jedoch ebenfalls in der Entscheidung „Keck" nicht erblicken, vgl. Becker, EuR 1994, 162, 170. A.A. insoweit offenbar Fezer, JZ 1994, 317, 324. Ein *grenzüberschreitender Bezug* ist generelle Anwendungsvoraussetzung aller Marktfreiheiten und daher als besonderes Abgrenzungskriterium untauglich.

[354] Ebenroth in: FS für Piper, 133, 149; vgl. auch Becker, EuR 1994, 162, 172 ff.

[355] EuGH, verb. Rs. C-267/91 und C-68/91, Keck und Mithouard, Slg. 1993, I-6097, 6131, Erwägung 17.

[356] In diesem Sinne auch Joliet, GRUR Int. 1994, 979, 984. Becker, EuR 1994, 162, 172, bezeichnet diese Wirkung als Regulierung der Ströme zugelassener Waren.

kaufsmodalitäten beschränken oder verbieten, sind hingegen grundsätzlich vom Anwendungsbereich der Warenverkehrsfreiheit ausgenommen. Es werden aber in der Entscheidung „Keck" zwei wesentliche Ausnahmen von diesem Grundsatz statuiert. Zum einen gilt dies freilich nur für solche Vorschriften, die in allgemeiner Weise die Wirtschaftstätigkeit im Inland betreffen, also unterschiedslos auf inländische wie ausländische Waren anwendbar sind.[357] Erfasst sind vom Anwendungsbereich des Art. 28 EGV also weiterhin diskriminierende Vorschriften. Eine zweite wichtige Ausnahme liegt vor, sofern unterschiedslos wirkende vertriebsbezogene Vorschriften *„den Absatz inländischer Erzeugnisse und der Erzeugnisse aus anderen Mitgliedstaaten rechtlich wie tatsächlich"* nicht *„in gleicher Weise berühren"*.[358] Die Bedeutung dieser zweiten Ausnahme ist bis heute noch nicht hinreichend geklärt.[359] Fest steht, dass diese nicht ausschließlich ein Diskriminierungsverbot im formalen Sinne bedeuten kann, da ein solches bereits in der ersten Ausnahme enthalten ist.[360] Vielmehr handelt es sich um eine dritte Kategorie[361], welche zwischen einem Beschränkungsverbot und einem Diskriminierungsverbot belegen ist und demzufolge Maßnahmen zu erfassen geeignet ist, die zwar einerseits unterschiedslos anwendbar sind, andererseits jedoch in ihren Wirkungen eingeführte Waren doch in anderer Weise berühren als inländische. Richtigerweise, und dies wird auch die Untersuchung der Folgerechtsprechung zeigen, ist die Lösung, wie vom EuGH in der Entscheidung „Keck" selbst angedeutet, in der Wirkung der jeweiligen Vorschrift auf den Marktzugang zu suchen.[362] Grundlage für die Ausklammerung vertriebsbezogener Vorschriften aus dem Anwendungsbereich der Warenverkehrsfreiheit ist nämlich deren im Regelfall fehlende Auswirkungsmöglichkeit auf die Einfuhr von Waren und damit auf deren Marktzugang.[363] Dies hat der Gerichtshof in verschiedenen Zusammenhängen im Rahmen seiner Folgerechtsprechung ausdrücklich klargestellt.[364] Die Entscheidung in der Rechts-

---

[357] EuGH, verb. Rs. C-267/91 und C-68/91, Keck und Mithouard, Slg. 1993, I-6097, 6131, Erwägung 16. Vgl. auch Leible in: Grabitz/Hilf, Art. 28 EGV, Rn. 28.

[358] EuGH, verb. Rs. C-267/91 und C-68/91, Keck und Mithouard, Slg. 1993, I-6097, 6131, Erwägung 16.

[359] Vgl. auch Heermann, WRP 1999, 381, 384, der die ungenaue Handhabung dieses Merkmals in der deutschen lauterkeitsrechtlichen Rechtsprechung kritisiert und rügt, dass die Gerichte sich trotz formelhaften Anführens der vollständigen Erwägung 16 des Urteils „Keck" nicht mit dem Vorliegen von möglichen Ausnahmen befassen, sondern vielmehr deren Nichtvorliegen apodiktisch behaupten.

[360] So aber Mülbert, ZHR 159 (1995), 2, 20. Ebenso Joliet, GRUR Int. 1994, 979, 984; Reuthal, WRP 1997, 1154, 1156. Im hier vertretenen Sinne Becker, EuR 1994, 162, 172, der zutreffend konstatiert, dass Art. 28 EGV keineswegs auf ein Diskriminierungsverbot reduziert sei, sondern dass durch die Entscheidung „Keck" praktisch zusätzlich ein besonderes Diskriminierungsverbot aufgestellt werde.

[361] Vgl. Glöckner, GRUR Int. 2000, 29, 33.

[362] So schon Becker, EuR 1994, 162 ,172; Ebenroth in: FS für Piper, 133, 144 ff.; Dauses, EuZW 1995, 425, 428. Aus neuerer Zeit ebenso Kieninger, EWS 1998, 277, 285; Leible in: Grabitz/Hilf, Art. 28 EGV, Rn. 28; Becker in: Schwarze, EU-Kommentar, Art. 28 EGV, Rn. 49; Koenig/Haratsch, Europarecht, Rn. 509; Koenig/Engelmann, ZUM 2001, 19, 21 ff.

[363] EuGH, verb. Rs. C-267/91 und C-68/91, Keck und Mithouard, Slg. 1993, I-6097, 6131, Erwägung 17, in der der EuGH auf Erwägung 16 verweist, die die grundsätzliche Ausklammerung von Regelungen über bestimmte Verkaufsmodalitäten und die zwei möglichen Ausnahmen hiervon enthält, und daraufhin konstatiert: *„Sind diese Voraussetzungen nämlich erfüllt, so ist die Anwendung derartiger Regelungen auf den Verkauf von Erzeugnissen aus einem anderen Mitgliedstaat, die den von diesem Staat aufgestellten Bestimmungen entsprechen, nicht geeignet, den Marktzugang für diese Erzeugnisse zu versperren oder stärker zu behindern, als sie dies für inländische Erzeugnisse tut."* Demnach liegt eine fehlende Auswirkung auf den Marktzugang eben immer nur dann vor, wenn alle Voraussetzungen der Erwägung 16 gegeben sind, also auch eine ungleiche Behandlung importierter Waren nicht vorliegt. Wortgleich EuGH, Rs. C-292/92, Hünermund, Slg. 1993, I-6787, 6823, Erwägung 21.

[364] So jetzt ausdrücklich EuGH, Rs. C-405/98, GIP, Urteil vom 8. März 2001, EWS 2001, 184 ff.; EuZW 2001, 251 ff., Erwägung 18. Vgl. zu dieser Entscheidung ausführlich unten Teil 2 B.II.3.b.(3). Vgl. aber etwa auch EuGH, Rs. C- 384/93, Alpine Investments, Slg. 1995, I-1141, 1177, Erwägung 37, wo der Gerichtshof nach wörtlichem Anführen der Keck-Formel im darauffolgenden Satz feststellt: *"Der Grund hierfür liegt darin, dass*

sache „Keck" ist mithin im Hinblick auf vertriebsbezogene Regelungen so zu verstehen, dass sie die Warenverkehrsfreiheit insoweit auf ihren eigentlichen Sinngehalt als „Marktzugangsrecht" für Waren aus anderen Mitgliedstaaten zurückführt.[365] Im Gegenschluss bedeutet dies, dass Vorschriften, die bestimmte Verkaufsmodalitäten behindern, dann als Maßnahmen gleicher Wirkung anzusehen sind, wenn sie im Einzelfall doch den Marktzugang für die jeweilige Ware erschweren können.

Im vorliegenden Zusammenhang wird die konkrete Frage zu beantworten sein, welche Auswirkungen sich aus dieser Beschränkung des Tatbestandes des Art. 28 EGV durch die Entscheidung „Keck" auf die Einordnung nationaler Werberegelungen ergeben. Vorschriften der Werbung betreffen in den weitaus meisten Fällen unterschiedslos inländische wie ausländische Waren. Die Anwendung von Werberegelungen kann dabei sowohl produktbezogen, als auch vertriebsbezogen sein. Zur Einordnung in das oben dargestellte Regel-Ausnahme-System ist zunächst die Folgerechtsprechung des EuGH zu nationalen Werberegelungen[366] zu untersuchen, da sich dieser verschiedene relevante Gesichtspunkte entnehmen lassen.

3. Die Folgerechtsprechung nach „Keck" zu nationalen Werberegelungen

Betrachtet man die nach der Rechtssache „Keck" ergangenen Entscheidungen zu nationalen Werberegelungen, so bietet sich eine Einteilung in zwei Gruppen an. Die erste Gruppe erfasst Werberegelungen, welche als produktbezogene Vorschriften anzusehen sind, somit keine bestimmten Verkaufsmodalitäten darstellen und daher weiterhin als Maßnahmen gleicher Wirkung gelten. Unter die zweite Gruppe sind rein vertriebsbezogene Werbebeschränkungen zu fassen, welche im Sinne der Entscheidung „Keck" als bestimmte Verkaufsmodalitäten und damit grundsätzlich nicht mehr als Maßnahmen gleicher Wirkung anzusehen sind.

a. Produktbezogene Werberegelungen

Bereits in der Rechtssache „Keck" hat der Gerichtshof klargestellt, dass Regelungen, welche sich auf die von der Warenverkehrsfreiheit geschützte Ware als solche beziehen, nicht als bestimmte Verkaufsmodalitäten angesehen werden können.[367] Als Kriterien, welche Regelungen produktbezogen sind, bietet sich z.B. der Bezug einer Regelung zur Aufmachung, Ausstattung, Bezeichnung, Abmessung, Etikettierung, Form oder Verpackung einer Ware an. Es müssen demnach stets Vorschriften inmitten stehen, die einen so engen Bezug zur Ware haben, dass sie als produktbezogen anzusehen sind. Nur in diesem Fall ist eine Einordnung der jeweiligen Vorschrift als Maßnahme gleicher Wirkung ohne weitere Voraussetzungen möglich. Dass auch Werberegelungen diese Voraussetzung des engen Produktsbezuges erfüllen können, zeigen einige durch den EuGH in der Folgezeit entschiedene Rechtssachen.

---

die Anwendung derartiger Regelungen nicht geeignet ist, den Marktzugang für diese Erzeugnisse im Einfuhrmitgliedstaat zu versperren oder stärker zu behindern, als sie dies für inländische Erzeugnisse tut".

[365] Siehe Koenig/Engelmann, ZUM 2001, 19, 22.

[366] Im Bereich der neutralen Vorschriften hat der EuGH die Keck–Formel verschiedentlich angewandt und derartige Regelungen als Verkaufsmodalitäten eingeordnet, so z.B. auf Ladenschlussregelungen für Tankstellen, EuGH, verb. Rs. C-401/92 u. C-402/92, Tankstation 't Heukske, Slg. 1994, I-2199, 2233, Erwägungen 12 ff. sowie für Regelungen über den Sonn- und Feiertagsverkauf, EuGH, verb. Rs. C-418/93 u.a., Semeraro Casa Uno, Slg. 1996, I-2975, 3007, Erwägung 24 .

[367] EuGH, verb. Rs. C-267/91 und C-68/91, Keck und Mithouard, Slg. 1993, I-6097, 6131, Erwägung 15.

In der Rechtssache „Clinique"[368] stand die Anwendung des § 3 UWG iVm. § 27 LMBG durch deutsche Gerichte in Frage, die dazu geführt hätte, dass Waren eines ausländischen Herstellers mit der Bezeichnung „Clinique", welche im Herkunftsstaat rechtmäßig unter diesem Namen hergestellt wurden, wegen Verstoßes gegen das Irreführungsverbot in Deutschland nicht hätten vertrieben werden dürfen. Folge wäre also ein Vertriebsverbot für Waren mit der Aufschrift „Clinique" gewesen, welches auf der Bezeichnung und Aufmachung der Ware selbst gegründet hätte.[369] Folgerichtig entschied der Gerichtshof, dass ein Verbot, in Deutschland Waren unter derselben Bezeichnung in den Verkehr zu bringen wie im Herkunftsstaat, welches sich aus der Anwendung der §§ 3 UWG, 27 LMBG ergeben hätte, selbst dann in den Anwendungsbereich des Art. 28 EGV falle, wenn es unterschiedslos für alle Erzeugnisse gelte.[370] Er verwies insoweit auf die 15. Erwägung der Entscheidung „Keck" und machte so deutlich, dass auch Werberegelungen, sofern sie Anforderungen an die Gestaltung einer Ware stellen und damit produktbezogen sind, in den Anwendungsbereich des Art. 28 EGV fallen können. Der EuGH begründete diese Folge für die anwendbare Vorschrift des Werberechts explizit mit dem *„Umstand, dass das betroffene Unternehmen aufgrund dieses Verbots gezwungen ist, seine Erzeugnisse allein in diesem Mitgliedstaat unter einer anderen Bezeichnung zu vertreiben und zusätzliche Verpackungs- und Werbekosten auf sich zu nehmen"*[371], was zeige, dass die Maßnahme den freien Warenverkehr beeinträchtigen könne.

Einen ähnlich gelagerten Fall betraf die Entscheidung „Mars".[372] Im Rahmen einer europaweit einheitlichen Marketingstrategie führte die Mars GmbH in Frankreich hergestellte Eiscremeriegel nach Deutschland ein, deren Aufmachung einen farblich besonders hervorgehobenen Verpackungsaufdruck „+10% Eiskrem" enthielt. Das vorlegende deutsche Gericht hielt einen Verstoß gegen §§ 1, 3 UWG, 15 GWB für gegeben und zweifelte an der Vereinbarkeit eines derartigen Verbotes mit Art. 28 EGV. Auch in diesem Fall lag also eine mitgliedstaatliche Regelung zugrunde, deren Anwendung die Aufmachung der Ware selbst betroffen hätte. Konsequent bejahte der Gerichtshof die Anwendbarkeit der Warenverkehrsfreiheit auch für diese unterschiedslos geltende Werberegelung. Sie sei geeignet, den innergemeinschaftlichen Handel zu behindern, da sie den Importeur dazu zwinge, *„die Ausstattung seiner Erzeugnisse je nach dem Ort des Inverkehrbringens unterschiedlich zu gestalten und demgemäss die zusätzlichen Verpackungs- und Werbekosten zu tragen"*.[373]

Ebenfalls Produktbezug wies eine Regelung des österreichischen UWG auf, die es einem deutschen Verlag verbot, innerhalb von Periodika, die in Deutschland hergestellt, jedoch auch in Österreich vertrieben wurden, dem österreichischen Leser die Teilnahme an Preisausschreiben im Rahmen von Kreuzworträtseln zu ermöglichen. Der deutsche Verlag, welcher die Zeitschriften einheitlich sowohl für den deutschen wie auch für den österreichischen Markt konzipierte und herstellte, berief sich gegenüber der Anwendung des österreichischen UWG auf Art. 28 EGV. Der EuGH[374] prüfte, ob die Anwendung der österreichischen Bestimmungen eine bestimmte Verkaufsmodalität im Sinne der Entscheidung „Keck" darstellt, kam aber zu dem Ergebnis, dass, auch wenn eine nur verkaufsfördernde Werbemaßnahme

---

[368] EuGH, Rs. C-315/92, Clinique, Slg. 1994, I-317 ff.
[369] Vgl. auch GA Léger, Schlussanträge in der Rs. C- 470/93, Mars, Slg. 1995, I-1923, 1929, Erwägung 28.
[370] EuGH, Rs. C-315/92, Clinique, Slg. 1994, I-317, 335, Erwägung 13.
[371] EuGH, Rs. C-315/92, Clinique, Slg. 1994, I-317, 335, Erwägung 22; vgl. hierzu auch die Anmerkung von Perau, ZIP 1994, 513 ff.
[372] EuGH, Rs. C- 470/93, Mars, Slg. 1995, I-1923 ff.
[373] EuGH, Rs. C- 470/93, Mars, Slg. 1995, I-1923, 1941, Erwägung 13.
[374] EuGH, Rs. C-368/95, Familiapress, Slg. 1997, I-3689 ff.

betroffen sei, diese sich doch auf den Inhalt des Erzeugnisses selbst beziehe, da die fraglichen Preisausschreiben Bestandteile der Zeitung seien, in der sie sich befinden.[375] Auch in dieser Entscheidung stellt der Gerichtshof darauf ab, dass das streitige Verbot den *„Zugang der fraglichen Zeitschrift zum Markt des Einfuhrmitgliedstaates“* beeinträchtige und daher den freien Warenverkehr behindere, *„da es in anderen Mitgliedstaaten niedergelassene Verlage zwingt, deren Inhalt zu ändern“*[376].

b. Vertriebsbezogene Werberegelungen

Ging es vorstehend um nationale Vorschriften, deren Anwendung zu einer Einwirkung auf die Ware selbst führte, so liegt im Falle vertriebsbezogener Regelungen eine Auswirkung der Vorschriften nur auf die Art und Weise der Vermarktung einer Ware vor.[377] In Ansehung der möglichen Erscheinungsformen von Werbebeschränkungen führt die Anwendung der weitaus meisten dieser Vorschriften nur zu einer Regelung der Modalitäten der Vermarktung. Dies ist nur dann anders, wenn von der konkreten werbebeschränkenden Vorschrift im Einzelfall auch eine Wirkung auf die Gestaltung des Produkts ausgeht, so wenn, wie in der Rechtssache „Mars“, die Irreführung gerade in der Ausstattung der Ware belegen ist.[378] Die Anwendung unterschiedslos wirkender nationaler Werbevorschriften ist daher in vielen Fällen grundsätzlich als Behinderung bestimmter Verkaufsmodalitäten anzusehen.

Im Hinblick auf die Aussagen des Gerichtshofes in der Rechtssache „Keck“ ist der Darstellung der einzelnen Folgeentscheidungen zu Werberegelungen zunächst eine grundlegende Prüfungssystematik voranzustellen, welche sich in zwei Schritten zu vollziehen hat. In einem ersten Schritt ist festzustellen, ob die jeweilige Werbevorschrift vertriebsbezogen im oben genannten Sinne ist und damit als Behinderung einer bestimmten Verkaufsmodalität anzusehen ist. Ist dies zu bejahen, so liegt eine Maßnahme gleicher Wirkung grundsätzlich nicht vor und der Anwendungsbereich des Art. 28 EGV ist nicht eröffnet. Die Einordnung als bestimmte Verkaufsmodalität trägt also insoweit eine Vermutungswirkung gegen das Vorliegen einer Maßnahme gleicher Wirkung in sich. Eine Ausnahme kann sich immer dann ergeben, sofern die Anwendung der geprüften Werbevorschriften *„den Absatz der inländischen Erzeugnisse und der Erzeugnisse aus anderen Mitgliedstaaten rechtlich wie tatsächlich“* nicht *„in der gleichen Weise berühren“*.[379]

(1) Die Entscheidungen „Hünermund“, „Leclerc-Siplec“ und „ARD“

Verschiedene nationale Werbebeschränkungen hat der Gerichtshof in der Folgezeit als bestimmte Verkaufsmodalitäten und demzufolge als nicht vom Anwendungsbereich des Art. 28 EGV erfasst angesehen.

---

[375] EuGH, Rs. C-368/95, Familiapress, Slg. 1997, I-3689, 3714, Erwägung 11.

[376] EuGH, Rs. C-368/95, Familiapress, Slg. 1997, I-3689, 3714, Erwägung 12.

[377] Heermann, WRP 1999, 381, 383, spricht vom „Wann, Wo, Wie, Durch-wen und Zu-welchem-Preis“, was die Modalitäten der Vermarktung einer Ware treffend beschreibt.

[378] Wichtig ist es im Werberecht klarzustellen, dass es nicht die Regelung an sich ist, die als produktbezogen oder als vertriebsbezogen eingeordnet wird, sondern vielmehr die Anwendung der Vorschrift im konkreten Fall. So stellt Kotthoff, WRP 1996, 79, 82, zutreffend am Beispiel der „Mars“-Entscheidung fest, dass aus der dortigen Einordnung der §§ 1 UWG, 15 GWB nicht folgt, dass ein auf diese Vorschriften gestütztes Verbot schlechthin unvereinbar mit der Warenverkehrsfreiheit sei, sondern eben gerade nur aufgrund der produktbezogenen Gestaltung der Werbung im konkreten Fall.

[379] EuGH, verb. Rs. C-267/91 und C-68/91, Keck und Mithouard, Slg. 1993, I-6097, 6131, Erwägung 16. Vgl. zu dieser streng am Inhalt der Entscheidung „Keck“ orientierten Prüfungssystematik auch Heermann, WRP 1999. 381, 384 ff.; Timmermans in: Schwarze, Werbung und Werbeverbote, 26, 30. Vgl. hierzu ausführlich unten Teil 2 B.II.3.c.(2)

Die Rechtssache „Hünermund“[380] betraf ein standesrechtliches Verbot der übertriebenen Werbung von Apotheken für den Vertrieb anderer Waren als Arzneimittel, was im wesentlichen auf ein Verbot jeder Form von Werbung außerhalb von Apotheken hinauslief.[381] Inmitten stand also eine Werberegelung, die nur die Vermarktung von Produkten beeinflusste. Dies führte dazu, dass der Gerichtshof die Anwendung dieser Werberegelung als bestimmte Verkaufsmodalität einstufte und den Anwendungsbereich des Art. 28 EGV für nicht eröffnet hielt, nachdem er festgestellt hatte, dass durch die Werberegelung der Absatz ausländischer Waren nicht in anderer Weise berührt wurde.[382]

Zu demselben Ergebnis kam der EuGH in der Entscheidung „Leclerc-Siplec“[383], die ein französisches Verbot für Fernsehwerbung für bestimmte Erzeugnisse und Produkte betraf. Der EuGH entschied, dass eine derartige Regelung insoweit nur Verkaufsmodalitäten betreffe, als sie eine bestimmte Form der Absatzförderung verbiete[384], und im übrigen das Verbot den Vertriebshändlern den Einsatz anderer Werbeformen offen lasse.[385]

In einer jüngeren Entscheidung zur Fernsehwerbung, der Rechtssache „ARD“[386], waren Vorschriften des deutschen Rundfunkstaatsvertrages zu prüfen, welche die zulässige Anzahl an Werbeunterbrechungen regeln.[387] Im Hinblick auf die Anwendbarkeit der Warenverkehrsfreiheit entschied der Gerichtshof unter Hinweis auf die Rechtssachen „Leclerc-Siplec“ und „Keck“, dass eine derartige Regelung der Fernsehwerbung nur Verkaufsmodalitäten betreffe, da sie nur eine bestimmte Form der Förderung einer bestimmten Methode des Absatzes von Erzeugnissen verbiete.[388]

(2) Die Entscheidungen „Ortscheit“, „De Agostini“ und „Dior“

In den vorgenannten Entscheidungen lag also der nach der „Keck“-Rechtsprechung gegebene Regelfall vor, in dem grundsätzlich eine Einordnung der jeweiligen Werberegelung als Verkaufsmodalität erfolgen konnte. Die Rechtssachen „Ortscheit“, „De Agostini“ und „Dior“ beinhalteten demgegenüber Sachverhalte, in denen die in Streit stehenden Werberegelungen dem Gerichtshof Anlass zu einer weitergehenden Prüfung auch der weiteren Stufen gaben, mithin die Frage betrafen, ob diese unterschiedslos anwendbaren Werbevorschriften den Absatz ausländischer Erzeugnisse nicht doch rechtlich oder tatsächlich in anderer Weise berührten als den inländischer Erzeugnisse.

In der Entscheidung „Ortscheit“[389] hatte der Gerichtshof über die Regelung des § 8 Absatz 2 des deutschen Heilmittelwerbegesetzes zu entscheiden, welche ein generelles Verbot der Werbung für zulassungspflichtige Arzneimittel enthielt, die in Deutschland nicht zugelassen

---

[380] EuGH, Rs. C-292/92, Hünermund, Slg. 1993, I-6787 ff.
[381] Vgl. GA Tesauro, Schlussanträge in der Rs. C-292/92, Hünermund, Slg. 1993, I-6787, 6800, Erwägung 2.
[382] EuGH, Rs. C-292/92, Hünermund, Slg. 1993, I-6787, 6823, Erwägungen 21, 22, 23.
[383] EuGH, Rs. C-412/93, Leclerc-Siplec, Slg. 1995, I-179 ff.
[384] EuGH, Rs. C-412/93, Leclerc-Siplec, Slg. 1995, I-179, 217, Erwägung 22.
[385] EuGH, Rs. C-412/93, Leclerc-Siplec, Slg. 1995, I-179, 217, Erwägung 19.
[386] EuGH, Rs. C-6/98, ARD/Pro Sieben, Slg. 1999, I-7599 ff. = EuZW 2000, S. 81 ff. mit Anmerkung Dörr.
[387] Streitig war der Berechnungsmodus, aus dem sich die Berechnung der zulässigen Zahl der Unterbrechungen ergeben sollte. Die ARD ging von der Geltung des Nettoprinzips aus, welches zu einer insgesamt geringeren Unterbrechungsdauer für Werbeunterbrechungen führte als das von dem Privatsender Pro Sieben eingeforderte Bruttoprinzip, vgl. auch die Anmerkung von Dörr, EuZW 2000, 81, 83 ff.
[388] EuGH, Rs. C-6/98, ARD, Slg. 1999, I-7599, 7636, Erwägungen 45 bis 47.
[389] EuGH, Rs. C- 320/93, Ortscheit, Slg. 1994, I-5243 ff.

waren, die aber aus anderen Mitgliedstaaten gem. § 73 Absatz 3 Arzneimittelgesetz importiert werden durften, wenn sie dort rechtmäßig in Verkehr gebracht worden waren.

Der Gerichtshof konstatierte zunächst, dass das Werbeverbot des § 8 Absatz 2 HWG nur ausländische Waren betreffe, weshalb eine ungleiche Berührung von Arzneimitteln aus anderen Mitgliedstaaten und inländischen Arzneimitteln vorliege.[390] In der Literatur wurde demzufolge zutreffend festgestellt, dass es sich bei der in Streit stehenden Regelung um eine ausländische Produkte zumindest materiell benachteiligende Vorschrift handelte. Es könne dem Urteil daher nur eine Aussage über die Unzulässigkeit diskriminierender Vorschriften entnommen werden.[391]

Der Gerichtshof begnügte sich jedoch nicht mit der Feststellung einer Diskriminierung, sondern verwies, bevor er das Werbeverbot als Maßnahme gleicher Wirkung im Sinne des Art. 28 EGV qualifizierte[392], zudem auf die marktzugangsbehindernden Wirkungen des generellen Werbeverbots des § 8 Absatz 2 HWG. Nachdem im Ausland zugelassene Arzneien gemäß § 73 Absatz 3 AMG rechtmäßig importiert werden können, entziehe ein Werbeverbot den Apothekern und Ärzten als potentielles Klientel eines ausländischen Arzneimittels eine Quelle der Information über die Existenz und Verfügbarkeit solcher Arzneimittel.[393] Denn wesentliche Besonderheit der Auswirkungen dieses Werbeverbotes ist, dass es die Werbung für eine ganze Produktgruppe generell untersagt und damit ausländische Erzeuger vollständig der Möglichkeit beraubt, ihre Produkte im Inland bekannt zu machen. Die grundsätzliche Verkehrsfähigkeit der Arzneimittel auch ohne inländische Zulassung nützt dem ausländischen Anbieter demzufolge nichts mehr, wenn er daran gehindert ist, diese auf dem potentiellen Absatzmarkt im Wege der Werbung bekannt zu machen. Sein Marktzugang ist ihm deshalb faktisch entzogen, weshalb es auch aus diesem Grunde gerechtfertigt ist, eine gegenüber inländischen Anbietern unterschiedliche Berührung anzunehmen.[394]

Eine wichtige Folgeentscheidung des Gerichtshofes zur Behandlung von Werberegelungen unter den Grundsätzen der Rechtssache „Keck" ist das Urteil „De Agostini".[395]

Auch im Hinblick auf die weitergehende Relevanz dieser Entscheidung zu anderen im Rahmen dieser Untersuchung wesentlichen Fragestellungen soll eine kurze Schilderung des Sachverhalts erfolgen.[396] Grundlage war ein Rechtsstreit, in dem der schwedische Verbraucherschutzbeauftragte gegen die schwedischen Unternehmen De Agostini und TV-Shop auf Unterlassung von bestimmten Werbepraktiken in Fernsehwerbespots klagte. Die Werbung wurde für die schwedischen Unternehmer über Satellit vom Vereinigten Königreich durch

---

[390] EuGH, Rs. C- 320/93, Ortscheit, Slg. 1994, I-5243, 5261, Erwägung 9.

[391] So Kotthoff, WRP 1996, 79, 81, 84; Timmermans in: Schwarze, Werbung und Werbeverbote, 26, 30, Fn. 20. Vgl. auch Hammer, Handbuch zum freien Warenverkehr, S. 195 ff.

[392] EuGH, Rs. C- 320/93, Ortscheit, Slg. 1994, I-5243, 5362, Erwägung 11.

[393] EuGH, Rs. C- 320/93, Ortscheit, Slg. 1994, I-5243, 5362, Erwägung 10.

[394] Zweifelnd bezüglich der Einordnung der Regelung als Diskriminierung deshalb Sack, WRP 1998, 104, 109, ihm folgend Schmitz, Die kommerzielle Kommunikation im Binnenmarkt, S. 182. Sack weist darauf hin, dass das spezielle Werbeverbot des § 8 Absatz 2 HWG im Kontext mit der allgemeineren Regelung des § 3 a HWG zu sehen ist, welches generell die Werbung für zulassungspflichtige Arzneimittel untersagt und somit eine unterschiedslose Regelung für inländische und ausländische Produkte darstelle. Er äußert die Vermutung, dass der Gerichtshof nur deshalb eine diskriminierende Wirkung der Vorschrift bejahte, um unter Umgehung der in der Entscheidung „Keck" getroffenen Einschränkung für vertriebsbezogene Regelungen zu einer Anwendung des Art. 28 EGV zu kommen. Sack fordert im Hinblick auf die in der Entscheidung „Ortscheit" festgestellten Auswirkungen genereller Werbeverbote eine Anwendung des Art. 28 EGV auf solche Vorschriften.

[395] EuGH, verb. Rs. C-34/95, C-35/95, C- 36/95, Konsumentombudsmannen/De Agostini und TV-Shop, Slg. 1997, I-3843 ff.

[396] Zum Sachverhalt vgl. ausführlich die Schlussanträge des GA Jacobs, verb. Rs. C-34/95, C-35/95, C- 36/95, De Agostini, Slg. 1997, I-3843, 3448 ff.

den Fernsehsender TV 3 ausgestrahlt, welcher seinen Sitz im Vereinigten Königreich hatte. Zusätzlich wurde die Werbung vom schwedischen Homeshoppingkanal TV 4 gesendet.

Hinsichtlich der Anwendbarkeit der Warenverkehrsfreiheit ging es um ein schwedisches Fernsehwerbeverbot, welches die Werbung gegenüber Kindern unter 12 Jahren völlig verbot. Die beklagte Gesellschaft De Agostini (Svenska) ist Teil einer italienischen Gruppe von Gesellschaften, die europaweit im Verlagsgeschäft tätig ist. In Streit stand eine Werbung in einer Kinderzeitschrift über Dinosaurier, die einheitlich in Italien hergestellt wird und die vom schwedischen Werbeverbot erfasst war.

Die zugrundeliegende Werberegelung stellt also ebenfalls ein vollständiges Werbeverbot, jedoch beschränkt auf eine bestimmte Verbrauchergruppe dar. Auch ist das beworbene Produkt, die Kinderzeitschrift, in Schweden als solches verkehrsfähig und kann rechtmäßig verkauft werden. Der sich aus dem Werbeverbot für Kinder ergebende Effekt ist also ein ähnlicher wie bei dem Heilmittelwerbeverbot in der Sache „Ortscheit". Die Wirkung dieses Verbotes kann es dem Anbieter aus einem anderen Mitgliedstaat praktisch unmöglich machen, sein Produkt im Inland durch Werbung bei der entsprechenden Zielgruppe bekannt zu machen und ist somit grundsätzlich in der Lage, den Marktzugang für die Ware zu behindern.[397] Entscheidender Unterschied zu dem generellen Werbeverbot in der Entscheidung „Ortscheit" ist aber, dass das hier fragliche Werbeverbot nur die Fernsehwerbung, also einen möglichen Vertriebsweg betrifft. Insoweit besteht also eine Parallele zu der Sache „Leclerc-Siplec", in der es der EuGH für eine Einordnung der Werberegelung als Verkaufsmodalität und damit für eine Verneinung der Anwendbarkeit der Warenverkehrsfreiheit für ausreichend hielt, dass dem Anbieter andere Werbeformen zur Verfügung standen.[398] Dementsprechend fiel dann auch die Entscheidung des Gerichtshofs in der Sache „De Agostini" zu dieser Frage aus. Er nahm zwar die dargestellte Problematik in Bezug, dass sich in diesem Fall nicht ausschließen lässt,

> *„dass das vollständige Verbot einer Form der Förderung des Absatzes eines Erzeugnisses in einem Mitgliedstaat, das dort rechtmäßig verkauft wird, stärkere Auswirkungen auf die Erzeugnisse aus anderen Mitgliedstaaten hat".*[399]

Wird durch ein Werbeverbot der Marktzugang für ein Produkt aus einem anderen Mitgliedstaat beschränkt, so hat dieses Verbot stärkere Auswirkungen auf Erzeugnisse aus anderen Mitgliedstaaten als auf inländische Produkte. Dann liegt auch im Falle einer rein vertriebsbezogenen Regelung wie diesem Werbeverbot keine bestimmte Verkaufsmodalität im Sinne der Entscheidung „Keck" vor und die Warenverkehrsfreiheit kann auch in diesem Falle anwendbar sein. Die „kecksche" Vermutung gegen die Anwendbarkeit des Art. 28 EGV ist dann also widerlegt.[400] Eine Beschränkung des Marktzugangs liegt aber immer nur dann vor, wenn dem Anbieter tatsächlich keine anderen Formen der Absatzförderung zur Verfügung stehen als die verbotene Werbemethode. Ob dies der Fall ist oder nicht, ist Frage des jeweils zugrundliegenden Sachverhalts. Der Gerichtshof legte infolgedessen dem Anbieter in der Sa-

---

[397] Ebenso GA Jacobs, Schlussanträge in den verb. Rs. C-34/95, C-35/95, C- 36/95, De Agostini, Slg. 1997, I-3843, 3870 ff., Erwägungen 97 bis 100, der aus diesen Gründen auch zu dem Ergebnis kommt, dass das fragliche Fernsehwerbeverbot keine Verkaufsmodalität im Sinne der „Keck"-Rechtsprechung darstellt und somit die Anwendbarkeit der Warenverkehrsfreiheit bejaht.

[398] EuGH, Rs. C-412/93, Leclerc-Siplec, Slg. 1995, I-179, 217, Erwägung 22.

[399] EuGH, verb. Rs. C-34/95, C-35/95, C- 36/95, De Agostini, Slg. 1997, I-3843, 3890, Erwägung 42.

[400] Ebenso Heermann, WRP 1999, 381, 385; Timmermans in: Schwarze, Werbung und Werbeverbote, 26, 30 ff. Allgemein zu Vermutungswirkung der Rechtssache „Keck" Schmitz, Die kommerzielle Kommunikation im Binnenmarkt, S. 240 ff. mwN.

che „De Agostini“ die Beweislast für diese Umstände auf und entschied, dass das Fernsehwerbeverbot nicht unter Art. 28 des Vertrages falle,

> *„sofern nicht nachgewiesen wird, dass dieses Verbot den Absatz der inländischen Produkte und der Erzeugnisse aus anderen Mitgliedstaaten rechtlich wie tatsächlich in der gleichen Weise berührt.“*[401]

In der Sache „Dior“[402] hatte der Gerichtshof über die Werbung eines nichtautorisierten Parallelimporteurs mit Abbildungen von Dior-Produkten und der Marke Dior zu entscheiden. Dior klagte als Rechtsinhaber unter Berufung auf seine Marken- und Urheberrechte vor einem niederländischen Gericht auf Unterlassung der betreffenden Werbung. Ohne Hinweis auf die Entscheidung in der Rechtssache „Keck“ wendete der EuGH Art. 28 EGV auf das Werbeverbot an und stellte fest, dass dieses eine Maßnahme gleicher Wirkung darstellen könne, da ein Werbeverbot wie das vorliegende das Inverkehrbringen der parallelimportierten Waren und *„somit deren Zugang zum Markt erheblich erschweren würde“*.[403] Auch in diesem Fall war das Werbeverbot eine bloß unterschiedslos wirkende vertriebsbezogene Regelung, welche grundsätzlich als Verkaufsmodalität hätte angesehen werden können.[404] Zusätzlich bewirkte das Werbeverbot aber, dass das Angebot der Waren der Marke Dior, die der Parallelimporteur trotz fehlender Autorisierung rechtmäßig -neben dem ansonsten bestehenden Alleinvertriebssystem der Firma Dior- einführte und vertrieb, auf dem Wege der Werbung nicht hätte bekannt gemacht werden können. Hierin sah der Gerichtshof eine Behinderung des Inverkehrbringens der Produkte und somit eine Erschwerung des Marktzugangs.

(3) Die Entscheidung „Gourmet International Products“ („GIP“)

Die wohl bedeutsamste Präzisierung der Entscheidung „Keck“ in Bezug auf Werberegelungen erfolgte durch die erst kürzlich ergangene Entscheidung in der Rechtssache „Gourmet International Products“ („GIP“).[405] Gegenstand der Entscheidung war ein weitreichendes schwedisches Werbeverbot für alkoholische Getränke mit einem Alkoholgehalt über 2,25 Volumenprozent. Gegenstand des Ausgangsverfahrens war eine Unterlassungsklage des schwedischen Verbraucherbeauftragten gegen die offenbar auch in Schweden ansässige Firma GIP, welche eine Zeitschrift mit dem Titel „Gourmet“ herausgibt. Eine Ausgabe dieser Zeitschrift enthielt eine dreiseitige Werbung für alkoholische Getränke, eine Seite für Rotwein, zwei Seiten für Whiskey.

Der Verbraucherbeauftragte und die beteiligten Regierungen hatten vorgetragen, das streitige schwedische Werbeverbot stelle lediglich eine „bestimmte Verkaufsmodalität“ im Sinne der Entscheidung „Keck“ dar, weshalb die betreffende Regelung kein Hemmnis für den Han-

---

[401] EuGH, verb. Rs. C-34/95, C-35/95, C- 36/95, De Agostini, Slg. 1997, I-3843, 3890, Erwägung 44. Die Beurteilung der Wirksamkeit verschiedener anderer Absatzfördermöglichkeiten ist dabei nach Auffassung des Gerichtshofs Sache des vorlegenden Gerichts, vgl. aaO, Erwägung 43.
[402] EuGH, Rs. C-337/95, Dior/Evora, Slg. 1997, I-6013 ff.
[403] EuGH, Rs. C-337/95, Dior, Slg. 1997, I-6013, 6051, Erwägung 51. Im Hinblick auf die Knappheit der Feststellung zu Art. 28 EGV durch den EuGH weist Timmermans in: Schwarze, Werbung und Werbeverbote, 26, 31 zutreffend daraufhin, dass dies in erster Linie daran gelegen haben dürfte, dass die Markenrechtsangleichungsrichtlinie im Vordergrund der Prüfung stand.
[404] So auch Sack, WRP 1998, 104, 117; Timmermans in: Schwarze, Werbung und Werbeverbote, 26, 31.
[405] EuGH, Rs. C-405/98, Konsumentombudsmannen/Gourmet International Products, Urteil vom 8. März 2001, EWS 2001, 184 ff.; EuZW 2001, 251 ff. mit Anm. Leible.

del zwischen den Mitgliedstaaten darstelle und die Warenverkehrsfreiheit somit keine Anwendung fände.[406] Der Gerichtshof nahm diese Auffassung zum Anlass, seine in Erwägung 16 der Entscheidung „Keck" getroffene Aussage inhaltlich zu präzisieren. Bevor er zur Überprüfung des konkret in Streit stehenden Werbeverbots gelangte, stellte er klar:

> *„Nach Randnummer 17 des Urteils Keck und Mithouard fallen nationale Bestimmungen, die bestimmte Verkaufsmodalitäten beschränken oder verbieten,* ***nur dann nicht*** *(Hervorh.d.Verf.) in den Anwendungsbereich des Artikels 30 EG-Vertrag, wenn sie nicht geeignet sind, den Marktzugang für Erzeugnisse aus einem anderen Mitgliedstaat zu versperren oder stärker zu behindern, als sie dies für inländische Erzeugnisse tun."*[407]

Im Anschluss an diese generelle Aussage untersuchte der Gerichtshof dann das in Streit stehende schwedische Alkoholwerbeverbot. Er stellte zunächst den Bezug zu der unter (2) dargestellten Entscheidung in der Rechtssache „De Agostini" her, in der das vollständige Verbot einer Form der Förderung des Absatzes einer Ware zu untersuchen war, und betonte, dass sich schon in dieser Konstellation nicht ausschließen lasse, dass stärkere Auswirkungen auf Erzeugnisse aus anderen Mitgliedstaaten gegeben seien.[408] Im Unterschied zur Entscheidung „De Agostini" lag der Entscheidung „GIP" jedoch ein noch weiterreichendes Werbeverbot zugrunde, da Hersteller und Importeure alkoholischer Getränke, von einigen unbedenklichen Ausnahmen abgesehen, an jeder Verbreitung von Werbung gehindert waren, die sich an Verbraucher richtet.[409] In Abweichung von den Grundsätzen der Entscheidung „De Agostini"[410] hielt es der Gerichtshof daher für nicht erforderlich, dem Anbieter die Beweislast für einen erschwerten Marktzugang aufzuerlegen.

Veranlasst durch das umfassende Alkoholwerbeverbot hob der Gerichtshof vielmehr die besondere Bedeutung der Marktzutritts- und -durchdringungsfunktion der Werbung hervor.[411] Ohne genaue Untersuchung der die Lage in Schweden kennzeichnenden Umstände könne festgestellt werden, dass ein Verbot jeder an die Verbraucher gerichteten Werbung *„geeignet ist, den Marktzugang für Erzeugnisse aus anderen Mitgliedstaaten stärker zu behindern, als es dies für inländische Erzeugnisse tut, mit denen der Verbraucher unwillkürlich besser vertraut ist"*.[412]

c. Wertende Betrachtung der Folgeentscheidungen

Der Gerichtshof hat in den vorstehend besprochenen Folgeentscheidungen die in der Rechtssache „Keck" aufgestellten Grundsätze beibehalten und weiterentwickelt.

---

[406] EuGH, Rs. C-405/98, GIP, Urteil vom 8. März 2001, EWS 2001, 184 ff.; EuZW 2001, 251 ff., Erwägung 15. Kritisch zu dieser undifferenzierten Sichtweise im Hinblick auf die weiteren Voraussetzungen der Entscheidung „Keck" Leible, EuZW 2001, 253 in seiner Anmerkung zur Entscheidung „GIP".
[407] EuGH, Rs. C-405/98, GIP, Urteil vom 8. März 2001, EWS 2001, 184 ff.; EuZW 2001, 251 ff., Erwägung 18.
[408] EuGH, Rs. C-405/98, GIP, Urteil vom 8. März 2001, EWS 2001, 184 ff.; EuZW 2001, 251 ff., Erwägung 19.
[409] EuGH, Rs. C-405/98, GIP, Urteil vom 8. März 2001, EWS 2001, 184 ff.; EuZW 2001, 251 ff., Erwägung 20.
[410] EuGH, verb. Rs. C-34/95, C-35/95, C- 36/95, De Agostini, Slg. 1997, I-3843, 3890, Erwägung 44.
[411] Vgl. auch Leible, EuZW, 2001, 253, 254.
[412] EuGH, Rs. C-405/98, GIP, Urteil vom 8. März 2001, EWS 2001, 184 ff.; EuZW 2001, 251 ff., Erwägung 21. Leible, EuZW 2001, 253, 254 weist zutreffend darauf hin, dass diese Klarstellung eigentlich bereits in der Entscheidung zur Tabakwerberichtlinie hätte getroffen werden müssen, die ebenfalls ein vollständiges Werbeverbot für eine Produktgruppe enthielt. Aus Gründen der „judicial economy" konnte eine derartige Feststellung dort aber unterbleiben, weil bereits die Wahl der Rechtsgrundlage zu einer Nichtigerklärung genügte. Leible hält das insoweit „Versäumte" für nun durch die Entscheidung „GIP" nachgeholt.

(1) Produktbezogene Regelungen

Die bereits in der Entscheidung „Keck" angelegte Unterscheidung zwischen produktbezogenen und vertriebsbezogenen Regelungen wurde auf Vorschriften des Werberechts übertragen, so dass die Anwendung einer unterschiedslos wirkenden Vorschrift des nationalen Werberechts dann eine Maßnahme gleicher Wirkung im Sinne des Art. 28 EGV darstellen kann, wenn sie sich auf die Ausstattung der einzuführenden Ware auswirkt und dazu führt, dass diese nicht oder nicht ohne Veränderungen importiert werden kann.[413] Der Grund für diese Einordnung liegt dabei in der Behinderung des Marktzugangs durch die Anwendung dieser Vorschriften, die eine Umgestaltung der Importwaren erforderlich macht.[414]

(2) Vertriebsbezogene Regelungen

Für vertriebsbezogene Vorschriften ist zweierlei klarzustellen. Zunächst ergibt sich aus der Folgerechtsprechung eindeutig, dass vertriebsbezogene Werberegelungen im Grundfall nur zu einer Beschränkung bestimmter Verkaufsmodalitäten führen.[415] Hierdurch ist aber nicht ausgeschlossen, dass solche Werberegelungen grundsätzlich trotzdem vom Anwendungsbereich der Warenverkehrsfreiheit erfasst sein können.[416] Den Rechtssachen „De Agostini", „Dior" und „GIP" lagen Vorschriften zugrunde, die auf eingeführte und inländische Erzeugnisse gleichermaßen Anwendung fanden. Gleichwohl war die Anwendung der Werberegelungen auf Waren aus anderen Mitgliedstaaten geeignet, die Einfuhr in einer Weise zu behindern, die sie gegenüber inländischen Erzeugnissen benachteiligte, oder eine Behinderung wurde zumindest als möglich angesehen. Zur Verdeutlichung des Aussagegehalts der Folgerechtsprechung ist im Folgenden zwischen der Prüfungssystematik einerseits und den inhaltlichen Aussagen andererseits zu differenzieren, bevor abschließend der Stand der Rechtsprechung zusammengefasst wird.

(a) Prüfungssystematik

In systematischer Hinsicht hat der Gerichtshof in der Rechtssache „Keck" das Regel-Ausnahme-Verhältnis, welches durch die Dassonville-Formel geschaffen und durch die Oosthoek-Rechtsprechung für den Bereich der Werberegelungen fortgesetzt wurde, umgekehrt. Demnach stellt die Anwendung von unterschiedslos wirkenden nationalen Werberegelungen nun grundsätzlich eine bestimmte Verkaufsmodalität dar und ist nicht mehr als Maßnahme gleicher Wirkung anzusehen, weshalb der Anwendungsbereich der Warenverkehrsfreiheit zunächst verschlossen bleibt. Eine Umkehrung dieses Grundsatzes tritt für die An-

---

[413] Allg. M., vgl. etwa Müller-Graff in: GTE, Art. 30 EGV (aF), Rn. 243; Leible in: Grabitz/Hilf, Art. 28 EGV, Rn. 29.

[414] EuGH, Rs. C-368/95, Familiapress, Slg. 1997, I-3689, 3714, Erwägung 13. Vgl. auch Ebenroth in: FS für Piper, 133, 149; Becker, EuR 1994, 162, 172 ff.; Timmermans in: Schwarze, Werbung und Werbeverbote, 26, 29.

[415] Allg. M., vgl. Leible in: Grabitz/Hilf, Art. 28 EGV, Rn. 38.

[416] Reuthal, WRP 1997, 1154, 1156, schließt aus den Entscheidungen „Keck" und „Hünermund" pauschal, dass bei unterschiedslosen vertriebsbezogenen Maßnahmen generell kein Raum für eine Anwendung der Warenverkehrsfreiheit mehr verbleibe. Diese Auffassung verkennt den grundlegenden Unterschied zwischen diskriminierenden Vorschriften, welche nicht unterschiedslos für alle Wirtschaftsteilnehmer gelten und solchen Vorschriften, die zwar unterschiedslos anwendbar sind, deren Anwendung aber dennoch aufgrund der besonderen Einfuhrsituation ausländische Waren stärker betrifft als inländische. Genau nach dieser Konzeption verfährt aber die Formel in der Entscheidung „Keck", die deutlich zwischen Vorschriften, die nicht für alle Wirtschaftsteilnehmer gelten, und Vorschriften, die zu einer unterschiedslosen rechtlichen oder tatsächlichen Berührung führen, unterscheidet. Letztere können dann bereits insoweit nur unterschiedslos anwendbare Regelungen sein.

wendung solcher Werbevorschriften ein, die den Absatz inländischer Erzeugnisse und der Erzeugnisse aus anderen Mitgliedstaaten rechtlich wie tatsächlich nicht in der gleichen Weise berühren. Dieses Ergebnis folgt nach der hier vertretenen Auffassung bereits aus der Rechtsprechung des EuGH selbst. Schon der Wortlaut der Entscheidung „Keck“[417] weist auf eine derartige Deutung hin, in dem er einerseits die Anwendung unterschiedslos anwendbarer nationaler Bestimmungen, die bestimmte Verkaufsmodalitäten beschränken oder verbieten, für nicht geeignet hält, den Handel zwischen den Mitgliedstaaten zu beeinträchtigen, andererseits aber im selben Satz feststellt, dass dies nur dann gilt, sofern die Anwendung dieser Bestimmungen den Absatz inländischer Erzeugnisse und der Erzeugnisse aus anderen Mitgliedstaaten rechtlich wie tatsächlich in der gleichen Weise berührt.[418] Legt man diesen Wortlaut nach allgemeinen Regeln aus, so ist die Formulierung „sofern“ wie ein „es sei denn“ zu verstehen, woraus sich ein Regel-Ausnahme-Verhältnis ergibt, welches eine Vermutung für die Nichtanwendbarkeit des Tatbestandes der Warenverkehrsfreiheit statuiert, welche jedoch widerlegbar ist.[419] In der Folgerechtsprechung hat der Gerichtshof diese Systematik beibehalten. Sowohl in der Entscheidung „Ortscheit“[420] als auch in der Entscheidung „De Agostini“[421] stellt er durch den Hinweis auf die Rechtssache „Keck“ klar, dass es sich um eine bloß vertriebsbezogene Regelung handelt, für die eine Einordnung als bestimmte Verkaufsmodalität im Raume steht. In der Folge prüft er jedoch, ob die Anwendung der jeweiligen Vorschrift zu einer ungleichen Berührung ausländischer Waren gegenüber inländischen Produkten führt und damit der Ausnahmetatbestand vorliegt.[422] Erwägung 17 der Entscheidung „Keck“ untermauert dieses Regel-Ausnahme-Verhältnis. Dort wird ausdrücklich klargestellt, dass Regelungen, die bestimmte Verkaufsmodalitäten behindern, nur deshalb aus dem Anwendungsbereich der Warenverkehrsfreiheit herausgenommen werden, weil sie im Grundsatz für nicht geeignet angesehen werden, den Marktzugang für Erzeugnisse aus anderen Mitgliedstaaten stärker zu behindern. Die Entscheidung „GIP“ bestätigt diese Sichtweise, wenn der Gerichtshof im Zusammenhang mit der Einordnung eines unterschiedslos anwendbaren vertriebsbezogenen Werbeverbots ausdrücklich klarstellt, dass nationale Bestimmungen, die bestimmte Verkaufsmodalitäten behindern oder verbieten, nur dann nicht in den Anwendungsbereich des

---

[417] EuGH, verb. Rs. C-267/91 und C-68/91, Keck und Mithouard, Slg. 1993, I-6097, 6131, Erwägung 16.

[418] Perau, Werbeverbote, S. 128, sieht die Entscheidung „Keck“ deshalb als Ausnahmetatbestand zur Dassonville-Formel an.

[419] Aus der der Entscheidung „Keck“ unmittelbar nachfolgenden Literatur ebenso Reich, ZIP 1993, 1815, 1818; ihm folgend Ackermann, RIW 1994, 189, 193. In dieselbe Richtung auch Dauses, EuZW 1995, 425, 427, 428. Den Ansatz ablehnend Hammer, Handbuch zur freien Warenverkehr, 114. Von einer widerlegbaren Vermutung im Falle von Verkaufsmodalitäten geht auch Ebenroth in: FS für Piper, 133, 137 aus, der allerdings im Hinblick auf die Verteilung der Beweislast für eine Behinderung des Warenverkehrs noch weiter geht und diese dem jeweiligen Mitgliedstaat für ein Nichtvorliegen einer rechtlichen oder tatsächlichen Diskriminierung auferlegen möchte. Aus neuer Zeit unter Einbeziehung der Folgerechtsprechung ebenso Heermann, WRP 1999, 381, 385; Schmitz, Die kommerzielle Kommunikation im Binnenmarkt, S. 240 ff. mwN. In diesem Sinne auch Leible in: Grabitz/Hilf, Art. 28 EGV, Rn. 30; ders., EuZW 2001, 253, 254.

[420] EuGH, Rs. C- 320/93, Ortscheit, Slg. 1994, I-5243, 5261, Erwägung 9.

[421] EuGH, verb. Rs. C-34/95, C-35/95, C- 36/95, De Agostini, Slg. 1997, I-3843, 3890, Erwägung 40.

[422] In terminologischer Hinsicht wird von einigen Autoren in diesem Zusammenhang von „sonstigen Verkaufsmodalitäten“ gesprochen, vgl. Heermann, WRP 1999, 381, 386; Leible, WRP 1997, 517, 521; ders., in: Grabitz/Hilf, Art. 28 EGV, Rn. 28; Leible/Sosnitza, K&R 1998, 283, 287; Kieninger, EWS 1998, 277, 281. „Sonstige Verkaufsmodalitäten“ liegen in Abgrenzung zu bestimmten Verkaufsmodalitäten im Sinne der Entscheidung „Keck“ immer dann vor, wenn die „kecksche“ Vermutung aufgrund der unterschiedlichen Berührtheit ausländischer und inländischer Erzeugnisse widerlegt ist. Ohne Verwendung des Begriffes der sonstigen Verkaufsmodalitäten geht auch Sack, WRP 1998, 104, 119, davon aus, dass es neben bestimmten Verkaufsmodalitäten auch noch andere, nicht von der Keck-Formel erfasste, geben muss.

Art. 28 EGV fallen, wenn sie den Marktzugang für Importprodukte nicht stärker behindern als für inländische Erzeugnisse.[423]

Diese Regel-Ausnahme-Systematik wird nach hier vertretener Auffassung durch die in der Entscheidung „De Agostini" aufgezeigte Verteilung der Beweislast ergänzt.[424] Will der ausländische Anbieter einer Ware, der durch die Anwendung einer vertriebsbezogenen Werberegelung die Einfuhr dieser Ware für behindert hält, die Vermutung zugunsten einer Unanwendbarkeit der Warenverkehrsfreiheit widerlegen, so ist er gehalten nachzuweisen, inwieweit diese Werberegelung den Absatz seines Erzeugnisses rechtlich oder tatsächlich in anderer Weise berührt als den der Erzeugnisses des inländischen Warenanbieters.[425] Indirekt wird dieses zusätzliche Erfordernis auch in der Entscheidung „GIP" bestätigt, wenn der EuGH ausführt, für den Fall eines derart weitreichenden Werbeverbotes wie das betreffende Alkoholwerbeverbot könne „ohne genauere Untersuchung" dessen marktzugangsbehindernde Wirkung festgestellt werden und zugleich bestätigt, dass eine solche Untersuchung im Falle ihrer Erforderlichkeit -wie in der Entscheidung „De Agostini"[426]- durch das nationale Gericht durchzuführen ist.[427]

Das Beweislasterfordernis greift nach diesen Feststellungen des Gerichtshofs jedenfalls immer dann ein, wenn, wie in der Entscheidung „De Agostini", eine Werberegelung inmitten steht, die in ihrer Reichweite begrenzt ist, was zur Folge hat, dass die Auswirkungen dieser Regelung auf den Marktzugang des ausländischen Anbieters sich nicht ohne weiteres ergeben.[428] Kein Beweis für marktzugangsbehindernde Umstände ist nach der Entscheidung „GIP" dann erforderlich, wenn sich die Marktzugangsbeschränkung per se aus der Reichweite des Werbeverbots ergibt.

(b) Inhaltliche Aussagen

Die Entscheidungen „Hünermund", „Leclerc-Siplec" und „ARD" beinhalteten den grundsätzlichen Fall der Wirkung von Werbebeschränkungen auf den Warenverkehr. Die jeweils gegenständlichen Vorschriften wurden in einer Weise angewandt, die den Marktzugang eingeführter Produkte nicht behindern konnten. Sie betrafen vielmehr nur Modalitäten des Absatzes bestimmter Waren, mithin „bestimmte Verkaufsmodalitäten" im Sinne der Entscheidung „Keck". In der Entscheidung „Hünermund" stand eine Vorschrift inmitten, die eine bestimmte Methode des Absatzes regelte.[429] Diese Methode betraf nur eine Modalität des Endvertriebs von Waren, deren Zugang zum nationalen Markt an sich nicht streitig war.[430] Ebenso lag der Fall in der Entscheidung „Leclerc-Siplec". Auch dort beriefen sich nationale Vertriebshändler auf den Verstoß der Anwendung einer Fernsehwerberegelung gegen die Warenverkehrsfrei-

---

[423] EuGH, Rs. C-405/98, GIP, Urteil vom 8. März 2001, EWS 2001, 184 ff.; EuZW 2001, 251 ff., Erwägung 18; vgl. auch Leible, EuZW 2001, 253, 254.

[424] Ebenso Heermann, WRP 1999, 381, 385 ff.; Timmermans in: Schwarze, Werbung und Werbeverbote, 26, 33; Schmitz, Die kommerzielle Kommunikation im Binnenmarkt, S. 243. Zustimmend Leible, EuZW 2001, 253, 254; vgl. auch ders. in: Grabitz/Hilf, Art. 28 EGV, Rn. 28.

[425] EuGH, verb. Rs. C-34/95, C-35/95, C- 36/95, De Agostini, Slg. 1997, I-3843, 3890, Erwägung 44.

[426] EuGH, verb. Rs. C-34/95, C-35/95, C- 36/95, De Agostini, Slg. 1997, I-3843, 3890, Erwägung 43.

[427] EuGH, Rs. C-405/98, GIP, Urteil vom 8. März 2001, EWS 2001, 184 ff.; EuZW 2001, 251 ff., Erwägung 21.

[428] Vgl. auch Heermann, WRP 1999, 381, 385 ff.; Schmitz, Die kommerzielle Kommunikation im Binnenmarkt, S. 243; Leible, EuZW 2001, 253, 254.

[429] EuGH, Rs. C-292/92, Hünermund, Slg. 1993, I-6787, 6822, Erwägung 20.

[430] Vgl. Timmermans in: Schwarze, Werbung und Werbeverbote, 26, 30; Roth in: FS für Großfeld, 929, 943, 950.

heit.[431] Die Anwendung der konkreten Vorschrift hatte also, auch wenn sie grundsätzlich geeignet sein konnte, das Absatzvolumen und folglich auch das Absatzvolumen der Erzeugnisse aus anderen Mitgliedstaaten einzuschränken[432], keinerlei besondere Auswirkungen auf den Marktzugang der importierten Waren.[433]

In inhaltlicher Hinsicht ist die entscheidende Frage also, unter welchen Voraussetzungen die grundsätzlich gegebene Vermutung widerlegt werden kann. Hierfür hat der Gerichtshof in den Entscheidungen „Ortscheit", „De Agostini", „Dior" und „GIP" wichtige Hinweise gegeben, denen eine wesentliche Aussage gemeinsam ist.

Eine faktisch oder rechtlich ungleiche Berührung ausländischer Produkte liegt immer dann vor, wenn diesen Produkten der Marktzugang zum inländischen Markt durch die Anwendung werbebeschränkender Vorschriften verhindert oder erheblich erschwert ist.[434] Der Gerichtshof hat in der Entscheidung „GIP" die Marktzutritts- und Marktdurchdringungsfunktion der Werbung ausdrücklich anerkannt.[435] Er hat klargestellt, dass, auch wenn eine Werberegelung unterschiedslos anwendbar sei, diese gleichwohl zu einer unterschiedlichen Behandlung ausländischer Anbieter führen und aufgrund ihrer marktzutrittsbehindernden Wirkung eine Beschränkung des freien Warenverkehrs darstellen könne.[436]

Es stellt sich also die Frage, wann einer Werberegelung eine marktzutrittsbehindernde Wirkung beigemessen werden kann. In sämtlichen genannten Entscheidungen, in denen der EuGH ein Marktzugangshindernis angenommen oder zumindest geprüft hat, standen Werberegelungen im Raume, die entweder ein vollständiges Werbeverbot oder zumindest ein Verbot der Werbung für bestimmte Werbeformen oder bezüglich bestimmter Verbrauchergruppen enthielten. In all diesen Fällen betrafen diese Werbeverbote Produkte, deren Vertrieb auf dem jeweiligen Inlandsmarkt nach den dortigen Vorschriften grundsätzlich zulässig war. Alle geprüften Werbeverbote hatten also zur Folge, dass grundsätzlich verkehrsfähige Produkte aus anderen Mitgliedstaaten im Inland gar nicht oder nicht auf bestimmte Art und Weise beworben werden konnten und somit dem potenziellen Abnehmer nicht bekannt gemacht werden konnten. In diesem Kontext liegt es auf der Hand, dass die betreffende Werberegelung marktzugangsbehindernde Wirkung entfalten konnte. Denn die Verkehrsfähigkeit eines ausländischen Produkts im Inland nützt dem Anbieter dann wenig, wenn ihm durch Werbeverbote die Möglichkeit genommen ist, auf dieses im Inland regelmäßig weniger bekannte Produkt aufmerksam zu machen. Denn ausländische Produkte sind auf den inländischen Märkten in der Regel weniger präsent und damit dem Verbraucher auch weniger bekannt als inländische Erzeugnisse.[437]

---

431 GA Jacobs, Schlussanträge zu EuGH, Rs. C-412/93, Leclerc-Siplec, Slg. 1995, I-179, 200, Erwägung 55; Roth in: FS für Großfeld, 929, 943, 950.

432 EuGH, Rs. C-412/93, Leclerc-Siplec, Slg. 1995, I-179, 216, Erwägung 20.

433 Vgl. auch Ackermann, RIW 1994, 189, 194; Lenz, ZEuP 1994, 624, 646; GA Jacobs, Schlussanträge zu EuGH, Rs. C-412/93, Leclerc-Siplec, Slg. 1995, I-179, 200, Erwägung 55; Lüder, EuZW 1996, 615, 617; Kieninger, EWS 1998, 277, 285; Timmermans in: Schwarze, Werbung und Werbeverbote, 26, 30; Roth in: FS für Großfeld, 929, 943.

434 EuGH, Rs. C- 320/93, Ortscheit, Slg. 1994, I-5243, 5361, Erwägung 10; EuGH, verb. Rs. C-34/95, C-35/95, C- 36/95, De Agostini, Slg. 1997, I-3843, 3890, Erwägung 43; EuGH, Rs. C-337/95, Dior, Slg. 1997, I-6013, 6051, Erwägung 51; EuGH, Rs. C-405/98, GIP, Urteil vom 8. März 2001, EWS 2001, 184 ff.; EuZW 2001, 251 ff., Erwägungen 18, 21.

435 EuGH, Rs. C-405/98, GIP, Urteil vom 8. März 2001, EWS 2001, 184 ff.; EuZW 2001, 251 ff., Erwägung 21. Ebenso Leible, EuZW 2001, 253, 254.

436 Leible, EuZW 2001, 253, 254.

437 EuGH, Rs. C-405/98, GIP, Urteil vom 8. März 2001, EWS 2001, 184 ff.; EuZW 2001, 251 ff., Erwägung 21.

Werbeverbote wie das in der Entscheidung „GIP“ gegenständliche Alkoholwerbeverbot können so zu einer Zementierung nationaler Verbrauchsgewohnheiten und damit zu einer Beschränkung des Einfuhrvolumens aus anderen Mitgliedstaaten führen.[438] Dieser Begründungsansatz kann auch auf andere umfassende Werbeverbote wie Verbote der Tabak- oder Arzneimittelwerbung übertragen werden. Im Bereich der Einfuhr von Tabakprodukten[439] können ausländische Erzeugnisse auf ähnlich verfestigte Marktstrukturen treffen wie im Falle alkoholischer Getränke, da auch der Genuss von Tabakerzeugnissen mit *„herkömmlichen gesellschaftlichen Übungen“*[440] verbunden ist.[441] Auch auf die Arzneimittelwerbung lässt sich dieser Ansatz übertragen, da die Konsumstruktur in Bezug auf Arzneimittel durch das Apothekenmonopol in besonderem Maße verfestigt ist.[442]

Als gesichert kann nach der Folgerechtsprechung des Gerichtshofs somit die Aussage angesehen werden, dass umfassende Werbeverbote aufgrund ihrer marktzugangsbehindernden Wirkung auf Erzeugnisse aus anderen Mitgliedstaaten diese gegenüber inländischen Produkten ungleich berühren. Dieser bereits im Gefolge der Entscheidung „Keck“ in der Literatur vertretene Ansatz[443] wurde somit durch den Gerichtshof bestätigt.

(c) Zusammenfassung

Auch in Ansehung der Entscheidung „Keck“ verbleibt im Bereich unterschiedslos wirkender, vertriebsbezogener Werberegelungen weiterhin ein Anwendungsbereich für die Warenverkehrsfreiheit.[444] Dieser ist immer dann gegeben, wenn die jeweilige Werberegelung den Marktzugang ausländischer Erzeugnisse stärker behindert als den inländischer Produkte und somit eine Ungleichbehandlung der Importwaren bewirkt.[445] Aus der Folgerechtsprechung des Gerichtshofs ergeben sich für den Anwendungsbereich des Art. 28 EGV folgende Grundsätze: Umfassende Werbeverbote wie das der Entscheidung „GIP“ zugrundeliegende Alkoholwerbeverbot fallen ohne weiteres in den Anwendungsbereich der Warenverkehrsfreiheit,

---

[438] Zur Marktdurchdringungsfunktion im Allgemeinen Lüder, EuZW 1996, 615; Schmitz, Die kommerzielle Kommunikation im Binnenmarkt, S. 53 ff. Zur Wirkung vollständiger Werbeverbote Leible in: Grabitz/Hilf, Art. 28 EGV, Rn. 38; ders., EuZW 2001, 253, 254.

[439] Vgl. hierzu auch Leible, EuZW 2001, 253, 254 mwN.

[440] EuGH, Rs. C-405/98, GIP, Urteil vom 8. März 2001, EWS 2001, 184 ff.; EuZW 2001, 251 ff., Erwägung 21. Die Abhängigkeit von „örtlichen Sitten und Gebräuchen“ dürfte demgegenüber nicht im gleichen Maße ausgeprägt sein wie im Falle des Konsums alkoholischer Getränke.

[441] In diesem Sinne auch Leible, EuZW 2001, 253, 254 im Hinblick auf die Entscheidung des Gerichtshofs zur Tabakwerberichtlinie.

[442] Dass das zugrundeliegende nationale System in diesem Bereich durch Belange des Gesundheitsschutzes gerechtfertigt ist, ist eine Frage der Rechtfertigung entsprechender Vorschriften. Vgl. dazu unten Teil 2 B.III.1.a. und B.IV.2.a.

[443] Für eine Qualifizierung umfassender Werbeverbote als Maßnahmen gleicher Wirkung auch in Ansehung der Entscheidung „Keck“ Roth, CMLRev. 31 (1994), 849, 853; Dauses, EuZW 1995, 425, 428; Ebenroth in: FS für Piper, 133, 154; Lüder, EuZW 1996, 615, 617 im Umkehrschluss aus der Entscheidung „Leclerc-Siplec“; Timmermans in: Schwarze, Werbung und Werbeverbote, 26, 30; Leible in: Grabitz/Hilf, Art. 28 EGV, Rn 30. Vgl. auch Sack, WRP 1998, 104, 114 ff.; Becker, EuR 1994, 162, 174; GA Jacobs, Schlussanträge zu EuGH, Rs. C-412/93, Leclerc-Siplec, Slg. 1995, I-179, 194, Erwägung 38.

[444] So schon vor den einschlägigen Entscheidungen des Gerichtshofs Roth, CMLRev. 31 (1994), 849, 853; Dauses, EuZW 1995, 425, 428; Ebenroth in: FS für Piper, 133, 154; Lüder, EuZW 1996, 615, 617. Unter Berücksichtigung der Folgerechtsprechung ebenso Timmermans in: Schwarze, Werbung und Werbeverbote, 26, 30; Heermann, WRP 1999, 381, 384 ff.; Leible in: Grabitz/Hilf, Art. 28 EGV, Rn 30; ders., EuZW 2001, 253, 254.

[445] EuGH, Rs. C-405/98, GIP, Urteil vom 8. März 2001, EWS 2001, 184 ff.; EuZW 2001, 251 ff., Erwägung 18. In diesem Sinne bereits Timmermans in: Schwarze, Werbung und Werbeverbote, 26, 33; Leible in: Grabitz/Hilf, Art. 28 EGV, Rn. 38; bestätigend ders., EuZW 2001, 253, 254.

weil ihnen regelmäßig marktzugangsbehindernde Wirkung beigemessen werden kann.[446] Andere weiterreichende Werberegelungen, die bestimmte Formen der Werbung und Absatzförderung ganz einschränken, fallen dann in den Anwendungsbereich des Art. 28 EGV, wenn ihre marktzugangsbehindernde Wirkung und damit eine ungleiche Betroffenheit der Importware durch den Anbieter nach den oben dargestellten Grundsätzen nachgewiesen werden kann.[447] Weitergehende Aussagen lassen sich der Rechtsprechung des Gerichtshofs nicht entnehmen. Es lässt sich jedoch abschließend feststellen, dass es nach der Folgerechtsprechung des Gerichtshofs nicht mehr ausreicht, nationale Werberegelungen pauschal als „bestimmte Verkaufsmodalitäten" zu qualifizieren und sie so dem Anwendungsbereich der Warenverkehrsfreiheit zu entziehen.[448]

4. Weitergehende Anwendung der Warenverkehrsfreiheit bei Werbebeschränkungen

Zur Frage der Anwendbarkeit der Warenverkehrsfreiheit bei nationalen Werberegelungen wurden im Gefolge der Entscheidung „Keck" in der Literatur verschiedene Ansätze vertreten. Das Meinungsspektrum reichte dabei von einer Verneinung der Eröffnung des Anwendungsbereichs des Art. 28 EGV für alle Arten vertriebsbezogener Werbevorschriften[449] bis zu einer generellen Bejahung einer Behinderung des freien Warenverkehrs auch in Ansehung der Entscheidung „Keck".[450] Nachdem der Gerichtshof in seiner Folgerechtsprechung einerseits klargestellt hat, dass vertriebsbezogene Werberegelungen grundsätzlich als Verkaufsmodalitäten angesehen werden müssen[451], er andererseits im Falle umfassender Werbeverbote sowie sonstiger Verbote hinsichtlich bestimmter Werbeformen eine Entscheidung zugunsten der Anwendbarkeit des Art. 28 EGV getroffen hat[452], sind sowohl die eine wie auch die andere Extremposition in dieser Reichweite nicht mehr vertretbar. Die Fragestellung konzentriert sich vielmehr auf die Handhabung sonstiger Werberegelungen, denen auf Grund ihrer weniger einschneidenden Wirkungen nicht ohne weiteres eine Marktzugangsbehinderung für Waren aus anderen Mitgliedstaaten entnommen werden kann.[453]

Zu dieser Frage werden in der Literatur zwei unterschiedliche Lösungsansätze vertreten. Eine weit verbreitete Ansicht hält die Warenverkehrsfreiheit dann für anwendbar, wenn eine

---

[446] EuGH, Rs. C-405/98, GIP, Urteil vom 8. März 2001, EWS 2001, 184 ff.; EuZW 2001, 251 ff., Erwägungen 18, 21; vgl. auch Leible, EuZW 2001, 253, 254.

[447] EuGH, verb. Rs. C-34/95, C-35/95, C- 36/95, De Agostini, Slg. 1997, I-3843, 3890, Erwägungen 42-44; vgl. auch Heermann, WRP 1999, 381, 388; Timmermans in: Schwarze, Werbung und Werbeverbote, 26, 33; Leible, EuZW 2001, 253, 254.

[448] Siehe hierzu die berechtigte Kritik in der Literatur an der teilweise ungenauen Prüfung nationaler Gerichte im Hinblick auf Werberegelungen bei Heermann, WRP 1999, 381, 384; Leible, EuZW 2001, 253.

[449] So Mülbert, ZHR 159 (1995), 2, 20; Reuthal, WRP 1997, 1154, 1156. Mülbert, aaO, 2, 22, verneint die Auswirkungen von vertriebsbezogenen Werberegelungen gänzlich. Nur warenbezogene Vorschriften seien geeignet, marktabschottend zu wirken und für nichtkonforme Produkte zu einem Nullkontingent zu führen. Reuthal, aaO, meint, die Warenverkehrsfreiheit erfasse im Bereich vertriebsbezogener Regelungen unterschiedslos geltende Vorschriften nicht mehr und sei insoweit nurmehr als Diskriminierungsverbot zu verstehen.

[450] So Drasch, Das Herkunftslandprinzip im internationalen Privatrecht, S. 100 ff. u.a. mit der Begründung, dem der Entscheidung „Keck" zugrundeliegenden Sachverhalt habe das grenzüberschreitende Moment gefehlt. In diesem Sinne auch Basedow, RabelsZ 59 (1995), 1, 9 ff.

[451] EuGH, Rs. C-292/92, Hünermund, Slg. 1993, I-6787, 6823, Erwägungen 21 ff.; EuGH, Rs. C-412/93, Leclerc-Siplec, Slg. 1995, I-179, 217, Erwägung 22.

[452] EuGH, verb. Rs. C-34/95, C-35/95, C- 36/95, De Agostini, Slg. 1997, I-3843, 3890, Erwägung 43; EuGH, Rs. C-405/98, GIP, Urteil vom 8. März 2001, EWS 2001, 184 ff.; EuZW 2001, 251 ff., Erwägungen 18, 21.

[453] Vgl. auch Heermann, WRP 1999, 381, 384 ff.; Leible in: Grabitz/Hilf, Art. 28 EGV, Rn 28; ders., EuZW 2001, 253, 254.

grenzüberschreitende Marketingstrategie durch nationale Werbevorschriften, gleich welcher Qualität, behindert wird. Dieser Ansatz, der auch unter der Frage der Fortgeltung der Oosthoek-Rechtsprechung diskutiert wird, ist stark umstritten und wird von einer beachtlichen Gegenauffassung verneint.[454] Der zweite mögliche Ansatz versucht die Problematik unter dem Gesichtspunkt der Spürbarkeit zu lösen.

a. Lösung über ein Spürbarkeitskriterium

Eine Ansicht[455] fordert zur Abgrenzung, ob eine nationale Regelung geeignet ist, die Einfuhr von Produkten zu behindern, die Einführung eines Spürbarkeitskriteriums.[456] Diese Sichtweise setzt an der Intensität der Beeinträchtigung durch eine nationale Maßnahme an und strebt an, auf diese Weise bloß mittelbare Beeinträchtigungen aus dem Schutzbereich der Warenverkehrsfreiheit herauszunehmen. Auszugehen ist dabei von der Frage, ob eine Vorschrift den Marktzugang für Produkte aus anderen Mitgliedstaaten wesentlich oder nur unwesentlich beschränken kann.[457] Nur im ersteren Falle ist dann die Warenverkehrsfreiheit beeinträchtigt. Die Prüfung einer marktzugangsbehindernden Spürbarkeit einer nationalen Regelung soll dabei losgelöst von der Frage erfolgen, ob eine Maßnahme produktbezogen oder vertriebsbezogen ist, und weiterhin auch losgelöst von der Einordnung einer Maßnahme als diskriminierend oder nicht diskriminierend.[458]

Das Spürbarkeitskriterium ist insbesondere aus der Anwendung des kartellrechtlichen Tatbestandes des Art. 81 EGV bekannt, in dessen Rahmen es zur Beantwortung der Frage herangezogen wird, ob Unternehmensvereinbarungen oder sonstige abgestimmte Verhaltensweisen zwischen Unternehmen den Handel zwischen den Mitgliedstaaten zu beeinträchtigen

---

[454] Für überholt halten die Entscheidungen „Oosthoek" bis „Yves Rocher" unter anderem Remien, JZ 1994, 349, 352, der meint, dass „Yves Rocher" falsch entschieden ist; Joliet, GRUR Int. 1994, 979, 984 ff.; Mülbert, ZHR 159 (1995), 2, 27, der darüber hinaus irrigerweise davon ausgeht, dass die Dassonville-Formel überholt sei; Matthies in: FS für Everling, 803, 812; Kotthoff, Werbung ausländischer Unternehmen im Inland, S.114 ff.; ders., WRP 1996, 79, 84; Reuthal, WRP 1997, 1154, 1156; Sack WRP 1998, 104, 106 ff.; Hammer, Handbuch zum freien Warenverkehr, S. 146 ff.; im Ergebnis ebenso Becker, EuR 1994, 162, 173 ff., der jedoch noch Klärungsbedarf im Hinblick auf die mögliche Behinderung des Marktzugangs durch Werberegelungen sieht. Derselben Auffassung in der deutschen Judikatur z.B. BGH WRP 1996, 284, 285; OLG Düsseldorf, EuZW 1994, 189, 190; Hanseatisches OLG, WRP 1996, 314, 318 ff. Für nicht überholt halten die Entscheidungen „Oosthoek" bis „Yves Rocher" z.B. Ackermann, RIW 1994, 189, 194; Fezer, JZ 1994, 317, 321 ff.; Steindorff, ZHR 158 (1994), 149, 164; Perau, ZIP 1994, 513; ders., Werbeverbote, S. 127 ff.; Schroeder/Federle, ZIP 1994, 1428, 1432; Reese, Grenzüberschreitende Werbung, S. 62; Basedow, RabelsZ 59 (1995), 1, 9; Classen, EWS 1995, 97, 100; Dauses, EUZW 1995, 425, 428; Drasch, Das Herkunftslandprinzip im internationalen Privatrecht, S. 100 ff.; Ebenroth in: FS für Piper, 136, 163; Leible, WRP 1997, 517, 521; ders., in: Grabitz/Hilf, Art. 28 EGV, Rn. 28; Lensdorf, Das deutsche Werberecht im Rahmen des Euro-Marketing, S. 133; Kieninger, EWS 1998, 277, 285; Heermann, WRP 1999, 381, 388; Roth in: FS für Großfeld, 929, 943; Schmitz, Die kommerzielle Kommunikation im Binnenmarkt, S. 211 ff. Diesbezüglich unentschieden Lüder, EuZW 1996, 615, 620

[455] So etwa Jestaedt/Kästle, EWS 1994, 26, 28; Fezer, JZ 1994, 317, 324; GA Jacobs, Schlussanträge zu EuGH, Rs. C-412/93, Leclerc-Siplec, Slg. 1995, I-179, 195, Erwägungen 38 ff.; Sack, WRP 1998, 104, 116 ff. Dagegen Becker, EuR 1994, 162, 170; ders. in: Schwarze, EU-Kommentar, Art. 28 EGV, Rn. 40.

[456] Teilweise werden auch Entscheidungen des EuGH als Hinwendung in diese Richtung verstanden, vgl. Sack, WRP 1998, 104, 116; dagegen im Ergebnis Ebenroth in: FS für Piper, 133, 143 ff., der Anhaltspunkte hierfür jedoch zugesteht.

[457] So GA Jacobs, Schlussanträge zu EuGH, Rs. C-412/93, Leclerc-Siplec, Slg. 1995, I-179, 195, Erwägung 42, der dies ausdrücklich als Alternativlösung zur in der Rechtssache „Keck" getroffenen Unterscheidung anbietet. Vgl. auch GA Jacobs, Schlussanträge zu EuGH, verb. Rs. C-34/95, C-35/95, C- 36/95, De Agostini, Slg. 1997, I-3843, 3871, Erwägung 99 sowie GA Elmer, Schlussanträge zu EuGH, Rs. C-387/93, Banchero, Slg. 1995, I-4663, 4677, Erwägung 35. Ebenso Fezer, JZ 1994, 317, 324; Sack, WRP 1998, 104, 116 ff.

[458] GA Jacobs, Schlussanträge zu EuGH, Rs. C-412/93, Leclerc-Siplec, Slg. 1995, I-179, 195, Erwägung 43, will für diskriminierende Regelungen den Spürbarkeitsfilter nicht anwenden. Dagegen Sack, WRP 1998, 104, 117.

geeignet sind. Als ungeschriebenes Tatbestandsmerkmal ist demnach in Art. 81 EGV als Voraussetzung hineinzulesen, ob eine spürbare Wettbewerbsbeeinträchtigung vorliegt. Nur wenn diese de-minimis-Schwelle[459] überschritten ist, ist ein Sachverhalt in kartellrechtlicher Hinsicht relevant.[460]

Die Vertreter dieser Auffassung gehen davon aus, dass die Unterscheidung zwischen produktbezogenen und vertriebsbezogenen Regelungen einerseits und die Unterscheidung zwischen diskriminierenden und nicht diskriminierenden Vorschriften andererseits nicht tauglich sei zur Beantwortung der wesentlichen Frage, ob durch die Anwendung einer nationalen Regelung der Marktzugang einer Importware behindert sei.[461] Zu Recht weisen sie darauf hin, dass im Einzelfall auch vertriebsbezogene Vorschriften die Einfuhr wesentlich stärker behindern können als produktbezogene Regelungen, was am Beispiel eines umfassenden Werbeverbotes deutlich wird.[462] Dasselbe gilt für die Unterscheidung zwischen diskriminierenden und nicht diskriminierenden Regelungen. GA Jacobs geht insoweit zutreffend davon aus, dass ein Hindernis für den zwischenstaatlichen Handel nicht allein deshalb aufhört zu bestehen, weil das gleiche Hindernis auch den Binnenhandel beeinträchtigt.[463] In der Tat haben die Entscheidungen „Ortscheit", „De Agostini", „Dior" und „GIP" gezeigt, dass auch rein vertriebsbezogene Regelungen wie Werbeverbote, die unterschiedslos auf inländische wie ausländische Produkte anwendbar sind, geeignet sein können, den Marktzugang und somit die Einfuhr von Waren zu behindern. Der Ausgangspunkt der Anhänger der Spürbarkeitsprüfung ist also grundsätzlich richtig und bringt das Problem auf den Punkt. Durch die Anwendung eines Spürbarkeitskriteriums ergäbe sich für die hier fragliche Einordnung unterschiedsloser, vertriebsbezogener Werberegelungen, dass eine Maßnahme gleicher Wirkung immer dann vorläge, wenn die Beschränkung des Marktzugangs wesentlich ist. Dies führte im Falle eines generellen Werbeverbotes im Regelfall zum Vorliegen einer Maßnahme gleicher Wirkung, also zu ähnlichen Ergebnissen, zu denen auch der Gerichtshof in den Entscheidungen „GIP" und „Ortscheit" gelangt ist, und dessen Möglichkeit er in der Entscheidung „De Agostini" erwogen hat.[464]

Unbestreitbarer Vorteil eines Spürbarkeitskriteriums ist die dadurch gegebene flexible Prüfung der Wirkungen einer nationalen Vorschrift auf den Warenimport im Einzelfall. Problematisch ist aber die Folge einer solchen de-minimis-Prüfung. Denn fraglich ist, wie die Spürbarkeit einer Maßnahme festgestellt werden soll. Möglich ist zum einen die Feststellung, ob eine zahlenmäßige Spürbarkeit gegeben ist, was aber kaum handhabbar sein dürfte.[465] Zum anderen kommt die Feststellung der Wesentlichkeit durch die nationalen Gerichte in Betracht, die zunächst mit der Prüfung der Vereinbarkeit nationaler Regelungen mit Art. 28 EGV befasst sind. Das so gegebene richterliche Ermessen stellt einen eklatanten Unsicherheitsfaktor

---

[459] Spürbarkeitsregeln werden, nach dem Grundsatz „de minimis non curat praetor", auch de-minimis-Regeln genannt.

[460] Sack, WRP 1999, 104, 117, folgert die Anwendung eines Spürbarkeitskriteriums in diesem Zusammenhang aus einer Parallelwertung zwischen Warenverkehrsrecht und Wettbewerbsrecht und stellt auf deren ähnliches Ziel ab, den zwischenstaatlichen Handel gegen Behinderungen und Verfälschungen zu schützen. Dies betonend auch Rohe, RabelsZ 61 (1997), 1, 57.

[461] Rohe, RabelsZ 61 (1997), 1, 56 ff. leitet ein Spürbarkeitserfordernis als relevante Mindestschwelle für Behinderungen der Warenverkehrsfreiheit aus dem Subsidiaritätsprinzip des Art. 5 EGV her.

[462] Sack, WRP 1998, 104, 115; GA Jacobs, Schlussanträge zu EuGH, Rs. C-412/93, Leclerc-Siplec, Slg. 1995, I-179, 195, Erwägung 38.

[463] GA Jacobs, Schlussanträge zu EuGH, Rs. C-412/93, Leclerc-Siplec, Slg. 1995, I-179, 195, Erwägung 39.

[464] Siehe hierzu auch Sack, WRP 1998, 104, 118 ff., der die Wirkungen der Anwendung eines Spürbarkeitskriteriums für verschiedene nationale Regelungen durchspielt und meist zu ähnlichen Ergebnissen gelangt wie unter Anwendung der Keck-Formel.

[465] Zutreffend Kieninger, EWS 1998, 277, 283 mwN.

dar, da durch die Entscheidung über die Spürbarkeit dann auch über die Anwendbarkeit des Art. 28 EGV entschieden würde.[466] Aus diesem Grund hat sich wohl auch der Gerichtshof dieser Sichtweise nicht angeschlossen, obwohl hierzu nach den Schlussanträgen des GA Jacobs Gelegenheit bestanden hätte.[467]

b. Anwendbarkeit des Art. 28 EGV im grenzüberschreitenden Euro-Marketing

Eine der umstrittensten Fragen im Gefolge der Entscheidung „Keck" ist die nach der Fortgeltung der Aussageinhalte der Entscheidungsreihe „Oosthoek", in der Werberegelungen als vom Anwendungsbereich der Warenverkehrsfreiheit erfasst angesehen wurden. Grundlage dieser Fragestellung ist die Konstellation des sog. Euro-Marketing.[468] Diese ergibt sich, wenn der Hersteller eines Produkts aus einem anderen Mitgliedstaat sich einer einheitlichen Marketingstrategie bedient, die für das Herkunftsland, das Bestimmungsland und möglicherweise auch für andere Mitgliedstaaten als weitere Bestimmungsländer einheitlich konzipiert ist. Dann führt eine werbebeschränkende Regelung im Bestimmungsland dazu, dass der Anbieter an dieser einheitlichen Werbekonzeption nicht festhalten kann. Es ergeben sich für den Warenanbieter in dieser Situation zwei Möglichkeiten. Will er sein Produkt auch in dem Bestimmungsland vermarkten, in welchem die werbebeschränkende Regelung gilt, so ist er gezwungen, die gesamte Marketingkonzeption an die in diesem Staat geltenden Standards anzupassen oder gesondert für dieses Bestimmungsland eine eigenständige Werbestrategie zu entwerfen. Hierdurch entstehen ihm Anpassungskosten, welche die Rentabilität der grenzüberschreitenden Produktvermarktung verringern können. Ansonsten bleibt ihm nur die Möglichkeit, sein Produkt auf diesem Markt nicht zu bewerben, was negative Folgen auf den Absatz des Produkts hat.[469] Für derartige Konstellationen hat der Gerichtshof seit der Entscheidung „Oosthoek" das Vorliegen einer Maßnahme gleicher Wirkung bejaht und die Anwendung entsprechender Werberegelungen am Maßstab des Art. 28 EGV mit der Begründung geprüft, dass es nicht auszuschließen sei, *„dass der für den Unternehmer bestehende Zwang, sich entweder für die einzelnen Mitgliedstaaten unterschiedlicher Systeme der Werbung oder Absatzförderung zu bedienen oder ein System, das er für besonders wirkungsvoll hält, aufzugeben, selbst dann ein Einfuhrhindernis darstellen kann, wenn eine solche Regelung unterschiedslos für inländische und eingeführte Erzeugnisse gilt"*.[470]

Die Frage nach der Anwendung der Warenverkehrsfreiheit in derartigen Fallkonstellationen ist zwangsläufig gleichbedeutend mit der Frage nach dem Erfordernis der Handhabung der Warenverkehrsfreiheit als Beschränkungsverbot. Denn Werberegelungen, die auf ein einheitliches Vermarktungskonzept eines Anbieters einwirken und alleine deshalb als Behinde-

---

[466] Dieses Problem sieht auch GA Jacobs, Schlussanträge zu EuGH, Rs. C-412/93, Leclerc-Siplec, Slg. 1995, I-179, 195, Erwägung 42. Ebenso Kieninger, EWS 1998, 277, 283; Heermann, WRP 1999, 381, 385.

[467] EuGH, Rs. C-412/93, Leclerc-Siplec, Slg. 1995, I-179, 216 ff., Erwägungen 18 ff. Dasselbe gilt für die Schlussanträge des GA Elmer und die Entscheidung EuGH, Rs. C-387/93, Banchero, Slg. 1995, I-4663 ff.

[468] Zu den Grundlagen des Euro-Marketing Lensdorf, Das deutsche Werberecht im Rahmen des Euro-Marketing, S. 7 ff., 17 ff. Die Problematik des Euro-Marketing zusammenfassend Leible in: Grabitz/Hilf, Art. 28 EGV, Rn. 28.

[469] Vgl. auch Fezer, JZ 1994, 317, 323; Leible, WRP 1997, 517, 521; Leible/Sosnitza, K&R 1998, 283, 287. Gegen eine Bedeutung dieser Fallgruppe Kotthoff, WRP 1996, 79, 82 ff.; Sack, WRP 1998, 104, 106 ff.

[470] EuGH, Rs. 286/81, Oosthoek, Slg. 1982, 4575, 4587, Erwägung 15. Nach richtiger Auffassung ist genau dieser Zwang, der auf den Anbieter durch Werberegelungen ausgeübt wird, konstitutiv für eine Anwendung des Art. 28 EGV auf vertriebsbezogene Werbevorschriften, vgl. oben, Teil 2 B.II.1. Die selbe Begründung verwandte der Gerichtshof unter anderem auch in der Entscheidung „Yves Rocher", Rs. C-126/91, Slg. 1993, I-2361, 2389, Erwägung 11.

rungen des freien Warenverkehrs angesehen werden sollen, sind gegenüber ausländischen Erzeugnissen weder formell noch materiell diskriminierend.[471] Der den freien Warenverkehr behindernde Faktor der Anwendung solcher Vorschriften liegt vielmehr bereits in der Existenz unterschiedlicher Vorschriften, die für den Hersteller oder Vertreiber eines ausländischen Produkts zu erhöhtem Aufwand führen kann, wenn dieser die Erzeugnisse in einem anderen Mitgliedstaat vertreiben will. Nur wenn Art. 28 EGV als umfassendes Beschränkungsverbot verstanden wird, können die wesentlichen ökonomischen Vorteile der Marktintegration, nämlich die Größenvorteile der Produktion und Vermarktung (economies of scale) durch Anbieter aus anderen Mitgliedstaaten ausreichend genutzt werden.[472] In Frage steht also letztlich, ob zugunsten des Binnenmarktes insoweit von einem umfassenden Beschränkungsverbot auszugehen ist.[473]

Zu klären ist also, ob die Warenverkehrsfreiheit im Falle der Behinderung eines grenzüberschreitenden Euro-Marketing durch nationale Werberegelungen auch in Ansehung der Entscheidung „Keck“ als allgemeines Beschränkungsverbot angesehen werden kann mit der Folge, dass unterschiedslos wirkende Werberegelungen eine Beschränkung dieser Freiheit darstellen können. Ein Teil der Literatur verneint in Ansehung der Entscheidung „Keck“ eine eigenständige Relevanz der Fallgruppe und will die Warenverkehrsfreiheit nicht anwenden.[474] Die Gegenauffassung hält die Warenverkehrsfreiheit grundsätzlich für anwendbar, wenn eine nationale Werberegelung eine einheitlich konzipierte grenzüberschreitende Vermarktungsstrategie behindert.[475] Argumentiert wird dabei vor allem über die besondere Relevanz einheitlicher Vermarktungsstrategien im Binnenmarkt sowie über eine Parallele zwischen produktbezogenen und vertriebsbezogenen Vorschriften.[476] Nach der hier vertretenen Auffassung ergibt sich die Lösung aus der möglichen Behinderung des Marktzugangs für eingeführte Waren,

---

[471] Eine andere, nachfolgend zu untersuchende Frage ist es, ob die Vorschriften zu einer tatsächlichen Ungleichbehandlung im Sinne des zweiten Ausnahmetatbestandes der Entscheidung „Keck“ führen. Bezeichnet man, wie Dethloff, Europäisierung des Wettbewerbsrechts, S. 165, diese Auswirkungen einer Vorschrift als diskriminierende Wirkungen, so stellt dies nur eine terminologische Besonderheit dar. Im Hinblick auf die grundsätzliche Unterscheidung zwischen unterschiedslos wirkenden und diskriminierenden Vorschriften erscheint es jedoch sinnvoller, bei unterschiedslos wirkenden Regelungen von tatsächlicher oder faktischer Ungleichbehandlung zu sprechen.

[472] Vgl. Ackermann, RIW 1994, 189, 194; Ebenroth in: FS für Piper, 133, 144; Basedow, RabelsZ 59 (1995), 1, 8; ihm folgend Kieninger, EWS 1998, 277, 285.

[473] Roth in: FS für Großfeld, 929, 944 ff. vertritt die These, ein Diskriminierungsverbot sichere den Grundsatz der Marktgleichheit ab, wohingegen ein Beschränkungsverbot stets unter dem Gesichtspunkt der Gewährung des Marktzuganges für ausländische Waren erforderlich sei.

[474] So etwa Remien, JZ 1994, 349, 352; Joliet, GRUR Int. 1994, 979, 984 ff.; Mülbert, ZHR 159 (1995), 2, 27; Matthies in: FS für Everling, 803, 812; Kotthoff, Werbung ausländischer Unternehmen im Inland, S. 115; ders., WRP 1996, 79, 84; Reuthal, WRP 1997, 1154, 1156; Sack WRP 1998, 104, 106 ff.

[475] So etwa Ackermann, RIW 1994, 189, 194; Fezer, JZ 1994, 317, 321 ff.; Steindorff, ZHR 158 (1994), 149, 164; Perau, ZIP 1994, 513; Reese, Grenzüberschreitende Werbung, S. 62; Basedow, RabelsZ 59 (1995), 1, 9; Ebenroth in: FS für Piper, 136, 163; Leible, WRP 1997, 517, 521; ders., in: Grabitz/Hilf, Art. 28 EGV, Rn. 28; Lensdorf, Das deutsche Werberecht im Euro-Marketing, S. 133; Leible/Sosnitza, K&R 1998, 283, 287; Kieninger, EWS 1998, 277, 285; Heermann, WRP 1999, 381, 388.

[476] Einen Sonderweg geht Adrian, EWS 1998, 288, 292 ff. Auch er ist der Ansicht, dass die Entscheidungsreihe „Oosthoek“ nicht durch die Entscheidung „Keck“ überholt ist, sondern im Falle von Werberegelungen, die auf grenzüberschreitende Vermarktungsstrategien einwirken, vielmehr weiterhin die Warenverkehrsfreiheit zur Anwendung gelangt. Den Begründungsansatz sucht er dabei bereits in der Definition des Begriffs „Verkaufsmodalitäten“. Adrian ist der Ansicht, in den Entscheidungen „Oosthoek“ u.a. hätten nicht Absatzmodalitäten inmitten gestanden, sondern „Absatzsysteme“, so dass sich durch die Entscheidung „Keck“ keine Änderungen ergäben.

wenn diese nicht mehr im Rahmen einer einheitlichen Vermarktungsstrategie vertrieben werden können.

(1) Gegenüberstellung produktbezogener und vertriebsbezogener Regelungen

Als wichtiges Argument wird von den Vertretern der Auffassung, dass die Entscheidungen „Oosthoek" und „Yves Rocher" noch Geltung beanspruchen, die Parallele zwischen produktbezogenen und vertriebsbezogenen Regelungen herangezogen.

Der Gerichtshof sieht seit der Entscheidung „Keck" den Anwendungsbereich der Warenverkehrsfreiheit jedenfalls immer dann für gegeben an, wenn die Anwendung nationaler Vorschriften sich auf die Ausgestaltung des Produkts selbst bezieht.[477] Im Falle des Vorliegens produktbezogener Vorschriften ist damit im Regelfall der Tatbestand des Art. 28 EGV einschlägig, da, wie oben aufgezeigt[478], unter normalen Umständen ein Marktzugangshindernis für Waren aus anderen Mitgliedstaaten besteht. In den Entscheidungen „Clinique" und „Mars" hat der EuGH diesen Umstand auch im Falle von Werberegelungen für wesentlich erachtet, sofern diese Auswirkungen auf die Gestaltung des Produkts hatten.[479] In der Entscheidung „Mars" hat der Gerichtshof zudem eindeutig ausgeführt, dass eine Werberegelung, deren Anwendung Anforderungen an die Gestaltung eines Produkts stelle, den Importeur dazu zwingen könnte, je nach dem Ort des Inverkehrbringens, seine Erzeugnisse *„unterschiedlich zu gestalten und demgemäss die zusätzlichen Werbe- und Verpackungskosten zu tragen"*[480]. Die Qualität, den innergemeinschaftlichen Handel zu behindern, bezieht die produktbezogene Vorschrift also daraus, dass sie grundsätzlich geeignet ist, auf diese Weise den Marktzutritt importierter Waren zu behindern. Denn ein Anbieter aus einem anderen Mitgliedstaat ist gezwungen, entweder das Produkt entsprechend abzuändern, was erhebliche Kosten zur Folge hat, oder auf den Marktzugang zu dem jeweiligen Bestimmungsland zu verzichten.[481] Hierin liegt zwangsläufig eine ungleiche Berührung gegenüber der Inlandsware. Denn diese wird in Übereinstimmung mit dem nationalen Markt produziert und kann dort auch so vertrieben werden. Dem Anbieter aus einem anderen Mitgliedstaat entstehen hingegen aufgrund der erforderlichen Produktänderung zusätzliche Kosten, die er auf sich nehmen muss, will er nicht eine Marktzutrittssperre in Kauf nehmen. Hieraus ergibt sich ein Wettbewerbsvorteil für einheimische Produkte. Dies ist für produktbezogene Regelungen unstreitig.[482]

So wird denn auch in der Literatur vielfach vertreten, dass dieser Umstand bei unterschiedslos wirkenden vertriebsbezogenen Vorschriften im Falle des grenzüberschreitenden Euro-Marketing genauso vorliegen könne. Auch durch vertriebsbezogene Werbevorschriften kann ein Anbieter gezwungen sein, seine einheitliche Vermarktungsstrategie aufgrund der Erfordernisse im Bestimmungsland kostenintensiv zu ändern und anzupassen. Unterlässt er diese Anpassung aus Kostengründen, so verliert er dadurch die Möglichkeit, seine Produkte im Bestimmungsland zu bewerben, was den Marktzutritt seiner Produkte jedenfalls erschwe-

---

477 EuGH, verb. Rs. C-267/91 und C-68/91, Keck und Mithouard, Slg. 1993, I-6097, 6131, Erwägung 15.

478 Teil 2 B.II.2.b.

479 EuGH, Rs. C-315/92, Clinique, Slg. 1994, I-317, 335, Erwägung 19; EuGH, Rs. C- 470/93, Mars, Slg. 1995, I-1923, 1941, Erwägung 13.

480 EuGH, Rs. C- 470/93, Mars, Slg. 1995, I-1923, 1941, Erwägung 13.

481 Ebenroth in: FS für Piper, 133, 149.

482 Vgl. nur Mülbert, ZHR 159 (1995), 2, 22, einerseits; Ebenroth in: FS für Piper, 133, 149 andererseits. Teilweise wird dabei sogar von einer faktischen Nullkontingentierung für nicht konforme Produkte gesprochen.

ren kann.[483] Es wird deshalb versucht, eine weitgehende Gleichbehandlung von produktbezogenen und vertriebsbezogenen Regelungen zu begründen.

Dies wird zum einen darauf gestützt, dass Ware, Werbung und Vertriebsmethoden in der Regel einen einheitlichen Komplex unternehmerischer Leistung bilden, so dass insoweit von einer Produkteinheit gesprochen werden könne.[484] Das Leistungsangebot beschränke sich dabei nicht auf das gegenständliche Produkt, sondern sei auf das engste mit anderen Aktionsparametern wie Preis, Werbung und Vertrieb verknüpft.[485] Erst der gleichzeitige Einsatz all dieser Marketinginstrumente stelle die unternehmerische Leistung des Warenanbieters dar.[486] Aus dieser engen Verknüpfung der einzelnen Parameter wird gefolgert, dass eine Differenzierung zwischen den einzelnen Instrumenten, und somit auch zwischen Produkt und dessen Vertrieb „künstlich"[487] und im Ergebnis nicht möglich sei. Noch weitergehend ist *Schmitz* der Auffassung, dass Werbung ein integraler Bestandteil des Produkts sei, weshalb eine Veränderung der Werbung auch eine Veränderung des Produkts bedeuten könne.[488] Diese Untrennbarkeit wird durch die Entscheidungen in den Rechtssachen „Clinique" und „Mars" als bestätigt angesehen.[489]

Der Ausgangspunkt dieser Argumentation ist zutreffend. Es wird tatsächlich in vielen Fällen nicht möglich sein, die einzelnen Aktionsparameter, die im Rahmen der Vermarktung eines Produkts angewendet werden, auseinander zu halten. Auch kann im Falle der Werbung an der Sinnhaftigkeit der Unterscheidung zwischen produktbezogen und vertriebsbezogen wirkenden Werbevorschriften gezweifelt werden, da auch eine auf dem Produkt angebrachte Werbung wie in der Sache „Mars" letztlich der Vermarktung des Erzeugnisses dient. Jedoch ist alleine diese Kritik an der Unterscheidung nicht geeignet, für vertriebsbezogene Vorschriften das selbe Ergebnis herzuleiten wie für produktbezogene Regelungen. So sehr man an der Sinnhaftigkeit der Abgrenzung im Falle von Werberegelungen auch zweifeln mag, der entscheidende Unterschied in der Wirkung der jeweiligen Regelung bleibt erhalten. Bezieht sich nämlich die Werberegelung auf das Produkt selbst, so ist aus oben genannten Gründen der Vorschrift die marktzutrittsbehindernde Wirkung für das Produkt immanent. Ist die Wirkung dagegen bloß auf den Vertrieb bezogen, so ist die Eignung, den Marktzugang zu behindern erst noch darzulegen.

Entscheidend ist also, ob die auf den Absatz bezogene Werbevorschrift im Euro-Marketing ebenso wie die auf das Produkt bezogene Regelung geeignet sein kann, den Marktzutritt der Ware zumindest zu erschweren. Auch dieses Kriterium wird in der Literatur über

---

483 Leible, WRP 1997, 517, 521; ders., Grabitz/Hilf, Art. 28 EGV, Rn. 28; Leible/Sosnitza, K&R 1998, 283, 287.

484 So grundlegend Fezer, JZ 1994, 317, 323; Ackermann, RIW 1994, 189, 194; Steindorff; ZHR 158 (1994), 149, 167; Leible, WRP 1997, 517, 521. Zum „unauflöslichen Zusammenhang zwischen Produktwerbung und Warenverkehr" auch Lüder, EuZW 1996, 615, 616.

485 Steindorff, ZHR 158 (1994), 149, 167. Vgl. auch Lensdorf, Das deutsche Werberecht im Rahmen des Euro-Marketing, S. 133.

486 Schmitz, Die kommerzielle Kommunikation im Binnenmarkt, S. 212; zu den Grundlagen dieses Marketing-Mix, ders., aaO, S. 31 ff.

487 So Lüder, EuZW 1996, 615, 620.

488 Schmitz, Die kommerzielle Kommunikation im Binnenmarkt, S. 215 ff. unter Anführung von praktischen Beispielen.

489 Vgl. Ebenroth in: FS für Piper, 133, 166. Ebenso Schmitz, Die kommerzielle Kommunikation im Binnenmarkt, S. 213 ff., der die Konsequenzen der Entscheidung „Clinique" weiterentwickelt und zutreffend aufzeigt, dass es zu einer Konstellation kommen könnte, in der der Anbieter zwar das Produkt als solches unter dem Namen Clinique vertreiben dürfte, jedoch daran gehindert wäre, das Produkt auf von der Ware losgelösten Werbemaßnahmen mit demselben Namen zu vertreiben, nur weil hiervon das Produkt selbst nicht betroffen ist.

eine Gleichstellung mit produktbezogenen Vorschriften begründet.[490] Der Gerichtshof hat in den Entscheidungen „Clinique" und „Mars" festgestellt, dass die Anwendung der jeweiligen Regelung allein in einem Bestimmungsland den Anbieter dazu zwinge, das Produkt unterschiedlich zu gestalten und so zusätzliche Verpackungs- und Werbungskosten auf sich zu nehmen.[491] Auch diesen beiden Konstellationen lag also ein Fall des grenzüberschreitenden Euro-Marketings zugrunde, die Grundlage für das Entstehen von Anpassungskosten war also gerade die angestrebte einheitliche europaweite Vermarktung. Hieraus wurde zum Teil gefolgert, dass diese Entscheidungen eindeutig als Fortschreibung der „Oosthoek"-Rechtsprechung anzusehen seien.[492] Gegen diese allzu pauschale Folgerung wurde zu Recht eingewandt, dass den Entscheidungen „Clinique" und „Mars" Regelungen zugrunde lagen, deren Anwendung gerade auf die Gestaltung des Produkts Einfluss hatten, und die deshalb auch nach der Entscheidung „Keck" unzweifelhaft als Maßnahmen gleicher Wirkung angesehen werden.[493] Auch wenn diese Regelungen Auswirkungen gerade auch auf eine einheitliche Vermarktungsstrategie hatten, so war es doch die Vermarktung des Produkts selbst, welche durch die Anwendung der Werberegelungen behindert worden wäre. Der allgemeine Standard der Werberechtsprechung im Sinne der Entscheidungen „Oosthoek" und „Yves Rocher" konnte durch Entscheidungen zu produktbezogenen Regelungen nicht wieder erreicht werden.[494]

Wenn auch ein direkter Schluss aus diesen beiden Entscheidungen auf die Behandlung vertriebsbezogener Vorschriften im Rahmen eines einheitlichen Euro-Marketing nicht möglich ist, so lässt sich jedoch aus dem Vergleich mit produktbezogenen Regelungen eine gewichtige Erkenntnis ziehen, die den grundlegenden Entscheidungsansatz in der Rechtssache „Keck" untermauert. Der Umstand der Kostenmehrbelastung, welche sich aus der Anpassungspflicht ergibt, ist konstitutiv auch für die Einordnung produktbezogener Regelungen als Maßnahmen gleicher Wirkung.[495] Wie vorstehend bereits aufgezeigt, ist es in der Tat die erhöhte Kostenbelastung des Unternehmens, welche im Falle von produktbezogenen Vorschriften den Marktzutritt des Erzeugnisses behindern kann. Daraus kann gefolgert werden, dass das Kostenargument an sich ein beachtliches Indiz für die Beurteilung der Marktzutrittsbehinderung darstellt. Da diese Kostenbelastung auch im Falle von vertriebsbezogenen Regelungen im Rahmen des Euro-Marketing entstehen kann, ist sie auch dort als Indiz grundsätzlich tauglich.

Aus den Parallelen zwischen produktbezogenen und vertriebsbezogenen Regelungen werden von den Vertretern dieser Auffassung unterschiedliche Folgerungen gezogen. Teilweise wird gefordert, dass der Produktbegriff so weit zu fassen ist, dass er auch die anderen Elemente eines einheitlichen Marketing beinhaltet, also auch Werbevorschriften als produktbezogene Regelungen anzusehen sind.[496] Andere treten aus den genannten Gründen zumindest für eine gleiche Behandlung produktbezogener und vertriebsbezogener Regelungen ein, was

---

[490] Fezer, JZ 1994, 317, 323; Perau, ZIP 1994, 513; Steindorff, ZHR 158 (1994), 149, 166; Basedow, RabelsZ 59 (1995), 1, 9; Ebenroth in: FS für Piper, 133, 166.

[491] EuGH, Rs. C-315/92, Clinique, Slg. 1994, I-317, 335, Erwägung 19; EuGH, Rs. C- 470/93, Mars, Slg. 1995, I-1923, 1941, Erwägung 13.

[492] So Perau, ZIP 1994, 513; Basedow, RabelsZ 59 (1995), 1,9, Fn. 33; Drasch, Das Herkunftslandprinzip im internationalen Privatrecht, S. 114, 115; jeweils für die Entscheidung „Clinique". In diesem Sinne wohl auch Steindorff, ZHR 158 (1994), 149, 166.

[493] Wie hier Kotthoff, Werbung ausländischer Unternehmen im Inland, S. 111; ders., WRP 1996, 79, 83; Sack, WRP 1998, 104, 107.

[494] Im Ergebnis ebenso Lüder, EuZW 1996, 615, 620.

[495] So zutreffend Kieninger, EWS 1998, 277, 284.

[496] So z.B. Ebenroth in: FS für Piper, 133, 161; vgl. auch Dauses, RIW 1998, 750, 755.

ebenfalls zur Folge hätte, dass auch vertriebsbezogen auf das grenzüberschreitende Euro-Marketing einwirkende Werberegelungen weiterhin im Sinne der Oosthoek-Rechtsprechung als Maßnahmen gleicher Wirkung anzusehen wären.[497] Einer derartigen Gleichstellung ist entgegenzuhalten, dass der Gerichtshof bewusst zwischen Regelungen, die sich auf das Produkt beziehen und Regelungen, die bestimmte Verkaufsmodalitäten beschränken oder verbieten, unterschieden und dies mit deren grundsätzlich unterschiedlichen Wirkungen auf die Wareneinfuhr begründet hat.

(2) Das Kriterium des Marktzugangs als Abgrenzungsinstrument

Die Lösung ist daher vielmehr in der vom EuGH für entscheidend gehaltenen Wirkung der jeweiligen Regelung auf den Marktzugang einer Ware als Abgrenzungskriterium zu sehen.[498] Dabei können jedoch die Parallelen zur Argumentation im Rahmen der Beurteilung produktbezogener Regelungen fruchtbar gemacht werden.

Die Anwendung nationaler Werbevorschriften durch die Mitgliedstaaten führt im Grundsatz nur zu einer Behinderung bestimmter Verkaufsmodalitäten im Sinne der Entscheidung „Keck". Die Vermutung[499] gegen eine Anwendbarkeit der Warenverkehrsfreiheit ist jedoch dann widerlegt, wenn der Absatz ausländischer Waren gegenüber dem inländischer Erzeugnisse ungleich berührt ist. Relevantes Abgrenzungskriterium für eine ungleiche Berührung ist die Auswirkung einer Werberegelung auf den Marktzugang eines Erzeugnisses aus einem anderen Mitgliedstaat. Wenn dieser durch eine nationale Vorschrift stärker behindert ist als für inländische Erzeugnisse, liegt eine ungleiche Behandlung ausländischer Waren vor. Der Anwendungsbereich des Art. 28 EGV ist in diesem Falle eröffnet.[500]

Werbung hat für Erzeugnisse aus anderen Mitgliedstaaten marktöffnenden Charakter.[501] Ohne Werbung und ohne Absatzstrategien der Hersteller lassen sich ausländische Märkte nicht erschließen.[502] Denn einheimische Waren genießen beim Verbraucher im Regelfall einen höheren Bekanntheitsgrad als Erzeugnisse aus anderen Mitgliedstaaten.[503] Dies hat zur Folge, dass ausländische Waren zunächst in verfestigte Marktstrukturen eindringen müssen.[504] Werbung hat also Marktzutritts- und Marktdurchdringungsfunktion, weshalb Beschränkungen der Werbung grundsätzlich ein Marktzugangshindernis darstellen können.

---

497 In diesem Sinne der überwiegende Teil der vorstehend dargestellten Auffassungen; ebenso wohl auch Schmitz, Die kommerzielle Kommunikation im Binnenmarkt, 217, 223.

498 EuGH, Rs. C-405/98, GIP, Urteil vom 8. März 2001, EWS 2001, 184 ff.; EuZW 2001, 251 ff., Erwägungen 18, 21. Vgl. auch Roth in: FS für Großfeld, 929, 949.

499 Vgl. auch Reich, ZIP 1993, 1813, 1818; Ackermann, RIW 1994, 189, 193; Dauses, EuZW 1995, 425, 427, 428; Ebenroth in: FS für Piper, 133, 137; Heermann, WRP 1999, 381, 385; Schmitz, Die kommerzielle Kommunikation im Binnenmarkt, S. 240 ff. mwN.; In diesem Sinne auch Leible in: Grabitz/Hilf, Art. 28 EGV, Rn. 30; ders., EuZW 2001, 253, 254. A.A. Hammer, Handbuch zur freien Warenverkehr, 114.

500 EuGH, Rs. C-405/98, GIP, Urteil vom 8. März 2001, EWS 2001, 184 ff.; EuZW 2001, 251 ff., Erwägung 18 unter Hinweis auf EuGH, verb. Rs. C-267/91 und C-68/91, Keck und Mithouard, Slg. 1993, I-6097, 6131, Erwägung 17.

501 Lüder, EuZW 1996, 615; Roth in: FS für Großfeld, 929, 949; Schmitz, Die kommerzielle Kommunikation im Binnenmarkt, S. 53 ff.; Leible, EuZW 2001, 253, 254.

502 Roth in: FS für Großfeld, 929, 949.

503 So ausdrücklich EuGH, Rs. C-405/98, GIP, Urteil vom 8. März 2001, EWS 2001, 184 ff.; EuZW 2001, 251 ff., Erwägung 21.

504 Lüder, EuZW 1996, 615.

Der Zugang zum nationalen Markt ist für eine Ware aus einem anderen Mitgliedstaat jedenfalls immer dann behindert, wenn ihr durch die Anwendung der jeweiligen Vorschrift gegenüber inländischen Produkten Nachteile entstehen, die bewirken, dass sich hieraus ein Wettbewerbsvorteil für das inländische Produkt ergibt.[505] Unter dieser Prämisse sind die Auswirkungen einer nationalen Werberegelung auf ein einheitliches Euro-Marketing zu untersuchen.

Ein Marktzugangshindernis kann dann vorliegen, wenn die Absatzkosten für das Produkt aufgrund des Eingreifens der jeweiligen Regelung erhöht sind. So liegt denn auch der Grund für die Einordnung produktbezogener Regelungen als Maßnahmen gleicher Wirkung in dem sich für den Anbieter ergebenden Zwang, seine Waren, die er für mehrere Staaten einheitlich konzipiert hat, aufgrund des Erfordernisses im Bestimmungsstaat anpassen zu müssen.[506] Dieses Kostenargument ist insoweit als konstitutiv anzusehen.[507] Das bedeutet nicht, dass eine Gleichstellung zwischen produktbezogenen und vertriebsbezogenen Regelungen vorgenommen werden soll. Zu betonen ist lediglich, dass beide Fälle zwar im Ergebnis unterschiedlich eingeordnet werden, dieser unterschiedlichen Einordnung aber derselbe Ausgangspunkt zugrunde liegt. In dem einen Fall wird die Entstehung höherer Kosten vermutet, weil die Umgestaltung einer Ware solche regelmäßig mit sich bringt. In dem anderen Fall wird im Regelfall nicht von der Entstehung solcher Kosten ausgegangen, wobei die Möglichkeit eines gegenteiligen Nachweises nicht genommen ist.

Im Falle einer grenzüberschreitenden Produktvermarktung hat der Warenanbieter die Möglichkeit, sich dabei einer kostengünstigen einheitlichen Marketingstrategie zu bedienen, die für den gesamten Binnenmarkt konzipiert ist. Trifft er mit dieser einheitlichen Marketingstrategie im Bestimmungsland auf Werbevorschriften, die diesem Konzept in irgendeiner Weise entgegenstehen, so ist er gezwungen, sein Konzept entweder im ganzen anzupassen, für den bestimmten Markt ein eigenes Konzept zu entwickeln oder auf die so geartete Vermarktung des Produkts in diesem Staat ganz zu verzichten. In den ersten beiden Fällen entstehen dem Anbieter Anpassungskosten, im letzten Fall wird der Marktzutritt als solcher beschränkt.[508] Die Entstehung von Anpassungskosten kann in der Konstellation des Euro-Marketing auch geeignet sein, den inländischen Mitbewerbern einen Wettbewerbsvorteil zu verschaffen. Wie *Heermann* zutreffend feststellt, bestimmen sich im Wirtschaftsverkehr Vor- und Nachteile regelmäßig nach den Kosten, so dass diesen in Ermangelung anderer zuverlässiger Kriterien zur Bemessung von Warenverkehrsbeschränkungen zumindest Indizwirkung zukommt.[509]

Der Werbung kommt regelmäßig eine Schlüsselfunktion für den Marktzutritt neuer Mitbewerber zu. Sie eröffnet neuen Anbietern die Möglichkeit, potentielle Kunden von der Exis-

---

[505] Vgl. auch Ebenroth in: FS für Piper, 133, 145 ff. Dies erkennt auch Joliet, GRUR Int. 1994, 979, 985 an, der einen solchen Wettbewerbsvorteil freilich bei im Einfuhrstaat geltenden Vertriebsvorschriften nicht annehmen will.

[506] EuGH, Rs. C-315/92, Clinique, Slg. 1994, I-317, 335, Erwägung 19; EuGH, Rs. C- 470/93, Mars, Slg. 1995, I-1923, 1941, Erwägung 13.

[507] Zutreffend Kieninger, EWS 1998, 277, 284.

[508] Leible, WRP 1997, 517, 521; ders., in: Grabitz/Hilf, Art. 28 EGV, Rn. 28, geht daher zutreffend davon aus, dass es sich der Anbieter angesichts der damit verbundenen Kosten zweimal überlegen wird, ob er den ausländischen Markt tatsächlich erschließen möchte. In diesem Sinne auch Fezer, JZ 1994, 317, 323; Ackermann, RIW 1994, 189, 194; Basedow, RabelsZ 59 (1995), 1, 10; Drasch, Das Herkunftslandprinzip im internationalen Privatrecht, S. 112 ff.; Ebenroth in: FS für Piper, 133, 162; Perau, Werbeverbote, S. 136; Kieninger, EWS 1998, 277, 284; Heermann, WRP 1999, 381, 384.

[509] Heermann, WRP 1999, 381, 384 unter Hinweis gerade auch auf den bereits genannten Einwand von Joliet, GRUR Int. 1994, 979, 985, es müsse zusätzlich zu den Anpassungskosten auch noch ein Wettbewerbsvorteil der inländischen Anbieter vorliegen.

tenz und Qualität neuer Produkte zu informieren und zu überzeugen.[510] Für einen Mitbewerber aus einem anderen Mitgliedstaat kann sie die einzige Möglichkeit sein, in verfestigte inländische Märkte einzubrechen und sich neue Märkte zu eröffnen.[511] Werden durch eine Anpassungsverpflichtung an das Recht eines Bestimmungslandes die Kosten für dieses Marktzugangsinstrument in einem Maße erhöht, dass die Rentabilität der grenzüberschreitenden Vermarktung in Gefahr gerät, so ist dieses Marktöffnungsinstrument zumindest einer effektiveren Einsatzmöglichkeit beraubt. Dies kann auch zu einem Wettbewerbsvorteil des etablierten inländischen Mitbewerbers führen, dessen Erzeugnisse fester Bestandteil der Einkaufsgewohnheiten im Inland sind, wenn dem ausländischen Anbieter die Vermarktung seiner Produkte aufgrund höherer Kosten erschwert wird. Es ist demnach grundsätzlich möglich, dass auch unterschiedslose vertriebsbezogene Werberegelungen einen Anbieter aus einem anderen Mitgliedstaat dann stärker belasten als den Inländer, wenn diese Regelungen auf eine einheitliche Vermarktungsstrategie angewandt werden.[512]

Gegen diese Beurteilung wird eingewandt, dass diese Konstellation nicht als Diskriminierung eingeführter Waren anzusehen sei, sondern dass vielmehr ein Wegfall von Kostenvorteilen für Anbieter aus anderen Mitgliedstaaten gegeben sei und damit eine Gleichstellung mit inländischen Anbietern erfolge.[513] Dieser Ansatz geht allerdings von einer Definition des Begriffes der Diskriminierung aus, der dem in diesem Zusammenhang einschlägigen zweiten Ausnahmefall der Entscheidung „Keck" nicht gerecht wird. Denn eine Diskriminierung in diesem weit verstandenen Sinne ist insoweit gar nicht erforderlich. Es geht vielmehr um eine de facto Schlechterstellung, welche immer dann vorliegen kann, wenn der eingeführten Ware der Zugang zum nationalen Markt erschwert wird. Dabei ist zu berücksichtigen, dass das inländische Erzeugnis auf diesem Markt bereits vorhanden ist, das eingeführte Erzeugnis hingegen im Regelfall diesen Markt erst für sich gewinnen muss. Der für den Marktzugang erforderliche Schutz muss deshalb auch dadurch gewährt werden, dass gerade im Falle solcher Beschränkungen eine ungleiche Berührung gegenüber inländischen Waren angenommen wird.

Nach anderer Auffassung liegt eine Benachteiligung deshalb nicht vor, weil der inländische Unternehmer, wenn er seine Produkte europaweit vermarkten will, denselben Diversifikationszwängen unterliegt wie der ausländische Mitbewerber.[514] Auch dieser Ansatz kann das gefundene Ergebnis nicht angreifen. Relevant ist nämlich nur der Zugang zum inländischen Markt. Dieser ist der Bezugspunkt, anhand dessen die Wirkungen auf eine eingeführte Ware zu bemessen sind. Bezogen auf diesen Markt liegen aber Beschränkungen durch vertriebsbezogene Werberegelungen dann vor, wenn durch Kostenerhöhungen ein einheitliches Marketing nicht mehr gewährleistet ist.

---

510 So jetzt ausdrücklich auch der EuGH, Rs. C-405/98, GIP, Urteil vom 8. März 2001, EuZW 2001, 251 ff.; EWS 2001, 184 ff., Erwägung 21. Hierzu Leible, EuZW 2001, 253, 254.

511 Zur Marktöffnungsfunktion der Werbung Lüder, EuZW 1996, 615. Dazu schon oben Teil 1 A.II.3.b.

512 Im Ergebnis ebenso Fezer, JZ 1994, 317, 323; Ackermann, RIW 1994, 189, 194; Basedow, RabelsZ 59 (1995), 1, 10; Drasch, Das Herkunftslandprinzip, S. 112 ff.; Ebenroth in: FS für Piper, 133, 162; Perau, Werbeverbote, S. 136; Leible, WRP 1997, 517, 521; ders., in: Grabitz/Hilf, Art. 28 EGV, Rn. 28; ders., EuZW 2001, 253, 254; Leible/Sosnitza, K&R 1998, 283, 287; Kieninger, EWS 1998, 277, 284; Heermann, WRP 1999, 381, 384.

513 So Sack, WRP 1998, 104, 107.

514 So Kotthoff, Werbung ausländischer Unternehmen im Inland, S. 115; ders., WRP 1996, 79, 83. Diese Bewertung kritisierend Rohe, RabelsZ 61 (1997), 1, 18.

(3) Vereinbarkeit der Lösung mit der Entscheidung „Keck" und der Folgerechtsprechung

Wie zuvor dargestellt, können auch rein auf den Vertrieb bezogene Werbevorschriften geeignet sein, den Marktzugang eines Anbieters aus einem anderen Mitgliedstaat zu behindern, sofern sie auf ein einheitliches grenzüberschreitendes Marketingkonzept einwirken. Zu klären ist, welche Folgen diese Erkenntnis für die Einordnung der jeweils behindernden Werberegelung als Maßnahme gleicher Wirkung im Sinne der Warenverkehrsfreiheit hat.

Die wissenschaftliche Diskussion hat sich in diesem Punkt weitgehend auf die Frage konzentriert, ob die Entscheidungen „Oosthoek" bis „Yves Rocher" aufgrund der Entscheidung „Keck" überholt sind oder nicht. Auch im Hinblick auf vorstehendes Ergebnis lässt sich diese Frage in ihrer Absolutheit so nicht beantworten. Stellt man auf den Aussageinhalt der Entscheidungen ab, so sind diese nicht als überholt anzusehen. Den Entscheidungen lagen jeweils Sachverhalte zugrunde, die eine grenzüberschreitende Produktvermarktung zum Gegenstand hatten. Als wesentlich für die Behinderung des freien Warenverkehrs wurde dabei der für den Unternehmer bestehende Zwang angesehen, sich für die einzelnen Mitgliedstaaten unterschiedlicher Systeme der Werbung oder Absatzförderung bedienen zu müssen.[515] Daran, dass diese Form der Behinderung der grenzüberschreitenden Produktvermarktung den Marktzugang des Anbieters behindern kann, hat sich auch nach der Entscheidung „Keck" nichts geändert. Dennoch lässt sich die Frage der Fortgeltung dieser Entscheidungen nicht ohne weiteres beantworten, da eine Bejahung der Frage zur Folge hätte, dass die Warenverkehrsfreiheit weiterhin auf sämtliche Werberegelungen anzuwenden wäre, solange sie sich auf eine einheitliche grenzüberschreitende Produktvermarktung auswirkt. Diese pauschale Folge wollte die Entscheidung in der Rechtssache „Keck" aber gerade verhindern.[516]

Das Ergebnis muss deshalb in die nach der Entscheidung „Keck" gegebene und durch die Entscheidung „De Agostini" präzisierte Prüfungssystematik inkorporiert werden.[517]

Im Grundfall beschränkt die Anwendung einer auf den Vertrieb bezogenen Werberegelung nur bestimmte Verkaufsmodalitäten im Sinne der Entscheidung „Keck". Es lässt sich daher von einer Vermutung für die Nichtanwendbarkeit der Warenverkehrsfreiheit sprechen.[518] Die Entscheidungen „Hünermund", „Leclerc-Siplec" und „ARD" sind Beispielfälle für diese grundlegende Einordnung. Inmitten stand dort die Anwendung vertriebsbezogener Werberegelungen, tangiert war also nur die Art und Weise der Vermarktung von Produkten, an einem konkreten Vortrag für eine einfuhrbehindernde Wirkung der jeweiligen Vorschrift

---

[515] EuGH, Rs. 286/81, Oosthoek, Slg. 1982, 4575, 4587, Erwägung 15. Ebenso EuGH, Rs. C-126/91, Yves Rocher, Slg. 1993, I-2361, 2388, Erwägung 10: *„Wie der Gerichtshof ferner entschieden hat, kann eine nationale Regelung, die bestimmte Formen der Werbung oder bestimmte Methoden der Absatzförderung beschränkt oder verbietet, obwohl sie die Einfuhr nicht unmittelbar regelt, geeignet sein, das Einfuhrvolumen zu beschränken, weil sie die Absatzmöglichkeiten für eingeführte Erzeugnisse beeinträchtigt. Der für einen Unternehmer bestehende Zwang, sich entweder für die einzelnen Mitgliedstaaten unterschiedlicher Systeme der Werbung und Absatzförderung zu bedienen oder ein System, das er für besonders wirkungsvoll hält, aufzugeben, kann selbst dann ein Einfuhrhindernis darstellen, wenn eine solche Regelung unterschiedslos für inländische und für eingeführte Erzeugnisse gilt."*

[516] Zu diesem gewichtigen Einwand auch Becker in: Schwarze, EU-Kommentar, Art. 28 EGV, Rn. 77.

[517] Grundlegend hierzu oben Teil 2 B.II.3.c.(2).

[518] In diesem Sinne Reich, ZIP 1993, 1813, 1818; ihm folgend Ackermann, RIW 1994, 189, 193; Ebenroth in: FS für Piper, 133, 137. Aus neuer Zeit unter Einbeziehung der Folgerechtsprechung ebenso Heermann, WRP 1999, 381, 385; Timmermans in: Schwarze, Werbung und Werbeverbote, 26, 33; Schmitz, Die kommerzielle Kommunikation im Binnenmarkt, S. 240 ff. mwN.; im Ergebnis auch Leible in: Grabitz/Hilf, Art. 28 EGV, Rn. 30.

fehlte es aber.[519] Denn es lag all den entschiedenen Konstellationen kein Fall des grenzüberschreitend einheitlichen Marketing zugrunde.

Diese Vermutung ist aber dann widerlegbar, wenn der zweite Ausnahmefall der Entscheidung „Keck“ eingreift und durch die Werberegelung im Einzelfall der Absatz der inländischen und der eingeführten Erzeugnisse rechtlich oder tatsächlich nicht in der gleichen Weise berührt ist. Die Beweislast hierfür trifft, wie der Gerichtshof in der Entscheidung „De Agostini“ unmissverständlich festgestellt hat, den Anbieter der Ware.[520] Dem Anbieter die Beweislast für die Umstände aufzuerlegen, die zu einer Behinderung seines Marktzutritts führen, entspricht vollumfänglich der durch die Entscheidung „Keck“ intendierten Klarstellung für vertriebsbezogene Regelungen. Ziel war es, solche Regelungen aus dem Anwendungsbereich der Warenverkehrsfreiheit auszunehmen, die sich im Regelfall nur auf die Regulierung der Ströme bereits zugelassener Waren beziehen. Dies ist unbestreitbar auch für die Wirkung von Werberegelungen meist der Fall. Das hat zur Folge, dass der Warenanbieter im Falle des grenzüberschreitenden Euro-Marketing, wenn er sich vor einem nationalen Gericht[521] auf die Unvereinbarkeit der Anwendung einer Werbevorschrift mit der Warenverkehrsfreiheit berufen will, darlegen und beweisen muss, dass ihm entgegen der im Raume stehenden Vermutung durch die Anwendung der vertriebsbezogenen Werberegelung doch der Zugang zum Markt des Bestimmungslandes verwehrt oder zumindest behindert ist, er also ungleich berührt ist.[522]

Im Falle der Anwendung einer Werberegelung auf einen Sachverhalt des grenzüberschreitenden einheitlichen Marketings kann er dieser ihm obliegenden Darlegungs- und Beweislast dadurch nachkommen, dass er Tatsachen vorträgt, die diese erhöhte Marktzutrittsschranke begründen können. Die ihn aufgrund der Werberegelung treffenden Anpassungskosten sind hierfür ein wesentliches Indiz, da die Erhöhung der Kosten aussagekräftig für die Einfuhr der Ware und die Rentabilität des Imports gerade auch in das Bestimmungsland sind. Freilich genügt dabei der Vortrag der bloßen Kostenentstehung alleine nicht. Es muss vielmehr aus den vorgebrachten Tatsachen folgen, dass die sich ergebenden Hindernisse tatsächlich auch negativ auf den Import wirken und damit einen Wettbewerbsnachteil gegenüber inländischen Anbietern begründen. Der Anbieter wird also gehalten sein, seine gesamte mit dem jeweiligen Produkt im Zusammenhang stehende Kalkulation offen zu legen, um so demonstrieren zu können, inwieweit die Höhe der entstehenden Anpassungskosten geeignet ist, den Import der Ware tatsächlich unrentabel zu machen. Sind die Kosten dabei besonders hoch, so kann dies im Sinne eines prima facie-Beweises für eine Marktzutrittsschranke sprechen.

Die hier vertretene Auffassung verkennt nicht, dass dieser Prüfung letztlich immer auch ein Spürbarkeitselement innewohnt. Denn die Feststellung, ob der Zugang zum Markt erschwert ist oder nicht, ist immer auch eine Frage der Intensität und Erheblichkeit der Wirkun-

---

[519] Fezer, JZ 1994, 317, 323; Ackermann, RIW 1994, 189, 194; Kieninger, EWS 1998, 277, 285.

[520] EuGH, verb. Rs. C-34/95, C-35/95, C- 36/95, De Agostini, Slg. 1997, I-3843, 3890, Erwägung 44. Bezüglich der Verteilung der Beweislast noch zweifelnd Ebenroth in: FS für Piper, 133, 137, 138, der eher der Ansicht zuneigt, der betroffene Mitgliedstaat müsse das Nichtvorliegen rechtlicher oder tatsächlicher Diskriminierung beweisen. Dem Gerichtshof folgend Heermann, WRP 1999, 381, 384; Timmermans in: Schwarze, Werbung und Werbeverbote, 26, 33.

[521] EuGH, verb. Rs. C-34/95, C-35/95, C- 36/95, De Agostini, Slg. 1997, I-3843, 3890, Erwägung 43, erlegt die Prüfung der Voraussetzungen folgerichtig dem nationalen Gericht auf, welches ja aufgrund des Anwendungsvorranges des Europarechts die Anwendung der konkreten Wettbewerbsnorm im Lichte der Warenverkehrsfreiheit zu prüfen hat.

[522] Ebenso Heermann, WRP 1999, 381, 384, 388. In systematischer Hinsicht auch Schmitz, Die kommerzielle Kommunikation im Binnenmarkt, 240 ff.

gen der Vorschrift im konkreten Einzelfall. Nur wenn Umstände dargelegt werden können, die die Wirkungen auf den Anbieter erheblich erscheinen lassen, lässt sich hieraus auf eine Erschwerung des Marktzuganges schließen. Diese Einzelfallprüfung führt jedoch deshalb nicht zu einer gesteigerten Rechtsunsicherheit, weil sie eben gerade erst auf der Ebene eines Ausnahmetatbestandes angesiedelt ist.[523] Betrachtet man die prozessuale Bedeutung der Beweislast und die Anforderungen, die an ihre Erfüllung im Regelfall gestellt werden, so wird das Risiko einer Uneinheitlichkeit weitestgehend gebannt.

Der von der Entscheidung „Keck" zu Recht intendierte Grundfall der Nichtanwendbarkeit der Warenverkehrsfreiheit bleibt somit erhalten. Insoweit wird der erforderlichen Begrenzung in jedem Falle Genüge getan. Ein weitergehendes Ergebnis, welches in derartigen Einzelfallkonstellationen eine grundsätzliche Rückkehr zur Anwendbarkeit der Warenverkehrsfreiheit bedeuten würde, ließe die vor der Entscheidung auftretende Problematik aufs Neue ausbrechen. Andererseits kann nicht aufgrund der formalen Einordnung einer Norm als produkt- oder vertriebsbezogen die darin enthaltene ratio, nämlich ob eine Marktzugangsbehinderung vorliegt oder nicht, völlig der Prüfung entzogen werden. Eine differenzierte Lösung im Sinne einer Regel-Ausnahmeprüfung verdient daher im Falle der vorliegenden Problematik den Vorzug, auch wenn sie im Rahmen der Prüfung des Ausnahmetatbestandes Einzelfallentscheidungen in Kauf nimmt.

5. Zusammenfassung

Die Anwendung vertriebsbezogener Werberegelungen beschränkt oder behindert grundsätzlich bestimmte Verkaufsmodalitäten, weshalb im Regelfall eine Vermutung existiert, dass der Anwendungsbereich der Warenverkehrsfreiheit nicht eröffnet ist.

Eine Ausnahme kann jedoch dann vorliegen, wenn die Werberegelung den Absatz inländischer und ausländischer Erzeugnisse in unterschiedlicher Weise berührt, wozu auch eine unterschiedslos anwendbare Regelung ausreichen kann. Das Vorliegen einer Ausnahme bestimmt sich nach den Auswirkungen der jeweiligen Werberegelung auf den Marktzugang des beworbenen Erzeugnisses.

Der Marktzugang ist nach Ansicht des Gerichtshofs für Erzeugnisse aus anderen Mitgliedstaaten jedenfalls immer dann stärker behindert als für inländische Erzeugnisse, wenn ein umfassendes Werbeverbot im Raume steht.

In allen anderen Fällen muss der Anbieter darlegen und beweisen, ob und in welcher Weise die Einfuhr seiner Waren gegenüber inländischen Erzeugnissen behindert ist. Dieser Nachweis wird ihm immer dann gelingen, wenn er vortragen kann, dass ihm durch die jeweilige Regelung der Zugang zum Markt des Bestimmungslandes beschränkt ist.

Nach hier vertretener Auffassung kann der Nachweis auch dadurch geführt werden, dass der Anbieter vorträgt, durch eine nationale Werberegelung in einer einheitlichen grenzüberschreitenden Werbekonzeption behindert zu sein.

---

[523] Für eine Einzelfallprüfung generell Ebenroth in: FS für Piper, 133, 167 ff. Steindorff, ZHR 158 (1994), 149, 162 konstatiert die grundsätzliche Problematik mit den Worten: „ *Die eigentliche crux der Urteilsbildung liegt vielleicht darin, dass die Frage nach beschränkenden Wirkungen im Sinne des Art. 30 EGV im Grunde eine Tatfrage ist, die sich – ähnlich wie im Kartellrecht – allenfalls aufgrund von Erfahrungen, nicht aber ex cathedra luxemburgensa durch generalisierende Sätze und Unterscheidungen lösen lässt* ".

III. Warenverkehrsfreiheit und Werbebeschränkungen im Internet

Wie einleitend dargestellt, finden auf Werbung im Internet sämtliche nationalen Werberegelungen Anwendung.[524] Der Warenverkehrsfreiheit unterfallen Werberegelungen immer dann, wenn im Internet entweder für Waren geworben wird, die auf dem Offline-Markt erhältlich sind, oder für Hard-Goods, die im Rahmen des elektronischen Geschäftsverkehrs erworben, anschließend aber offline ausgeliefert werden.[525]

Will man die Anwendbarkeit der Warenverkehrsfreiheit auf werbebeschränkende Vorschriften untersuchen, die sich auf Werbung im Internet beziehen, so ist grundlegend zwischen Werbung im World Wide Web und Werbung im Wege der E-Mail zu unterscheiden. Für beide Fälle ergeben sich unterschiedliche Rechtsprobleme im Rahmen der Frage nach der Eröffnung des Anwendungsbereichs des Art. 28 EGV. Der Grund hierfür liegt in den unterschiedlichen Auswirkungen nationaler Werberegelungen auf diese beiden Werbeträger.[526] Während E-Mail-Werbung teilbar ist und gezielt auf die Märkte einzelner Mitgliedstaaten ausgerichtet und somit an die dort geltenden Rechtsvorschriften angepasst werden kann, ist Werbung im World Wide Web regelmäßig unteilbar, was zur Folge hat, dass die jeweilige Werbung stets an die strengsten in Betracht kommenden Rechtsvorschriften anzupassen ist.

1. Werbung im World Wide Web

Werbung im World Wide Web ist beherrscht durch die eingangs dargestellte Problematik der potentiellen Anwendbarkeit der Werberechtsordnungen sämtlicher Mitgliedstaaten. Welche Folgen dies für die Frage nach der Anwendbarkeit der Warenverkehrsfreiheit gerade auch in Ansehung der Entscheidung „Keck“ nach sich zieht, soll im Folgenden untersucht werden. Nach der sich aus der Entscheidung „GIP“ ergebenden Auffassung des Gerichtshofs kann zwischen umfassenden Werbeverboten und sonstigen Werberegelungen unterschieden werden.

a. Werbeverbote

Umfassende Werbeverbote behindern den Marktzugang für Erzeugnisse aus anderen Mitgliedstaaten stärker als für inländische Erzeugnisse. Die Warenverkehrsfreiheit findet daher Anwendung.[527] Diese grundsätzliche Aussage trifft auch im Rahmen der Werbung im World Wide Web zu. Das hat zur Folge, dass insbesondere umfassende mitgliedstaatliche Alkohol-, Tabak[528]- und Arzneimittelwerbeverbote dem Anwendungsbereich des Art. 28 EGV unterfallen, wenn diese sich gegen entsprechende Werbung im Internet richten.

Unter dieser Prämisse lässt sich auch der momentan im deutschen Recht virulente Fall einer niederländischen Internet-Apotheke lösen, welche im World Wide Web Arzneimittel zum Kauf anbietet, und diese dann nach Bestellung durch den Kunden grenzüberschreitend auslie-

---

[524] Vgl. nur Jöhri, Werbung im Internet, S. 59. Hierzu oben Teil 1 B.I.2.

[525] Siehe oben Teil 2 A.II.

[526] Zu dieser Differenzierung neuerdings auch Dethloff, Europäisierung des Wettbewerbsrechts, S. 167 ff.

[527] EuGH, Rs. C-405/98, GIP, Urteil vom 8. März 2001, EWS 2001, 184 ff.; EuZW 2001, 251 ff., Erwägungen 18, 21. Ebenso Dauses, EuZW 1995, 425, 428; Ebenroth in: FS für Piper, 133, 154 Lüder, EuZW 1996, 615, 617; Sack, WRP 1998, 104, 115; Timmermans in: Schwarze, Werbung und Werbeverbote, 26, 30; Leible in: Grabitz/Hilf, Art. 28 EGV, Rn 30; ders., EuZW 2001, 253, 254. Dazu auch oben Teil 2 B.II.3.c.(2)(b).

[528] Leible, EuZW 2001, 253, 254 mwN. zum diesbezüglichen Meinungsstand im Hinblick auf ein generelles Werbeverbot im Rahmen einer gemeinschaftlichen Tabakwerberichtlinie. Vgl. auch oben Teil 2 B.II.3.c.(2)(b).

fert.[529] Nach deutschem Recht[530] ist gemäß § 43 Absatz 1 AMG der Versandhandel mit apothekenpflichtigen Arzneimitteln verboten. Um den Grundsatz der Apothekenpflicht durchzusetzen, dürfen gemäß § 73 Absatz 1 AMG Arzneimittel zudem nicht durch Private nach Deutschland eingeführt werden. Eine Ausnahme besteht für den grenzüberschreitenden Verkehr lediglich nach der Vorschrift des § 73 Absatz 2 Nr. 6a AMG für den Einzelbezug von Arzneimitteln durch Private. Gemäß § 8 Absatz 2 Alt. 2 HWG ist es unzulässig, für den Bezug von zulassungspflichtigen Arzneimitteln im Wege der Einzeleinfuhr nach § 73 Absatz 2 Nr. 6a AMG zu werben. Überdies besteht für die öffentliche Werbung mit Arzneimitteln gem. § 8 Absatz 1 HWG generell für den Versandhandel ein ausdrückliches Werbeverbot.

Die zunächst auftretende Frage, wie das Versandhandelsverbot im Hinblick auf einen Verstoß gegen die Warenverkehrsfreiheit zu handhaben ist, kann hier nicht ausführlich behandelt werden. Nach richtiger Auffassung in der Literatur ist durch das Versandhandelsverbot der Marktzutritt für die betroffenen Heilmittel versagt, was dazu führen muss, dass die Anwendung dieser Vertriebsregelung nicht als bestimmte Verkaufsmodalität im Sinne der Entscheidung „Keck" anzusehen ist.[531] Im konkreten Fall wird daher vorgeschlagen, den Ausnahmetatbestand des § 73 Absatz 2 Nr. 6a AMG europarechtskonform dahingehend auszulegen, dass dieser eine Einfuhr der Arzneimittel für Private im Wege des Versands ermöglicht.[532]

Im vorliegenden Zusammenhang ist entscheidend, ob das Werbeverbot des § 8 Absatz 2 Alt. 2 HWG, welches die Werbung für Einzeleinfuhren im Wege des Versandhandels verbietet, eine Behinderung der Warenverkehrsfreiheit darstellt. Zunächst ist klarzustellen, dass das gezielt auf die Einzeleinfuhrmöglichkeit des § 73 Absatz 2 Nr. 6 a AMG gerichtete Werbeverbot des § 8 Absatz 2 Alt. 2 HWG nur ausländische Anbieter betrifft und deshalb im Sinne der Erwägungen der Entscheidung „Ortscheit" bereits als Ungleichbehandlung ausländischer Anbieter und damit als dem Anwendungsbereich des Art. 28 EGV unterfallend angesehen

---

[529] Vgl. hierzu die in den Niederlanden ordnungsgemäß registrierte Apotheke, die neben der üblichen Apothekentätigkeit im Internet unter http: //www. 0800DocMorris.com Arzneimittel für alle Bürger der europäischen Union anbietet. Der Inhaber der Apotheke und der Internet-Domain war aufgrund seiner Tätigkeit bereits in zwei Fällen Antragsgegner einstweiliger Verfügungsverfahren vor deutschen Gerichten. Das LG Frankfurt am Main (Az. 2-03 O 365/00 sowie Az. 2-03 O 366/00), K&R 2001, 153 ff. = CR 2001, 185 ff. untersagte Werbung und Verkauf der Medikamente nach Deutschland. Das LG Berlin (Az. 103 O 192/00), K&R 2001, 168 war gegenteiliger Auffassung. Beide Gerichte untersuchten insbesondere auch umfassend die gemeinschaftsrechtliche Tragweite eines Werbe- und Auslieferungsverbotes nach deutschem Recht.

[530] Hierzu auch Koenig/Müller/Trafkowski, EWS 2000, 97, 98 ff.

[531] Hierzu ausführlich Koenig/Engelmann, ZUM 2001, 19, 21 ff.; neuerdings auch Eichler, K&R 2001, 144 ff. Koenig/Engelmann sehen die Entscheidung „Keck" im hier vertretenen Sinne zutreffend als Rückführung der Warenverkehrsfreiheit auf ein „Marktzugangsrecht" an. Sie rekurrieren für ihr Ergebnis auch auf Folgeentscheidungen des Gerichtshof zu anderen Vertriebsregelungen in den Rechtssachen „Franzén" und „TK-Heimdienst", in denen jeweils Regelungen, die bestimmte Vertriebswege verboten, vom EuGH als marktzugangsbehindernd und somit als Maßnahmen gleicher Wirkung eingestuft wurden, und begründen dies auch für das Verbot nach § 43 AMG.

[532] So zutreffend Koenig/Engelmann, ZUM 2001, 19, 27; Eichler, K&R 2001, 144, 146. Ebenso das LG Berlin, K&R 2001, 168, unter schulmäßiger Prüfung der Warenverkehrsfreiheit des Art. 28 EGV. Die Anwendung der in der Entscheidung „Keck" aufgestellten Grundsätze wird ausdrücklich im Hinblick auf die Marktzugangsbeschränkung abgelehnt und auch eine Rechtfertigungsmöglichkeit im Sinne der öffentlichen Gesundheit verneint. Dagegen LG Frankfurt/Main, K&R 2001, 153 ff. = CR 2001, 185 ff., welches die Ausnahmevorschrift des § 73 II Nr. 6a AMG nicht anwendet, weil durch den von der Internetapotheke betriebenen Versandhandel eine „berufs- oder gewerbsmäßige Vermittlung" vorläge. Einen Verstoß gegen Art. 28 EGV sieht das LG Frankfurt/Main in dieser Auslegung nicht. Zwar wird das Problem der Behinderung des Marktzugangs behandelt, jedoch dahingestellt, da jedenfalls eine Rechtfertigung iSd. Art. 30 EGV in Form des Schutzes der öffentlichen Gesundheit vorläge, vgl. CR 2001, 185, 188.

werden kann.[533] Überdies greift aber auch für ein Arzneimittelwerbeverbot die in der Entscheidung „GIP" verwandte Argumentation des Gerichtshofs Platz. Auch ein vollständiges Verbot der Arzneimittelwerbung kann den Marktzugang ausländischer Waren stärker behindern als für inländische Erzeugnisse.[534] Durch die eingeschränkten Bezugsmöglichkeiten für Arzneimittel sind die inländischen Marktstrukturen regelmäßig verfestigt. Wird der nationale Verbraucher nicht in die Lage versetzt, sich Informationen über möglicherweise auf anderen rechtmäßigen Wegen erhältliche Produkte zu beschaffen, so wird eine Einzeleinfuhr, die grundsätzlich gemäß § 73 Absatz 2 Nr. 6 a AMG zulässig ist, behindert.[535]

Über den Fall der Bestellmöglichkeiten im Internet hinaus gilt dies auch für sonstige Formen der Arzneimittelwerbung. Gedacht werden kann dabei etwa an den Fall einer real existierenden Apotheke im Grenzbereich mehrerer Mitgliedstaaten, die im Wege der Werbung im Internet für den Verkauf vor Ort werben und so Verbraucher auch aus anderen Mitgliedstaaten anziehen will. Die Einfuhr dieser Arzneimittel ist gemäß § 73 Absatz 2 Nr. 6 AMG zulässig, da sie durch Private erfolgt, wenn die Kunden nach dem Einkauf wieder in ihren Heimatstaat zurückkehren. Die Werbung ist dem Apotheker dagegen nach deutschem HWG verboten.[536] Auch in diesem Falle kann das bestehende Werbeverbot zu einer Behinderung des Marktzuganges des ausländischen Anbieters führen. Der Verbraucher weiß im Regelfall nichts von einem derartigen Angebot. Er ist es gewohnt, Arzneimittel in der Apotheke zu beziehen. Es liegt eine verfestigte Marktstruktur vor, die zugunsten des Anbieters aus einem anderen Mitgliedstaat nur durch die Möglichkeit der Bewerbung seines Produktangebotes durchbrochen werden kann. Wird ihm diese Möglichkeit durch ein Werbeverbot genommen, ist der Marktzugang für das ausländische Produkt zum Vorteil der inländischen Konkurrenz behindert.[537]

b. Sonstige Werbebeschränkungen

Alle sonstigen, weniger weitreichenden Werberegelungen sind, wenn sie auf grenzüberschreitende Werbung im World Wide Web angewendet werden, im Hinblick auf die Anwendbarkeit der Warenverkehrsfreiheit unter dem Gesichtspunkt der Behinderung einer grenzüberschreitenden Werbekonzeption zu sehen.

(1) Ausgangssituation

Das World Wide Web bietet dem Warenanbieter, der seine Produkte grenzüberschreitend im gesamten europäischen Binnenmarkt anbieten und vertreiben will, eine im Vergleich zu ande-

---

[533] EuGH, Rs. C- 320/93, Ortscheit, Slg. 1994, I-5243, 5361, Erwägung 9. In diesem Sinne für den hier zu prüfenden Fall auch Koenig/Müller, WRP 2000, 1366, 1371.

[534] EuGH, Rs. C-405/98, GIP, Urteil vom 8. März 2001, EWS 2001, 184 ff.; EuZW 2001, 251 ff., Erwägung 21.

[535] Das LG Berlin, K&R 2001, 168 verneint die Einschlägigkeit des § 8 II 2. Alt. HWG im Hinblick auf die Einordnung des bloßen Online-Bestellformulars als Werbung im Sinne der Vorschrift ebenfalls unter Berufung auf Gemeinschaftsrecht mit der Begründung, dass bei einer Einordnung des Bestellformulars als Werbung und einem darausfolgenden Verbot gleichsam die gesamte Bestellung unmöglich gemacht würde, was gegen Art. 28 EGV verstieße. Das LG Frankfurt/Main, K&R 2001, 153 ff. = CR 2001, 185, 189 ff. lässt die Frage nach der Anwendbarkeit des Art. 28 EGV dahinstehen und hält das Verbot jedenfalls für gerechtfertigt. Im Anschluss prüft es die Vereinbarkeit seines Ergebnisses mit dem Herkunftslandprinzip der E-Commerce-Richtlinie, hierzu unten Teil 3.

[536] Der Werbebegriff wird im Bereich des Heilmittelwerberechts von der Rechtsprechung sehr weit definiert, vgl. Marwitz in Hoeren/Sieber, Kap. 11.2, Rn. 177. Dies hat im Rahmen der Internetkommunikation zur Folge, dass jedenfalls auf einer Homepage nicht für individualisierbare Arzneimittel geworben werden darf.

[537] Vgl. allgemein zur Wirkung von Arzneimittelwerbeverboten auch Sack, WRP 1998, 104, 109.

ren Werbemedien einfache und kostengünstige Möglichkeit, eine Präsenz auf allen Märkten der Gemeinschaft herzustellen.[538] *Maennel* stellt zutreffend fest, dass der grenzüberschreitende bzw. Grenzen ignorierende Charakter von Online-Diensten in idealer Weise dem Binnenmarktprinzip entspricht.[539]

Diese automatisch grenzüberschreitende Wirkung der Werbung im World Wide Web ist demgegenüber aber auch Ursache für das den Anbieter treffende qualifizierte Rechtsanwendungsrisiko.[540] Will ein Anbieter seine Erzeugnisse für den gesamten europäischen Binnenmarkt bewerben, so trifft er automatisch auf die Werberechtsordnungen aller 15 Mitgliedstaaten.[541] Aus diesem Grunde ist er gezwungen, seine Werbestrategie an das strengste in Europa geltende Werberecht anzupassen.[542]

(2) Folgen für die Anwendbarkeit der Warenverkehrsfreiheit

Auf Grundlage dieser Ausgangssituation ist nun zu ermitteln, welche Folgen sich hieraus für die Anwendbarkeit der Warenverkehrsfreiheit auf nationale Werberegelungen ergeben, die sich gegen Werbung im World Wide Web richten.

Die Warenverkehrsfreiheit ist, auch in Ansehung der Entscheidung „Keck“, dann anwendbar, wenn die jeweilige nationale Vorschrift den Marktzugang für ausländische Erzeugnisse stärker behindert als für inländische Waren.[543] Eine Behinderung des Marktzuganges kann durch nationale Werbevorschriften grundsätzlich entstehen, wenn die marktöffnende Wirkung der Werbung beeinträchtigt ist. Umfassende Werbeverbote haben, wie vorstehend aufgezeigt, regelmäßig diese marktzugangsbehindernde Qualität. Bei sonstigen Werberegelungen ergibt sich die erforderliche Qualität der Beeinträchtigung aus der Einwirkung der Vorschrift auf die grenzüberschreitende Werbestrategie im World Wide Web. Ausgangspunkt der Untersuchung der Auswirkungen nationaler Werbevorschriften ist die Anpassungsverpflichtung des Anbieters eines ausländischen Erzeugnisses an das strengste in Europa geltende Werberecht.[544] Diese Anpassungsverpflichtung zeitigt bei genauer Betrachtung drei verschiedene negative Folgen für den Anbieter.

---

[538] Hierzu oben Teil 1 A.II.3. Ebenso die Einschätzung der Kommission, „Europäische Initiative für den elektronischen Geschäftsverkehr“, Mitteilung der Kommission an den Rat, das Europäische Parlament, den Wirtschafts- und Sozialausschuss und den Ausschuss der Regionen. KOM (97), 157 endg., S. 7 ff.

[539] Maennel, MMR 1999, 187.

[540] Mankowski, CR 2000, 763, 764 bringt es auf den Punkt, wenn er ausführt, dass die einzige Entscheidung, die das Unternehmen treffen könne die sei, ob es überhaupt und wenn ja, wie es im Internet wirbt. Danach sei es wettbewerbsrechtlich „nicht mehr Akteur, sondern nurmehr Rechtsunterworfener“. Vgl. auch Teil 1 B.III.1.a.

[541] Dazu oben Teil 1.B.II.2.c. Außer Betracht kann dabei für die beabsichtigt grenzüberschreitende Tätigkeit eines Anbieters die Möglichkeit bleiben, einzelne Märkte etwa im Wege der Anbringung eines Disclaimers von seinem Angebot auszunehmen.

[542] Vgl auch Dethloff, NJW 1998, 1596, 1601 ff.; dies., JZ 2000, 179, 182; Sack, WRP 2000, 269, 278; Mankowski, CR 2000, 763, 764. Die Anbringung von Disclaimern wäre gegenüber der Anpassung an das strengste geltende Recht auch kein milderes Mittel, weil damit ein vollständiger Verzicht auf den Zugang zum jeweiligen Markt verbunden wäre.

[543] EuGH, Rs. C-405/98, GIP, Urteil vom 8. März 2001, EWS 2001, 184 ff.; EuZW 2001, 251 ff., Erwägung 18.

[544] Im hier vertretenen Sinne speziell für Wettbewerbshandlungen im Internet neuerdings auch Dethloff, Europäisierung des Wettbewerbsrechts, S. 167 ff. Dethloff geht von dem Ansatzpunkt aus, dass Rechtsunterschiede zwischen Herkunftsstaat und Bestimmungsstaat zu einer Diskriminierung in tatsächlicher Hinsicht führen können, da ein Anpassungserfordernis im Hinblick auf ein europaweites Marketing zu einer stärkeren Belastung des Absatzes ausländischer Erzeugnisse führe. Dieser Ansatz entspricht dem vorliegend vertretenen und unterscheidet sich nur durch die Terminologie. Nach hier vertretener Ansicht liegt in einer so verstandenen Diskriminierung eine Behinderung des Marktzugangs für ausländische Anbieter. Werbevorschriften, die sich gegen unteilbare Wettbewerbshandlungen, also auch solche im World Wide Web richten, stellen nach Ansicht Dethloffs stets

Die Anpassungsverpflichtung setzt aus der Sicht ex-ante einen erheblichen Aufwand voraus. Der Anbieter muss das auf seine Werbestrategie anwendbare Recht zunächst ermitteln. In Anbetracht des Rechtsgefälles auf dem Gebiet des Werberechts sowie aufgrund der Reichweite richterlicher Entscheidungsbefugnis bei der Ausfüllung wettbewerbsrechtlicher Generalklauseln wird ihn dies vor Probleme stellen, die sich auch in Form der Entstehung erheblicher Rechtsermittlungskosten auswirken werden. Schließlich muss auch die Werbemaßnahme selbst an der ermittelten Rechtsordnung ausgerichtet werden, was gerade für einen ausländischen Anbieter ebenfalls Kosten nach sich ziehen kann.[545] Negative Folgen ähnlicher Art ergeben sich für den Anbieter, der eine Anpassung seiner Werbestrategie zunächst unterlassen hat und dem ex-post durch gerichtliche Anordnung die nur dem Werberecht seines Herkunftsstaates entsprechende Werbung untersagt wird.[546]

Aus der den Anbieter treffenden Anpassungsverpflichtung folgt, dass die zunächst durch die Nutzung des Internet gegebenen positiven Wirkungen auf den Marktzugang ausländischer Produkte abgeschwächt, wenn nicht sogar zur Gänze nivelliert werden können. Die Entstehung von Anpassungskosten kann so auch geeignet sein, einen Wettbewerbsvorteil für inländische Anbieter zu bewirken. Denn wenn das Internet als einfaches und im Hinblick auf die gleichzeitige Erreichbarkeit aller Märkte auch kostengünstiges Werbemedium für Produkte aus anderen Mitgliedstaaten unrentabel wird, wird die vorderhand gegebene erhöhte Marktzugangschance beschränkt. Die Rentabilität grenzüberschreitenden Produktverkehrs wird regelmäßig durch eine Kosten-Nutzen-Rechnung des Anbieters bestimmt.[547] Der Anbieter, dem durch die oben geschilderte Anpassungsverpflichtung die kostengünstige Möglichkeit der Werbung im World Wide Web erschwert wird, wird es sich, wie *Leible*[548] im Hinblick auf ein einheitliches Euro-Marketing feststellt, zweimal überlegen, ob er den erforderlichen Aufwand auf sich nimmt und fremde Märkte erschließt.

An dieser Stelle ist noch einmal das von *Sack*[549] gegen die Relevanz eines einheitlichen Euro-Marketing angeführte Argument aufzugreifen, die Anwendung differenter nationaler Werberegelungen auf eine einheitliche Werbestrategie führe gegenüber inländischen Anbietern nur zu einem Wegfall von Kostenvorteilen und somit zu einer Gleichstellung ausländischer und inländischer Anbieter. Dem ausländischen Anbieter sei es zumutbar, seine Werbemaßnahme nach dem strengsten im Binnenmarkt anwendbaren Werberecht auszurichten.[550] Dieser Ansicht steht der Gesichtspunkt des Marktzuganges entgegen. Wie der Gerichtshof in der Entscheidung „GIP“[551] klargestellt hat, handelt es sich bei Art. 28 EGV nicht nur um ein Diskriminierungsverbot, sondern vielmehr um ein allgemeines Beschränkungsverbot, welches immer dann zur Anwendung gelangt, wenn der Marktzugang einer ausländischen Ware durch eine nationale Rechtsvorschrift behindert ist. Der Marktzugang kann aber auch durch unterschiedslos anwendbare Regelungen behindert sein, wenn sie dem Anbieter Vorteile nehmen, die im Vergleich zum auf dem nationalen Markt etablierten Konkurrenten marktöffnend wirken. Es liegt dann darin keine Bevorteilung des ausländischen Anbieters, sondern in Anse-

---

eine Behinderung der Warenverkehrsfreiheit dar, weil diese zwangsläufig die Aufgabe oder kostenpflichtige Anpassung der Werbekonzeption erfordern.

545 Vgl. nun auch Dethloff, Europäisierung des Wettbewerbsrechts, S. 168.

546 Siehe zu diesen Folgen auch Dethloff, NJW 1998, 1596, 1602; Mankowski, GRUR Int. 1999, 909, 912; Sack, WRP 2000, 269, 274.

547 Vgl. Heermann, WRP 1999, 381, 384.

548 Leible, WRP 1997, 517, 521; ders., in: Grabitz/Hilf, Art. 28 EGV, Rn.28. Ebenso Leible/Sosnitza, K&R 1998, 283, 287.

549 Sack, WRP 1998, 104, 107. Ebenso Hammer, Handbuch des freien Warenverkehrs, S. 149.

550 Sack, WRP 1998, 104, 107.

551 EuGH, Rs. C-405/98, GIP, Urteil vom 8. März 2001, EWS 2001, 184 ff.; EuZW 2001, 251 ff., Erwägung 18.

hung fehlender Marktbekanntheit ausländischer Produkte vielmehr eine Gleichstellung mit dem nationalen Anbieter, der am nationalen Markt bereits etabliert ist. Wird dieser entzogen, folgt daraus ein Wettbewerbsvorteil des inländischen Produkts.

Der zweite und dritte bedeutsame Gesichtspunkt für eine marktzugangsbehindernde Wirkung der Anwendung nationaler Werberegelungen auf Werbung im World Wide Web ergibt sich aus der Anpassungsverpflichtung bezüglich der intendierten Werbestrategie selbst.[552]

Der Anbieter, der eine einheitliche Werbestrategie verfolgen und diesen auch im Medium World Wide Web unverändert einsetzen will, ist durch die Anpassungsverpflichtung zu einer Diversifizierung seiner Werbekonzeption für das Medium Internet gezwungen. Unter diesem Gesichtspunkt ist die Situation im Hinblick auf die Werbung im World Wide Web dieselbe, die den Anbieter im Rahmen eines einheitlichen Euro-Marketing trifft.[553]

Ist der Anbieter zur Anpassung seiner Werbestrategie an das strengste in Europa geltende Werberecht gezwungen, so ist er hierdurch zugleich zum Verzicht auf für ihn günstigere Werbemethoden auch für solche Staaten verpflichtet, in denen eine entsprechende Werbemaßnahme nach den dort geltenden Rechtsvorschriften eigentlich zulässig wäre. Klarzustellen ist, dass dies nicht bedeutet, dass dem ausländischen Anbieter ein Anspruch auf eine besonders günstige Werbestrategie zugesprochen werden soll. Es ist insoweit allgemeine Meinung, dass der ausländische Anbieter keinen Anspruch auf die Verwendung möglichst effektiver Werbemethoden hat.[554] Insoweit ist die Regelungsautonomie der Mitgliedstaaten vorrangig vor dem Schutz des Warenverkehrs. Es geht an dieser Stelle vielmehr um die Auswirkungen der jeweiligen Werberegelung auch auf den Warenverkehr mit anderen Mitgliedstaaten. Denn auch für diese Märkte ist der Anbieter gezwungen, sich einer Vermarktungsstrategie zu bedienen, die sich an den restriktivsten Werbestandards messen lassen muss. Hieraus können ihm gegenüber anderen Warenanbietern dieser Staaten, die ihre Produkte außerhalb des Internet anbieten und damit einer Anpassungsverpflichtung nicht unterliegen, erhebliche Nachteile entstehen, weil diese sich nicht an die gleichen Restriktionen halten müssen. Durch die Anpassungsverpflichtung an das strengste Werberecht können für den Anbieter daher die Marktzugangschancen für seine Erzeugnisse somit auch für andere Staaten, in denen ein weniger restriktives Werberecht gilt, reduziert sein.

Aus den vorgenannten Erwägungen ergibt sich, dass auch sonstige Werberegelungen geeignet sein können, den Marktzugang für Waren aus anderen Mitgliedstaaten zu behindern. Zum Zwecke der Wahrung der durch die Entscheidung „Keck" vorgegebenen Grundsätze trifft für diese Behinderung nach hier vertretener Ansicht jedoch den Anbieter die Beweislast.[555] Kann dieser die zuvor dargelegten Umstände nachweisen, findet Art. 28 EGV auch auf

---

[552] Zu diesem Gesichtspunkt auch Roth in: FS für Großfeld, 929, 956; Dethloff, JZ 2000, 179, 183.

[553] Siehe Roth in: FS für Großfeld, 929, 956; Dethloff, JZ 2000, 179, 183.

[554] Vgl. hierzu statt aller Ackermann, RIW 1994, 189, 194, der ansonsten eine sehr weitreichende Sicht der Behinderung des Warenverkehrs im Bereich des Euro-Marketing vertritt.

[555] Dethloff, JZ 2000, 179, 183 kommt ganz allgemein zu dem Ergebnis, dass wettbewerbsrechtliche Vermarktungsregeln auch nach der Keck-Rechtsprechung des EuGH noch in den Anwendungsbereich der Grundfreiheiten fallen, wenn sie der Verwendung einer Werbung oder Methode der Absatzförderung in einem Medium mit grenzüberschreitender Verbreitung entgegenstehen. In diesem Sinne nun auch Dethloff, Europäisierung des Wettbewerbsrechts, S. 167, 168, die hierfür auf die stets eintretende Entstehung von Anpassungskosten im Falle unteilbarer Wettbewerbshandlungen abstellt.

sonstige nationale Werberegelungen Anwendung, wenn diese sich auf eine einheitliche Werbestrategie im World Wide Web auswirken.

2. E-Mail-Werbung

Über den Bereich der Werbung im Wege der Massenkommunikation im World Wide Web hinaus, wird auch der Internet-Dienst der E-Mail in weitem Umfang zur Übersendung von Werbebotschaften genutzt. Nimmt man die für die Frage nach einer Beschränkung der Warenverkehrsfreiheit bedeutsamen Werberegelungen in den Blick, so ist zwischen dem im Moment nach deutschen Recht bestehenden vollständigen Verbot der Zusendung unaufgeforderter E-Mail-Werbung und inhaltlichen Beschränkungen angeforderter E-Mail-Werbung durch nationale Regelungen zu unterscheiden. Schwerpunkt der nachfolgenden Untersuchung ist das Verhältnis des vollständigen Verbots der Zusendung unaufgeforderter Werbe-E-Mail zur Warenverkehrsfreiheit. Für diesen Problembereich ist zunächst eine kurze Erläuterung der Rechtslage nach deutschem Recht und sekundärem Gemeinschaftsrecht voranzustellen, da sich so der Umfang der Werbebeschränkung ergibt.

a. Verbot der Zusendung nicht angeforderter E-Mail-Werbung

(1) Rechtslage nach deutschem Recht und sekundärem Gemeinschaftsrecht

Die zugrundeliegende Werbebeschränkung nach deutschem Recht ergibt sich aus § 1 UWG.[556] Die Zusendung unerwünschter E-Mail an potentielle Kunden kann unter dem Gesichtspunkt der Belästigung gegen die wettbewerbsrechtliche Generalklausel verstoßen.[557] Höchstrichterliche Rechtsprechung zur rechtlichen Beurteilung der Zusendung unerwünschter Werbe-E-Mail existiert bislang noch nicht. Allerdings waren ähnliche Werbemethoden, die die unerwünschte Übermittlung von Werbeinformationen zum Gegenstand hatten, im Rahmen anderer Kommunikationsmittel Gegenstand höchstrichterlicher Rechtsprechung.[558] So ist denn nach herrschender Meinung auch die Einordnung der E-Mail-Werbung unter § 1 UWG durch die zu den anderen Kommunikationsarten entwickelten Grundsätze geprägt und gemäß

---

[556] Eine weitere mögliche Anspruchsgrundlage für einen Unterlassungsanspruch kann sich aus §§ 823 I, 1004 BGB unter dem Gesichtspunkt der Verletzung des allgemeinen Persönlichkeitsrechts des privaten oder der Verletzung des Rechts am eingerichteten und ausgeübten Gewerbebetrieb des gewerblichen Adressaten ergeben. Von Bedeutung sind diese Anspruchsgrundlagen im Hinblick auf das eingeschränkte Klagerecht des § 13 II UWG, welches nur konkurrierenden Betrieben und berechtigten Vereinigungen eine Klagemöglichkeit hinsichtlich § 1 UWG gewährt und somit ein Vorgehen des Adressaten gegen die Werbung ausschließt. Mit Hinweisen zur Rechtsprechung deutscher Gerichte Hoffmann, Beilage zu NJW 2001 Heft 14, 5, 36.

[557] Grundlegend hierzu Körner/Lehment in: Hoeren/Sieber, Kap. 11.1, Rn. 20.

[558] Unangeforderte *Telefonwerbung* ist nach Ansicht des BGH im privaten Bereich grundsätzlich unzulässig, vgl. BGH GRUR 1970, 523; BGH GRUR 1989, 753; BGH GRUR 1990, 280; BGH GRUR 1991, 764; BGH GRUR 1995, 220. Der Grund für diese Einordnung liegt dabei in der durch den Telefonanruf hervorgerufenen erheblichen Zwangslage des Kunden, weshalb Werbeanrufe nur dann zulässig sind, wenn der Kunde zuvor sein Einverständnis mit dem Anruf ausdrücklich oder konkludent erklärt hat. Im geschäftlichen Bereich ist eine Zulässigkeit in Anbetracht des § 1 UWG nur gegeben, wenn ein konkreter, aus dem Interessenbereich des Anzurufenden herzuleitender Grund gegeben ist, der diese Art der Werbung rechtfertigt. Ebenso unzulässig, wenngleich nicht aus Gründen der aufgezwungenen Kontaktaufnahme, sind *Telefaxwerbung* und *Btx-Werbung*. Dies lässt sich in beiden Fällen durch die ungefragte Inanspruchnahme von Ressourcen des Beworbenen begründen. Bei der *Telefaxwerbung* wird der potentielle Kunde durch Blockade seines Telefonanschlusses, sowie den Verbrauch an Strom, Papier u.a. belästigt, vgl. BGH GRUR 1996, 208. Die *Btx-Werbung* hat die Eigenart, dass sie den Teilnehmer zur Überprüfung des elektronischen Briefkastens zwingt, was Zeit in Anspruch nehmen kann, währenddessen der Fernsprechanschluss des Nutzers belegt und einer anderweitigen Verwendung entzogen, vgl. BGH GRUR, 1988, 614.

§ 1 UWG als unzulässig anzusehen.[559] Die Zusendung unerwünschter E-Mail führt zu einer Ressourcenbelastung.[560] Der Empfänger einer Werbe-E-Mail muss diese mit einem gewissen Zeitaufwand sichten und von seiner Mailbox herunterladen, was eine gewisse Übertragungszeit beansprucht und wodurch Telefonkosten anfallen. Hierdurch werden Werbekosten auf den Kunden verlagert. Die Auswirkungen dieser auf Seiten des Empfängers entstehenden Belastung wirken sich zwar bei einzelnen Werbe-E-Mails isoliert betrachtet noch nicht stark aus.[561] Anders ist dies jedoch dann, wenn man auf die Gefahr der Nachahmung durch andere Anbieter abstellt, deren Eintreten in Ansehung der erheblichen Vorteile dieses Werbeträgers sehr wahrscheinlich ist.[562] Der Vorbildcharakter einer Einstufung der Zusendung unerwünschter E-Mail-Werbung als rechtmäßig könnte zu einer erheblichen Beeinträchtigung des Empfängers führen. Neben Kosten und Zeitaufwand besteht bei massenhafter Zusendung die Gefahr, dass eine Blockade der Mailbox, deren Speicherkapazität für eingehende E-Mail begrenzt ist, eintreten könnte.[563] Andere, möglicherweise wichtigere E-Mail könnten dann nicht zugestellt werden.[564] Diese Betrachtung rechtfertigt es, die Zusendung unerwünschter Werbe-E-Mail in Anlehnung an die zu Telex-, Btx- und Telefaxwerbung entwickelten Grundsätze als unzulässig im Sinne des § 1 UWG einzustufen.

Fraglich ist, ob dieses Ergebnis auch unter Beachtung des mittlerweile für diesen Bereich geschaffenen sekundären Gemeinschaftsrechts haltbar ist. Sowohl die Fernabsatzrichtlinie[565] als auch die E-Commerce-Richtlinie sehen Regelungen vor, die sich auf den Problemkreis der Zusendung unerwünschter E-Mail-Werbung beziehen. Die insoweit bestehenden sekundärgemeinschaftsrechtlichen Regelungen stehen aber aus nachfolgenden Erwägungen dem nach deutschem Recht bestehenden Verbot der E-Mail-Werbung nicht entgegen.[566]

---

[559] Einen Verstoß gegen § 1 UWG bejahte erstmalig das LG Traunstein, NJW-CoR 1998, 109 ff. Vgl. auch AG Brakel, MMR 1998, 492; LG Ellwangen, MMR 1999, 675. LG Berlin, MMR 1999, 43; LG Berlin MMR 2000, 441 (jeweils §§ 823, 1004 BGB). Weitere Nachweise aus der instanzgerichtlichen Rechtsprechung bei Hoffmann, Beilage zu NJW 2001 Heft 14, 5, 36 ff. In Ansehung der sich aus der Rechtsprechung zu Telefonwerbung, Telefaxwerbung und Btx-Werbung ergebenden Tendenz ist eine entsprechende Einordnung auch für die E-Mail-Werbung zu erwarten. Aus der Literatur etwa Körner/Lehment in: Hoeren/Sieber, Kap. 11.1, Rn. 27 ff.; Baumbach/Hefermehl, § 1 UWG, Rn. 70a; Gumming, ZUM 1996, 573, 583; Hoeren, WRP 1997, 993, 994; Heermann, K&R 1999, 6, 11; Günther, CR 1999, 172, 173 ff.; Ziem, MMR 2000, 129, 131; Hoffmann, Beilage zu NJW 2001 Heft 14, 5, 36 ff. mwN.

[560] Vgl. Körner/Lehment in: Hoeren/Sieber, Kap.11.1, Rn. 27 ff.; Ziem, MMR 2000, 129, 131; Hoffmann, Beilage zu NJW 2001 Heft 14, 5, 36.

[561] Hoffmann, Beilage zu NJW 2001 Heft 14, 5, 36 weist zutreffend darauf hin, dass auch in dem Fall, in dem der Empfänger ohne Lesen des vollen Textes die Werbenachrichten anhand des Betreffs und der Absenderangaben sofort löscht, Kosten für den Download und Zeitaufwand entstehen können.

[562] Vgl. auch Ziem, MMR 2000, 129, 130.

[563] Körner/Lehment in: Hoeren/Sieber, Kap.11.1, Rn. 32, 33.

[564] Hierbei ist insbesondere zu beachten, dass sich der Inhaber einer Mailbox im Rechtsverkehr hinsichtlich des Zugangs dort eingehender Willenerklärungen analog § 162 BGB so behandeln lassen muss, als sei die jeweilige Erklärung rechtzeitig eingegangen. Unsicherheiten aus dem Machtbereich des Empfängers gehen dabei zu seinen Lasten.

[565] Richtlinie 97/7/EG des Europäischen Parlaments und des Rates über den Verbraucherschutz bei Vertragsschlüssen im Fernabsatz, ABl. EG 1997 Nr. L 144/19 vom 4.6.1997.

[566] Zur Fernabsatzrichtlinie ebenso Hoeren, WRP 1997, 995; ders., MMR 1999, 192, 197; Leible/Sosnitza, K&R 1998, 283, 286 (für Telefonwerbung); Fikentscher/Möllers, NJW 1998, 1337, 1343; Dethloff, IPRax 1999, 347, 352; Günther, CR 1999, 172, 174; Hoffmann, Beilage zu NJW 2001 Heft 14, 5, 37; BGH MMR 2000, 607, 609. A.A. Busche/Kraft, WRP 1998, 1142, 1149; Ziem, MMR 2000, 129, 133. Dieser Auffassung zuneigend Jöhri, Werbung im Internet, 120. Zur E-Commerce-Richtlinie ebenso Hoeren, MMR 1999, 192, 197; Hoffmann, Beilage zu NJW 2001 Heft 14, 5, 38. A.A. Ziem, MMR 2000, 129, 133 ff.

Die Fernabsatzrichtlinie sieht in Art. 10 eine Kompromisslösung vor, die nur für Kommunikation via Voice-Mail-System und Telefax in Absatz 1 ein Zustimmungserfordernis des Empfängers bestimmt (sog. opt-in-Lösung), für alle anderen Formen des Direktmarketing, wozu auch die E-Mail-Werbung zu zählen ist, jedoch in Art. 10 Absatz 2 die sog. opt-out-Lösung enthält.[567] Nach der opt-out-Lösung darf eine Zusendung von Werbemitteilungen solange erfolgen, wie sie der Verbraucher nicht offenkundig abgelehnt hat. Hieraus ergibt sich im Umkehrschluss, dass ihre Verwendung zulässig ist, solange keine offenkundige Ablehnung des Verbrauchers gegeben ist.[568] Da die weitergehende herrschende Meinung zum deutschen Recht von einer grundsätzlichen Unzulässigkeit der Zusendung unerwünschter E-Mail-Werbung ausgeht und somit dem weitergehenden opt-in-Prinzip folgt, ergibt sich auf den ersten Blick eine Unvereinbarkeit dieser Handhabung mit dem sekundären Gemeinschaftsrecht der Fernabsatzrichtlinie. Jedoch enthält Art. 14 Satz 1 der Fernabsatzrichtlinie eine Mindestklausel, wonach die Mitgliedstaaten in dem unter diese Richtlinie fallenden Bereich mit dem EG-Vertrag vereinbare strengere Bestimmungen erlassen oder aufrechterhalten können, um ein höheres Schutzniveau für die Verbraucher zu gewährleisten. Hieraus wird von der herrschenden Meinung zutreffend gefolgert, dass die Beibehaltung auch einer opt-in-Lösung mit dem Gemeinschaftsrecht vereinbar ist.[569] Dem steht auch Art. 14 Satz 2 der Fernabsatzrichtlinie nicht entgegen[570], welcher eine Konkretisierung dahingehend enthält, dass die Mitgliedstaaten im Allgemeininteresse den Vertrieb bestimmter Waren und Dienstleistungen, insbesondere von Arzneimitteln, in ihrem Hoheitsgebiet unter Beachtung des EG-Vertrages verbieten können. In dieser Formulierung ist lediglich ein Beispiel für die Ausgestaltung eines höheren Schutzniveaus[571] und eine Klarstellung im Hinblick auf die Grundfreiheiten und zu rechtfertigende Ausnahmen zu sehen.[572]

Art. 7 der E-Commerce-Richtlinie enthält in Ergänzung der Fernabsatzrichtlinie[573] unter der Überschrift „nicht angeforderte kommerzielle Kommunikation" Regelungen im Hinblick auf die Zusendung unerwünschter E-Mail-Werbung. Art. 7 Absatz 1 stellt Transparenzerfodernisse auf, die eine Erkennbarkeit von Werbe-E-Mails beim Nutzer sicherstellen sollen. Art. 7 Absatz 2 sieht ein sog. opt-out-Register (Robinson-Liste) vor, in das sich natürliche Personen eintragen lassen können und das Diensteanbieter, die unerbetene E-Mails übermitteln, regelmäßig zu kontrollieren haben. Auch die E-Commerce-Richtlinie steht einem vollständigen Verbot der Übersendung unerwünschter E-Mail-Werbung nicht entgegen.[574] Dies ergibt sich aus zwei Aspekten.

Zum einen stellt der europäische Gesetzgeber in Erwägungsgrund 30 der E-Commerce-Richtlinie ausdrücklich klar, dass die Frage der Zustimmung des Empfängers der Werbe-E-Mail „nicht Gegenstand dieser Richtlinie", sondern vielmehr bereits in der Fernabsatzrichtlinie geregelt ist. Die Frage der Zustimmung des Empfängers ist aber gerade die Frage nach der Geltung entweder einer opt-in- oder einer opt-out-Lösung. Diese Frage wurde in Art. 10 Ab-

---

[567] Siehe Günther, CR 1999, 172, 173 ff.
[568] Leible/Sosnitza, K&R 1998, 283, 286.
[569] Leible/Sosnitza, K&R 1998, 283, 286 (für Telefonwerbung); Hoeren, MMR 1999, 192, 197; Günther, CR 1999, 172, 174; Hoffmann, Beilage zu NJW 2001 Heft 14, 5, 37. Ebenso BGH MMR 2000, 607, 609. A.A. Ziem, MMR 2000, 129, 133; Busche/Kraft, WRP 1998, 1142, 1149.
[570] So aber Ziem, MMR 2000, 129, 133; Busche/Kraft, WRP 1998, 1142, 1149.
[571] Leible/Sosnitza, K&R 1998, 283, 286 (Fn. 20) unter Bezugnahme auf die Entstehungsgeschichte der Fernabsatzrichtlinie.
[572] Günther, CR 1999, 172, 174.
[573] Hoeren, MMR 1999, 192, 198. Vgl. auch Jöhri, Werbung im Internet, 124.
[574] Ebenso Hoeren, MMR 1999, 192, 198; Spindler, MMR-Beilage 7/2000, 4, 14; Jöhri, Werbung im Internet, 124. A.A. Ziem, MMR 2000, 129, 134.

satz 2 der Fernabsatzrichtlinie für die Zusendung von Werbe-E-Mail zugunsten einer opt-out-Lösung entschieden. Allerdings wurde diese Regelung aber durch Art. 14 Satz 1 auch unter den Vorbehalt weitergehender nationaler Regelungen gestellt, woraus sich die Zulässigkeit auch eines vollständigen Verbots der Zusendung unerwünschter E-Mail Werbung ergibt.[575] Wenn die E-Commerce-Richtlinie also die insoweit in der Fernabsatzrichtlinie getroffenen Regelungen unberührt lässt, lässt sie zwangsläufig auch die Möglichkeit eines vollständigen Verbots unberührt.[576]

Zum anderen ergibt sich dieses Ergebnis auch aus der in Art. 3 der Richtlinie getroffenen Regelung zum sekundärrechtlichen Herkunftslandprinzip.[577] Die Frage der Zulässigkeit der Zusendung unerwünschter E-Mail-Werbung wird gemäß Art. 3 Absatz 3 iVm. dem Anhang zur Richtlinie ausdrücklich vom Anwendungsbereich der Richtlinie ausgenommen. Hieraus wird zutreffend der Schluss gezogen, dass es den Mitgliedstaaten unbenommen bleibt, strengere Regelungen zu treffen.[578]

Es ergibt sich also auch nach sekundärem Gemeinschaftsrecht keine Unzulässigkeit eines vollständigen Verbots der Zusendung unerwünschter E-Mail-Werbung. Eine Grenzziehung dieser Handhabung kann aber aus dem primären Gemeinschaftsrecht folgen. Das Verbot der E-Mail-Werbung ist daher nun zunächst unter dem Gesichtspunkt der Warenverkehrsfreiheit, in Teil 2 C.III.2. dann im Hinblick auf eine Behinderung der Dienstleistungsfreiheit zu prüfen.

(2) Anwendbarkeit der Warenverkehrsfreiheit

Fraglich ist, ob die Untersagung der E-Mail-Werbung auf Grundlage von § 1 UWG[579] die Warenverkehrsfreiheit behindert, sofern ein Anbieter aus einem anderen Mitgliedstaat sich dieser Werbemethode für die Bewerbung von Waren bedient.[580] Die Anwendung der wettbewerbsrechtlichen Generalklausel stellt eine bloß vertriebsbezogene Maßnahme dar, die grundsätzlich nur die Behinderung einer bestimmten Verkaufsmodalität im Sinne der Entscheidung „Keck“ zum Gegenstand hat. Eine Ausnahme kann sich nur dann ergeben, wenn die Anwendung dieser Vorschrift dazu führt, dass der Absatz inländischer Erzeugnisse und der Erzeugnisse aus anderen Mitgliedstaaten rechtlich wie tatsächlich nicht in der gleichen Weise berührt wird.[581] Die Vermutung gegen die Anwendbarkeit des Art. 28 EGV kann immer dann widerlegt sein, wenn der Zugang zum Inlandsmarkt für den ausländischen Anbieter durch die Anwendung der vertriebsbezogenen Werbevorschrift derart behindert ist, dass dem inländischen Anbieter dadurch ein Wettbewerbsvorteil entsteht.

Die vorstehend für die Werbung im World Wide Web fruchtbar gemachten Argumente lassen sich auf die Werbung via E-Mail nur teilweise übertragen. Denn im Falle der E- Mail-Werbung kann sich der Anbieter stets vergewissern, welchen Kunden er seine Werbemittei-

[575] Leible/Sosnitza, K&R 1998, 283, 286; Hoeren, MMR 1999, 192, 197; Günther, CR 1999, 172, 174; Hoffmann, Beilage zu NJW 2001 Heft 14, 5, 37; BGH MMR 2000, 607. A.A. Ziem, MMR 2000, 129, 133; Busche/Kraft, WRP 1998, 1142, 1149; Jöhri, Werbung im Internet, 120.

[576] In diesem Sinne auch Spindler, MMR-Beilage 7/2000, 4, 14.

[577] Hierzu unten Teil 3 B.I.3.

[578] Hoeren, MMR 1999, 192, 198; Günther, CR 1999, 172, 176; Waldenberger, EuZW 1999, 296, 300; Jöhri, Werbung im Internet, 125. A.A. Ziem, MMR 2000, 129, 134.

[579] Die folgenden Ausführungen gelten ebenso für den auf §§ 823, 1004 BGB gestützten Unterlassungsanspruch.

[580] Eine Anwendbarkeit der Warenverkehrsfreiheit bejahend Roth in: FS für Großfeld, 929, 952; Gruber in: Gruber/Mader, 109, 152; Leible/Sosnitza, K&R 1998, 283, 287 für den insoweit gleichgelagerten Fall der Telefonwerbung; zustimmend Jöhri, Werbung im Internet, 122. Ablehnend Günther, CR 1999, 172, 176 ff.

[581] EuGH, verb. Rs. C-267/91 und C-68/91, Keck und Mithouard, Slg. 1993, I-6097, 6131, Erwägung 16.

lungen zusendet und in welchem Staat diese ansässig sind. Einem gegenüber herkömmlichen Werbeträgern erhöhten Rechtsanwendungsrisiko unterliegt er also insoweit nicht. Die Rechtsermittlungskosten, die ihm entstehen, sind nicht mit denjenigen vergleichbar, die er im Rahmen der Werbung im World Wide Web zu tragen hätte, da nicht automatisch alle Werberechtsordnungen zur Anwendung gelangen, sondern der Anbieter gezielt die Werbemärkte aussuchen kann. Insoweit kann in einer durch § 1 UWG hervorgerufenen Werbebeschränkung in der Tat nur die Bestimmung der Modalität des Vertriebs liegen.

Allerdings kann die durch § 1 UWG geschaffene Beschränkung der E-Mail-Werbung unter einem anderen Gesichtspunkt als marktzugangsbehindernd einzustufen sein. Denn ein hierauf gestütztes Verbot der Werbung nimmt dem Anbieter den Vermarktungsweg der E-Mail zur Gänze und stellt insoweit ein Verbot einer Werbeform dar.[582] Nun lässt sich argumentieren, dass der Gerichtshof in der Entscheidung „Leclerc-Siplec" gerade diesen Umstand für unbeachtlich gehalten hat, indem er den Werbetreibenden auf andere mögliche Vertriebswege bzw. Werbeformen in anderen Medien verwies.[583] Selbiger Aussagegehalt findet sich auch in der Entscheidung „Hünermund".[584] Die E-Mail-Werbung stellt tatsächlich nur eine mögliche Vermarktungsform dar. Viele andere Werbeformen innerhalb und außerhalb des Internet stünden dem Anbieter weiterhin offen, so dass zumindest nach dem ersten Anschein nur die Behinderung einer Verkaufsmodalität im Sinne der Entscheidung „Keck" gegeben ist. Ebenfalls in diesem Zusammenhang ist aber die Entscheidung „De Agostini"[585] zu beachten, in der der Gerichtshof dem Anbieter die Möglichkeit zugesteht, nachzuweisen, dass die verbotene Werbeform „die einzig wirksame Form des Absatzes sei", um in den jeweiligen Markt einzudringen.[586] Gelingt dieser Nachweis einer Marktzugangsbeschränkung, so kann die Vermutung gegen eine Beeinträchtigung der Warenverkehrsfreiheit widerlegt sein. Im Falle des gänzlichen Verbots der Zusendung unerwünschter E-Mail müsste also nachgewiesen werden, dass die E-Mail-Werbung die einzige wirksame Absatzform darstellt.

Roth weist in diesem Zusammenhang auf die Bedeutung bestimmter Werbe- und Vertriebswege für die Erschließung eines Marktes hin.[587] Er gibt zu bedenken, dass aus Sicht eines Herstellers aus einem anderen Mitgliedstaat bestimmte Absatzstrategien, die im Heimatmarkt des Herstellers nicht mehr verwendet werden, der einzig sinnvolle Weg sein mögen, um auf dem erst noch zu erschließenden Markt des Importstaates Fuß zu fassen, auf dem einheimische Mitbewerber seit jeher präsent sind und insoweit über Wettbewerbsvorteile verfügen.[588] Werbe- und Vertriebsverbote hätten insoweit daher für ausländische Anbieter ganz andere Folgen als für einheimische, welche ein solches Verbot unter Umständen gar nicht treffe.[589] Für den Bereich neuartiger Kommunikationsmittel wie Fax oder Internet fordert *Roth* im Hinblick auf Art. 28 EGV, dass dieser durch die strikte Kontrolle staatlicher Regelungen für die Offenhaltung der Märkte und einen Wettbewerb der verschiedenen Kommunikations- und Vertriebswege sorgen solle.[590]

---

[582] Auf diesen Gesichtspunkt hinweisend Roth in: FS für Großfeld, 929, 952.

[583] EuGH, Rs. C-412/93, Leclerc-Siplec, Slg. 1995, I-179, 216, Erwägungen 19, 20. Vgl. auch Timmermans in: Schwarze, Werbung und Werbeverbote, 26, 30.

[584] EuGH, Rs. C-292/92, Hünermund, Slg. 1993, I-6787, 6822, Erwägung 20.

[585] EuGH, verb. Rs. C-34/95, C-35/95, C- 36/95, De Agostini, Slg. 1997, I-3843, 3890, Erwägung 42.

[586] EuGH, verb. Rs. C-34/95, C-35/95, C- 36/95, De Agostini, Slg. 1997, I-3843, 3890, Erwägungen 43, 44. Auch in der Entscheidung „De Agostini" ging es um eine Werberegelung, die ein Teilverbot der Werbung hier für eine bestimmte Verbrauchergruppe beinhaltete.

[587] Roth in: FS für Großfeld, 929, 951 ff.

[588] Roth in: FS für Großfeld, 929, 952.

[589] Roth in: FS für Großfeld, 929, 952 am Beispiel eines Verbots der Haustürwerbung.

[590] Roth in: FS für Großfeld, 929, 952.

Die tatsächlichen Verhältnisse der Werbung via E-Mail bestätigen den Ansatz *Roths*. Denn es ist zu beachten, dass die E-Mail einen extrem kostengünstigen Werbeweg darstellt, da der bloße Internetzugang und eine entsprechende Software dem Anbieter genügen können, um eine Werbesendung tausendfach an Klientel in ganz Europa zu versenden.[591] Insbesondere die technischen Möglichkeiten der Beifügung von Bild- und Textdateien stellen eine perfekte und wesentlich kostengünstigere Alternative gegenüber der Produktion und Verteilung drucktechnisch gestalteten Werbematerials dar. Unter diesem Gesichtspunkt kann im Wege der Nutzung des E-Mail-Dienstes als Werbemedium gerade für unbekanntere ausländische Anbieter der Marktzugang erheblich erleichtert sein. Ein Verbot der Zusendung unerwünschter E-Mail-Werbung kann unter diesem Gesichtspunkt eine Marktzugangsbehinderung ausländischer Anbieter bewirken, die eine Behinderung des freien Warenverkehrs nach sich ziehen kann. Auch wenn ein abschließendes Urteil über diese Wirkungen stets einer Prüfung des Einzelfalles bedarf[592], so dürften die angeführten Argumente jedoch ausreichen, die Vermutung der Entscheidung „Keck" zu widerlegen und eine Anwendbarkeit der Warenverkehrsfreiheit zu begründen.

In der Literatur wird zur Begründung der Anwendbarkeit der Warenverkehrsfreiheit auch auf die Fallgruppe des Euro-Marketing verwiesen.[593] Wenn ein Mitgliedstaat die E-Mail-Werbung beschränke oder verbiete, sie aber in einem anderen Mitgliedstaat erlaubt sei, müsse der Unternehmer sein für den gesamten Binnenmarkt gedachtes Marketingkonzept jeweils dem nationalen Recht anpassen, auf dessen Gebiet die Werbung abzielt.[594] In diesem Umstand eine Behinderung der Warenverkehrsfreiheit des Anbieters zu sehen und deshalb eine Beschränkung der E-Mail-Werbung als Maßnahme gleicher Wirkung einzuordnen, ist zutreffend und entspricht der vorliegend vertretenen Ansicht zur Fallgruppe des Euro-Marketing.[595] Diese Argumentation wird jedoch nur dann relevant, wenn kein vollständiges Verbot der Zusendung unerwünschter Werbe-E-Mail inmitten steht, sondern vielmehr lediglich unterschiedliche Rechtsvorschriften diese Werbeform behindern. Steht eine generelle Unzulässigkeit der Werbung im Wege der E-Mail im Raume, ergibt sich die Anwendbarkeit der Warenverkehrsfreiheit nach hier vertretener Auffassung bereits daraus, dass eine Vertriebsform als Ganzes verboten ist.[596]

b. Beschränkungen angeforderter E-Mail-Werbung

Eine andere Argumentation ist erforderlich, wenn Rechtsvorschriften zu einer inhaltlichen Beschränkung angeforderter Werbe-E-Mail führen.

Erklärt sich der Beworbene mit der Zusendung von Werbe-E-Mail einverstanden, so besteht kein Verbot dieser Werbeform nach § 1 UWG. Die zugesandten Werbe-E-Mail können aber dennoch Inhalte aufweisen, die gegen Rechtsvorschriften verstoßen und somit werberechtswidrig sind. Fraglich ist, welche gemeinschaftsrechtlichen Konsequenzen sich aus solchen inhaltlichen Beschränkungen der E-Mail-Werbung ergeben. Wie bereits festgestellt, kann sich

---

[591] Vgl. Hoffmann, Beilage zu NJW 2001 Heft 14, 5, 36; Schmelz, JA 2000, 242, 243.

[592] EuGH, verb. Rs. C-34/95, C-35/95, C- 36/95, De Agostini, Slg. 1997, I-3843, 3891, Erwägung 45 weist diese Prüfungskompetenz den nationalen Gerichten zu.

[593] Gruber in: Gruber/Mader, 109, 152; Leible/Sosnitza, K&R 1998, 283, 287 für Telefonwerbung; Jöhri, Werbung im Internet, 122. Dagegen Günther, CR 1999, 172, 176 ff., der eine Bedeutung des einheitlichen Euro-Marketing grundsätzlich verneint.

[594] So Gruber in: Gruber/Mader, 109, 152.

[595] Dazu oben Teil 2 B.II.4.c. A.A. Günther, CR 1999, 172, 177.

[596] Vgl. auch Roth in: FS für Großfeld, 929, 952.

der Anbieter im Falle der E-Mail-Werbung gezielt an den in den einzelnen Mitgliedstaaten geltenden Rechtsordnungen ausrichten. Im Gegensatz zum World Wide Web liegen also teilbare Wettbewerbshandlungen vor.[597] Dies hat zur Folge, dass der Anbieter nur unter dem Gesichtspunkt der Behinderung eines einheitlichen, europaweiten Marketing eine Beschränkung der Warenverkehrsfreiheit geltend machen kann. Nach oben dargestellten Grundsätzen[598] ist also erforderlich, dass der Anbieter vorträgt, dass er eine für den gesamten Binnenmarkt einheitlich konzipierte E-Mail-Werbung in Bezug auf den einen Mitgliedstaat anpassen muss und ihm hierdurch Kosten entstehen, aus deren Höhe sich ein Marktzugangshindernis ergibt.

IV. Rechtfertigung nationaler Werberegelungen

Sind nationale Werbevorschriften als Beschränkung der Warenverkehrsfreiheit einzuordnen, stellt sich die Frage, ob die Anwendung der Regelungen durch die Mitgliedstaaten gerechtfertigt sein kann. Der Gerichtshof hatte im Bereich des nationalen Werberechts vielfach Gelegenheit zur Stellungnahme, welche Vorschriften unter welchen Voraussetzungen gerechtfertigt sein können. Im Rahmen des vorliegenden Untersuchungsgegenstandes der Werbung im Internet ergeben sich gegenüber herkömmlichen Werbeformen nur wenige Besonderheiten. Im Hinblick auf die Einschlägigkeit des sekundärrechtlichen Herkunftslandprinzips für weite Bereiche der Internet-Werbung und den in Teil 3 C. ausführlich zu behandelnden spezifischen Rechtfertigungstatbestand des sekundärrechtlichen Herkunftslandprinzips soll im vorliegenden Zusammenhang nur eine zusammengefasste Darstellung der Grundsätze der Rechtfertigung nationaler Werberegelungen erfolgen.[599] Ein vertieftes Eingehen ist jedoch in Bezug auf das weiterhin den Grundfreiheiten unterfallende nationale Verbot der unaufgeforderten Zusendung von E-Mail-Werbung erforderlich.

1. Die Rechtfertigung nationaler Werberegelungen im Allgemeinen

Eine Rechtfertigung kommt im Falle unterschiedslos wirkender Maßnahmen zum einen aufgrund zwingender Erfordernisse der Mitgliedstaaten, zum anderen im Rahmen des Vorbehalts des Art. 30 EGV in Betracht. Zu unterscheiden ist, sowohl im Rahmen der Prüfung des Vorliegens zwingender Erfordernisse als auch im Falle des Vorbehalts des Art. 30 EGV, zwischen der Systematik der Rechtfertigungsprüfung und der Frage, ob ein Rechtfertigungsgrund vorliegt. Dabei soll die Prüfungssystematik zuerst dargestellt werden, da die Frage des Vorliegens zwingender Erfordernisse nicht losgelöst von der durch den EuGH angewandten Prüfungsstruktur gewürdigt werden kann.

a. Systematik der Rechtfertigungsprüfung

Zwingende Erfordernisse der Mitgliedstaaten können nur dann zur Rechtfertigung nationaler Vorschriften herangezogen werden, wenn keine vollständige Harmonisierung der betroffenen

---

[597] Vgl. auch Dethloff, Europäisierung des Wettbewerbsrechts, S. 168 ff.

[598] Teil 2 B.II.4.c.(2).

[599] Eine umfassende Würdigung der zwingenden Erfordernisse in der Rechtsprechung des EuGH findet sich etwa bei Ahlfeld, Zwingende Erfordernisse, zum Verbraucherschutz S. 104 ff., zur Lauterkeit des Handelsverkehrs S. 129 ff., sowie zum Gesundheitsschutz S. 95 ff. Zu Verbraucherschutz und Lauterkeit des Handelverkehrs vgl. auch Reese, Grenzüberschreitende Werbung, S. 66 ff., Perau, Werbeverbote, S. 137 ff. Eine Übersicht über die Rechtsprechung gibt Drasch, Das Herkunftslandprinzip im internationalen Privatrecht, S. 53 ff., Auswertung der Ergebnisse S. 75 ff. Stärker analysierend Schmitz, Kommerzielle Kommunikation im Binnenmarkt, S. 265 ff. Zur Kasuistik im Bereich des Wettbewerbsrechts auch Sack, GRUR 1998, 871, 877 ff.

Rechtsmaterie auf EU-Ebene erfolgt ist[600], die Vorschriften unterschiedslos auf einheimische und eingeführte Waren anwendbar sind[601] und die jeweilige Regelung dem Verhältnismäßigkeitsprinzip entspricht.

Wesentliche Bedeutung kommt dabei der Prüfung der Verhältnismäßigkeit einer nationalen Regelung durch den Gerichtshof zu. Bereits in der Entscheidung „Cassis de Dijon" stellte der Gerichtshof fest, dass nationale Regelungen, die die Warenverkehrsfreiheit einschränken, *„notwendig"* sein müssen, um zwingenden Erfordernissen gerecht zu werden.[602] Er stellte weiter fest, dass die Regelungen *„in einem angemessenen Verhältnis zum verfolgten Zweck stehen"* müssen und von mehreren zur Verfolgung dieses Zwecks geeigneten Mitteln dasjenige auszuwählen ist, *„das den freien Warenverkehr am wenigsten behindert"*.[603] Der Gerichtshof nimmt also eine Verhältnismäßigkeitsprüfung im klassischen Sinne vor. Das aus dem deutschen Recht bekannte Prüfungsschema kann dabei grundsätzlich übernommen werden.[604] Zu prüfen ist demnach zunächst die Geeignetheit einer Regelung zur Erreichung eines bestimmten Regelungsziels, im Anschluss daran die Erforderlichkeit der jeweiligen Maßnahme sowie zuletzt die Angemessenheit oder Verhältnismäßigkeit im engeren Sinne.

Der Gerichtshof wendet sowohl bei der Überprüfung des Vorliegens zwingender Erfordernisse, die das Regelungsziel der mitgliedstaatlichen Vorschrift beschreiben, als auch im Rahmen der Verhältnismäßigkeitsprüfung eigene, europäische Maßstäbe an. Der Begriff der zwingenden Erfordernisse ist ein gemeinschaftsrechtlicher Begriff, dessen Auslegung grundsätzlich Sache des Gerichtshofs und nicht der Mitgliedstaaten ist.[605] Diese Sichtweise hat zur Folge, dass der Gerichtshof die von den Mitgliedstaaten vorgebrachten zwingenden Erfordernisse inhaltlich auf Stichhaltigkeit und Einhaltung der durch das Gemeinschaftsrecht vorgegebenen Grenzen prüft. Der den Mitgliedstaaten dabei belassene Beurteilungsspielraum ist allerdings je nach zu prüfendem Regelungsziel unterschiedlich stark ausgeprägt.[606] Ausgeschlossen sind insbesondere Regelungsziele wirtschaftspolitischer Art.[607] Auch die Prüfung

---

[600] Ständige Rechtsprechung seit EuGH, Rs. 120/78, Cassis de Dijon, Slg. 1979, 649, 662, Erwägung 8. Aus der Literatur statt aller Müller-Graff in: GTE, Art. 30 EGV (aF), Rn. 198 ff.; Epiney in: Calliess/Ruffert, Art. 28 EGV, Rn. 24.

[601] In neuerer Zeit umstritten ist die Frage, ob eine Rechtfertigung durch zwingende Erfordernisse nur dann in Betracht kommt, wenn nationale Vorschriften unterschiedslos eingeführte und einheimische Waren betreffen oder ob dies auch bei diskriminierenden Regelungen der Fall sein kann. Auslöser der Diskussion war die Entscheidung „De Agostini", in der der Gerichtshof in Erwägung 45 zwingende Erfordernisse und die Ziele des Vorbehalts des Art. 30 EGV gleichrangig nebeneinander geprüft hat, vgl. EuGH, verb. Rs. C-34/95, C-35/95, C-36/95, De Agostini, Slg. 1997, I-3843, 3891. Daraus wird teilweise geschlossen, der Gerichtshof habe seine entgegenstehende Rechtsprechung aufgegeben, nach der zwingende Erfordernisse nur zur Rechtfertigung unterschiedsloser Maßnahmen in Betracht kämen. So Sack, WRP 1998, 104, 110; offenbar auch Timmermans in: Schwarze, Werbung, 26, 32. Dieser Auffassung ist nicht zu folgen. Der Entscheidung „De Agostini" lag vielmehr eine unterschiedslos wirkende nationale Regelung zugrunde, die möglicherweise durch rechtlich oder tatsächlich unterschiedliche Berührung den Marktzugang eingeführter Waren behindern konnte. Aus diesem Umstand folgt jedoch nach hier vertretener Ansicht (vgl. oben Teil 2 B.II.3.c.(2)) gerade nicht, dass eine diskriminierende Regelung im engeren Sinne inmitten stand. Unterschiedslos wirkende Regelungen können aber immer einerseits durch zwingende Erfordernisse oder durch den Vorbehalt des Art. 30 EGV gerechtfertigt sein, so dass in der parallelen Prüfung durch den Gerichtshof in der Entscheidung „De Agostini" keine Schaffung eines einheitlichen Rechtfertigungstatbestandes zu sehen ist. In diesem Sinne auch Heermann, WRP 1999, 381, 387.

[602] EuGH, Rs. 120/78, Cassis de Dijon, Slg. 1979, 649, 662, Erwägung 8.

[603] St. Rspr., vgl. EuGH, Rs. 178/84, Kommission/Deutschland, Slg. 1987, 1227, 1270, Erwägung 28.

[604] Ebenso Schmitz, Die kommerzielle Kommunikation im Binnenmarkt, S. 275 mwN.

[605] Vgl. nur Müller-Graff in: GTE, Art. 30 EGV (aF), Rn. 206.

[606] Zur Bedeutung des den Mitgliedstaaten gewährten Beurteilungsspielraums für die Intensität der Kontrolle aus Sicht des Gemeinschaftsrechts vgl. Schmitz, Die kommerzielle Kommunikation im Binnenmarkt, S. 277 ff.

[607] Müller-Graff in: GTE, Art. 30 EGV (aF), Rn. 204; Perau, Werbeverbote, S. 124; Schmitz, Kommerzielle Kommunikation im Binnenmarkt, S. 276.

der Verhältnismäßigkeit richtet der Gerichtshof am Maßstab eines gemeinschaftsrechtlich definierten Verhältnismäßigkeitsprinzips aus. Dies zeigt sich insbesondere im Rahmen der Prüfung der Erforderlichkeit einer nationalen Regelung. Diese ist immer dann nicht gegeben, wenn ein milderes Mittel zur Erreichung des Regelungsziels in Betracht kommt. Was dabei zur Erreichung eines Ziels erforderlich ist, bestimmt der Gerichtshof im Regelfall aus europäischer Sicht.[608] Auf die insoweit beispielhafte Etikettierungs-Rechtsprechung und deren Auswirkungen auf die Beurteilung zwingender Erfordernisse des Verbraucherschutzes wird im Folgenden noch einzugehen sein.

Der Vorbehalt des Art. 30 EGV bezieht sich grundsätzlich auf diskriminierende Vorschriften, kann aber auch auf nichtdiskriminierende Regelungen Anwendung finden. Wie im Rahmen der zwingenden Erfordernisse ist auch ein Berufen auf Art. 30 EGV nur dann möglich, wenn noch keine vollständige gemeinschaftsrechtliche Harmonisierung erreicht ist.[609] Weiterhin ist auch bei der Anwendung des Art. 30 EGV nach ständiger Rechtsprechung[610] eine Verhältnismäßigkeitsprüfung durchzuführen. Dies ergibt sich schon aus dem Wortlaut der Vorschrift, die fordert, dass Vorschriften „gerechtfertigt" sein müssen.[611] Zu beachten ist dabei gemäß Art. 30 S.2 EGV insbesondere, dass eine Regelung weder ein Mittel zur willkürlichen Diskriminierung noch eine verschleierte Beschränkung des Handels zwischen den Mitgliedstaaten darstellen darf.[612]

b. Rechtsfertigungsgründe

Im Bereich des Werberechts kommen als zwingende Erfordernisse zur Rechtfertigung vor allem der Verbraucherschutz sowie die Lauterkeit des Handelsverkehrs in Betracht. Im Rahmen des Vorbehalts des Art. 30 EGV ist es insbesondere der Aspekt des Gesundheitsschutzes, welcher nationale Werbevorschriften rechtfertigen kann.

(1) Verbraucherschutz und Lauterkeit des Handelsverkehrs

Regelungsziel von Vorschriften des allgemeinen Werberechts ist regelmäßig der Verbraucherschutz und die Lauterkeit des Handelsverkehrs. Bereits seit der Entscheidung „Cassis de Dijon" sind sowohl der Verbraucherschutz als auch die Lauterkeit des Handelsverkehrs als zwingende Erfordernisse anerkannt.[613] Eine Differenzierung zwischen beiden Begriffen erfolgte in den meisten Fällen nicht.[614]

---

[608] Zu beachten ist allerdings, dass die Rechtsprechung des Gerichtshofs zur Akzeptanz milderer Mittel, je nachdem, welches mitgliedstaatliche Erfordernis inmitten steht, unterschiedlich weit reicht. So neigt der EuGH im Bereich des Gesundheitsschutzes dazu, sich nicht ohne weiteres mit weniger wirksamen Alternativmaßnahmen zufrieden zu geben, vgl. hierzu Ahlfeld, Zwingende Erfordernisse, S 119.

[609] St. Rspr., siehe etwa EuGH, Rs. 35/76, Simmenthal, Slg. 1976, 1871, 1887, Erwägung 34/36; EuGH, Rs. 215/87, Schumacher, Slg. 1989, 617, 638, Erwägung 15.

[610] Zum Werberecht z.B. EuGH, verb. Rs. C-1/90 und C-176/90, Aragonesa, Slg. 1991, I-4151, 4184, Erwägungen 17 ff.

[611] Vgl. auch Müller-Graff in: GTE, Art. 36 EGV (aF), Rn. 45; Leible in: Grabitz/Hilf, Art. 30 EGV, Rn. 8; Epiney in: Calliess/Ruffert, Art. 30 EGV, Rn. 41 ff.

[612] Ausführlich zu diesem Merkmal Müller-Graff in: GTE, Art. 36 EGV (aF), Rn. 160 ff.

[613] Grundlegend EuGH, Rs. 120/78, Cassis de Dijon, Slg. 1979, 649, 662, Erwägung 8.

[614] Vgl. etwa EuGH, Rs. 286/81, Oosthoek, Slg. 1982, 4575, 4588, Erwägung 16; EuGH, Rs. C-126/91, Yves Rocher, Slg. 1993, I-2361, 2389, Erwägung 12; EuGH, verb. Rs. C-34/95, C-35/95, C- 36/95, De Agostini, Slg. 1997, I-3843, 3891, Erwägung 46. In der Entscheidung EuGH, Rs. C-362/88, GB-INNO-BM, Slg. 1990, I-667, 688, Erwägungen 13 ff. untersuchte der Gerichtshof nur den Verbraucherschutz als Rechtfertigungsgrund und

Im Bereich des Verbraucherschutzes nutzte der Gerichtshof seine Prüfungskompetenz zur Entwicklung eines eigenständigen Verbraucherleitbilds.[615] Innerhalb der Prüfung der Erforderlichkeit einer nationalen Maßnahme wird untersucht, ob dem Mitgliedstaat, der sich auf Belange des Verbraucherschutzes beruft, ein milderes, gleich effektives Mittel zur Erreichung des angestrebten Regelungsziels zur Verfügung steht. Wesentlicher Beurteilungsfaktor für diese Frage ist bei Regelungen des Werberechts, welche Maßstäbe an den vor unlauteren Werbemaßnahmen zu schützenden Verbraucher anzulegen sind. Im Rahmen der sog. „Etikettierungsrechtsprechung", die der Gerichtshof im Rahmen von mitgliedstaatlichen Vertriebsverboten für Erzeugnisse mit bestimmten Inhaltsstoffen zu entwickeln hatte, ging der EuGH von einem Verbraucher aus, der in der Lage ist, sich die erforderlichen Informationen über Inhaltsstoffe und Zusammensetzung von Produkten durch Lesen der Etikettierung selbst zu beschaffen[616], und hielt infolgedessen einen Schutz durch Verkehrsverbote für bestimmte Waren für nicht erforderlich. Dieser aufgeklärte, mündige Verbraucher ist auch Grundlage der Beurteilung der Erforderlichkeit werberechtlicher Vorschriften. In der Entscheidung „GB-INNO", in der es um ein luxemburgisches Verbot der Werbung mit herabgesetzten Preisen ging, stellt der EuGH unter Hinweis auf die „Etikettierungsrechtsprechung" auf den informationsbedürftigen Verbraucher ab und erteilte der Rechtfertigung der Regelung aus Gründen des Verbraucherschutzes eine Absage.[617] Zu demselben Ergebnis kam der EuGH in der Rechtssache „Yves Rocher" für das deutsche Verbot der Eigenpreisvergleichswerbung. Auch hier verneint der Gerichtshof die Erforderlichkeit der Regelung zum Zwecke des Verbraucherschutzes mit der Begründung, dass wahre Eigenpreisvergleiche für den Verbraucher sehr nützlich sein können, um seine Kaufentscheidung in voller Kenntnis der Sachlage zu treffen.[618]

Auch in der Entscheidung „Mars", in der es um die möglicherweise irreführende Wirkung eines Verpackungsaufdrucks „+10%" ging, griff der Gerichtshof auf das von ihm entwickelte Verbraucherleitbild zurück und entschied, dass von *„verständigen Verbrauchern"* zu erwarten sei, *„dass sie wissen, dass zwischen der Größe von Werbeaufdrucken, die auf die Erhöhung der Menge des Erzeugnisses hinweisen, und dem Ausmaß dieser Erhöhung nicht unbedingt ein Zusammenhang besteht"*.[619] Aus der Entscheidung „Mars" ergibt sich dabei zweierlei. Zum einen zeigt sich, dass das Leitbild eines mündigen Verbrauchers auch erhöhte Anforderungen an den Verbraucher selbst stellt und eine aktive und wache Teilnahme am Geschäftsverkehr erwartet.[620] Zum anderen sind die an den Verbraucher gestellten Anforderungen geeignet, auch die Maßstäbe bei Beurteilung des Vorliegens einer Irreführung zu ver-

---

ging auf die Lauterkeit des Handelsverkehrs nicht ein. Eine ausschließliche Prüfung der Lauterkeit des Handelsverkehrs lässt sich in der Rechtsprechung zu Werberegelungen nicht nachweisen. In der Entscheidung EuGH, Rs. C-238/89, Pall, Slg. 1990, I-4827, 4849, Erwägungen 19-21 differenzierte der Gerichtshof und wies den irreführenden Aspekt der Verwendung eines nicht eingetragenen Warenzeichens dem Erfordernis des Verbraucherschutzes, den sich hieraus ergebenden Vorsprung gegenüber Wettbewerbern hingegen dem Lauterkeitsschutz zu. Zu einer möglichen Differenzierung zwischen beiden Rechtfertigungsgründen vgl. Ahlfeld, Zwingende Erfordernisse, S. 99 ff. Zu dieser im Rahmen des sekundärrechtlichen Herkunftslandprinzips bedeutsamen Abgrenzung siehe auch unten Teil 3 C.II.3.b.(2)(a).

[615] Ausführlich zum Verbraucherleitbild Lensdorf, Das deutsche Werberecht im Rahmen des Euro-Marketing, S. 150 ff.; Ahlfeld, Zwingende Erfordernisse, S. 121 ff.; Schmitz, Die kommerzielle Kommunikation im Binnenmarkt, S. 299 ff. Vgl. auch Hammer, Handbuch zum freien Warenverkehr, S. 58 ff. in Zusammenfassung der Rechtsprechung des Gerichtshofs.

[616] Z.B. EuGH, Rs. 178/84, Kommission/Deutschland, Slg. 1987, 1227, 1270 ff., Erwägungen 32, 35.

[617] EuGH, Rs. C-362/88, GB-INNO-BM, Slg. 1990, I-667, 689, Erwägung 18.

[618] EuGH, Rs. C-126/91, Yves Rocher, Slg. 1993, I-2361, 2390, Erwägung 17.

[619] EuGH, Rs. C-470/93, Mars, Slg. 1995, I-1923, 1944, Erwägung 24.

[620] Vgl. auch Hammer, Handbuch zum freien Warenverkehr, S. 59.

schieben.[621] Dies wird auch aus der Entscheidung „Clinique" deutlich, die ein auf § 3 UWG gestütztes deutsches Verbot der Verwendung der Bezeichnung „Clinique" für kosmetische Produkte zum Gegenstand hatte. Der EuGH ging davon aus, dass auch in anderen Ländern ein Vertrieb unter dieser Bezeichnung möglich sei, ohne dass es zu einer Irreführung der Verbraucher komme.[622] Die medizinische Konnotation des Begriffs „Clinique" reiche nicht aus, um dieser Bezeichnung eine irreführende Wirkung zuzusprechen.[623]

Das so ausgestaltete Leitbild des mündigen Verbrauchers führt also dazu, dass unterschiedslos wirkende Vorschriften des allgemeinen Werberechts, die eine Maßnahme gleicher Wirkung darstellen, auf der Rechtfertigungsebene einer umfassenden Prüfung unterzogen werden, die sich grundsätzlich nach gemeinschaftsrechtlichen Maßstäben richtet. Durch Bejahung des Anwendungsbereichs der Warenverkehrsfreiheit kann der Gerichtshof auf der Ebene der Rechtfertigung einheitliche europäische Maßstäbe für den Verbraucherschutz setzen.[624]

(2) Gesundheitsschutz

Im Rahmen des Art. 30 EGV[625] ist für das Werberecht vor allem der Gesundheitsschutz von Bedeutung.[626] Produktspezifische Werbebeschränkungen können durch Belange des Schutzes der Gesundheit und des Lebens von Menschen im Sinne des Art. 30 S.1 EGV gerechtfertigt sein. Insbesondere Verbote der Arzneimittelwerbung[627] und der Werbung für alkoholische Getränke[628] unterlagen dabei bereits der Überprüfung durch den Gerichtshof.

Im Gegensatz zur Überprüfung des Vorliegens zwingender Erfordernisse, insbesondere des Verbraucherschutzes, überlässt der Gerichtshof den Mitgliedstaaten einen weitergehenderen Beurteilungsspielraum, unter Berücksichtigung der Erfordernisse des freien Warenverkehrs innerhalb der Gemeinschaft zu bestimmen, *„in welchem Umfang sie den Schutz der Gesundheit und des Lebens von Menschen gewährleisten wollen"*.[629] Der Grund hierfür liegt

---

[621] In der Sache „Nissan" entwickelte der Gerichtshof gemeinschaftsrechtliche Kriterien zur Auslegung des Begriffs der Irreführung im Sinne der Irreführungsrichtlinie, Rl. 84/450/EWG, ABl. 1984 L 250/17. Eine Werbung ist demnach nur dann irreführend, wenn die Werbeangaben nicht der Wahrheit entsprechen und konkrete Umstände des Einzelfalles die irreführende Eigenschaft der Werbemaßnahme ergeben. Wenn dies der Fall ist, ist eine Werbung nur dann irreführend, wenn sich die Irreführung bei einer erheblichen Anzahl von Verbrauchern derart verwirklicht hat, dass diese ihre Kaufentscheidung nachweislich in Unkenntnis der tatsächlichen Beschaffenheit der Ware getroffen haben. Vgl. EuGH, Rs. C-373/90, Nissan, Slg. 1992, I-131, 150, Erwägungen 15 ff.

[622] EuGH, Rs. C-315/92, Clinique, Slg. 1994, I-317, 337, Erwägung 21.

[623] EuGH, Rs. C-315/92, Clinique, Slg. 1994, I-317, 337, Erwägung 23.

[624] Kritische Bewertung dieses einheitlichen Verbraucherleitbildes bei Schmitz, Die kommerzielle Kommunikation im Binnenmarkt, S. 317 ff.

[625] Der Schutz der öffentlichen Gesundheit wird vom EuGH, Rs. 120/78, Cassis de Dijon, Slg. 1979, 649, 662, Erwägung 8 auch zu den zwingenden Erfordernissen gezählt. Kritisch im Hinblick auf die fehlende Notwendigkeit dieser Doppeleinordnung Müller-Graff in: GTE, Art. 30 EGV (aF), Rn. 208.

[626] Das Recht des unlauteren Wettbewerbs wird dabei nicht vom Begriff des „kommerziellen oder gewerblichen Eigentums" iSd. Art. 30 EGV erfasst. H.M., Becker in: Schwarze, EU-Kommentar, Art. 30 EGV, Rn. 24; Leible in: Grabitz/Hilf, Art. 30 EGV, Rn. 19. Vgl. auch EuGH, Rs. 113/80, Kommission/Irland, Slg. 1981, 1625, 1638, Erwägungen 7, 8.

[627] Vgl. insbesondere EuGH, Rs. C-320/93, Ortscheit, Slg. 1994, I-5243 ff.

[628] EuGH, verb. Rs. C-1/90 und C-176/90, Aragonesa, Slg. 1991, I-4151 ff.; EuGH, Rs. C-405/98, GIP, Urteil vom 8. März 2001, EWS 2001, 184 ff.; EuZW 2001, 251 ff.

[629] Z.B. EuGH Rs. 272/80, Biologische Producten, Slg. 1981, 3277, 3290, Erwägung 12; EuGH, Rs. C-42/90, Bellon, Slg. 1990, I-4863, 4882, Erwägung 11. Zu Arzneimittelwerbeverboten vgl. insbesondere EuGH, Rs. C-320/93, Ortscheit, Slg. 1994, I-5243, 5264, Erwägung 16. Zu Werbeverboten für alkoholische Getränke siehe EuGH, verb. Rs. C-1/90 und C-176/90, Aragonesa, Slg. 1991, I-4151, 4184, Erwägung 16; bestätigend EuGH, Rs. C-405/98, GIP, Urteil vom 8. März 2001, EWS 2001, 184 ff.; EuZW 2001, 251 ff., Erwägung 29.

in der überragenden Bedeutung von Leben und Gesundheit unter den in Art. 30 EGV geschützten Interessen.[630] Daraus folgt, dass den Mitgliedstaaten im Hinblick auf das Maß des gewählten Schutzniveaus ein weitreichender Beurteilungsspielraum zukommt.

Die Verhältnismäßigkeit einer nationalen Maßnahme ist dennoch nur dann gewahrt, wenn eine nationale Regelung für den wirksamen Schutz der Gesundheit notwendig ist. Ein nationales Arzneimittelwerbeverbot fällt dann nicht unter die Ausnahmebestimmungen des Art. 30 EGV, *„wenn die Gesundheit oder das Leben genauso wirksam durch Maßnahmen geschützt werden kann, die den innergemeinschaftlichen Handel weniger beschränken“.*[631] Auch bei dieser Beurteilung gewährt der Gerichtshof, solange noch keine vollständige Harmonisierung dieses Bereichs erfolgt ist, den Mitgliedstaaten einen Regelungsspielraum, Beschränkungen der Arzneimitteleinfuhr durch Werbeverbote abzusichern.[632] Eine ähnliche Reichweite des Beurteilungsspielraumes ergibt sich aus der Rechtsprechung zu Verboten der Werbung für alkoholische Getränke. Der Gerichtshof fragt dort, ob die betreffende Maßnahme in einem angemessenen Verhältnis zum angestrebten Ziel des Gesundheitsschutzes steht und weder ein Mittel zur willkürlichen Diskriminierung noch eine verschleierte Beschränkung des Handels im Sinne des Art. 30 S.2. EGV darstellt.[633] Ist letzteres nicht der Fall, können auch weitreichende Verbote der Alkoholwerbung zur Wahrung von Belangen des Gesundheitsschutzes angemessen sein.[634]

2. Besonderheiten bei Werbung im Internet

Wird Internet-Werbung durch nationale Werberegelungen begrenzt, so ergeben sich im Hinblick auf die Rechtfertigungsprüfung nur wenige Besonderheiten. Die vorstehend aufgezeigten Prüfungsgrundsätze sind dabei grundsätzlich zu beachten.

a. Werbung im World Wide Web

(1) Rechtfertigungsgründe

Als Rechtfertigungsgründe kommen im Bereich des allgemeinen Werberechts auch hier Verbraucherschutz und Schutz der Lauterkeit des Handelsverkehrs in Betracht, die zwingende Erfordernisse darstellen können. Nationale Werberegelungen sind dann gerechtfertigt, wenn sie aufgrund zwingender Erfordernisse des Verbraucherschutzes oder der Lauterkeit des Handelsverkehrs notwendig sind. Insoweit kann auf die oben dargestellten Grundsätze insbesondere zum Leitbild des mündigen Verbrauchers verwiesen werden. Das Internet ist ein reines Informationsmedium. Im Hinblick auf die Entscheidungen „GB-INNO“[635] und „Yves Rocher“[636] erscheint es durchaus naheliegend, dem Verbraucher ein noch weiterreichendes Informationsbedürfnis zu unterstellen. Zudem ist es eine Besonderheit des Internet, dass sich

---

[630] Zu Arzneimitteleinfuhrverboten EuGH, Rs. C-347/89, Eurim-Pharm, Slg. 1991, I-1747, 1770, Erwägung 26. Für Arzneimittelwerbeverbote EuGH, Rs. C-320/93, Ortscheit, Slg. 1994, I-5243, 5264, Erwägung 16.

[631] EuGH, Rs. C-320/93, Ortscheit, Slg. 1994, I-5243, 5264, Erwägung 17.

[632] EuGH, Rs. C-320/93, Ortscheit, Slg. 1994 , I-5243, 5264, Erwägungen 18, 19 zum Werbeverbot des § 8 II HWG.

[633] EuGH, verb. Rs. C-1/90 und C-176/90, Aragonesa, Slg. 1991, I-4151, 4185, Erwägung 20; EuGH, Rs. C-405/98, GIP, Urteil vom 8. März 2001, EWS 2001, 184 ff.; EuZW 2001, 251 ff., Erwägungen 28, 32.

[634] EuGH, Rs. C-405/98, GIP, Urteil vom 8. März 2001, EWS 2001, 184 ff.; EuZW 2001, 251 ff., Erwägungen 32 ff. Der EuGH stellt in Erwägung 33 ferner klar, dass die Untersuchung der die Abwägung tragenden rechtlichen und tatsächlichen Umstände, die die Lage in dem jeweiligen Mitgliedstaat kennzeichnen , Sache des vorlegenden Gerichts ist.

[635] EuGH, Rs. C-362/88, GB-INNO-BM, Slg. 1990, I-667, 689, Erwägung 18.

[636] EuGH, Rs. C-126/91, Yves Rocher, Slg. 1993, I-2361, 2389, Erwägung 17.

der Verbraucher in besonderem Maße selbstständig bei der Beschaffung aller erforderlichen Produktinformationen bewegen kann. Der Markt ist, wie oben dargestellt, äußerst transparent. Hierin liegen Gründe, verstärkt von einem mündigen und selbstständigen Verbraucher auszugehen.

Der Schutz der Gesundheit im Sinne des Art. 30 EGV ist auch bei Werbung im Internet vor allem zur Rechtfertigung produktbezogener Werberegelungen von Bedeutung. Einer Anwendung der vorstehend aufgezeigten Grundsätze steht auch für Beschränkungen der Werbung im Internet nichts entgegen. Dies gilt auch für den Fall der Arzneimittelwerbung im Rahmen grenzüberschreitend tätiger Internet-Apotheken.[637] Das inmitten stehende Arzneimittelwerbeverbot des § 8 Absatz 2 Alt. 2 HWG ist aus Gründen des Gesundheits- und Lebensschutzes im Sinne des Art. 30 EGV für gerechtfertigt anzusehen. Das Landgericht Frankfurt/Main begründete dies -in Anlehnung an die Rechtsprechung des Gerichtshofs in der Sache „Ortscheit“[638]- mit dem Zweck des Werbeverbotes, den Ausnahmecharakter der Einzeleinfuhren nicht zugelassener Arzneien zu wahren, um zu verhindern, dass das grundsätzliche Erfordernis einer nationalen Zulassung umgangen wird.[639] Anderer Auffassung war dagegen das LG Berlin, welches die Gefahr der Umgehung nicht als gegeben ansah, da es sich bei der Abgabe nach § 73 Absatz 2 Nr. 6a AMG stets nur um geringe Mengen handele.[640] Diesem Argument ist aber entgegenzuhalten, dass von der Einzelbezugsregelung in vielen Einzelfällen durch verschiedene Kunden Gebrauch gemacht wird und somit dennoch eine dem Zweck der Einzelbezugsregelung entgegenstehende Wirkung erzielt werden kann.[641] Im Rahmen der Darstellung des sekundärrechtlichen Herkunftslandprinzips wird auf die Frage der Rechtfertigung des betreffenden Arzneimittelwerbeverbots unter den dort relevanten Gesichtspunkten noch einmal einzugehen sein.[642]

(2) Prüfungssystematik

Auch die Prüfungssystematik richtet sich weitgehend nach den vorstehend dargestellten allgemeinen Grundsätzen. Einzig die Prüfung der Verhältnismäßigkeit einer nationalen Werberegelung kann Besonderheiten mit sich bringen. Dies gilt zum einen dann, wenn eine unteilbare Multistate-Werbung von der Werbevorschrift betroffen ist.[643] Wird die Werbung im World Wide Web durch Werbebeschränkungen eines Staates behindert, so können sich hieraus binnenmarktweite Auswirkungen für den Produktvertrieb ergeben. Denn der Werbetreibende, der seine Werbung dem strengsten Wettbewerbsrecht anpassen muss, wird dabei unter Umständen zur Aufgabe des betreffenden Marketingkonzepts auch im Herkunftsland oder für andere Staaten gezwungen, in denen eine werbebeschränkende Regelung nicht besteht. In dieser Situation einer europaweiten Wirkung der Werberegelung eines einzigen Mitgliedstaates wird zu Recht die Frage nach den Auswirkungen auf die Verhältnismäßigkeit der Regelung aufgeworfen. Stellt man diese Wirkung einer Werbebeschränkung in die Abwägung ein,

[637] Siehe oben Teil 2 B.III.1.a. Zur Frage der Rechtfertigung des Versandverbotes im Rahmen des E-Commerce auf Grundlage des Gesundheitsschutzes vgl. Koenig/Engelmann, ZUM 2001, 19, 23 ff.
[638] EuGH, Rs. C-320/93, Ortscheit, Slg. 1994, I-5243, 5264, Erwägung 19.
[639] LG Frankfurt/Main, K&R 2001, 153 ff. = CR 2001, 185 ff., 190. Dem folgend Mankowski, MMR 2001, 251, 253.
[640] LG Berlin, K&R 2001, 168. Ebenso Eichler, K&R 2001, 144, 147.
[641] A.A. das LG Berlin, K&R 2001, 168, welches argumentiert, die Häufung von Bestellungen sei in der Eigenart des Binnenmarktes angelegt und deshalb zu akzeptieren.
[642] Unten Teil 3 C.II.3.b.(2)(b).
[643] In diesem Sinne Dethloff, JZ 2000, 179, 183. Dies bestätigend Dethloff, Europäisierung des Wettbewerbsrechts, S. 210 ff.

so wird die Angemessenheit der Maßnahme weniger leicht zu bejahen sein.[644] Das Ergebnis einer solchen Verhältnismäßigkeitsprüfung ist freilich nur für den jeweiligen Einzelfall zu bestimmen.[645]

b. E-Mail-Werbung

Ausgangspunkt der Untersuchung ist das momentan nach herrschender Meinung im deutschen Recht bestehende generelle Verbot der Zusendung nicht angeforderter Werbe-E-Mail.[646] Dieses ist geeignet, den Marktzugang von Waren aus anderen Mitgliedstaaten zu beschränken und kann so eine Behinderung der Warenverkehrsfreiheit ausländischer Erzeugnisse darstellen.[647] Zu untersuchen ist, ob ein derartiges Verbot durch zwingende Erfordernisse im Sinne der Cassis-Formel gerechtfertigt sein kann. Als zwingende Erfordernisse kommen für ein Verbot der Zusendung nicht angeforderter E-Mail-Werbung Belange des Verbraucherschutzes und der Lauterkeit des Handelsverkehrs[648] in Betracht.[649]

Die Rechtfertigung einer Behinderung der Warenverkehrsfreiheit durch ein mitgliedstaatliches Verbot der Zusendung von Werbe-E-Mail kommt dann in Betracht, wenn das Verbot zur Erreichung der durch den Mitgliedstaat angestrebten Ziele geeignet und erforderlich ist und auch eine Verhältnismäßigkeitsprüfung im engeren Sinne eine Angemessenheit des Verbotes begründen kann.[650]

Zu prüfen ist zunächst die Geeignetheit eines entsprechenden Verbots zur Erreichung der mitgliedstaatlichen Zielsetzung im Bereich des Verbraucherschutzes und der Lauterkeit des Handelsverkehrs. Diese wird von einer im Schrifttum vertretenen Ansicht in Frage gestellt.[651] *Gruber* vertritt die Auffassung, ein Verbot der Zusendung unverlangter Werbe-E-Mail sei nicht geeignet, die angestrebten Schutzziele zu erreichen, weil die technische Konfiguration des Internet es dem Anbieter ermögliche, weltweit von jedem Standort aus seine Werbebotschaften zu versenden. Selbst wenn alle Mitgliedstaaten der Gemeinschaft die E-Mail-Werbung verbieten würden, wäre es Unternehmen immer noch möglich, Werbung unsanktioniert aus einem Nicht-EU-Staat zu versenden. Aus diesem Grunde könne es dann trotz des Verbotes einzelner Mitgliedstaaten zu der ein Werbeverbot begründenden Ressourcenbelastung kommen, weshalb die Eignung eines nationalen Verbots zu verneinen sei.[652] Diese Ansicht ist nicht haltbar. Das Internet ist unbestreitbar ein globales Medium. Der einzig optimale Weg, rechtliche Rahmenbedingungen für dieses Medium zu schaffen, läge in der Aufstellung weltweit einheitlicher Standards. Auch dies ist unbestritten. Da dies aber auch bei optimistischer Betrachtung in absehbarer Zeit nicht erreichbar ist, muss sich die Regelung der das In-

---

644 So auch Dethloff, JZ 2000, 179, 183.
645 Vgl. zu Besonderheiten der Rechtfertigungsprüfung bei Werberegelungen, die sich gegen Werbung im World Wide Web richten, auch die Ausführungen in Teil 3 C.II.3.c. zur Prüfung der Rechtfertigung im Rahmen des sekundärrechtlichen Herkunftslandprinzips.
646 Dazu oben Teil 2 B.III.2.a.(1).
647 Dazu oben Teil 2 B.III.2.a.(2).
648 EuGH, Rs. 120/78, Cassis de Dijon, Slg. 1979, 649, 662, Erwägung 8.
649 Vgl. Reich, EuZW 1997, 581, 586; Günther, CR 1999, 172, 178; Gruber in: Gruber/Mader, 109, 152 ff.; Jöhri, Werbung im Internet, 122. Leible/Sosnitza, K&R 1998, 283, 288 ff.; Glöckner, GRUR Int. 2000, 29, 35 ff. für die im Hinblick auf die Prüfung der Rechtfertigung ähnlich gelagerte Telefonwerbung.
650 Zu den allgemeinen Grundsätzen der Rechtfertigungsprüfung vgl. oben Teil 2 B.IV.1.a.
651 Gruber in: Gruber/Mader, 109, 154 ff.
652 Gruber in: Gruber/Mader, 109, 154 ff.

ternet tragenden Rechtverhältnisse auf in sich geschlossene Rechtsräume beziehen.[653] Die Europäische Gemeinschaft ist ein solcher Rechtsraum. Würde man bei jedem auftretenden Rechtsproblem auf die Möglichkeit des Anbieters verweisen, sich in rechtsfreie Räume, die das Internet immer bieten wird, zurückzuziehen, so wäre damit der Zweck gemeinschaftsrechtlicher Regelungen im Bereich des Internet generell in Frage gestellt. Dieses Argument kann die Eignung eines Verbots der Zusendung unerwünschter E-Mail-Werbung daher nicht in Frage stellen. Es ist vielmehr mit der insoweit ganz herrschenden Ansicht darauf abzustellen, dass ein vollständiges Verbot sicherlich die Eignung in sich trägt, die Ziele des Verbraucherschutzes und der Lauterkeit des Handelverkehrs zu schützen.[654]

Gewichtigere Probleme wirft die Frage auf, ob ein vollständiges Verbot der Zusendung unverlangter Werbe-E-Mail zur Erreichung erforderlich ist, um die inmitten stehenden Belange des Verbraucherschutzes und der Lauterkeit des Handelsverkehrs zu schützen. Dies ist dann der Fall, wenn kein milderes, gleich effizientes Mittel zu Erreichung der Zielsetzung besteht. Diese Frage ist für den Bereich der E-Mail-Werbung gerade deshalb virulent, da sich der europäische Gesetzgeber sowohl in der Fernabsatzrichtlinie[655], als auch in der E-Commerce-Richtlinie[656] für die sog. opt-out-Lösung entschieden hat, nach der von einer grundsätzlichen Zulässigkeit der Zusendung unverlangter E-Mail-Werbung bei gleichzeitig bestehendem Widerspruchsrecht des Verbrauchers auszugehen ist.[657] Hieraus könnte folgen, dass in einer opt-out-Lösung ein milderes, gleich effizientes Mittel zu sehen ist. Die aus der insoweit durch den europäischen Gesetzgeber getroffenen Festlegung zu ziehenden Folgerungen werden unter verschiedenen Gesichtspunkten diskutiert.

Teilweise wird vertreten, dass der europäische Gesetzgeber den Prüfungsrahmen für die Festlegung des erforderlichen Mindeststandards determiniert habe. Das Allgemeininteresse des Verbraucherschutzes sei für die geregelten Fälle spezifisch definiert und auf ein opt-out-System reduziert.[658] Der Gemeinschaftsgesetzgeber habe durch seine Entscheidung zum Ausdruck gebracht, dass ein vollständiges Verbot dieser Werbeformen nicht erforderlich sei, sondern vielmehr die gewählte Widerspruchslösung für die Wahrung des Ziels des Verbraucherschutzes ausreiche.[659] Gegen diesen Ansatz wird zutreffend angeführt, dass den Festlegungen der Fernabsatzrichtlinie eine Bindungswirkung im Hinblick auf die Beurteilung des erforderlichen Verbraucherschutzniveaus nicht zukommen kann. *Günther* verweist auf Art. 14 der Richtlinie und die darin enthaltene Mindestklausel, wonach eine weitergehende Regelung durch die Mitgliedstaaten möglich bleiben soll.[660] Würde man die Festlegungen der Richtlinie für determinierend halten, wäre Sinn und Zweck der Mindestklausel zerstört.[661]

---

[653] Vgl. Schippan, ZUM 1997, 813, 816 mwN. Dazu auch oben Teil 1 A.I.4.
[654] So ausdrücklich Leible/Sosnitza, K&R 1998, 283, 288 für den Bereich der Telefonwerbung. Dies voraussetzend Günther, CR 1999, 172, 178; Jöhri, Werbung im Internet, 122; Glöckner, GRUR Int. 2000, 29, 35.
[655] Art. 10 Absatz 2 der Richtlinie 97/7/EG des Europäischen Parlaments und des Rates über den Verbraucherschutz bei Vertragsschlüssen im Fernabsatz, ABl. EG 1997 Nr. L 144/19 vom 4.6.1997. Hierzu oben Teil 2 B.III.2.a.(1).
[656] Art. 7 Absatz 2 der E-Commerce-Richtlinie.
[657] Siehe auch Leible/Sosnitza, K&R 1998, 283, 288; Günther, CR 1999, 172, 178
[658] Reich, EuZW 1997, 581, 586.
[659] Leible/Sosnitza, K&R 1998, 283, 288. Dagegen Günther, CR 1999, 172, 178.
[660] Günther, CR 1999, 172, 178 spricht von einem Zirkelschluss. Gruber in: Gruber/Mader, 109, 152 geht sogar davon aus, dass sich aus der Ermächtigungsklausel des Art. 14 gerade im Gegenteil ein Indiz dafür ergebe, dass die Gemeinschaftsorgane von einer grundsätzlichen Zulässigkeit weitergehender Beschränkungen ausgingen und mitgliedstaatliche Beschränkungen daher für gerechtfertigt halten würden.
[661] Ebenso Günther, CR 1999, 172, 178.

Auch wenn man nicht von einer Bindungswirkung durch die in der Fernabsatzrichtlinie und der E-Commerce-Richtlinie getroffenen Vorgaben ausgeht, bleibt dennoch die Frage bestehen, ob in einer Widerspruchslösung ein milderes, gleich effektives Mittel zu sehen ist. Ob eine opt-out-Lösung in praxi in effektiver und dem Schutz des Empfängers von Werbe-E-Mail angemessener Weise ausgestaltet werden kann, ist zu diesem Zeitpunkt noch nicht absehbar.[662] Die Eintragungsmöglichkeit in sog. Robinson-Listen, wie sie die E-Commerce-Richtlinie in Art. 7 Absatz 2 mit dem Ziel der Schaffung eines Mindestschutzniveaus festschreibt, wirft die Frage nach der gesetzlichen Verankerung solcher Listen, nach datenschutzrechtlichen Aspekten und nach einem möglichen Sanktionsinstrumentarium bei Verstößen gegen Kennzeichnungs-, Identifikations- und Unterlassungspflichten auf.[663] Solange diese Fragestellungen nicht geklärt sind, kann im Sinne eines möglichst weitreichenden Verbraucherschutzes, welcher gemäß Art. 153 Absatz 1 EGV auch Bestandteil der Zielsetzungen des Gemeinschaftsrechts ist, eine opt-out-Lösung nicht als gleich effektives Mittel zur Erreichung des Schutzziels des Verbraucherschutzes angesehen werden. Die Erforderlichkeit eines Verbots der E-Mail-Werbung ist demnach zu bejahen.[664]

Es stellt sich somit die Frage nach der Angemessenheit eines Verbots. Hierbei sind auf der einen Seite das möglicherweise bestehende Marktzugangshindernis für den durch ein E-Mail-Werbeverbot betroffenen Anbieter aus einem anderen Mitgliedstaat, auf der anderen Seite die Interessen des Verbraucherschutzes der durch die massenhafte Zusendung von E-Mail-Werbung betroffenen Empfänger der Werbebotschaften gegenüberzustellen.

Der Aspekt des Verbraucherschutzes verliert nicht dadurch an Gewicht, dass im Gegensatz zur Telefonwerbung bei der Werbung via E-Mail nicht die Privatsphäre des Individuums, sondern nur der Belästigungseffekt und die Ressourcenbelastung inmitten stehen.[665] Letztere stellen spezifische Belastungen durch den Werbeträger E-Mail dar, welche dem Internetnutzer tagtäglich augenfällig werden. Zu fragen ist also nach tragfähigen Lösungsmöglichkeiten, die den Verbraucher zumindest in einer einem vollständigen Verbot annähernd entsprechenden Qualität zu schützen geeignet sind. Ausgangspunkt hierfür ist das den sekundärrechtlichen Regelungen zugrundeliegende opt-out-Modell. Dieses beinhaltet für den Verbraucher zwei Möglichkeiten. Entweder er wird selbst gegenüber dem Werbenden aktiv und widerspricht der Zusendung der E-Mail oder er versucht den Eingang der Werbe-E-Mail bestmöglich zu kontrollieren. Für letztere Variante werden in der Literatur verschiedene Wege aufgezeigt.[666] Diskutiert wird etwa die Möglichkeit des Verbrauchers, Filterprogramme gegen unerwünschte Werbe-E-Mail auf dem eigenen PC zu installieren.[667] Weiterhin wird vorgeschlagen, der Nutzer könne im Falle einer wiederholten Überbeanspruchung durch Werbe-E-Mail den Provider oder die E-Mail-Adressen wechseln oder mehrere E-Mail-Adressen innehalten, von denen er gezielt nur bestimmte im elektronischen Geschäftsverkehr angibt.[668] Derartige Selbstschutzmaßnahmen sind dem Verbraucher nach hier vertretener Ansicht keinesfalls zumutbar. Schon der Eingang und die Sichtung werblicher E-Mail verursachen beim Nutzer Zeit- und Kostenaufwand, der auch bei einer entsprechenden Kennzeichnung der E-Mail nicht vollständig entfällt. Ein zusätzliches, möglicherweise erneut kostenintensives, jedenfalls aber zeitintensives

---

[662] Günther, CR 1999, 172, 183 zur Problematik der praktischen Umsetzung von opt-out-Systemen. Vgl. auch Heermann, K&R 1999, 6, 12; Glöckner, GRUR Int. 2000, 29, 36.

[663] Günther, CR 1999, 172, 183.

[664] Ebenso Günther, CR 1999, 172, 178. Glöckner, GRUR Int. 2000, 29, 36 für den Bereich der Telefonwerbung.

[665] So aber offenbar Gruber in: Gruber/Mader, 109, 152. Im hier vertretenen Sinne Günther, CR 1999, 172, 180.

[666] Vgl. etwa Heermann, K&R 1999, 6, 12 ff.; Günther, CR 1999, 172, 180 ff.

[667] Heermann, K&R 1999, 6, 13.

[668] Heermann, K&R 1999, 6, 13.

Tätigwerden darf den Nutzer daher nicht mehr treffen. Es bleibt zur dem Verbraucherschutz genügenden Durchsetzung einer opt-out-Lösung also nur die Möglichkeit, einen Widerspruch gegen die Zusendung von E-Mail werblichen Inhalts zu erklären. Fraglich ist aber, wie diese Erklärung in praxi erfolgen soll. Nicht denkbar ist es dabei, dass der Nutzer in jedem Einzelfall seinen Widerspruch gegenüber verschiedenen Werbenden erklären muss.[669] Die einzig tolerable Variante aus Sicht des Verbrauchers ist vielmehr, eine einmalige Erklärung widersprechenden Inhalts abzugeben. Dies kann im Wege von Robinson-Listen erfolgen, die vor der Durchführung von Werbeaktionen im Wege der E-Mail von den Werbenden konsultiert werden müssen. Ist ein Nutzer nicht in eine solche Liste eingetragen, kann diesem in wettbewerbsrechtlich zulässiger Weise Werbung zugesandt werden. Liegt hingegen ein Eintrag vor und wird dennoch Werbung übersandt, so ist das Verhalten des Werbenden rechtswidrig. Eine Einführung von Robinson-Listen sieht auch Art. 7 Absatz 2 der E-Commerce-Richtlinie als Mindeststandard für den europäischen Rechtsraum vor. Nur auf diese Weise kann ein ausreichender Schutz des Nutzers außerhalb eines generellen Verbots gewährleistet werden. Die E-Commerce-Richtlinie stellt im Hinblick auf die Verwirklichung eines opt-out-Modells eine Sonderregelung gegenüber der Fernabsatzrichtlinie speziell für den Bereich der E-Mail-Werbung dar. Hieraus lässt sich eine Konkretisierung des erforderlichen Verbraucherschutzstandards aus Sicht des europäischen Gesetzgebers schließen. Da aber funktionsfähige Robinson-Listen bislang nicht existieren, entspricht es aus diesem Grunde auch dem europäischen Gemeinschaftsrecht, zur Verwirklichung des Ziels des Verbraucherschutzes solange ein generelles Verbot der Zusendung zu tolerieren, bis entsprechend qualitative Abwehrmöglichkeiten des Verbrauchers im Rahmen einer Widerspruchslösung geschaffen sind.

Ein generelles Verbot der Zusendung unverlangter Werbe-E-Mail kann im Einzelfall zwar eine erhebliche Behinderung des Marktzuganges für ausländische Anbieter und damit eine Beschränkung des freien Warenverkehrs darstellen. Der besonderen Bedeutung des Verbraucherschutzes ist jedoch mangels ersichtlicher Alternativen zunächst das höhere Gewicht beizumessen.[670] Dies gilt solange, bis gemeinschaftsweit taugliche Mechanismen für ein einheitliches Widerspruchssystem gefunden sind.

C. Dienstleistungsfreiheit

I. Grundlagen der Dienstleistungsfreiheit

1. Schutzbereich der Dienstleistungsfreiheit

Die Dienstleistungsfreiheit des Art. 49 EGV ist Teil der Grundfreiheiten des EGV und ergänzt und vervollständigt als unmittelbar anwendbares Primärrecht den Schutz der wirtschaftlichen Betätigungsfreiheit im Binnenmarkt, indem das grenzüberschreitende Angebot von Dienstleistungen garantiert wird.[671] Sie gewährleistet die selbständige Erbringung von grenzüber-

---

[669] Vgl. auch Heermann, K&R 1999, 6, 13.

[670] Eine entsprechende Tendenz ergibt sich auch aus der Rechtsprechung des Gerichtshofs in EuGH, Rs. C-384/93, Alpine Investments, Slg. 1995, I-1141, 1179, Erwägung 44, 46, in dem ein niederländisches Verbot der unerwünschten Telefonwerbung für gerechtfertigt erachtet wurde. Die Verallgemeinerungsfähigkeit der durch den Gerichtshof getroffenen Aussagen ist jedoch begrenzt, da Gegenstand der Telefonanrufe das Angebot von Finanzdienstleistungen war, was insbesondere Erwägungen im Hinblick auf den Schutz des Verbrauchers gegenüber spekulativen Finanzanlagen nach sich zog.

[671] Kluth in: Calliess/Ruffert, Art. 50 EGV, Rn. 1. Hailbronner/Nachbaur, EuZW 1992, 105, 107 weisen dabei auf die gemeinsame Zielrichtung von Warenverkehrs- und Dienstleistungsfreiheit hin, die in dem Streben nach größtmöglicher Produktmobilität im europäischen Binnenmarkt liegt.

schreitenden Dienstleistungen in Europa.[672] Unverzichtbare Merkmale, die eine Dienstleistung erfüllen muss, um dem Schutz des Art. 49 EGV zu unterfallen, sind die Entgeltlichkeit sowie die Grenzüberschreitung der Dienstleistung.[673]

Entgeltlich ist eine Tätigkeit dann, wenn sie einen Teil des Wirtschaftslebens ausmacht.[674] Ein Entgelt in diesem Sinne ist gegeben, wenn es die wirtschaftliche Gegenleistung für die betreffende Tätigkeit darstellt.[675] Dies bedeutet jedoch nicht, dass die Entrichtung des Entgelts im Synallagma zu der erbrachten Leistung stehen muss. Vielmehr ist es ohne Belang, ob das Entgelt vom Empfänger der Leistung selbst oder von einem Dritten bezahlt wird.[676]

Das Erfordernis der Grenzüberschreitung einer Dienstleistung ergibt sich aus dem Wortlaut der Art. 49 Absatz 1 und 50 Absatz 3 EGV, ist aber zugleich Anwendungsvoraussetzung des Gemeinschaftsrechts überhaupt. Ein grenzüberschreitender Bezug liegt dann nicht vor, wenn *„alle Elemente der fraglichen Tätigkeit nicht über die Grenzen eines Mitgliedstaates hinausweisen"*.[677] Ob eine Grenzüberschreitung vorliegt, lässt sich nicht pauschal definieren und ist anhand von Indizien zu ermitteln. Wichtiges Kriterium ist dabei die Ansässigkeit der an der Dienstleistung Beteiligten in unterschiedlichen Mitgliedstaaten.[678]

Das Merkmal der Grenzüberschreitung wird klarer, wenn man die möglichen Erscheinungsformen grenzüberschreitender Dienstleistungserbringung betrachtet, die dem Schutzbereich der Dienstleistungsfreiheit unterfallen. Zu unterscheiden sind dabei die Dienstleistungserbringungsfreiheit, die Dienstleistungsempfangsfreiheit sowie die Fallgruppe der Korrespondenzdienstleistungen.[679]

Die Dienstleistungserbringungsfreiheit oder aktive Dienstleistungsfreiheit schützt den Gewerbetreibenden, wenn er selbst vorübergehend die Grenze überschreitet, um seine Dienstleistung in einem anderen Mitgliedstaat zu erbringen. Umfasst hiervon sind auch alle vorbereitenden Maßnahmen, wozu auch die Werbung gehört.[680]

Die Dienstleistungsempfangs- oder passive Dienstleistungsfreiheit schützt die Entgegennahme einer Dienstleistung in einem anderen Staat.

---

672 Oppermann, Europarecht, Rn. 1496.

673 Die Dienstleistungsfreiheit ist gemäß Art. 50 III EGV subsidiär, weshalb grundsätzlich eine Abgrenzung zu anderen Grundfreiheiten durchzuführen ist. Für die Abgrenzung zur Warenverkehrsfreiheit kann auf die Ausführungen in Teil 2 A. verwiesen werden. Gegenüber der Niederlassungsfreiheit ist der Zeitfaktor entscheidend, da eine Dienstleistung immer nur dann vorliegt, wenn der Leistungserbringer sich vorübergehend in einem anderen Mitgliedstaat aufhält. Zu Nachweisen aus der Rechtsprechung des EuGH, was unter vorübergehend zu verstehen sein kann, Kluth in: Calliess/Ruffert, Art. 50 EGV, Rn. 13 mwN. Eine Besonderheit ergibt sich dann, wenn ein Unternehmen, welches Niederlassungen in mehreren Mitgliedstaaten unterhält, in einem Mitgliedstaat, in dem es eine Zweigniederlassung hat, Leistungen erbringt und sich aufgrund seiner Hauptniederlassung in einem anderen Mitgliedstaat auf die Dienstleistungsfreiheit beruft. In dieser Konstellation greift das sog. Kumulverbot, und der Anbieter kann sich nicht auf den Schutz der Dienstleistungsfreiheit berufen, vgl. EuGH, Rs. 205/84, Kommission/Deutschland, Slg. 1986, 3755, 3801, Erwägung 21. Eine vergleichbare Problematik tritt im Rahmen der Bestimmung des Herkunftsstaates eines Diensteanbieters im Rahmen des sekundärgemeinschaftsrechtlichen Herkunftslandprinzips auf, vgl. hierzu Teil 3 B.II.

674 EuGH, Rs. 36/74, Walrave, Slg. 1974, 1405, 1418, Erwägung 4, 10; EuGH, Rs. 196/87, Steymann, Slg. 1988, 6159, 6172, Erwägungen 9, 10.

675 EuGH, Rs. 263/86, Humbel, Slg. 1988, 5365, 5388, Erwägung 17.

676 EuGH, Rs. 352/85, Bond van Adverteerders, Slg. 1988, 2085, 2113, Erwägung 16.

677 EuGH, Rs. 53/79, Debauve, Slg. 1980, 833, 855, Erwägung 9.

678 Kluth in: Calliess/Ruffert, Art. 50 EGV, Rn. 9. Vgl. zu denkbaren Fallkonstellationen bei Ansässigkeit der Beteiligten in demselben Mitgliedstaat Holoubek in: Schwarze, EU-Kommentar, Art. 50 EGV, Rn. 10.

679 Zu dieser grundsätzlichen Unterscheidung vgl. nur Oppermann, Europarecht, Rn. 1497; Randelzhofer in: Grabitz/Hilf, Art. 60 EGV (aF), Rn. 9; Kluth in: Calliess/Ruffert, Art. 50 EGV, Rn. 24 ff.; Holoubek in: Schwarze, EU-Kommentar, Art. 49 EGV, Rn. 47 ff.

680 EuGH, Rs. 275/92, Schindler, Slg. 1994, I-1039, 1088, Erwägung 22.

Im Falle der Korrespondenzdienstleistung nehmen weder Erbringer noch Empfänger der Dienstleistung einen Ortswechsel vor, vielmehr überschreitet nur die Leistung selbst die Grenze. Der Austausch der zum Abschluss des Geschäfts erforderlichen Informationen erfolgt über die Distanz im Wege der Korrespondenz.[681] Stellte die Dienstleistungsfreiheit nach der Konzeption des EGV vor allem eine Personenverkehrsfreiheit dar, welche durch die Gewährung der aktiven Dienstleistungsfreiheit verwirklicht wurde, so nehmen Korrespondenzdienstleistungen innerhalb der sich in neuerer Zeit entwickelnden Informations- und Dienstleistungsgesellschaft einen breiten Raum ein.[682] Die Dienstleistungsfreiheit entwickelt sich so immer mehr von einer Personenverkehrsfreiheit hin zu einer Produktfreiheit, die das Grenzen überschreitende Produkt Dienstleistung schützt. Unter diesem Gesichtspunkt ergibt sich eine enge strukturelle Beziehung zwischen Dienstleistungs- und Warenverkehrsfreiheit.[683]

Unter die Gruppe der Korrespondenzdienstleistungen sind auch die verschiedensten im Internet erbrachten Dienstleistungen zu fassen. Dies gilt zum einen im Bereich des elektronischen Geschäftsverkehrs im engeren Sinne für alle online erbrachten klassischen Dienstleistungen wie die Abwicklung von Bankgeschäften oder Reisen. Für die Einordnung des Verkaufs von Soft-Goods im E-Commerce, deren Bestellung und Lieferung online erfolgt, unter die Dienstleistungsfreiheit sei auf die Ausführungen zu Beginn des Teils 2 verwiesen. Neben diesen typischerweise im Rahmen des elektronischen Geschäftsverkehrs an einen Kunden erbrachten Dienstleistungen existieren im Internet noch eine Vielzahl weiterer Dienstleistungen, die sich aus der einleitend aufgezeigten technischen Struktur des Internet ergeben.[684] So betreibt der Network-Provider die Leitungsverbindungen und stellt diese anderen Funktionsträgern entgeltlich zur Verfügung, der Access-Provider verschafft dem Nutzer den Zugang zum Internet und erhält hierfür Entgelte in Form von Gebühren. Service-Provider halten ihrerseits unterschiedlichste Leistungen bereit, vom Betrieb der technischen Ausstattung bis hin zur umfassenden Marketingberatung. In der Ausübung all dieser Funktionen sind also entgeltliche Dienstleistungen zu erblicken, die den Schutz des Art. 49 EGV dann genießen, wenn sie in irgend einer Weise grenzüberschreitend, also zwischen in verschiedenen Mitgliedstaaten ansässigen Beteiligten erbracht werden. Ob in der letztgenannten Fallgruppe auch Werberegelungen zu einer Einschränkung der Dienstleistungsfreiheit führen können, wird ausführlich zu prüfen sein.[685]

2. Dienstleistungsfreiheit und eingeschränktes Herkunftslandprinzip

Die Dienstleistungsfreiheit ist sowohl als Verbot offener wie versteckter Diskriminierungen[686] als auch ähnlich der Warenverkehrsfreiheit als umfassendes Beschränkungsverbot[687] anzusehen. Diese Beurteilung ist ständige Rechtsprechung des Gerichtshofs seit der Entscheidung „van Binsbergen".[688] In der Rechtssache „Säger" stellt der EuGH besonders deutlich fest, dass

---

[681] Kluth in: Calliess/Ruffert, Art. 50 EGV, Rn. 28; Holoubek in: Schwarze, EU-Kommentar, Art. 49 EGV, Rn. 52 ff.

[682] Zur Entwicklung Hailbronner/Nachbaur, EuZW 1992, 105, 107; Holoubek in: Schwarze, EU-Kommentar, Art. 49 EGV, Rn. 4, 10 ff., 52.

[683] Holoubek in: Schwarze, EU-Kommentar, Art. 49 EGV, Rn. 4.

[684] Oben Teil 1 A.I.

[685] Hierzu unten Teil 2 C.III.1.b.

[686] Zum Diskriminierungsverbot Kluth in: Calliess/Ruffert, Art. 50 EGV, Rn. 36 ff. Troberg in: GTE, Art. 59 EGV (aF), Rn. 9 ff.; Randelzhofer in: Grabitz/Hilf, Art. 59 EGV (aF), Rn. 11.

[687] Vgl. nur Troberg in: GTE, Art. 59 EGV (aF), Rn. 20 ff.; Holoubek in: Schwarze, EU-Kommentar, Art. 49 EGV, Rn. 59. Zu den einzelnen in Betracht kommenden Typen mitgliedstaatlicher Beschränkungen durch den Erbringerstaat einer Dienstleistung ders., aaO, Rn. 65 ff.

[688] EuGH, Rs. 33/74, van Binsbergen, Slg.1974, 1299, 1309, Erwägung 10, 12. Ob aus dieser frühen Entscheidung die Anerkennung eines umfassenden Beschränkungsverbotes durch den EuGH abzuleiten ist, ist nicht ganz

„Art. 59 EGV nicht nur die Beseitigung sämtlicher Diskriminierungen des Dienstleistungserbringers aufgrund seiner Staatsangehörigkeit, sondern auch die Aufhebung aller Beschränkungen – selbst wenn sie unterschiedslos für einheimische Dienstleistende wie für Dienstleistende anderer Mitgliedstaaten gelten – verlangt, wenn sie geeignet sind, die Tätigkeit des Dienstleistenden, der in einem Mitgliedstaat ansässig ist und dort rechtmäßig ähnliche Dienstleistungen erbringt, zu unterbinden oder zu behindern.“[689]

Freilich erfolgt auch die Gewährleistung der Dienstleistungsfreiheit nicht unbegrenzt. Gegenüber diskriminierenden nationalen Vorschriften kommt der Vorbehalt des Art. 46 iVm. Art. 55 EGV zur Anwendung, welcher die Rechtfertigungstatbestände der öffentlichen Sicherheit, Ordnung und Gesundheit erfasst.[690] Sonstige Beschränkungen der Dienstleistungsfreiheit durch einen Mitgliedstaat[691] sind immer dann gerechtfertigt, wenn sie aus zwingenden Gründen des Allgemeininteresses erlassen worden sind.[692] Weiterhin darf dem Allgemeininteresse nicht bereits durch die Rechtsvorschriften Rechnung getragen sein, denen der Leistungserbringer in dem Staat unterliegt, in dem er niedergelassen ist. Dieses Verbot der Doppelbeschränkung ist Bestandteil der Rechtsprechung des Gerichtshofs seit den Rechtssachen „van Wesemael“[693] und „Webb“[694] und als Ausprägung des Herkunftslandprinzips nicht nur im Bereich der Dienstleistungsfreiheit als Personenverkehrsfreiheit, sondern auch dann von Bedeutung, wenn Dienstleistungen als Produkt die Grenze überschreiten und auf unterschiedliche rechtliche Anforderungen treffen.[695] Schließlich ist für eine Rechtfertigung aus zwingenden Gründen des Allgemeininteresses eine Verhältnismäßigkeitsprüfung durchzuführen. Der EuGH nennt hierfür folgende Voraussetzungen[696]: Die nationalen Maßnahmen müssen in nichtdiskriminierender Weise angewandt werden, sie müssen zur Verwirklichung des mit ihnen verfolgten Ziels geeignet sein *„und sie dürfen nicht über das hinausgehen, was zur Erreichung des Ziels erforderlich ist“*.

---

unumstritten, wird vom überwiegenden Teil der Literatur jedoch aus der Formulierung gefolgert, dass unter Beschränkungen im Sinne des Art. 49 EGV all diejenigen fielen, *„die an den Leistenden namentlich aus Gründen der Staatsangehörigkeit oder wegen des Fehlens eines ständigen Aufenthalts in dem Staate, in dem die Leistung erbacht wird, gestellt werden und nicht für die im Staatsgebiet ansässigen Personen gelten oder in anderer Weise geeignet sind, die Tätigkeiten des Leistenden zu unterbinden oder zu behindern“*, vgl. insoweit statt vieler Hailbronner/Nachbaur, EuZW 1992, 105, 109; Kluth in: Calliess/Ruffert, Art. 50 EGV, Rn. 38 ; ebenso Perau, Werbeverbote, S. 157; zweifelnd Drasch, Das Herkunftslandprinzip im internationalen Privatrecht, S. 127 ff. unter Analyse der Folgerechtsprechung bis zur Rechtssache „Säger“.

689 EuGH, Rs. C-76/90, Säger, Slg. 1991, I-4221, 4243, Erwägung 12; bestätigt u.a. in EuGH, Rs. C-275/92, Schindler, Slg. 1994, I-1039, 1093, Erwägung 43.

690 Zur nicht immer klaren Grenzziehung des Gerichtshofs in Bezug auf diskriminierende und allgemeine Beschränkungen Hailbronner/Nachbaur, EuZW 1992, 105, 111; Holoubek in: Schwarze, EU-Kommentar, Art. 49 EGV, Rn. 99.

691 Dass dies nicht nur der Bestimmungsstaat der Dienstleistung sein kann, sondern Beschränkungen auch vom Erbringerstaat ausgehen können zeigt die Entscheidung des EuGH, Rs. C- 384/93, Alpine Investments, Slg. 1995, I-1141, auf die noch einzugehen sein wird.

692 St. Rspr. seit EuGH, Rs. Rs. 33/74, van Binsbergen, Slg.1974, 1299, 1309, Erwägung 10, 12. Der EuGH hat eine abschließende Aufzählung zwingender Gründe des Allgemeininteresses nicht vorgenommen. Es kommen z.B. in Betracht der Arbeitnehmerschutz, Verbraucherschutz, Gesundheitsschutz, öffentliche Sicherheit, Kulturpolitik zur Aufrechterhaltung eines pluralistischen nationalen Rundfunks.

693 EuGH, verb. Rs. 110/78 u. 111/78, van Wesemael, Slg. 1979, 35, 52, Erwägungen 28 bis 30.

694 EuGH, Rs. 279/80, Webb, Slg. 1981, 3305, 3325, Erwägung 17. St. Rspr., vgl. aus neuerer Zeit etwa EuGH, Rs. C-55/94, Gebhard, Slg. 1995, I-4165, 4198, Erwägung 38. Das Verbot der Doppelbelastung

695 Holoubek in: Schwarze, EU-Kommentar, Art. 49 EGV, Rn. 77. Siehe auch EuGH, verb. Rs. C-34/95, C-35/95, C-36/95, De Agostini, Slg. 1997, I-3843, 3892, Erwägung 51 in Bezug auf eine behindernde Werberegelung.

696 So ausdrücklich in EuGH, Rs. C-55/94, Gebhard, Slg. 1996, I-4165, 4198, Erwägung 37.

Die Anerkennung der Dienstleistungsfreiheit als umfassendes Beschränkungsverbot sowie die einheitliche Handhabung einer Schrankensystematik haben zu einer weitgehend konvergenten Handhabung der Warenverkehrs- und Dienstleistungsfreiheit geführt[697], was insbesondere für den Bereich der Korrespondenzdienstleistungen Bedeutung erlangt, indem die Dienstleistungsfreiheit ähnlich der Warenverkehrsfreiheit als Produktverkehrsfreiheit[698] zu verstehen ist. Aus der Anwendungssystematik der Dienstleistungsfreiheit folgt, dass auch im Bereich des Dienstleistungsverkehrs ein eingeschränktes Herkunftslandprinzip[699] gilt, welches Doppelkontrollen verbietet und in einem Mitgliedstaat rechtmäßige Dienstleistungen grundsätzlich im gesamten Binnenmarkt verkehrsfähig macht, sofern die Maßnahmen eines Mitgliedstaates nicht auf Grund des Vorbehalts des Art. 46, 55 EGV oder zwingender Gründe des Allgemeininteresses gerechtfertigt sind.

II. Werberegelungen im Rahmen der Dienstleistungsfreiheit

Im Hinblick auf die möglichen Beschränkungen, die von Werbevorschriften auf die Freiheit grenzüberschreitender Dienstleistungen ausgehen können, hat man grundsätzlich zwischen zwei Konstellationen zu unterscheiden.[700] Auf der einen Seite kann für die Erbringung bestimmter Dienstleistungen geworben werden. Dies ist dann, wie im Falle der Werbung für die Vermarktung von Waren, als geschützter Annex der jeweiligen Dienstleistung anzusehen. Auf der anderen Seite kann aber auch die Werbung selbst eine Dienstleistung darstellen, die über die Behandlung als Akzessorium zur Warenverkehrs- oder Dienstleistungsfreiheit hinaus ihrerseits von der Dienstleistungsfreiheit geschützt sein kann.[701] Dieser Fall kann unter dem Oberbegriff der „Werbung als Dienstleistung" eingeordnet werden.

1. Werbung für Dienstleistungen

Die Erbringung von Dienstleistungen wird in vielen Fällen durch Werbung gefördert. Vorschriften des allgemeinen und besonderen Werberechts[702] können der Werbung für Dienstleistungen Schranken auferlegen, die die Erbringung der Dienstleistungen zu behindern geeignet sein können. Im Vergleich zur weitreichenden Rechtsprechung des Gerichtshofs im Bereich der Warenverkehrsfreiheit, waren Konstellationen der Beschränkung der Werbung für Dienstleistungen bisher nur selten Gegenstand von Entscheidungen.[703] Grundsätzlich zu unterschei-

---

[697] Dies kann als herrschende Meinung bezeichnet werden. Ausführlich zur Entwicklung der Konvergenz in formaler und inhaltlicher Hinsicht, sowie zum Zweck einer konvergenten Handhabung Drasch, Das Herkunftslandprinzip im internationalen Privatrecht, S. 199 ff. mwN.

[698] Vgl. auch Holoubek in: Schwarze, EU-Kommentar, Art. 49 EGV, Rn. 11.

[699] Zum Begriff und seiner Handhabung im Rahmen der vorliegenden Darstellung oben Teil 2 B.I.3. Zur Bedeutung des Herkunftslandprinzips speziell im Bereich der Dienstleistungsfreiheit vgl. Holoubek in: Schwarze, EU-Kommentar, Art. 49 EGV, Rn. 59 ff. sowie Rn. 77.

[700] Vgl. hierzu allgemein statt aller Troberg in: GTE, Art. 59 EGV (aF), Rn. 36.

[701] Zutreffend stellt Timmermans in: Schwarze, Werbung und Werbeverbote, 26, 33 fest, dass die Analyse werbebeschränkender Regelungen unter Art. 49 EGV noch interessanter ist als diejenige unter Art. 28 EGV, weil die Rechtsprechung dazu weit weniger herauskristallisiert ist.

[702] Aus dem Bereich des besonderen Werberechts können bezogen auf die Werbung für Dienstleistungen vor allem berufsgruppenspezifische Werbevorschriften von Relevanz sein, die für die Angehörigen freier Berufe Werbung für die Erbringung ihrer Dienstleistungen in weitem Umfang reglementieren, so z.B. § 43b BRAO für Rechtsanwälte, § 8 I StBerG für Steuerberater oder § 52 S.2, 3 WPO für Wirtschaftsprüfer.

[703] Perau, Werbeverbote, S. 165 sieht die Erklärung hierfür zu Recht in dem „Dornröschenschlaf", den die Dienstleistungsfreiheit bis vor einigen Jahren in Rechtsprechung und Literatur genoss. Die wichtigste Ursache für eine gleichsam zeitversetzte Entwicklung der Dienstleistungsfreiheit lag in der traditionell lokalen Orientie-

den ist zwischen Beschränkungen im Empfangsstaat der Dienstleistung und Beschränkungen im Erbringerstaat der Dienstleistung.

a. Beschränkungen im Empfangsstaat (Importbeschränkungen)

Mit Art. 28 EGV vergleichbar ist die Situation der Dienstleistungsbeschränkung im Empfangsstaat der Dienstleistung. Der Erbringer der Leistung hat in diesem Fall seinen Sitz in einem anderen Mitgliedstaat und wird durch Werbevorschriften des Bestimmungsstaates an der Erbringung seiner Dienstleistung gehindert.

Der Gerichtshof hat auch für den Bereich der Dienstleistungsfreiheit klargestellt, dass die Werbung für Dienstleistungen ein Akzessorium zur Haupttätigkeit darstellt. Diese Aussage lässt sich implizit bereits aus der Entscheidung „Grogan“[704] entnehmen und wurde schließlich in der Entscheidung „Schindler“[705] ausdrücklich betont. Dem letztgenannten Urteil lag ein britisches Verbot der Versendung von Werbematerial und Losen zum Zwecke der Durchführung von Lotterien zugrunde. Gegen den Einwand, es handele sich hierbei um Waren, entschied der EuGH, dass die Verteilung von Werbematerial und Losen nicht losgelöst von der Lotterie betrachtet werden könne, auf die sie sich beziehe.[706] Vielmehr erfolge diese Verteilung nicht zum Selbstzweck, sondern zur Förderung der zugrundeliegenden Dienstleistung der Durchführung einer Lotterie. Ein Verbot der Versendung von Werbematerial sei daher geeignet, die Tätigkeit der Dienstleistungen eines in einem anderen Mitgliedstaat ansässigen Lotterieanbieters zu behindern.[707] Aus diesen Ausführungen des Gerichtshofs lässt sich folgern, dass eine Beschränkung der Werbung für eine Dienstleistung im Bestimmungsstaat der Leistung als Beschränkung der zugrundeliegenden Dienstleistung anzusehen ist.[708]

b. Beschränkungen im Erbringerstaat (Exportbeschränkungen)

Nach jüngerer Rechtsprechung des Gerichtshofs kann eine Beschränkung der Dienstleistungsfreiheit auch dann vorliegen, wenn eine grenzüberschreitende Dienstleistung durch Werberegelungen des Erbringerstaates beschränkt wird.[709] Dieser Fall einer Exportbeschränkung lag

---

rung vieler Dienstleistungsberufe, welche ihrerseits durch restriktive Regelungen des jeweiligen Berufsrechts begünstigt wurde.

[704] EuGH, Rs. C-159/90, The Society for the Protection of Unborn Children/Grogan, Slg. 1991, I-4685, 4740, Erwägungen 24 bis 26. Der Entscheidung lag ein Sachverhalt zugrunde, in dem eine irische Studentenvereinigung in Irland Werbematerial für in Großbritannien legale Abtreibungen verbreitete. Die Verbreitung von diesbezüglichen Informationen war nach der irischen Verfassung verboten. Der Gerichtshof beurteilte zunächst die Durchführung von Schwangerschaftsabbrüchen als Dienstleistungen, verneinte dann aber eine Verletzung der Dienstleistungsfreiheit mit dem Hinweis, dass der Zusammenhang zwischen der Tätigkeit der Studentenvereinigung und den ärztlichen Schwangerschaftsabbrüchen zu lose sei, als dass das Verbot der Verbreitung von Information als Beschränkung des Art. 49 EGV angesehen werden könne. Hieraus lässt sich schließen, dass bei engerem Zusammenhang die Verbreitung der Information als durch die Dienstleistungsfreiheit geschützt angesehen worden wäre.

[705] EuGH, Rs. C-275/92, Schindler, Slg. 1994, I-1039 ff.

[706] EuGH, Rs. C-275/92, Schindler, Slg. 1994, I-1039, 1088, Erwägung 22.

[707] EuGH, Rs. C-275/92, Schindler, Slg. 1994, I-1039, 1093, Erwägungen 43, 44.

[708] Statt aller Troberg in: GTE, Art. 59 EGV (aF), Rn. 36; Reese, Grenzüberschreitende Werbung, S. 64; Perau, Werbeverbote, S. 165 ff.; Drasch, Das Herkunftslandprinzip im internationalen Privatrecht, S. 180 ff.

[709] Diese Möglichkeit einer Beschränkung der Dienstleistungsfreiheit wurde auch im neueren Schrifttum noch bestritten, so etwa Drasch, Das Herkunftslandprinzip, S. 161 ff. mit Nachweisen aus der Literatur. Dieser Auffassung stand jedoch schon vor der Entscheidung „Alpine Investments“ die Rechtsprechung des EuGH entgegen. Vgl. insoweit EuGH, Rs. C-18/93, Corsica Ferries, Slg. 1994, I-1783, 1822, Erwägung 30; EuGH, Rs. C-379/92, Peralta, Slg. 1994, I-3453, 3501, Erwägung 40. Da eine Art. 30 EGV entsprechende Regelungen für Exportbe-

der Entscheidung „Alpine Investments“[710] zugrunde. Eine in den Niederlanden ansässige Gesellschaft bot privaten Kunden aus anderen Mitgliedstaaten Finanzdienstleistungen telefonisch, ohne deren vorherige schriftliche Zustimmung, im Wege des sog. *cold calling* an. Diese Praxis der Telefonwerbung wurde der Gesellschaft durch das niederländische Finanzministerium untersagt. Besonderheit dieser Konstellation ist also, dass die Beschränkung durch den Herkunftsstaat des Dienstleistungserbringers erfolgte, was diesen daran hinderte, seine Finanzdienstleistungen auch in anderen Mitgliedstaaten der Gemeinschaft zu erbringen. Der Gerichtshof entschied, dass der Schutzbereich des Art. 49 EGV auch solche Beschränkungen umfasst, die vom Staat des Leistungserbringers ausgehen.[711]

Weiterhin untersuchte der Gerichtshof die Bedeutung der Telefonwerbung im Hinblick auf die Anbahnung späterer Dienstleistungsbeziehungen. Zunächst stellt sich dabei die Frage, ob es ein Problem darstelle, dass es sich bei der fraglichen telefonischen Akquisition zu Anfang nur um ein bloßes Angebot an den Kunden handele. Der Gerichtshof stellte jedoch ausdrücklich fest, *„dass der freie Dienstleistungsverkehr illusorisch würde, wenn nationale Regelungen das Anbieten von Dienstleistungen nach Belieben verbieten könnten“*[712]. Ein solches Verbot nähme den betroffenen Wirtschaftsteilnehmern vielmehr *„ein schnelles und direktes Mittel der Werbung und der Kontaktaufnahme mit potentiellen Kunden in anderen Mitgliedstaaten“*.[713] Der EuGH erkannte also ausdrücklich die Relevanz eines bestimmten Werbemittels als Akzessorium für die beworbene Dienstleistung an. Im vorliegenden Fall ist es gerade die kostengünstige Form der direkten telefonischen Kontaktaufnahme, die den unmittelbaren Zugang zum Dienstleistungsmarkt[714] in anderen Mitgliedstaaten eröffnen kann, weshalb eine derartiges Vorgehen verbietende Regelung geeignet ist, den freien Dienstleistungsverkehr zu behindern.

c. Zusammenfassung

Werbebeschränkende Regelungen sind grundsätzlich geeignet, die Freiheit der Erbringung von Dienstleistungen zu behindern. Klarzustellen ist in Ansehung der vorgenannten Entscheidungen des Gerichtshofs, dass sowohl in der Sache „Schindler“ als auch in der Sache „Alpine Investments“ Maßnahmen zu prüfen waren, die die Werbung in weitem Umfang untersagten und den Marktzugang für die jeweilige Dienstleistung erheblich beeinträchtigten. Dennoch

---

schränkungen im Rahmen der Dienstleistungsfreiheit nicht existiert, muss auch diese Konstellation unter Art. 49 EGV gefasst werden, um einen tauglichen Schutzstandrad zu gewährleisten. Der von Drasch, Das Herkunftslandprinzip, S. 163 vorgeschlagene Weg über Art. 12 EGV kann daher nicht überzeugen.

[710] EuGH, Rs. C-384/93, Alpine Investments, Slg. 1995, I-1141 ff.

[711] EuGH, Rs. C-384/93, Alpine Investments, Slg. 1995, I-1141, 1176, Erwägung 30. Offen zu Tage tritt an dieser Stelle die Frage, wie eine derartige Beurteilung mit der differenten Handhabung von Exportbeschränkungen im Rahmen des Art. 29 EGV zu vereinbaren ist. Im Hinblick auf eine möglichst weitegehende Konvergenz zwischen Warenverkehrsfreiheit und Dienstleistungsfreiheit wird daher in der Literatur eine Übertragung der im Rahmen des Art. 29 EGV entwickelten Grundsätze auch auf die Dienstleistungsfreiheit erwogen bzw. umgekehrt eine Übertragung der für die Dienstleistungsfreiheit entwickelten Grundsätze auf Art. 29 EGV, Sack, WRP 1998, 104, 112 ff.; Kort, JZ 1996, 132, 137. Ablehnend bezüglich der Übertragung der Grundsätze des Art. 29 EGVGA Jacobs, Schlussanträge zu EuGH, Rs. C-384/93, Alpine Investments, Slg. 1995, I-1141, 1156, Erwägung 55.

[712] EuGH, Rs. C-384/93, Alpine Investments, Slg. 1995, I-1141, 1174, Erwägung 19. Vgl. hierzu auch Leible/Sosnitza, K&R 1998, 283, 288 ff.; Glöckner, GRUR Int. 2000, 29, 35.

[713] EuGH, Rs. C-384/93, Alpine Investments, Slg. 1995, I-1141, 1176, Erwägung 28.

[714] Vgl. EuGH, Rs. C-384/93, Alpine Investments, Slg. 1995, I-1141, 1176, Erwägung 37, 38, insbesondere als Stellungnahme zur Frage der entsprechenden Anwendung der Grundsätze der Entscheidung „Keck“ im Rahmen der Dienstleistungsfreiheit, worauf im Folgenden noch einzugehen sein wird.

wird in der Literatur zutreffend davon ausgegangen, dass die Werbung für Dienstleistungen weitreichend gegenüber mitgliedstaatlichen Maßnahmen geschützt ist.[715] Ob sich diese Bewertung durch eine entsprechende Anwendung der in der Entscheidung „Keck" entwickelten Grundsätze ändern kann, wird noch zu prüfen sein.[716]

2. Werbung als Dienstleistung

Werbung kann jedoch nicht nur als Annex zur Ausübung anderer Tätigkeiten im Bereich des Waren- und Dienstleistungsverkehrs, sondern grundsätzlich auch als solche im Rahmen der Dienstleistungsfreiheit von Relevanz sein. Dies ist immer dann der Fall, wenn die Rechte der Werbewirtschaft selbst zur Diskussion stehen.[717] Der Gerichtshof hat in der grundlegenden Entscheidung „Sacchi"[718] Fernsehsendungen, einschließlich derer zu Werbezwecken, als Dienstleistungen eingeordnet und in der Folgezeit im Bereich des Fernsehrechts in einer Vielzahl von Fällen den im Zusammenhang mit der Fernsehwerbung erbrachten Dienstleistungen eigenständigen Schutz im Rahmen der Dienstleistungsfreiheit eingeräumt.[719] Dass Beschränkungen der Ausstrahlung von Fernsehwerbung den Dienstleistungsverkehr behindern können, kann als gesicherte Erkenntnis aus der Rechsprechung des Gerichtshofs entnommen werden.[720] Darüber hinaus ist zudem zu fragen, inwieweit Werbedienstleistungen außerhalb des Fernsehens ganz allgemein als eigenständiges Schutzobjekt der Dienstleistungsfreiheit neben der Behandlung der Werbung als Annex zur ausgeübten Grundtätigkeit angesehen werden können.[721]

a. Rechtsprechung zur Fernsehwerbung

Die Rechtsprechung des Gerichtshofs ist – nicht zuletzt im Hinblick auf die Frage, wie weitreichend der Schutz durch die Dienstleistungsfreiheit zugunsten von Werbefirmen allgemein sein kann – jeweils unter zwei Gesichtspunkten zu untersuchen. Auf der einen Seite ist die Frage zu untersuchen, welche konkreten Leistungen im Zusammenhang mit der Fernsehwerbung überhaupt als Dienstleistungen im Sinne des Art. 49 EGV eingeordnet werden können. Auf der anderen Seite ist zu klären, durch welche nationalen Vorschriften eine Beschränkung der Dienstleistungsfreiheit eintreten kann.

---

[715] Vgl. nur Troberg in: GTE, Art. 59 EGV (aF), Rn. 36; Drasch, Das Herkunftslandprinzip im internationalen Privatrecht, S. 180, 181; Perau, Werbeverbote, S. 165 ff.; Schmid, Freier Dienstleistungsverkehr, S. 261.
[716] Dazu unten Teil 2 C.II.3.
[717] Statt aller Troberg in: GTE, Art. 59 EGV (aF), Rn. 36.
[718] EuGH, Rs. 155/73, Sacchi, Slg. 1974, 409, 428, Erwägung 6.
[719] Ständige Rechtsprechung EuGH, Rs. 53/79, Debauve, Slg. 1980, 833 ff; EuGH, Rs. 352/85, Bond van Adverteerders, Slg. 1988, 2085 ff.; EuGH, Rs. C-288/89, Collectieve Antennevoorziening Gouda (Mediawet I), Slg. 1991, I-4007 ff.; EuGH, Rs. C-353/89, Mediawet II, Slg. 1991, I-4069 ff.; EuGH, Rs. C-23/93, TV 10, Slg. 1994, I-4795 ff.; EuGH, verb. Rs. C-34/95, C-35/95, C- 36/95, De Agostini, Slg. 1997, I-3843 ff.; EuGH, Rs. C-6/98, ARD, Slg. 1999, I-7599 ff.
[720] Reich, ZHR 153 (1989), 571, 580; Troberg, ZEuP 1994, 100 ff., ders. in: GTE, Art. 59 EGV (aF), Rn. 31 ff.; Reese, Grenzüberschreitende Werbung, S. 65; Perau, Werbeverbote, S. 160 ff.; Sack, WRP 1998, 104, 113; Dauses, RIW 1998, 750, 755; Timmermans in: Schwarze, Werbung und Werbeverbote, 26, 33 ff.; Schmid, Freier Dienstleistungsverkehr, S. 261 ff.; Schwarze, ZUM 2000, 779, 782; Randelzhofer in: Grabitz/Hilf, Art. 60 EGV (aF), Rn. 12 ff.; Engel/Seelmann-Eggebert in: Dauses, HdbEGWiR, Kap. E.V, Rn. 76 ff.
[721] Den Anwendungsbereich der Dienstleistungsfreiheit bejahend Roth, CML Rev. 1994, 845, 853; Drasch, Das Herkunftslandprinzip im internationalen Privatrecht, S. 181 ff.; Schmid, Freier Dienstleistungsverkehr, S. 265 ff. Ablehnend Perau, S. 170, 171.

(1) Mögliche Dienstleistungsbeziehungen

Als „leading case“ ist insoweit die Entscheidung „Bond van Adverteerders“[722] anzusehen, welche die zuvor in der Rechtssache „Debauve“[723] entschiedenen Grundsätze zur Dienstleistungsfreiheit fortentwickelte.[724] Gegenstand der Entscheidung waren Vorschriften der niederländischen *Kabelregeling*. Diese suchte den pluralistischen Charakter des niederländischen Fernsehens dadurch zu erhalten, dass sie unter anderem alle Werbung einer gemeinnützigen Stiftung (STER) vorbehielt, deren Einnahmen nach einem gewissen Schlüssel pluralistisch verteilt wurden. Zur Absicherung dieses Systems wurde bestimmt, dass im Wege des Kabelfernsehens aus dem Ausland keine Sendungen mit an das niederländische Publikum gerichteter Werbung verbreitet werden durften.

Der Gerichtshof unterschied im Rahmen der Verbreitung von Fernsehwerbung grundsätzlich zwischen zwei Dienstleistungsbeziehungen. Er stellte sich dabei gegen die Ansicht des Generalanwalts Mancini, der von einer einheitlichen, untrennbaren Dienstleistung ausging.[725]

> *„Die erste Leistung erbringen die in einem Mitgliedstaat ansässigen Betreiber von Kabelnetzen zugunsten der Sendeanstalten in anderen Mitgliedstaaten, indem sie die von diesen ausgestrahlten Fernsehprogramme an ihre eigenen Teilnehmer weiterleiten. Die zweite Leistung erbringen die Sendeanstalten einiger Mitgliedstaaten zugunsten der insbesondere im Empfangsstaat ansässigen Werbefirmen, indem sie die Werbemitteilungen verbreiten, die diese Firmen speziell für das Publikum des Empfangsstaates erstellt haben.“*[726]

Ferner stellte der Gerichtshof klar, dass alle diese Dienstleistungen auch entgeltlichen Charakter haben. Insbesondere ist es unschädlich, dass die Betreiber der Kabelnetze, die ein Entgelt in Form von Gebühren von den Zuschauern erhalten, nicht von den Sendeanstalten selbst bezahlt werden. Art. 50 EGV verlange nicht, *„dass die Dienstleistungen von demjenigen bezahlt werden, dem sie zugute kommen“*.[727] Für die ausländischen Sendeanstalten bejahte er eine Entgeltlichkeit aufgrund der Bezahlung durch die Werbefirmen. Eine Beschränkung der Dienstleistungsfreiheit lag also durch das ausländische Anbieter diskriminierende Werbe-

[722] EuGH, Rs. 352/85, Bond van Adverteerders, Slg. 1988, 2085 ff.

[723] EuGH, Rs. 53/79, Debauve, Slg. 1980, 833 ff.

[724] In der Rechtssache „Debauve“ ging es um die Sendung ausländischer Programme in belgischen Kabelnetzen durch belgische Netzbetreiber, denen ein generelles Werbeverbot entgegenstand. Der Gerichtshof legt sich im Hinblick auf mögliche Dienstleistungsbeziehungen jedoch nicht fest und entschied lediglich, dass eine grenzüberschreitende Dienstleistung gegeben sei. Zur Entscheidung „Debauve“ und die bereits in diesem Zusammenhang entstandene Diskussion über unterschiedliche Dienstleistungsbeziehungen Wellan, Die Auswirkungen der Harmonisierung durch die Fernsehrichtlinie, S. 52 ff.

[725] Vgl. hierzu die Ausführungen des GA Mancini in seinen Schlussanträgen zu EuGH, Rs. 352/85, Bond van Adverteerders, Slg. 1988, 2085, 2113, Erwägungen 7, 8. GA Mancini war dabei der Auffassung, dass Ausstrahlung und Verbreitung eine untrennbare Einheit mit dem selben Ziel bildeten, nämlich *„dass der Prozess bis zum Ende abläuft, dass die Sendungen ihren vollen Nutzen erbringen, indem sie ihre natürlichen Adressaten erreichen: die Fernsehzuschauer.“* Es läge eine Dienstleistung vor, *„die keine Grenzen kennt“*. Dieselbe Ansicht vertritt auch Wellan, Die Auswirkungen der Harmonisierung durch die Fernsehrichtlinie, S. 53, 56. Der durch den Gerichtshof bevorzugte Ansatz der Trennung zwischen verschiedenen Dienstleistungen erscheint dagegen dogmatisch sauberer, da er zu einer Prüfung sämtlicher Tatbestandsvoraussetzungen des Art. 49 EGV führt, auch wenn er die Gefahr in sich birgt, dass im Falle des Fehlens einzelner Voraussetzungen einzelne Dienstleistungen nicht als solche gewürdigt werden können. Der EuGH scheint darin aber aufgrund einer flexiblen Auslegung insbesondere der Merkmale „grenzüberschreitend“ und „entgeltlich“ kein Problem zu sehen.

[726] EuGH, Rs. 352/85, Bond van Adverteerders, Slg. 1988, 2085, 2131, Erwägung 14.

[727] EuGH, Rs. 352/85, Bond van Adverteerders, Slg. 1988, 2085, 2131, Erwägung 16.

verbot vor, welches auch nicht als durch den ordre public des Art. 46 , 55 EGV gerechtfertigt angesehen werden konnte.[728]

Die so getroffene Einordnung der Dienstleistungsbeziehungen bei der Verbreitung von Fernsehsendungen und insbesondere auch Fernsehwerbung erhielt der Gerichtshof in verschiedenen Folgeentscheidungen aufrecht. Sie kann heute als ständige Rechtsprechung bezeichnet werden. In den Entscheidungen „Mediawet I“ und „Mediawet II“[729] stand die Nachfolgeregelung (*Mediawet*) zur niederländischen *Kabelregeling* inmitten, die ihrerseits wiederum Beschränkungen der Fernsehwerbung enthielt, die allerdings im Gegensatz zur *Kabelregeling* nicht diskriminierend gegenüber ausländischen Anbietern wirkten. Der Gerichtshof verwies bezüglich des Vorliegens von Dienstleistungsbeziehungen auf die in der Rechtssache „Bond van Adverteeders“ getroffene Unterscheidung und bejahte demzufolge auch hier eine Beschränkung der Dienstleistungsfreiheit durch die Werberegelungen[730], welche auch nicht durch zwingende Gründe des Allgemeininteresses gerechtfertigt war.

Auch in neuerer Zeit ist der EuGH im Falle von Beschränkungen der Fernsehwerbung von einer Beschränkung der Dienstleistungsfreiheit der jeweiligen Anbieter ausgegangen. Die Fernsehrichtlinie[731] stellt hinsichtlich der Regelungen der Werbung im Fernsehen nur eine Teilkoordinierung dar, weshalb die Grundfreiheiten weiterhin auf Werbebeschränkungen im nicht harmonisierten Bereich Anwendung finden.[732] In der Entscheidung „De Agostini“ hat der Gerichtshof die Anwendbarkeit der Dienstleistungsfreiheit ebenfalls unter Berufung auf die Entscheidung „Bond van Adverteeders“ bejaht.[733] Wie schon dort hat er das Dienstleistungsverhältnis zwischen dem ausländischen Fernsehveranstalter und im Empfangsstaat ansässigen Werbetreibenden in den Vordergrund gerückt, mit dem einzigen Unterschied, dass in der Rechtssache „De Agostini“ der Werbetreibende selbst Empfänger der Dienstleistung war, und nicht dort ansässige Werbefirmen.[734]

---

[728] EuGH, Rs. 352/85, Bond van Adverteeders, Slg. 1988, 2085, 2136, Erwägung 39.

[729] EuGH, Rs. C-288/89, Mediawet I, Slg. 1991, I-4007 ff.; EuGH, Rs. C-353/89, Mediawet II, Slg. 1991, I-4069 ff. betrafen insoweit mit der niederländischen *Mediawet* denselben Gegenstand.

[730] EuGH, Rs. C-288/89, Mediawet I, Slg. 1991, I-4007, 4042, Erwägung 17.

[731] Richtlinie 89/552/EWG in der geänderten Fassung der Richtlinie 97/36/EG, konsolidierte Fassung abgedruckt in GRUR Int. 1998, 120 ff.

[732] Die Regelungen der Art. 10 ff. der Fernsehrichtlinie stellen auch nach Ansicht des EuGH in der Rechtssache „De Agostini“ nur eine Teilkoordinierung dar. So EuGH, verb. Rs. C-34/95, C-35/95, C-36/95, De Agostini, Slg. 1997, I-3843, 3888, Erwägung 32. Nicht vom koordinierten Bereich erfasst sind nationale Regelungen des Wettbewerbsrechts, die dem Schutz der Lauterkeit des Handelsverkehrs und des Wettbewerbs dienen und allgemein adressiert sind und keine zweite Kontrolle der Fernsehsendungen zusätzlich zu der des Sendestaates durchführen. Zur Einordnung als Teilkoordinierung auch Schricker, GRUR Int. 1990, 771, 775; Roth, AfP 1991, 504, 505; Sack WRP 1994, 280, 284; Kort, GRUR Int. 1994, 594, 601. Dies gilt insbesondere auch für Regelungen zur irreführenden Werbung, die aufgrund der in Art. 4 I der Richtlinie enthaltenen Möglichkeit der Mitgliedstaaten zum Schutze der Verbraucher weitergehende Regelungen zu erlassen ergangen sind. Allerdings dürfen diese Regelungen die Weiterverbreitung der Fernsehsendung im eigentlichen Sinne verhindern. Bezüglich solcher nationaler Vorschriften findet dann nur eine Kontrolle anhand der Dienstleistungsfreiheit des Art. 49 EGV statt, vgl. insoweit auch Greissinger, CR 1999, 112, 117. Demgegenüber sind weitergehende Regelungen dann unzulässig, wenn sie in den Regelungsbereich eingreifen, der in der Richtlinie harmonisiert ist. Der EuGH hat dies für Regelungen des nationalen Rundfunkrechts festgestellt, die den Schutz von Jugendlichen vor Werbung zum Ziele hatten. Dieser Bereich ist von Art. 16 der Fernsehrichtlinie erfasst, und somit generell als koordiniert anzusehen. Eine Zweitkontrolle des Empfangsstaates ist nicht zulässig.

[733] EuGH, verb. Rs. C-34/95, C-35/95, C-36/95, De Agostini, Slg. 1997, I-3843, 3892, Erwägung 49. Sachverhaltsschilderung oben Teil 2 B.II.3.b.(2).

[734] In diesem Sinne ist wohl auch die Aussage von Schmid, Freier Dienstleistungsverkehr, S. 264, zu verstehen, es stünde erstmalig das Leistungsverhältnis zwischen einem Unternehmen und einem Fernsehveranstalter inmitten, da sich ansonsten aus der Klarstellung in der Entscheidung „De Agostini“ keine Neuerungen gegenüber der Entscheidung „Bond van Adverteeders“ ergeben.

Der der Entscheidung „ARD/Pro Sieben Media“[735] zugrundliegende Fall war insoweit ein Besonderer, als es um Beschränkungen der Fernsehwerbung im Sendestaat, also im Erbringerstaat der Dienstleistung des Fernsehveranstalters ging. Die Konstellation ist insoweit mit der oben dargestellten Entscheidung „Alpine Investments“ vergleichbar. Auch in diesem Fall einer Fernsehwerbebeschränkung hielt der Gerichtshof die Dienstleistungsfreiheit für anwendbar, weil die Werberegelung *„für die im Sendestaat niedergelassenen Fernsehveranstalter die Möglichkeit einschränkt, Werbung für in anderen Mitgliedstaaten niedergelassene Werbetreibende auszustrahlen“.*[736] Geschützt ist also durch die Dienstleistungsfreiheit nicht nur die Ausstrahlung von Fernsehwerbung durch ausländische Fernsehveranstalter zugunsten inländischer Werbetreibender, sondern auch die Ausstrahlung durch inländische Fernsehveranstalter im Empfangsstaat zugunsten ausländischer Werbetreibender.[737]

(2) Beschränkende Vorschriften

Als Beschränkungen der Dienstleistungsfreiheit kommen im Falle der Fernsehwerbung sämtliche Arten von Werberegelungen in Betracht.

In den Entscheidungen „Bond van Adverteerders“, sowie „Mediawet“ waren medienspezifische Vorschriften der Niederlande zu prüfen, die gezielt für das Medium Fernsehen Regelungen der Werbung enthielten, die insbesondere auch medienpolitisch motiviert waren.[738] In beiden Fällen handelte es sich um sehr weitgehende Beschränkungen der Fernsehwerbung, die zumindest im ersten Fall die Werbung durch ausländische Veranstalter ganz zu verhindern geeignet waren. Es nimmt daher nicht wunder, dass diese Regelungen als Beschränkungen der Dienstleistungsfreiheit angesehen wurden.

Aber auch allgemeinere Werbevorschriften mit einem wesentlichen geringeren Einwirkungsgrad auf die betroffenen Dienstleistungen wurden unter stereotypem Hinweis auf die Entscheidung „Bond van Adverteerders“ als Beschränkungen der Dienstleistungsfreiheit angesehen. In der Rechtssache „De Agostini“ stand eine Vorschrift des allgemeinen Werberechts zur Beurteilung an, die als lauterkeitsrechtliche Generalklausel unter anderem ein Verbot irreführender Werbung regelte.[739] Die Vorschrift regelte also eine bloße Modalität des Vertriebs von Waren. Dennoch hielt der Gerichtshof diese Form der Beschränkung der Werbung für ausreichend, um eine Behinderung der Dienstleistungsfreiheit der ausländischen Fernsehveranstalter bei der Verbreitung von Werbung für im Empfangsstaat niedergelassene Werbetreibende als gegeben anzusehen.[740] Auch die in der Entscheidung „ARD/Pro Sieben“ zu prüfende Werbevorschrift, die für die Bestimmung der Quantität der Werbeunterbrechung das Nettoprinzip vorsah, stellte nur eine Regelung der Art und Weise der Fernsehwerbung dar, ohne diese jedoch völlig einzuschränken. Der Gerichtshof sah die Dienstleistungsfreiheit

---

[735] EuGH, Rs. C-6/98, ARD, Slg. 1999, I-7599 ff. Sachverhalt oben Teil 2 B.II.3.b.(1).

[736] EuGH, Rs. C-6/98, ARD, Slg. 1999, I-7599, 7637, Erwägung 49.

[737] Anders deutet die Entscheidung Sack, WRP 2000, 269, 283, der offenbar von einer Beschränkung ausländischer Fernsehveranstalter im Empfangsstaat ausgeht. Eine derartige Konstellation lag dem Sachverhalt aber nicht zugrunde. Im Streit standen die Rechte des im Inland ansässigen Privatsenders Pro Sieben bei der Ausstrahlung von Werbung und eine Beschränkung derselben durch den deutschen RfStV. Wie hier Holoubek in: Schwarze, EU-Kommentar, Art. 49 EGV, Rn. 61.

[738] EuGH, Rs. 352/85, Bond van Adverteerders, Slg. 1988, 2085, 2135, Erwägungen 35 ff. erkennt zwar offenbar die Aufrechterhaltung eines nichtkommerziellen und damit pluralistischen Charakters des inländischen Rundfunks als möglichen Rechtfertigungsgrund im Sinne des ordre public des Art. 46, 55 EGV an, verneint jedoch die Erforderlichkeit der Maßnahme in Hinblick auf das Vorhandensein weniger einschränkender Mittel.

[739] § 2 des schwedischen Gesetzes über Handelspraktiken (Marknadsföringslag), dargestellt innerhalb der Schlussanträge des GA Jacobs, EuGH, verb. Rs. C-34/95, C-35/95, C-36/95, De Agostini, Slg. 1997, I-3843, 3847, Erwägung 4, stellt eine dem deutschen § 1 UWG vergleichbare lauterkeitsrechtliche Generalklausel dar.

[740] EuGH, verb. Rs. C-34/95, C-35/95, C-36/95, De Agostini, Slg. 1997, I-3843, 3892, Erwägung 50.

der Fernsehveranstalter gegenüber ausländischen Werbetreibenden unproblematisch als durch diese Regelungen beschränkt an.[741]

In beiden letztgenannten Fällen waren die Beschränkungen jedoch aufgrund zwingender Erfordernisse des Allgemeininteresses gerechtfertigt, die aus dem Gesichtpunkt des Verbraucherschutzes bezogen wurden.[742]

(3) Zusammenfassung

Es lässt sich mithin folgern, dass die im Rahmen von Fernsehsendungen erbrachten Werbedienstleistungen einen umfassenden Schutz durch die Dienstleistungsfreiheit genießen.[743] Dienstleistungen im Sinne des Art. 49 EGV liegen dabei sowohl im Zurverfügungstellen der Kabelnetze durch inländische Kabelanbieter an ausländische Sendeveranstalter als auch seitens der Fernsehveranstalter vor, die für inländische oder ausländische Werbefirmen oder Werbetreibende Fernsehwerbung zum Zwecke des Empfanges durch die Zuschauer ausstrahlen. Dabei ist gleichgültig, ob ausländische Fernsehveranstalter im Empfangsstaat oder inländische Veranstalter im Erbringerstaat von der Regelung betroffen sind, solange ein grenzüberschreitender Bezug vorliegt. Auch die Qualität der Werbebeschränkung und deren Intensität ist ohne Bedeutung, es genügt die Eignung zur Behinderung der Dienstleistungsfreiheit.

Bemerkenswert erscheint diese Einordnung der Werbung als Dienstleistung gerade auch im Hinblick auf das Verhältnis zur Behandlung der Werbefreiheit als Annex zur Warenverkehrs- und Dienstleistungsfreiheit. Beide Freiheiten stehen unabhängig nebeneinander.[744] Sowohl in der Sache „De Agostini" als auch in der Entscheidung „ARD/Pro Sieben Media" prüfte der Gerichtshof selbständig einerseits die Warenverkehrsfreiheit des Werbetreibenden und andererseits die Dienstleistungsfreiheit der Fernsehveranstalter.[745] Im Falle der Warenverkehrsfreiheit kam der Gerichtshof dabei regelmäßig zur Einordnung der werbebeschränkenden Vorschriften als bloße Behinderung von Verkaufsmodalitäten und damit zu einer Verneinung des Anwendungsbereichs des Art. 28 EGV. Den Tatbestand der Dienstleistungsfreiheit sah er hingegen jeweils als eröffnet an, wenngleich er freilich aufgrund der geprüften Vorschriften im Ergebnis zu einer Rechtfertigung gelangte.

b. Werbeanzeigen in Zeitschriften

Unter die Fallgruppe der Werbung als Dienstleistung fallen aber nicht nur Tätigkeiten, die im Rahmen von Fernsehdienstleistungen erbracht werden. In der bereits im Rahmen der Warenverkehrsfreiheit behandelten[746] Entscheidung „GIP" hatte der Gerichtshof Gelegenheit, seine Rechtsprechung zur Bedeutung der Werbung als Dienstleistung weiter zu konkretisieren. Im Ausgangsfall hatte eine schwedische Zeitschrift für Werbetreibende aus anderen Mitgliedstaa-

---

[741] EuGH, Rs. C-6/98, ARD, Slg. 1999, I-7599, 7637, Erwägung 49.

[742] EuGH, verb. Rs. C-34/95, C-35/95, C-36/95, De Agostini, Slg. 1997, I-3843, 3893, Erwägung 53; EuGH, Rs. C-6/98, ARD, Slg. 1999, I-7599, 7637, Erwägungen 50, 51.

[743] Ebenso Reich, ZHR 153 (1989), 571, 580; Troberg, ZEuP 1994, 100 ff.; ders. in: GTE, Art. 59 EGV (aF), Rn. 31 ff.; Roth, CML Rev. 1994, 845, 853; Reese, Grenzüberschreitende Werbung, S. 65; Perau, Werbeverbote, S. 160 ff.; Sack, WRP 1998, 104, 113; Dauses, RIW 1998, 750, 755; Timmermans in: Schwarze, Werbung und Werbeverbote, 26, 33 ff. Schmid, Freier Dienstleistungsverkehr, S. 261 ff.; Engel/Seelmann-Eggebert in: Dauses, HdbEGWiR, Kap. E.V, Rn. 80.

[744] Vgl. auch Dauses, RIW 1998, 750, 756.

[745] EuGH, verb. Rs. C-34/95, C-35/95, C-36/95, De Agostini, Slg. 1997, I-3843 ff., Erwägungen 39 ff. für Art. 28 EGV, Erwägungen 48 ff. für Art. 49 EGV. EuGH, Rs. C-6/98, ARD, Slg. 1999, I-7599 ff., Erwägungen 45 ff. für Art. 28 EGV, Erwägungen 49 ff. für Art. 49 ff. EGV.

[746] Zum Sachverhalt siehe oben Teil 2 B.II.2.b.(3).

ten Anzeigenraum für Werbung für alkoholische Getränke angeboten. Die Werbung verstieß gegen ein in Schweden geltendes Alkoholwerbeverbot und sollte untersagt werden.

Der Gerichtshof stellte zunächst fest, dass auch das Zurverfügungstellen von Anzeigenraum in einer Zeitschrift eine grenzüberschreitende Dienstleistung darstellen kann, die unter Art. 49 EGV fällt.[747] Da im vorliegenden Falle einmal mehr eine Exportbeschränkung inmitten stand, nahm er Bezug auf seine Rechtsprechung in der Entscheidung „Alpine Investments"[748] und stellte klar, dass eine Behinderung durch den Erbringerstaat insbesondere dann vorliege, wenn das Recht des Herkunftsstaates den Anbieter einer Werbedienstleistung beschränke, möglichen Inserenten, die in anderen Mitgliedstaaten niedergelassen sind, Anzeigenraum in seiner Veröffentlichung anzubieten.[749] Sodann vertrat er die Auffassung, dass die einschlägige Alkoholwerbevorschrift *„angesichts des internationalen Charakters des Marktes der Werbung für die Kategorie von Erzeugnissen, für die das Verbot gilt, auch dann, wenn sie keinen diskriminierenden Charakter hat, das grenzüberschreitende Angebot von Anzeigenraum in besonderer Weise"*[750] beeinträchtige, weshalb eine Beschränkung des freien Dienstleistungsverkehrs vorliege.

Dieser Entscheidung lassen sich für den Bereich der Behinderung der Dienstleistungsfreiheit durch nationale Werberegelungen zwei wesentliche Feststellungen entnehmen. Zum einen kann die Rechtsprechung des Gerichtshofs zu Beschränkungen des Dienstleistungsexports als gefestigt angesehen werden.[751] Auch nichtdiskriminierende Werberegelungen des Erbringerstaates können den Dienstleistungsexport in relevanter Weise behindern.[752] Dies gilt auch, wenn hierdurch eine Werbedienstleistung behindert wird.[753] Zum anderen wurde durch die Entscheidung „GIP" die Fallgruppe „Werbung als Dienstleistung" erneut gestärkt. Parallel zur Anwendung der Warenverkehrsfreiheit wendet der Gerichtshof im Falle der Beschränkung durch Werberegelungen die Dienstleistungsfreiheit auch außerhalb der Fernsehwerbung an, wenn durch eine Werberegelung das Angebot von Anzeigenraum als grenzüberschreitende Dienstleistung behindert ist. Obschon sich die Entscheidung „GIP" nur auf die Konstellation einer Exportbeschränkung bezog, ist kein Grund ersichtlich, die getroffenen Feststellungen nicht auch auf Beschränkungen des Dienstleistungsimports durch den Bestimmungsstaat anzuwenden. Das bedeutet, dass eine Werberegelung auch dann eine Behinderung der Dienstleistungsfreiheit darstellen kann, wenn sie das Angebot von Anzeigenraum eines ausländischen Anbieters für im Inland ansässige Inserenten betrifft.[754]

c. Allgemeiner Schutz der Werbewirtschaft durch die Dienstleistungsfreiheit

Fraglich ist, ob sich aus den für die Fernsehwerbung und für das Werbeangebot in Zeitschriften gefundenen Ergebnissen Schlüsse für die Frage ziehen lassen, ob und inwieweit die Werbung als Dienstleistung auch über den Bereich des Fernsehens hinaus geschützt sein kann.

---

[747] EuGH, Rs. C-405/98, GIP, Urteil vom 8. März 2001, EWS 2001, 184 ff.; EuZW 2001, 251 ff., Erwägung 36.
[748] EuGH, Rs. C-384/93, Alpine Investments, Slg. 1995, I-1141, 1176, Erwägung 30.
[749] EuGH, Rs. C-405/98, GIP, Urteil vom 8. März 2001, EWS 2001, 184 ff.; EuZW 2001, 251 ff., Erwägung 38.
[750] EuGH, Rs. C-405/98, GIP, Urteil vom 8. März 2001, EWS 2001, 184 ff.; EuZW 2001, 251 ff., Erwägung 39.
[751] Vgl. auch Leible, EuZW 2001, 253, 255.
[752] Ebenso Leible, EuZW 2001, 253, 255 unter Hinweis auf die Diskussion zur insoweit zwischen Art. 29 EGV und Art. 49 EGV bestehenden Divergenz bei der Behandlung von Exportbeschränkungen.
[753] Siehe hierzu schon die Entscheidung EuGH, Rs. C-6/98, ARD, Slg. 1999, I-7599, 7637, Erwägung 49, in der ebenfalls eine Beschränkung des Dienstleistungsexports inmitten stand.
[754] In diesem Sinne auch GA Jacobs in seinen Schlussanträgen zu EuGH, Rs. C-405/98, GIP, Urteil vom 8. März 2001, EWS 2001, 184 ff.; EuZW 2001, 251 ff., Erwägung 69. Siehe hierzu auch die Entscheidung EuGH, verb. Rs. C-34/95, C-35/95, C-36/95, De Agostini, Slg. 1997, I-3843 ff., der die Dienstleistungsbeziehung eines ausländischen Fernsehveranstalters mit einem inländischen Werbetreibenden zugrundelag.

Die Frage ist umstritten.[755] Der Gerichtshof hatte einen derartigen Fall bisher – soweit ersichtlich – nicht zu entscheiden.[756]

(1) Dienstleistungsbeziehungen

Werbedienstleistungen können nicht nur, wie im Falle des Fernsehens oder in der Publikation von Zeitschriften, in der Verbreitung von Werbemitteilungen liegen. Auch darüber hinaus werden im Zusammenhang mit Werbung verschiedenartige Dienstleistungen erbracht. Zu nennen sind dabei die mannigfachen Aufgaben der Werbewirtschaft von der Erarbeitung der Marketingstrategie bis zu deren kreativer, technischer und verwaltungsmäßiger Umsetzung.[757] In diesem Rahmen entstehen Dienstleistungsbeziehungen unter anderem zwischen dem Anbieter (Werbetreibender) und der Werbefirma[758], welche die Werbung für diesen durchführt oder zumindest die Durchführung koordiniert. Weiterhin werden im Regelfall Leistungsbeziehungen zwischen den Werbefirmen und den Betreibern verschiedener Trägermedien bestehen. Es ist daher zutreffend, diese wirtschaftlichen Verbindungen als Dienstleistungen im Sinne des Art. 49 EGV anzusehen, wenn diese grenzüberschreitend erfolgen.[759] Der wichtigste Fall wird dabei in der Beauftragung ausländischer Werbefirmen bei der Gestaltung und Durchführung von Werbeaktionen durch inländische Anbieter liegen.[760]

(2) Beschränkende Vorschriften

Die entscheidende Frage liegt deshalb darin, welche Vorschriften eine Beschränkung dieser Dienstleistungen zu bewirken geeignet sind. Es dürfte dabei unstreitig sein, dass ausländische Werbefirmen, wie jeder andere Dienstleister auch, gegenüber Zulassungsbeschränkungen des Inlandsmarktes geschützt sind. Problematisch ist einzig, ob auch Werberegelungen des Bestimmungsstaates geeignet sein können, die Dienstleistungsfreiheit ausländischer Werbefirmen zu beschränken. Zur übersichtlichen Einteilung dienstleistungsbeschränkender Vorschriften bietet sich dabei eine von *Troberg* entwickelte dreigeteilte Betrachtungsweise an.[761] In Betracht kommen zum einen *institutionelle* Vorschriften, die sich an die persönlichen oder unternehmensbezogenen Voraussetzungen des Dienstleistungserbringers richten. Zum anderen können *funktionale* Vorschriften den Inhalt der Dienstleistung bestimmen, wobei dann für die Zugehörigkeit der Regelung zur zweiten oder dritten Stufe zu unterscheiden ist, ob die

---

[755] Vgl. Drasch, Das Herkunftslandprinzip im internationalen Privatrecht, S. 181 ff.; Schmid, Freier Dienstleistungsverkehr, S. 265 ff. einerseits; Perau, Werbeverbote, S. 170, 171 andererseits.

[756] Unzutreffend Drasch, Das Herkunftslandprinzip im internationalen Privatrecht, S. 183, der die Entscheidung „Bond van Adverteerders" zu pauschal deutet und deshalb der Meinung ist, der Gerichtshof habe eine eigenständige Position der Werbewirtschaft anerkannt. Vielmehr war es aber die Dienstleistung des Fernsehveranstalters zugunsten von Werbetreibenden oder Werbefirmen, die in den Entscheidungen anerkannt worden sind. Weiter geht der Aussagegehalt der genannten Entscheidung nicht. Zu Recht insoweit die Feststellung von Schmid, Freier Dienstleistungsverkehr, S. 266.

[757] Troberg in: GTE, Art. 59 EGV (aF), Rn. 36.

[758] Vgl. Roth in: FS für Großfeld, 929, 956.

[759] Vgl. auch Drasch, Das Herkunftslandprinzip im internationalen Privatrecht, S. 184; Schmid, Freier Dienstleistungsverkehr, S. 266; Roth, CML Rev. 1994, 845, 853; ders. in: FS für Großfeld, 929, 957; Leible/Sosnitza, K&R 1998, 283, 288; Günther, CR 1999, 172, 178. Eine Reihe von interessanten Beispielfällen für die Untauglichkeit der Behandlung der Werbung nur als Annex führt Drasch, Das Herkunftslandprinzip im internationalen Privatrecht, S. 182, 183 an. Diese sagen freilich noch nichts darüber aus, inwieweit die von möglichen Beschränkungen betroffenen Werbefirmen durch die Dienstleistungsfreiheit zu schützen sind.

[760] Ebenso Schmid, Freier Dienstleistungsverkehr, S. 267.

[761] Grundlegend Troberg, in: GTE, Art. 59 EGV (aF), Rn. 29 ff., 35 sowie ders., ZEuP 1994, 100, 122 ff. Den Ansatz Trobergs im Hinblick auf die Beschränkungswirkung von Werberegelungen aufgreifend Holoubek in: Schwarze, EU-Kommentar, Art. 49, Rn. 85.

Vorschriften regeln, welche Leistungen erbracht werden dürfen, oder ob sie lediglich die Art und Weise der Dienstleistungserbringung begrenzen.[762]

Die Tauglichkeit von Werbevorschriften zur Beschränkung der Dienstleistungsfreiheit der Werbebranche wird teilweise gänzlich verneint.[763] *Perau* ist der Auffassung, dass Werberegelungen keine Regelungen seien, die den Zugang ausländischer Werbeunternehmen zum Markt in irgendeiner Weise behindern könnten. Es gehe bei Werberegelungen allein um den rechtlichen Rahmen, innerhalb dessen eine Tätigkeit ausgeübt werden kann. Dieser rechtliche Rahmen sei aber wie die örtliche Sprache oder die nationalen Eigenarten Bestandteil der Umweltbedingungen, in die sich ausländische Dienstleistungen einzufügen hätten.[764]

Die Gegenauffassung ordnet Werberegelungen als geeignete Beschränkungen der Dienstleistungsfreiheit ausländischer Werbefirmen ein.[765] Nach dieser Auffassung sind Werberegelungen geeignet, den Zugang zu Werbemärkten als selbständigen Dienstleistungsmärkten zu betreffen.[766] Hergeleitet wird dies vor allem aus einer Parallele zu der vorstehend dargestellten Rechtsprechung für die Fernsehwerbung. *Schmid* sieht den Anknüpfungspunkt für die Übertragung der Prinzipien vor allem in der Entscheidung „De Agostini“ belegen.[767] Der Gerichtshof habe dort eine § 1 UWG entsprechende schwedische Regelung als Beschränkung der Dienstleistungsfreiheit angesehen. Es sei kein sachlicher Grund ersichtlich, diese Aussage auf das Leistungsverhältnis zwischen einem Fernsehveranstalter, der die fragliche Werbung verbreitet, und einem werbenden Unternehmen zu begrenzen.

Es ist zutreffend, dass Werberegelungen eines Mitgliedstaates Behinderungen der Dienstleistungsfreiheit ausländischer Werbefirmen hervorrufen können. Die Tatsache, dass derartige Vorschriften den rechtlichen Rahmen der Tätigkeit betreffen, wie *Perau*[768] anführt, ändert hieran nichts, sondern beschreibt vielmehr nur deren Zugehörigkeit zur Gruppe funktional wirkender Regelungen. Aber auch solche Regelungen, die nur die Ausübung einer Dienstleistung betreffen, sind als potentiell dienstleistungsbeschränkend anerkannt.[769] Gerade gegen-

---

[762] Zu dieser dreistufigen Betrachtung Troberg in: GTE, Art. 59 EGV (aF), Rn. 35, der die weitere Unterscheidung innerhalb funktionaler Vorschriften freilich als Ergebnis der Untersuchung zur Übertragbarkeit der Unterscheidung zwischen produktsbezogenen und vertriebsbezogenen Regelungen auf die Dienstleistungsfreiheit entwickelt. Diese sehr prägnante dreistufige Differenzierung bietet sich jedoch gerade auch als Prüfungsrahmen an, da sie eine Qualifizierung der einzuordnenden Vorschriften nach Art der von ihnen ausgehenden Beeinträchtigung ermöglicht.

[763] So Perau, Werbeverbote, S. 170, 171.

[764] Perau, Werbeverbote, S. 171 vergleicht die Art der Beschränkung mit berufsregelnden Vorschriften im Bereich des Art. 12 GG und kommt zu dem Ergebnis, dass Werberegelungen bezüglich der Werbebranche die berufsregelnde Tendenz fehle.

[765] Drasch, Das Herkunftslandprinzip im internationalen Privatrecht, S. 184; Schmid, Freier Dienstleistungsverkehr, S. 270 ff. Wohl auch Roth, CML Rev. 1994, 845, 853; ders. in: FS für Großfeld, 929, 957. In diesem Sinne auch Reich, ZHR 153 (1989), 171, 179, wobei allerdings offen bleibt, ob er dies generell auf Werbefirmen erstrecken will. Zur Erbringung von Werbedienstleistungen im Bereich der Telefon- und E-Mail-Werbung ebenso Leible/Sosnitza, K&R 1998, 283, 288; Günther, CR 1999, 172, 178. Zur Telefaxwerbung auch Dethloff, IPRax 1999, 347, 351.

[766] Reich, ZHR 153 (1989), 171, 179; vgl. auch Roth, CML Rev. 1994, 845, 853. Drasch, Das Herkunftslandprinzip im internationalen Privatrecht, S. 185 ist daher der Ansicht, dass den Werbeunternehmen durch Art. 49 EGV eine von dem Recht der Hersteller und Dienstleistungserbringer unabhängige „Anspruchsgrundlage“ verliehen ist.

[767] Schmid, Freier Dienstleistungsverkehr, S. 271.

[768] Perau, Werbeverbote, S. 171.

[769] Man denke nur an die verschiedenen tätigkeitsbezogenen Regelungen im Recht der freien Berufe, vgl. Nachweise bei Kluth in: Calliess/Ruffert, Art. 50, Rn. 62 ff.

über Werbeunternehmen aus dem Ausland können nationale Werberegelungen mehr als nur Regeln über die Modalitäten der Berufsausübung darstellen, da sie Anforderungen an die zu erbringende Hauptleistung selbst stellen, also bestimmen können, welche Leistung überhaupt erbracht werden darf. Betroffen durch eine Werberegelung ist also, nimmt man einen Vergleich mit der im Rahmen der Rechtssache „Keck" angewandten Differenzierung vor, das Produkt des ausländischen Werbedienstleisters, welches nicht mehr in der nach dem Recht des Herkunftsortes rechtmäßigen Form angeboten werden kann. Im Sinne der vorangestellten dreistufigen Betrachtung fallen Werberegelungen damit in Bezug auf die von Werbefirmen erbrachten Dienstleistungen unter Stufe zwei der möglichen Beschränkungen und können somit taugliche Behinderungen der Dienstleistungsfreiheit darstellen.[770] Dieses Ergebnis erscheint gerade auch im Hinblick auf die Feststellungen in der Entscheidung „GIP" gerechtfertigt, die erkennen lassen, dass der Gerichtshof die Anwendung der Dienstleistungsfreiheit im Falle der Beschränkung von Werbedienstleistungen keinesfalls auf den Bereich der Fernsehwerbung begrenzt sehen möchte.[771]

Problematisch ist bei diesem Ansatz jedoch die Folge, die eine vorbehaltlose Bejahung der Beschränkung der Dienstleistungsfreiheit von Werbedienstleistern mit sich bringt. Denn es käme im Hinblick auf die Anwendung werberechtlicher Vorschriften auf diese Weise zu einer unterschiedlichen Behandlung derjenigen, die sich einer ausländischen Werbefirma für die Durchführung ihres Werbeauftritts bedienen und derjenigen, die dies einem inländischen Unternehmen überlassen oder die Werbeaktion selbst durchführen.[772] Im ersteren Falle läge in der Anwendung der Werbevorschrift eine Beschränkung der Dienstleistungsfreiheit, im letzteren kein gemeinschaftsrechtlicher Bezug. Aber auch wenn man in diesem Fall aufgrund einer unzulässigen Umgehung die Dienstleistungsfreiheit unangewendet ließe[773], stünde ein weiteres Problem im Raum. Es könnte dann zu einer divergierenden Behandlung von Werbung im Rahmen der Warenverkehrs- und Dienstleistungsfreiheit kommen, wenn ein ausländischer Warenanbieter im ersten Fall seine Waren im Einfuhrstaat selbst bewirbt, im zweiten Fall die Werbung durch eine ausländische Werbefirma durchführen lässt. Im ersten Fall läge in der Werberegelung nur die Behinderung einer bestimmten Verkaufsmodalität, sofern kein Werbeverbot vorliegt oder die Vermutung der Entscheidung „Keck" nicht in anderer Weise widerlegt werden kann. Die Warenverkehrsfreiheit wäre nicht anwendbar. Im zweiten Falle läge zwar im Hinblick auf die Warenverkehrsfreiheit des Anbieters wieder nur die Behinderung einer Verkaufsmodalität vor. Bezüglich der Dienstleistungsfreiheit des Werbeunternehmens entstünde aber bezogen auf ein und dieselbe Werbung eine Beschränkung, die zu einer Anwendung des Art. 49 EGV führen würde. Fraglich ist, ob diese Diskrepanz zu einer beschränkten Anwendung der Dienstleistungsfreiheit führen muss, wenn ansonsten die Grundsätze der Entscheidung „Keck" umgangen würden. Dies ist zu verneinen. Wie *Schmid* zutreffend feststellt, ist gerade die Wahlfreiheit, sich an Dienstleistungserbringer aus anderen Mitgliedstaaten zu wenden, eine wesentliche Gewährleistung der Dienstleistungsfreiheit.[774] Auch

[770] Im Ergebnis ebenso Dethloff, Europäisierung des Wettbewerbsrechts, S. 244.
[771] EuGH, Rs. C-405/98, GIP, Urteil vom 8. März 2001, EWS 2001, 184 ff.; EuZW 2001, 251 ff., Erwägungen 36 ff. Dazu oben Teil 2 C.II.2.b.
[772] Dieses Problem erkennend Roth, CML Rev. 1994, 845, 853; ders. in: FS für Großfeld, 929, 957; Schmid, Freier Dienstleistungsverkehr, S. 272.
[773] Hierauf will offensichtlich Schmid, Freier Dienstleistungsverkehr, S. 272 hinaus.
[774] Schmid, Freier Dienstleistungsverkehr, S. 272 bezieht dieses Argument zwar auf die Frage der Umgehung der Anwendbarkeit des nationalen Rechts durch Einschaltung ausländischer Dienstleister. Der Ansatz verfängt aber auch dann, wenn man auf die Umgehung der Nichtanwendbarkeit der Warenverkehrsfreiheit durch Einbeziehung einer Werbeagentur abstellt.

der Gerichtshof sieht in der insoweit bestehenden Divergenz bei der Eröffnung des Anwendungsbereichs der Warenverkehrs- und Dienstleistungsfreiheit offenbar keine Probleme, wie die Entscheidungen zum Fernsehrecht zeigen.

3. Die Grundsätze der Entscheidung „Keck" im Rahmen der Dienstleistungsfreiheit

Auch im Rahmen der Dienstleistungsfreiheit kann die Eignung nationaler Regelungen zur Beschränkung derselben in unterschiedlichem Maße ausgeprägt sein. Vorschriften der Mitgliedstaaten können sich auch hier in verschiedenartiger Weise auf die Ausübung der Grundfreiheit beziehen. Im Sinne der Einteilung zwischen *funktionalen* und *institutionellen* Vorschriften[775] stellen Regelungen des Werberechts der Mitgliedstaaten stets funktionale Vorschriften dar. Im Schrifttum wird daher die Frage behandelt, ob die in der Entscheidung „Keck" für den Warenverkehr entwickelten Begrenzungen auf die Dienstleistungsfreiheit übertragen werden können.[776] Auslöser für die Beschäftigung mit dieser Fragestellung war die Entscheidung „Alpine Investments"[777], in welcher der Gerichtshof erstmals hierzu Stellung genommen hat. Von der Untersuchung des Aussagegehalts der Rechtsprechung des EuGH zu trennen ist die im Anschluss daran zu prüfende Frage, ob die Übertragung der Grundsätze auf die Dienstleistungsfreiheit erforderlich und möglich ist.

a. Die Rechtsprechung des Gerichtshofs

(1) Die Entscheidungen „Alpine Investments" und „Schindler"

In der Entscheidung „Alpine Investments" hatte der Gerichtshof erstmalig zu der Frage Stellung zu nehmen, ob die Anwendung nationaler Vorschriften, die nur Modalitäten des Vertriebs der Dienstleistung betreffen, in Entsprechung zur Entscheidung „Keck" auch im Rahmen der Dienstleistungsfreiheit keine relevante Beschränkung darstellt.[778] Grundlage der Prüfung durch den Gerichtshof war ein entsprechender Vortrag der niederländischen Regierung, das von ihr verhängte Verbot des *cold calling* als Vertriebsmethode sei lediglich als Behinderung einer Verkaufsmodalität und damit nicht als taugliche Beschränkung der Dienstleistungsfreiheit anzusehen.[779] Besonderheit des zugrundeliegenden Sachverhalts war, wie oben bereits dargestellt, dass die Beschränkung der Vertriebsmethode nicht durch den Bestimmungsstaat der Dienstleistung, sondern durch den Herkunftsstaat selbst erfolgte.

Der Gerichtshof folgte dem Vorbringen hinsichtlich der Anwendung der Grundsätze der Entscheidung „Keck" nicht und wandte die Dienstleistungsfreiheit auf den vorliegenden Fall an. Die durch den Gerichtshof gegebene Begründung ermöglicht dabei verschiedene Interpretationen. Zum einen kann der Grund für eine Nichtanwendung der im Rahmen der Warenverkehrsfreiheit vorgenommenen Unterscheidung damit begründet werden, dass im vorliegenden

---

[775] Zur grundlegenden Unterscheidung Troberg, ZEuP 1994, 100, 122; ders. in: GTE, Art. 59 EGV (aF), Rn. 29 ff., 35. Hierzu auch oben Teil 2 C.II.2.c.(2).

[776] Vgl. Ross, ELR 1995, 507, 512 ff.; Knobl, WBl. 1995, 309, 312 ff.; Hatzopoulos, CML Rev. 1995, 1427, 1437 ff.; Idot, CML Rev. 1996, 113, 122; Kort, JZ 1996, 132, 136; Reuthal, WRP 1997, 1154, 1158; Sack, WRP 1998, 104, 112; ders., WRP 2000, 269, 283; Roth in: FS für Großfeld, 929, 957; Timmermans in: Schwarze, Werbung und Werbeverbote, 26, 34; Troberg in: GTE, Art. 59 EGV (aF), Rn. 35; Schmid, Freier Dienstleistungsverkehr, S. 308 ff.

[777] EuGH, Rs. C-384/93, Alpine Investments, Slg. 1995, I-1141 ff.

[778] EuGH, Rs. C-384/93, Alpine Investments, Slg. 1995, I-1141, 1176 ff., Erwägungen 33 ff.

[779] Zum entsprechenden Vortrag, dem sich auch die Regierung des Vereinigten Königreichs anschloss, siehe die Schlussanträge des GA Jacobs, EuGH, Rs. C-384/93, Alpine Investments, Slg. 1995, I-1141, 1158, Erwägung 59.

Fall eine Beschränkung durch den Erbringerstaat der Dienstleistung und damit gleichsam eine Exportbeschränkung vorgelegen hat.[780] Auch der Gerichtshof stellt unter anderem ausdrücklich darauf ab, dass das inmitten stehende Verbot von dem Mitgliedstaat ausging, *„in dem der Leistungserbringer ansässig ist“*[781]. Ausreichend erscheint dieser Begründungsansatz allein für die Beurteilung aber noch nicht, da tatsächlich in Form der Vertriebsbeschränkung ein Verbot inmitten stand, welches die Art und Weise der Vermarktung und somit eine Modalität des Verkaufs behinderte, was auch der EuGH anerkannte.[782] Der Grund für eine unterschiedliche Behandlung kann demzufolge nicht allein in der formalistischen Betrachtung zu suchen sein, ob die Beschränkung im Einfuhr- oder im Ausfuhrstaat belegen ist.[783] Vielmehr liegt das wesentliche Kriterium für die Nichtanwendung der Grundsätze der Rechtssache „Keck“ in der Entscheidung „Alpine Investments“ in der Behinderung des Marktzugangs.[784] Das niederländische Unternehmen, welches im Wege des *cold calling* von seinem Herkunftsstaat aus Finanzdienstleistungen auch in anderen Mitgliedstaaten anbieten wollte, wählte dafür das kostengünstige Vorgehen des Telefonmarketing und wollte so grundsätzlich auf vereinfachte Art und Weise auch Zugriff auf potentielle Kunden in anderen Mitgliedstaaten nehmen. Das Verbot des *cold calling* stand diesem Vorgehen entgegen.

> *„Aus diesem Grund beeinflusst es unmittelbar den Zugang zum Dienstleistungsmarkt in den anderen Mitgliedstaaten. Es ist daher geeignet, den innergemeinschaftlichen Handel zu behindern.“*[785]

Entschieden hat der Gerichtshof in der Rechtssache „Alpine Investments“ also nur den konkret zugrundeliegenden Fall, ob das streitgegenständliche Verbot der Telefonwerbung im Erbringerstaat geeignet war, den Zugang zu Märkten anderer Mitgliedstaaten und damit die Dienstleistungsfreiheit zu behindern. Eine Anwendung der für die Warenverkehrsfreiheit entwickelten Unterscheidung kam deshalb nicht in Betracht. Wenn man der Entscheidung „Alpine Investments“ eine weitergehende Aussage entnehmen will, dann diese, dass der Gerichtshof das Kriterium des Marktzugangs als wesentliches Abgrenzungsargument zur Beurteilung einer Beeinträchtigung der Grundfreiheiten gestärkt hat.[786]

Zeitlich vor der Entscheidung „Alpine Investments“, jedoch ebenfalls nach der Entscheidung „Keck“ hatte der Gerichtshof in der Entscheidung „Schindler“[787] über eine Beschränkung der Werbung im Bestimmungsstaat der Dienstleistung zu entscheiden. Er ging auf die im Rahmen der Entscheidung „Keck“ getroffene Unterscheidung jedoch mit keinem Wort ein, und ordnete die Werbebeschränkung als geeignet ein, die Freiheit des Dienstleistungsverkehrs zu behindern.[788]

(2) Die Entscheidungen zur Fernsehwerbung

Auch im Rahmen der Fallgruppe der „Werbung als Dienstleistung“ hätte der Gerichtshof mehrfach Gelegenheit gehabt, die in der Entscheidung „Keck“ getroffene Differenzierung auf

[780] In diesem Sinne Kort, JZ 1996, 132, 138. Ebenso Sack, WRP 1998, 104, 112.
[781] EuGH, Rs. C-384/93, Alpine Investments, Slg. 1995, I-1141, 1178, Erwägung 38.
[782] EuGH, Rs. C-384/93, Alpine Investments, Slg. 1995, I-1141, 1177, Erwägung 35.
[783] Kritisch zur formalistischen Einordnung durch den Gerichtshof Reich, EuZW 1995, 407, 408.
[784] In diesem Sinne auch Reich, EuZW 1995, 407, 408; Schmitz, Die kommerzielle Kommunikation im Binnenmarkt, S. 256.
[785] EuGH, Rs. C-384/93, Alpine Investments, Slg. 1995, I-1141, 1178, Erwägung 38.
[786] Ebenso Timmermans, in: Schwarze, Werbung und Werbeverbote, 26, 34.
[787] EuGH, Rs. C-275/92, Schindler, Slg. 1994, I-1039 ff.
[788] EuGH, Rs. C-275/92, Schindler, Slg. 1994, I-1039, 1093, Erwägungen 43, 44.

die Dienstleistungsfreiheit zu übertragen, nachdem verschiedene werbebeschränkende Regelungen sowohl unter dem Gesichtspunkt der Warenverkehrsfreiheit als auch unter dem Gesichtspunkt der Dienstleistungsfreiheit der Fernsehveranstalter zu prüfen waren.[789] Sowohl in der Rechtssache „De Agostini" als auch in der Rechtssache „ARD/Pro Sieben" waren durch die betreffenden Werberegelungen die Warenverkehrsfreiheit des Anbieters und zugleich die Dienstleistungsfreiheit des Fernsehveranstalters betroffen.[790] Weder in der Entscheidung „De Agostini" noch in der Entscheidung „ARD/Pro Sieben" prüfte der Gerichtshof jedoch im Rahmen der Dienstleistungsfreiheit, ob insoweit in der Anwendung der werbebeschränkenden Regelungen eine Behinderung bloßer Verkaufsmodalitäten gesehen werden könnte. Hieraus ergibt sich jedenfalls eindeutig, dass der Gerichtshof Beschränkungen der Werbung, sofern Fernsehveranstalter durch sie betroffen sind, nicht als Behinderung von Verkaufsmodalitäten ansieht.[791]

(3) Folgerungen

Eine Anzahl von Autoren folgert aus der Entscheidung „Alpine Investments", die in der Entscheidung „Keck" getroffene Unterscheidung zwischen vertriebsbezogener und produktbezogener Wirkung von Regelungen müsste auch für die Dienstleistungsfreiheit gelten.[792] Nach anderer Ansicht lässt sich aus der Entscheidung „Alpine Investments" gerade das Gegenteil schließen. Der Gerichtshof habe in dieser Entscheidung die Anwendung der Unterscheidung zwischen produktbezogenen und vertriebsbezogenen Maßnahmen auf die Dienstleistungsfreiheit ausdrücklich abgelehnt.[793]

Der Gerichtshof hat lediglich den konkreten Fall entschieden, wie eine die Dienstleistungsfreiheit beschränkende Regelung des Erbringerstaates zu beurteilen ist. Wie oben dargestellt lassen sich der Entscheidung lediglich zwei Aussagen entnehmen. Wesentlich ist aus Sicht des Gerichtshofs, ob die fragliche Regelung geeignet ist, für die beworbene Dienstleistung den Marktzugang zu behindern. Unter ausdrücklicher Bezugnahme auf den Aussagegehalt der Entscheidung „Keck", in der er für die fragliche vertriebsbezogene Regelung diese Eignung verneint hatte[794], nimmt er das niederländische Verbot des *cold calling* in Augenschein und bejaht dessen Eignung zur Behinderung des Marktzugangs.[795] Daraus ergibt sich als zweite Aussage der Entscheidung, dass es gerade eine beschränkende Regelung des Erbringerstaates sein kann, die diese marktzugangsbehindernde Wirkung entfaltet. Nach richtiger Auffassung ist die Entscheidung „Alpine Investments" daher weder in die eine noch in die andere Richtung zu verstehen.[796] Keinesfalls lässt sich eine generelle Übertragung der „keck-

---

[789] Siehe hierzu oben Teil 2 C.II.2.a.(3)

[790] EuGH, verb. Rs. C-34/95, C-35/95, C-36/95, De Agostini, Slg. 1997, I-3843 ff., Erwägungen 39 ff. für Art. 28 EGV, Erwägungen 48 ff. für Art. 49 EGV. EuGH, Rs. C-6/98, ARD, Slg. 1999, I-7599 ff., Erwägungen 45 ff. für Art. 28 EGV, Erwägungen 49 ff. für Art. 49 ff. EGV.

[791] In der Entscheidung EuGH, Rs. C-405/98, GIP, Urteil vom 8. März 2001, EWS 2001, 184 ff.; EuZW 2001, 251 ff. zum Zurverfügungstellen von Anzeigenraum ging der Gerichtshof ebenfalls nicht auf eine Übertragung der Grundsätze der Entscheidung „Keck" ein.

[792] So Drasch, Das Herkunftslandprinzip im internationalen Privatrecht, S. 181, Fn. 926; Reuthal, WRP 1997, 1154, 1158. In diesem Sinne, wenngleich kritisch zur Übertragbarkeit der Unterscheidungskriterien Kort, JZ 1996, 132, 136.

[793] So Idot, CML Rev. 1996, 113, 122; Kieninger, EWS 1998, 277, 285; GA Lenz, Schlussanträge zu EuGH, Rs. C-415/93, Bosman, Slg. 1995, I-4921, 5009, Erwägung 206; GA Elmer, Schlussanträge zu EuGH, Rs. C-189/95, Franzén, Slg. 1997, I-5909, 5934, Erwägung 64.

[794] EuGH, Rs. C-384/93, Alpine Investments, Slg. 1995, I-1141, 1178, Erwägung 37.

[795] EuGH, Rs. C-384/93, Alpine Investments, Slg. 1995, I-1141, 1178, Erwägung 38.

[796] Ebenso Troberg in: GTE, Art. 59 EGV (aF), Rn. 34 ff.; Hatzopoulos, CML Rev. 1995, 1427, 14 37 ff.; Sack, WRP 1998, 104, 112; Roth in: FS für Großfeld, 929, 957; Timmermans in: Schwarze, Werbung und Werbeverbote, 26, 34; Schmid, Freier Dienstleistungsverkehr, S. 312.

schen“ Grundsätze auf die Dienstleistungsfreiheit herleiten.[797] Es erscheint nicht möglich, aus der bloßen Prüfung der Grundsätze die generelle Anwendung folgern zu wollen, zumal die Anwendung im gegebenen Fall sogar verneint wurde. Aber auch die gegenteilige Auffassung lässt sich aus der Entscheidung nicht schließen.[798] Eine derartige Auslegung würde die Interpretationsfähigkeit der Aussagen des Gerichtshofs überstrapazieren.

b. Erfordernis und Möglichkeit einer Übertragung der Grundsätze

Unabhängig von der Einordnung der Rechtsprechung des Gerichtshofs wird im Schrifttum seither die Frage aufgeworfen, ob eine Unterscheidung zwischen produktbezogenen und vertriebsbezogenen Regelungen sinnvollerweise auch im Rahmen der Dienstleistungsfreiheit getroffen werden muss mit der Folge, dass nur erstere als taugliche Beschränkungen der Dienstleistungsfreiheit angesehen werden können. Es ist in der folgenden Darstellung zwischen den Fallgruppen der „Werbung als Dienstleistung“ und der „Werbung für Dienstleistungen“ zu differenzieren.

(1) Werbung als Dienstleistung

Schon nach der Rechtsprechung des Gerichtshofs lässt sich die Frage nach der Anwendbarkeit der in der Entscheidung „Keck“ entwickelten Grundsätze für diese Fallgruppe im vorgenannten Sinne eindeutig beantworten. Der Gerichtshof selbst hat die divergente Auslegung der Warenverkehrs- und Dienstleistungsfreiheit nicht begründet. In der Entscheidung „De Agostini“ trafen gleichsam zwei unterschiedliche Rechtsprechungslinien zusammen, die verschiedene Probleme zu lösen hatten. Auf der einen Seite hatte die Entwicklung der Warenverkehrfreiheit zu einem Begrenzungserfordernis im Bereich bloßer Absatzmodalitäten geführt, welchem durch die Entscheidung „Keck“ nachgekommen worden war[799] und welche sich auch auf die Behandlung von Werberegelungen ausgewirkt hat. Auf der anderen Seite unterstellte der Gerichtshof seit der Entscheidung „Bond van Adverteerders“ die Tätigkeit von Fernsehveranstaltern bei der Ausstrahlung von Fernsehwerbung der Dienstleistungsfreiheit.[800]

Nach zutreffender Auffassung sind diese Rechtsprechungslinien miteinander vereinbar. Ein gesondertes Eingehen des Gerichtshofs auf die Grundsätze der Entscheidung „Keck“ im Rahmen der Dienstleistungsfreiheit war nicht erforderlich. Der Grund hierfür liegt in der Erscheinungsform der geschützten Dienstleistungen im Bereich der Fernsehwerbung. Im Gegensatz zu der Einordnung der Werbung als Akzessorium der jeweils beworbenen Tätigkeit ist es im Rahmen der Fallgruppe „Werbung als Dienstleistung“ die Übertragung der Werbung selbst, welche durch Art. 49 EGV geschützt ist.[801] Im Bereich der Fernsehausstrahlung von Werbung ist es gerade die Haupttätigkeit als solche, welche durch die Anwendung von Werberegelungen behindert wird, und nicht nur eine Form der Absatzförderung für ein bestimmtes Erzeugnis. Die Anwendung werbebeschränkender Regelungen führt daher regelmäßig zu

[797] Diese Interpretation ebenso deutlich ablehnend Sack, WRP 1998, 104, 112.
[798] So zutreffend Timmermans in: Schwarze, Werbung und Werbeverbote, 26, 34.
[799] Hierzu Teil 2 B.II.2.
[800] St. Rspr. EuGH, Rs. 53/79, Debauve, Slg. 1980, 833 ff.; EuGH, Rs. 352/85, Bond van Adverteerders, Slg. 1988, 2085 ff.; EuGH, Rs. C-288/89, Mediawet I, Slg. 1991, I-4007 ff.; EuGH, Rs. C-353/89, Mediawet II, Slg. 1991, I-4069 ff.; EuGH, Rs. C-23/93, TV 10, Slg. 1994, I-4795 ff.; EuGH, verb. Rs. C-34/95, C-35/95, C- 36/95, De Agostini, Slg. 1997, I-3843 ff.; EuGH, Rs. C-6/98, ARD, Slg. 1999, I-7599 ff.
[801] Dieser Umstand wird verkannt bei Sack, WRP 2000, 269, 283, wenn er in der Entscheidung „ARD“ eine generelle, implizite Ablehnung der Anwendung der „Keck“-Doktrin auf die Dienstleistungsfreiheit sieht und diese Entscheidung in dieser Weise dem Urteil „Alpine Investments“ gegenüberstellt. Demgegenüber fügt sich die Nichtanwendung der Grundsätze der Entscheidung „Keck“ in der Entscheidung „ARD“ im Bereich des Art. 49 EGV nur nahtlos in die Reihe der Entscheidungen zur Fernsehwerbung ein.

einem direkten Eingriff in die Fernsehausstrahlung und damit zu einer Beschränkung der Dienstleistung selbst.[802] Greift man die der Entscheidung „Keck" zugrundeliegende Abgrenzung zwischen produktbezogenen und vertriebsbezogenen Vorschriften auf, so bewirkt eine Werbevorschrift, die die Fernsehausstrahlung von Werbung behindert, nicht die Behinderung einer bloßen Absatzmodalität, sondern vielmehr eine Behinderung der Erbringung der Dienstleistung selbst.[803] Hierin läge im Sinne dieser Unterscheidung demnach dann eine produktbezogene Vorschrift.[804] Die Fallgruppe „Werbung als Dienstleistung" ist mithin von der Diskussion um die Anwendbarkeit der Grundsätze der Entscheidung „Keck" freigestellt.

(2) Werbung für Dienstleistungen

Wird für Dienstleistungen geworben, so ist die Werbung wie im Rahmen der Warenverkehrsfreiheit als Akzessorium der Haupttätigkeit geschützt. Fraglich ist daher, ob eine werbebeschränkende Regelung die Dienstleistungsfreiheit behindern kann, oder ob eine entsprechende Anwendung der Grundsätze der Entscheidung „Keck" in Betracht kommt mit der Folge, dass Werberegelungen im Grundfall nur als Behinderungen bestimmter Absatzmodalitäten der Dienstleistungsfreiheit anzusehen sind. Die Diskussion muss sich dabei einerseits mit dem Erfordernis einer derartigen Übertragung, andererseits mit möglichen Wegen auseinandersetzen, wie eine solche durchzuführen ist.

(a) Erfordernis einer Übertragung

Die Erforderlichkeit wird von verschiedenen Autoren bejaht, wenngleich Gründe hierfür nur in wenigen Fällen genannt werden. Als wichtigster Aspekt erscheint jedoch die grundsätzliche Gleichbehandlung der Warenverkehrs- und Dienstleistungsfreiheit.[805] Auch im Rahmen der Dienstleistungsfreiheit gibt es durchaus Vorschriften, die in ihrer Wirkung Verkaufsmodalitäten behindern. Zwar lassen sich diese nicht -wie bei körperlichen Produkten- einer physischen Beschaffenheit der Leistung gegenüberstellen. Es bietet sich jedoch eine Gegenüberstellung von Inhalt der Dienstleistung und der Art und Weise ihrer Erbringung an.[806] Im Sinne einer konvergenten Handhabung beider Freiheiten, welche in näherer Vergangenheit zunehmend an Gewicht gewonnen hat, erscheint eine Überprüfung der Übertragbarkeit der Unterscheidung daher durchaus angebracht.[807]

---

[802] Ebenso Roth, CML Rev. 1994, 845, 853; Wellan, Die Harmonisierung durch die Fernsehrichtlinie, S. 78; Timmermans in: Schwarze, Werbung und Werbeverbote, 26, 35; Schmid, Freier Dienstleistungsverkehr, S. 330.

[803] Timmermans in: Schwarze, Werbung und Werbeverbote, 26, 35, ist zu Recht der Ansicht, dass diese Form der Beschränkung auch bei Anwendung der Maßstäbe des Keck-Urteils ausreichen würde.

[804] Ebenso Schmid, Freier Dienstleistungsverkehr, S. 330; nun auch Dethloff, Europäisierung des Wettbewerbsrechts, S. 237. Im Ergebnis auch Timmermans in: Schwarze, Werbung und Werbeverbote, 26, 35; Engel/Seelmann-Eggebert in: Dauses, HdbEGWiR, Kap. E.V, Rn. 82. Vgl. auch Dauses, RIW 1998, 750, 755 zur Wirkung einer Werbebeschränkung „wie" produktbezogene Maßnahmen.

[805] So offenbar auch Troberg in: GTE, Art. 59 EGV(aF), Rn. 34 ff.; Timmermans in: Schwarze, Werbung und Werbeverbote, 26, 34, die eine Gleichbehandlung grundsätzlich begrüßen.

[806] Troberg in: GTE, Art. 59 EGV (aF), Rn. 34.

[807] Weitere Begründungsansätze für eine Übertragung prüft Schmid, Freier Dienstleistungsverkehr, S. 315 ff. Abzulehnen ist die Argumentation über das Subsidiaritätsprinzip des Art. 5 II EGV. Das Subsidiaritätsprinzip, vgl. hierzu allgemein Streinz, Rn. 145a, wird seit seiner Einführung in den EGV durch den Vertrag von Maastricht vom 7.2.1992 von integrationskritischen Stimmen als Begründungsansatz für die verschiedensten Fragestellungen bemüht, sofern diese ganz allgemein im Grenzbereich zwischen möglichst weitgehender Integration und Autonomie der Mitgliedstaaten angesiedelt sind. Sicher stellt die Einführung des Subsidiaritätsprinzips eine wichtige Grundentscheidung zugunsten der Regelungsautonomie der Mitgliedstaaten dar, die in jedem Fall zu befolgen ist. Es sollte jedoch stets dessen eigentlicher Gehalt als

(b) Möglichkeit einer Übertragung

Eine pauschale Anwendung der Unterscheidung zwischen vertriebsbezogenen und produktbezogenen Regelungen verbietet sich dabei aufgrund der Besonderheiten der Dienstleistungsfreiheit, die gerade nicht den Verkehr körperlicher Produkte zum Gegenstand hat. Vielmehr ist eine Einzelfallprüfung in Ansehung der konkret beschränkenden Vorschrift vorzunehmen, was vorliegend für Werberegelungen versucht werden soll.[808] Im Bereich der Werbevorschriften stehen einer Übertragung der Keck-Doktrin zwei wesentliche Gesichtspunkte entgegen.

Zum einen hat sich bereits im Rahmen der Untersuchung der Warenverkehrsfreiheit gezeigt, dass die Unterscheidung zwischen produktbezogenen und vertriebsbezogenen Vorschriften nur bedingt tauglich für die Beantwortung der dahinterliegenden Frage ist, ob durch die Anwendung einer Werberegelung der Zugang zum Markt eines anderen Mitgliedstaates behindert ist.[809] Diese Schwierigkeit wird für die Dienstleistungsfreiheit noch verstärkt.[810] Eine Werberegelung, die im Sinne der Entscheidungen „Clinique" oder „Mars"[811] produktbezogen wäre, ist insbesondere bei unsichtbaren Korrespondenzdienstleistungen nicht denkbar. Werbung für Dienstleistungen stellt im Hinblick auf den Inhalt der zu würdigenden Dienstleistung daher stets nur eine Frage der Vermarktung dar. Regelungen, die diese Werbung behindern, beziehen sich demzufolge immer auf das „Wie" der Vermarktung der beworbenen Dienstleistung und sind daher regelmäßig als Verkaufsmodalitäten anzusehen.[812] Eine solche Würdigung wird jedoch den Auswirkungen von werbebeschränkenden Regelungen in keiner Weise gerecht. Werbevorschriften sind potentiell geeignet, den Zugang eingeführter Erzeugnisse und Dienstleistungen zum Inlandsmarkt zu behindern. Dieses Problem tritt im Bereich der Werbung für Dienstleistungen sogar verstärkt auf, da Dienstleistungen als solche unsichtbar sind, weshalb der werbliche Kontakt zum potentiellen Kunden noch relevanter ist.[813]

Der zweite Gesichtspunkt liegt in der Intention der Entscheidung „Keck", solche Vorschriften aus dem Anwendungsbereich der Warenverkehrsfreiheit herauszunehmen, die auf den Marktzugang von Waren keinen Einfluss mehr haben, weil deren Wirkung erst auf einer Stufe ansetzt, in der eine eingeführte Ware die Grenze bereits überschritten hat, es vielmehr nur noch um die Art und Weise der Vermarktung geht.[814] Im Rahmen der Dienstleistungsfreiheit, insbesondere bei Korrespondenzdienstleistungen, ist die Wirkung einer Werbebeschränkung jedoch eine andere. Dienstleistungen, deren Erbringer dauerhaft in einem anderen Mitgliedstaat ansässig ist, weisen einen ständig grenzüberschreitenden Bezug auf, der bei Waren nach dem Import nicht mehr gegeben ist.[815] Dieser Umstand führt dazu, dass der Marktzugang für jede einzelne Leistung aufs neue gefördert werden muss.

---

befolgen ist. Es sollte jedoch stets dessen eigentlicher Gehalt als Kompetenzausübungsschranke Beachtung finden. Vgl. zur Anwendbarkeit bei der Auslegung materieller Marktrechtsnormen auch die sehr instruktiven Ausführungen von Müller-Graff, ZHR 159 (1995), 34, 72 ff.

[808] Zu anderen vertriebsbezogenen Vorschriften Timmermans in: Schwarze, Werbung und Werbeverbote, 26, 35 für Ladenschlusszeiten im Falle einer Bank, worin sicherlich nur die Behinderung einer Verkaufmodalität auch bezüglich der Dienstleistungsfreiheit zu sehen ist. Für andere Regelungen auch Schmid, Freier Dienstleistungsverkehr, S. 327 ff.

[809] Vgl. oben Teil 2 B.II.4.b.(2). In diesem Sinne kritisch auch Kort, JZ 1996, 132, 136; GA Jacobs, Schlussanträge zu EuGH, Rs. C-384/93, Alpine Investments, Slg. 1995, I-1141, 1159, Erwägung 60.

[810] Ebenso Timmermans in: Schwarze, Werbung und Werbeverbote, 26, 34.

[811] EuGH, Rs. C-315/92, Clinique, Slg. 1994, I-317 ff.; EuGH, Rs. C- 470/93, Mars, Slg. 1995, I-1923 ff.

[812] Zu dieser Einordnung Troberg in: GTE, Art. 59 EGV (aF), Rn. 35.

[813] Ebenso Perau, Werbeverbote, S. 166, für berufsspezifische Werberegelungen im Recht der freien Berufe.

[814] Vgl. auch Becker, EuR 1994, 162, 172; Joliet, GRUR Int. 1994, 979, 984.

[815] Hierauf weist Knobl, WBl. 1995, 309, 312 hin und sieht in diesem Gesichtspunkt einen wesentlichen Hinderungsfaktor für die Übertragung der Keck-Doktrin auf die Dienstleistungsfreiheit.

Eine Übertragung der schon im Rahmen der Warenverkehrsfreiheit in Ansehung von Werberegelungen fragwürdigen Unterscheidung auf die Dienstleistungsfreiheit ist daher nicht angezeigt. Vielmehr sollte im Einzelfall eine Prüfung vorgenommen werden, ob durch die Anwendung der jeweiligen Regelung der Marktzutritt der beworbenen Dienstleistung behindert ist.[816] Denn nur auf die Frage der Marktzugangsbehinderung kommt es letztlich auch der Entscheidung „Keck" für den Bereich der Warenverkehrsfreiheit an.

4. Zusammenfassung

Werberegelungen können in zwei Konstellationen geeignet sein, den freien Dienstleistungsverkehr zu behindern. Zum einen, gleich der Warenverkehrsfreiheit, wenn für Dienstleistungen geworben wird. Zum anderen kann die Erbringung einer Werbeleistung selbst durch Werbevorschriften beschränkt sein. In beiden Fällen finden die durch die Entscheidung „Keck" für die Warenverkehrsfreiheit getroffenen Unterscheidungen keine Anwendung.

In dem eigenständigen Schutz der Werbung als Dienstleistung liegt die wesentliche Besonderheit der Handhabung werbebeschränkender Vorschriften im Bereich der Dienstleistungsfreiheit. Werbedienstleistungen sind umfassend auch gegenüber Werbevorschriften der Mitgliedstaaten geschützt, wenn sie im Rahmen der Verbreitung durch grenzüberschreitende Medien erbracht werden. Darüber hinaus können Werberegelungen nach hier vertretener Auffassung auch die Tätigkeit von Werbeunternehmen behindern, wenn sie auf eine grenzüberschreitende Dienstleistungserbringung einwirken.

III. Dienstleistungsfreiheit und Werbebeschränkungen im Internet

Im Rahmen des elektronischen Geschäftsverkehrs werden in weitem Umfang auch Dienstleistungen angeboten. Nach der hier vertretenen Einordnung ist eine Dienstleistung zum einen in dem Handel mit Soft-Goods zu sehen, die online im Internet vertrieben werden.[817] Zum anderen werden auch klassische Dienstleistungen wie die Abwicklung von Bankgeschäften oder die Vermittelung von Reisen angeboten. Ebenso wie für Erzeugnisse wird auch für Dienstleistungen auf verschiedenste Weise Werbung getrieben. Werberegelungen können diese Möglichkeiten zu werben einschränken. Von Bedeutung ist im Rahmen der Werbung für Dienstleistungen einmal mehr das allgemeine Werberecht, welches sich gegen jede Form unlauteren Wettbewerbsverhaltens richtet. Das besondere Werberecht spielt vor allem für die Werbung der Angehörigen freier Berufe im Internet eine Rolle.[818] Grundsätzlich zu unterscheiden ist auch im Rahmen der Dienstleistungsfreiheit zwischen den Beschränkungen der Werbung im World Wide Web und den sich durch ein Verbot der Zusendung unverlangter Werbe-E-Mail ergebenden Behinderungen.

---

[816] Ebenso im Ergebnis auch Schmid, Freier Dienstleistungsverkehr, S. 335, der auch für andere Vermarktungsvorschriften kein Übertragungserfordernis gegeben sieht. A.A. insoweit Dethloff, Europäisierung des Wettbewerbsrechts, S. 238, die allerdings die Dienstleistungsfreiheit in der Fallgruppe „Werbung für Dienstleistungen" dann anwenden will, wenn die Anpassung der Werbung an das Recht des Bestimmungsstaates eine besondere Belastung mit sich bringt, so etwa im Fall eines einheitlichen Marketing.

[817] Siehe hierzu einleitend Teil 2 A.II.

[818] Zu entsprechenden Vorschriften des deutschen Rechts im internetspezifischen Zusammenhang ausführlich Marwitz in: Hoeren/Sieber, Kap. 11.2, Rn. 201 ff.

1. Werbung im World Wide Web

Behinderungen der Dienstleistungsfreiheit durch werbebeschränkende Vorschriften sind bei Werbung im World Wide Web unter zwei Gesichtspunkten von Bedeutung. Zum einen kann die Dienstleistungsfreiheit des Anbieters von Dienstleistungen, dem die Möglichkeit zu werben beschränkt wird, behindert sein. Als besonders bedeutsam erweisen sich im Rahmen der Werbung im World Wide Web jedoch Beschränkungen von Werbedienstleistungen durch nationale Werbevorschriften, da sich die Übertragung von Werbebotschaften in diesem Trägermedium regelmäßig aus verschiedenen Dienstleistungen zusammensetzt.

a. Werbung für Dienstleistungen

Betreffen nationale Werberegelungen die Werbung für grenzüberschreitend zu erbringende Dienstleistungen eines Anbieters, so kann dies nach den im Folgenden darzustellenden Grundsätzen eine Behinderung der Dienstleistungsfreiheit darstellen.

(1) Werbeverbote

Für umfassende Werbeverbote, die sich auf die Werbung für Dienstleistungen beziehen, ist die Rechtslage eindeutig. Der Gerichtshof hat in der Rechtssache „Schindler" unmissverständlich klargestellt, dass das Verbot der Förderung einer Dienstleistung durch Werbung geeignet ist, die Tätigkeit des Dienstleistenden aus einem anderen Mitgliedstaat zu behindern oder zu unterbinden.[819] Dieses Ergebnis steht auch im Einklang mit der Einordnung umfassender Werbeverbote im Rahmen der Warenverkehrsfreiheit.[820]

(2) Sonstige Werbebeschränkungen

Werbebeschränkende Vorschriften, die sich auf Werbung für Dienstleistungen auswirken, sind grundsätzlich geeignet, die Freiheit der Dienstleistungserbringung zu behindern. Dies gilt im Rahmen des Art. 49 EGV auch für solche Vorschriften, die nur die Art und Weise der Vermarktung behindern. Die in der Entscheidung „Keck" für die Warenverkehrsfreiheit entwickelten Grundsätze sind nicht anwendbar.[821] Eine Ausnahme von der grundsätzlichen Anwendbarkeit der Dienstleistungsfreiheit kann nur dann vorliegen, wenn im Einzelfall die marktzutrittsbehindernde Wirkung einer Regelung zu verneinen ist.[822]

Im Rahmen der Internet-Werbung wird eine marktzugangsbehindernde Wirkung von Werbebeschränkungen aber im Regelfall zu bejahen sein. Über die grundsätzlich marktabschottende, konkurrenzvermeidende Wirkung von Werberegelungen im Dienstleistungsmarkt hinaus ergibt sich dies auch in diesem Zusammenhang aus den Besonderheiten des Internet. Gleich der Werbung für körperliche Produkte unterliegt auch die Werbung für Dienstleistungen einem qualifizierten Rechtsanwendungsrisiko. Auch hier kann die Werberegelung eines einzigen Staates dazu führen, dass der Anbieter einer Dienstleistung gezwungen ist, entweder seine Werbung kostenintensiv an den Standard dieses Staates anzupassen oder aber sein Dienstleistungsangebot nicht auf diesen Staat zu erstrecken. Es ist im Rahmen der Fallgruppe „Werbung für Dienstleistungen" zwischen zwei wesentlichen Erscheinungsformen zu unter-

---

[819] EuGH, Rs. C-275/92, Schindler, Slg. 1994, I-1039, 1093, Erwägungen 43, 44.

[820] EuGH, Rs. C-405/98, GIP, Urteil vom 8. März 2001, EWS 2001, 184 ff.; EuZW 2001, 251 ff., Erwägungen 18, 21. Vgl. auch Dauses, EuZW 1995, 425, 428; Ebenroth in: FS für Piper, 133, 154; Lüder, EuZW 1996, 615, 617; Timmermans in: Schwarze, Werbung und Werbeverbote, 26, 30; Leible in: Grabitz/Hilf, Art. 28 EGV, Rn. 30; ders., EuZW 2001, 253, 254.

[821] Dazu oben Teil 2 C.II.3.b.(2).

[822] Ebenso Schmid, Freier Dienstleistungsverkehr, S. 335.

scheiden. Auf der einen Seite kann Werbung für Dienstleistungen geschaltet werden, die unter dem Schutz der aktiven Dienstleistungsfreiheit, also z.B. nach Kontaktaufnahme über das Internet durch Überschreiten der Grenze durch den Erbringer der Dienstleistung selbst, in anderen Staaten erbracht werden.[823] Auf der anderen Seite können Dienstleistungen beworben werden, die online erbracht werden, also reine Korrespondenzdienstleistungen darstellen.[824]

(a) Werbung für aktiv grenzüberschreitend erbrachte Dienstleistungen

Erstere Fallgruppe lässt sich am Beispiel eines ausländischen Rechtsanwalts erfassen, der auf seiner Homepage unter der Top Level Domain .com für die europaweite Erbringung von Beratungsdienstleistungen wirbt.[825] Zudem platziert er Online-Werbung auf der Website eines Dritten in Form von Hyperlinks oder Bannern.[826] Gemäß § 43b BRAO unterliegt er nach deutschem Recht einer weitreichenden Werbebeschränkung, die seine Werbemöglichkeiten auf sachliche Unterrichtung über die berufliche Tätigkeit reduziert.[827] Verstößt die Werbung eines ausländischen Anwalts, welche nach den Regeln seines Heimatlandes und auch anderer europäischer Staaten zulässig sein kann, gegen diese Vorschrift des deutschen Rechts, hat dies für ihn zur Folge, dass er entweder seine gesamte Werbung an das strengere Standesrecht anpassen muss oder aber durch Anwendung eines Disclaimers den deutschen Markt von seinem Dienstleistungsangebot ausnehmen muss und dort auch keine Leistungen erbringen darf.[828] Durch diese Folge wird die Nutzbarkeit des Internet zur Bewerbung der anwaltlichen Beratungsleistungen erheblich eingeschränkt. Insbesondere Dienstleistungen aus anderen Mitgliedstaaten kann hierdurch der Marktzugang erheblich erschwert sein. Während die Erschließung ausländischer Absatzmärkte für Waren aufgrund hoher Produktionskosten ein weit größeres Risiko birgt, tragen gerade Dienstleistungen die Eigenart in sich, dass sie in vielen Fällen problemlos auch in anderen Staaten erbracht werden können. Das Internet ist aufgrund seiner automatisch grenzüberschreitenden Verbreitung, seiner geringen Nutzungskosten und einer hohen Frequentierung durch potentielles Klientel das optimale Werbemedium, um neue Dienstleistungsmärkte zu erschließen. Durch das aufgrund der Anwendbarkeit verschiedener Werberechte gegebene Rechtsanwendungsrisiko werden diese Optimierungseffekte zumindest teilweise zerstört.[829] Der werbende Rechtsanwalt im vorliegenden Beispiel ist gezwungen, seine Werbung dem strengsten Werberecht anzupassen. Dies führt auf der einen Seite dazu,

---

[823] Kluth in: Calliess/Ruffert, Art. 49 EGV, Rn. 24 ff.

[824] Kluth in: Calliess/Ruffert, Art. 49 EGV, Rn. 29 ff.

[825] Die grundsätzliche Zulässigkeit der Anwaltswerbung auf der Homepage dürfte mittlerweile ganz herrschende Meinung sein, vgl. hierzu, sowie zur Reichweite der Werbemöglichkeiten auf Homepages im Lichte der § 43b BRAO und §§ 6 ff. der anwaltlichen Berufsordnung (BORA), Marwitz in: Hoeren/Sieber, Kap. 11.2., Rn. 228 ff.; ebenso Hoffmann, Beilage zu NJW 2001, Heft 14, 1, 35.

[826] vgl. Marwitz in: Hoeren/Sieber, Kap. 11.2, Rn. 246, 247.

[827] Als Verstoß gegen das Sachlichkeitsgebot des § 6 I BORA ist etwa das Setzen von Links auf kommerzielle Angebote gewertet worden, so LG Köln, Az. 31 O 817/98, zit. bei Hoffmann, Beilage zu NJW 2001, Heft 14, 1, 35. Nach Auffassung des LG Berlin, MMR 2000, 490 ist es dem Anwalt untersagt im Rahmen seiner Homepage mit Qualitätsaussagen zu werben. Das OLG München, NJW 1999, 1409, hält Musikeinspielungen (hier bei Rundfunkwerbung) für einen Verstoß gegen § 43b BRAO. Auch ein sog. Bannertausch, bei dem im Gegenzug zur Schaltung von Werbung auf anderen Websites fremde Werbung auf der eigenen Website aufgenommen werden kann und der von vielen Service Providern zur Verbilligung von Werbedienstleistungen angeboten wird, wird als fachfremde Werbung für unzulässig zu halten sein, vgl. hierzu Hoffmann, Beilage zu NJW 2001, 1, 35.

[828] Siehe auch Dethloff, NJW 1998, 1596, 1601 ff.; dies., JZ 2000, 179, 182; Sack, WRP 2000, 269, 278; Mankowski, CR 2000, 763, 764. Dazu oben Teil 1 B.II.

[829] Doch sind es gerade diese Optimierungseffekte des Internet, die durch vereinfachte Werbemöglichkeiten ausländischen Dienstleistungsanbietern die Möglichkeit geben können, in die zwangläufig von einheimischen Anbietern dominierten Märkte einzudringen, die sich vor Ort schon einen „Namen“ gemacht haben, wie Perau, Werbeverbote, S. 166, 167 zutreffend feststellt.

dass er unter Umständen auf effektivere Werbemethoden verzichten muss, die in anderen Staaten möglicherweise erlaubt sind, was ihm gegenüber dortigen Konkurrenten Nachteile verschafft.[830] Auf der anderen Seite ist die Vornahme dieser Anpassung kostenintensiv und führt somit zu einer Erschwerung des durch die Möglichkeiten des Internet erleichterten ausländischen Marktzugangs.

(b) Werbung für im Internet erbrachte Korrespondenzdienstleistungen

Dieselbe Problematik ergibt sich, wenn man die Auswirkungen einer Werbebeschränkung auf im Internet erbrachte Korrespondenzdienstleistungen untersucht. Die Kostengünstigkeit des Vertriebswegs Internet tritt bei der Erbringung von Dienstleistungen noch offener zu Tage als im Rahmen des Warenvertriebs. War schon im Rahmen des Vertriebs von körperlichen Produkten auf die Kostengünstigkeit des Internet als wesentlichen Vorteil abzustellen, so vervielfachen sich die Vorteile im Falle des Vertriebs von Dienstleistungen. Denn im Bereich des Warenverkehrs werden die Einsparungseffekte im Internethandel vor allem durch die vereinfachte Durchführung des Verkaufs selbst bewirkt. Die Lieferung von Gütern bedarf dennoch eines hohen logistischen Aufwands. Die Dienstleistungserbringung kann in vielen Fällen direkt im Wege des Internet erfolgen. Man denke hierbei nur an die Möglichkeit eines download im Rahmen des Handels mit Soft-Goods wie Computerprogrammen, an eine elektronische Reisebuchung im Internet oder die Durchführung von Bankgeschäften. Diese vereinfachte Möglichkeit der Dienstleistungserbringung erhöht die Marktzutrittschance gerade auch für ausländische Anbieter, da diese ohne weiteren Aufwand ihre Dienstleistungen im Wege des Internet auch über die Landesgrenzen hinaus anbieten können. Es ist naheliegend, dieses Dienstleistungsangebot auch im Internet zu bewerben. Ist der Anbieter dann erst zu einer umfangreichen Rechtsermittlung gezwungen oder muss er aufgrund der Unterlassungsverpflichtung in einem Staat seine Werbung umstellen, so nivellieren sich die durch das Internet erzielten Kostenvorteile und der Zugang zu ausländischen Märkten wird erheblich erschwert. Aus diesen Gründen lassen sich Werberegelungen, auch wenn sie nur die Art und Weise der Vermarktung der jeweiligen Dienstleistung betreffen, jedenfalls dann als Behinderung des freien Dienstleistungsverkehrs ansehen, wenn sie auf die Werbung für Dienstleistungen im World Wide Web einwirken.[831]

b. Werbung als Dienstleistung

Werberegelungen können geeignet sein, die Dienstleistungsfreiheit von Fernsehveranstaltern aus anderen Mitgliedstaaten zu behindern.[832] Auch außerhalb des Fernsehens kann die Dienstleistungsfreiheit von Werbeunternehmen gegenüber Regelungen des Werberechts geschützt sein.[833] Die Werbung im World Wide Web weist gegenüber sonstigen Werbeträgern Besonderheiten auf, die sich zum einen aus verschiedenartigen Dienstleistungsbeziehungen zwischen den Beteiligten und zum anderen aus der Ubiquität des Internet ergeben, und die die Internet-Werbung insoweit in die Nähe der Fernsehwerbung rücken. Zu prüfen ist daher, ob eine werbebeschränkende Vorschrift eines Bestimmungslandes bei Werbung im Internet geeignet sein kann, die Dienstleistungsfreiheit der beteiligten Diensteanbieter zu beschränken.

[830] Zu diesem Aspekt auch Dethloff, JZ 2000, 179, 183.

[831] Im Ergebnis ebenso neuerdings auch Dethloff, Europäisierung des Wettbewerbsrechts, S. 244.

[832] Ständige Rechtsprechung vgl. zuletzt EuGH, verb. Rs. C-34/95, C-35/95, C- 36/95, De Agostini, Slg. 1997, I-3843 ff.; EuGH, Rs. C-6/98, ARD, Slg. 1999, I-7599 ff.

[833] Wie hier Drasch, Das Herkunftslandprinzip, S. 184; Schmid, Freier Dienstleistungsverkehr, S. 266; Roth, CML Rev. 1994, 845, 853; ders. in: FS für Großfeld, 929, 957. A.A. generell für die Tätigkeit der Werbebranche Perau, Werbeverbote, S. 171. Vgl. oben Teil 2 C.II.2.b./c.

(1) Dienstleistungsbeziehungen im Sinne des Art. 49 EGV

Diese allgemein gehaltene Fragestellung lässt sich konkretisieren, wenn man die möglichen Dienstleistungsbeziehungen im Rahmen der Erbringung von Werbedienstleistungen im Internet betrachtet. In Anbetracht der unbegrenzten, sich ständig weiterentwickelnden Möglichkeiten, im Internet zu werben[834], steht außer Frage, dass eine umfassende Darstellung aller denkbaren Leistungsbeziehungen nicht möglich sein kann. Für die hier zu treffende Einordnung ist dies aber auch nicht erforderlich. Denn der Durchführung und Gestaltung der Werbung im World Wide Web liegt im Hinblick auf die möglichen zu erbringenden Dienstleistungen eine gemeinsame Grundstruktur zugrunde, die sich auf die wesentlichen Dienstleistungsbeziehungen reduzieren lässt.

(a) Service Provider

Will ein Unternehmen im Internet werben, so wird es sich zur Initiierung und Gestaltung des Werbeauftritts in vielen Fällen eines Dienstleisters bedienen, der hier allgemein als Service Provider bezeichnet werden soll. Der Dienstleister kann in diesem Zusammenhang die unterschiedlichsten Aufgaben erfüllen, von der gesamten technischen Durchführung bis zu klassischen Tätigkeiten einer Werbeagentur.[835] Je nachdem, ob für den Kunden nur die Entwicklung, Gestaltung und technische Betreuung einer Website übernommen wird oder ob ein umfangreiches Werbeprojekt betreut wird, welches auch die Schaltung von Werbung auf fremden Websites beinhaltet, und je nachdem, welche Aufgaben auf den Dienstleister im Einzelfall übertragen werden, kann der Service Provider im einen Fall nur wie eine klassische Werbeagentur tätig sein, im anderen Fall als Multimediaagentur, die ein umfassendes Servicepaket anbietet.[836]

Wesentlicher Bestandteil der Tätigkeit des Service Providers ist im Regelfall, dass er die fremden Werbeinhalte im eigenen Einflussbereich (Server) vorhält und dabei unmittelbar die Nutzung der Inhalte kontrollieren kann. Die Leistungen eines Service Providers sind entgeltlich. Die Honorierung erfolgt dabei entweder nach einem Etat- oder einem Honorarprinzip.[837] Eine Dienstleistung im Sinne von Art. 49 EGV ist immer dann zu bejahen, wenn ein grenzüberschreitender Bezug vorliegt. Dies ist jedenfalls dann gegeben, wenn Service Provider und Unternehmen in verschiedenen Mitgliedstaaten ansässig sind, der Werbetreibende sich also eines Service Providers in einem anderen Mitgliedstaat bedient.[838] Weiterhin lässt sich ein grenzüberschreitender Bezug aber auch dann bejahen, wenn die Datenquelle oder Datensenke in einem anderen Mitgliedstaat belegen ist, der Service Provider seine Dienste also von einem im EU-Ausland stehenden Server aus betreibt.

(b) Inhaber der werbetragenden Website

Die zweite, wesentliche Leistungsbeziehung besteht zwischen dem Anbieter eines Werbeplatzes im World Wide Web und dem Service Provider bzw. dem Werbetreibenden selbst, wenn dieser sich zur Werbung im Internet keines Dienstleisters bedient. Fast jeder Betreiber einer

---

[834] Siehe nur den Überblick über mögliche Werbeformen bei Krause, E-Commerce, S. 397 ff.

[835] Das Dienstleistungsangebot der Agenturen bestand in der Frühzeit des Internet zunächst vornehmlich in der technischen Betreuung und entwickelte sich erst später, mit zunehmender Vereinfachung der Programmierung von Websites durch die Existenz entsprechender Software, in das kreativ-gestalterische Tätigkeitsfeld von Werbeagenturen, vgl. hierzu Hamm, Werbung im Internet, S. 91.

[836] Hamm, Werbung im Internet, S. 87 ff. zur Kommunikation zwischen Agenturen und werbenden Unternehmen. Im Regelfall werden jedoch umfassende Leistungspakete angeboten.

[837] Beim Etatprinzip erfolgt die Abrechung nach Gesamtpreisen für angebotene Leistungspakete, vgl. zur Honorierung Hamm, Werbung im Internet, S. 92.

[838] Vgl. Kluth in: Calliess/Ruffert, Art. 50 EGV, Rn. 9.

Website im Netz bietet Werbeplätze an.[839] Neben selbst darstellenden Firmenwebsites sind es vor allem Anbieter von Informationsdiensten, Nachrichtenservices und Suchmaschinen, die Werbeplatz für Dritte zur Verfügung stellen.[840] Soll eine Werbung auf einer fremden Website platziert werden, so ist diese Form der Werbung der Anzeigenschaltung in konventionellen Medien vergleichbar. Gleich einer Werbeanzeige in einem Printmedium besteht eine Dienstleistungsbeziehung mit dem Betreiber der Website, der entgeltlich den Werbebanner des Werbetreibenden aufnimmt.[841] Die Bezahlung für den Werbeplatz erfolgt dabei jedenfalls zum Teil erfolgsbezogen. Maßstab ist entweder konventionell die Zahl der Aufrufe der Trägerplattform oder aber, durch den Link-Charakter der Bannerwerbung bedingt, die Zahl derjenigen, die durch Anklicken des Banners von der fremden Website auf die Website des Werbetreibenden gelangen.[842] Ein grenzüberschreitender Bezug liegt immer dann vor, wenn die Niederlassung des Betreibers der fremden Website, die Raum für Werbebanner dritten Unternehmen zur Verfügung stellt, in einem anderen Staat liegt als die des Werbetreibenden oder des Service Providers, mit dem Vertragsbeziehungen bestehen.

(c) Network Provider und Access Provider

Ebenfalls Dienstleistungen, bezogen auf die Werbung im Internet jedoch lediglich im weiteren Sinne, erbringen Internet Network Provider und Internet Access Provider. Network Provider bieten durch das Zurverfügungstellen der Kabelnetze die Grundlage jeder Datenübermittlung im Internet, mithin auch die Übertragung von Werbung. Access Provider verschaffen gegen Entgelt dem Nutzer den Zugang zum Internet. Beide Leistungen sind somit ursächlich für den Informationsfluss und den Empfang der Werbung.[843] Network Provider und Access Provider befinden sich regelmäßig im Inland. Zu fragen ist daher nach dem erforderlichen Auslandsbezug der Dienstleistungen. Ein grenzüberschreitender Bezug der erbrachten Dienstleistungen liegt immer dann vor, wenn die Werbung von einem anderen Mitgliedstaat aus in das Inland gesendet wird. Dies kann der Fall sein, wenn entweder der Werbetreibende selbst oder der Service Provider im europäischen Ausland niedergelassen ist. Weiterhin ist es für den grenzüberschreitenden Bezug auch ausreichend, wenn die Datenquelle oder Datensenke im Ausland liegt, so dass Daten aus dem Ausland transportiert werden.[844] Insoweit sei auch auf die Rechtsprechung des Gerichtshofs zum Fernsehrecht verwiesen, in der eine grenzüberschreitende Dienstleistung inländischer Kabelnetzbetreiber zugunsten ausländischer Fernseh-

---

[839] Krause, E-Commerce, S. 399; Kiethe, WRP 2000, 616, 617.

[840] Die Statistik bei Krause, E-Commerce, S. 401 zeigt, dass Suchmaschinen wie z.B. Yahoo die mit Abstand effektivste Plattform für die Schaltung einer Werbung darstellen, da die überwiegende Zahl der Internetnutzer seine Recherche im World Wide Web in der Regel über eine oder mehrere Suchmaschinen beginnt. Bezogen auf die Anzahl der Pageviews folgen nach die Internetpublikationen führender Zeitungsverleger wie BILD Online, Die Welt Online oder Spiegel.

[841] Vgl. Hamm, Werbung im Internet, S. 60.

[842] Welche Art der Abrechnung zu wählen ist, ist zwischen Werbetreibenden und Online-Diensten strittig. Gelöst wird das Problem zunehmend durch Mischformen in der Bezahlung, vgl. ausführlich hierzu Hamm, Werbung im Internet, S. 64.

[843] Vgl. Kiethe, WRP 2000, 616, 619.

[844] Koenig/Loetz, CR 1999, 439, 444.

veranstalter bejaht wurde.[845] Das Prinzip der Dienstleistungserbringung ist insoweit vergleichbar.[846]

(d) Dienstleistungsbeziehungen und Werbeträgermedium World Wide Web

Betrachtet man die möglichen Dienstleistungsbeziehungen, die das World Wide Web zum Werbeträgermedium machen, so fallen einerseits Parallelen zu herkömmlichen Werbeträgern, andererseits aber auch gewichtige Unterschiede auf. Gemeinsamkeiten bestehen insoweit, als im Internet wie z.B. auch in Printmedien oder im Fernsehen für fremde Unternehmen auf einem dritten Trägermedium geworben wird. Werbung im Internet lässt sich, insbesondere im Falle der Bannerwerbung auf fremden Websites, im Grundprinzip durchaus mit einer Werbeanzeige in einem Printmedium vergleichen.[847] Auch die Parallelen zum Fernsehen sind nicht zu übersehen. Dies gilt insbesondere auch im Hinblick auf die Übertragungsart, nämlich die Übermittelung durch Telekommunikation.[848] Wie sich aus der vorstehenden Darstellung der Dienstleistungsbeziehungen zeigt, liegt der wesentliche Unterschied jedoch darin, dass es bei Werbung im World Wide Web an einem einheitlichen Betreiber fehlt. Auch wenn sich den einzelnen Dienstleistungen bestimmte Funktionen im Rahmen der Internet-Werbung zuweisen lassen, ist eine konkrete Zuordnung, welche der erbrachten Leistungen letztlich den Werbeträger Internet ausmachen, nicht möglich, obwohl sich das Internet für den Nutzer als einheitliches Trägermedium präsentiert.

(2) Auswirkungen von Werbebeschränkungen

Fraglich ist, ob und inwieweit Werberegelungen der Mitgliedstaaten geeignet sein können, die Dienstleistungsfreiheit der einzelnen Anbieter bei der Erbringung von Werbedienstleistungen im Internet zu behindern. Bevor auf die Untersuchung der Auswirkungen von Werberegelungen auf die einzelnen bei Werbung im World Wide Web erbrachten Dienstleistungen eingegangen wird, sollen zunächst die Parallelen zwischen Werbedienstleistungen im Bereich des Internet und des Fernsehens aufgezeigt werden, da sich insoweit wichtige Hinweise für die Beschränkungssituation im Internet ergeben. Eine entsprechende Heranziehung der Rechtsprechung des Gerichtshofs zur Fernsehwerbung[849] für im Rahmen der Werbung im World Wide Web erbrachte Dienstleistungen ist nicht fernliegend. Denn ähnlich dem Fernsehen ist das Internet ein naturgemäß grenzüberschreitendes Informationsmedium, welches sich als internationale Werbeplattform in besonderem Maße eignet und als solche auch in weitem Umfang genutzt wird.[850] Erst die im Rahmen der Internet-Werbung erbrachten Dienstleistun-

[845] EuGH, Rs. 352/85, Bond van Adverteerders, Slg. 1988, 2085, 2131, Erwägung 14. Sowohl im Hinblick auf die Entgeltlichkeit, als auch hinsichtlich des grenzüberschreitenden Bezugs sah der EuGH keine Probleme. Für die Entgeltlichkeit genügt, dass eine Zahlung durch die Kunden in Form von Fernsehgebühren erfolgt. Ein grenzüberschreitender Bezug ist dann gegeben, wenn Sendungen eines ausländischen Fernsehveranstalters weitergeleitet werden. Dazu oben Teil 2 C.II.2.a.(1).

[846] Koenig/Loetz, CR 1999, 439, 444. Vgl. zur Parallele mit dem Fernsehen im Folgenden.

[847] Hamm, Internet-Werbung, S. 60.

[848] Ebenso Koenig/Loetz, CR 1999, 439, 444. Vgl. zur Gleichstellung mit anderen Werbeträgern, insbesondere Printmedien und Rundfunk auch Dethloff, JZ 2000, 179, 183.

[849] Dies gilt insbesondere für die Entscheidung EuGH, verb. Rs. C-34/95, C-35/95, C- 36/95, De Agostini, Slg. 1997, I-3843 ff., in der gegenüber vorhergehenden Entscheidungen, in denen stets fernsehspezifische Werbebeschränkungen inmitten standen, Regelungen des schwedischen Lauterkeitsrechts Gegenstand der Beschränkung der Dienstleistungsfreiheit der Fernsehanbieter waren.

[850] Diese Parallelität spiegelt sich auch im durch Fernsehrichtlinie und E-Commerce-Richtlinie geschaffenen rechtlichen Rahmen wieder, der durch das Sendestaatsprinzip im Fernsehrecht und durch das Herkunftslandprinzip im Recht des elektronischen Geschäftsverkehrs geschaffen wurde. Zur Vergleichbarkeit in soweit siehe Bodewig, GRUR Int. 2000, 475, 476; ders., JZ 2000, 659.

gen führen dazu, dass das Internet zu einem internationalen Werbemedium werden kann. So wird auch von einigen Autoren die Auffassung vertreten, dass die im Rahmen der Fernsehwerbung aufgestellten Grundsätze auch bei der Behinderung der Werbung im Wege sonstiger unkörperlicher Kommunikationsmittel zu gelten haben.[851]

(a) Parallelen zwischen Internet und Fernsehen

Fernsehen und Internet sind als grenzüberschreitende Werbemedien vergleichbar. In beiden Fällen liegen Korrespondenzdienstleistungen vor, bei denen die Leistung selbst die Grenze überschreitet. Auch in technischer Hinsicht drängt sich ein Vergleich zwischen Fernsehen und Internet auf. Dies gilt insbesondere hinsichtlich der Übertragungsart.[852] In beiden Fällen werden Informationen durch Dritte eingegeben, durch Kabelbetreiber weiterübertragen, um schließlich zum Nutzer zu gelangen. Des weiteren sind sowohl das Fernsehen als auch die Tätigkeiten im World Wide Web in weitem Umfang werbefinanziert, was für die möglichst ungehinderte Erbringung von Werbedienstleistungen besonders bedeutend ist. So stellt *Dauses* zutreffend fest, dass Absatzwerbung aus Sicht des Herstellers einer Ware möglicherweise eine bloße Verkaufsmodalität darstellen kann, aus Sicht der die Werbung verbreitenden Medien hingegen ist Werbung ein *„Kernbereich und wesentlicher Inhalt ihrer Wirtschaftstätigkeit"*.[853]

Entscheidendes Kriterium ist jedoch der typischerweise grenzüberschreitende Charakter beider Medien, der im Falle des Internet noch stärker ausgeprägt ist. Dieser Umstand hat zur Folge, dass Werbemaßnahmen im Fernsehen wie im World Wide Web stets Multistate-Werbung darstellen, die auf die Marktortrechte verschiedener Staaten trifft. Sowohl Fernsehwerbung als auch Werbung im World Wide Web besteht aus einer natürlichen Handlung und ist unteilbar.[854] Sie ist deshalb einem weitaus höheren rechtlichen Risiko ausgesetzt als Werbung, die gezielt auf einen bestimmten Marktort gerichtet werden kann.[855] Dies hat zur Folge, dass die Dienstleistungen, die bei der Ausstrahlung von Multistate-Werbung erbracht werden, in ungleich stärkerem Maße durch nationale Werberegelungen einzelner Mitgliedstaaten behindert werden als im Bereich konventioneller Trägermedien.[856] Die Bejahung einer Behinderung der Dienstleistungsfreiheit durch Werbebeschränkungen einzelner Mitgliedstaaten gegenüber Fernsehveranstaltern durch den Gerichtshof[857] ist logische Konsequenz aus dieser besonderen Konstellation. Im Sinne eines Erst-Recht-Schlusses lässt sich dieser Ansatz auch auf die Erbringung von Werbedienstleistungen im Internet übertragen, da das World Wide Web den denkbar extremsten Fall eines grenzüberschreitenden Werbemediums darstellt.[858]

---

[851] So bereits in früher Zeit Schricker, Recht der Werbung in Europa, Rn. 195; ihm folgend Schmid, Freier Dienstleistungsverkehr, S. 266. Ebenso v. Wallwitz in: Schwarz, Kap. 5-4.1, S. 4. Vgl. auch Dauses, RIW 1998, 750, 755; Dethloff, JZ 2000, 179, 183.
[852] Koenig/Loetz, CR 1999, 439, 444.
[853] Dauses, RIW 1998, 750, 755.
[854] Dethloff, IPRax 1999, 347, 350. Siehe auch oben Teil 1 B.II.2.c.
[855] Vgl. auch Mankowski, CR 2000, 763, 764.
[856] Dauses, RIW 1998, 750, 755; Timmermans in: Schwarze, Werbung und Werbeverbote, 26, 35; Schmid, Freier Dienstleistungsverkehr, S. 261 ff.; Engel/Seelmann-Eggebert in: Dauses, HdbEGWiR, Kap. E.V, Rn. 76.
[857] Ständige Rechtsprechung EuGH, Rs. 53/79, Debauve, Slg. 1980, 833 ff.; EuGH, Rs. 352/85, Bond van Adverteerders, Slg. 1988, 2085 ff.; EuGH, Rs. C-288/89, Mediawet I, Slg. 1991, I-4007 ff.; EuGH, Rs. C-353/89, Mediawet II, Slg. 1991, I-4069 ff.; EuGH, Rs. C-23/93, TV 10, Slg. 1994, I-4795 ff.; EuGH, verb. Rs. C-34/95, C-35/95, C- 36/95, De Agostini, Slg. 1997, I-3843 ff.; EuGH, Rs. C-6/98, ARD, Slg. 1999, I-7599 ff.
[858] Kotthoff, CR 1997, 676, 677 sieht in der Werbung im Internet zurecht den „Extremfall von Multistate-Werbung". Vgl. zum daraus folgenden Rechtsanwendungsrisiko ausführlich oben Teil 1 B.II. und III.

b) Werbedienstleistungen im Einzelnen

Im Folgenden ist für die im Rahmen der Werbung im World Wide Web erbrachten Werbedienstleistungen im Einzelnen zu untersuchen, ob und inwieweit nationale Werbebeschränkungen geeignet sind, die Dienstleistungsfreiheit der Diensteanbieter bei der Erbringung der Werbedienstleistung im Internet zu behindern. Eine im Rahmen des Fernsehrechts diskutierte einheitliche Erfassung der Dienstleistungen kommt aufgrund der Differenzierbarkeit der erbrachten Dienstleistungen auch im Rahmen des Werbeträgermediums Internet nicht in Betracht.[859]

Klarzustellen ist vorab, dass es für die Frage der Beschränkung der Dienstleistungsfreiheit eines Anbieters grundsätzlich unerheblich ist, wer Partei des jeweiligen wettbewerbsrechtlichen Ausgangsverfahrens ist, in dem der Werberechtsverstoß geltend gemacht wird.[860] In der Entscheidung „De Agostini" waren Beklagte des nationalen Ausgangsverfahrens die Werbetreibenden, deren Werbung durch den ausländischen Fernsehveranstalter in den Bestimmungsstaat Schweden eingestrahlt wurde.[861] Auch in diesem Fall bejahte der Gerichtshof, ohne weiteres Eingehen auf die fehlende Parteistellung des Fernsehveranstalters selbst, die Beeinträchtigung von dessen Dienstleistungsfreiheit.[862] Hieraus ist zu schließen, dass es für die Beschränkung der Dienstleistungsfreiheit des Fernsehveranstalters gleichgültig ist, wer im Ausgangsverfahren der konkret in Anspruch Genommene ist. Eine solche Einordnung erscheint zutreffend. Denn gleich ob die konkrete Werbehandlung dem Werbetreibenden oder dem Werbedienstleister selbst untersagt wird, in beiden Fällen ergeben sich für den Werbedienstleister dieselben Folgen. Unabhängig vom in Anspruch Genommenen bedeutet eine Beschränkung der Werbung für einen in einem anderen Mitgliedstaat ansässigen Werbedienstleister, dass dieser die beauftragte Dienstleistung nicht mehr oder zumindest nicht in der beabsichtigten Form erbringen kann. Auch wenn die konkrete Beschränkung zunächst den Werbetreibenden selbst betrifft, schlägt die Beschränkung zwangsläufig auf das Dienstleistungsverhältnis zwischen Werbetreibenden und Werbedienstleister durch, da in Vollzug der jeweiligen Beschränkung auch die Werbedienstleistung nicht mehr erbracht werden kann. Dieses Ergebnis lässt sich mit derselben Begründung auch auf die der Werbung im World Wide Web zugrundeliegenden Dienstleistungsbeziehungen übertragen.

i. Service Provider

Beauftragt ein Werbetreibender einen Service Provider aus einem anderen Mitgliedstaat mit der Schaltung einer Werbung im World Wide Web, so kann dieser in verschiedener Weise

---

[859] Dieselbe Problematik wurde bereits für das grenzüberschreitende Fernsehen diskutiert. Für eine einheitliche Dienstleistung GA Mancini, Schlussanträge zu EuGH, Rs. 352/85, Bond van Adverteerders, Slg. 1988, 2085, 2112 ff., Erwägungen 7 ff.; ihm folgend Wellan, Die Auswirkungen der Harmonisierung durch die Fernsehrichtlinie, S. 54 ff. Dagegen differenzierte der EuGH, Rs. 352/85, Bond van Adverteerders, Slg. 1988, 2085, 2131, Erwägung 14, und ging von mindestens zwei Einzeldienstleistungen aus.

[860] A.A. noch Wellan, Die Auswirkungen der Harmonisierung durch die Fernsehrichtlinie, S. 111, 112 für die Unterlassungsklage nach § 1 UWG gegen den Werbetreibenden selbst. Wenn der Werbetreibende selbst Kläger des Unterlassungsverfahren ist, sei Folge einer Anwendung des § 1 UWG nur, dass dieser dem Fernsehveranstalter keinen Werbeauftrag mehr erteile. Im Falle der Klage gegen den Fernsehveranstalter selbst sei eine Behinderung der Dienstleistungsfreiheit zu bejahen. Nach hier vertretener Auffassung kann es jedoch keinen Unterschied machen, ob der Fernsehveranstalter selbst in Anspruch genommen wird, oder ob eine Behinderung seiner Dienstleistungsfreiheit mittelbar durch Klageerhebung gegen den Werbetreibenden erfolgt. Entscheidend ist einzig, dass die Dienstleistung in ihrem freien Verkehr beeinträchtigt wird.

[861] Vgl. Schlussanträge des GA Jacobs, EuGH, verb. Rs. C-34/95, C-35/95, C-36/95, De Agostini, Slg. 1997, I-3843, 3848 ff., Sachverhaltsdarstellung Rn. 11 und 12.

[862] EuGH, verb. Rs. C-34/95, C-35/95, C-36/95, De Agostini, Slg. 1997, I-3843, 3892, Erwägungen 48 ff.

grenzüberschreitende Dienstleistungen erbringen.[863] Für die hier zu untersuchende Beschränkung durch nationale Werberegelungen ist zwischen reinen Werbedienstleistungen und der technischen Betreuung einer Werbewebsite zu unterscheiden. Ausgangspunkt der Untersuchung der Beschränkungswirkungen nationaler Werberegelungen ist dabei die oben hergeleitete Feststellung, dass eine werbebeschränkende Regelung einen Werbeanbieter im *funktionalen* Bereich[864] seiner Dienstleistungsfreiheit beeinträchtigt, da Werbevorschriften regeln, welche Leistungen erbracht werden dürfen, also auf die zu erbringende Hauptleistung selbst einwirken.

Im Hinblick auf das Tätigkeitsfeld einer Werbeagentur kann eine Beschränkung der Dienstleistungsfreiheit durch jede werbebeschränkende Vorschrift unabhängig von der Intensität der Beeinträchtigung erfolgen. Denn der Service Provider wird durch jede Regelung, die ihn zu einer Abweichung von dem nach dem Recht seines Heimatortes abweichenden Gestaltung seiner Werbung zwingt, in der Erbringung seiner Hauptleistung betroffen. Die Produktanpassungspflicht führt bereits für sich betrachtet zu einer Behinderung der Dienstleistungsfreiheit der Werbeagentur, da sich diese regelmäßig dem Niederlassungsstaat entsprechender Werbestandards bedienen wird, die es für die von ihm durchgeführten Werbekampagnen einsetzt. Zwar erbringt ein Werbedienstleister im Grundsatz individuell formbare Dienstleistungen. Regelmäßig wird er aber bereits entsprechend standardisierte Modelle bereithalten, die er bei einer Vielzahl von Kunden zum Einsatz bringen will. Muss dann eine Anpassung dieser Modelle an verschiedene Rechtsordnungen erfolgen, so liegt in dieser Anpassungsverpflichtung eine kostenintensive und damit marktzugangsbehindernde Beschränkung des ausländischen Diensteanbieters.[865] Denn gegenüber dem inländischen Werbedienstleister, dessen Werbeangebot den dort geltenden Rechtsvorschriften entsprechen wird, ist der ausländische Werbeanbieter durch die ihn treffende Anpassungsverpflichtung im Nachteil, weil sich sein Dienstleistungsangebot regelmäßig verteuern wird.

Hält ein ausländischer Service Provider Werbung für den Werbetreibenden in seinem Dienst vor, so ist die Beschränkungssituation, die sich aus einer abweichenden nationalen Werberegelung ergibt, vergleichbar mit der, die einen ausländischen Fernsehveranstalter im Falle einer Werbevorschrift trifft. Denn durch die Speicherung und Abrufbarkeit vom Server des Service Providers wird eine unteilbare und einheitliche Werbung in das Netz gestellt, die nicht an die Erfordernisse der einzelnen Mitgliedstaaten adaptiert werden kann, es sei denn es erfolgte eine Anpassung an das strengste in Europa geltende Recht. Auf diese Weise ist der Service Provider an der Erbringung seiner Dienstleistung zur Gänze gehindert, wenn diese nicht den Erfordernissen sämtlicher Rechtsordnungen entspricht. Er kann die jeweilige Werbung rechtmäßigerweise überhaupt nicht mehr für den Werbetreibenden auf seinem Server bereithalten.

ii. Inhaber der werbetragenden Website

Die Beschränkung eines Inhabers einer Website, der dritten Unternehmen Raum für Werbebanner zur Verfügung stellt, ist ebenfalls mit der eines Fernsehveranstalters vergleichbar. Eine werbebeschränkende Regelung, die zur Unzulässigkeit des Werbebanners auf der Website eines Dritten führt, behindert die Dienstleistungen, die der Inhaber der Website an einen Werbetreibenden oder einen Service Provider erbringt, der seinen Sitz in einem anderen Mitgliedstaat hat.

---

[863] Oben Teil 2 C.III.1.b.(1)(a).
[864] Oben Teil 2 C.II.2.c.(2).
[865] Siehe auch Dethloff, IPRax 1999, 347, 350 ff.

Bei Werbung im World Wide Web handelt es sich um eine unteilbare, stets einheitlich abrufbare Wettbewerbshandlung.[866] Diese Unteilbarkeit hat zur Folge, dass die auf einer fremden Website geschaltete Werbung nur in der einmal ins Netz gestellten Form einheitlich abgerufen werden kann.[867] Verstößt die Werbung gegen die Rechtsordnung eines Mitgliedstaates, ist sie in dieser Form unzulässig und nicht mehr verwendbar. Für die durch den Inhaber der werbetragenden Website erbrachte Dienstleistung hat dies ex-ante zur Folge, dass er nur Werbung auf seiner Website dulden darf, die allen mitgliedstaatlichen Rechtsordnungen entspricht, mithin in dem von ihm erbrachten Dienstleistungsangebot erheblich beschränkt ist. Ex-post, also im Falle des Vorlegens eines Rechtsverstoßes, folgt aus dieser Situation, dass der Anbieter die Werbung als Ganzes nicht mehr schalten darf, nur weil sie der Rechtsordnung eines einzigen Mitgliedstaates entgegensteht. Die so entstehende Problematik ist eine sehr ähnliche wie im Falle ausländischer Fernsehveranstalter. Denn auch diese sind in ihrer Dienstleistungsfreiheit gerade deshalb zu schützen, weil sie sich bei der durch sie übertragenen Multistate-Werbung unmöglich an den Rechtsordnungen sämtlicher Mitgliedstaaten orientieren können. Aus diesem Grunde erscheint eine Übertragung der für das Fernsehrecht durch den Gerichtshof entwickelten Grundsätze gerechtfertigt.

Neben der Parallelität zwischen dieser Art der Werbedienstleistungen mit ausländischen Fernsehveranstaltern bietet sich im Hinblick auf die erst kürzlich ergangene Entscheidung in der Rechtssache „GIP“ auch ein Vergleich mit dem grenzüberschreitenden Angebot von Anzeigenraum in Zeitschriften an. Die grenzüberschreitende Erbringung von Dienstleistungen, die das Angebot von Anzeigenraum in Zeitschriften betreffen, ist durch die Dienstleistungsfreiheit gegenüber nationalen Werberegelungen geschützt. Dies gilt sowohl, wenn die Regelung den Export einer solchen Dienstleistung betrifft als auch, wenn die Dienstleistungsfreiheit eines ausländischen Unternehmens, welches entsprechende Dienstleistungen erbringt, durch die Werbevorschrift betroffen ist.[868] Stellt man das Angebot von Anzeigenraum in Zeitschriften und das Angebot von Werbeplatz im World Wide Web gegenüber, ergeben sich auch hier weitreichende Parallelen. Zunächst ist eine Übereinstimmung schon dadurch begründet, dass in beiden Fällen Anzeigenraum in einem Werbeträgermedium angeboten wird. Einziger ersichtlicher Unterschied ist insoweit, dass die Werbeanzeige in einem körperlich existierenden Druckwerk, in dem anderen Fall virtuell über ein Datennetz den Beworbenen erreicht. Eine weitere wesentliche Übereinstimung kann zudem in der Wirkweise einer werbebeschränkenden Regelung auf die bei der Anzeigenschaltung erbrachte Dienstleistung liegen. Denn auch eine Werbung in Printmedien ist grundsätzlich unteilbar. Wenn ein Printmedium in mehreren Mitgliedstaaten erscheint, trifft die darin enthaltene Werbung ebenso wie Werbung im World Wide Web auf mehrere Märkte und damit mehrere Rechtsordnungen gleichzeitig ohne dass eine Anpassung des werblichen Inhalts möglich wäre.

Der Entscheidung „GIP“ lag offensichtlich ein Sachverhalt zugrunde, in welchem ein grenzüberschreitender einheitlicher Vertrieb der betroffenen Zeitschrift nicht vorlag. Zwar geht GA Jacobs im Rahmen der Schlussanträge auf eine von der Kommission vorgebrachte Ansicht ein, dass eine Beschränkung wie die dem Verfahren zugrundeliegende als Behinderung des freien Verkehrs von Zeitungen und Zeitschriften angesehen werden könne.[869] Es geht aber aus dem Sachverhalt nicht hervor, ob die Zeitschrift, welche die Anzeigenwerbung enthielt, tatsächlich auch in anderen Staaten vertrieben wurde. Dennoch betonte der Gerichts-

---

[866] Oben Teil 1 B.II.2.c.

[867] Dethloff, IPRax 1999, 347, 350; vgl. auch dies., JZ 2000, 179, 183.

[868] In diesem Sinne auch GA Jacobs in seinen Schlussanträgen zu EuGH, Rs. C-405/98, GIP, Urteil vom 8. März 2001, EWS 2001, 184 ff.; EuZW 2001, 251 ff., Erwägung 69. Hierzu oben Teil 2 C.II.2.b.

[869] GA Jacobs, Schlussanträge zu EuGH, Rs. C-405/98, GIP, Urteil vom 8. März 2001, EWS 2001, 184 ff.; EuZW 2001, 251 ff., Erwägung 23.

hof in der Entscheidungsbegründung, dass eine Maßnahme wie das inmitten stehende Alkoholwerbeverbot *„angesichts des internationalen Marktes der Werbung für die Kategorie von Erzeugnissen"*[870] das grenzüberschreitende Angebot von Anzeigenraum in besonderer Weise beinträchtige. Ob aus dieser Formulierung gerade auch ein Hinweis auf die besonderen Behinderungen einer nationalen Werberegelung bei Erscheinen einer Zeitschrift in mehreren Mitgliedstaaten entnommen werden kann, bleibt unklar. In Betracht kommt demgegenüber auch die Deutung, dass eine Behinderung im Ausgangsfall gerade wegen der besonderen Wirkungen des Alkoholwerbeverbots auf die Möglichkeit der Erbringung grenzüberschreitender Werbedienstleistungen auf einem internationalen Markt für den schwedischen Anbieter in besonderer Weise vorliegt.

Festzuhalten ist nach der Entscheidung „GIP" aber ohne Zweifel, dass grenzüberschreitend erbrachte Werbedienstleistungen, die das Angebot von Anzeigenraum in Zeitschriften zum Gegenstand haben, durch nationale Werberegelungen behindert werden können. Dieser Grundsatz lässt sich auf das Angebot von Werbeplatz im Internet übertragen. Kommt es, wie im Falle des Angebots von Werbeplatz im Internet, zudem noch dazu, dass die unteilbare Werbeanzeige auf mehrere mitgliedstaatliche Rechtsordnungen trifft, so liegt in einer mitgliedstaatlichen Werbevorschrift in diesem Fall nach hier vertretener Ansicht das Höchstmaß einer denkbaren Beschränkung, weil der betroffene Anbieter die vom Verbot erfasste Werbung bereits wegen der Regelung in einem Staat überhaupt nicht mehr schalten kann und somit die entgegenstehende Regelung eines einzigen Staates praktisch zu einem Verkehrsverbot des werblichen Inhalts einer Website führen kann.

Als Ergebnis lässt sich zusammenfassen, dass nationale Werberegelungen gegenüber Anbietern, die Werbeplatz auf ihrer Website gegen Entgelt anbieten, eine Beschränkung deren Dienstleistungsfreiheit darstellen können.[871]

iii. Network Provider und Access Provider

Problematisch ist dagegen die Frage, ob durch Werberegelungen auch die Dienstleistungsfreiheit inländischer Network und Access Provider behindert sein kann. Auch diese erbringen grenzüberschreitende Dienstleistungen, wenn sie Daten übertragen, die aus einem anderen Mitgliedstaat stammen.[872] Werbebeschränkende Regelungen eines Mitgliedstaates können jedoch nicht zu einer relevanten Beschränkung der Dienstleistungsfreiheit dieser Diensteanbieter führen. Auch wenn man der Intensität einer nationalen Regelung für die Beschränkung der Grundfreiheiten keine Bedeutung beimisst[873], ist anerkannt, dass „rein hypothetische" Auswirkungen einer mitgliedstaatlichen Maßnahme nicht ausreichend sind. Der Gerichtshof hat im Bereich der Warenverkehrsfreiheit entschieden, dass hypothetische Auswirkungen auf den innergemeinschaftlichen Handel nicht genügen, um einen Verstoß gegen die Warenverkehrsfreiheit zu begründen.[874] Weiterhin wurde eine relevante Behinderung dann verneint, wenn die Beeinträchtigung des zwischenstaatlichen Handels *„zu ungewiß und zu mittelbar"*

[870] EuGH, Rs. C-405/98, GIP, Urteil vom 8. März 2001, EWS 2001, 184 ff.; EuZW 2001, 251 ff., Erwägung 39.
[871] In diesem Sinne auch Dethloff, IPRax 1999, 347, 351. Nun auch Dethloff, Europäisierung des Wettbewerbsrechts, S. 244.
[872] Koenig/Loetz, CR 1999, 439, 444. Vgl. oben Teil 2 C.III.1.b.(1).
[873] Anders diejenigen Autoren, die sich für ein Spürbarkeitskriterium als Abgrenzungskriterium aussprechen, so vor allem Sack, WRP 1998, 104, 116 ff.; Fezer, JZ 1994, 317, 324; GA Jacobs, Schlussanträge zu EuGH, Rs. C-412/93, Leclerc-Siplec, Slg. 1995, I-179, 195, Erwägung 42, der dies ausdrücklich als Alternativlösung zur in der Rechtssache „Keck" getroffenen Unterscheidung anbietet; ders., Schlussanträge zu EuGH, verb. Rs. C-34/95, C-35/95, C- 36/95, De Agostini, Slg. 1997, I-3843, 3871, Erwägung 99; GA Elmer, Schlussanträge zu EuGH, Rs. C-387/93, Banchero, Slg. 1995, I-4663, 4677, Erwägung 35.
[874] EuGH, Rs. C-126/91, Yves Rocher, Slg. 1993, I-2361, 2390, Erwägung 21.

war.[875] Der den genannten Entscheidungen zugrundeliegende Rechtsgedanke lässt sich auf die hier inmitten stehende Fragestellung übertragen. In der Tat ist schwer vorstellbar, dass ein Betreiber von Datennetzen, wie etwa die Deutsche Telekom, für sich betrachtet aufgrund der Werberegelung eines Mitgliedstaates in seiner Dienstleistungsfreiheit beeinträchtigt sein soll. Insoweit ist die mögliche Beschränkungswirkung durch Werberegelungen derart mittelbar, dass nicht von einer Behinderung der Dienstleistungsfreiheit ausgegangen werden kann. Dieselbe Sichtweise lässt sich auch für die Dienstleistung des Access Providers vertreten.

Ein anderes Ergebnis kann sich in diesem Falle unter Umständen dann ergeben, wenn der Access Provider aufgrund einer gegen ihn gerichteten Sperranordnung gemäß § 5 Absatz 4 TDG direkt durch die Folgen einer Werberegelung betroffen ist. Allerdings ist diese Konstellation im Bereich des Werberechts -soweit ersichtlich- ohne Bedeutung.[876]

(3) Zusammenfassung

Im Rahmen der Werbung im Internet bestehen verschiedene Dienstleistungsbeziehungen, die jeweils unterschiedliche Teilfunktionen erfüllen, um die jeweilige Werbemitteilung bis zum Nutzer vordringen zu lassen. Wesentliche Grundlage des Werbeträgermediums Internet sind dabei die Leistungen des Service Providers und des Inhabers der werbetragenden Website. Für sich allein betrachtet ist jede der Leistungen zwar mitursächlich für die Existenz von Werbebotschaften im World Wide Web. Erst im Zusammenspiel machen sie das Internet zu einem Werbeträger. Werbebeschränkende Regelungen können die Verkehrsfähigkeit dieses Werbeträgers behindern.[877] Die wesentliche Bedeutung einer Behinderung der Internet-Werbung liegt auch in diesem Zusammenhang in der europaweiten Wirkung einer Werbebeschränkung eines einzigen Mitgliedstaates. Ist eine Werbung im Internet auf einer Website geschaltet, deren Inhaber seinen Sitz im Ausland hat und ist die Werbung nach dem Recht des Herkunftsstaates rechtmäßig, so führt die fehlende Rechtmäßigkeit in einem anderen Mitgliedstaat dazu, dass diese Werbung ihre Verkehrsfähigkeit verliert. Der Inhaber der Website verliert die Möglichkeit in nach dem Recht seines Sitzstaates rechtmäßiger Weise zu werben und kann die angebotene Dienstleistung nicht mehr erbringen. Auch der jeweilige Service Provider ist durch die Werbebeschränkung betroffen. Er muss im Einzelfall beträchtliche rechtliche Untersuchungen über die anwendbaren Werberechte anstellen, was wiederum sein Leistungsangebot erheblich verteuert. In beiden Fällen ist durch die Werberegelungen der wesentliche Kernbereich der Wirtschaftstätigkeit der beteiligten Dienstleister betroffen.[878]

2. E-Mail-Werbung

Auch bei der Frage nach der Anwendbarkeit der Dienstleistungsfreiheit im Falle von Werberegelungen betreffend die E-Mail-Werbung ist zwischen den Fallgruppen Werbung für Dienstleistungen und Werbung als Dienstleistung zu differenzieren.

[875] Vgl. EuGH, Rs. C-93/92, CMC-Motorradcenter, Slg. 1993, I-5009, 5021, Erwägung 12; ebenso EuGH, Rs. C-69/88, Krantz, Slg. 1990, I-583, 597, Erwägung 11.
[876] Überdies ist die Frage umstritten, ob gegen den Access Provider überhaupt eine Sperranordnung ergehen kann. Dies verneinend Koenig/Loetz, CR 1999, 439, 444.
[877] Dethloff, JZ 2000, 179, 183. Ebenso nun auch dies., Europäisierung des Wettbewerbsrechts, S. 244.
[878] Vgl. Dauses, RIW 1998, 750, 755.

a. Werbung für Dienstleistungen

Wie im Rahmen der Untersuchung zur Warenverkehrsfreiheit dargestellt, kann § 1 UWG ein Verbot der Werbung im Wege der E-Mail begründen.[879] Wird für Dienstleistungen geworben, so ist eine Beschränkung der Werbung durch § 1 UWG als Behinderung der Dienstleistungsfreiheit zu untersuchen. Die Restriktionen der Entscheidung „Keck“ finden im Rahmen der Dienstleistungsfreiheit keine Anwendung.[880] Eine Werbebeschränkung der genannten Art ist grundsätzlich als Behinderung der Dienstleistungsfreiheit anzusehen, wenn nicht im Einzelfall eine marktzugangsbehindernde Wirkung zu verneinen ist. Ein durch § 1 UWG bewirktes Verbot der Zusendung unerwünschter Werbe-E-Mail lässt sich mit der durch den Gerichtshof entschiedenen Fallkonstellation des Verbots des Telefonmarketing im Wege des *cold calling* in der Rechtssache „Alpine Investments“ vergleichen.[881] Zu unterscheiden ist dabei zwischen einer Beschränkung der E-Mail-Werbung durch den Exportstaat und einer Beschränkung durch den Importstaat.

Liegt eine Exportbeschränkung durch den Herkunftsstaat des Leistenden vor, ist also etwa ein deutscher Dienstleistungsanbieter durch das Verbot der E-Mail-Werbung betroffen, welche er auch an EG-ausländische Kunden versendet, entstünde ein vergleichbarer Sachverhalt, der der Entscheidung „Alpine Investments“ zugrunde lag. Eine Beschränkung der Dienstleistungsfreiheit wäre mit den dargestellten Argumenten des EuGH zu bejahen. Zu beachten ist allerdings, dass es sich bei dem niederländischen Telefonwerbeverbot um eine ordnungspolitische Maßnahme durch die Exekutive handelte, während ein auf § 1 UWG gestütztes Verbot zunächst gerichtlich geltend gemacht werden müsste. Wirbt der Anbieter einer Dienstleistung aber nicht in Deutschland, sondern nur in anderen Mitgliedstaaten, so kommt eine Beschränkung durch deutsches Recht nicht in Betracht, da dann nur das jeweilige Marktortrecht Anwendung fände.[882]

Es stellt sich die Frage, ob ein auf § 1 UWG gestütztes Werbeverbot nach dem in der Entscheidung „Alpine Investments“ aufgestellten Grundsätzen auch dann zu einer Beschränkung der Dienstleistungsfreiheit führen kann, wenn das Verbot durch den Bestimmungsstaat der Dienstleistung ausgesprochen wird, also eine Behinderung des Dienstleistungsimports eines ausländischen Anbieters gegeben ist.[883] Eine solche Konstellation ist immer dann gegeben, wenn ein Dienstleister aus einem anderen Mitgliedstaat via E-Mail auf dem deutschen Markt wirbt und ihm diese Werbeform durch die Anwendung des § 1 UWG untersagt wird. Auch wenn diese Beschränkung durch den Empfängerstaat der Dienstleistung ausgesprochen wird,

---

[879] Siehe hierzu Teil 2 B.III.2.a. Vgl. auch Körner/Lehment in: Hoeren/Sieber, Kap. 11.1, Rn. 27 ff.

[880] Dazu oben Teil 2.C.II.3.b.(2).

[881] EuGH, Rs. C-384/93, Alpine Investments, Slg. 1995 I, 1141 ff. Zur Vergleichbarkeit siehe auch Jöhri, Werbung im Internet, 122. Vgl. zur grenzüberschreitenden Telefonwerbung Leible/Sosnitza, K&R 1998, 283 ff.; Glöckner, GRUR Int. 2000, 29 ff.

[882] Insoweit zutreffend die Feststellung bei Günther, CR 1999, 172, 178. Zwar könnte der Anbieter gemäß Art. 2 I , 53 I EuGVÜ in Deutschland gerichtspflichtig werden. Art. 5 Nr. 3 EuGVÜ steht als besondere Zuständigkeitsregelung der durch den allgemeinen Gerichtsstand begründeten internationalen Zuständigkeit nicht entgegen. Nach dem Marktortprinzip findet dann aber stets das Wettbewerbsrecht desjenigen Staates Anwendung, auf dessen Markt die Werbung ihre Wirkungen zeitigen würde, hM, vgl. oben Teil 1 B.II.2.a.(2). Dies hat zur Folge, dass dann kein deutsches Recht zur Anwendung käme, wenn der Anbieter einer Dienstleistung E-Mail-Werbung nur in andere Mitgliedstaaten versendet. Enthält das Wettbewerbsrecht des Marktortstaates dann eine entsprechende Regelung, die ebenfalls die Werbung via E-Mail verbietet, so ist es dann freilich wiederum die Norm des Bestimmungsstaates, die zu einer Beeinträchtigung des freien Dienstleistungsverkehrs führt.

[883] Bejahend Gruber in: Gruber/Mader, 109, 152; Jöhri, Werbung im Internet, 122. Ebenso Leible/Sosnitza, K&R 1998, 283, 288; Glöckner, GRUR Int. 2000, 29, 35 für Telefonwerbung. Ablehnend Günther, CR 1999, 172, 179.

liegt eine Beschränkung der Dienstleistungsfreiheit vor.[884] Dies wurde bereits zutreffend für die vergleichbare Situation einer deutschen Beschränkung der Telefonwerbung festgestellt.[885] Generell ist eine Regelung, die eine bestimmte Vertriebsform für Dienstleistungen untersagt, als Behinderung des Marktzugangs ausländischer Anbieter anzusehen.[886] Für ein Verbot der Werbung im Wege der E-Mail gilt diese Einschätzung erst recht. Die einfache und kostengünstige Möglichkeit, eine Dienstleistung im Wege der E-Mail zu bewerben, senkt die Marktzugangsschwelle für ausländische Anbieter erheblich ab, gerade wenn man zusätzlich die vereinfachten Möglichkeiten betrachtet, die das Internet auch bei der anschließenden Erbringung der Leistung bietet. Auch diese kann nämlich in vielen Fällen direkt im Wege des Internet erfolgen. Gerade im Bereich von Dienstleistungen lässt das Internet die Märkte Europas in hohem Maße zusammenwachsen. Räumliche Entfernungen spielen oft nur noch eine untergeordnete Rolle. Weil dem so ist, liegt auch in der Beschränkung einer auf die spätere Leistungserbringung bezogenen Werbung stets ein Marktzugangshindernis für ausländische Anbieter, die auf diese einfache Weise neu in Märkte anderer Mitgliedstaaten vordringen können. Ein auf § 1 UWG gestütztes Werbeverbot stellt mithin eine Beschränkung der Dienstleistungsfreiheit dar.

Für Beschränkungen angeforderter E-Mail-Werbung gilt grundsätzlich das im Rahmen der Warenverkehrsfreiheit Gesagte.[887] Eine auf den Inhalt einer angeforderten Werbe-E-Mail bezogene Werberegelung kann jedenfalls dann eine Behinderung der Dienstleistungsfreiheit des Anbieters darstellen, wenn sie diesen zu einer marktzutrittsbehindernden Anpassung seiner Werbestrategie zwingt.

b. Werbung als Dienstleistung

Nach hier vertretener Auffassung stellt auch die grenzüberschreitende Erbringung von sonstigen Werbedienstleistungen grundsätzlich eine relevante Dienstleistung im Sinne des Art. 49 EGV dar.[888] Nationale Werbebeschränkungen können zu einer Behinderung der Dienstleistungsfreiheit führen, wenn sie einen Werbedienstleister aus einem anderen Mitgliedstaat an der Erbringung seiner Werbedienstleistung hindern.[889]

Ein Verbot der Zusendung unerwünschter Werbe-E-Mail kann demnach auch die Dienstleistungsfreiheit von Marketingagenturen aus anderen Mitgliedstaaten behindern, wenn diese für einen Waren- oder Dienstleistungsanbieter bei der Durchführung einer E-Mail-

---

[884] Gruber in: Gruber/Mader, 109, 152; Jöhri, Werbung im Internet, 122. A.A. Günther, CR 1999, 172, 178, der allerdings eine Übertragung der Entscheidung „Alpine Investments“ auf die Konstellation der Importbeschränkung gar nicht prüft, sondern nur feststellt, dass in einer entsprechenden Fallkonstellation, welche der Entscheidung „Alpine Investments“ zugrunde lag, deutsches Recht gar keine Anwendung fände. Diese Aussage ist zwar zutreffend, wie sich aus vorstehenden Erwägungen ergibt. Sie behandelt aber nicht die eigentlich relevante Frage einer Übertragung der Aussagen auf die Fallgruppe der Importbeschränkung.

[885] Leible/Sosnitza, K&R 1998, 283, 288; Glöckner, GRUR Int. 2000, 29, 35, überträgt die Argumentation des Gerichtshofs zur Telefonwerbung in der Sache „Alpine Investments“ zurecht als unmittelbare Beschränkung des Marktzugangs auf den Sachverhalt der Beschränkung durch den Empfängerstaat.

[886] Ebenso Glöckner, GRUR Int. 2000, 29, 34, 35.

[887] Teil 2 B.III.2.b.

[888] So auch Drasch, Das Herkunftslandprinzip im internationalen Privatrecht, S. 184; Schmid, Freier Dienstleistungsverkehr, S. 266; Roth, CML Rev. 1994, 845, 853; ders. in: FS für Großfeld, 929, 957; Leible/Sosnitza, K&R 1998, 283, 288; Günther, CR 1999, 172, 178. Dazu oben Teil 2 C.II.2.c.(1).

[889] Drasch, Das Herkunftslandprinzip im internationalen Privatrecht, S. 184; Schmid, Freier Dienstleistungsverkehr, S. 270 ff.; Leible/Sosnitza, K&R 1998, 283, 288; Günther, CR 1999, 172, 178. Wohl auch Roth, CML Rev. 1994, 845, 853; ders. in: FS für Großfeld, 929, 957. Dazu oben Teil 2 C.II.2.c.(2).

Werbekampagne tätig werden.[890] Denn zum einen können diese im Falle der Existenz eines Verbots der E-Mail-Werbung ihre Hauptleistung nicht mehr in der dem Recht ihres Herkunftsortes entsprechenden Form erbringen, weshalb das zu erbringende „Dienstleistungsprodukt" insoweit die Verkehrsfähigkeit verliert.[891] Zum anderen kann der Fall eintreten, dass durch die Marketingagenturen bestimmte Marketingkonzepte für eine Vielzahl von Kunden verwendet werden, die durch die Agentur aufgrund abweichender Werbevorschriften im Einzelfall nicht mehr angewandt werden können.[892] Hierdurch können zusätzliche Kosten für den Anbieter der Dienstleistung entstehen, welche die Möglichkeit der grenzüberschreitenden Erbringung von Dienstleistungen beschränken können. Beschränkt also ein Verbot der Versendung von Werbe-E-Mail einen Werbeanbieter aus einem anderen Mitgliedstaat, für einen in Deutschland ansässigen Werbetreibenden E-Mail-Werbung „nach Deutschland hinein" zu betreiben, so liegt eine Behinderung der Dienstleistungsfreiheit vor.[893]

Bestehen in einem Mitgliedstaat Werberegelungen, die sich auf die Inhalte angeforderter Werbe-E-Mail auswirken, so kann ebenfalls eine Beschränkung der Dienstleistungsfreiheit eines Werbedienstleisters vorliegen, wenn dieser einheitliche Marketingkonzepte aufgrund dessen nicht mehr für alle Staaten verwenden kann.

3. Beschränkungen des Dienstleistungsexports

Wie sich in der Darstellung des Anwendungsbereichs der Dienstleistungsfreiheit gezeigt hat, neigt der EuGH verstärkt dazu, auch Beschränkungen des Dienstleistungsexports als Behinderung der Dienstleistungsfreiheit anzuerkennen. Eine entsprechende Rechtsprechung existiert sowohl für den Bereich der Werbung für Dienstleistungen[894] als auch im Rahmen der Fallgruppe der Werbung als Dienstleistung[895]. In Ansehung dessen stellt sich Frage, ob nationale Werbevorschriften des Sitzstaates eines Dienstleisters zu einer relevanten Behinderung des Dienstleistungsexports des Anbieters im Sinne des Art. 49 EGV führen können. Zur Untersuchung dieser Frage kommen einmal mehr vier verschiedene denkbare Konstellationen in Betracht.

a. Werbung im World Wide Web

(1) Werbung für Dienstleistungen

Als Ausgangspunkt bietet sich folgender Beispielfall an[896]: Ein deutscher Finanzdienstleister bietet auf seiner Homepage bei Abschluss von kostenpflichtigen Verträgen über Finanzdienst-

---

[890] Ebenso Günther, CR 1999, 172, 178; Jöhri, Werbung im Internet, 122. Leible/Sosnitza, K&R 1998, 283, 288; Schmid, Freier Dienstleistungsverkehr, 272 für Telefonmarketingagenturen.

[891] Vgl. oben Teil 2 C.II.2.c.(2).

[892] Zu diesem Aspekt für durch eine ausländische Agentur im Auftrag eines deutschen Werbetreibenden in Deutschland betriebene Telefaxwerbekampagne Dethloff, IPRax 1999, 347, 352; vgl. nun auch dies., Europäisierung des Wettbewerbsrechts, S. 242.

[893] Ebenso Schmid, Freier Dienstleistungsverkehr, S. 272 für professionelle Erbringung von Telefonmarketingleistungen.

[894] EuGH, Rs. C-384/93, Alpine Investments, Slg. 1995, I-1141, 1176, Erwägung 30.

[895] EuGH, Rs. C-6/98, ARD, Slg. 1999, I-7599, 7637, Erwägung 49 für eine Beschränkung eines Fernsehveranstalters durch eine Werberegelung des Sendestaats; EuGH, Rs. C-405/98, GIP, Urteil vom 8. März 2001, EWS 2001, 184 ff.; EuZW 2001, 251 ff., Erwägung 38 für eine Beschränkung des Anbieters von Anzeigenraum in einer Zeitschrift durch ein Werbeverbot des Heimatstaates des Anbieters.

[896] Nach Apel/Grapperhaus, WRP 1999, 1147, 1157. Dieser Fall ist im Hinblick auf die verwendete Vorschrift des deutschen Rechts beliebig variierbar, so dass die auf das Gemeinschaftsrecht bezogenen Aussagen auch nach einer bevorstehenden Abschaffung von RabattG und ZugabeVO Gültigkeit behalten.

leistungen, die online erbracht werden, als Zugabe ein fünfjähriges Abonnement für eine renommierte Kapital- und Finanzmarktzeitschrift an. Das Angebot übersteigt die Geringfügigkeitsschwelle[897] und ist in englischer Sprache ausgestaltet. Bestellmöglichkeiten bestehen für alle europäischen Staaten inklusive Deutschland. Das Marktortprinzip führt zur Anwendbarkeit deutschen Rechts, da sich das Angebot auch an potentielle Kunden in Deutschland richtet.[898] Konsequenz ist ein Verbot der Werbung in Deutschland auf Grundlage von § 1 ZugabeVO.[899]

Zu fragen ist, welche gemeinschaftsrechtlichen Folgen ein derartiges Verbot zeitigt. In Betracht kommt eine Beschränkung der Dienstleistungsfreiheit des Finanzdienstleisters. Der Gerichtshof hat in der Rechtssache „Alpine Investments" ein Verbot des *cold calling* gegenüber einem in den Niederlanden ansässigen Finanzdienstleister durch niederländische Behörden für eine Beschränkung der Dienstleistungsfreiheit gehalten, weil das Verbot dem Anbieter ein wirksames und direktes Mittel der Kontaktaufnahme und des Angebots an in anderen Mitgliedstaaten ansässige Kunden genommen hat.[900] Der Gerichtshof betonte dabei, dass die Reichweite der Dienstleistungsfreiheit nicht auf die Verhinderung von Importbeschränkungen begrenzt sei[901], sondern vielmehr eine umfassende Gewährleistung des freien Dienstleistungsverkehrs im Binnenmarkt darstelle und stellte damit klar, dass eine Behinderung des Dienstleistungsexports nicht nur bei einer spezifisch ausfuhrbezogenen Regelung in Betracht kommt.[902] Entscheidend ist nach Ansicht des Gerichtshofs einzig, ob die getroffene Regelung für den Anbieter eine Behinderung des Marktzugangs zu anderen Märkten der Gemeinschaft zur Folge haben kann.

Betrachtet man den Ausgangsfall unter diesem Gesichtspunkt, so ist fraglich, ob durch das deutsche Verbot der Gewährung von Zugaben die Dienstleistungsfreiheit des Anbieters beschränkt ist. Klarzustellen ist, dass die deutsche ZugabenVO für sich betrachtet im Hinblick auf ihre Wirkungen keinesfalls mit dem der Entscheidung „Alpine Investments" zugrundeliegenden Verbot des *cold calling* vergleichbar ist, da dieses das vollständige Verbot einer bestimmten Direktmarketingmethode beinhaltete und somit eine wesentlich weitergehende Behinderung des Anbieters darstellte als es der Verzicht auf die Möglichkeit der Gewährung von Zugaben bewirken würde.

Ein anderes Ergebnis kann sich nur im Hinblick auf die Besonderheiten des Internet ergeben. *Apel/Grapperhaus* sind aus diesem Grund der Ansicht, dass die Untersagung der Werbung in Deutschland auf Grundlage von § 1 ZugabeVO im konkreten Fall zur Folge habe, dass der deutsche Anbieter sein so geartetes Angebot gar nicht mehr im Internet anbieten kann. Denn aufgrund der Unteilbarkeit der Werbung im Internet könne der Anbieter die Werbung in dieser Form nur einheitlich unterlassen, weshalb er zum generellen Verzicht auf die Werbemaßnahme gezwungen sei. Die deutsche ZugabeVO werde so zur „EU-weit beschränkenden Norm".[903]

---

[897] Vgl. Baumbach/Hefermehl, § 1 ZugabeVO, Rn. 67 ff.
[898] Oben Teil 1 B.II.2.b.
[899] Vgl. Apel/Grapperhaus, WRP 1999, 1147, 1157.
[900] EuGH, Rs. C-384/93, Alpine Investments, Slg. 1995, I-1141, 1176, Erwägung 28. Dazu oben Teil 2 C.II.1.b.
[901] EuGH, Rs. C-384/93, Alpine Investments, Slg. 1995, I-1141, 1176, Erwägung 30.
[902] Zu dieser gerade im Hinblick auf die divergente Handhabung im Rahmen des Art. 29 EGV umstrittenen Frage vgl. Kort, JZ 1996, 132, 137; Sack, WRP 1998, 104, 112 ff. Diese Aussage wiederholte der Gerichtshof nun erneut in der Entscheidung EuGH, Rs. C-405/98, GIP, Urteil vom 8. März 2001, EWS 2001, 184 ff.; EuZW 2001, 251 ff., Erwägung 38. Vgl. insoweit auch Leible, EuZW 2001, 253, 255.
[903] Apel/Grapperhaus, WRP 1999, 1147, 1158.

Diese Annahme ist gerade für den Ausgangsfall nicht zutreffend. Denn die von *Apel/Grapperhaus* angeführten gemeinschaftsweiten Wirkungen kommen einer Untersagung der Werbung in Deutschland nicht zu. Der Anbieter hat die Möglichkeit, sich eines Disclaimers zu bedienen und auf diese Weise das Finanzdienstleistungsangebot gekoppelt mit der angebotenen Zugabe ausschließlich für solche Staaten anzubieten, in denen diese Werbeform zulässig ist.[904] Aus dieser Möglichkeit, den Markt des Exportstaates, im Beispielfall Deutschland, von dem betreffenden Angebot auszunehmen, folgt, dass auch dessen Werberecht nicht zur Anwendung kommt, da es auf dem Heimatmarkt des Anbieters dann nicht zu einer Einwirkung auf die Marktgegenseite kommt.[905] Eine Beschränkung der intendierten Werbung durch die Werbevorschrift des Exportstaates kann sich somit nicht ergeben. Dem Anbieter der Dienstleistung wird der Zugang zu anderen Märkten der Gemeinschaft, in denen die betreffende Werbung zulässig ist, also nicht erschwert.

Eine derartige Rechtslage dürfte sich in allen Fällen der Werbung für Dienstleistungen im Hinblick auf Regelungen des Exportstaates ergeben. Denn im Falle der Bewerbung von Dienstleistungen im Internet wird der Anbieter im Regelfall in der Lage sein, seinen Heimatstaat, also den Exportstaat durch den Einsatz von Disclaimern von dem zu erbringenden Dienstleistungsangebot auszunehmen. Denn bei einer der Werbung nachfolgenden Erbringung einer Dienstleistung werden regelmäßig persönliche Kontakte zu den Kunden aufgenommen werden, so dass der Anbieter kontrollieren kann, an wen er seine Leistungen erbringt. Leistet er dann im Rahmen des im Disclaimer enthaltenen Ausschlusses nicht an Klientel im Exportstaat, so kann er die Anwendbarkeit des Werberechts dieses Staates wirksam ausschließen.[906] Eine der Entscheidung „Alpine Investments" vergleichbare Beschränkungssituation dürfte demnach bei Werbung für Dienstleistungen im World Wide Web in keinem Falle denkbar sein.

(2) Werbung als Dienstleistung

Anderes kann sich jedoch ergeben, wenn durch eine Werberegelung des Exportstaates die Tätigkeit eines Anbieters von Werbedienstleistungen im Internet behindert ist. Auch für diese Fallgruppe soll ein Ausgangsfall gebildet werden[907]: Ein schwedischer Betreiber einer Internet-Zeitschrift schaltet in englischer Sprache für französische Weinhändler Werbung für deren Erzeugnisse. Die Werbung ist auf alle Staaten der Gemeinschaft, unter anderem auf Schweden gerichtet. Sie verstößt gegen das schwedische Alkoholwerbeverbot. Der schwedische Verbraucherschutzbeauftragte erwirkt eine Untersagung der Werbung.

Diese Konstellation entspricht dem Sachverhalt, welcher der Entscheidung „GIP" zugrunde lag. Einziger Unterschied ist die Tatsache, dass kein Anzeigenraum in einer realen Zeitschrift, sondern virtueller Werbeplatz zur Verfügung gestellt wurde. Die durch den Gerichtshof getroffene Beurteilung in der Entscheidung „GIP" lässt sich auf den Ausgangssachverhalt übertragen. Das schwedische Alkoholwerbeverbot stellt eine Beschränkung des Dienstleistungsexports und somit der Dienstleistungsfreiheit des Anbieters dar, der aufgrund der in

---

[904] Siehe zu dieser Möglichkeit des Ausschlusses der Anwendbarkeit des Werberechts eines bestimmten Staates ausführlich Mankowski, GRUR Int. 1999, 909, 916 ff. sowie oben Teil 1 B.II.2a.(2)(c). Erforderlich ist allerdings, dass der Anbieter dann auch tatsächlich keinerlei Leistungen auf dem Heimatmarkt erbringt.

[905] Vgl. BGHZ 113, 11, 15; BGH NJW 1998, 1227, 1228; BGH NJW 1998, 2531, 2532; Kreuzer in: MK, Art. 38 EGBGB (aF), Rn. 240 mwN.; Dethloff, NJW 1998, 1596, 1599; Sack, WRP 2000, 269, 272; Fezer in: Staudinger, Internationales Wirtschaftsrecht, Rn. 488.

[906] Dazu oben Teil 1 B.II.2.b.(2).(b).

[907] Nach EuGH, Rs. C-405/98, GIP, Urteil vom 8. März 2001, EWS 2001, 184 ff.; EuZW 2001, 251 ff.

Schweden geltenden Regelung eine solche Werbung im World Wide Web für den französischen Weinhändler nicht mehr anbieten kann.[908] Insoweit besteht zwischen dem Angebot von Werbeplatz in einer „realen" und einer „virtuellen" Zeitschrift kein ersichtlicher Unterschied. Diese Ansicht wird auch durch die Entscheidung „ARD" zum Fernsehrecht gestützt. Dort wurde ein in Deutschland ansässiger Fernsehveranstalter durch deutsche Regelungen der Fernsehwerbung in der Erbringung von Werbedienstleistungen zugunsten ausländischer Werbetreibender beschränkt, was der Gerichtshof als Behinderung der Dienstleistungsfreiheit wertete.[909] Auch dieser Fall entspricht der Behinderung eines Anbieters von Werbeplatz auf seiner Website im World Wide Web, weil die erbrachte Werbeleistung und die gegebene Beschränkungssituation durch Werbevorschriften als vergleichbar angesehen werden können.[910]

Aus alledem folgt, dass die Beschränkung der Erbringung von Werbedienstleistungen im World Wide Web als Beschränkung der Dienstleistungsfreiheit angesehen werden kann.

b. E-Mail-Werbung

(1) Werbung für Dienstleistungen

Im Unterschied zur Werbung im World Wide Web kann der Anbieter seine Dienstleistungen, die er im Wege der E-Mail bewirbt, gezielt auf die von ihm gewünschten Märkte ausrichten. Will demnach ein in Deutschland ansässiger Anbieter von Finanzdienstleistungen eine in Deutschland unzulässige Werbemethode anwenden, so findet, wenn er die Werbe-E-Mail nicht auch an deutsche Anbieter versendet, nach dem Marktortprinzip deutsches Recht keine Anwendung. Eine Beschränkung durch den Exportstaat kann also in dieser Konstellation nicht eintreten.[911]

(2) Werbung als Dienstleistung

Erbringt eine in Deutschland niedergelassene Marketingagentur für einen Waren- oder Diensteanbieter aus einem anderen Mitgliedstaat Dienstleistungen im Rahmen der Versendung von Werbe-E-Mail, die auch nach Deutschland versandt werden und wird ihm diese Werbung gemäß § 1 UWG untersagt, so liegt eine Beschränkung der Dienstleistungsfreiheit vor. Die Dienstleistungsfreiheit umfasst nach hier vertretener Ansicht auch die Erbringung sonstiger Werbedienstleistungen.[912] Ein Verbot der Versendung von Werbe-E-Mail durch den Exportstaat stellt auch eine Behinderung der grenzüberschreitenden Dienstleistungserbringung dar. Zwar ist diese Konstellation nicht direkt mit den Entscheidungen „ARD" und „GIP" vergleichbar, da dort Beschränkungen der Fernsehwerbung bzw. des grenzüberschreitenden Angebots von Anzeigenraum inmitten standen. Rekurriert man aber auf die Argumente des Gerichtshofs, die einer Anwendung der Dienstleistungsfreiheit in diesen Fällen zugrunde la-

---

[908] Vgl. EuGH, Rs. C-405/98, GIP, Urteil vom 8. März 2001, EWS 2001, 184 ff.; EuZW 2001, 251 ff., Erwägungen 37 ff.

[909] EuGH, Rs. C-6/98, ARD, Slg. 1999, I-7599 ff., 7637, Erwägung 49.

[910] Zur Gegenüberstellung der im Rahmen von Fernsehen und Internet erbrachten Dienstleistungen vgl. auch oben Teil 2 C.III.1.b.

[911] Vgl. auch Günther, CR 1999, 172, 178. Die gegenteilige Situation in der Entscheidung Alpine Investments ergab sich daraus, dass dort die Beschränkung des Anbieters kraft Hoheitsakts durch den Exportstaat eintrat. Dazu oben Teil 2 C.III.2.a.

[912] Siehe auch Drasch, Das Herkunftslandprinzip im internationalen Privatrecht, S. 184; Schmid, Freier Dienstleistungsverkehr, S. 270 ff.; Leible/Sosnitza, K&R 1998, 283, 288; Günther, CR 1999, 172, 178. Wohl auch Roth, CML Rev. 1994, 845, 853; ders. in: FS für Großfeld, 929, 957. Dazu oben Teil 2 C.II.2.b.

gen, so ergibt sich auch in dieser Konstellation eine relevante Behinderung, da auch hier die Möglichkeit eingeschränkt ist, Werbedienstleistungen an ausländische Werbetreibende zu erbringen.

IV. Rechtfertigung nationaler Werberegelungen

Beschränkungen der Dienstleistungsfreiheit können aufgrund zwingender Gründe des Allgemeininteresses oder durch den Vorbehalt des Art. 55, 46 EGV gerechtfertigt sein.

1. Die Rechtfertigung nationaler Werberegelungen

a. Systematik der Rechtfertigungsprüfung

Eine Beschränkung der Dienstleistungsfreiheit kann durch zwingende Gründe des Allgemeininteresses gerechtfertigt sein, wenn die betreffende Regelung unterschiedslos für inländische wie für Dienstleistungen aus anderen Mitgliedstaaten gilt[913] und keine gemeinschaftsrechtliche Harmonisierung erfolgt ist. Beschränkungen der Dienstleistungsfreiheit müssen weiterhin dem Grundsatz der Verhältnismäßigkeit entsprechen. Die nationalen Maßnahmen müssen zur Verwirklichung des mit ihnen verfolgten Ziels geeignet sein *„und sie dürfen nicht über das hinausgehen, was zur Erreichung des Ziels erforderlich ist"*.[914] Dem Allgemeininteresse darf weiterhin nach dem Verbot der Doppelbeschränkung nicht bereits durch die Rechtsvorschriften Rechnung getragen sein, denen der Leistungserbringer in dem Staat unterliegt, in dem er niedergelassen ist.[915]

Auch im Rahmen der Dienstleistungsfreiheit sind die durch die Mitgliedstaaten vorgebrachten Gründe des Allgemeininteresses durch den Gerichtshof grundsätzlich überprüfbar, da es sich insoweit um einen gemeinschaftsrechtlichen Begriff handelt.[916] Wie im Bereich der Warenverkehrsfreiheit gibt es jedoch auch hier besonders sensible Bereiche, in denen der Gerichtshof einen weitergehenden Beurteilungsspielraum der Mitgliedstaaten anerkennt.[917]

Die Prüfung des Vorbehalts des Art. 55, 46 EGV, dem im Rahmen der hier zu prüfenden Werberegelungen keine weiterreichende Bedeutung zukommt, erfolgt nach denselben Grundsätzen wie im Bereich der Warenverkehrsfreiheit.

b. Rechtfertigungsgründe

In der Rechtsprechung des Gerichtshofs zu Behinderungen der Dienstleistungsfreiheit durch nationale Werberegelungen wurden verschiedene Rechtfertigungsgründe geprüft, die im Folgenden kurz dargestellt werden sollen.

(1) Verbraucherschutz und Lauterkeit des Handelsverkehrs

Auch Beschränkungen der Dienstleistungsfreiheit durch Werberegelungen, insbesondere Vorschriften des allgemeinen Werberechts, können aufgrund von Belangen des Verbraucher-

---

[913] Z.B. EuGH, Rs. 352/85, Bond van Adverteerders, Slg. 1988, 2085, 2134 ff., Erwägungen 32 ff.; EuGH, Rs. 275/92, Schindler, Slg. 1994, I-1039, 1095, Erwägungen 53, 54.

[914] So ausdrücklich in EuGH, Rs. C-55/94, Gebhard, Slg. 1996, I-4165, 4198, Erwägung 37.

[915] EuGH, verb. Rs. 110/78 u. 111/78, van Wesemael, Slg. 1979, 35, 52, Erwägungen 28 bis 30; EuGH, Rs. 279/80, Webb, Slg. 1981, 3305, 3325, Erwägung 17

[916] Reich, ZHR 153 (1989), 571, 584.

[917] So etwa für den Schutz der Verbraucher bei der Veranstaltung von Lotterien in der Entscheidung „Schinder", EuGH, Rs. C-275/92, Slg. 1994, I-1039, 1097, Erwägung 61.

schutzes und der Lauterkeit des Handelsverkehrs gerechtfertigt sein. Dies gilt sowohl im Hinblick auf Werbevorschriften, die Werbung für Dienstleistungen behindern als auch gegenüber Beschränkungen der Dienstleistungsfreiheit von Werbeanbietern.

In der Entscheidung „Schindler" hatte der Gerichtshof über ein britisches Verbot der Versendung von Werbematerial und Losen zum Zwecke der Durchführung einer Lotterie zu entscheiden. Er sah das Verbot unter dem Gesichtspunkt des Verbraucherschutzes und des Schutzes der Sozialordnung als gerechtfertigt an[918] und war aufgrund der Besonderheiten, welche die Durchführung von Lotterien mit sich bringt, der Auffassung, dass Beschränkungen bis hin zum gänzlichen Verbot von Lotterien gerechtfertigt sein könnten. Aufgrund der Sensibilität der Regelungsmaterie billigte der EuGH dem Mitgliedstaat bezüglich der Regelung zur Ausgestaltung von Lotterieveranstaltungen ein weitreichendes Ermessen zu.[919]

In der Entscheidung „Alpine Investments" wurde das niederländische Verbot der Telefonwerbung durch die niederländische Regierung mit der Gefährdung des Rufs der niederländischen Finanzmärkte sowie mit dem Schutz der Kapitalanleger begründet. Der Gerichtshof folgte beiden Vorbringen. Er stellte fest, dass die Aufrechterhaltung des guten Rufes des nationalen Finanzsektors einen zwingenden Grund des Allgemeininteresses darstellen kann, der Beschränkungen des freien Verkehrs von Finanzdienstleistungen rechtfertigt.[920] Auch die Verhältnismäßigkeitsprüfung führte zu keinem anderen Ergebnis. Das vollständige Verbot des cold calling wurde als erforderlich angesehen. Die Begründung für dieses Ergebnis liegt in der hohen Schutzbedürftigkeit der Privatpersonen, die durch den Anruf überrascht würden und nicht in der Lage seien, sich über die Risiken der vorgeschlagenen Transaktion zu informieren oder Qualität und Preis mit anderen Angeboten zu vergleichen.[921] Betont wurde somit insbesondere auch der Gesichtspunkt des Verbraucherschutzes, welcher bei unangekündigten Telefonanrufen nach Auffassung des EuGH auch ein Verbot dieser Marketingmethode rechtfertigen kann.

Auch im Bereich der Beschränkung der Werbung als Dienstleistung durch nationale Werberegelungen kann der Gesichtspunkt des Verbraucherschutzes Berücksichtigung finden. In der Entscheidung „De Agostini", in der die Anwendung einer lauterkeitsrechtlichen Generalklausel die Dienstleistungsfreiheit ausländischer Fernsehanbieter behinderte, stellte der Gerichtshof klar, dass *„die Lauterkeit des Handelsverkehrs und der Schutz der Verbraucher im allgemeinen zwingende Gründe des Allgemeininteresses"* darstellten, *„die Beeinträchtigungen des freien Dienstleistungsverkehrs rechtfertigen können"*.[922] Die Prüfung der Verhältnismäßigkeit wird dem vorlegenden nationalen Gericht überlassen. Aus der Entscheidung „De Agostini" ergibt sich insoweit, dass der Gerichtshof auch in der Fallgruppe „Werbung als Dienstleistung" den Verbraucherschutz sowie die Lauterkeit des Handelsverkehrs als Rechtfertigungsgründe anerkennt und ersichtlich gegenüber der Handhabung im Rahmen der Warenverkehrsfreiheit keine Unterschiede bestehen sollen. Daraus folgt, dass der Gerichtshof, auch wenn er in dieser Fallgruppe parallel zur eingeschränkten Handhabung der Warenverkehrsfreiheit nach den Maßstäben der Entscheidung „Keck" einen weitergehenden Anwen-

---

918 EuGH, Rs. 275/92, Schindler, Slg. 1994, I-1039, 1096, Erwägung 58.

919 EuGH, Rs. 275/92, Schindler, Slg. 1994, I-1039, 1097, Erwägung 61.

920 EuGH, Rs. C-384/93, Alpine Investments, Slg. 1995, I-1141, 1179, Erwägung 44.

921 EuGH, Rs. C-384/93, Alpine Investments, Slg. 1995, I-1141, 1179, Erwägung 46. Zustimmend auch Glöckner, GRUR Int. 2000, 29, 35; ablehnend Leible/Sosnitza, K&R 1998, 283, 289, die eine Widerspruchslösung für ausreichend halten.

922 EuGH, verb. Rs. C-34/95, C-35/95, C- 36/95, De Agostini , Slg. 1997, I-3843, 3893, Erwägung 54.

dungsbereich der Dienstleistungsfreiheit der Fernsehveranstalter bejaht, dennoch zu mitgliedstaatlichen Rechtfertigungsmöglichkeiten nach den allgemeinen Grundsätzen gelangt.

In den Entscheidungen „Mediawet“[923] und „ARD/Pro Sieben“[924] bejahte der Gerichtshof zudem den *„Schutz der Verbraucher gegen ein Übermaß an geschäftlicher Werbung“* als zwingenden Grund des Allgemeininteresses. In der Entscheidung „ARD/Pro Sieben“ gelangte er im Ergebnis zu einer Rechtfertigung der nationalen Regelungen des Fernsehwerberechts.

(2) Werberegelungen für freie Berufe

Vorschriften, welche die Werbung für freie Berufe reglementieren, sind durch verschiedene Allgemeinwohlgründe bedingt, die auch zur Rechtfertigung von Beschränkungen der Dienstleistungsfreiheit führen können. Freie Berufe unterliegen bei Wahrnehmung ihrer Aufgaben einer besonderen öffentlich-rechtlichen Pflichtenbindung.[925] Eine ordnungsgemäße Aufgabenerfüllung liegt im Interesse der Verbraucher. Der Gerichtshof hat eine nationale Regelung, die den Empfänger einer Dienstleistung vor Schäden schützen soll, die ihm durch den Rechtsrat nicht hinreichend qualifizierter Personen entstehen kann, als zwingenden Grund des Allgemeininteresses angesehen.[926] Neben dem Verbraucherschutz wird eine berufsregelnde Vorschrift wie diejenige in der Sache „Säger“ auch durch das öffentliche Interesse am Funktionieren der Rechtspflege gerechtfertigt.[927] Auch Werbebeschränkungen für freie Berufe, welche die Freiheit des Dienstleistungsverkehrs behindern, können aus diesen Gesichtspunkten grundsätzlich gerechtfertigt sein.[928] Dies gilt jedenfalls dann, wenn sie keine vollständigen Verbote beinhalten, sondern nur die Art und Weise der Werbung bestimmen.

2. Besonderheiten bei Internet-Werbung

Auch im Bereich der Dienstleistungsfreiheit ergeben sich für die Werbung im Internet nur wenige Besonderheiten.

a. Werbung im World Wide Web

Im Hinblick auf die möglichen Rechtfertigungsgründe ist zum einen bedeutsam, dass Behinderungen der Dienstleistungsfreiheit durch Belange des Verbraucherschutzes gerechtfertigt sein können. Dies gilt einerseits selbstverständlich in der Fallgruppe der Werbung für Dienstleistungen. Aber auch wenn eine Werberegelung in der Fallgruppe „Werbung als Dienstleistung“ die Dienstleistungsfreiheit eines ausländischen Service Providers oder Inhabers einer werbetragenden Website behindert und so den freien Verkehr des Trägermediums Internet beschränkt, kommt eine Rechtfertigung dieser Beschränkung durch Belange des Verbraucherschutzes und der Lauterkeit des Handelsverkehrs in Betracht.[929]

Der weiterreichende Anwendungsbereich der Dienstleistungsfreiheit im Falle von Beschränkungen der Werbung im Internet, der auch über die Behandlung der Werbung als Ak-

---

[923] EuGH, Rs. C-288/89, Mediawet I, Slg. 1991, I-4007, 4044, Erwägung 27.

[924] EuGH, Rs. C-6/98, ARD, Slg. 1999, I-7599, 7637, Erwägung 50. In medienspezifischer Hinsicht wurde im Rahmen dieser Entscheidungen zum Fernsehrecht weiterhin die Erhaltung einer bestimmten Programmqualität aus Zwecken der Kulturpolitik als zwingender Grund des Allgemeininteresses bejaht.

[925] Perau, Werbeverbote, S. 167.

[926] EuGH, Rs. C-76/90, Säger, Slg. 1992, I-4221, 4244, Erwägungen 16, 17.

[927] Drasch, Das Herkunftslandprinzip im internationalen Privatrecht, S. 168 sieht nur den Verbraucherschutz als relevantes Kriterium.

[928] Ebenso Perau, Werbeverbote, S. 168.

[929] EuGH, verb. Rs. C-34/95, C-35/95, C- 36/95, De Agostini , Slg. 1997, I-3843, 3893, Erwägung 54.

zessorium hinaus einen eigenständigen Schutz der im Rahmen des Werbeträgers Internet erbrachten Dienstleistungen gewährt, wird also auf der Rechtfertigungsebene nach den herkömmlichen Maßstäben begrenzt. Ergebnis dieser Prüfung ist daher die Geltung eines eingeschränkten Herkunftslandprinzips für alle im Internet erbrachten Werbedienstleistungen, welches zwar grundsätzlich die Werbedienstleistungen aus einem anderen Mitgliedstaat einem weitreichenden Schutz durch die Dienstleistungsfreiheit unterstellt, andererseits aber mitgliedstaatliche Gründe des Allgemeininteresses auch im Rahmen des allgemeinen Werberechts in vollem Umfang zur Geltung bringt.

Im Rahmen der Prüfung der Verhältnismäßigkeit von nationalen Werbevorschriften gelten wie im Rahmen der Warenverkehrsfreiheit besondere Grundsätze, wenn eine Werberegelung, die sich auf später zu erbringende Dienstleistungen auswirkt, europaweite Wirkungen entfaltet. Wenn der Werbetreibende seine Werbung dem strengsten Wettbewerbsrecht im Binnenmarkt anpassen muss und dadurch zur Aufgabe eines Vermarktungskonzeptes gezwungen wird, welches im Herkunftsland oder in anderen Mitgliedstaaten zulässig ist, so muss diese schwerwiegende Auswirkung auf die Dienstleistungsfreiheit im Rahmen der Verhältnismäßigkeitsprüfung Beachtung finden.[930]

b. E-Mail-Werbung

Auch im Rahmen der Dienstleistungsfreiheit ist ein Verbot der Zusendung unverlangter E-Mail-Werbung als durch Belange des Verbraucherschutzes und der Lauterkeit des Handelsverkehrs gerechtfertigt anzusehen. Insoweit kann auf die Ausführungen zur Warenverkehrsfreiheit verwiesen werden.[931] Keine Änderungen ergeben sich für das Ergebnis im Hinblick auf die Behinderung von Werbedienstleistungen im Bereich der E-Mail-Werbung. Zwar lässt sich vertreten, dass ein vollständiges Verbot der unangeforderten Zusendung werblicher E-Mail für ausländische Werbefirmen, die sich auf derartige Dienstleistungen spezialisiert haben, eine besonders schwerwiegende Beschränkungssituation mit sich bringen kann[932], welche in die Interessenabwägung im Rahmen der Angemessenheitsprüfung einzustellen ist. Die Begründung für eine Angemessenheit des Verbots fußt jedoch gerade auf einer „Solange bis"-Entscheidung, welche unabdingbare Verbraucherschutzinteressen berücksichtigen muss, die sich auf andere Weise momentan nicht realisieren lassen. Aus diesem Grund kann auch eine höhere Belastung von Werbeunternehmen insoweit nicht zu einem anderen Ergebnis führen.

D. Ergebnis

Das Internet als Grenzen überschreitendes Werbemedium stellt das primäre Gemeinschaftsrecht vor neue Herausforderungen, die im Rahmen der Handhabung der Warenverkehrs- und Dienstleistungsfreiheit wichtige Unterschiede gegenüber herkömmlichen Werbemethoden zeitigen.

I. Werbung im World Wide Web

Am stärksten wirken sich diese Unterschiede im Bereich der Werbung im World Wide Web aus. Dort ergeben sich durch die Struktur des Werbeträgers sowohl für die Warenverkehrs-

---

[930] So auch Dethloff, JZ 2000, 179, 183.
[931] Oben Teil 2 B.IV.2.b.
[932] Hierauf weist Günther, CR 1999, 172, 180 zutreffend hin.

freiheit als auch für die Dienstleistungsfreiheit entscheidende Besonderheiten. Im Rahmen beider Freiheiten wird der Grenzen ignorierende Charakter des World Wide Web und die sich hieraus ergebenden Folgen für den diesen Werbeträger nutzenden Anbieter zu einem entscheidenden Beurteilungsfaktor. Im Rahmen der Dienstleistungsfreiheit treten zu dieser Besonderheit zudem noch die verschiedenen Dienstleistungsbeziehungen hinzu, welche für die Existenz des Werbeträgers konstitutiv sind und deren Beschränkungen durch nationale Werbevorschriften es zu würdigen gilt.

Die Einfuhr von Erzeugnissen aus anderen Mitgliedstaaten kann durch nationale Werberegelungen, welche die Werbung im World Wide Web begrenzen, behindert sein. Daraus folgt zunächst die Frage nach der Eröffnung des Anwendungsbereichs der Warenverkehrsfreiheit, welche unter Beachtung der seit der Entscheidung „Keck" geltenden Grundsätze zu beurteilen ist.

Unproblematisch verhält sich diese Beurteilung im Falle umfassender Werbeverbote der Mitgliedstaaten. Solchen kommt im Regelfall marktzugangsbehindernde Wirkung zu, was nach Ansicht des Gerichtshofs zur Folge hat, dass eine Anwendbarkeit der Warenverkehrsfreiheit zu bejahen ist.[933]

Aber auch sonstige Werberegelungen können zu einer Behinderung des Marktzugangs für ausländische Erzeugnisse führen, wenn sie sich auf einheitliche Werbestrategien im World Wide Web auswirken. Der Anbieter eines Erzeugnisses aus einem anderen Mitgliedstaat trifft, wenn er im World Wide Web binnenmarktweit für seine Produkte werben will, gleichzeitig auf die Rechtsordnungen sämtlicher Mitgliedstaaten. Dieser für den Werbeträger World Wide Web spezifische Umstand führt dazu, dass die Werbevorschrift eines Mitgliedstaates, welche strengere Maßstäbe setzt als die des Heimatstaates des Anbieters, diesen zu einer Anpassung seiner Werbung an das strengere Werberecht zwingt. Aus dieser Anpassungsverpflichtung folgen für Erzeugnisse aus anderen Mitgliedstaaten Marktzutrittsbehinderungen in dreifacher Hinsicht. Zum einen ergeben sich durch die Anpassungsverpflichtung Rechtsermittlungs- und Anpassungskosten.[934] Die Entstehung dieser Kosten bewirkt für das ausländische Produkt, welches auf dem inländischen Markt noch nicht in gleicher Weise bekannt ist[935] wie inländische Produkte einen Wettbewerbsnachteil[936]. Eine die Marktzugangschancen eines ausländischen Erzeugnisses erhöhende Wirkung des Werbeträgers World Wide Web wird nivelliert. Zum anderen bewirkt die Anpassungsverpflichtung, dass der Anbieter eines Produkts seine außerhalb des Internet praktizierte Werbestrategie an andere Erfordernisse anpassen muss, was zu Diversifikationszwängen führt, wenn das World Wide Web als zusätzliches Werbemedium genutzt werden soll. Auch diese Diversifikationszwänge wirken kostenerhöhend und sind daher geeignet, Wettbewerbsnachteile für ausländische Produkte zu erzeugen. Zum dritten hat die Anpassungsverpflichtung auch Auswirkungen auf die Durchsetzbarkeit besonders erfolgversprechender Werbestrategien, die nach anderen Rechtsordnungen zulässig und die für den Anbieter bezogen auf diese Märkte auch nutzbar wären. Aus alledem folgt, dass der Anbieter einer Ware aus einem anderen Mitgliedstaat, welchem im Hinblick auf die marktzu-

---

933 EuGH, Rs. C-405/98, GIP, Urteil vom 8. März 2001, EWS 2001, 184 ff.; EuZW 2001, 251 ff., Erwägungen 18, 21; Dauses, EuZW 1995, 425, 428; Ebenroth in: FS für Piper, 133, 154 Lüder, EuZW 1996, 615, 617; Sack, WRP 1998, 104, 115; Timmermans in: Schwarze, Werbung und Werbeverbote, 26, 30; Leible in: Grabitz/Hilf, Art. 28 EGV, Rn 30; ders., EuZW 2001, 253, 254.

934 Vgl. auch Dethloff, NJW 1998, 1596, 1601 ff.; dies., JZ 2000, 179, 182; Sack, WRP 2000, 269, 278; Mankowski, CR 2000, 763, 764.

935 Zur Marktzutrittsfunktion der Werbung jetzt auch EuGH, Rs. C-405/98, GIP, Urteil vom 8. März 2001, EWS 2001, 184 ff.; EuZW 2001, 251 ff., Erwägung 21.

936 Vgl. Heermann, WRP 1999, 381, 384.

gangsbehindernde Wirkung einer Werberegelung die Darlegungs- und Beweislast zukommt[937], dieser bei entsprechendem Vortrag nachkommen und eine Beschränkung der Warenverkehrsfreiheit nachweisen können wird.

Für die Beurteilung des Anwendungsbereichs der Dienstleistungsfreiheit ist zwischen den Fallgruppen „Werbung für Dienstleistungen“ und „Werbung als Dienstleistung“ zu unterscheiden.

Wird für Dienstleistungen im World Wide Web geworben, so stellen Werberegelungen eines Mitgliedstaates eine Beschränkung der Dienstleistungsfreiheit des Anbieters dar, da diesem aus den selben Erwägungen wie im Rahmen der Warenverkehrsfreiheit der Marktzugang beschränkt sein kann.

Im Rahmen der Fallgruppe „Werbung als Dienstleistung“ schlägt sich die zweite wesentliche Besonderheit des Trägermediums Internet nieder. Das World Wide Web als Werbeträger entsteht durch das Zusammenwirken verschiedener Dienstleistungen. Es ergibt sich eine Parallelität mit dem Werbemedium Fernsehen, weshalb die durch den Gerichtshof entwickelten Grundsätze zur Behinderung der Fernsehwerbung durch nationale Regelungen auf Beschränkungen der Dienstleistungsfreiheit der beteiligten Anbieter übertragen werden können.

Es kann sich mithin im Falle nationaler Werbevorschriften, die sich auf grenzüberschreitende Wirtschaftswerbung im World Wide Web auswirken, ein paralleles Zusammenwirken von Warenverkehrs- und Dienstleistungsfreiheit ergeben. Auch wenn man die Grenzen der Entscheidung „Keck“ im Bereich der Warenverkehrsfreiheit enger zöge als die vorliegende Untersuchung und eine Erstreckung des Anwendungsbereichs der Warenverkehrsfreiheit auf Konstellationen des einheitlichen grenzüberschreitenden Marketing verneinte, stünde im Bereich der Dienstleistungsfreiheit ein allgemeines Beschränkungsverbot im Raume, welches - im Hinblick auf den freien Warenverkehr unterschiedslos wirkende- nationale Werbevorschriften auf einen gemeinschaftsrechtlichen Prüfstand stellte.[938]

Werbevorschriften des Staates, in dem der Dienstleistungserbringer ansässig ist, können eine Beschränkung der Dienstleistungsfreiheit nur dann bewirken, wenn sie sich auf Werbedienstleistungen auswirken. Wird hingegen für Dienstleistungen geworben, so kann der Marktzugang zu Märkten anderer Mitgliedstaaten regelmäßig nicht durch Regelungen des Exportstaates behindert werden.

Im Rahmen der Prüfung der Rechtfertigung nationaler Werberegelungen ergeben sich für Werbung im World Wide Web keine tragenden Besonderheiten gegenüber herkömmlichen Werbemitteln. Sowohl im Rahmen der Warenverkehrsfreiheit als auch im Rahmen der Dienstleistungsfreiheit können nationale Werbevorschriften insbesondere durch Belange des Verbraucherschutzes und des Schutzes der Lauterkeit des Handelsverkehrs sowie durch Belange des Gesundheitsschutzes gerechtfertigt sein. Kommen Warenverkehrs- und Dienstleistungsfreiheit nebeneinander zur Anwendung, so legt der Gerichtshof insoweit für beide Freiheiten einheitliche Prüfungsmaßstäbe an.[939]

---

[937] Dazu oben Teil 2 B.II.4.c.(3)

[938] Zu dieser Divergenz zwischen Warenverkehrs- und Dienstleistungsfreiheit im Bereich der grenzüberschreitenden Mediawerbung auch Roth in: FS für Großfeld, 929, 957, der aus diesem Grunde für eine Anwendbarkeit der Warenverkehrsfreiheit plädiert. Zu diesem Problem nochmals unten Teil 4 im Rahmen der Schlussbetrachtung.

[939] Vgl. EuGH, verb. Rs. C-34/95, C-35/95, C- 36/95, De Agostini , Slg. 1997, I-3843, 3893, Erwägung 46 für die Warenverkehrsfreiheit sowie Erwägung 53 für die Dienstleistungsfreiheit. Vgl. auch EuGH, Rs. C-6/98,

II. E-Mail-Werbung

Im Bereich des Werbeträgers E-Mail bildet aus Sicht des deutschen Rechts ein Verbot der unaufgeforderten Zusendung unerwünschter E-Mail-Werbung den Mittelpunkt der Untersuchung in Bezug auf das europäische Gemeinschaftsrecht. Dieses kann auch in Ansehung bereits bestehender sekundärgemeinschaftsrechtlicher Harmonisierung durch die Fernabsatzrichtlinie sowie die E-Commerce-Richtlinie grundsätzlich aufrechterhalten werden, so dass bei grenzüberschreitenden Sachverhalten die Vereinbarkeit des Verbots mit der Warenverkehrs- und Dienstleistungsfreiheit bedeutsam wird.[940]

Durch ein Verbot der Zusendung unerwünschter Werbe-E-Mail kann auch in Ansehung der Entscheidung „Keck" eine Beschränkung der Warenverkehrsfreiheit vorliegen. Diese ergibt sich aus der marktzutrittsbehindernden Wirkung eines solchen absoluten Verbots. E-Mail-Werbung gewährt dem Anbieter einen eigenständigen Werbe- und Absatzweg. Behindert eine nationale Regelung einen solchen Absatzweg zur Gänze, kann nach der Rechtsprechung des Gerichtshofs in der Sache „De Agostini" der Marktzugang eines Anbieters beschränkt sein, wenn er nachweist, dass hierdurch die für ihn einzig wirksame Form der Absatzförderung für seine Produkte entfallen ist.[941] Die exzellenten Möglichkeiten, welche die E-Mail-Werbung im Bereich des Direktmarketing für Anbieter ausländischer Erzeugnisse bietet, lassen einen entsprechenden Nachweis möglich erscheinen.

Soll via E-Mail für Dienstleistungen geworben werden, beschränkt das Verbot der Zusendung unerwünschter Werbe-E-Mail die Dienstleistungsfreiheit des Anbieters aus einem anderen Mitgliedstaat.[942]

Erbringen Marketingagenturen aus anderen Mitgliedstaaten Dienstleistungen im Bereich der E-Mail-Werbung, kann ein nationales Verbot auch unter diesem Gesichtspunkt zu einer Beschränkung der Dienstleistungsfreiheit führen.

Werberegelungen des Exportstaates können eine Beschränkung der Dienstleistungsfreiheit auch im Falle der E-Mail-Werbung nur gegenüber Werbedienstleistungen darstellen. Wird für Dienstleistungen via E-Mail geworben, so findet das Recht des Exportstaates regelmäßig keine Anwendung.

Weder die Beschränkung der Warenverkehrsfreiheit noch die Beschränkung der Dienstleistungsfreiheit führen im Ergebnis zu einer Gemeinschaftsrechtswidrigkeit eines mitgliedstaatlichen Verbots der Zusendung unerwünschter E-Mail-Werbung. Eine derartige Beschränkung ist durch zwingende Erfordernisse des Verbraucherschutzes und der Lauterkeit des Handelsverkehrs gerechtfertigt, da ein vollständiges Verbot geeignet und nach momentanem Stand der Technik auch als erforderlich und angemessen anzusehen ist.

ARD, Slg. 1999, I-7599, 7637, Erwägung 50 zur Dienstleistungsfreiheit nach Verneinung der Anwendbarkeit der Warenverkehrsfreiheit nach den Grundsätzen der Entscheidung „Keck".

[940] Oben Teil 2 B.III.2.a.(1).

[941] Vgl. EuGH, verb. Rs. C-34/95, C-35/95, C- 36/95, De Agostini , Slg. 1997, I-3843, 3893, Erwägungen 43, 44. Siehe auch Roth in: FS für Großfeld, 929, 952.

[942] Vgl. auch Gruber in: Gruber/Mader, 109, 152; Jöhri, Werbung im Internet, 122; Leible/Sosnitza, K&R 1998, 283, 288; Glöckner, GRUR Int. 2000, 29, 35.

Teil 3: Werbebeschränkungen im Internet und sekundärgemeinschaftsrechtliches Herkunftslandprinzip

Die am 17. Juli 2000 in Kraft getretene Richtlinie zum elektronischen Geschäftsverkehr[943] schreibt im sekundären Gemeinschaftsrecht die Geltung des Herkunftslandprinzips für den Bereich des elektronischen Geschäftsverkehrs fest. Umfasst vom in Art. 3 der Richtlinie bestimmten Anwendungsbereich des sekundärrechtlichen Herkunftslandprinzips ist auch der Bereich der nationalen Werbevorschriften. Art. 3 schafft einen neuen gemeinschaftsrechtlichen Rahmen, der für Werbung im Netz Sondervorschriften bereithält, die in Zukunft im Rahmen ihrer Anwendbarkeit lex specialis gegenüber der Warenverkehrs- und Dienstleistungsfreiheit sein werden. Für alle sonstigen Werbeträger bleiben Warenverkehrs- und Dienstleistungsfreiheit demgegenüber relevanter Maßstab. Ziel der Untersuchung in Teil 3 dieser Darstellung ist, den durch das Herkunftslandprinzip geschaffenen neuen europäischen Rechtsrahmen im Bereich der Internet-Werbung darzustellen und eine abschließende Würdigung des Herkunftslandprinzips als Harmonisierungsinstrument vorzubereiten.[944]

A. Einführung

Im Rahmen einer Einführung sollen zu Beginn die für die nachfolgende Untersuchung wesentlichen Grundlagen dargestellt werden. Hierfür ist zunächst ein kurzer Überblick über den Regelungsbereich der Richtlinie zum elektronischen Geschäftsverkehr erforderlich, in der das sekundärgemeinschaftsrechtliche Herkunftslandprinzip verortet ist. Im Anschluss daran erfolgt durch eine einleitende Zusammenfassung zum Herkunftslandprinzip die Überleitung zum eigentlichen Prüfungsgegenstand.

I. Die Richtlinie zum elektronischen Geschäftsverkehr

Ausgangspunkt für eine Harmonisierung der Regelungen im Hinblick auf den elektronischen Geschäftsverkehr durch die Europäische Gemeinschaft war die „Europäische Initiative für

[943] Richtlinie 2000/31/EG des Europäischen Parlaments und des Rates vom 8. Juni 2000 über bestimmte rechtliche Aspekte der Informationsgesellschaft, insbesondere des elektronischen Geschäftsverkehrs, im Binnenmarkt („Richtlinie über den elektronischen Geschäftsverkehr"), ABl. EG Nr. L 178/1 vom 17.7.2000. Die Umsetzungsfrist endet gemäß Art. 22 I S.1 der Richtlinie am 17. 1. 2002. Es liegt bereits ein Gesetzesentwurf der Bundesregierung zur Umsetzung der Richtlinie vor, vgl. Entwurf eines Gesetzes über rechtliche Rahmenbedingungen für den elektronischen Geschäftsverkehr (EGG), BR-Dr. 136/01 v. 16.2.2001. Siehe dazu auch die Stellungnahmen von Bröhl, MMR 2001, 67 ff.; Härting, CR 2001, 271 ff.; Spindler, ZRP 2001, 203 ff. Zu Vorüberlegungen Tettenborn, K&R 2000, 386 ff.

[944] Für die Übergangszeit seit Inkrafttreten der Richtlinie bis zu deren Umsetzung in mitgliedstaatliches Recht bzw. bis zum Ablauf der Umsetzungsfrist stellt sich die Frage, ob das sekundäre Gemeinschaftsrecht einschließlich des Herkunftslandprinzips im Wege der gemeinschaftsrechtkonformen Auslegung in die Rechtsanwendung einfließen kann. Diese Frage wird in Rechtsprechung und Literatur kontrovers diskutiert. Vgl. zu diesem Problembereich insbesondere die umfassende Darstellung von Ehricke, EuZW 1999, 553 ff. mwN. Auslöser der Diskussion war die Entscheidung BGH NJW 1998, 2208 ff., in der Bundesgerichtshof klarstellte, dass auch Gerichte im Rahmen ihrer Zuständigkeit die zur Erfüllung der Umsetzungsverpflichtung erforderlichen Maßnahmen treffen und das nationale Recht im Lichte des Wortlauts und Zwecks der Richtlinie auslegen müssen. Der Ansicht hat sich auch das LG Frankfurt/Main, CR 2001, 185, 190 in Bezug auf die E-Commerce-Richtlinie angeschlossen. Dieser Auffassung, die auch von verschiedenen Stimmen in der Literatur geteilt wird, wird zutreffend entgegengehalten, dass sie die Prärogative des nationalen Gesetzgebers hinsichtlich Form und Mitteln der Umsetzung untergrabe. Nur der Gesetzgeber kann einen durch die Richtlinie gegebenen Spielraum bei der Umsetzung verbindlich ausfüllen. Es ist somit davon auszugehen, dass vor Anlauf der Umsetzungsfrist zur E-Commerce-Richtlinie keine Anwendung der in ihr enthaltenen Bestimmungen erfolgen kann.

den elektronischen Geschäftsverkehr" aus dem Jahre 1997.[945] Deren Zielrichtung lag in der Schaffung eines sicheren rechtlichen Rahmens, um die Vorteile nutzbar zu machen, die sich aus dem Zusammenwirken der schnellen Fortentwicklung der Informations- und Kommunikationstechnik, der Liberalisierung der Telekommunikationsmärkte, der Einführung des Euro und des Binnenmarktes ergeben.[946] Die Schaffung eines einheitlichen Rechtsrahmens schien erforderlich, da sich Online-Dienste nicht in einem rechtsfreien Raum bewegen. Vielmehr bestehen zahlreiche unterschiedliche Vorschriften auf nationaler, gemeinschaftsrechtlicher und internationaler Ebene.[947] Hieraus ergeben sich Unsicherheiten und Differenzen, die grenzüberschreitende Dienste behindern und ihre Nutzung erschweren können.[948] Diese Unterschiede in den betreffenden Rechtsordnungen und ihre Folgen widersprechen den Zielen des Binnenmarktes im Sinne des Art. 14 Absatz 2 EGV, den freien Verkehr von Dienstleistungen zu gewährleisten.[949] Gerade im Hinblick auf den elektronischen Geschäftsverkehr sind solche Behinderungen besonders beachtlich, da dessen Grenzen ignorierender Charakter dem Binnenmarktprinzip in idealer Weise entspricht.[950] So ergibt sich auch die Kompetenz des europäischen Gesetzgebers zum Erlass der E-Commerce-Richtlinie aus Art. 47 Absatz 2 iVm. Art. 55 EGV sowie aus Art. 95 EGV.[951]

Soll der elektronische Geschäftsverkehr Regelungsmaterie eines Gesetzgebungsvorhabens sein, so ist eine seiner wesentlichen Eigenarten zu beachten. Wie einleitend dargestellt, umfasst der Begriff des E-Commerce in wirtschaftsrechtlicher Hinsicht eine Vielzahl von Rechtsgebieten.[952] Deren Erfassung innerhalb eines einzigen gesetzlichen Vorhabens erfordert daher die Regelung verschiedenster Rechtsmaterien. So hat sich denn auch der europäische Gesetzgeber eines horizontalen Ansatzes bedient, indem er versucht hat, ad hoc einen möglichst weitreichenden einheitlichen Rechtsrahmen zu schaffen.[953] Gemeinsames Ziel der Vorschriften ist die Gewährleistung des freien Verkehrs von Diensten der Informationsgesellschaft.[954] Die von der Harmonisierung im Rahmen der E-Commerce-Richtlinie erfassten Rechtsbereiche werden in Art. 1 Absatz 2 derselben bestimmt:

> *„Die Richtlinie sorgt, (...), für eine Angleichung bestimmter für die Dienste der Informationsgesellschaft geltender innerstaatlicher Regelungen, die den Binnenmarkt, die Niederlassung der Diensteanbieter, kommerzielle Kommunikationen, elektronische Verträge, die Verantwortlichkeit*

---

[945] „Europäische Initiative für den elektronischen Geschäftsverkehr", Mitteilung der Kommission an den Rat, das Europäische Parlament, den Wirtschafts- und Sozialausschuss und den Ausschuss der Regionen, KOM (97), 157 endg. vom 16.4.1997.

[946] Maennel, MMR 1999, 187.

[947] Brisch, CR 1999, 235.

[948] Maennel, MMR 1999, 187; Lindholm/Maennel, CR Int. 2000, 65. Vgl. auch Brenn, ÖJZ 1999, 481; Hoeren, EuZ 2000, 74. „Europäische Initiative für den elektronischen Geschäftsverkehr", Mitteilung der Kommission an den Rat, das Europäische Parlament, den Wirtschafts- und Sozialausschuss und den Ausschuss der Regionen, KOM (97), 157 endg., S. 4.

[949] Dies ist auch in der Literatur unstreitig, vgl. Bodewig, GRUR Int. 2000, 475.

[950] Vgl. Maennel, MMR 1999, 187, 188 ff. Zur Bedeutung des elektronischen Geschäftsverkehrs für den europäischen Binnenmarkt vgl. schon oben Teil 1 A.

[951] Vgl. die Angabe der Ermächtigungsgrundlage in der E-Commerce-Richtlinie.

[952] Siehe oben Teil 1 A.I.2.

[953] Brisch, CR 1999, 235, 236; Lehmann, EuZW 2000, 517, 518; Spindler, MMR-Beilage 7/2000, 4; Karenfort/Weißgerber, MMR-Beilage 7/2000, 38, 39.

[954] Zum Rechtsbegriff der Dienste der Informationsgesellschaft ausführlich Waldenberger, EuZW 1999, 296 ff.; Maennel, MMR 1999, 187, 188; Hoeren, MMR 1999, 192, 193 ff.; Brisch, CR 1999, 235, 236 ff.; Brenn, ÖJZ 1999, 481, 482 ff.; Lindholm/Maennel, CR Int. 2000, 65, 66; Spindler, MMR-Beilage 7/2000, 4, 5. Auf die Inhalte dieses komplexen Rechtsbegriffs wird in Teil 3 B.I. dieser Darstellung ausführlich eingegangen.

von Vermittlern, Verhaltenskodizes, Systeme zur außergerichtlichen Streitbeilegung, Klagemöglichkeiten sowie die Zusammenarbeit zwischen den Mitgliedstaaten betreffen."[955]

Gewichtigstes Instrument der Harmonisierung des elektronischen Geschäftsverkehrs in der E-Commerce-Richtlinie ist die unter der Teilüberschrift „Binnenmarkt" gefasste Regelung des sekundärgemeinschaftsrechtlichen Herkunftslandprinzips in Art. 3 der Richtlinie, welche den Zweck verfolgt, das auf Transaktionen im Internet anwendbare Recht auf eine einzige Rechtsordnung zu kanalisieren. Im Folgenden soll, bevor auf die spezifischen Probleme der Anwendung des Herkunftslandprinzips im Bereich des Werberechts eingegangen werden kann, dieses kurz in grundlegender Hinsicht vorgestellt werden.

II. Das Herkunftslandprinzip

1. Grundlagen und Entwicklung des Herkunftslandprinzips

Ausgangspunkt der Betrachtung des Herkunftslandprinzips ist die Situation der mitgliedstaatlichen Rechtsordnungen im europäischen Binnenmarkt. Deren Uneinheitlichkeit in verschiedenen Rechtsgebieten hat zur Folge, dass für den freien Verkehr von Waren und Dienstleistungen erhebliche Hindernisse entstehen, die dem Binnenmarktgedanken des Art. 14 Absatz 2 EGV entgegenlaufen.[956] Zu Tage treten die Unterschiede in den Rechtsordnungen zwangsläufig immer dann, wenn Sachverhalte betroffen sind, in denen der grenzüberschreitende Geschäftsverkehr besonders bedeutend ist. In den Anfangszeiten der europäischen Integration war dies in erster Linie bei dem Verkehr körperlicher Produkte der Fall, in neuerer Zeit sind es zunehmend auch Dienstleistungen, die im Binnenmarkt grenzüberschreitend erbracht werden.[957] Besonders virulent wird diese sich durch unterschiedliche Rechtsordnungen für den Binnenmarkt ergebende Problematik im Falle sog. Multistate-Sachverhalte, in denen verschiedene Rechtsordnungen gleichzeitig im Rahmen ein und desselben Sachverhalts zur Anwendung gelangen können und zu denen im Bereich der Informationsgesellschaft insbesondere die Fälle des grenzüberschreitenden Fernsehens und des Internet zu zählen sind.[958] Die un-

---

[955] Art. 1 II der E-Commerce-Richtlinie. Gegenstand der vorliegenden Darstellung sind nur der Binnenmarkt und das daraus folgende Herkunftslandprinzip sowie die Regelungen zu den kommerziellen Kommunikationen. Auf die wichtigsten weiteren genannten Regelungsbereiche soll an dieser Stelle ein kurzer Ausblick gegeben werden. Art. 4 regelt den Grundsatz der Zulassungsfreiheit für Diensteanbieter in allen Mitgliedstaaten, Art. 5 weitgehende Informationspflichten für Diensteanbieter zugunsten der Nutzer der Dienste. Die Regelungen der Art. 9 bis 11 über den Abschluss elektronischer Verträge verpflichten die Mitgliedstaaten, in ihren Rechtssystemen den Abschluss solcher Verträge grundsätzlich zu ermöglichen, weiterhin werden einheitliche Informationspflichten von Diensteanbietern und Modalitäten des Vertragsschlusses geregelt; vgl. ausführlich Spindler, MMR-Beilage 7/2000, 4, 10 ff. Art. 12 ff. beschäftigen sich mit der Verantwortlichkeit von Diensteanbietern im Netz in den Fällen der reinen Durchleitung, des Caching und Hosting. Zur dadurch erforderlichen Änderung der §§ 5 TDG, MDStV vgl. Tettenborn, K&R 2000, 386, 388; Spindler, MMR-Beilage 7/2000, 4, 16 ff.; sowie Bröhl, MMR 2001, 67, 71 zur geplanten Umsetzung in deutsches Recht. Art. 17 und 18 erfassen außergerichtliche Streitschlichtungs- und Klagemöglichkeiten für Streitigkeiten im Zusammenhang mit Diensten der Informationsgesellschaft.

[956] Vgl. statt vieler Ebenroth in: FS für Piper, 133, 144; Schmitz, Die kommerzielle Kommunikation im Binnenmarkt, S. 137 ff.

[957] Dies gilt einerseits für aktiv grenzüberschreitende Dienstleistungen, andererseits aber gerade auch für die Grenzen gleichsam als Produkte überschreitende Korrespondenzdienstleistungen. Zur Entwicklung siehe Holoubek in: Schwarze, EU-Kommentar, Art. 49 EGV, Rn. 4 ff. Von Bedeutung sind hier nicht zuletzt auch grenzüberschreitende Finanz- und Versicherungsdienstleistungen. Zum Herkunftslandprinzip im europäischen Finanzmarktrecht vgl. G.-P. Calliess, EWS 2000, 432 ff.

[958] Vgl. hierzu ausführlich oben Teil 1 B.II. und III.

terschiedlichen Rechtsordnungen und die sich hieraus für den Anbieter aus einem anderen Mitgliedstaat ergebenden Rechtsanwendungsprobleme führen zu einem Aufeinandertreffen der Erfordernisse der europäischen Integration einerseits und mitgliedstaatlicher Regelungsinteressen andererseits. In diesem Zusammenhang ist die Entwicklung des Herkunftslandprinzips im europäischen Gemeinschaftsrecht zu sehen.

Die Wurzeln des Herkunftslandprinzips liegen im primären Gemeinschaftsrecht. Der Gerichtshof hat durch seine Rechtsprechung zur Warenverkehrsfreiheit in den Entscheidungen „Dassonville“[959] und „Cassis de Dijon“[960] ein eingeschränktes Herkunftslandprinzip[961] geschaffen, welches die Interessen der Mitgliedstaaten an der Wahrung nationaler Eigenständigkeit und das Ziel einer möglichst weitreichenden Integration in Einklang zu bringen versucht, indem nationale Regelungen, welche die Einfuhr rechtmäßig in Verkehr gebrachter Waren behindern, einerseits grundsätzlich Beschränkungen der Warenverkehrsfreiheit darstellen, andererseits diese Beschränkungen aber durch bestimmte mitgliedstaatliche Interessen gerechtfertigt sein können. Für die Dienstleistungsfreiheit wurde in weitgehender Konvergenz hierzu ein entsprechendes System aufgebaut.[962]

Der in diesem System enthaltene[963] Grundsatz der gegenseitigen Anerkennung der Rechtsvorschriften der Mitgliedstaaten wurde auch in die Politik der Europäischen Gemeinschaft übernommen.[964] Der Terminus des Prinzips der gegenseitigen Anerkennung wird mittlerweile auch vom EuGH benutzt.[965] Das Weißbuch der Kommission zur Vollendung des Binnenmarktes[966] betonte dieses Prinzip als neuen Ansatz in der Integrationspolitik. Die Intention ging dahin, vom Ansatz umfassender Harmonisierung des sachlichen Rechts vermehrt Abstand zu nehmen und das Gewicht stattdessen auf die gegenseitige Anerkennung der Gleichwertigkeit nationaler Rechtsvorschriften zu legen. Auf diese Weise sollte das Quantum erforderlicher Harmonisierung auf ein geringeres Maß reduziert werden. Dadurch wurde eine Beschleunigung des Integrationsprozesses erwartet. Die Grenzen der Anwendung des Prinzips der gegenseitigen Anerkennung liegen nach den Prämissen der Entscheidung „Cassis de Dijon“ naturgemäß dort, wo entgegenstehende nationale Vorschriften durch zwingende Erfor-

---

959 EuGH, Rs. 8/74, Dassonville, Slg. 1974, 837, 852, Erwägung 5.

960 EuGH, Rs. 120/78, Cassis de Dijon, Slg. 1979, 649, 662, Erwägung 8.

961 Hierzu oben Teil 2 B.I.3.

962 Hierzu oben Teil 2 C.I.2.

963 Vgl. Müller-Graff in: GTE, Art. 30 EGV (aF), Rn. 191.

964 Das Konzept der gegenseitigen Anerkennung von Rechtsvorschriften durch sekundäres Gemeinschaftsrecht war in Art. 100b EGV a.F. ausdrücklich verankert. Es handelte sich bei Art. 100b EGV a.F. um eine Ermächtigungsvorschrift, nach der der Rat beschließen konnte, dass in einem Mitgliedstaat geltende Vorschriften als den Vorschriften eines anderen Mitgliedstaates gleichwertig anerkannt werden müssen. Zweck der Vorschrift war es, in den Bereichen, in denen bis zum 31.12.1992 die Harmonisierung trotz anerkannten Bedürfnisses nicht zustande gekommen war, durch gegenseitige Anerkennung die Freiverkehrsfähigkeit von Waren und Dienstleistungen und damit den Binnenmarkt herzustellen. Vgl. hierzu ausführlich Streinz, Europarecht, Rn. 975. Art. 100b EGV a.F. war indes nicht von langer Lebensdauer. Der Grund dafür lag darin, dass in nicht oder weniger harmonisierten Bereichen die Unterschiede zwischen den Rechtsordnungen der Mitgliedstaaten naturgemäß sehr groß sind, weshalb über die Anwendung dieser Ermächtigung keine Einigung erzielt werden konnte. Dies führte zur Streichung der Ermächtigung im Amsterdamer Vertrag. Vgl. zu Art. 100b EGV (aF) auch Langeheine in: Grabitz/Hilf, Art. 100b EGV (aF) , Rn. 7.

965 EuGH, Rs. C-184/96, Kommission/Frankreich, Slg. 1998, I-6197, 6226, Erwägung 28: *„ (...) ist festzustellen, dass die Französische Republik dadurch, dass sie das Dekret erlassen hat, ohne darin eine Bestimmung über die gegenseitige Anerkennung von Erzeugnissen aus einem anderen Mitgliedstaat vorzusehen, die den von diesem Staat erlassenen Bestimmungen entsprechen, gegen ihre Verpflichtung aus Artikel 30 des Vertrages verstossen hat.“*

966 KOM (85), 310 endg.

dernisse gerechtfertigt sind.[967] An dieser Stelle muss durch Mindestharmonisierung im Bereich des sachlichen Rechts bewirkt werden, dass ein einheitliches europäisches Mindestniveau geschaffen wird, innerhalb dessen sich die Mitgliedstaaten nicht mehr auf entgegenstehende nationale Erfordernisse berufen können. Denn zwingende Erfordernisse können nur dann Berücksichtigung finden, sofern die betreffende Materie noch nicht harmonisiert ist.[968]

Das Herkunftslandprinzip stellt mithin eine grundlegende Rechtserscheinung des europäischen Gemeinschaftsrechts dar, welche ihren Einsatzbereich bei der Lösung des Konflikts zwischen mitgliedstaatlichen Regelungsinteressen einerseits und den Erfordernissen der europäischen Integration andererseits findet. Entwickelt aus den Marktfreiheiten der Art. 28 und 49 EGV wurde es zunehmend auch im Bereich der Harmonisierung von Rechtsvorschriften durch die Gemeinschaft instrumentalisiert und im Zusammenspiel mit der Mindestharmonisierung von Rechtsvorschriften angewandt.

2. Das Herkunftslandprinzip im sekundären Gemeinschaftsrecht

Die Regelung des Herkunftslandprinzips im sekundären Gemeinschaftsrecht kann zwar, wie sich zeigen wird, in vielerlei Hinsicht als Fortentwicklung des im Primärrecht entwickelten eingeschränkten Herkunftslandprinzips angesehen werden.[969] Dennoch stellt sie eine relativ neue Form der sekundärrechtlichen Regelung dar[970], die einerseits durch die ständige Zunahme des grenzüberschreitenden Handels im Gebiet der Europäischen Gemeinschaft, andererseits aber auch durch die Bedeutung neuer Medien als binnenmarktfördernde Geschäftsplattformen hervorgerufen worden ist. [971]

Die wichtigsten und für den vorliegenden Untersuchungsgegenstand bedeutsamsten Ausprägungen eines sekundärrechtlichen Herkunftslandprinzips finden sich im Bereich der Informationsgesellschaft.[972] Der im Hinblick auf das Internet inmitten stehende Regelungssach-

---

[967] Leible in: Grabitz/Hilf, Art. 28 EGV, Rn. 26. Instruktiv zum durch das Prinzip der gegenseitigen Anerkennung bedingten Phänomen fremder Rechtserscheinungen im eigenen Territorium und zum Erfordernis der Mindestharmonisierung auch Basedow, RabelsZ 59 (1995), 1, 4.

[968] Ausführlich Streinz, Europarecht, Rn. 956; vgl. auch Langeheine in: Grabitz/Hilf, Art. 100 EGV (aF), Rn. 75 ff.; Kahl in: Callies/Ruffert, Art. 95 EGV, Rn. 2; Eiden in: Bleckmann, Europarecht, Rn. 2180.

[969] Maennel, MMR 1999, 187, 188; Fezer/Koos, IPRax 2000, 349, 350 ff.; Fezer in: Staudinger, Internationales Wirtschaftsrecht, Rn. 449; Ahrens, CR 2000, 835, 837.

[970] Im Zusammenhang mit dem in der E-Commerce-Richtlinie geregelten Herkunftslandprinzip wird in der Literatur von einer „radikalen Neuregelung" gesprochen, so Hoeren, MMR 1999, 192, 194; ders., EuZ 2000, 74. Andere sehen „einen völlig neuen Ansatz", so Bodewig, GRUR Int. 2000, 475, 476.

[971] Zur Tendenz zur Anknüpfung an das Herkunftslandprinzip im Bereich der technischen Verbreitung von Information Fezer/Koos, IPRax 2000, 349, 352.

[972] Ein weiterer wichtiger Bereich, in dem ein Herkunftslandprinzip auch im sekundären Gemeinschaftsrecht verwirklicht ist, ist das europäische Finanzmarktrecht. Hierzu umfassend G.-P. Calliess, EWS 2000, 432 ff. Das dort ausgeprägte Herkunftslandprinzip setzt sich zusammen aus dem Heimatstaatsprinzip, dem sog. Europa-Pass und dem Vertrauensprinzip. Das Heimatstaatprinzip bedeutet, dass für die Zulassung und europaweite Aufsicht der erfassten Banken, Fonds und Versicherungen nur die Behörden am Sitz der Hauptniederlassung zuständig sind. Die Rechtskontrolle wird also durch das Herkunftsland durchgeführt. Korrelat hierzu ist der sog. Europa-Pass. Dieser berechtigt die Unternehmen mit der im Herkunftsland erteilten Erlaubnis europaweit über Zweigniederlassungen oder im grenzüberschreitenden Dienstleistungsverkehr ohne weitere Genehmigungserfordernisse im jeweiligen Bestimmungsland tätig zu werden. Eine Doppelkontrolle bezüglich der durch die Behörden des Sitzlandes geprüften Voraussetzungen im Bestimmungsland ist also unzulässig. Vertrauensprinzip bedeutet demnach die gegenseitige Anerkennung divergierender Finanzaufsichtssysteme auf der Grundlage einheitlicher europäischer Mindeststandards. Weitere Nachweise für sonstige Ausprägungen des Herkunftslandprinzips im

verhalt ist in besonderem Maße durch die mögliche Entstehung von sog. Multistate-Sachverhalten geprägt[973], deren Besonderheit es ist, im Rahmen einer einzigen rechtlich relevanten Handlung gleichzeitig auf mehrere oder sogar alle Rechtsordnungen der Gemeinschaft zu treffen. Diesen für den Bereich der Informationsgesellschaft und der neuen Medien typischen Regelungssachverhalt hat der Bereich des elektronischen Geschäftsverkehrs mit dem des Fernsehens gemeinsam.[974] Neben dem Herkunftslandprinzip in der E-Commerce-Richtlinie ist es daher vor allem das in der Fernsehrichtlinie[975] geregelte Sendestaatsprinzip, welches besonderer Beachtung bedarf. Beide Richtlinien gleichen sich sowohl im Hinblick auf die zugrundeliegende Regelungsmaterie als auch hinsichtlich der Ausgestaltung der getroffenen Regelungen. Da das Sendestaatsprinzip in der Fernsehrichtlinie bereits seit einiger Zeit Bestand hat und demzufolge schon mehrfach Gegenstand der Rechtsprechung des Gerichtshofs war, bietet es sich als Auslegungshilfe für im Rahmen der E-Commerce-Richtlinie auftretende Rechtsprobleme an.[976] Es soll daher zunächst eine kurze Zusammenfassung über das Sendestaatsprinzip der Fernsehrichtlinie gegeben werden, bevor eine Übersicht über den Gang der nachfolgenden Darstellung zum Herkunftslandprinzip in der E-Commerce-Richtlinie erfolgt.

a. Das Sendestaatsprinzip in der Fernsehrichtlinie

Fernsehen und Internet sind im Hinblick auf die technischen Grundlagen und die im Rahmen der beiden Medien erbrachten Dienstleistungen in weitem Umfang vergleichbar.[977] Das Fernsehen ist wie das Internet grenzüberschreitend und international.[978] Als Massenmedium ist es Zentrum der Ausübung wirtschaftlicher Tätigkeiten, welche im Hinblick auf die Dienstleistungsfreiheit von Bedeutung sind.[979] Im Bereich der Fernsehwerbung, die wesentlicher Regelungsgegenstand der Richtlinie ist, weisen die Rechts- und Verwaltungsvorschriften der Mitgliedstaaten erhebliche Unterschiede auf, die den freien Dienstleistungsverkehr behindern.[980] Aus diesem Grund regelte der europäische Gesetzgeber das Herkunftslandprinzip in Art. 2 der Fernsehrichtlinie, welches in diesem Zusammenhang freilich meist als Sendestaatsprinzip bezeichnet wird.[981]

Sekundärrecht bei Drasch, Das Herkunftslandprinzip im internationalen Privatrecht, S. 212 ff.; Roth, IPRax 1994, 165 ff.

973 Hierzu ausführlich oben Teil 1 B.II.2.a.(2)(c).

974 Auch in Art. 1 II b der Richtlinie 93/83/EWG zur Koordinierung bestimmter urheber- und leistungsschutzrechtlicher Vorschriften betreffend Satellitenrundfunk und Kabelweiterverbreitung, ABl. EG 1993, Nr. L 248/15 vom 6.10. 1993 wird auf den Ausstrahlungsort abgestellt und somit das Ursprungslandprinzip verwirklicht, vgl. hierzu Roth, IPRax 1994, 165, 172.

975 Richtlinie 89/552/EWG in der geänderten Fassung der Richtlinie 97/36/EG, konsolidierte Fassung abgedruckt in GRUR Int. 1998, 120 ff.

976 Zur Bedeutung der Fernsehrichtlinie und insbesondere des Sendestaatsprinzips als Auslegungshilfe für Rechtsfragen im Rahmen der E-Commerce-Richtlinie Hoeren, MMR 1999, 192, 193; Bodewig, GRUR Int. 2000, 475, 476; ders., JZ 2000, 659.

977 Siehe hierzu schon oben Teil 2 C.III.1.b.

978 Vgl. Kort, GRUR Int. 1994, 594.

979 Vgl. Erwägungsgründe 2, 3, 7, 8 der Richtlinie 89/552/EWG, ABl. EG 1989 Nr. L 298/23 ff. Vgl. auch Erwägungsgrund 4 der konsolidierten Fassung zur Fernsehrichtlinie, GRUR Int. 1998, 120. Die Ermächtigung zum Erlass der Richtlinie ist ex-Art. 57 II, 66 EGV entnommen.

980 Erwägungsgrund 10 der Richtlinie 89/552/EWG, ABl. EG Nr. L 298/23. Vgl. auch Greissinger, CR 1999, 112, 114.

981 Vgl. zur Fernsehrichtlinie im Allgemeinen und zum Sendestaatsprinzip im Besonderen Schricker, GRUR Int. 1990, 771, 774 ff.; Roth, AfP 1991, 504 ff; ders., IPRax 1994, 165, 171; Sack, WRP 1994, 280, 284 ff.; Kort, GRUR Int. 1994, 594, 601; Drasch, Das Herkunftslandprinzip im internationalen Privatrecht, S. 231 ff; Helber-

Das Sendestaatsprinzip beruht einerseits auf dem Grundsatz der Kontrolle von Fernsehsendungen im Herkunftsstaat. Nach Art. 2 Absatz 1 der Fernsehrichtlinie sorgt jeder Staat dafür, dass alle Fernsehsendungen, die *„von seiner Rechtshoheit unterworfenen Fernsehsendern gesendet werden den Vorschriften des Rechtssystems entsprechen, die auf für die Allgemeinheit bestimmte Sendungen in diesem Mitgliedstaat anwendbar sind"*.[982] Zulassung und Kontrolle aller Fernsehsendungen fallen damit grundsätzlich nurmehr in die Verantwortlichkeit des Herkunftslandes oder Sendestaates. Dies steht im Gegensatz zum sog. Bestimmungsland- oder Empfangsstaatprinzip, wonach die Verantwortung für die Übereinstimmung einer Sendung mit dem nationalen Recht sich nach den Rechtsordnungen der potentiellen Empfangsstaaten richtet.[983] Korrelat zu diesem umfassenden Prüfungsrecht des Sendestaates, und dies ist der eigentliche Kern des Sendestaatsprinzips, ist die in Art. 2 a Absatz 1 der geänderten Fassung der Richtlinie normierte Verpflichtung der Empfangsstaaten, den freien Empfang der Fernsehsendungen zu gewährleisten und die Weiterverbreitung von Fernsehsendungen aus anderen Mitgliedstaaten in ihrem Hoheitsgebiet nicht aus Gründen zu behindern, die Bereiche betreffen, die durch die Fernsehrichtlinie koordiniert sind.[984] Hierin liegt ein Verbot für den Empfangsstaat, gegen den freien Empfang der Sendungen vorzugehen. Eine Zweitkontrolle ist demnach grundsätzlich unzulässig.[985] Die Fernsehrichtlinie legt mithin das Herkunftslandprinzip für grenzüberschreitende Fernsehsendungen fest, so dass grundsätzlich der freie Verkehr von dem Recht des Herkunftsstaates entsprechenden Fernsehsendungen in allen Mitgliedstaaten der Europäischen Gemeinschaft gewährleistet ist.

Dies gilt jedoch nicht in unbeschränktem Umfang. Zu differenzieren ist vielmehr nach den jeweils inmitten stehenden Regelungen des Empfangsstaates, die auf eine Fernsehsendung angewandt werden sollen. Die Einschränkung des Anwendungsbereichs des Sendestaatsprinzips ergibt sich aus dem koordinierten Bereich der Fernsehrichtlinie. Dies folgt schon aus dem Wortlaut des Art. 2 a der Richtlinie selbst, der die Rechtskontrolle des Empfangsstaates ausdrücklich nur für Gründe beschränkt, die *„durch diese Richtlinie koordiniert sind"*.[986] Das bedeutet, dass das Sendestaatsprinzip nur für solche Vorschriften des Empfangsstaates gilt, die auch in materieller Hinsicht durch die Fernsehrichtlinie harmonisiert sind. Die Harmonisierung bezieht sich vor allem auf die Festschreibung des Trennungsgebots, auf produktspezifische Werberegelungen bezüglich Tabak, Alkohol und Arzneimittelwerbung, den Minderjährigenschutz sowie auf die Festlegung der Höchstzeiten von Werbeunterbrechungen. Auch werberechtliche Regelungen sind mithin Bestandteil der Harmonisierung und somit vom Sendestaatsprinzip erfasst. Umstritten war, ob über die konkret koordinierten Bereiche des Werberechts hinaus auch andere Werbevorschriften, insbesondere solche des allgemeinen Werberechts, vom Herkunftslandprinzip erfasst sind. Der Gerichtshof hat dies in der Entscheidung „De Agostini" ausdrücklich verneint. Die Regelungen der Fernsehrichtlinie stellen lediglich

---

ger, ZUM 1998, 50 ff.; Greissinger, CR 1999, 112 ff; Henning-Bodewig in: Schwarze, Werbung und Werbeverbote, 1999, S.170 ff.

[982] Art. 2 I der konsolidierten Fassung zur Fernsehrichtlinie, GRUR Int. 1998, 120, 123.

[983] Vgl. Helberger, ZUM 1998, 50; Greissinger, CR 1999,112, 113.

[984] Art. 2 a I der konsolidierten Fassung zur Fernsehrichtlinie, GRUR Int. 1998, 120, 123. Zur Gegenüberstellung mit der E-Commerce-Richtlinie Bodewig, GRUR Int. 2000, 475, 479.

[985] EuGH, Rs. C-412/93, Leclerc-Siplec, Slg. 1995, I-179, 219, Erwägung 30; EuGH, Rs. C-11/95, Kommission/Belgien, Slg. 1996, I-4115, 4164 ff., Erwägungen 33 ff.; EuGH, verb. Rs. C-34/95, C-35/95, C- 36/95, De Agostini, Slg. 1997, I-3843, 3887, Erwägung 27. Ebenso Schricker, GRUR Int. 1990, 771, 774; Roth, AfP 1991, 504, 505; Helberger, ZUM 1998, 50; Greissinger, CR 1999, 112, 113.

[986] Art. 2 a I der konsolidierten Fassung zur Fernsehrichtlinie, GRUR Int. 1998, 120, 123.

eine Teilkoordinierung dar.[987] Die Richtlinie steht so einer nationalen Regelung nicht entgegen, die allgemein dem Verbraucherschutz dient[988], wie zum Beispiel Vorschriften des Empfangsstaates über irreführende Werbung.[989] Solche Regelungen sind nicht spezifisch fernsehbezogen und haben daher nicht die Behinderung von Fernsehdienstleistungen zum Ziel.[990]

Die Fernsehrichtlinie regelt das Sendestaatsprinzip. Dieses gilt jedoch nur insoweit, als Vorschriften des Rechts des Bestimmungsstaates betroffen sind, die in der Fernsehrichtlinie koordiniert worden sind. Betrachtet man das zugrundeliegende Harmonisierungsprinzip, so wird klar, dass der Eingriff in die Regelungsautonomie der Mitgliedstaaten begrenzt ist. Denn nur insoweit, als durch materielle Harmonisierung einheitliche Standards geschaffen worden sind, sind die Empfangsstaaten verpflichtet, auf eine Doppelkontrolle zu verzichten.[991] Nur insoweit ist ihnen eine Anwendung weitergehenden nationalen Werberechts verwehrt.

b. Das Herkunftslandprinzip in der E-Commerce-Richtlinie

Das in der E-Commerce-Richtlinie geregelte Herkunftslandprinzip folgt im Hinblick auf die Regelungssystematik denselben Grundsätzen wie in der Fernsehrichtlinie.[992] In Bezug auf die umfassende Reichweite seines Anwendungsbereichs stellt es jedoch ein gemeinschaftsrechtliches Novum dar.[993] Zum Zwecke der Übersichtlichkeit der nachfolgenden Darstellung ist zunächst der Wortlaut der einschlägigen Bestimmungen der E-Commerce-Richtlinie in Augenschein zu nehmen.

Gemäß Art. 3 Absatz 1 der E-Commerce-Richtlinie trägt jeder Mitgliedstaat Sorge dafür, dass *Dienste der Informationsgesellschaft*, die von in seinem Hoheitsgebiet *niedergelassenen* Diensteanbietern erbracht werden, den in diesem Mitgliedstaat geltenden innerstaatlichen Vorschriften entsprechen, die in den *koordinierten Bereich* fallen. Grundlage ist also die Kontrolle der Diensteanbieter durch das Herkunftsland.[994] Hiermit korreliert Art. 3 Absatz 2 der Richtlinie, wonach die Mitgliedstaaten den freien Verkehr von *Diensten der Informationsgesellschaft* aus einem anderen Mitgliedstaat nicht aus Gründen einschränken dürfen, die in den *koordinierten Bereich* fallen. In Art. 3 Absatz 2 liegt also, ebenso wie in Art. 2 a Absatz 1 der

---

[987] EuGH, verb. Rs. C-34/95, C-35/95, C- 36/95, De Agostini, Slg. 1997, I-3843, 3888, Erwägung 32. Ebenso Schricker, GRUR Int. 1990, 771, 775; Sack, WRP 1994, 280, 284; Greissinger, CR 1999, 112, 117.

[988] EuGH, verb. Rs. C-34/95, C-35/95, C- 36/95, De Agostini, Slg. 1997, I-3843, 3888, Erwägung 34. Soweit hierin eine Behinderung liegt, findet die Dienstleistungsfreiheit Anwendung. Siehe hierzu die Ausführungen zu ebendieser Entscheidung im Rahmen der Dienstleistungsfreiheit oben Teil 2 C.II.2.a.(1).

[989] EuGH, verb. Rs. C-34/95, C-35/95, C- 36/95, De Agostini, Slg. 1997, I-3843, 3889, Erwägungen 37, 38. Der Gerichtshof betont im Hinblick auf die irreführende Werbung darüber hinaus die Kompetenz der Mitgliedstaaten, im Interesse des Verbraucherschutzes geeignete Regelungen zu erlassen. Insoweit stellte sich der Gerichtshof gegen die Auffassung des GA Jacobs in den Schlussanträgen zu dieser Entscheidung, Slg. 1997, I-3843, 3867, Erwägung 86.

[990] Greissinger, CR 1999, 112, 118.

[991] Zu diesem signifikanten Unterschied zwischen dem Sendestaatsprinzip der Fernsehrichtlinie und dem Herkunftslandprinzip der E-Commerce-Richtlinie, vgl. Bodewig, GRUR Int. 2000, 475, 478 ff. Dies stellt auch Hoeren, MMR 1999, 192, 195 ausdrücklich klar. Zur Gegenüberstellung der Reichweite des Herkunftslandprinzips in beiden Richtlinien unten Teil 3 B.I.2.

[992] Bender/Sommer, RIW 2000, 260, 261; Ahrens, CR 2000, 835, 837.

[993] Hoeren, MMR 1999, 192, 194; ders., EuZ 2000, 74; Bodewig, GRUR Int. 2000, 475, 476; Fezer in: Staudinger, Internationales Wirtschaftsrecht, Rn. 452.

[994] Brenn, ÖJZ 1999, 481, 482 spricht von einer Prüfung und Kontrolle der Rechtmäßigkeit „an der Quelle“. Zu Sinn und Zweck einer Herkunftslandkontrolle vgl. Maennel, MMR 1999, 187, 188; Lindholm/Maennel, CR Int. 2000, 65, 66.

geänderten Fassung zur Fernsehrichtlinie, die eigentliche Brisanz[995] des Herkunftslandprinzips, da der freie Verkehr der Dienste der Informationsgesellschaft durch die Beschränkung der Kontrolle im Bestimmungsstaat durchgesetzt wird. Der so definierte Anwendungsbereich des Herkunftslandprinzips wird durch verschiedene Ausnahmeregelungen beschränkt. Zum einen findet sich in Art. 3 Absatz 3 der Richtlinie eine Bereichsausnahme, die für im Anhang zur Richtlinie aufgeführte Rechtsgebiete festlegt, dass das Herkunftslandprinzip für diese keine Anwendung findet.[996] Neben diesen Bereichsausnahmen sieht Art. 3 Absätze 4 bis 6 Einzelfallausnahmen vor[997], die nach Art eines ordre public-Vorbehalts dem Bestimmungsstaat Maßnahmen gestatten, die den freien Verkehr der Dienste aus anderen Mitgliedstaaten beschränken.

In der nachfolgenden Darstellung wird aufzuzeigen sein, in welcher Weise Art. 3 der E-Commerce-Richtlinie nationale Werbebeschränkungen im Bereich der grenzüberschreitenden Internet-Werbung regelt. Dabei soll versucht werden, das geltende sekundärrechtliche Herkunftslandprinzip aus dem Tatbestand des Art. 3 der Richtlinie zu entwickeln. Denn wie schon die Herleitung des Rechtsprinzips aus seinen primärrechtlichen Grundlagen gezeigt hat, besteht das Herkunftslandprinzip im europäischen Gemeinschaftsrecht nicht aus sich selbst heraus, sondern ist letztlich die Folge eines gemeinschaftsrechtlichen Beschränkungsverbots gegenüber den Freiverkehr behindernden nationalen Regelungen. Die Betrachtung der Regelung des Art. 3 wird zeigen, dass dieses Grundprinzip der sekundärrechtlichen Ausprägung ebenfalls zugrunde liegt.[998] Die Prüfung der Auswirkungen des sekundärrechtlichen Herkunftslandprinzips darf also nicht bei dem Rechtsprinzip selbst seinen Anfang nehmen, sondern muss das Rechtsprinzip zunächst aus seinem gemeinschaftsrechtlichen Kontext heraus entwickeln. Die prägnante Begrifflichkeit des „Herkunftslandprinzips" sollte hierüber nicht hinwegtäuschen.

B. Anwendungsbereich und Reichweite des Herkunftslandprinzips

Unter der Teilüberschrift Binnenmarkt[999] wird in Art. 3 der E-Commerce-Richtlinie das Herkunftslandprinzip verankert. Art. 3 Absatz 1 regelt den Grundsatz der Rechtskontrolle im Staat der Niederlassung des Diensteanbieters.[1000] Art. 3 Absatz 2 sieht demgegenüber das an den Bestimmungsstaat eines Dienstes gerichtete Verbot vor, den freien Verkehr der Dienste des sich nach den Vorschriften des Herkunftslandes rechtmäßig verhaltenden Anbieters einzuschränken. Zu untersuchen ist, ob und inwieweit werbebeschränkende Regelungen der Mitgliedstaaten von diesem Grundsatz erfasst sind.

---

[995] Spindler, ZUM 1999, 775, 781; ders., MMR-Beilage 7/2000, 4, 7.

[996] Hoeren, MMR 1999, 192, 196; Waldenberger, EuZW 1999, 296, 298; Brenn, ÖJZ 1999, 481, 483; Spindler, MMR-Beilage 7/2000, 4, 8; Thünken, IPRax 2001, 15, 17. Zur geplanten Umsetzung in deutsches Recht Bröhl, MMR 2001, 67, 70.

[997] Hoeren, MMR 1999, 192, 196; Brenn, ÖJZ 1999, 481, 484; Fezer in: Staudinger, Internationales Wirtschaftsrecht, Rn. 452; Lindholm/Maennel, CR Int. 2000, 65, 67; Bodewig, GRUR Int. 2000, 475, 480; Spindler, MMR-Beilage 7/2000, 4, 8 ff. Zur geplanten Umsetzung in deutsches Recht Bröhl, MMR 2001, 67, 70.

[998] Ebenso Spindler, MMR-Beilage 7/2000, 4, 15; Arndt/Köhler, EWS 2001, 102, 106 ff. Angedeutet auch bei Bodewig, GRUR Int. 2000, 475, 480.

[999] In Anlehnung an seine systematische Stellung sowie im Hinblick auf die ratio legis wurde das Herkunftslandprinzip teilweise auch als *Binnenmarktprinzip* oder *internal market clause* bezeichnet, vgl. Lindholm/Maennel, CR International 2000, 65, 66; Maennel, MMR 1999, 187, 188.

[1000] Art. 3 I wird daher zum Teil auch als *Niederlassungsprinzip* bezeichnet, vgl. Brenn, ÖJZ 1999, 481, 482.

Um die Rechtsfolgen des Herkunftslandprinzips für grenzüberschreitende Werbung im Internet und darauf bezogene Werbebeschränkungen einordnen zu können, ist zunächst eine Bestimmung der tatbestandlichen Voraussetzungen des Art. 3 Absatz 1 und Absatz 2 vorzunehmen. In Abschnitt I werden zunächst die Anwendungsvoraussetzungen des Herkunftslandprinzips für Internet-Werbung und werbebeschränkende Vorschriften untersucht. Abschnitt II beschäftigt sich mit der Bestimmung des Herkunftsortes des Anbieters. In Abschnitt III können auf Grundlage dessen dann die Rechtsfolgen des Herkunftslandprinzips für Werbung im Internet ermittelt werden.

I. Anwendungsvoraussetzungen des Herkunftslandprinzips bei Werbung im Internet und Werberegelungen

Neben der Bestimmung der Niederlassung, welche die Grundlage für die Zuordnung der rechtlichen Zuständigkeit innerhalb des Herkunftslandprinzips darstellt und gesondert zu behandeln sein wird[1001], enthalten Art. 3 Absatz 1 und 2 zwei eigenständige Voraussetzungen. Erforderlich ist erstens, dass Werbung im Internet einen *Dienst der Informationsgesellschaft* darstellt, dessen freier Verkehr durch das Herkunftslandprinzip geschützt ist. Zweitens müssen Werberegelungen in den *koordinierten Bereich* der Richtlinie einbezogen sein, da nur dann durch das Herkunftslandprinzip zu verhindernde Beschränkungen für den freien Verkehr der Dienste der Informationsgesellschaft entstehen können. Begrenzt wird das Herkunftslandprinzip durch die Bereichsausnahmen des Art. 3 Absatz 3, weshalb zu prüfen ist, ob diese im Bereich der Internet-Werbung einschlägig sind.

1. Dienste der Informationsgesellschaft

Erste Voraussetzung für die Geltung des Herkunftslandprinzips ist die Erbringung eines Dienstes der Informationsgesellschaft. Dieses Merkmal nimmt eine Begrenzung des Anwendungsbereichs auf der Tätigkeitsebene des Anbieters vor.

a. Definition des Begriffs

Dienste der Informationsgesellschaft[1002] sind zunächst von sonstigen Telekommunikationsdienstleistungen abzugrenzen. Die Richtlinie nimmt im Rahmen der Begriffsbestimmung für Dienste der Informationsgesellschaft Bezug auf die Definition des Dienstbegriffes in der geänderten Fassung zur Transparenzrichtlinie.[1003] Aus dieser Bezugnahme ergibt sich, dass Hörfunk- und Fernsehdienste[1004] ausdrücklich vom Geltungsbereich der Richtlinie ausgenommen sind. Weiterhin wird durch die Verweisung auf Anhang V der Änderungsrichtlinie 98/48/EG

[1001] Unten Teil 3 B.II.

[1002] Die englische Fassung der Richtlinie verwendet den Begriff Information Society Services (ISS).

[1003] Siehe Art. 1 Nr. 2 der Richtlinie 98/34/EG, ABl. EG 1998 Nr. L 204/37 vom 21.7.1998, in der geänderten Fassung der Richtlinie 98/48/EG, ABl. EG 1998, Nr. L 217/18 vom 5.8.1998. Tettenborn, K&R 2000, 59, 60; Bender/Sommer, RIW 260, 261.

[1004] Ausdrücklich auch Erwägungsgrund 18 der E-Commerce-Richtlinie. Insoweit ausführlich zum Anwendungsbereich nach dem Richtlinienentwurf Hamann, ZUM 2000, 290, 292 ff. Zur Problematik der Ausgrenzung von Rundfunkdiensten aus dem Anwendungsbereich auch im Lichte der neueren Rechtsprechung des BVerfG Waldenberger, EuZW 1999, 296, 297, der dies freilich noch aus Sicht des zum Zeitpunkt der Entstehung des Aufsatzes aktuellen Richtlinienentwurfes der Kommission betrachtet. Zur Kompetenzdiskussion zwischen Bund und Ländern und möglichen Auswirkungen der Richtlinie auf TDG und MDStV vgl. Hoeren, MMR 1999, 192, 194.

eine Ausnahme vom Anwendungsbereich auch für Telefon-, Telefax- und Telexdienste[1005] vorgenommen, was zur Begrenzung der Dienste der Informationsgesellschaft auf reine Internetdienste führt. Nicht vom Anwendungsbereich der Richtlinie erfasst sind also Werbemaßnahmen auf anderen Kommunikationswegen als dem Internet.

Innerhalb der reinen Internetdienste erfordert die Bezugnahme auf die Transparenzrichtlinie, nach der eine Dienstleistung der Informationsgesellschaft *„jede in der Regel gegen Entgelt elektronisch im Fernabsatz und auf individuellen Abruf erbrachte Dienstleistung"*[1006] ist, dass eine entgeltliche Tätigkeit vorliegt. Hierunter ist in Anlehnung an den gleichlautenden Wortlaut des Art. 50 EGV zu verstehen, dass es sich um eine Tätigkeit handeln muss, die einen Teil des Wirtschaftslebens ausmacht.[1007] Sämtliche nicht-kommerziellen Anbieter fallen mithin aus dem Anwendungsbereich des Herkunftslandprinzips heraus. Unter der Voraussetzung der Entgeltlichkeit ist ein weiter Bereich wirtschaftlicher Tätigkeiten vom Anwendungsbereich der Richtlinie und vom Herkunftslandprinzip erfasst.[1008]

Der Anwendungsbereich erstreckt sich somit auf den gesamten elektronischen Handel, sowohl mit Soft-Goods und Hard-Goods als auch mit Dienstleistungen. Die Unterscheidung zwischen Waren- und Dienstleistungsverkehr wird dabei insoweit aufgehoben, als Tätigkeiten betroffen sind, die online vonstatten gehen. Gleich, ob im Internet Waren im körperlichen Sinne oder Dienstleistungen angeboten werden, liegt immer ein Dienst der Informationsgesellschaft vor.[1009]

Die Grenze für die Einordnung als Dienst der Informationsgesellschaft ist die Auslieferung der Waren als solcher. Dieser materialisierte[1010] Vorgang, der physisch vorgenommen wird, unterfällt nicht dem Dienstebegriff. Folge ist, dass alle im Internet abzuwickelnden geschäftlichen Vorgänge -vorbehaltlich etwaiger Ausnahmetatbestände- dem Herkunftslandprinzip unterliegen, Rechtsfragen im Zusammenhang mit der Lieferung der Güter selbst hingegen nicht. Dies wird im Rahmen der Beschreibung des koordinierten Bereichs in Art. 2 lit. h ii) nochmals ausdrücklich klargestellt. Bedeutung hat diese Ausgrenzung auch für den Bereich der Lieferung von Arzneimitteln nach Bestellung in einer Internet-Apotheke. Die insoweit betroffenen Regelungen des AMG werden vom Herkunftslandprinzip nicht überlagert.[1011]

Neben den Tätigkeiten des Anbieters von Waren und Dienstleistungen sind auch sämtliche durch Internet-Provider erbrachte Dienstleistungen vom Begriff der Dienste der Informationsgesellschaft erfasst.[1012] Dies gilt für Service Provider, die von einem Nutzer stammende Informationen speichern, weiterhin für Network Provider, die Informationen über das Netz

---

[1005] Beispiel hierfür wäre z.B. die anwaltliche Beratung per Telefon oder Telefax. Kritisch zu dieser Ausgrenzung im Hinblick auf die Konvergenz der Medien, Spindler, MMR-Beilage 7/2000, 4, 5.

[1006] Art. 1 Nummer 2 der Richtlinie 98/34/EG, ABl. EG 1998 Nr. L 204/37 vom 21.7.1998, in der geänderten Fassung der Richtlinie 98/48/EG, ABl. EG 1998 Nr. L 217/18 vom 5.8.1998.

[1007] EuGH, Rs. 36/74, Walrave, Slg. 1974, 1405, 1418, Erwägung 4, 10; EuGH, Rs. 196/87, Steymann, Slg. 1988, 6159, 6172, Erwägungen 9, 10.

[1008] Erwägungsgrund 18 der E-Commerce-Richtlinie.

[1009] Erwägungsgründe 18 und 21der E-Commerce-Richtlinie. Vgl. auch Apel/Grapperhaus, WRP 1999, 1247, 1248; Arndt/Köhler, EWS 2001, 102, 104. Kritisch hierzu im Hinblick auf die divergente Einordnung nach der Warenverkehrs- und Dienstleistungsfreiheit Waldenberger, EuZW 1999, 296, 297.

[1010] So anschaulich Tettenborn, K&R 2000, 59, 61. Vgl. nun auch das LG Frankfurt/Main in seiner Entscheidung zur Internet-Apotheke „0800DocMorris.com", CR 2001, 185, 189, welches die Einordnung nur auf Grundlage der Regelung des koordinierten Bereichs in Art. 2 lit. h ii) vornimmt.

[1011] Ebenso Arndt/Köhler, EWS 2000, 102, 104. So ausdrücklich Erwägungsgrund 21 der E-Commerce-Richtlinie. Vgl. auch LG Frankfurt/M., CR 2001, 185, 189.

[1012] Erwägungsgrund 18 der E-Commerce-Richtlinie.

vermitteln. Schließlich sind auch die Dienste der Access Provider erfasst, die den Zugang zum Netz vermitteln.[1013]

b. Erfasste Dienste im Rahmen der Internet-Werbung

Im Rahmen der Internet-Werbung können Dienste der Informationsgesellschaft in zweierlei Hinsicht vorliegen. Zum einen kann der Anbieter von Waren und Dienstleistungen selbst als Werbetreibender Dienste der Informationsgesellschaft erbringen und somit in den Anwendungsbereich des Herkunftslandprinzips fallen. Zum anderen können die Tätigkeiten von externen Werbedienstleistern wie Service Providern oder Inhabern werbetragender Websites beachtlich sein.[1014]

Sind externe Werbedienstleister an der Internet-Werbung beteiligt, so können deren Tätigkeiten Dienste der Informationsgesellschaft darstellen. Dies ergibt sich aus Erwägungsgrund 18 der Richtlinie, in dem ausdrücklich klargestellt wird, dass Dienste der Informationsgesellschaft nicht nur solche seien, bei denen online Verträge geschlossen würden, sondern dass diese sich auch auf Dienste erstrecken, *„die nicht von denjenigen vergütet werden, die sie empfangen, wie etwa Online-Informationsdienste"* und *„kommerzielle Kommunikation"* [1015], demnach auch auf den gesamten Bereich der Werbung im Internet.[1016] Erscheinen Werbebanner auf der Website eines dritten Unternehmens, so liegt in der Zurverfügungstellung des Raumes auf der eigenen Website ein Dienst der Informationsgesellschaft.[1017] Dabei ist nach vorstehender Definition nicht von Relevanz, dass der Nutzer selbst diese Dienste nicht vergütet. Ausreichend ist insoweit, dass es sich um eine wirtschaftliche Tätigkeit des Inhabers der werbetragenden Website handelt. Das Entgelt wird dabei vom Werbetreibenden entrichtet.[1018] Auch die Tätigkeit des Service Providers, die dieser für den Werbetreibenden im Zusammenhang mit dessen Internet-Werbung erbringt, kann einen Dienst der Informationsgesellschaft darstellen, wenn dieser Informationen speichert, die von einem Nutzer des Dienstes stammen.[1019] Dies ist immer dann der Fall, wenn ein Service Provider für einen Werbetreibenden auf seinem Server eine werbende Website unterhält. Darüber hinaus sind auch sonstige Werbedienstleistungen, die von einem Service Provider neben der Speicherung von Informationen erbracht werden, als Dienste im Rahmen der *kommerziellen Kommunikation* vom Dienstebegriff erfasst.[1020]

Wird der Anbieter von Waren und Dienstleistungen im Internet selbst als Werbetreibender tätig, so ist auch die im Rahmen seines Internet-Angebots erscheinende Werbung unter den Begriff der Dienste der Informationsgesellschaft zu fassen. Dies ergibt sich zum einen schon daraus, dass die Tätigkeit des Anbieters im Rahmen eines Online-Handels einen solchen

---

[1013] Dies wurde vor der Klarstellung im Rahmen der endgültigen Fassung der E-Commerce-Richtlinie in der Literatur zum Richtlinienentwurf richtigerweise bezweifelt, da Access Provider keine Dienstleistungen im Netz erbringen, sondern selbst das Netz darstellen, so Hoeren, MMR 1999, 292, 294. Zur endgültigen Fassung der Richtlinie Spindler, MMR-Beilage 7/2000, 4, 5.

[1014] Zu den insoweit erbrachten Dienstleistungen vgl. oben Teil 2 C.III.1.b.

[1015] Zu den Begriffen der Werbung und der kommerziellen Kommunikation siehe oben Teil 1 A.II.1.

[1016] Erwägungsgrund 18 S. 3 der E-Commerce-Richtlinie. Dies wurde in der endgültigen Fassung der Richtlinie nun klargestellt, nachdem der Entwurf insoweit Unklarheiten auswies, hierzu Waldenberger, EuZW 1999, 296, 298. Vgl. auch Brisch, CR 1999, 235, 236; Apel/Grapperhaus, WRP 1999, 1247, 1248.

[1017] Vgl. Thünken, IPRax 2001, 15, 17.

[1018] Hamm, Werbung im Internet, S. 64.

[1019] Erwägungsgrund 18 S. 4 der E-Commerce-Richtlinie.

[1020] Erwägungsgrund 18 S. 3 der E-Commerce-Richtlinie.

Dienst darstellt.[1021] Wird im Rahmen eines Online-Handels für die angebotenen Produkte geworben, so ist die Werbung als Bestandteil der Haupttätigkeit anzusehen. Insoweit handelt es sich bei der besonderen Erwähnung der kommerziellen Kommunikation in Erwägungsgrund 18 der Richtlinie nur um eine Klarstellung. Eigenständige Bedeutung hat diese ausdrückliche Erwähnung jedoch, sofern ein Anbieter für Waren oder Dienstleistungen wirbt, die er außerhalb des Internet-Handels anbietet. In diesem Fall liegt kein Online-Handel und damit kein Dienst der Informationsgesellschaft bereits in diesem Sinne vor. Die Werbung fällt dann aber als kommerzielle Kommunikation, die nicht durch den Empfänger vergütet wird, unter den Begriff der Dienste der Informationsgesellschaft. Die Werbetätigkeit des Anbieters selbst ist also einheitlich in allen denkbaren Erscheinungsformen als Dienst der Informationsgesellschaft anzusehen, sei es für die Angebote im Rahmen des eigenen Online-Handels, sei es für Produkte oder Dienstleistungen, die offline angeboten werden.[1022]

2. Werberegelungen im koordinierten Bereich der Richtlinie

Zweite Voraussetzung für die Anwendung des Herkunftslandprinzips ist das Vorliegen einer Rechtsvorschrift, die in den koordinierten Bereich der Richtlinie fällt. Durch dieses Merkmal wird eine Begrenzung des Anwendungsbereiches des Herkunftslandprinzips auf der Regelungsebene vorgenommen.

Entscheidende Frage für die Anwendung des Herkunftslandprinzips ist, welche nationalen Vorschriften des Bestimmungsstaates eine Einschränkung des freien Verkehrs von Diensten der Informationsgesellschaft darstellen können. Dies bestimmt der koordinierte Bereich der Richtlinie.[1023] Im Rahmen der Fernsehrichtlinie erfolgt durch die Koppelung des Sendestaatsprinzips an den koordinierten Bereich eine weitgehende Beschränkung des Anwendungsbereichs des Herkunftslandprinzips.[1024] Die E-Commerce-Richtlinie geht demgegenüber im Hinblick auf die durch den koordinierten Bereich betroffenen Rechtsvorschriften noch wesentlich weiter.[1025]

Nach Art. 2 lit. h der Richtlinie umfasst der koordinierte Bereich *„die für die Anbieter von Diensten der Informationsgesellschaft und die Dienste der Informationsgesellschaft in den Rechtssystemen der Mitgliedstaaten festgelegten Anforderungen, ungeachtet der Frage, ob sie allgemeiner oder spezieller Art sind“*. Hierunter fallen nach dem Wortlaut der Richtlinie zum einen Regelungen, welche die *„Aufnahme der Tätigkeit“* eines Dienstes der Informationsgesellschaft betreffen.[1026] Zum anderen -und dies ist für den vorliegenden Untersuchungsgegenstand von Bedeutung- sind alle Vorschriften vom Herkunftslandprinzip erfasst, welche die *„Ausübung der Tätigkeit“* eines Dienstes der Informationsgesellschaft regeln, insbesondere *„Anforderungen betreffend das Verhalten des Diensteanbieters, Anforderungen betreffend die*

1021 Tettenborn, K&R 2000, 59, 61. Vgl. auch Erwägungsgrund 18 der E-Commerce-Richtlinie.

1022 Ebenso, jedoch ohne Eingehen auf diese zusätzliche Unterscheidung Apel/Grapperhaus, WRP 1999, 1247, 1248; Tettenborn, K&R 2000, 59, 61; Bodewig, GRUR Int. 2000, 475, 479; Ahrens, CR 2000, 835, 840, am Beispiel der Heilmittelwerbung einer Internet-Apotheke; Thünken, IPRax 2001, 15, 17.

1023 Art. 2 lit. h der E-Commerce-Richtlinie.

1024 Zur Gegenüberstellung beider Richtlinien Bodewig, GRUR Int. 2000, 475, 478 ff. Hierzu oben Teil 3 A.II.2.a.

1025 Hoeren, MMR 1999, 192, 195.

1026 Hierin liegt die grundlegende Sicherstellung, dass jeder in einem Mitgliedstaat der Europäischen Gemeinschaft niedergelassene Diensteanbieter frei von weiteren Zulassungs- und Genehmigungserfordernissen seine Tätigkeit ausüben kann.

Qualität oder Inhalt des Dienstes, einschließlich der auf Werbung und Verträge anwendbaren Vorschriften".[1027] Das gesamte nationale Werberecht unterfällt mithin grundsätzlich dem koordinierten Bereich der Richtlinie und ist daher vom Herkunftslandprinzip erfasst.[1028]

Das bedeutet zum einen, dass im Gegensatz zum Sendestaatsprinzip der Fernsehrichtlinie[1029] gerade keine Koppelung des Herkunftslandprinzips an die materiellen Regelungsgegenstände der Richtlinie selbst erfolgt. Es wird demgegenüber ein koordinierter Bereich abstrakt bestimmt, der die im Rahmen des Herkunftslandprinzips beachtlichen Vorschriften definiert. Dies hat zur Folge, dass das Herkunftslandprinzip auch hinsichtlich solcher Vorschriften Anwendung findet, die materiell nicht gemeinschaftsweit harmonisiert sind.[1030] Das nationale Werberecht wird also nicht nur zugunsten harmonisierten Gemeinschaftsrechts dem Herkunftslandprinzip unterstellt. Nimmt man die Situation im europäischen Werberecht in Bezug, so wird deutlich, dass damit vielmehr eine „Ausschaltung" der mitgliedstaatlichen Werberechtsordnungen zugunsten des Werberechts der jeweiligen Herkunftsstaaten erfolgt.[1031] Da die Werberechtsordnungen der Mitgliedstaaten einerseits starke Unterschiede aufweisen, andererseits eine Harmonisierung höchstens teilweise erfolgt ist[1032], führt die umfassende Einbeziehung des Werberechts in den koordinierten Bereich der Richtlinie dazu, dass durch das Herkunftslandprinzip im Bereich der Internet-Werbung eine ungewohnt hohe Akzeptanz gegenüber fremden Rechtserscheinungen erforderlich werden wird. Zum anderen sind hiervon mit wenigen Ausnahmen, auf die sogleich eingegangen wird, alle mitgliedstaatlichen Werberegelungen betroffen.

3. Ausgenommene Bereiche gemäß Art. 3 Absatz 3

Wie einleitend aufgezeigt, erfährt das Herkunftslandprinzip im Bereich des elektronischen Geschäftsverkehrs durch mehrere Ausnahmetatbestände verschiedenartige Begrenzungen, die seinen Anwendungsbereich in nicht unbedeutendem Umfang reduzieren.[1033] Die bedeutendste Einschränkung des Herkunftslandprinzips birgt dabei Art. 3 Absatz 3 der E-Commerce-Richtlinie, der auf den Anhang zur Richtlinie verweist und die dort genannten Bereiche von der Anwendung ausnimmt.[1034] Gegenüber anderen Regelungsbereichen, in denen weitrei-

---

[1027] Neben den Vorschriften des Werberechts sind es aus dem Bereich des öffentlichen Rechts vor allem Regelungen des Sicherheitsrechts und des Strafrechts, vgl. Spindler, MMR-Beilage 7/2000, 4, 19. Aus dem privatrechtlichen Bereich sind es vor allem Regelungen des Vertragrechts, vgl. Spindler, MMR-Beilage 7/2000, 4, 12 ff., sowie des Deliktsrechts, vgl. Spindler, MMR-Beilage 7/2000, 4, 19 ff., die vom Herkunftslandprinzip grundsätzlich erfasst sind.

[1028] Vgl. statt aller Fezer in: Staudinger, Internationales Wirtschaftsrecht, Rn. 447; Hoeren, MMR 1999, 192, 194; ders., EuZ 2000, 74; Apel/Grapperhaus, WRP 1999, 1247, 1248; Schack, MMR 2000, 59, 63; Tettenborn, K&R 2000, 59, 61; Lehmann, EuZW 2000, 517, 518; Bodewig, GRUR Int. 2000, 475, 479; Spindler, MMR-Beilage 7/2000, 4, 7, 15 ff.; Karenfort/Weißgerber, MMR-Beilage 7/2000, 38, 39; Fezer/Koos, IPRax 2000, 439; Ahrens, CR 2000, 835; Thünken, IPRax 2001, 15, 17; Arndt/Köhler, EWS 2001, 102, 106; Siehe auch Erwägungsgrund 21 der E-Commerce-Richtlinie. Vgl. nun auch LG Frankfurt/Main, CR 2001, 185, 190.

[1029] Vgl. zu diesem elementaren Unterschied zwischen Fernsehrichtlinie und E-Commerce-Richtlinie oben Teil 3 A.II.2.a. Vgl. auch Bodewig, GRUR Int. 2000, 475, 479.

[1030] Hoeren, MMR 1999, 192, 195; Bodewig, GRUR Int. 2000, 475, 479.

[1031] Auf welche Weise diese „Ausschaltung" erfolgt ist Gegenstand der Untersuchung in Teil 3 D.

[1032] Vgl. für den vorliegenden Zusammenhang Bodewig, GRUR Int. 2000, 475, 477; allgemein Kotthoff, WRP 1996, 79. Dazu oben Teil 1 B.II.3.

[1033] So für den generellen Anwendungsbereich des Herkunftslandprinzips statt vieler Hoeren, MMR 1999, 192, 195; Brenn, ÖJZ 1999, 481, 483; Leupold/Bräutigam/Pfeiffer, WRP 2000, 575, 583.

[1034] Zur nun geltenden Regelung vgl. Tettenborn, K&R 2000, 59, 61 ff. Der Ausnahmetatbestand war im Rahmen der Entstehung der Richtlinie Gegenstand politischer Interessen der Mitgliedstaaten und wurde bis zur endgültigen Fassung mehrfach ausgeweitet.

chende Ausnahmen von der grundsätzlichen Geltung des Herkunftslandprinzips statuiert wurden[1035], sind die im Bereich des Werberechts durch Art. 3 Absatz 3 vorgenommenen Einschränkungen nur von begrenzter Relevanz.[1036] Ersichtlich können insoweit zwei Ausnahmetatbestände Bedeutung erlangen.

a. Verbot der Zusendung nicht angeforderter E-Mail-Werbung

Für das Werberecht im Internet von Bedeutung ist, dass die Zulässigkeit nicht angeforderter kommerzieller Kommunikation nicht dem Herkunftslandprinzip unterfällt.[1037] Die Zusendung unerwünschter Werbe-E-Mail ist in der Literatur und der bisherigen instanzgerichtlichen Rechtsprechung deutscher Gerichte umstritten.[1038] Nach ganz überwiegender Auffassung ist sie als Verstoß gegen § 1 UWG anzusehen.[1039] Die sich insoweit aus dem deutschen Recht ergebenden Beschränkungen der E-Mail-Werbung stellen aufgrund der Einbeziehung in die Bereichsausnahme des Art. 3 Absatz 3 der E-Commerce-Richtlinie keine relevante Einschränkung des freien Verkehrs von Diensten der Informationsgesellschaft aus einem anderen Mitgliedstaat im Sinne des Art. 3 Absatz 2 dar. Derartige Beschränkungen fallen je nach Gegenstand der Werbung weiterhin nur in den Anwendungsbereich der Warenverkehrs- und Dienstleistungsfreiheit. Insoweit kann auf die Untersuchung in Teil 2 verwiesen werden.[1040] Zu beachten ist allerdings, dass diese Bereichsausnahme unter dem Vorbehalt der Nachprüfung steht, ob nicht auch in diesem Bereich der Binnenmarkt durch Anwendung des Herkunftslandprinzips zu realisieren ist.[1041]

[1035] Vgl. zu den einzelnen Regelungsbereichen Tettenborn, K&R 2000, 59, 61; Spindler, MMR-Beilage 7/2000, 4, 8; Von Bedeutung ist dabei insbesondere die Freiheit der Rechtswahl für Vertragsparteien, durch welche das Herkunftslandprinzip insbesondere im B2B-Bereich wesentlich an Bedeutung verliert. Weiterhin ist relevant, dass die Schutzstandards im Bereich der vertraglichen Schuldverhältnisse bei Verbraucherverträgen weitgehend erhalten bleiben, vgl. Spindler, MMR-Beilage 7/2000, 4, 12. Darüber hinaus sind Regelungen vom Anwendungsbereich des Herkunftslandprinzips ausgenommen, die die formale Gültigkeit von Verträgen betreffen, die Rechte an Immobilien begründen oder übertragen, sofern diese Verträge nach dem Recht des Mitgliedstaates, in dem sich die Immobilie befindet (lex rei sitae), zwingenden Formerfordernissen unterliegen.

[1036] Deutschland war im Rahmen der Entstehung der E-Commerce-Richtlinie bis zuletzt bemüht, dass auch das Wettbewerbsrecht in den Ausnahmekatalog des Art. 3 III aufgenommen wird, vgl. Tettenborn, K&R 2000, 59, 61; Gierschmann, DB 2000, 1315, 1316.

[1037] 8. Spiegelstrich des Anhangs zur E-Commerce-Richtlinie.

[1038] Nachweise bei Hoffmann, Beilage zu NJW 2001, 5, 36 ff. Ausführlich hierzu oben Teil 2 B.III.2.a.

[1039] Hoeren, Rechtsfragen des Internet, Rn. 261 ff.; ders., WRP 1997, 993, 994; Fikentscher/Möllers, NJW 1998, 1337, 1343; Waldenberger, EuZW 1999, 296, 299; Hoeren, MMR 1999, 192, 197; Körner/Lehment in: Hoeren/Sieber, Kap.11.1, Rn. 29 ff.; Hoffmann, Beilage zu NJW 2001 Heft 14, 5, 36 ff. mwN. Oben Teil 2 B.III.2.a.(1).

[1040] Zu Beschränkungen der E-Mail-Werbung und ihrer Vereinbarkeit mit Art. 28; 49 EGV oben Teil 2 B.III.2.a.(2) sowie B.IV.2.b. im Bereich der Warenverkehrsfreiheit, Teil 2 C.III.2. sowie C.IV.2.b. im Bereich der Dienstleistungsfreiheit.

[1041] Art. 21 II der E-Commerce-Richtlinie. Gemäß Art. 21 I legt die Kommission dem Europäischen Parlament, dem Rat und dem Wirtschafts- und Sozialausschuss vor dem 17.Juli 2003 und danach alle zwei Jahre einen Bericht über die Anwendung der E-Commerce-Richtlinie vor und unterbreitet gegebenenfalls Vorschläge zur Anpassung der Richtlinie an die rechtlichen, technischen und wirtschaftlichen Entwicklungen, insbesondere auch in Bezug auf den Verbraucherschutz und das einwandfreie Funktionieren des Binnenmarktes. Eine Einbeziehung von nationalen Regelungen im Bereich der E-Mail-Werbung in den Anwendungsbereich des Herkunftslandprinzips ist demnach zu erwarten, wenn die restriktiven, E-Mail-Werbung ganz untersagenden nationalen Regelungen derartig schwerwiegende Auswirkungen auf den Binnenmarkt haben, dass eine Lösung über die Grundfreiheiten nicht mehr als ausreichend zu erachten ist. Oder aber es lässt sich zukünftig eine abschließende Harmonisierung der Verbraucherschutzstandards auf Gemeinschaftsebene in diesem Bereich erzielen. Auch dann wäre eine Einbeziehung in den Anwendungsbereich des Herkunftslandprinzips die Folge.

Nicht von dieser Bereichsausnahme erfasst sind hingegen solche Rechtsvorschriften, die sich auf vom Beworbenen angeforderte E-Mail-Werbung beziehen. Der Ausnahmetatbestand des Art. 3 Absatz 3 iVm. Anhang bezieht sich ausdrücklich nur auf die Frage der Zulässigkeit nicht angeforderter kommerzieller Kommunikation mittels elektronischer Post. Das bedeutet im Gegenschluss, dass E-Mail-Werbung, zu deren Zusendung das Einverständnis des Kunden vorliegt, nicht von dieser erfasst ist. Beziehen sich also Werberegelungen auf den Inhalt solcher angeforderter Werbe-E-Mail, unterfallen sie dem Herkunftslandprinzip.

b. Immaterialgüterrechte und gewerbliche Schutzrechte

Des weiteren ist der gesamte Bereich der Immaterialgüterrechte von der Anwendung des Herkunftslandprinzips ausgenommen.[1042] Dies kann für das Werberecht dann von Bedeutung sein, wenn sich Werbebeschränkungen aus diesem Bereich, etwa aus dem Markenrecht[1043], ergeben.

II. Die Bestimmung des Herkunftsstaates des Diensteanbieters

Das Herkunftslandprinzip der E-Commerce-Richtlinie, welches den freien Verkehr von Diensten der Informationsgesellschaft im europäischen Binnenmarkt sicherstellen soll, knüpft an die Niederlassung des Diensteanbieters an. Der in einem Mitgliedstaat niedergelassene Diensteanbieter unterfällt gemäß Art. 3 Absatz 1 der Richtlinie den dort geltenden Vorschriften; der freie Verkehr der von ihm erbrachten Dienste darf gemäß Art. 3 Absatz 2 im Bestimmungsland nicht beschränkt werden. Bei der Frage nach der Niederlassung des Diensteanbieters handelt es sich um ein zentrales Problem der Anwendung des sekundärgemeinschaftsrechtlichen Herkunftslandprinzips. Der Grund hierfür liegt in dem typischerweise gegebenen Aufeinanderprallen gegenläufiger Interessen der Beteiligten.[1044] Der Anbieter strebt naturgemäß die Begründung einer Niederlassung in einem Herkunftsstaat an, dessen Rechtsordnung ihm am günstigsten erscheint. Der jeweilige Bestimmungsstaat versucht dagegen regelmäßig, seine eigene Rechtsordnung zur Anwendung zu bringen. Dies hat zur Folge, dass es besonders wichtig ist, einheitliche und praktikable Grundsätze zu entwickeln, die geeignet sind, eine eindeutige Bestimmung der Niederlassung zu ermöglichen. Je höher das Maß an Rechtsunsicherheit in diesem Bereich ist, desto eher besteht nämlich die vielbeschworene Gefahr einer Rechtsflucht der jeweiligen Anbieter in den „virtuellen Raum".[1045]

Die Bedeutung der Problematik wird durch einen Blick auf die im Rahmen grenzüberschreitender Fernsehsendungen ergangenen Entscheidungen des Gerichtshofs demonstriert. Vor und seit Geltung der Fernsehrichtlinie wurden verschiedene Rechtsstreitigkeiten geführt, die sich mit Fragestellungen aus dem Bereich der Bestimmung der Niederlassung des Anbieters zu befassen hatten.[1046] Die Problematik setzt sich, insoweit parallel für Sendestaatsprinzip

---

[1042] Vgl. den 1. Spiegelstrich des Anhangs zur Richtlinie: „Urheberrecht, verwandte Schutzrechte, Rechte im Sinne der Richtlinie 87/54/EWG und der Richtlinie 96/9EG sowie gewerbliche Schutzrechte".

[1043] Eine Beispiel für eine sich aus dem Markenrecht ergebende Werbebeschränkung bietet die Entscheidung EuGH, Rs. C-337/95, Dior/Evora, Slg. 1997, I-6013 ff. Dazu oben Teil 2 B.II.3.b.(2).

[1044] Bodewig, GRUR Int. 2000, 475, 481.

[1045] Vgl. etwa Heckmann, NJW 2000, 1370, im Zusammenhang mit der Anwendbarkeit öffentlich-rechtlicher Beschränkungen.

[1046] Vgl. EuGH, Rs. C-222/94, Kommission/Vereinigtes Königreich, Slg. 1996, I-4025 ff.; EuGH, Rs. C-11/95, Kommission/Belgien, Slg. 1996, I-4115 ff.; EuGH, Rs. C-56/96, VT4, Slg. 1997, I-3143 ff.; EuGH, verb. Rs. C-34/95, C-35/95, C-36/95, De Agostini, Slg. 1997, I-3843 ff., jeweils nach Erlass der Fernsehrichtlinie; EuGH, und Herkunftslandprinzip, aus drei Fragenkomplexen zusammen: den generellen Grundsätzen zur Bestimmung der Niederlassung eines Werbeanbieters im Internet, der Frage, wie die Konstellation mehrerer Niederlassungen desselben Anbieters in verschiedenen Mitgliedstaaten zu handhaben ist, und dem Problem der rechtsmissbräuchlichen Umgehung der Anwendung des Rechts des Bestimmungsstaates.

1. Niederlassung des Diensteanbieters

Die Bestimmung des Herkunftsstaates eines Anbieters im Internet richtet sich nach der Niederlassung des jeweiligen Diensteanbieters. Diese grundlegende Entscheidung trifft die E-Commerce-Richtlinie selbst, in dem sie in Art. 3 auf den *niedergelassenen Diensteanbieter* abstellt.[1047] Ein niedergelassener Diensteanbieter ist qua Legaldefinition ein Anbieter, der mittels einer festen Einrichtung auf unbestimmte Zeit eine Wirtschaftstätigkeit tatsächlich ausübt.[1048] Durch diese Festlegung wird der Anknüpfung an das Vorhandensein und die Nutzung technischer Mittel und Technologien eine Absage erteilt.[1049] Für den Regelungsbereich des Internet war diese Grundentscheidung von besonderer Bedeutung. Denn durch das bloße Vorhandensein und die Nutzung eines Servers kann ein Anbieter, der im elektronischen Geschäftsverkehr tätig werden will, seine Geschäfte aufnehmen. In welchem Staat sich der Server dabei befindet, spielt für die Handlungsmöglichkeiten bezüglich der Erreichbarkeit sämtlicher europäischer Staaten keine Rolle. Würde man nun auf das Vorhandensein der entsprechenden Technologien abstellen, so wäre es dem Anbieter ein Leichtes, sich durch die Einrichtung eines Servers im gewünschten Staat der rechtlichen Kontrolle bestimmter Staaten zu entziehen.[1050] Dies widerspräche dem Ziel einer einheitlichen Regulierung des elektronischen Geschäftsverkehrs.

Die E-Commerce-Richtlinie stellt vielmehr auf die in der Rechtsprechung des Gerichtshofs gängige Definition des Niederlassungsbegriffs ab.[1051] Demnach liegt eine Niederlassung im Sinne des Art. 43 EGV immer dann vor, wenn die *„tatsächliche Ausübung einer wirtschaftlichen Tätigkeit mittels einer festen Einrichtung auf unbestimmte Zeit"* gegeben ist.[1052] Ausreichend ist dabei auch, wenn ein Unternehmen nur für einen festgelegten Zeitraum ge-

Rs. C-23/93, TV 10, Slg. 1994 I, 4796 ff. zur Bestimmung der Niederlassung vor Erlass der Fernsehrichtlinie. Vgl. auch Bodewig, GRUR Int. 2000, 475, 482.

1047 Die Fernsehrichtlinie hatte in ihrer ursprünglichen Fassung zur Bestimmung des Sendestaats zunächst nur darauf abgestellt, dass die Fernsehveranstalter der Rechtshoheit des Sendestaates unterliegen müssen. Über dieses Merkmal war in der Folgezeit ein heftiger Streit entbrannt, der durch die Entscheidung EuGH, Rs. C-222/94, Kommission/Vereinigtes Königreich, Slg. 1996, I-4025, 4073, Erwägung 42 dahingehend geklärt wurde, dass eine Rechtshoheit dann vorläge, wenn der Fernsehveranstalter seine Niederlassung in dem jeweiligen Sendestaat habe. In der nun geänderten Fassung zur Fernsehrichtlinie, GRUR Int. 1998, 120, wird dies ausdrücklich klargestellt. Vgl. ausführlich Helberger, ZUM 1998, 50, 52 ff.

1048 Art. 2 lit.c. der E-Commerce-Richtlinie. Hierzu auch Hoeren, MMR 1999, 192, 194; Waldenberger, EuZW 1999, 296, 298; Brenn, ÖJZ 1999, 481, 482; Spindler, MMR-Beilage 7/2000, 4, 5.

1049 So Art. 2 lit.c. sowie Erwägungsgrund 19 der E-Commerce-Richtlinie.

1050 Hoeren, MMR 1999, 192, 194. Zur Problematik der Entstehung von „Haftungsoasen" durch Anknüpfung an die technischen Einrichtungen Mankowski, RabelsZ 63 (1999), 203, 226 ff.; Dethloff, JZ 2000, 179, 185.

1051 EuGH, Rs. C-221/89, Factortame, Slg. 1991, I-3905, 3965, Erwägung 20. Vgl. auch EuGH, Rs. C-55/94, Gebhard, Slg. 1995, I-4165, 4195, Erwägungen 25 ff.

1052 Erwägungsgrund 19 unter wörtlicher Bezugnahme auf die Formulierung des Gerichtshofs in EuGH, Rs. C-221/89, Factortame, Slg. 1991, I-3905, 3965, Erwägung 20. Vgl. hierzu auch Hoeren, MMR 1999, 192, 194; Waldenberger, EuZW 1999, 296, 298; Brenn, ÖJZ 1999, 481, 482; Spindler, MMR-Beilage 7/2000, 4, 5. Unzutreffend Boehme-Neßler, EWS 2001, 149, 156, der den Serverstandort für relevant hält.

gründet wird.[1053] Ausschlaggebend für die Bestimmung der Niederlassung ist also zum einen die Anknüpfung an die wirtschaftliche Tätigkeit des Diensteanbieters anstelle einer Bezugnahme auf die technischen Grundlagen seiner Tätigkeit. Zum anderen ist das tatsächliche Element zu beachten, nach dem die Niederlassung eines Anbieters begründet wird. In Anlehnung an die Handhabung im internationalen Gesellschaftsrecht[1054] kommt es also im Sinne einer Sitztheorie auf den tatsächlich ausgeübten Verwaltungssitz eines Unternehmens an und nicht nur auf formale Kriterien wie etwa die Gründung oder die Existenz einer Geschäftsadresse.

2. Mehrere Niederlassungen in verschiedenen Mitgliedstaaten

Problematisch kann die Bestimmung der Niederlassung eines Diensteanbieters dann werden, wenn das im elektronischen Geschäftsverkehr tätige Unternehmen Niederlassungen in mehreren Mitgliedstaaten der Gemeinschaft hat. In diesem Falle ist fraglich, welche der Niederlassungen für die Bestimmung des Herkunftsstaates eines Werbeanbieters im Sinne der E-Commerce-Richtlinie von Bedeutung ist.[1055]

a. Verhältnis zur Niederlassungsfreiheit

Hat ein Unternehmen Niederlassungen in mehreren Mitgliedstaaten der Gemeinschaft inne und beruft es sich gegenüber der Anwendung von Rechtsvorschriften eines Mitgliedstaates, in dem es ebenfalls eine Niederlassung hat, auf die Dienstleistungsfreiheit, so ist grundsätzlich das Verhältnis zwischen Niederlassungs- und Dienstleistungsfreiheit zu klären. Denn gemäß Art. 43 Absatz 1 Satz 2 EGV kann eine Niederlassung in diesem Sinne in mehreren Mitgliedstaaten bestehen, sei es in Form von Agenturen, Zweigniederlassungen oder Tochtergesellschaften.[1056] Auch in diesen Fällen können die Grundsätze der Niederlassungsfreiheit einschlägig sein. Die Dienstleistungsfreiheit ist demgegenüber gemäß Art. 50 Absatz 3 EGV grundsätzlich subsidiär und findet in Abgrenzung zur Niederlassungsfreiheit nur dann Anwendung, wenn die Tätigkeit vorübergehend in dem Bestimmungsstaat ausgeübt wird.[1057] Entscheidend für die Abgrenzung ist also ein Zeitfaktor. Der vorübergehende Charakter bestimmt sich dabei unter Berücksichtigung nicht nur der Dauer der Leistung, sondern auch ihrer Häufigkeit, ihrer regelmäßigen Wiederkehr oder ihrer Kontinuität. Der vorübergehende Charakter wird zwar durch die Existenz einer bestimmten Infrastruktur im Bestimmungsstaat nicht ausgeschlossen, wenn diese für die vorübergehende Erbringung der fraglichen Leistung erforderlich ist.[1058] Besitzt allerdings ein Unternehmen eine Hauptniederlassung im Herkunftsstaat und eine echte Zweigniederlassung im Bestimmungsstaat, und erbringt der Dienstleister seine Leistung von der Hauptniederlassung aus, so kann er sich auf die Dienst-

[1053] Erwägungsgrund 19 der E-Commerce-Richtlinie.
[1054] Ebenso Spindler, MMR-Beilage 7/2000, 4, 5 mwN. Vgl. auch Hoeren, MMR 1999, 192, 194.
[1055] Zur Problematik vgl. Brisch, CR 1999, 235, 236; Bodewig, GRUR Int. 2000, 475, 482.
[1056] Der Begriff der Niederlassung ist dabei *„sehr weit"* zu verstehen, so EuGH, Rs. C-55/94, Gebhard, Slg. 1995, I-4165, 4194, Erwägung 24; EuGH, Rs. C-3/95, Reisebüro Broede, Slg. 1996, I-6511, 6535, Erwägung 20.
[1057] Vgl. auch EuGH, Rs. C-55/94, Gebhard, Slg. 1995, I-4165, 4195, Erwägung 26; EuGH, Rs. C-3/95, Reisebüro Broede, Slg. 1996, I-6511, 6535, Erwägung 19.
[1058] EuGH, Rs. C-55/94, Gebhard, Slg. 1995, I-4165, 4195, Erwägung 27; EuGH, Rs. C-3/95, Reisebüro Broede, Slg. 1996, I-6511, 6536, Erwägung 21.

leistungsfreiheit nicht berufen.[1059] Einschlägig ist dann allein die Niederlassungsfreiheit. In solchen Fällen spricht man vom sog. Kumulverbot.[1060]

Fraglich ist, ob diese Bewertung auch auf die Beurteilung der Niederlassung des Internet-Diensteanbieters durchschlägt, wenn dieser Niederlassungen in mehreren Mitgliedstaaten hat. Die Anwendung der oben genannten Grundsätze hätte zur Folge, dass -im Falle einer Hauptniederlassung eines Diensteanbieters im Herkunftsstaat sowie einer Zweigniederlassung im Bestimmungsstaat- die Rechtskontrolle über den Diensteanbieter durch zwei Mitgliedstaaten gleichzeitig ausgeübt werden könnte. Diese Folge stünde jedoch im ausdrücklichen Widerspruch zur Intention der E-Commerce-Richtlinie, durch ein Herkunftslandprinzip die Rechtskontrolle über Diensteanbieter auf nur einen Mitgliedstaat zu zentrieren.[1061]

Dieselbe Problematik besteht im Rahmen der Bestimmung der Niederlassung eines Fernsehanbieters nach der Fernsehrichtlinie.[1062] Auch die Fernsehrichtlinie verfolgt mit dem Sendestaatsprinzip die Intention, den Veranstalter der Rechtshoheit eines einzigen Mitgliedstaats zu unterwerfen. Aus diesem Grund wird zu Recht davon ausgegangen, dass auch im Falle mehrerer Niederlassungen jedenfalls eine Entscheidung zugunsten eines Herkunftsortes getroffen werden muss.[1063] Der Gerichtshof hat die Frage mehrerer Niederlassungen in der Entscheidung „Kommission/Vereinigtes Königreich" angesprochen und -ohne konkret auf die dargestellte Problematik einzugehen- klargestellt, dass ein bestimmter Ort festzulegen sei, an dem der Fernsehveranstalter niedergelassen ist.[1064] Hieraus lässt sich folgern, dass im Rahmen der Fernsehrichtlinie eine eigenständige Auslegung des Niederlassungsbegriffes erforderlich ist, die den Regelungszielen der Richtlinie gerecht wird.

Auch im Rahmen der E-Commerce-Richtlinie kommt nur diese Beurteilung in Betracht. Relevant ist ausschließlich die Bestimmung eines einheitlichen Herkunftsortes des Diensteanbieters. Diese hat losgelöst von der Unterscheidung zwischen Niederlassungs- und Dienstleistungsfreiheit zu erfolgen. Dienstleistungs- und Niederlassungsbegriff der E-Commerce-Richtlinie sind ebenso wie im Bereich der Fernsehrichtlinie[1065] eigenständig nach den dort geltenden Erfordernissen und Regelungszielen der jeweiligen Richtlinie zu bestimmen. Der freie Verkehr von Diensten der Informationsgesellschaft aus einem Herkunftsstaat kann also grundsätzlich auch dann geschützt sein, wenn der Diensteanbieter auch eine Niederlassung in dem Bestimmungsstaat hat, sofern die Niederlassung im Herkunftsstaat unter den nachfolgend zu erläuternden Voraussetzungen den Mittelpunkt der Tätigkeit bildet.

b. Regelung in der E-Commerce-Richtlinie

Liegen mehrere Niederlassungen ein und desselben Diensteanbieters in verschiedenen Mitgliedstaaten vor, so muss eine Entscheidung zugunsten einer einzigen Niederlassung erfolgen, da nur so eine sinnvolle einheitlich ausgeübte Rechtskontrolle durch den Herkunftsstaat möglich ist und da nur auf diese Weise die für den Anbieter erwünschte Rechtsicherheit über das

---

[1059] EuGH, Rs. 205/84, Kommission/Deutschland, Slg. 1986, 3755, 3801, Erwägung 21.
[1060] Kluth in: Calliess/Ruffert, Art. 50 EGV, Rn 14.
[1061] Vgl. Erwägungsgrund 22 der E-Commerce-Richtlinie.
[1062] Siehe insoweit auch Helberger, ZUM 1998, 50, 53; Greissinger, CR 1999, 112, 116.
[1063] Vgl. GA Lenz, Schlussanträge zu EuGH, Rs. C-56/96, VT4, Slg. 1997, I-3143, 3153, Erwägung 26. Ebenso unter Bezugnahme auf die dargestellte Problematik Greissinger, CR 1999, 112, 116.
[1064] EuGH, Rs. C-222/94, Kommission/Vereinigtes Königreich, Slg. 1996, I-4025, 4077, Erwägungen 57, 58. Vgl. auch EuGH, Rs. C-56/96, VT4, Slg. 1997, I-3143, 3167, Erwägung 20.
[1065] Hierzu Greissinger, CR 1999, 112, 116.

anwendbare Recht ermöglicht wird.[1066] Aus den Erwägungsgründen zur E-Commerce-Richtlinie ergibt sich demzufolge, dass in Fällen, in denen der Diensteanbieter an mehreren Orten niedergelassen ist, derjenige Ort zu bestimmen sei, von welchem aus der betreffende Dienst erbracht wurde.[1067] Ist dies schwierig zu bestimmen, *„so gilt als solcher der Ort, an dem sich der Mittelpunkt der Tätigkeiten des Anbieters in bezug auf den bestimmten Dienst befindet“.*[1068]

Entscheidend ist bei mehreren Niederlassungen eines Anbieters also zunächst der konkret in Rede stehende Dienst, der Gegenstand der Anwendung einer bestimmten Rechtsvorschrift ist, und nicht die allgemeine Ausübung der Wirtschaftstätigkeit. Für diesen bestimmten Dienst ist der *Mittelpunkt der Tätigkeit* des Anbieters zu ermitteln. Im Hinblick auf das Erfordernis der Bestimmung des Mittelpunktes der Tätigkeit ist dabei eine Anlehnung an die Rechtsprechung zur parallel gelagerten Problematik im Rahmen der Fernsehrichtlinie unverkennbar.[1069] Auch im Zusammenhang mit dem Sendestaatsprinzip hatte der Gerichtshof festzustellen, nach welchen Kriterien die relevante Niederlassung bei mehreren möglichen Niederlassungen eines Fernsehveranstalters zu bestimmen sei. Er führte aus, dass der Fernsehveranstalter der Rechtshoheit des Mitgliedstaates unterworfen sei, in dem er den Mittelpunkt seiner Tätigkeit habe.[1070] Es liegt also auch insoweit eine synchrone Handhabung im Rahmen beider Richtlinien vor.

c. Bestimmung des Mittelpunkts der Tätigkeit

Der *Mittelpunkt der Tätigkeit* stellt einen ausfüllungsbedürftigen Rechtsbegriff dar, der anhand tatsächlicher Kriterien zu bestimmen ist. Entscheidend ist, welche konkreten Tätigkeiten innerhalb eines bestimmten Dienstes durch einen Anbieter an einem Niederlassungsort erbracht werden müssen, um diesen Ort zum Herkunftsort zu qualifizieren. Dies ist gerade auch für Werbung im Internet zu klären.

Auch zur Ausfüllung des Begriffs des Mittelpunkts der Tätigkeit bietet sich eine parallele Betrachtung der Handhabung im Rahmen der Fernsehrichtlinie an, da dieser Terminus, wie vorstehend dargestellt, dort seinen Ursprung hat.[1071] Eine Konkretisierung des Begriffs fand zunächst durch die Rechtsprechung des Gerichtshofs statt.[1072] In der Entscheidung „Kommission/Vereinigtes Königreich“ hatte der Gerichtshof entschieden, dass ein Fernsehveranstalter den Mittelpunkt seiner Tätigkeit insbesondere an dem Ort habe, an dem die Entscheidungen über die Programmpolitik und die endgültige Zusammenstellung der zu sendenden Programme getroffen würden.[1073] Im Rahmen der Änderung der Fernsehrichtlinie wurden schließlich

---

[1066] Vgl. zur Intention Erwägungsgrund 22 der E-Commerce-Richtlinie.

[1067] Erwägungsgrund 19 der E-Commerce-Richtlinie.

[1068] Erwägungsgrund 19 der E-Commerce-Richtlinie. Vgl. hierzu auch Brenn, ÖJZ 1999, 481, 482; Bodewig, GRUR Int. 2000, 479, 482. Kritisch zu fehlenden Abgrenzungskriterien im Hinblick auf die Problematik mehrerer Niederlassungen im Richtlinienentwurf Brisch, CR 1999, 235, 236.

[1069] EuGH, Rs. C-222/94, Kommission/Vereinigtes Königreich, Slg. 1996, I-4025 ff.; EuGH, Rs. C-56/96, VT4, Slg. 1997, I-3143 ff.

[1070] EuGH, Rs. C-222/94, Kommission/Vereinigtes Königreich, Slg. 1996, I-4025, 4077, Erwägungen 57, 58; EuGH, Rs. C-56/96, VT4, Slg. 1997, I-3143, 3167, Erwägung 19.

[1071] Vgl. auch Bodewig, GRUR Int. 2000, 475, 482.

[1072] EuGH, Rs. C-222/94, Kommission/Vereinigtes Königreich, Slg. 1996, I-4025 ff.; EuGH, Rs. C-56/96, VT4, Slg. 1997, I-3143 ff. Vgl. hierzu auch Helberger, ZUM 1998, 50, 54 ff.; Greissinger, CR 1999, 112, 115.

[1073] EuGH, Rs. C-222/94, Kommission/Vereinigtes Königreich, Slg. 1996, I-4025, 4077, Erwägung 58. Bestätigt in EuGH, Rs. C-56/96, VT4, Slg. 1997, I-3143, 3167, Erwägung 19. Siehe auch Greissinger, CR 1999, 112, 115.

die durch den Gerichtshof erarbeiteten Kriterien in den Richtlinientext aufgenommen.[1074] Dort erfolgten zudem eine Präzisierung und Ausweitung dieser Kriterien. Entscheidend sind demnach für die Bestimmung des Mittelpunkts der Tätigkeit vorrangig der Ort der Hauptverwaltung und der redaktionellen Entscheidungen über das Programmangebot. Als zusätzliches Abgrenzungskriterium, insbesondere wenn Hauptverwaltung und Ort der redaktionellen Entscheidungen auf unterschiedliche Staaten verteilt sind, ist zu bestimmen, an welchem Ort der wesentliche Teil des Sendepersonals tätig ist.[1075]

Wirbt nach alledem ein Unternehmen im Internet, welches Niederlassungen in mehreren Mitgliedstaaten hat, und verstößt diese Werbung gegen das Werberecht eines der betroffenen Staaten, so ist für die Bestimmung des Herkunftsstaates entscheidend, von welcher Niederlassung aus die konkret in Streit stehende Werbung initiiert wurde. Es ist insoweit der Mittelpunkt der Tätigkeit des Anbieters zu bestimmen. Dies kann in Anlehnung an die zur Fernsehrichtlinie genannten Indizien erfolgen. Fraglich ist demnach zunächst, in welchem Mitgliedstaat der Anbieter seine Hauptverwaltung innehat und ob an diesem Ort auch die Entscheidungen über die konkreten Werbeinhalte der Internet-Werbung getroffen werden. Fallen beide Ort zusammen, so befindet sich dort die relevante Niederlassung. Wenn jedoch eine andere Niederlassung für die konkreten Werbeinhalte verantwortlich zeichnet, muss der Mittelpunkt der Tätigkeit im Hinblick auf die Werbung an diesem Ort belegen sein. Dies ergibt sich zwingend aus der E-Commerce-Richtlinie, nach deren Intention auf den Mittelpunkt der Tätigkeit des konkreten Dienstes abzustellen ist.[1076] Auch in Ansehung des Rechtssicherheitsgedankens zugunsten der Anbieter kommt nur ein Abstellen auf den Ort der konkreten Verantwortlichkeit für die Werbeinhalte in Betracht. Denn Zweck des Herkunftslandprinzips ist es, dass die dort für die konkreten Werbeinhalte Verantwortlichen auf die Relevanz des Herkunftslandrechts vertrauen können.[1077] Lässt sich ein Schwerpunkt der Tätigkeit bezüglich des konkreten Werbedienstes nicht ermitteln, etwa weil Entscheidungen für dieselbe Internet-Werbung an mehreren Niederlassungen in unterschiedlichen Mitgliedstaaten getroffen werden, kommt als weiteres Indiz auch hier der wesentliche Teil des Personals in Betracht, welches im Rahmen der konkreten Werbung beschäftigt ist. Dieser spiegelt wider, wo die Leistung des Anbieters für den Werbeinhalt erbracht wird. Vorteil dieses Kriteriums ist zudem die tatsächliche Nachweisbarkeit, die im Rahmen einer prozessualen Beurteilung von Bedeutung ist.

Liegen mehrere Niederlassungen eines Anbieters in verschiedenen Mitgliedstaaten vor, so ist also nach vorstehenden Kriterien ein Indizienbündel zusammenzustellen, nach welchem sich eine Zuordnung herbeiführen lässt.

3. Rechtsmissbräuchliche Umgehung der Anwendung des Rechts des Bestimmungsstaates

Ein wichtiger Kritikpunkt an einer sekundärgemeinschaftsrechtlichen Regelung des Herkunftslandprinzips ist die damit verbundene Möglichkeit der Anbieter, auf Rechtsordnungen auszuweichen, die für sie besonders günstig sind und sich somit der Anwendung bestimmter

[1074] Art. 2 Absatz 3 der geänderten Fassung der Fernsehrichtlinie, konsolidierte Fassung abgedruckt in GRUR Int. 1998, 120 ff. Vgl. zur Herleitung der Änderungen aus der Rechtsprechung des Gerichtshofs Helberger, ZUM 1998, 50, 55.

[1075] Art. 2 Absatz 3 der geänderten Fassung der Fernsehrichtlinie, konsolidierte Fassung abgedruckt in GRUR Int. 1998, 120 ff.

[1076] Erwägungsgrund 19 der E-Commerce-Richtlinie.

[1077] Zu dieser Intention des Herkunftslandprinzips Maennel, MMR 1999, 187, 189; Apel/Grapperhaus, WRP 1999, 1247, 1248; Lindholm/Maennel, CR Int. 2000, 65, 66; Ahrens, CR 2000, 835, 836.

ungünstigerer Rechtsordnungen zu entziehen.[1078] Dieses unter dem Begriff des *country shopping*[1079] diskutierte Problem ist nicht zuletzt im Bereich des europäischen Werberechts von besonderer Bedeutung, da dort erhebliche Niveauunterschiede zwischen den Mitgliedstaaten gegeben sind und somit durch die Wahl eines Standortes für den Anbieter erhebliche Vorteile entstehen können.[1080] Im vorliegenden Zusammenhang der Bestimmung der Niederlassung eines Anbieters wird die Problematik deshalb virulent, weil der Werbeanbieter durch das Nehmen eines Firmensitzes die Entscheidung über das auf ihn anwendbare Werberecht quasi selbst treffen kann. Dass es sich hierbei nicht um ein rein theoretisches Problem handelt, zeigen einmal mehr die Erfahrungen im Rahmen der Fernsehrichtlinie[1081], sowie der Umstand, dass der europäische Gesetzgeber die Problematik auch für den Bereich des E-Commerce erkannt hat.[1082] Es stellt sich also die Frage nach den Folgen einer rechtsmissbräuchlichen Umgehung der Anwendung des Rechts eines Bestimmungsstaates durch einen Anbieter im elektronischen Geschäftsverkehr.[1083] Eine solche kann im Rahmen des elektronischen Geschäftsverkehrs nicht nur durch tatsächliche Verlagerung des Unternehmenssitzes eintreten.[1084] Gerade auch bei mehreren Niederlassungen in verschiedenen Mitgliedstaaten liegt es aber nahe, den *Mittelpunkt der Tätigkeit* für eine konkrete Werbeleistung auf eine Niederlassung zu verlagern oder eine eigenständige Werbetochtergesellschaft auszugründen[1085] und so ein möglicherweise günstigeres Werberecht zur Anwendung zu bringen. Als mögliche Folge einer rechtsmissbräuchlichen Umgehung kommt in Betracht, dem Diensteanbieter im Einzelfall die Berufung auf das ihm günstigere Recht des Herkunftsstaates seiner Niederlassung zu versagen.

a. Umgehungsrechtsprechung zur Fernsehrichtlinie

Schon vor der Harmonisierung durch die Fernsehrichtlinie waren im Zusammenhang mit grenzüberschreitenden Fernsehsendungen auftretende Rechtsfragen aufgrund der extensiven Auslegung der Dienstleistungsfreiheit in der Rechtsprechung des Gerichtshofs in weitem Um-

---

[1078] Vgl. Mankowski, GRUR Int. 1999, 909, 914; ders., ZVglRWiss 100 (2001), 137, 159; Bodewig, GRUR Int. 2000, 475, 483; Fezer/Koos, IPRax 2000, 349, 354; Ahrens, CR 2000, 835, 837; Arndt/Köhler, EWS 2001, 102, 105. Diese sich für die Diensteanbieter eröffnende Möglichkeit ist unmittelbare Voraussetzung für die in der Literatur zur E-Commerce-Richtlinie viel diskutierte Problematik eines race to the bottom in den nationalen Rechtsordnungen, die ein strengeres Werberecht vorsehen, vgl. hierzu nur Hoeren, EuZ 2000, 74; Tettenborn, K&R 2000, 59, 61; Bender/Sommer, RIW 2000, 260, 262; Lehmann, EuZW 2000, 517, 518; Spindler, MMR-Beilage 7/2000, 4, 8; Karenfort/Weißgerber, MMR-Beilage 7/2000, 38, 39. Zu den Auswirkungen des sekundärrechtlichen Herkunftslandprinzips ausführlich unten Teil 3 D.

[1079] Terminologisch zu unterscheiden ist hiervon das sog. *forum shopping*. Dieser aus dem Internationalen Zivilprozessrecht stammende Begriff bezeichnet die durch den Kläger nach Günstigkeitsgesichtspunkten getroffene Wahl eines Gerichtsstandes, insbesondere im Hinblick auf das dort zur Anwendung kommende Sachrecht. Zum *forum shopping* im Allgemeinen vgl. Firsching/von Hoffmann, Internationales Privatrecht, § 1, Rn. 48 ff.

[1080] Auch in anderen Bereichen, in denen das Herkunftslandprinzip ein Rolle spielt, ist die Problematik des *country shopping* von Bedeutung. Zum durch das Heimatstaatsprinzip im europäischen Finanzmarktrechts hervorgerufenen Standortwettbewerb der Finanzplätze vgl. G.-P. Calliess, EWS 2000, 432, 434.

[1081] EuGH, Rs. C-23/93, TV 10, Slg. 1994, I-4796 ff. zur Rechtslage vor Geltung der Fernsehrichtlinie; EuGH, Rs. C-56/96, VT4, Slg. 1997, I-3143 ff. unter Geltung der Fernsehrichtlinie. Vgl. auch GA Jacobs, Schlussanträge zu EuGH, verb. Rs. C-34/95, C-35/95, C-36/95, De Agostini, Slg. 1997, I-3843, 3857 ff., Erwägungen 40 ff.; Greissinger, CR 1999, 112, 116; Henning-Bodewig in: Schwarze, Werbung und Werbeverbote, 170, 174.

[1082] Erwägungsgrund 57 der E-Commerce-Richtlinie.

[1083] Zur vergleichenden Heranziehung der für das Fernsehrecht entwickelten Grundsätze Bodewig, GRUR Int. 2000, 475, 482.

[1084] Dethloff, JZ 2000, 179, 185; Mankowski, ZVglRWiss 100 (2001), 137, 159 stellen insoweit zu Recht fest, dass alleine wegen günstigeren Werberechts kaum je ein Unternehmen seinen Firmensitz oder seine Unternehmenszentrale verlegen wird.

[1085] Zutreffend Mankowski, ZVglRWiss 100 (2001), 137, 159.

fang vom eingeschränkten primärrechtlichen Herkunftslandprinzip geprägt.[1086] Die Frage einer missbräuchlichen Umgehung des Rechts des Bestimmungsstaates ist daher seit längerer Zeit Gegenstand der Diskussion in Literatur und Rechtsprechung und hat unter der Geltung des Sendestaatsprinzips naturgemäß an Brisanz gewonnen. Es traten vermehrt Fallkonstellationen auf, in denen ein Fernsehveranstalter von der Niederlassung in einem Mitgliedstaat ausschließlich für das Publikum eines Bestimmungsstaates bestimmte Fernsehsendungen ausstrahlte. Die Bestimmungsstaaten trugen daraufhin vor, dass in diesen Fällen, in denen die Tätigkeit vorwiegend oder ausschließlich auf den betreffenden Empfangsstaat ausgerichtet sei, ein Berufen auf die Dienstleistungsfreiheit oder das Sendestaatsprinzip nicht möglich sei.

Ausgangspunkt der rechtlichen Analyse der Problematik der Umgehung des Rechts des Empfangsstaates ist eine außerhalb des Fernsehrechts ergangene Entscheidung des Gerichtshofs.[1087] Nach der Entscheidung in der Rechtssache „van Binsbergen" *„kann einem Mitgliedstaat nicht das Recht zum Erlass von Vorschriften abgesprochen werden, die verhindern sollen, dass der Erbringer einer Leistung, dessen Tätigkeit ganz oder vorwiegend auf das Gebiet eines Mitgliedstaates ausgerichtet ist, sich die durch Art. 59 EGV garantierte Freiheit zunutze macht, um sich Berufsregeln zu entziehen, die auf ihn Anwendung fänden, wenn er im Gebiet dieses Staates ansässig wäre"*.[1088] Dieser Grundsatz ist als eine Ausformung des allgemeinen Verbotes unzulässiger Rechtsausübung anzusehen.[1089]

Im Bereich des Fernsehrechts hatte der Gerichtshof in der Rechtssache „TV 10" über einen Fall zu entscheiden, in dem ein in Luxemburg niedergelassener Fernsehveranstalter auf das niederländische Publikum abzielende Fernsehsendungen ausstrahlte. Der Gerichtshof nahm direkt auf die Entscheidung „van Binsbergen" Bezug.[1090] Er folgerte, dass ein Empfangsstaat eine EU-ausländische Fernsehanstalt dann als inländische Sendeanstalt ansehen kann, wenn durch die Maßnahme verhindert werden soll, dass sich Anstalten, die sich in einem anderen Mitgliedstaat niederlassen, mittels der Ausübung der im Vertrag garantierten Freiheiten in missbräuchlicher Weise den sich aus den inländischen Rechtsvorschriften ergebenden Verpflichtungen entziehen.[1091] Unter diesen Umständen könne sich ein Fernsehveranstalter nicht auf die Dienstleistungsfreiheit berufen.

In scheinbarem Widerspruch zu den in der Rechtssache „TV 10" getroffenen Aussagen stehen die im Zusammenhang mit dem Sendestaatsprinzip der Fernsehrichtlinie ergangenen Entscheidungen des Gerichtshofs zur selben Problematik.[1092] In der Rechtssache „VT 4"[1093] stand ebenfalls der Vortrag des flämischen Empfangsstaates inmitten, der betroffene Fernsehveranstalter habe sich nur im Vereinigten Königreich niedergelassen, um der Anwendung der in Flandern geltenden Vorschriften aus dem Weg zu gehen. Der Gerichtshof entschied hier jedoch gegenteilig zu der vorgenannten Rechtsprechung, *„dass nicht allein aus dem Umstand, dass alle Sendungen und alle Werbemitteilungen ausschließlich für das flämische Publikum bestimmt sind, geschlossen werden"* kann, dass der Fernsehveranstalter nicht als im Sende-

---

[1086] Hierzu ausführlich oben Teil 2 C.II.2.a.
[1087] EuGH, Rs. 33/74, van Binsbergen, Slg. 1974, 1299 ff.
[1088] EuGH, Rs. 33/74, van Binsbergen, Slg. 1974, 1299, 1309, Erwägung 13.
[1089] GA Jacobs, Schlussanträge zu EuGH, verb. Rs. C-34/95, C-35/95, C-36/95, De Agostini, Slg. 1997, I-3843, 3857, Erwägung 45. Vgl. auch Drasch, Das Herkunftslandprinzip im internationalen Privatrecht, S. 156 ff.
[1090] EuGH, Rs. C-23/93, TV 10, Slg. 1994, I-4795, 4832, Erwägung 20.
[1091] EuGH, Rs. C-23/93, TV 10, Slg. 1994, I-4795, 4833, Erwägung 21.
[1092] Vgl. Helberger, ZUM 1998, 50, 54 ff.; Greissinger, CR 1999, 112, 116; Bodewig, GRUR Int. 2000, 475, 482.
[1093] EuGH, Rs. C-56/96, VT4, Slg. 1997, I-3143 ff.

staat ansässig angesehen werden kann. *„Der Vertrag verbietet es einem Unternehmen, das keine Dienste in dem Mitgliedstaat anbietet, in dem es ansässig ist, nämlich nicht, die Dienstleistungsfreiheit auszuüben."*[1094] Auch in der Rechtssache „De Agostini" wurde die Frage der missbräuchlichen Umgehung angesprochen. In seinen Schlussanträgen vertrat auch GA Jacobs die Auffassung, dass ein Missbrauch nicht schon deswegen vorläge, weil sich die Sendungen eines ausländischen Veranstalters besonders an das Publikum des Bestimmungsstaates richteten. Zudem obliege die Beweislast für einen Missbrauch dem Mitgliedstaat, der sich auf die Ausnahme beruft[1095], mithin dem Empfangsstaat der Fernsehsendung. Nach dieser Rechtsprechung kann allein die Tatsache, dass ein Fernsehveranstalter von einem anderen Mitgliedstaat aus gezielt gerade den Bestimmungsstaat bestrahlt, keine Indizwirkung für eine rechtsmissbräuchliche Umgehung entnommen werden.[1096]

Der Grund für den scheinbaren Widerspruch zwischen den Entscheidungen liegt in der Unterschiedlichkeit der zugrundeliegenden Sachverhalte.[1097] In einem Falle[1098] war Prüfungsgegenstand die Dienstleistungsfreiheit, also ein primärgemeinschaftsrechtliches Herkunftslandprinzip, auf das sich die Fernsehveranstalter berufen konnten. In den Entscheidungen zur Fernsehrichtlinie[1099] ging es hingegen um die Anwendung des sekundärgemeinschaftsrechtlichen Sendestaatsprinzips im koordinierten Bereich der Fernsehrichtlinie.

So hatte bereits GA Lenz in seinen Schlussanträgen zur Rechtssache „TV 10" ausdrücklich klargestellt, dass die dort getroffene rechtliche Bewertung für spätere, der Fernsehrichtlinie unterfallende Sachverhalte *„nur begrenzte Aussagekraft"* habe.[1100] Der Grund für die restriktivere Behandlung der Umgehungsproblematik im Rahmen der Fernsehrichtlinie liegt denn auch gerade im Zusammenhang zwischen Sendestaatsprinzip und koordiniertem Bereich der Richtlinie.[1101] Durch die Koordinierung im Rahmen der Fernsehrichtlinie ist auch eine inhaltliche Angleichung der Rechtsvorschriften erfolgt. Nur hierauf bezieht sich das Sendestaatsprinzip.[1102] Das bedeutet, dass die Rechtsunterschiede zwischen den Mitgliedsstaaten in diesen Bereichen nur noch sehr gering sind. Auch wenn eine Umgehung durch den Fernsehanbieter vorläge, so hätte dies in rechtlicher Hinsicht praktisch keine weitreichenden Folgen.[1103] Ziel des Sendestaatsprinzips ist es gerade, die freie Ausstrahlung ohne Hindernisse für alle Anbieter in allen Mitgliedstaaten zu gewährleisten.[1104] Würde man nun leichterdings auch in diesen Fällen eine Umgehung bereits aus den oben genannten Indizien bejahen, so wäre der durch die Begrenzung auf den koordinierten Bereich ohnehin schmale Anwendungsbereich des Sendestaatsprinzips weiter reduziert. Es ist in diesem Bereich daher zutref-

---

[1094] EuGH, Rs. C-56/96, VT4, Slg. 1997, I-3143, 3168, Erwägung 22. Vgl. auch GA Lenz, Schlussanträge zu EuGH, Rs. C-56/96, VT4, Slg. 1997, I-3143, 3157, Erwägung 38. Zustimmend Greissinger, CR 1999, 112, 116.
[1095] GA Jacobs, Schlussanträge zu EuGH, verb. Rs. C-34/95, C-35/95, C-36/95, De Agostini, Slg. 1997, I-3843, 3858, Erwägung, 47. Der Gerichtshof selbst maß der Problematik keine Bedeutung bei und wendete ohne weitere Begründung das Sendestaatsprinzip an. Vgl. insoweit auch Bodewig, GRUR Int. 2000, 475, 482.
[1096] In diesem Sinne auch der EFTA-Gerichtshof in der Entscheidung in den Rechtssachen E-8/94, E-9/94, Forbrukerombud (FO)/Mattel und LEGO Norge, Erwägungen 48, 49, abgedruckt in GRUR Int. 1996, 52, 55.
[1097] Vgl. hierzu Helberger, ZUM 1998, 50, 54 ff.; Greissinger, CR 1999, 112, 116.
[1098] EuGH, Rs. C-23/93, TV 10, Slg. 1994, I-4795 ff.
[1099] EuGH, Rs. C-56/96, VT4, Slg. 1997, I-3143 ff.; EuGH, verb. Rs. C-34/95, C-35/95, C-36/95, De Agostini, Slg. 1997, I-3843 ff.
[1100] GA Lenz, Schlussanträge zu EuGH, Rs. C-23/93, TV 10, Slg. 1994, I-4795, 4800, Erwägung 9.
[1101] Vgl. Greissinger, CR 1999, 112, 116; Helberger, ZUM 1998, 50, 55.
[1102] Vgl. Greissinger, CR 1999, 112, 118; Henning-Bodewig in: Schwarze, Werbung und Werbeverbote, 170, 175; Bodewig, GRUR Int. 2000, 475, 478 ff. Dazu auch oben Teil 3 A.II.2.a.
[1103] So auch GA Jacobs, Schlussanträge zu EuGH, verb. Rs. C-34/95, C-35/95, C-36/95, De Agostini, Slg. 1997, I-3843, 3859, Erwägung 50.
[1104] Vgl. auch Greissinger, CR 1999, 112, 116.

fend, erhöhte Anforderungen an den Nachweis eines Missbrauchs zu stellen, die über die bloß gezielte Ausstrahlung auf einen bestimmten Empfangsstaat hinausgehen.[1105] Demgegenüber liegt es im nicht harmonisierten Bereich wesentlich näher, an eine Missbrauchsabsicht eines Anbieters zu denken, da die sich aus der Ausnutzung des Rechtsgefälles ergebenden Vorteile bedeutsamer sind.[1106] Der Schutz der Regelungsautonomie der Mitgliedstaaten, die im nicht harmonisierten Bereich naturgemäß weniger begrenzt ist, bedarf einer gegensätzlichen Bewertung.[1107]

b. Folgen einer Umgehung im Bereich des E-Commerce

Betrachtet man dieselbe Problematik im Bereich des elektronischen Geschäftsverkehrs[1108], so fällt auf, dass der Regelung des Herkunftslandprinzips der E-Commerce-Richtlinie das wesentliche Element fehlt, welches im Fernsehrecht zur Annahme einer restriktiven Handhabung der Umgehungsproblematik geführt hatte. Denn im Rahmen der E-Commerce-Richtlinie existiert gerade kein harmonisierter Bereich, auf den sich das Herkunftslandprinzip bezieht. Vielmehr sind die unterschiedlichsten Vorschriften des Werberechts vom Anwendungsbereich erfasst.[1109] Gerade im Bereich des Werberechts liegt auch außerhalb der E-Commerce-Richtlinie kein ausreichend hohes Harmonisierungsniveau vor. So nimmt es nicht wunder, dass Erwägungsgrund 57 der Richtlinie, der das Problem der Umgehung in Bezug nimmt, auf die Rechtsprechung des Gerichtshofs in den Rechtssachen „van Binsbergen“ und „TV 10“ verweist, wenn er klarstellt, dass der Bestimmungsstaat weiterhin berechtigt ist, Maßnahmen nach der eigenen Rechtsordnung gegen den ausländischen Diensteanbieter zu ergreifen, wenn *„dessen Tätigkeit ausschließlich oder überwiegend auf das Hoheitsgebiet des ersten Mitgliedstaates ausgerichtet ist“*.[1110] Die insoweit in Erwägungsgrund 57 gewählte Formulierung entspricht in ihrem Kern genau den durch den Gerichtshof in der Entscheidung „TV 10“ getroffenen Aussagen[1111] und steht im Gegensatz zum Aussageinhalt des Gerichtshofs in der Entscheidung „VT 4“.[1112] Solange also keine Harmonisierung der betroffenen Vorschriften auf materieller Ebene erfolgt ist, kann eine großzügigere Auslegung des Merkmals der rechtsmissbräuchlichen Umgehung erfolgen. Zu beachten ist allerdings, dass sich diese Bewertung mit zunehmendem Harmonisierungsstand im Bereich des Werberechts ändern kann, da dann das im Herkunftslandprinzip enthaltene Regelungsziel des freien Binnenmarktes verstärkt in den Vordergrund tritt.

Fraglich sind schließlich die Kriterien, die eine Umgehung durch den Werbeanbieter begründen können.[1113] Bei der Frage, ob eine Werbung zumindest überwiegend auf ein Bestimmungsland gerichtet ist, ist zwar letztlich die dahinterliegende subjektive Absicht des Anbieters maßgeblich, sich einer bestimmten Rechtsordnung zu entziehen.[1114] Diese kann jedoch

---

[1105] Nach Helberger, ZUM 1998, 50, 55 soll es sich daher insoweit bei dem Missbrauchstatbestand im Bereich der Fernsehrichtlinie um eine ausdrückliche Ausnahme handeln.

[1106] Helberger, ZUM 1998, 50, 55. Vgl. auch Greissinger, CR 1999, 112, 116.

[1107] Zur Durchsetzung der Regelungsautonomie der Mitgliedstaaten vgl. auch unten Teil 3 C.I.

[1108] Vgl. Bodewig, GRUR Int. 2000, 475, 482; Gierschmann; DB 2000, 1315, 1316; Spindler, MMR-Beilage 7/2000, 4, 15; Ahrens, CR 2000, 835, 838; Mankowski, ZVglRWiss 100 (2001), 137, 159 ff.

[1109] Siehe zum „koordinierten Bereich“ der E-Commerce-Richtlinie oben Teil 3 B.I.1.b.

[1110] Erwägungsgrund 57 der E-Commerce-Richtlinie. „Erster Mitgliedstaat“ meint im gegebenen Kontext den Bestimmungsstaat. So auch Spindler, MMR-Beilage 7/2000, 4, 8, 16 (dort Fn. 137).

[1111] EuGH, Rs. C-23/93, TV 10, Slg. 1994, I-4795, 4832, Erwägungen 20, 21.

[1112] EuGH, Rs. C-56/96, VT4, Slg. 1997, I-3143, 3168, Erwägung 22.

[1113] Vgl. Bodewig, GRUR Int. 2000, 475, 482 zum Herkunftslandprinzip im elektronischen Geschäftsverkehr.

[1114] Ebenso GA Lenz, Schlussanträge zu EuGH, Rs. C-23/93, TV 10, Slg. 1994, I-4795, 4813, Erwägung 59.

regelmäßig zuverlässig nur über objektive Umstände nachgewiesen werden.[1115] Da verschiedene Umstände als Indizien für eine Umgehungsabsicht in Betracht kommen, liegt die Bildung eines Indizienbündels für den jeweiligen Einzelfall nahe, dessen tatsächlicher Inhalt durch das entscheidende nationale Gericht zu ermitteln ist.[1116] Im Rahmen einer Werbung im Internet können als objektive Indizien diejenigen Gesichtspunkte herangezogen werden, die auch für die Feststellung des relevanten Marktortes im Rahmen der Ermittelung des anwendbaren Sachrechts von Bedeutung sind.[1117] Denn entscheidend für die Ausrichtung einer Werbung ist ausschließlich die Auswirkung auf die von ihr betroffenen Märkte. In Betracht kommen insoweit, allerdings aufgrund der Internationalität des Internet nur in abgeschwächter Form, Merkmale der Art und Weise der Werbung wie deren Sprache, Zahlungsmodalitäten für ein online anzuwickelndes Geschäft oder angegebene Telefonnummern. Hieraus kann auf die Ausrichtung auf einen bestimmten Markt geschlossen werden.[1118] Besondere Bedeutung kann die Struktur des Angebots erlangen, für welches geworben wird. Sind beworbene Produkte oder Dienstleistungen nur auf dem Markt des Bestimmungsstaates erhältlich, so deutet dies gerade auf eine Ausrichtung auf diesen Markt hin.[1119] Soweit sich nach derartigen Indizien eine überwiegende Ausrichtung ergibt, wird eine missbräuchliche Umgehung jedenfalls beim momentanen Harmonisierungsstand des Werberechts zu bejahen sein.[1120]

Bedeutung hat die Möglichkeit einer Umgehung gerade für den einleitend beschriebenen Fall, dass ein Anbieter mehrere Niederlassungen in unterschiedlichen Mitgliedstaaten hat und es ihm somit unschwer möglich ist, den Mittelpunkt seiner Tätigkeit auf ein ihm günstigeres Herkunftsland zu verlagern. Liegen in einem solchen Falle Indizien vor, die darauf schließen lassen, dass der Anbieter seine Werbung jedenfalls überwiegend nur auf einen Bestimmungsstaat ausgerichtet hat, kann das nationale Gericht Marktortrecht anwenden und ist nicht zur Beachtung des Herkunftslandprinzips verpflichtet.

[1115] GA Lenz, Schlussanträge zu EuGH, Rs. C-23/93, TV 10, Slg. 1994, I-4795, 4813, Erwägungen 55, 59.

[1116] Die Tatsachenbewertung und Subsumtion unter den Begriff der überwiegenden Ausrichtung auf das Bestimmungsland muss dann jedoch nach europarechtlichen Kriterien erfolgen. Insoweit kommt auch eine Vorlage zum EuGH in Betracht, vgl. auch GA Lenz, Schlussanträge zu EuGH, Rs. C-23/93, TV 10, Slg. 1994, I- 4795, 4813, Erwägung 57.

[1117] Siehe ausführlich oben Teil 1 B.II.2.a.(2)(c)ii. Zur Bestimmung objektiver Kriterien im Bereich von Fernsehsendungen vgl. GA Lenz, Schlussanträge zu EuGH, Rs. C-23/93, TV 10, Slg. 1994, I-4795, 4813 ff., Erwägung 55, 60 ff.

[1118] Hierzu Mankowski, GRUR Int. 1999, 909, 918; ders. CR 2000, 763, 764.

[1119] Vgl. Mankowski, GRUR Int. 1999, 909, 918; Fezer in: Staudinger, Internationales Wirtschaftsrecht, Rn. 504.

[1120] Im Hinblick auf die Beweislast für die eine missbräuchliche Umgehung begründenden Umstände vertritt Mankowski, ZVglRWiss 100 (2001), 137, 160 die Ansicht, dass diese nicht dem Anbieter, sondern vielmehr derjenigen Partei obliege, welcher den Missbrauch geltend macht. Dies ist im Hinblick auf die allgemeinen Grundsätze der Beweislast zutreffend, da eine für den ein bestimmtes Angebot Bekämpfenden günstige Ausnahme vom Herkunftslandprinzip vorliegt. Die Herleitung dieses Ergebnisses aus einer Parallele zu den Entscheidungen zur Fernsehrichtlinie (VT 4) erscheint jedoch im Hinblick auf die Anlehnung des 57. Erwägungsgrundes der E-Commerce-Richtlinie gerade an die gegenteilige Entscheidung „TV 10“ zweifelhaft.

III. Folgen des Herkunftslandprinzips für Werbung im Internet und Werberegelungen

1. Allgemeines Beschränkungsverbot

a. Art. 3 Absatz 1 und 2 der Richtlinie

Werbung im Internet ist also, gleich ob sie durch den Werbetreibenden selbst oder durch externe Dienstleister erbracht wird, als Dienst der Informationsgesellschaft anzusehen. Nationale Werberegelungen sind -begrenzt durch den Ausnahmetatbestand des Art. 3 Absatz 3- vom koordinierten Bereich der E-Commerce-Richtlinie erfasst. Der Anwendungsbereich des Herkunftslandprinzips im Sinne des Art. 3 Absatz 1 und 2 der Richtlinie ist somit für den Bereich der grenzüberschreitenden Internet-Werbung eröffnet, wenn der Anbieter seine Niederlassung in einem anderen Mitgliedstaat der Gemeinschaft innehat.[1121]

Daraus folgt zum einen, dass auf Werbung im Internet grundsätzlich die Werbevorschriften Anwendung finden, die am Ort der Niederlassung des Anbieters Geltung beanspruchen. Dies ergibt sich aus Art. 3 Absatz 1 der Richtlinie, der neben der Zuweisung von Rechtskontrolle und Aufsicht über die am Niederlassungsort ansässigen Diensteanbieter[1122] auch intendiert, Dienste der Informationsgesellschaft dem Rechtsystem des Niederlassungsstaates zu unterwerfen.[1123]

Art. 3 Absatz 2 verbietet den Mitgliedstaaten, den freien Verkehr von Diensten der Informationsgesellschaft aus einem anderen Mitgliedstaat aus Gründen einzuschränken, die in den koordinierten Bereich fallen. Da Werberegelungen vom koordinierten Bereich erfasst sind, folgt aus Art. 3 Absatz 2 ein allgemeines Beschränkungsverbot im Hinblick auf das im Bestimmungsstaat geltende Werberecht. Ein in einem anderen Mitgliedstaat der Gemeinschaft niedergelassener Diensteanbieter kann sich demnach gegenüber Werbevorschriften des Bestimmungsstaates auf das weniger strenge Werberecht seines Herkunftsstaates berufen. Strengere Vorschriften dürfen demgegenüber nicht zur Anwendung gelangen, weil sie regelmäßig zu einer Beschränkung des Anbieters führen würden.[1124]

[1121] Statt aller Fezer in: Staudinger, Internationales Wirtschaftsrecht, Rn. 447; Hoeren, MMR 1999, 192, 194; ders., EuZ 2000, 74; Apel/Grapperhaus, WRP 1999, 1247, 1248; Schack, MMR 2000, 59, 63; Tettenborn, K&R 2000, 59, 61; Lehmann, EuZW 2000, 517, 518; Bodewig, GRUR Int. 2000, 475, 479; Gierschmann, DB 2000, 1315, 1316; Spindler, MMR-Beilage 7/2000, 4, 7, 15 ff.; Karenfort/Weißgerber, MMR-Beilage 7/2000, 38, 39; Fezer/Koos, IPRax 2000, 349; Ahrens, CR 2000, 835; Thünken, IPRax 2001, 15, 17; Arndt/Köhler, EWS 2001, 102, 106. Nun auch LG Frankfurt/Main, CR 2001, 185, 190.

[1122] Vgl. Erwägungsgrund 22 Satz 1 der Richtlinie: *„Die Aufsicht über Dienste der Informationsgesellschaft hat am Herkunftsort zu erfolgen, um einen wirksamen Schutz der Ziele des Allgemeininteresses zu gewährleisten."* Zu diesem Aspekt auch Landfermann, ZUM 1999, 795, 798; Maennel, MMR 1999, 187, 188; Lindholm/Maennel, CR Int. 2000, 65, 66.

[1123] Erwägungsgrund 22 Satz 4 der E-Commerce-Richtlinie. Vgl. auch Mankowski, CR 2000, 763, 767; Thünken, IPRax 2001, 15, 20, welche hieraus zugleich den kollisionsrechtlichen Gehalt des Art. 3 Absatz 1 herleiten wollen. Zu diesem Problem ausführlich unten Teil 3 D.II.2.b.

[1124] Vgl. allgemein zur Wirkweise des Art. 3 II Brisch, CR 1999, 235, 237; Landfermann, ZUM 1999, 795, 798; Bender/Sommer, RIW 2000, 260, 261; Gierschmann, DB 2000, 1315, 1316. Zu Werberegelungen im Besonderen Fezer in: Staudinger, Internationales Wirtschaftsrecht, Rn. 447; Hoeren, MMR 1999, 192, 194; ders., EuZ 2000, 74; Apel/Grapperhaus, WRP 1999, 1247, 1248; Schack, MMR 2000, 59, 63; Tettenborn, K&R 2000, 59, 61; Lehmann, EuZW 2000, 517, 518; Bodewig, GRUR Int. 2000, 475, 479; Spindler, MMR-Beilage 7/2000, 4, 7, 15 ff.; Karenfort/Weißgerber, MMR-Beilage 7/2000, 38, 39; Fezer/Koos, IPRax 2000, 349; Thünken, IPRax 2001, 15, 17; Arndt/Köhler, EWS 2001, 102, 106; LG Frankfurt/M., CR 2001, 185, 190.

b. Vergleich mit der Warenverkehrs- und Dienstleistungsfreiheit

Der Regelungsgehalt des Art. 3 Absatz 1 und 2 der Richtlinie erschließt sich, nicht zuletzt auch im Hinblick auf die Behandlung werbebeschränkender nationaler Rechtsvorschriften, durch eine Gegenüberstellung mit der Warenverkehrs- und Dienstleistungsfreiheit.[1125]

Sowohl die Warenverkehrs- und Dienstleistungsfreiheit als auch der in Art. 3 Absatz 2 der Richtlinie geregelte freie Verkehr von Diensten der Informationsgesellschaft dienen dem europäischen Binnenmarkt. Dies folgt für erstere aus Art. 14 Absatz 2 EGV, letztere ist unter der Teilüberschrift Binnenmarkt verortet und in Begründungserwägung 1 der E-Commerce-Richtlinie wird ausdrücklich auf Art. 14 Absatz 2 EG-Vertrag Bezug genommen.[1126] Das sekundärrechtliche Herkunftslandprinzip der Richtlinie und die Warenverkehrs- und Dienstleistungsfreiheit haben aber nicht nur dieselbe Zielrichtung. Vielmehr ist auch der rechtliche Ursprung der Verkehrsfreiheit für Dienste der Informationsgesellschaft in den genannten Grundfreiheiten zu sehen. Warenverkehrs- und Dienstleistungsfreiheit lassen sich unter dem Begriff der Produktfreiheiten zusammenfassen.[1127] Sie gewährleisten in ihrer Gemeinsamkeit größtmögliche Produktmobilität im Binnenmarkt.[1128] Dienste der Informationsgesellschaft sind nichts anderes als einzelne Produkte und mithin eo ipso Bestandteil des Schutzbereichs der Warenverkehrs-[1129] und insbesondere der Dienstleistungsfreiheit. Aufgrund der Besonderheiten des Internet wurde der freie Verkehr der Dienste der Informationsgesellschaft durch den europäischen Gesetzgeber einer sekundärrechtlichen Regelung unterworfen, welche für diese das Herkunftslandprinzip ausdrücklich festschreibt und damit das in den Grundfreiheiten enthaltene Rechtsprinzip sekundärrechtlich fortschreibt.[1130]

So entsteht durch Art. 3 Absatz 2 der Richtlinie eine sekundärgemeinschaftsrechtlich geregelte, originär zu bestimmende, gegenüber den Grundfreiheiten eigenständige, besondere Verkehrsfreiheit für Dienste der Informationsgesellschaft, welche gegenüber vom koordinierten Bereich erfassten nationalen Rechtsvorschriften ein allgemeines Beschränkungsverbot statuiert.[1131] Einzige Voraussetzung für die Einschlägigkeit dieser besonderen Verkehrsfreiheit ist das Vorliegen einer wirtschaftlichen Tätigkeit des Diensteanbieters im elektronischen

---

[1125] Vgl. auch Fezer in: Staudinger, Internationales Wirtschaftsrecht, Rn. 449; Maennel, MMR 1999, 187, 188; Bodewig, GRUR Int. 2000, 475, 480; Spindler, MMR-Beilage 7/2000, 4, 15; Fezer/Koos, IPRax 2000, 349, 352; Thünken, IPRax 2001, 15, 19; Arndt/Köhler, EWS 2001, 102, 106 ff.

[1126] Der erste Erwägungsgrund stellt den Zusammenhang wie folgt klar: *„Der Binnenmarkt umfasst nach Artikel 14 Absatz 2 des Vertrages einen Raum ohne Binnengrenzen, in dem der freie Verkehr von Waren und Dienstleistungen sowie die Niederlassungsfreiheit gewährleistet ist. Die Weiterentwicklung der Dienst der Informationsgesellschaft in dem Raum ohne Binnengrenzen ist ein wichtiges Mittel, um die Schranken, die die europäischen Völker trennen, zu beseitigen."*

[1127] Hailbronner/Nachbaur, EuZW 1992, 105, 107; Dethloff, Europäisierung des Wettbewerbsrechts, S. 235, 251. Holoubek in: Schwarze, EU-Kommentar, Art. 49 EGV, Rn. 4; Streinz, Europarecht, Rn. 656 sprechen insoweit von Produktverkehrsfreiheiten. Siehe auch Troberg in: GTE, vor Art. 59 (aF), Rn. 22 ff. Vgl. oben Teil 2 C.I.2.

[1128] Hailbronner/Nachbaur, EuZW 1992, 105, 107.

[1129] Nach hier vertretener Ansicht ist jedenfalls der Internet-Handel mit Hard-Goods als der Warenverkehrsfreiheit unterfallend anzusehen, da trotz der Geschäftsabwicklung im elektronischen Geschäftsverkehr ein Handel mit körperlichen Produkten stattfindet. Dazu oben Teil 2 A.II.

[1130] Vgl. Fezer in: Staudinger, Internationales Wirtschaftsrecht, Rn. 449; Fezer/Koos, IPRax 2000, 349, 352; Arndt/Köhler, EWS 2001, 102, 106.

[1131] Thünken, IPRax 2001, 15, 19 bezeichnet Art. 3 der Richtlinie als sekundärrechtliche spezielle Ausprägung der Grundfreiheiten des EG-Vertrages, insbesondere der Dienstleistungsfreiheit. Dethloff, Europäisierung des Wettbewerbsrechts, S. 54 spricht von einer sekundärrechtlichen Normierung des primärrechtlichen Herkunftslandprinzips.

Geschäftsverkehr.[1132] Der Anwendungsbereich bestimmt sich demnach originär und losgelöst von den Voraussetzungen der Warenverkehrs- und Dienstleistungsfreiheit. Es ergibt sich also zugleich ein neuer Dienstleistungsbegriff für die Dienste der Informationsgesellschaft.[1133]

Art. 3 Absatz 2 der Richtlinie enthält für die vom koordinierten Bereich erfassten Werberegelungen ein allgemeines Beschränkungsverbot. Die E-Commerce-Richtlinie bedient sich also der aus der Warenverkehrs- und Dienstleistungsfreiheit bekannten Grundsätze.[1134] Das in Art. 3 Absatz 2 bestimmte Beschränkungsverbot geht jedoch für nationale Werbevorschriften über die im Bereich der Grundfreiheiten geltenden Grundsätze hinaus. Denn jede Regelung, die zu einer Behinderung des freien Verkehrs von Diensten der Informationsgesellschaft aus einem anderen Mitgliedstaat führt, ist grundsätzlich vom Herkunftslandprinzip erfasst. Dies hat zur Folge, dass im Bereich der Internet-Werbung die Frage nach einer Diskriminierung oder einer tatsächlichen Schlechterstellung eines ausländischen Anbieters nicht mehr auftritt.[1135] Es genügt, dass alleine die Andersartigkeit einer Werbevorschrift im Bestimmungsstaat, welche im Herkunftsstaat nicht existiert, zu einer Behinderung der Verkehrsfähigkeit eines Dienstes führt. Verglichen mit der Systematik der Grundfreiheiten liegt hierin eine sekundärrechtliche Verankerung der Grundsätze der Dassonville-Formel[1136], die allerdings noch weiter reicht als diese. Denn für eine Beschränkung des freien Verkehrs von Diensten der Informationsgesellschaft ist nicht mehr zu prüfen, ob eine Regelung geeignet ist, den innergemeinschaftlichen Verkehr zu behindern.[1137] Vielmehr begründet allein die Zugehörigkeit einer Werberegelung zum koordinierten Bereich der Richtlinie, dass diese eine derartige Beschränkungswirkung haben kann. Zu prüfen ist nurmehr, ob tatsächlich im Einzelfall eine Beschränkung gegeben ist. Dies ist immer dann der Fall, wenn eine Werbevorschrift des Bestimmungsstaates zu einer Einschränkung der Werbung führt. Insbesondere in Ansehung der Entscheidung „Keck"[1138] und deren Folgen im Bereich des Werberechts geht das Herkunftslandprinzip im E-Commerce also deutlich über den Schutzbereich der Grundfreiheiten des EGV hinaus.[1139] Für eine Begrenzung des Anwendungsbereichs nach Wirkung oder Intensität[1140] der jeweiligen Regelung ist kein Raum mehr.

Internet-Werbung im europäischen Binnenmarkt kann nach dem sich aus diesen Grundsätzen ergebenden Herkunftslandprinzip also frei im gesamten Binnenmarkt zirkulieren, wenn der Anbieter die rechtlichen Anforderungen des Staates seiner Niederlassung erfüllt.

1132 Erwägungsgrund 18 der E-Commerce-Richtlinie.

1133 Ebenso Apel/Grapperhaus, WRP 1999, 1247, 1255. Kritisch zu diesem gegenüber Warenverkehrs- und Dienstleistungsfreiheit eigenständigen Dienstleistungsbegriff Waldenberger, EuZW 1999, 296, 297.

1134 Arndt/Köhler, EWS 2001, 102, 106. Dazu oben Teil 2 B.I. für die Warenverkehrsfreiheit, Teil 2 C.I für die Dienstleistungsfreiheit.

1135 So aber im Bereich der Warenverkehrsfreiheit nach Einordnung einer Regelung als Verkaufsmodalität im Sinne der Entscheidung EuGH, verb. Rs. C-267/91 und C-68/91, Keck und Mithouard, Slg. 1993, I-6097, 6131, Erwägung 16.

1136 EuGH, Rs. 8/74, Dassonville, Slg. 1974, 837 ff.

1137 EuGH, Rs. 8/74, Dassonville, Slg. 1974, 837, 852, Erwägung 5.

1138 EuGH, verb. Rs. C-267/91 und C-68/91, Keck und Mithouard, Slg. 1993, I-6097, 6131, Erwägung 16.

1139 Spindler, MMR-Beilage 7/2000, 4, 15; Arndt/Köhler, EWS 2001, 102, 107; Mankowski, ZVglRWiss 100 (2001), 137, 171. Diese Folge aufgrund eines Auseinanderfallens der Werbung online und offline kritisierend Fezer/Koos, IPRax 2000, 349, 353 ff.; Apel/Grapperhaus, WRP 1999, 1247, 1256 bezeichnen das sekundärrechtliche Herkunftslandprinzip insoweit zu Recht als „Henker der Keck-Doktrin", kritisieren dies aber.

1140 Zu Begrenzungsoptionen im Bereich des Begriffs der „Maßnahmen gleicher Wirkung" im Sinne des Art. 28 EGV vgl. die Darstellung von Ebenroth in: FS für Piper, 133, 141 ff.

2. Verhinderung von Importbeschränkungen

Das Herkunftslandprinzip verhindert aus seiner Natur heraus solche Beschränkungen, die sich durch den Importstaat eines Dienstes der Informationsgesellschaft ergeben. Ein Diensteanbieter, der sich gemäß den Anforderungen seines Herkunftsstaates rechtmäßig verhält, kann durch etwaige Regelungen der potentiellen Bestimmungsstaaten nicht mehr an der Einfuhr seiner Leistungen gehindert werden. Nicht vom Herkunftslandprinzip erfasst und demnach auch nicht durch die Regelung des Art. 3 Absatz 1 und 2 beeinträchtigt, sind solche Behinderungen des freien Verkehrs von Diensten, die sich durch den Erbringerstaat des Anbieters, also durch den Herkunftsstaat selbst ergeben.[1141] Denn dieser trägt gemäß Art. 3 Absatz 1 der Richtlinie selbst „Sorge" für die Aufstellung und Einhaltung der relevanten Vorschriften. Ergibt sich also eine Exportbeschränkung eines Dienstes der Informationsgesellschaft durch den Herkunftsstaat selbst, so bleiben demgegenüber die primärgemeinschaftsrechtlichen Grundsätze der Art. 29, 49 EGV von Bedeutung. Im Hinblick auf die Rechtsprechung des Gerichtshofs zur Dienstleistungsfreiheit[1142] bei Beschränkungen im Erbringerstaat kann auf die Darstellungen in Teil 2 verwiesen werden.

IV. Zusammenfassung

Art. 3 Absatz 1 und Absatz 2 regeln ein sekundärrechtliches Herkunftslandprinzip. Dieses setzt sich aus zwei Elementen zusammen. Art. 3 Absatz 1 legt den Ort der Niederlassung als relevantes Anknüpfungsmerkmal für die rechtliche Zuordnung von grenzüberschreitenden Diensten der Informationsgesellschaft fest und schafft so überhaupt erst die Grundlage eines Herkunftslandprinzips für Internet-Dienste, da es die Zugehörigkeit eines Dienstes zu einer bestimmten Rechtsordnung statuiert. Art. 3 Absatz 2 enthält eine besondere Verkehrsfreiheit für Dienste der Informationsgesellschaft, welche den in einem Mitgliedstaat niedergelassenen Diensteanbietern im Wege eines allgemeinen Beschränkungsverbots den freien Verkehr ihrer Dienste im gesamten Binnenmarkt ermöglicht.

Von besonderer Bedeutung ist demnach, in welchem Mitgliedstaat der Anbieter eines Internet-Dienstes niedergelassen ist. Bei der Bestimmung der relevanten Niederlassung können sich Unklarheiten ergeben, die sich nach den für die Fernsehrichtlinie entwickelten Grundsät-

---

[1141] Apel/Grapperhaus, WRP 1999, 1247, 1257 ff. sehen in der Möglichkeit von Exportbeschränkungen durch den Herkunftsstaat einen Umstand, der das Herkunftslandprinzip des Art. 3 der Richtlinie „ad absurdum" führe. Sie sind der Ansicht, eine Werbebeschränkung des Herkunftsstaates würde wegen Unteilbarkeit des Internet-Auftritts dazu führen, dass die Norm des Herkunftsstaates die Werbung für alle anderen Staaten beschränken kann, weshalb eine Festschreibung des Herkunftslandprinzips die Problematik von Exportbeschränkungen verfestige. Sich durch nationale Werberegelungen ergebende Exportbeschränkungen sind jedoch keine Folge des Herkunftslandprinzips und werden durch dieses auch nicht verstärkt. Denn dieselbe Konsequenz einer Beschränkung ergibt sich auch bei Anwendung des Marktortprinzips, da ein Gericht des Bestimmungsstaates in jedem Fall sein eigenes Marktortwerberecht anwenden wird, wenn die jeweilige Werbung zumindest auch den Markt des Bestimmungsstaates berührt. Anders liegen die Dinge nur dann, wenn eine Internet-Werbung sich nur auf andere Mitgliedstaaten der Gemeinschaft auswirkt. Dann wäre nach der Marktortregel grundsätzlich nur das Werberecht dieser Staaten anzuwenden. Nur in diesem Falle kann ein Herkunftslandprinzip die Ursache für eine derartige Beschränkung sein. Allerdings gilt auch dies nur bei kollisionsrechtlichem Verständnis des Herkunftslandprinzips. Denn wenn man das Herkunftslandprinzip gemeinschaftsrechtlich einordnet, kann es aufgrund des Herkunftslandprinzips niemals zur Anwendung des strengeren Herkunftslandrechts kommen, da Art. 3 Absatz 2 nur eingreift, wenn Dienste aus einem anderen Mitgliedstaat beschränkt werden.

[1142] Vgl. für Beschränkungen der Werbung durch Vorschriften des Herkunftsstaates insbesondere EuGH, Rs. C-384/93, Alpine Investments, Slg. 1995, I-1141, 1176, Erwägung 30; EuGH, Rs. C-6/98, ARD, Slg. 1999, I-7599, 7637, Erwägung 49 sowie neuerdings auch EuGH, Rs. C-405/98, GIP, Urteil vom 8. März 2001, EuZW 2001, 251 ff.; EWS 2001, 184 ff., Erwägungen 37 ff. für Beschränkungen der Werbung als Dienstleistung.

zen lösen lassen. Im Falle einer missbräuchlichen Verlegung der Niederlassung können die Bestimmungsstaaten im Einzelfall vom Herkunftslandprinzip abweichen und ihre Rechtsordnungen zur Anwendung bringen.

Internet-Werbung im europäischen Binnenmarkt ist vom Anwendungsbereich dieses sekundärrechtlichen Herkunftslandprinzips erfasst.[1143] Das hat zur Folge, dass Werbevorschriften der Mitgliedstaaten gegenüber einem Diensteanbieter aus einem anderen Mitgliedstaat nur noch dann zur Anwendung kommen können, wenn sie die besondere Verkehrsfreiheit für Dienste der Informationsgesellschaft nicht einschränken. Der Anbieter muss sich also nur noch nach den im Staat seiner Niederlassung geltenden Werberegelungen richten. Trifft er in einem anderen Mitgliedstaat auf strengere Anforderungen, so sind diese nicht anzuwenden. Die gemeinschaftsrechtlichen Grenzen nationaler Werbebeschränkungen verschieben sich damit gegenüber der Handhabung im Rahmen der Warenverkehrs- und Dienstleistungsfreiheit zugunsten des Binnenmarktziels.[1144]

C. Verbleibendes Schutzniveau des Bestimmungsstaates

I. Herkunftslandprinzip, Harmonisierung und Rechtfertigung nationaler Werberegelungen

Mit der sekundärrechtlichen Verankerung des Herkunftslandprinzips hat der europäische Gesetzgeber ohne Zweifel eine scharfe Waffe zum Zwecke der Förderung des Binnenmarktes im Bereich des elektronischen Geschäftsverkehrs eingesetzt. Da eine inhaltliche Harmonisierung des Werberechts bislang nicht gelungen ist[1145], der Bedarf nach Rechtssicherheit für den Anbieter im Internet aber aufgrund des dort gegebenen besonderen Rechtsanwendungsrisikos ungleich größer ist als im sonstigen Geschäftsverkehr[1146], hat sich der Gesetzgeber -zumindest prima facie- für ein weit gefasstes allgemeines Beschränkungsverbot gegenüber nationalen Werberegelungen entschieden. Ohne Korrekturmöglichkeiten hätte dies für die Bestimmungsstaaten zur Folge, das ihr eigenes Werberecht im Bereich der grenzüberschreitenden Internet-Werbung in Zukunft irrelevant wäre, sobald es im Einzelfall strenger ist als dasjenige des Herkunftsstaates.[1147] Gleich ob man eine kollisionsrechtliche Einordnung des Herkunftslandprinzips vornehmen will oder es als rein gemeinschaftsrechtliches Rechtsprinzip ansieht, kä-

---

[1143] Fezer in: Staudinger, Internationales Wirtschaftsrecht, Rn. 447; Hoeren, MMR 1999, 192, 194; ders., EuZ 2000, 74; Apel/Grapperhaus, WRP 1999, 1247, 1248; Schack, MMR 2000, 59, 63; Tettenborn, K&R 2000, 59, 61; Lehmann, EuZW 2000, 517, 518; Bodewig, GRUR Int. 2000, 475, 479; Spindler, MMR-Beilage 7/2000, 4, 7, 15 ff.; Karenfort/Weißgerber, MMR-Beilage 7/2000, 38, 39; Fezer/Koos, IPRax 2000, 439; Thünken, IPRax 2001, 15, 17; Arndt/Köhler, EWS 2001, 102, 106. Einzige Ausnahme sind Regelungen der Mitgliedstaaten, die unerwünschte E-Mail-Werbung betreffen. Ergeben sich hierdurch Beschränkungen für den grenzüberschreitenden Geschäftsverkehr, so sind diese weiterhin im Rahmen der Warenverkehrs- und Dienstleistungsfreiheit zu prüfen.

[1144] Kritisch zu diesem Auseinanderfallen der gemeinschaftsrechtlichen Maßstäbe für die Beurteilung von Werberegelungen online und offline insbesondere Apel/Grapperhaus, WRP 1999, 1247, 1259; Fezer in: Staudinger, Internationales Wirtschaftsrecht, Rn. 352; Fezer/Koos, IPRax 2000, 349, 353 ff.; Mankowski, ZVglRWiss 100 (2001), 137, 164 ff.

[1145] Oben Teil 1 B.II.3.

[1146] Oben Teil 1 B.III.1.

[1147] Heftig kritisiert wird das Herkunftslandprinzip der E-Commerce-Richtlinie daher u.a. von Apel/Grapperhaus, WRP 1999, 1247, 1255; Lehmann, EuZW 2000, 517, 518. Kritisch, wenngleich im Hinblick auf die besonderen Erfordernisse des E-Commerce abwägend Bodewig GRUR Int. 2000, 475, 483; Spindler, MMR-Beilage 7/2000, 4, 8. Die Problematik objektiv beschreibend Landfermann, ZUM 1999, 795, 799; Karenfort/Weißgerber, MMR-Beilage 7/2000, 38, 39. Fezer/Koos sprechen von einer Harmonisierung „auf dem kalten Wege“.

me es in beiden Fällen jedenfalls zu einem Vorrang des Rechts des Herkunftsstaates.[1148] Das nationale Werberecht und die von ihm verfolgten Schutzziele würden so zu einer „quantité négligeable“[1149].

Aus Sicht des Bestimmungsstaates steht deshalb die Frage nach der Aufrechterhaltung des Schutzniveaus gegenüber nach dem Herkunftslandprinzip grundsätzlich zulässiger Internet-Werbung aus einem anderen Mitgliedstaat im Vordergrund. Nach aus der Warenverkehrs- und Dienstleistungsfreiheit bereits bekannter Systematik lässt sich ein Mindestschutzniveau regelmäßig auf zweierlei Weise herstellen.

Zum einen kommt eine materielle Harmonisierung der vom Herkunftslandprinzip erfassten Werberegelungen in Betracht.[1150] Die gemeinschaftsweite Harmonisierung von in den koordinierten Bereich einbezogenen Rechtvorschriften hat zur Konsequenz, dass -freilich je nach Reichweite der Rechtsangleichung- ein Mindestschutzniveau geschaffen wird, welches in allen Mitgliedstaaten gültig ist. Daraus folgt, dass ein Vorrang des Werberechts des Herkunftsstaates im Bestimmungsstaat weit weniger einschneidende Folgen als in nicht harmonisierten Bereichen zeitigt, da allen betroffenen Rechtsordnungen die wesentlichen Schutzstandards gemeinsam sind.

Die andere, rein auf die Kompetenz der Mitgliedstaaten zugeschnittene Möglichkeit, ein Absinken des Schutzniveaus der Bestimmungsstaaten im Werberecht zu verhindern, ist die Gewährung eines Rechtfertigungstatbestandes zugunsten der betroffenen Bestimmungsstaaten.[1151] Diese aus dem Bereich der Grundfreiheiten bekannte Einschränkung des Herkunftslandprinzips gewährt den Bestimmungsstaaten die Möglichkeit der Durchsetzung von Mindestschutzinteressen in denjenigen Bereichen, in denen keine Rechtsangleichung für den gebotenen Schutz der mitgliedstaatlichen Regelungsinteressen sorgt. Rechtfertigungsmöglichkeiten zugunsten der Mitgliedstaaten stellen das notwendige Korrektiv zum Herkunftslandprinzip im nichtharmonisierten Bereich dar. Der Zweck der Gewährung von Rechtfertigungstatbeständen steht dabei in engem Zusammenhang mit dem Stand der Harmonisierung.[1152] Denn zum einen ist im Falle fehlender Rechtsangleichung von einer zwangsläufig verbleibenden Regelungskompetenz der Mitgliedstaaten auszugehen. Den Mitgliedstaaten muss in den betreffenden Bereichen die Möglichkeit verbleiben, Mindestschutzstandards für ihr Territorium zu wahren, wenn dieser Schutz auf Gemeinschaftsebene nicht ausreichend gewährleistet

---

[1148] Hierzu ausführlich Teil 3 D. II.2. Im Falle einer kollisionsrechtlichen Einordnung führte das Herkunftslandprinzip zu einer aktiven Anwendungsverpflichtung durch den Bestimmungsstaat, während eine rein europarechtliche Qualifikation zumindest zu einer Nichtanwendung nationalen Werberechts führen würde.

[1149] So Spindler, MMR-Beilage 7/2000, 4, 7 zu den durch den koordinierten Bereichs der Richtlinie erfassten nationalen Bestimmungen.

[1150] Eine weitergehende Harmonisierung des Werberechts –zumindest als Ergänzung zum bestehenden Herkunftslandprinzip der E-Commerce-Richtlinie fordern etwa Bodewig, GRUR Int. 2000, 475, 482 ff.; Fritze/Holzbach, WRP 2000, 872, 876. Allgemein zum Erfordernis eines Zusammenspiels zwischen Ursprungslandprinzip und Mindestharmonisierung Henning-Bodewig in: Schwarze, Werbung und Werbeverbote, S. 170, 175; dies., WRP 2000, 886, 887; Basedow, RabelsZ 59 (1995), 1, 4.

[1151] Für den Rechtfertigungstatbestand des Art. 3 IV der E-Commerce-Richtlinie vgl. insbesondere Spindler, MMR-Beilage 7/2000, 4, 8, 15; Arndt/Köhler, EWS 2001, 102, 106 ff. Landfermann bezeichnet den Tatbestand des Art. 3 IV als „Notbremse“.

[1152] Brisch, CR 1999, 235, 237 sieht hierin zu Recht einen Ausgleich zur bisher noch fehlenden Vereinheitlichung des Sachrechts in den erfassten Bereichen.

ist.[1153] Zum anderen reichen Rechtfertigungsmöglichkeiten der Mitgliedstaaten immer nur soweit, wie noch keine Rechtsvereinheitlichung auf Gemeinschaftsebene erfolgt ist.[1154]

Die E-Commerce-Richtlinie beinhaltet aus dem Blickwinkel der Aufrechterhaltung des Schutzniveaus der Mitgliedstaaten zwei bedeutsame Bestimmungen. Zum einen stellt Art. 1 Absatz 3 klar, dass das sich aus dem Gemeinschaftsrecht ergebende Schutzniveau grundsätzlich unberührt bleibt. Art. 1 Absatz 3 ist somit als eine aus dem Gemeinschaftsrecht herrührende Schranke anzusehen.[1155] Art. 3 Absatz 4 bis 6 gewährt den Mitgliedstaaten die Rechtfertigung nationaler Vorschriften und ist somit als Schranke rein nationalen Ursprungs anzusehen.[1156]

II. Rechtfertigung nationaler Werberegelungen

Die E-Commerce-Richtlinie sieht eine Rechtfertigungsmöglichkeit der Mitgliedstaaten in Form eines Einzelfallausnahmetatbestandes vor, welcher in dieser Art ein gemeinschaftsrechtliches Novum darstellt und dessen Ausfüllung der Diskussion in Rechtsprechung und Literatur anheim gestellt sein wird.[1157] Der Einzelfallausnahmetatbestand des Art. 3 Absatz 4 bis 6 besteht aus zwei wesentlichen Elementen. Zum einen ist ein Rechtfertigungstatbestand vorgesehen, der Rechtfertigungsgründe enthält und ein Schema für eine Rechtfertigungsprüfung vorgibt. Zum anderen sieht die Regelung besondere Verfahrensvorschriften vor, die im Falle der Abweichung vom Herkunftslandprinzip durch die Bestimmungsstaaten eingehalten werden müssen. Trotz der konzeptionellen Neuartigkeit bieten sich neben Wortlaut, Systematik und Telos der getroffenen Regelung weitere Interpretationshilfen an. Denn der Rechtfertigungstatbestand birgt ein Grundschema in sich, welches aus der Rechtsprechung zur Warenverkehrs- und Dienstleistungsfreiheit, nicht zuletzt auch in Bezug auf Werberegelungen bekannt ist. Art. 3 Absatz 4 beinhaltet einen Katalog möglicher Schutzziele der Mitgliedstaaten, deren Prüfung einer klassischen Rechtfertigungsprüfung im Sinne der Entscheidung „Cassis de Dijon“[1158] und der ordre public-Vorbehalte des primären Gemeinschaftsrechts nahe kommt.[1159] Im Hinblick darauf wird im Folgenden eine Gegenüberstellung dieser Rechtfertigungstatbestände angestrebt.[1160]

[1153] Vgl. auch Epiney in: Calliess/Ruffert, Art. 28 EGV, Rn. 2, 4.

[1154] Statt aller Müller-Graff in: GTE, Art. 30 EGV (aF), Rn. 198 ff., Art. 36 EGV (aF), Rn. 13 ff.; Epiney in: Calliess/Ruffert, Art. 28 EGV, Rn. 24, Art. 30 EGV, Rn. 9 ff.; Leible in: Grabitz/Hilf, Art. 30 EGV, Rn. 10, jeweils mit Nachweisen aus der Rechtsprechung des Gerichtshofs. Vgl. hierzu auch unten Teil 3 C.II.3.d.

[1155] Mankowski, MMR 2001, 251, 254.

[1156] Mankowski, MMR 2001, 251, 254.

[1157] Auch der Gesetzesentwurf der Bundesregierung, BR-Dr. 136/01 v. 16.2.2001 zur Umsetzung der E-Commerce-Richtlinie sieht keine Klarstellungen vor. Beabsichtigt ist die Schaffung eines § 4 V TDG nF., der in Satz 1 den Rechtfertigungstatbestand des Art. 3 Absatz 4 lit. a der Richtlinie ohne weitere Ergänzungen nahezu wortgleich übernimmt. Hierzu auch Härting, CR 2001, 271, 273.

[1158] EuGH, Rs. 120/78, Cassis de Dijon, Slg. 1979, 649, 662, Erwägung 8.

[1159] Ebenso Spindler, ZUM 1999, 775, 783; ders., MMR-Beilage 7/2000, 4, 15; Arndt/Köhler, EWS 2001, 102, 107. Vgl. auch Bodewig, GRUR Int. 2000, 475, 480.

[1160] Der Ausnahmetatbestand des Art. 2 a II der Fernsehrichtlinie, konsolidierte Fassung abgedruckt in GRUR Int. 1998, 120 ff., stellt keinen tauglichen Vergleichsmaßstab für die im Rahmen des Art. 3 IV ff. zu lösenden Probleme dar. Denn die Fernsehrichtlinie geht in diesem Punkt von völlig anderen Voraussetzungen aus als die E-Commerce-Richtlinie. Da der Anwendungsbereich des Sendestaatsprinzips auf den in der Fernsehrichtlinie koordinierten Bereich begrenzt ist, gewährt Art. 2 a II folgerichtig nur einen sehr engen Ausnahmetatbestand, der zudem auf vorübergehende Maßnahmen begrenzt ist.

1. Struktur des Einzelfallausnahmetatbestandes der Richtlinie

Die Struktur des Einzelfallausnahmetatbestandes soll zunächst im Überblick dargestellt werden, bevor unter 2. die Verfahrensvorschriften des Art. 3 Absatz 4 lit. b bis Absatz 6 und unter 3. der Rechtfertigungstatbestand des Art. 3 Absatz 4 lit. a besprochen werden.

a. Rechtfertigungstatbestand des Art. 3 Absatz 4 lit. a

(1) Begriff der Maßnahmen der Mitgliedstaaten

Die E-Commerce-Richtlinie gestattet den Bestimmungsstaaten in Art. 3 Absatz 4 lit. a, *Maßnahmen* zu ergreifen, die im Hinblick auf einem bestimmten Dienst der Informationsgesellschaft vom in Art. 3 Absatz 2 geregelten Herkunftslandprinzip abweichen. Unter Maßnahmen in diesem Sinne sind individuelle Einzelmaßnahmen[1161] zu verstehen, die im Bestimmungsstaat gegenüber konkreten Rechtsverstößen eines Dienstes der Informationsgesellschaft aus einem anderen Mitgliedstaat erforderlich werden. Hiervon umfasst sind im Grundfall individuelle Vollzugsmaßnahmen bestimmungsstaatlicher Verwaltungsbehörden. Maßnahmen von nationalen Gerichten, einschließlich Zivilgerichten, die mit privatrechtlichen Streitigkeiten befasst sind[1162] sowie solche von Strafverfolgungsbehörden im Rahmen von Ermittlungsverfahren[1163] sind in den Begründungserwägungen gesondert aufgeführt. Dies lässt den Schluss zu, dass der Gesetzgeber einerseits die gesamte Bandbreite mitgliedstaatlicher Einzelmaßnahmen inklusive gerichtlicher Entscheidungen und Maßnahmen im Rahmen der Strafverfolgung erfassen wollte, andererseits im Rahmen des Grundtatbestands des Art. 3 Absatz 4 bis 6 verwaltungsbehördliche Entscheidungen vorgesehen hat.[1164]

Der Anwendungsbereich des Rechtfertigungstatbestandes ist also für alle denkbaren Einzelmaßnahmen der Bestimmungsstaaten eröffnet. Nicht erfasst sind nach dem Wortlaut des Art. 3 Absatz 4 hingegen nationale Rechtsvorschriften. Dies steht im Gegensatz zur Prüfung zwingender Erfordernisse bzw. zwingender Gründe des Allgemeininteresses oder der Schutzklauseln nach Art. 30; 55, 46 EGV, da den Mitgliedstaaten dort ausdrücklich auch entgegenstehende Rechtvorschriften gestattet sind.[1165] Aus diesem Grunde wird die Ansicht vertreten, Art. 3 Absatz 4 der Richtlinie enthalte keine vergleichbare Übertragung der Schranken der Leistungsverkehrsfreiheiten und des Verhältnismäßigkeitsprinzips in den Anwendungsbereich der Richtlinie.[1166] Zwar bezieht sich Art. 3 Absatz 4 tatsächlich nur auf individuelle Vollzugsmaßnahmen und nicht auf Rechtsvorschriften der Mitgliedstaaten. Eine so weitgehende Auslegung auch auf gesetzliche Regelungen gestattet der Ausnahmetatbestand der Richtlinie nicht.[1167] Diese Beschränkung auf Einzelmaßnahmen der Mitgliedstaaten reduziert jedoch die Effektivität des Art. 3 Absatz 4 als Rechtfertigungstatbestand nicht. Denn auch Einzelmaßnahmen werden durch die Behörden und Gerichte des jeweiligen Mitgliedstaates auf Grundlage des Vorranges des Gesetzes getroffen, so dass bestehende Rechtsvorschriften der Mit-

[1161] Brenn, ÖJZ 1999, 481, 484; Lindholm/Maennel, CR Int. 2000, 65, 67, „on a case by case basis"; Fezer/Koos, IPRax 2000, 349, 353; Fezer in: Staudinger, Internationales Wirtschaftsrecht, Rn. 452.

[1162] Erwägungsgrund 25 der E-Commerce-Richtlinie.

[1163] Erwägungsgrund 26 der E-Commerce-Richtlinie.

[1164] Dieser Ansicht auch Brenn, ÖJZ 1999, 481, 484.

[1165] Vgl. den Wortlaut der Art. 30; 55, 46 EGV einerseits sowie die Entscheidung EuGH, Rs. 120/78, Cassis de Dijon, Slg. 1979, 649, 662, Erwägung 8 andererseits, welche den Mitgliedstaaten gestattet *„Vorschriften für ihr Hoheitsgebiet zu erlassen"*.

[1166] So Fezer/Koos, IPRax 2000, 349, 353; Fezer in: Staudinger, Internationales Wirtschaftsrecht, Rn. 452.

[1167] Vgl. auch Brenn, ÖJZ 1999, 481, 484. Von einer Einbeziehung von Rechtsvorschriften in den Ausnahmetatbestand geht demgegenüber offenbar Spindler, MMR-Beilage 7/2000, 4, 8 aus, wenn er feststellt, ein Mitgliedstaat könne Vorschriften *„erlassen oder beibehalten"*.

gliedstaaten somit zur Anwendung kommen.[1168] Insoweit ist es dann jedoch ohne Bedeutung, dass der Einzelfallausnahmetatbestand nur individuelle Maßnahmen der Mitgliedstaaten erfasst und nicht den Erlass entgegenstehender Rechtsvorschriften durch die Bestimmungsstaaten.[1169] Denn wenn nationale Rechtsnormen geschaffen werden, so sind diese zwangsläufig Gegenstand des geltenden Rechts des Bestimmungsstaates und daher von Exekutive und Judikative aufgrund des Vorranges des Gesetzes auch anzuwenden. Sie werden somit Grundlage der individuellen Maßnahmen des jeweiligen Staates und sind so auch geeignet, gegenüber Diensten der Informationsgesellschaft zur Anwendung zu kommen.[1170]

(2) Rechtfertigungstatbestand im Überblick

Um eine Rechtfertigung einschränkender *Maßnahmen* durch den Bestimmungsstaat zu begründen, müssen diese aus einem der in Absatz 4 lit. a i) genannten *Gründe* (synonym verwendet die Richtlinie im Folgenden hierfür auch den Begriff *Schutzziele*) *erforderlich* sein. Als *Gründe* nennt die Richtlinie den Schutz der öffentlichen Ordnung[1171], den Schutz der öffentlichen Gesundheit, den Schutz der öffentlichen Sicherheit[1172] sowie den Schutz der Verbraucher. Diese Gründe müssen eine Maßnahme *erforderlich* machen. Weitere Voraussetzung ist, dass die Maßnahme *in einem angemessenen Verhältnis zu den Schutzzielen* steht, wodurch eine Verhältnismäßigkeitsprüfung intendiert wird.[1173] Zusätzliche und gegenüber den Rechtfertigungsmöglichkeiten im Bereich der Grundfreiheiten neuartige[1174] Voraussetzung ist, dass die Maßnahmen des Bestimmungsstaates einen Dienst der Informationsgesellschaft betreffen müssen, der die *Schutzziele beeinträchtigt oder eine ernsthafte und schwerwiegende Gefahr der Beeinträchtigung dieser Ziele darstellt.*

b. Verfahrensvorschriften des Art. 3 Absatz 4 lit. b bis Absatz 6

Neuartig ist der Einzelfallausnahmetatbestand des Art. 3 Absätze 4 bis 6 der E-Commerce-Richtlinie auch im Hinblick auf die in ihm enthaltenen besonderen Verfahrensvorschriften, deren Einhaltung für eine Rechtfertigung nationaler Maßnahmen erforderlich ist.[1175] Mitgliedstaaten, welche von der Möglichkeit einer Rechtfertigung nationaler Maßnahmen Gebrauch machen wollen, sind zur Einhaltung verschiedener Verfahrensschritte verpflichtet.[1176] Art. 3 Absatz 4 lit. b sieht ein spezielles Abmahn- und Notifikationsverfahren vor und Art. 3 Absatz

---

[1168] Brenn, ÖJZ 1999, 481, 484.

[1169] A.A. Fezer/Koos, IPRax 2000, 349, 353; Fezer in: Staudinger, Internationales Wirtschaftsrecht, Rn. 452.

[1170] Ebenso auch Brenn, ÖJZ 1999, 481, 484.

[1171] Gemäß Art. 4 lit. a i) 1.Spstr. umfasst der Begriff der öffentlichen Ordnung insbesondere die Verhütung, Ermittlung, Aufklärung und Verfolgung von Straftaten, einschließlich des Jugendschutzes und der Bekämpfung der Hetze aus Gründen der Rasse, des Geschlechts, des Glaubens oder der Nationalität, sowie von Verletzungen des Menschenwürde einzelner Personen. Erfasst ist also der im Internet sehr wichtige Bereich strafbarer, sowie sonstiger rechtwidriger Inhalte.

[1172] Im Gegensatz zur öffentlichen Ordnung definiert Gemäß Art. 4 lit. a i) 3.Spstr. die öffentliche Sicherheit insbesondere im Hinblick auf die Wahrung nationaler Sicherheits- und Verteidigungsinteressen.

[1173] Vgl. statt aller Bodewig, GRUR Int. 475, 480; Spindler, MMR-Beilage 7/2000, 4, 7.

[1174] Hierzu Arndt/Köhler, EWS 2001, 102, 106.

[1175] Der Gesetzesentwurf der Bundesregierung, BR-Dr. 136/01 v. 16.2.2001 sieht keine Umsetzung der Verfahrensvorschriften in nationales Recht vor. § 4 V S. 2 TDG nF. begnügt sich vielmehr mit der Aussage, dass für Maßnahmen zur Durchsetzung nationaler Regelungen „Artikel 3 Abs. 4 und 5 der Richtlinie 2000/31/EG Konsultations- und Informationspflichten vorsieht".

[1176] Spindler, MMR-Beilage 7/2000, 4, 15 spricht von einem „schutzklauselähnlichen Verfahren". Zur den einzelnen Verfahrensschritten insbesondere Brenn, ÖJZ 1999, 481, 484; Arndt/Köhler, EWS 2001, 102, 106.

5 regelt ein Notifikationsverfahren für den Sonderfall dringender Maßnahmen, welche unter Umgehung des komplizierteren Verfahrens des Absatzes 4 lit. b durchgeführt werden können.

2. Verfahrensvorschriften

a. Abmahn- und Notifikationsverfahren nach Art. 3 Absatz 4 lit. b

Art. 3 Absatz 4 lit. b sieht vor, dass der Mitgliedstaat vor Ergreifen der betreffenden Maßnahmen den Herkunftsstaat auffordern muss, Maßnahmen zu ergreifen. Nur wenn der Herkunftsstaat dieser Aufforderung nicht Folge leistet oder die von ihm getroffenen Maßnahmen unzulänglich sind, darf die Maßnahme durchgeführt werden.[1177] In diesem Fall hat der Bestimmungsstaat dann zusätzlich die Kommission und den Herkunftsstaat über seine Absicht, die Maßnahmen zu ergreifen, zu unterrichten.[1178]

Intention dieser Verfahrensvorschrift ist, sämtliche mitgliedstaatlichen Vorschriften, die der Anwendung des Herkunftslandprinzips entgegenstehen, auf einen europäischen Prüfstand zu stellen.[1179] Denn Art. 3 Absatz 4 lit. b ist im Zusammenhang mit Absatz 6 zu lesen, wonach die Kommission innerhalb kürzestmöglicher Zeit die Vereinbarkeit der Maßnahmen mit dem Gemeinschaftsrecht prüfen muss. Absatz 6 bezieht sich nicht nur auf den Dringlichkeitstatbestand des Absatzes 5, sondern statuiert eine umfassende Prüfpflicht der Kommission auch für Fälle des Verfahrens nach Absatz 4 lit. b.[1180] Die Kommission nimmt im Rahmen ihrer Prüfpflicht eine umfassende Rechtfertigungsprüfung im Sinne des Absatzes 4 lit. a vor und teilt dem Bestimmungsstaat das von ihr gefundene Ergebnis mit, gegebenenfalls in Verbindung mit der Aufforderung, die Maßnahmen zu unterlassen.[1181]

Für den vorliegend zu untersuchenden Bereich der Internet-Werbung wird dieser Verfahrensschritt jedoch nur in den seltensten Fällen zum Tragen kommen. Denn die Regelung sieht ausdrücklich vor, dass Art. 3 Absatz 4 lit. b nur *„unbeschadet etwaiger Gerichtsverfahren"* Geltung beansprucht.[1182] Hiervon umfasst sind nach Klarstellung in der Richtlinie gerichtliche Verfahren, einschließlich Vorverfahren und Schritten im Rahmen strafrechtlicher Ermittlungen. Einbezogen sind also alle gerichtlichen Verfahren, mithin auch zivilrechtliche Verfahren.[1183] Dies bestätigt auch die Begründungserwägung 25, die zu den Gerichten ausdrücklich auch die Zivilgerichte zählt. Über werberechtliche Vorschriften des Bestimmungsstaates wird

---

[1177] Art. 4 lit. b 1. Spstr. der E-Commerce-Richtlinie.

[1178] Art. 4 lit. b 2. Spstr. der E-Commerce-Richtlinie. Vgl. auch Brenn, ÖJZ 1999, 481, 484.

[1179] Spindler, MMR-Beilage 7/2000, 4, 16. Spindler ist dabei jedoch insoweit zu widersprechen, als die Rechtsvorschriften nicht auf den Prüfstand der Grundfreiheiten, sondern auf den Prüfstand der besonderen Verkehrsfreiheit für Dienste der Informationsgesellschaft im Sinne des Art. 3 Absatz 2 der Richtlinie gestellt werden.

[1180] Der Richtlinienvorschlag, ABl. Nr. C 30/4 hatte in Art 22 III lit. d demgegenüber noch eine fakultative Überprüfung durch die Kommission vorgesehen. Vgl. hierzu auch Brenn, ÖJZ 1999, 481, 484.

[1181] Spindler, MMR-Beilage 7/2000, 4, 9 prognostiziert diesem Verfahren vor der Kommission eine ähnliche Zukunft wie dem Freistellungsverfahren im europäischen Kartellrecht, da die Kommission kaum in der Lage sein dürfte, jede einzelne Maßnahme einer individuellen Prüfung zu unterwerfen.

[1182] Die endgültige Fassung der Richtlinie nimmt gegenüber dem letzten Richtlinienentwurf hinsichtlich der Freistellung gerichtlicher Verfahren eine Klarstellung vor. Im Entwurf bezog sich die Wendung „unbeschadet gerichtlicher Verfahren noch auf den gesamten Einzelfallausnahmetatbestand. Durch die Bezugnahme nur auf das Notifikationsverfahren wurde die Intention dieser Ausnahme klargestellt, die sich nur auf das Durchlaufen des Verfahrens beziehen soll. Kritisch zum Entwurf zu Recht Hoeren, MMR 1999, 192, 196.

[1183] Ebenso Brenn, ÖJZ 1999, 481, 484; Arndt/Köhler, EWS 2001, 102, 106. Eine entsprechende Klarstellung enthält nun auch die Begründung zum Gesetzesentwurf der Bundesregierung, BR-Dr. 136/01 v. 16.2.2001, S. 43, wonach sich sämtliche Konsultationsverpflichtungen ausschließlich an Träger hoheitlicher Gewalt und nicht an Gerichte richten.

im deutschen Recht regelmäßig im Rahmen der gerichtlichen Prüfung durch ein Zivilgericht entschieden.[1184] Dies hat zur Folge, dass das Abmahn- und Notifikationsverfahren des Art. 3 Absatz 4 lit. b bei wettbewerbsrechtlichen Rechtsstreitigkeiten keine Anwendung findet. Neben dem eindeutigen Wortlaut spricht für eine Nichtanwendung des Verfahrens im Rahmen gerichtlicher Entscheidungen auch die Effektivität des mitgliedstaatlichen Rechtsschutzes. Gerade im Hinblick auf im Rahmen des Wettbewerbsrechts häufig auftretende einstweilige Verfügungsverfahren wäre ein Durchlaufen sämtlicher Verfahrensschritte unakzeptabel.[1185]

Für die gemeinschaftsrechtliche Kontrolle werberechtlicher Vorschriften anhand des Rechtfertigungstatbestandes des Art. 3 Absatz 4 lit. a bedeutet das, dass diese nicht durch die Kommission vorgenommen wird, sondern vielmehr zunächst durch die Gerichte des Bestimmungsstaates. Sind diese über die Auslegung des Rechtfertigungstatbestandes der Richtlinie im unklaren, so haben sie im Wege des Vorabentscheidungsverfahrens gemäß Art. 234 EGV um Entscheidung des Gerichtshofs zu ersuchen.[1186]

b. Notifikationsverfahren nach Art. 3 Absatz 5

Art. 3 Absatz 5 gewährt den Bestimmungsstaaten Abweichungsmöglichkeiten vom Verfahren des Absatzes 4 lit. b. In *dringenden Fällen* können die Verwaltungsbehörden der Mitgliedstaaten die intendierten Maßnahmen ohne Durchführung des ex-ante vorzunehmenden Abmahn- und Notifikationsverfahrens einleiten. Stattdessen sieht Art. 3 Absatz 5 allerdings ein spezielles Notifikationsverfahren vor, nach dem ex-post der betroffene Herkunftsstaat und die Kommission über die Maßnahmen unter Angabe der Gründe für die Dringlichkeit zu unterrichten sind. Die Kommission prüft dann gemäß Art. 3 Absatz 6 innerhalb kürzester Zeit, ob die mitgliedstaatlichen Maßnahmen mit dem Gemeinschaftsrecht vereinbar sind. Kommt sie zu dem Ergebnis, dass eine Vereinbarkeit mit dem Gemeinschaftsrecht nicht vorliegt, so fordert sie den betroffenen Bestimmungsstaat auf, von den Maßnahmen Abstand zu nehmen oder bereits ergriffene Maßnahmen einzustellen.[1187]

Auch dieses Notifikationsverfahren findet für Werberegelungen, die im Rahmen gerichtlicher Entscheidungen zu überprüfen sind, keine Anwendung. Für eine Anwendung des Mitteilungsverfahrens des Art. 3 Absatz 5 auch auf zivilgerichtliche Verfahren könnte zwar ein Vergleich zwischen den Begründungserwägungen 25 und 26 sprechen, da Begründungserwägung 26 speziell für strafrechtliche Vorschriften feststellt, dass in diesem Fall eine Mitteilung an die Kommission nicht erfolgen müsse. Hieraus ließe sich folgern, dass die Mitteilungsverpflichtung dann in anderen, etwa zivilgerichtlichen Verfahren gegeben sei. Hiergegen spricht jedoch zum einen der Wortlaut des Absatzes 5, der ausdrücklich nur auf Abweichungen von Absatz 4 lit. b Bezug nimmt. Absatz 4 lit. b findet aber nur bei verwaltungsbehördlichen Ent-

[1184] Dies dürfte in den weitaus meisten anderen Mitgliedstaaten ebenfalls gelten. Denn auch wenn sich, wie eingangs in Teil 1 B.II.3. dargestellt, im Hinblick auf die Rechtsdurchsetzung im Bereich des Werberechts in den Mitgliedstaaten erhebliche Unterschiede ergeben, so kommt es doch im Regelfall zur Durchführung gerichtlicher Verfahren, sei es vor Zivil- oder, wie etwa in Frankreich häufig, vor Strafgerichten. Wenn, wie in den nordischen Ländern, ein Verbraucherombudsmann tätig wird, muss dieser jedenfalls in Fällen, in denen seine Sanktionskompetenzen nicht für ein Vorgehen gegen den Werbenden ausreichen, Klage vor Gericht erheben. Vgl. zu letzterem Kur, GRUR Int. 1996, 38, 41, 42.

[1185] Dies befürchtend Bodewig, GRUR Int. 2000, 475, 480.

[1186] Siehe auch Arndt/Köhler, EWS 2001, 102, 107. Art. 234 EGV erfasst dabei Auslegungsfragen bezüglich aller Rechtsquellen des Gemeinschaftsrechts, also auch hinsichtlich der betreffenden Vorschriften der E-Commerce-Richtlinie. Vgl. Streinz, Europarecht, Rn. 558.

[1187] Vgl. auch Brenn, ÖJZ 1999, 481, 484.

scheidungen und nicht im Falle gerichtlicher Verfahren Anwendung. Von diesem Verfahren abweichen können daher nur Maßnahmen, die ihm im Normalfall unterliegen würden. Das Notifikationsverfahren des Art. 3 Absatz 5 hat seinen Anwendungsbereich daher nur bei verwaltungsbehördlichen Entscheidungen im Gefolge des Verfahrens nach Absatz 4 lit. b. Zum anderen würde auch durch ein Mitteilungsverfahren die Effektivität des mitgliedstaatlichen Rechtsschutzsystems gefährdet, da im Falle einer negativen Entscheidung der Kommission ein Rückgängigmachen gerichtlicher Entscheidungen nicht möglich ist.

3. Rechtfertigung nationaler Werberegelungen

Nachdem die besonderen Verfahrensvorschriften für den Bereich des Werberechts keine weiterreichende Bedeutung haben, ist in einer mit der Grundfreiheitenprüfung vergleichbaren Form die Rechtfertigung nationaler Werberegelungen zu prüfen. Das Gericht des Bestimmungsstaates, welches das nationale Werberecht gegenüber der Internet-Werbung eines EU-ausländischen Anbieters anwenden will, hat zu untersuchen, ob die jeweilige nationale Werbevorschrift gerechtfertigt ist.[1188] Es hat dabei die nun näher zu erörternden Maßstäbe des Art. 3 Absatz 4 lit. a zu beachten.

a. Auslegungsgrundsätze

(1) Stellung der Regelung im System gemeinschaftsrechtlicher Rechtfertigungstatbestände

Art. 3 Absatz 4 lit. a der E-Commerce-Richtlinie statuiert einen Rechtfertigungstatbestand, welcher als Korrelat zum sekundärrechtlichen Herkunftslandprinzip des Art. 3 Absatz 2 der Richtlinie anzusehen ist. Es liegt eine Sonderregelung vor, welche nur für den in der Richtlinie koordinierten und daher vom Herkunftslandprinzip erfassten Bereich geschaffen worden ist. Trotz dieser Einordnung als spezieller Ausnahmetatbestand lässt sich die Regelung des Art. 3 Absatz 4 lit. a in die aus dem Bereich der Grundfreiheiten bekannte gemeinschaftsrechtliche Systematik einfügen.[1189] Als Interpretationshilfen bieten sich die im Bereich der Warenverkehrs- und Dienstleistungsfreiheit bestehenden Rechtfertigungstatbestände[1190] an, im Rahmen derer eine Rechtfertigung nationaler Werberegelungen entweder innerhalb der Vorbehalte der Art. 30; 46, 55 EGV oder aber durch Berücksichtigung als zwingende Erfordernisse bzw. zwingende Gründe des Allgemeininteresses in Betracht kommt.[1191]

Warenverkehrs- und Dienstleistungsfreiheit sowie die aus Art. 3 Absatz 2 der Richtlinie zu entwickelnde besondere Verkehrsfreiheit für Dienste der Informationsgesellschaft dienen dem europäischen Binnenmarkt. Zur Verwirklichung dieses Ziels bedient sich die E-Commerce-Richtlinie den aus den Grundfreiheiten bekannten Grundsätzen, indem Art. 3 Absatz 2 eine Einschränkung des freien Verkehrs der Dienste aus einem anderen Mitgliedstaat verbietet und ein allgemeines Beschränkungsverbot aufstellt.[1192] Im Hinblick auf den im

---

[1188] Zu den Grundsätzen der Darlegungs- und Beweislast Leible in: Grabitz/Hilf, Art. 30 EGV, Rn. 8. Dazu auch unten Teil 3 E.

[1189] Vgl. auch Bodewig, GRUR Int. 2000, 475, 480; Spindler, MMR-Beilage 7/2000, 4, 15; Arndt/Köhler, EWS 2001, 102, 106.

[1190] Die dogmatische Einordnung der „zwingenden Erfordernisse" der Mitgliedstaaten als tatbestandsimmanente Schranke oder als Rechtfertigungsgründe ist umstritten. Zu dieser Frage schon oben Teil 2 B.I.2.

[1191] Kritisch zur Abgrenzung der in Art. 30 EGV erfassten Gründe zu den zwingenden Erfordernissen Müller-Graff in: GTE, Art. 36 EGV (aF), Rn. 28 ff.

[1192] Dazu oben Teil 3 B.III.

Rahmen der Rechtfertigung nationaler Maßnahmen vorliegenden Regelungssachverhalt liegt demnach eine parallele Konstellation vor, da Grundlage der gemeinsamen Problematik der Widerstreit zwischen den Anforderungen des freien Verkehrs von Waren und Dienstleistungen im Binnenmarkt und zwingender, im öffentlichen Interesse der Mitgliedstaaten liegender Regelungsbedürfnisse ist.[1193] Denn ist der Binnenmarkt Schutzgegenstand des freien Produktverkehrs und wird die Problematik der Einwirkung beschränkender nationaler Regelungen auf grenzüberschreitende Sachverhalte durch ein allgemeines Beschränkungsverbot zunächst nur zugunsten der Interessen des Binnenmarktes gelöst, so stellt sich zwangsläufig die weiterführende Frage einer Kompensation zugunsten der Interessen der Mitgliedstaaten auf der Ebene der Rechtfertigung. Dies gilt jedenfalls dann, wenn bzw. solange eine gemeinschaftsweite Harmonisierung der vom Herkunftslandprinzip erfassten Regelungsmaterie fehlt. Der europäische Gesetzgeber hat sich in der E-Commerce-Richtlinie unter diesem Gesichtspunkt für die Schaffung eines spezifischen Einzelfallausnahmetatbestandes entschieden, der die Rechtfertigung von dem Herkunftslandprinzip entgegenstehenden nationalen Maßnahmen ermöglicht, um ein Absinken des Schutzniveaus zu verhindern.[1194] Er folgt damit insoweit derselben Zielsetzung, die auch der Systematik der Grundfreiheiten innewohnt. Auch die Regelungstechnik des Art. 3 Absatz 4 lit. a der Richtlinie ist, wie sich in der folgenden Darstellung zeigen wird, weitgehend aus dem Bereich der Warenverkehrs- und Dienstleistungsfreiheit entlehnt.

(2) Eng auszulegender Ausnahmetatbestand

Art. 3 Absatz 4 lit. a beinhaltet einen eng auszulegenden Ausnahmetatbestand. Dies ergibt sich einerseits aus dem Wortlaut und der Regelungssystematik des Art. 3 Absatz 4 lit. a, andererseits aus dem für vergleichbare Regelungen anwendbaren Gebot der engen Auslegung von Ausnahmebestimmungen.

Art. 3 Absatz 4 lit. a der Richtlinie stellt keine allgemeine Schutzklausel dar, die den Bestimmungsstaaten von vorneherein und per se eine Abweichung vom Recht des Herkunftslandes ermöglicht.[1195] Sie gestattet den Mitgliedstaaten vielmehr nur, unter bestimmten Voraussetzungen zum Schutz bestimmter Rechtsgüter von dem Beschränkungsverbot des Art. 3 Absatz 2 abzuweichen. Insoweit gleicht sie der Vorschrift des Art. 30 EGV.[1196] Die einzelnen Schutzgüter sind abschließend aufgezählt, für die Rechtfertigungsprüfung sind bestimmte Prüfungsvoraussetzungen abschließend festgelegt und zusätzlich sind Verfahrensvorschriften vorgegeben, die zumindest außerhalb gerichtlicher Verfahren einzuhalten sind. Auch der Wortlaut des Art. 3 Absatz 4 lit. a stützt diese Sichtweise, wenn er den Mitgliedstaaten abweichende Maßnahmen gestattet, *„wenn die folgenden Bedingungen erfüllt sind“*, und dann die Prüfungsvoraussetzungen im Einzelnen nennt. Bereits Wortlaut und Systematik der Regelung deuten also darauf hin, dass eine enge Auslegung des Rechtfertigungstatbestandes angezeigt sein wird.

Untermauert wird diese Sichtweise durch die für vergleichbare Regelungen seitens des Gerichtshofs vertretene enge Auslegung von Ausnahmebestimmungen. Dies gilt zum einen im Bereich des Art. 30 EGV. Dort vertritt der EuGH die Ansicht, dass Art. 30 EGV eng auszulegen sei, weil er Ausnahmen vom Grundsatz des freien Warenverkehrs und damit von der

---

[1193] Müller-Graff in: GTE, Art. 30 EGV, Rn. 190 zur Interpretation der Entscheidung „cassis de Dijon“.
[1194] Siehe Erwägungsgründe 24 ff. der E-Commerce-Richtlinie; Arndt/Köhler, EWS 2001, 102, 106.
[1195] Spindler, MMR-Beilage 7/2000, 4, 9.
[1196] Vgl. Epiney in: Calliess/Ruffert, Art. 30 EGV, Rn. 4. Müller-Graff in: GTE, Art. 36 EGV (aF), Rn. 1, 23 ff.

Grundregel betreffe, dass alle Hindernisse für den freien Warenverkehr zwischen den Mitgliedstaaten zu beseitigen seien.[1197] Entsprechende Ausführungen des Gerichtshofs bestehen auch im Bereich der Auslegung sekundären Gemeinschaftsrechts. In der Entscheidung „ARD“[1198] stand die Auslegung einer Vorschrift der Fernsehrichtlinie inmitten, die beschränkende Regelungen im Bereich der Fernsehwerbung vorsah.[1199] Der Gerichtshof, der die Vorschrift auszulegen hatte, ging von einer engen Auslegung aus. Er stellte zunächst klar, dass das Hauptziel der Fernsehrichtlinie die Sicherstellung der freien Ausstrahlung von Fernsehsendungen sei.[1200] Sodann folgte die Feststellung, dass eine Rechtsvorschrift, welche die freie Sendetätigkeit beschränke und auslegungsfähig sei, in Ansehung des Hauptziels der Fernsehrichtlinie möglichst eng auszulegen sei.[1201]

Auch der Rechtfertigungstatbestand des Art. 3 Absatz 4 lit. a muss dem Grundsatz der engsten Auslegung folgen. Denn der zugrundeliegende Regelungssachverhalt ist zum einen identisch mit dem des Art. 30 EGV. Als Grundregel legt Art. 3 Absatz 2 fest, dass der freie Verkehr von Diensten der Informationsgesellschaft nicht durch Regelungen der Bestimmungsstaaten der jeweiligen Dienste eingeschränkt werden darf. Hauptziel des sekundärrechtlichen Herkunftslandprinzips ist somit eine weitest mögliche Gewährleistung des freien Verkehrs von Diensten der Informationsgesellschaft.[1202] Wie Art. 30 EGV stellt der Rechtfertigungstatbestand demgegenüber eine Beschränkung dar, die deshalb denselben Regeln folgen muss. Auch im Hinblick auf die Entscheidung zur Fernsehrichtlinie ergeben sich deutliche Parallelen. Auch dort war es das dem Herkunftslandprinzip vergleichbare Sendestaatsprinzip, welches als Hauptziel der Richtlinie beschränkt werden sollte. Zwar handelte es sich bei den insoweit beschränkenden Regelungen um materiell harmonisierende Vorschriften. Entscheidend ist jedoch unter dem vorliegend zu behandelnden Aspekt nur die Beschränkungswirkung der Vorschrift als solcher. Diese ist im Falle des Rechtfertigungstatbestandes des Art. 3 Absatz 4 lit. a sogar noch weiterreichend.

Aus alledem folgt, dass Art. 3 Absatz 4 lit. a als eng auszulegender Ausnahmetatbestand anzusehen ist. Weiter lässt sich folgern, dass Art. 30 EGV als Interpretationshilfe für Art. 3 Absatz 4 lit. a angesehen werden kann, weil beide Tatbestände neben dem gemeinsamen Regelungszweck sowohl dieselbe Regelungsstruktur beinhalten, wenn sie einen abschließenden, genau definierten Katalog von Rechtfertigungsgründen enthalten, als auch in beiden Fällen aus denselben Gründen eine Handhabung als eng auszulegender Ausnahmetatbestand angezeigt erscheint.

[1197] St. Rspr.; vgl. etwa EuGH, Rs. 13/68, Salgoil, Slg. 1968, 679, 694; EuGH, Rs. 174/82, Sandoz, Slg. 1983, 2445, 2464, Erwägung 22; EuGH, Rs. C-205/89, Kommission/Griechenland, Slg. 1991, I-1361, 1377, Erwägung 9. Siehe hierzu auch Müller-Graff in: GTE, Art. 36 EGV (aF), Rn. 23; Epiney in: Calliess/Ruffert, Art. 30 EGV, Rn. 2; Leible in: Grabitz/Hilf, Art. 30 EGV, Rn. 3; Becker in: Schwarze, EU-Kommentar, Art. 30 EGV, Rn. 1.

[1198] EuGH, Rs. C-6/98, ARD, Slg. 1999, I-7599 ff. Zur Auslegungsmethode des Gerichtshofs in diesem Fall auch Ladeur, EWS 2000, 478 ff.; Bodewig, JZ 2000, 659 ff.

[1199] In Streit stand Art. 11 III der geänderten Fassung der Fernsehrichtlinie, abgedruckt in GRUR Int. 1998, 120 ff., der Regelungen über die Dauer der möglichen Werbeunterbrechungen von Fernsehfilmen vorsieht. Streitig war, ob auf die Berechung der möglichen Unterbrechung das Brutto- oder das Nettoprinzip anzuwenden war. Der Gerichtshof hatte Art. 11 III insoweit auszulegen.

[1200] EuGH, Rs. C-6/98, ARD, Slg. 1999, I-7599, 7632, Erwägung 28; Ladeur, EWS 2000, 478, 480, 482.

[1201] EuGH, Rs. C-6/98, ARD, Slg. 1999, I-7599, 7633, Erwägungen 30, 31; Ladeur, EWS 2000, 478, 482.

[1202] Vgl. Begründungserwägungen 1, 3, 4, 5, 22 der E-Commerce-Richtlinie.

b. Rechtfertigungsgründe/ Schutzzielbestimmung

(1) Reichweite der Rechtfertigungsgründe des Art. 3 Absatz 4 lit. a i)

(a) Abschließender Katalog von Rechtfertigungsgründen

Der in Artikel 3 Absatz 4 lit. a i) enthaltene Katalog in Betracht kommender Schutzgründe ist als abschließend anzusehen. Dies ergibt sich zunächst aus dem Wortlaut der Regelung, die ausdrücklich anordnet, dass Maßnahmen *„aus einem der folgenden Gründe"* erforderlich sein müssen. Auch die Begründungserwägungen sprechen insoweit eine deutliche Sprache, wenn sie entgegenstehende Maßnahmen der Bestimmungsstaaten *„unter den in dieser Richtlinie festgelegten Bedingungen"* erlauben.[1203] Neben der Wortlautauslegung ergibt sich dies weiterhin auch aus vorstehend aufgezeigtem Sinn und Zweck der für den E-Commerce getroffenen Regelung. Nur eine enge Auslegung des Rechtfertigungstatbestandes gewährleistet eine ausreichende Absicherung des freien Verkehrs der Dienste der Informationsgesellschaft.
Der Katalog möglicher Rechtfertigungsgründe des Absatz 4 lit. a i) ist insoweit mit dem Vorbehalt des Art. 30 EGV vergleichbar, da auch die dort genannten Ausnahmen nach herrschender Meinung als erschöpfend anzusehen sind.[1204] Ein entscheidender Unterschied ergibt sich hingegen im Vergleich zur Bestimmung zwingender Erfordernisse im Rahmen der Warenverkehrsfreiheit nach den Grundsätzen der Entscheidung „cassis de Dijon"[1205] und zur Rechtsprechung des Gerichtshofs zu zwingenden Gründen des Allgemeininteresses im Bereich der Dienstleistungsfreiheit.[1206] Denn die in der Entscheidung „cassis de Dijon" aufgeführten zwingenden Erfordernisse sind nicht als abschließend, sondern vielmehr als Beispiele zu betrachten[1207], und auch die zwingenden Gründe des Allgemeininteresses im Rahmen der Dienstleistungsfreiheit wurden durch den EuGH im Zuge verschiedener Entscheidungen um neue Schutzziele ergänzt.[1208]

(b) Bestimmung der Inhalte der Rechtfertigungsgründe

Fraglich ist, ob die in Art. 3 Absatz 4 lit. a genannten Schutzziele durch den betroffenen Mitgliedstaat nach eigenen nationalen Definitionsmaßstäben bestimmt werden sollen oder ob gemeinschaftsrechtliche Maßstäbe anzulegen sind. Diese Frage liegt für den Rechtfertigungstatbestand der E-Commerce-Richtlinie deshalb besonders nahe, weil durch die Verfahrensvorschriften der Absätze 4 lit. b bis 6 im Grundsatz eine Kontrolle durch die Kommission vorgesehen ist, was auf rein europäische Definitionsmaßstäbe hindeuten könnte.[1209]

[1203] Erwägungsgrund 24 der E-Commerce-Richtlinie. Vgl. auch Erwägungsgründe 25 und 26: *„im Einklang mit den in dieser Richtlinie festgelegten Bedingungen"*.

[1204] Müller-Graff in: GTE, Art. 36 EGV (aF), Rn. 1, 26 ff.; Leible in: Grabitz/Hilf, Art. 30 EGV, Rn. 3; Epiney in: Calliess/Ruffert, Art. 30 EGV, Rn. 2.

[1205] EuGH, Rs. 120/78, Cassis de Dijon, Slg. 1979, 649, 662, Erwägung 8.

[1206] St. Rspr. seit EuGH, Rs. Rs. 33/74, van Binsbergen, Slg.1974, 1299, 1309, Erwägung 10, 12.

[1207] Zur Konkretisierung und Weiterentwicklung möglicher Rechtfertigungsgründe vgl. Müller-Graff in: GTE, Art. 30 EGV (aF), Rn. 203 ff.; Epiney in: Calliess/Ruffert, Art. 28 EGV, Rn. 22; Becker in: Schwarze, EU-Kommentar, Art. 30 EGV, Rn. 36.

[1208] Beispielhaft genannt sei hier das Erfordernis der nationalen Kulturpolitik zur Aufrechterhaltung eines pluralistischen nationalen Hörfunk- und Fernsehwesens, welches auf Einwand der Niederlande in der Entscheidung EuGH, Rs. C-288/89, Mediawet I, Slg. 1991, I-4007, 4043, Erwägung 23 erstmals Berücksichtigung fand. Einen Überblick über die möglichen zwingenden Gründe des Allgemeinwohls gibt Drasch, Das Herkunftslandprinzip im internationalen Privatrecht, S. 164 ff.

[1209] Hierzu oben Teil 3 C.II.2.

Im Rahmen des Art. 30 EGV ist anerkannt, dass den Mitgliedstaaten bei der inhaltlichen Bestimmung der einzelnen Schutzgründe ein Beurteilungsspielraum zukommt.[1210] Dies gilt im Hinblick auf die Bestimmung des Inhalts der Rechtsgüter wie z.B. die Frage, was unter den Begriff der öffentlichen Ordnung oder des Verbraucherschutzes fällt. Der Gerichtshof hat zum Begriff der öffentlichen Sittlichkeit im Sinne des Art. 30 EGV festgestellt, dass es „*grundsätzlich Sache jedes Mitgliedstaates* (ist), *den Begriff der öffentlichen Sittlichkeit für sein Gebiet im Einklang mit seiner eigenen Werteordnung und der von ihm gewählten Form auszufüllen*".[1211] Dem Mitgliedstaat kommt nach diesem generalisierbaren Grundsatz also bei der Begriffsbestimmung zunächst ein Konkretisierungsspielraum zu.[1212] Auf einer zweiten Stufe unterliegt die so erfolgte Konkretisierung dann allerdings einer gemeinschaftsrechtlichen Prüfung.[1213] Für die Bestimmung der Schutzintensität innerhalb der jeweiligen Rechtsgüter gilt dieselbe zweistufige Vorgehensweise.[1214]

Dieser für Art. 30 EGV geltende Ansatz kann auch für den Bereich des Rechtfertigungstatbestandes des Art. 3 Absatz 4 lit. a übernommen werden, so dass den Mitgliedstaaten zunächst ein Konkretisierungsspielraum bei der Ausfüllung der Begriffe zusteht, dieser aber anhand gemeinschaftsrechtlicher Maßstäbe überprüfbar ist. Diesem Ansatz stehen auch die besonderen Verfahrensvorschriften nicht entgegen, weil die Kommission dort die zweite Prüfungsstufe wahrnehmen und eine gemeinschaftsrechtliche Kontrolle der mitgliedstaatlichen Bewertungen vornehmen kann.

(2) Für das Werberecht bedeutsame Rechtfertigungsgründe

Der Katalog des Art. 3 Absatz 4 lit. a enthält vier mögliche Schutzziele, auf die sich die Bestimmungsstaaten zur Durchführung von Maßnahmen gegenüber Anbietern aus anderen Mitgliedstaaten berufen können. Die aufgeführten Schutzziele sind inhaltlich weder mit den zwingenden Erfordernissen bzw. zwingenden Gründe des Allgemeinwohls noch mit den Vorbehalten der Art. 30; 55, 46 EGV vergleichbar. Es wurde vielmehr ein auf die Erfordernisse des elektronischen Geschäftsverkehrs zugeschnittener, regelungsspezifischer Rechtfertigungstatbestand geschaffen.[1215] Für das Werberecht können dabei einerseits der Schutz der Verbraucher, andererseits auch der Schutz der öffentlichen Gesundheit bedeutsam sein.

(a) Schutz der Verbraucher

Art. 3 Absatz 4 lit. a 4. Spiegelstrich führt den *Schutz der Verbraucher, einschließlich des Schutzes von Anlegern* als Rechtfertigungsgrund auf. Die Regelungen des allgemeinen Werberechts der Mitgliedstaaten der Europäischen Gemeinschaft sind sowohl von Erwägungen des Verbraucherschutzes, in einigen Mitgliedstaaten aber auch von Gründen des Lauterkeits-

---

[1210] Epiney in: Calliess/Ruffert, Art. 30 EGV, Rn. 20 ff.; Müller-Graff in: GTE, Art. 36 EGV (aF), Rn. 40 ff.

[1211] EuGH, Rs. 34/79, Henn und Darby, Slg. 1979, 3795, 3813, Erwägung 15.

[1212] Müller-Graff in: GTE, Art. 36 EGV (aF), Rn. 41; a.A. insoweit Epiney in: Calliess/Ruffert, Art. 30 EGV, Rn. 20, die unter Bezugnahme auf die gemeinschaftsrechtliche Natur der angeführten Schutzgüter eine Inhaltsbestimmung nur nach gemeinschaftsrechtlichen Grundsätzen durchführen will.

[1213] Müller-Graff in: GTE, Art. 36 EGV (aF), Rn. 42. Die Frage der Reichweite der Prüfungskompetenz des Gerichtshofs bei der Bestimmung der Inhalte sowie der Schutzintensität der Rechtfertigungsgründe oder zwingenden Erfordernisse ist umstritten. Vgl. zu diesem Problem Schmitz, Die kommerzielle Kommunikation in Binnenmarkt, S. 268 ff.

[1214] Müller-Graff in: GTE, Art. 36 EGV (aF), Rn. 43 ff.; Epiney in: Calliess/Ruffert, Art. 30 EGV, Rn. 21, die allerdings die gemeinschaftsrechtliche Prüfung erst auf der Ebene der Verhältnismäßigkeitsprüfung durchführen will.

[1215] Insbesondere das Schutzziel der öffentlichen Ordnung ist bei Internet-Sachverhalten aufgrund des umfangreichen Problemkreises rechtswidriger Inhalte von besonderer Bedeutung.

schutzes getragen.[1216] Insbesondere das deutsche allgemeine Werberecht dient traditionell zunächst dem Schutz der Mitbewerber vor unlauterem Verhalten von Konkurrenten. Da sich erst in neuerer Zeit eine verbraucherschutzrechtliche Sichtweise durchgesetzt hat[1217], existieren verschiedene Regelungen, die vorwiegend dem Schutz von Konkurrenten und damit Schutzzielen des Lauterkeitsrechts dienen. Namentlich sind in diesem Zusammenhang etwa Regelungen des RabattG und der ZugabenVO zu nennen, denen jedenfalls weit überwiegend nur lauterkeitsrechtlicher Gehalt beigemessen werden kann.[1218] In den meisten Fällen ist die Zuordnung von Vorschriften des Wettbewerbsrechts zu einem der beiden Schutzziele nicht eindeutig möglich. Aus diesem Grunde wird in der Literatur zur E-Commerce-Richtlinie die Frage aufgeworfen, ob unter das Schutzziel des Verbraucherschutzes auch Aspekte der Lauterkeit des Handelsverkehrs gefasst werden können.[1219] Die Reichweite des Schutzziels des Verbraucherschutzes in Art. 3 Absatz 4 lit. a der Richtlinie ist daher in Bezug auf diese Fragestellung zu konkretisieren.

Im Bereich der Warenverkehrs- und Dienstleistungsfreiheit erkennt die gemeinschaftsrechtliche Rechtsprechung sowohl Erwägungen des Verbraucherschutzes als auch Belange der Lauterkeit des Handelsverkehrs zur Rechtfertigung von Werbevorschriften an.[1220] Der Gerichtshof ordnet diese in ständiger Rechtsprechung den zwingenden Erfordernissen der Cassis-Rechtsprechung[1221] bzw. den zwingenden Gründen des Allgemeininteresses im Bereich der Dienstleistungsfreiheit zu.[1222] Zwar lässt die ausdrückliche Bildung eines Begriffspaares auf zwei unterschiedliche Schutzziele schließen. Der EuGH differenziert jedoch in vielen Entscheidungen zum Werberecht nicht zwischen beiden Begriffen und verwendet sie in Bezug auf Werbevorschriften meist als Einheit.[1223] Wenngleich sich in einigen Entscheidun-

---

1216 Hierzu oben Teil 1 B.II.3. zur Situation im europäischen Werberecht.

1217 Arndt/Köhler, EWS 2001, 102, 107.

1218 Vgl. Bodewig, GRUR Int. 2000, 475, 480; Karenfort/Weißgerber, MMR-Beilage 7/2000, 38, 39 ff.; Fritze/Holzbach, WRP 2000, 872, 875; Arndt/Köhler, EWS 2001, 102, 107. Vgl. auch Baumbach/Hefermehl, Einl. RabattG, Rn. 8, der allerdings selbst für das RabattG verbraucherschutzrechtliche Ziel nachzuweisen versucht. Plausibler erscheint demgegenüber die Begründung verbraucherschutzrechtlicher Zwecksetzungen im Bereich der ZugabeVO. Dort wird angeführt, dass eine im Wege der Zugabengewährung bewirkte Preisverschleierung eine Irreführungsgefahr mit sich bringt; vgl. Baumbach/Hefermehl, Einl. ZugabeVO, Rn. 7.

1219 Bodewig, GRUR Int. 2000, 475, 480; Arndt/Köhler EWS 2001, 102, 107 ff.

1220 Vgl. hierzu bereits oben Teil 2 B.IV im Bereich der Warenverkehrsfreiheit sowie Teil 2 C.IV im Bereich der Dienstleistungsfreiheit.

1221 EuGH, Rs. 120/78, Cassis de Dijon, Slg. 1979, 649, 662, Erwägung 8; EuGH, Rs. C-362/88, GB-INNO-BM, Slg. 1990, I-667, 688, Erwägung 13 ff.; EuGH, Rs. C-126/91, Yves Rocher, Slg. 1993, I-2361, 2389, Erwägung 12; EuGH, Rs. C-470/93, Mars, Slg. 1995, I-1923, 1941, Erwägung 15; EuGH, Rs. C-315/92, Clinique, Slg. 1994, I-317, 337, Erwägung 20.

1222 EuGH, Rs. 275/92, Schindler, Slg. 1994, I-1039, 1096, Erwägung 58 zum Verbraucherschutz und Schutz der Sozialordnung; EuGH, Rs. C-384/93, Alpine Investments, Slg. 1995, I-1141, 1179, Erwägung 46 zum Verbraucherschutz; EuGH, verb. Rs. C-34/95, C-35/95, C- 36/95, De Agostini , Slg. 1997, I-3843, 3893, Erwägung 54 zu Verbraucherschutz und Lauterkeit des Handelsverkehrs.

1223 Vgl. etwa EuGH, Rs. 286/81, Oosthoek, Slg. 1982, 4575, 4588, Erwägung 16; EuGH, Rs. C-126/91, Yves Rocher, Slg. 1993, I-2361, 2389, Erwägung 12; EuGH, Rs. C-470/93, Mars, Slg. 1995, I-1923, 1941, Erwägung 15; EuGH, verb. Rs. C-34/95, C-35/95, C- 36/95, De Agostini, Slg. 1997, I-3843, 3891, Erwägung 46. In der Entscheidung EuGH, Rs. C-362/88, GB-INNO-BM, Slg. 1990, I-667, 688, Erwägungen 13 ff. untersuchte der Gerichtshof nur den Verbraucherschutz als Rechtfertigungsgrund und ging auf die Lauterkeit des Handelsverkehrs nicht ein. Eine ausschließliche Prüfung der Lauterkeit des Handelsverkehrs lässt sich in der Rechtsprechung zu Werberegelungen nicht nachweisen. In der Entscheidung EuGH, Rs. C-238/89, Pall, Slg. 1990, I-4827, 4849, Erwägung 19 einerseits, Erwägungen 20, 21 andererseits, differenzierte der Gerichtshof und wies den irreführenden Aspekt der Verwendung eines nicht eingetragenen Warenzeichens dem Erfordernis des Verbraucherschutzes, den sich hieraus ergebenden Vorsprung gegenüber Wettbewerbern hingegen dem Lauterkeitsschutz zu.

gen eine differenzierte Handhabung beider Schutzziele nachweisen lässt[1224], verbleibt es vor allem im Bereich des Werberechts bei einer „sehr unübersichtlichen Gemengelage“[1225], weshalb in der Literatur teilweise sogar von einem einheitlichen Rechtfertigungsgrund ausgegangen wurde.[1226] Auch in der Entscheidung „Oosthoek“, die eine niederländische Zugabenregelung zum Gegenstand hatte[1227], wurde die Rechtfertigung unter dem Gesichtspunkt des Verbraucherschutzes und der Lauterkeit des Handelsverkehrs geprüft, obwohl Zugabenverbote vorwiegend lauterkeitsrechtlichen Zielen[1228] dienen.

Die parallele Handhabung der Schutzziele des Lauterkeits- und des Verbraucherschutzes im Rahmen der Beurteilung des Vorliegens zwingender Erfordernisse könnte für eine Einbeziehung auch der Lauterkeit des Handelsverkehrs in den Rechtfertigungsgrund des Verbraucherschutzes im Sinne des Art. 3 Absatz 4 lit. a der Richtlinie sprechen.[1229] Eine Auslegung in diese Richtung ist jedoch aus mehreren Gründen abzulehnen.[1230]

Wie vorstehend erörtert, handelt es sich bei dem Rechtfertigungstatbestand des Art. 3 Absatz 4 lit. a um eine abschließende Aufzählung von Schutzzielen, welche die Einbeziehung weiterer Rechtfertigungsgründe verbietet. Zwar könnte man diesem Argument entgegenhalten, dass den Mitgliedstaaten eine Definitionskompetenz für die Inhalte der Rechtfertigungsgründe zukommt und dass aufgrund der offensichtlich engen Verbindung beider Erwägungen eine Einbeziehung des Lauterkeitsschutzes unter den Gesichtspunkt des Verbraucherschutzes deshalb vertretbar wäre. Diese Bestimmungskompetenz steht aber wiederum unter dem Vorbehalt entgegenstehender gemeinschaftsrechtlicher Wertungen. Die Intention der Richtlinie geht dahin, auf Lauterkeitsrecht beruhende Regelungen in vollem Umfang dem Herkunftslandprinzip unterfallen zu lassen.[1231] Denn die Richtlinie trifft für Bereiche, die dem Lauterkeitsrecht unterfallen, ausdrückliche Sonderregelungen. In Art. 6 lit. c stellt sie für Verkaufsförderungsmaßnahmen *„wie Preisnachlässe, Zugaben und Geschenke“*, die *„im Mitgliedstaat der Niederlassung des Diensteanbieters zulässig sind“*, bestimmte Transparenzregelungen auf und begründet diese Vorschrift in Erwägungsgrund 29 ausdrücklich mit dem Interesse des Verbraucherschutzes sowie der Lauterkeit des Handelsverkehrs.[1232] Aus der Regelung des Art. 6 lit. c folgt daher allgemein zum Verhältnis dieser beiden Schutzziele, dass der europäische Gesetzgeber das Schutzziel der Lauterkeit des Handelsverkehrs neben dem des Verbraucherschutzes erkannt und im Rahmen einer Regelung explizit berücksichtigt hat. Dies lässt den Schluss zu, dass eine ausdrückliche Erwähnung der Lauterkeit des Handelsverkehrs auch im Rahmen des Art. 3 Absatz 4 lit. a stattgefunden hätte, wäre eine Einbeziehung dieses Schutzziels in den Rechtfertigungstatbestand erwünscht gewesen. Dies gilt vor allem in Ansehung der weitgehend parallelen Handhabung beider Schutzziele in der Rechtsprechung des Gerichtshofs. Im Besonderen folgt aus Art. 6 lit. c für Vorschriften des Wettbewerbsrechts, die Preisnachlässe, Zugaben und Geschenke regeln, dass diese, sofern sie nach dem Recht des Herkunftsstaates zulässig sind, nur durch Transparenzerfordernisse behindert und gerade nicht weitergehend durch nationales Lauterkeitsrecht des Bestimmungsstaates für un-

---

1224 Ahlfeld, Zwingende Erfordernisse, S. 99 ff. unter sorgfältiger Analyse der Rechtsprechung des Gerichtshofs.
1225 Ahlfeld, Zwingende Erfordernisse, S. 99.
1226 Bornkamm, GRUR Int. 1993, 748, 749 im Hinblick auf die Entscheidung „Yves Rocher“.(prüfen!!)
1227 EuGH, Rs. 286/81, Oosthoek, Slg. 1982, 4575, 4588, Erwägung 16.
1228 Vgl. Baumbach/Hefermehl, Einl. ZugabeVO, Rn. 5 ff.
1229 Dies erwägend, im Ergebnis jedoch anlehnend Bodewig, GRUR Int. 2000, 475, 480.
1230 So auch Bodewig, GRUR Int. 2000, 475, 480; Arndt/Köhler, EWS 2001, 102, 107.
1231 Arndt/Köhler, EWS 2001, 102, 107 sehen deshalb einen „Frontalangriff gegen das deutsche Wettbewerbsrecht“.
1232 Erwägungsgrund 29 der E-Commerce-Richtlinie unter Bezugnahme gerade auch auf Preisnachlässe.

zulässig erachtet werden dürfen.[1233] Zwar handelt es sich bei den Bestimmungen des Art. 6 grundsätzlich um die Festlegung von Mindestbedingungen.[1234] Jedoch enthält Art. 6 lit. c den abschließenden Hinweis, dass Preisnachlässe, Zugaben und Geschenke im Mitgliedstaat der Niederlassung zulässig sind, wenn sie die vorgegebenen Transparenzerfordernisse einhalten.[1235] Daraus folgt, dass solche Marketingmethoden bei Einhaltung der Erfordernisse auch verkehrsfähig sein müssen.

Die Lauterkeit des Handelsverkehrs kann aus den oben genannten Gründen nicht unter den Rechtfertigungsgrund des Schutzes der Verbraucher gefasst werden. Wie sich diese grundsätzliche Aussage jedoch auf die Handhabung des Schutzziels des Verbraucherschutzes auswirkt, lässt sich der gesetzgeberischen Intention freilich nicht entnehmen. Fest steht lediglich, dass wettbewerbsrechtliche Vorschriften der Mitgliedstaaten, die Regelungen über Preisnachlässe und Zugaben enthalten, von der Rechtfertigung nach Art. 3 Absatz 4 lit. a ausgeschlossen sind, sofern sie über die Aufstellung von Transparenzerfordernissen hinausgehen und ein Verbot solcher Marketingmethoden vorsehen. Das deutsche RabattG, sowie die ZugabenVO sind demnach in Bezug auf Internet-Werbung aus anderen Mitgliedstaaten der Gemeinschaft nicht mehr anwendbar.

Da aber eine Vielzahl wettbewerbsrechtlicher Tatbestände sowohl von Motiven des Verbraucherschutzes als auch von Belangen der Lauterkeit des Handelsverkehrs getragen sind und diese Schutzziele zudem in den Mitgliedstaaten unterschiedlich definiert werden, wird die Rechtsprechung des Gerichtshofs erweisen müssen, inwieweit solche Vorschriften unter den Rechtfertigungsgrund des Verbraucherschutzes fallen und somit gegenüber EU-ausländischer Internet-Werbung Bestand haben können. Nach hier vertretener Auffassung gibt der europäische Gesetzgeber durch die absichtliche Begrenzung der Rechtfertigungsgründe auf den Verbraucherschutz aber deutlich zu erkennen, dass im Bereich der Internet-Werbung weitergehend als bisher verbraucherschützende Erwägungen in nationalen Regelungen enthalten sein müssen, um eine Rechtfertigung begründen zu können. Dies wird jedenfalls erheblich restriktivere Rechtfertigungsmöglichkeiten für Werbevorschriften mit lauterkeitsrechtlichem Schwerpunkt nach sich ziehen, als dies im Rahmen der zwingenden Erfordernisse der Cassis-Rechtsprechung der Fall war.[1236]

(b) Schutz der öffentlichen Gesundheit

Auch der Schutz der öffentlichen Gesundheit ist vom Katalog des Art. 3 Absatz 4 lit. a erfasst und somit als tauglicher Rechtfertigungsgrund für Vorschriften, insbesondere aus dem Bereich des produktbezogenen Werberechts, anzusehen. Für die Inhalte dieses Schutzziels und seine Bestimmung in gemeinschaftsrechtlicher Hinsicht kann auf die Ausführungen zu Art. 30 EGV verwiesen werden.[1237] Insoweit sind keine Gründe für eine gegenüber der bisherigen Praxis abweichende Handhabung ersichtlich. Es ist vielmehr davon auszugehen, dass der Gerichtshof seine Einschätzung, die der öffentlichen Gesundheit einen erstrangigen Stellenwert

---

[1233] So auch Spindler, MMR-Beilage 7/2000, 4, 14; Arndt/Köhler, EWS 2001, 102, 107.
[1234] Vgl. den Einleitungssatz des Art. 6 der E-Commerce-Richtlinie: *„zumindest folgende Bedingungen"*.
[1235] Ebenso Spindler, MMR-Beilage 7/2000, 4, 14. Arndt/Köhler, EWS 2001, 102, 107 sehen hierin einen *„Frontalangriff"* auf das deutsche Wettbewerbsrecht.
[1236] Dieses Verständnis bevorzugend ebenso Arndt/Köhler, EWS 2001, 102, 107.
[1237] Teil 2 B.IV.1.b.(2)

beimisst[1238], auch im Rahmen der Rechtfertigung nationaler Maßnahmen im Sinne des Art. 3 Absatz 4 der Richtlinie zur Geltung bringen wird.

An dieser Stelle ist noch einmal auf den Fall der grenzüberschreitenden Werbung von Internet-Apotheken einzugehen.[1239] Bereits im Rahmen der Warenverkehrsfreiheit war zu konstatieren, dass ein Arzneimittelwerbeverbot wie § 8 Absatz 2 Alt. 2 HWG trotz grundsätzlicher Beschränkung der Warenverkehrsfreiheit des Anbieters als gemäß Art. 30 EGV gerechtfertigt anzusehen ist. Dieses Ergebnis wird sich auch im Rahmen des sekundärrechtlichen Herkunftslandprinzips nicht ändern.[1240] Zwar stellt Art. 3 Absatz 2 der Richtlinie Werbung aus einem anderen Mitgliedstaat von der Kontrolle durch einen anderen Mitgliedstaaten frei. Art. 3 Absatz 4 lit. a ermöglicht aber Maßnahmen der Mitgliedstaaten, die zum Zwecke des Schutzes der öffentlichen Gesundheit erforderlich sind. Hierzu können nach Einschätzung des Gerichtshofs auch Arzneimittelwerbeverbote zu zählen sein.[1241]

Es stellt sich die Frage, ob die zu Art. 30 EGV angeführten Erwägungen[1242] auch im Rahmen dieser Beurteilung Platz greifen können oder ob aufgrund der Regelungsintention der E-Commerce-Richtlinie, welche grenzüberschreitende Werbung im Internet so weit als möglich von nationalen Beschränkungen frei stellen will, ein anderes Ergebnis angezeigt ist. Bedeutsam erscheint insoweit eine Einbeziehung des Erwägungsgrundes 21 der Richtlinie.[1243] Dieser verdeutlicht zwar einerseits, dass Online-Tätigkeiten wie die Online-Werbung vom koordinierten Bereich der Richtlinie erfasst sind. Andererseits wird aber ausdrücklich klargestellt[1244], dass Anforderungen der Mitgliedstaaten bezüglich der Lieferung von Humanarzneimitteln ausgenommen sind. Das hat zur Folge, dass sämtliche Einfuhrverbote des AMG nicht vom Anwendungsbereich des Herkunftslandprinzips erfasst sind. Diese Ausnahme für die Lieferung von Arzneimitteln zeitigt Wirkungen auch auf die Beurteilung der Rechtfertigung von Werbeverboten wie Art. 8 Absatz 2 Alt. 2 HWG, da diese gerade zur Absicherung entsprechender Einfuhrverbote bestehen.[1245] Wie der Gerichtshof in der Entscheidung „Ortscheit" klarstellt, sind entsprechende Werbeverbote dann gerechtfertigt, wenn sie verhindern sollen, dass zulässige Einfuhrbeschränkungen umgangen werden.[1246] Wenn aber auch im Rahmen des sekundärrechtlichen Herkunftslandprinzips Einfuhrregelungen bezüglich Humanarzneimitteln bestehen bleiben können, müssen auch Werbevorschriften gerechtfertigt sein, die diese Vorschriften absichern.

[1238] EuGH, Rs. C-347/89, Eurim-Pharm, Slg. 1991, I-1747, 1770, Erwägung 26 zu Arzneimitteleinfuhrverboten; EuGH, Rs. C-320/93, Ortscheit, Slg. 1994, I-5243, 5264, Erwägung 16 zu Arzneimittelwerbeverboten.

[1239] Vgl. hierzu bereits oben Teil 1 B.I.2, Teil 2 B.III.1.a. sowie Teil 2 B.IV.2.a.

[1240] Im Ergebnis ebenso, wenngleich mit unzutreffender Begründung LG Frankfurt/Main, K&R 2001, 153 ff. = CR 2001, 185 ff., 190 ff.; zustimmend auch im Hinblick auf die Begründung Mankowski, MMR 2001, 251, 254. Das LG Frankfurt wendet Art. 1 Absatz 3 der Richtlinie gleich einem Rechtfertigungstatbestand an und verzichtet in Folge dessen auf eine Prüfung des Rechtfertigungstatbestandes des Art. 3 Absatz 4. Zur Reichweite des Art. 1 Absatz 3 siehe unten Teil 3 C.III.2.b.

[1241] EuGH, Rs. C-320/93, Ortscheit, Slg. 1994, I-5243, 5263, Erwägungen 14 ff.

[1242] Oben Teil 2 B.IV.2.a.

[1243] So auch das LG Frankfurt/Main, K&R 2001, 153 ff. = CR 2001, 185 ff., 189. Ebenso Mankowski, MMR 2001, 251, 255.

[1244] Dass Regelungen betreffend die Lieferung von Produkten grundsätzlich vom Anwendungsbereich des Herkunftslandprinzips ausgenommen sind, ergibt sich schon aus Art. 2 lit. h. ii. iVm. Erwägungsgrund 18.

[1245] Zum Zweck derartiger Werbeverbote Mankowski, MMR 2001, 251, 252.

[1246] EuGH, Rs. C-320/93, Ortscheit, Slg. 1994, I-5243, 5265, Erwägung 19.

c. Systematik der Rechtfertigungsprüfung

Der Tatbestand des Art. 3 Absatz 4 lit. a gibt auch die Systematik für die Rechtfertigungsprüfung vor. Von einer wichtigen Abweichung abgesehen, können für die Auslegung der aufgestellten Kriterien die zu Art. 30 EGV entwickelten Grundsätze[1247] herangezogen werden.

(1) Geeignetheit und Erforderlichkeit

Die mitgliedstaatliche Maßnahme muss zum Schutze eines der genannten Rechtsgüter geeignet sein. Obwohl Art. 3 Absatz 4 lit. a die Geeignetheit nicht ausdrücklich nennt, ist sie dennoch als Prüfungsvoraussetzung anzusehen. Denn nach allgemeinen Grundsätzen kann eine nationale Maßnahme überhaupt nur dann eine Einschränkung des freien Verkehrs von Diensten der Informationsgesellschaft rechtfertigen, wenn sie auch tauglich ist, die von ihr verfolgten Ziele zu erreichen.[1248] Das Merkmal der Geeignetheit ist mithin als ungeschriebene Voraussetzung des Rechtfertigungstatbestandes anzusehen.

Art. 3 Absatz 4 lit. a sieht ausdrücklich vor, dass eine Maßnahme zur Erreichung der genannten Schutzziele erforderlich ist. Erforderlichkeit liegt immer dann vor, wenn das angestrebte Schutzziel nicht durch weniger einschneidende Maßnahmen erreicht werden kann.[1249] Die Maßnahme muss also stets das mildeste Mittel darstellen, welches in Ansehung der Verwirklichung des Rechtgutes in Betracht kommt. Für das Schutzziel des Verbraucherschutzes wird dabei auf das Verbraucherleitbild des Gerichtshofs zurückzugreifen sein, welches grundsätzlich von einem aufgeklärten, informationsbedürftigen Verbraucher ausgeht.[1250]

(2) Beeinträchtigung der Schutzziele

Der Rechtfertigungstatbestand der Richtlinie sieht als besondere Voraussetzung vor, dass die Maßnahmen der Mitgliedstaaten einen bestimmten Dienst der Informationsgesellschaft betreffen, *„der die unter Ziffer i) genannten Schutzziele beeinträchtigt oder eine ernsthafte und schwerwiegende Gefahr der Beeinträchtigung dieser Ziele darstellt“*.[1251] Es stellt sich die Frage, ob durch diese Voraussetzung ein zusätzliches Kriterium aufgestellt wird, welches die Rechtfertigung nationaler Maßnahmen gegenüber Anbietern von Diensten der Informationsgesellschaft aus anderen Mitgliedstaaten erschwert.[1252]

Für die Ermittlung der Bedeutung dieses zusätzlichen Merkmals bietet sich erneut ein Vergleich mit der Handhabung im Rahmen von Art. 30 EGV an. Auch dort ist Voraussetzung für eine Rechtfertigung nationaler Maßnahmen, dass eine Gefahr für das betroffene Schutzgut gegeben ist.[1253] Erforderlich ist diesbezüglich ein entsprechender substantiierter und nachvollziehbarer Vortrag[1254] des einwendenden Mitgliedstaates, wenngleich ein gewisser Unsicher-

---

[1247] Müller-Graff in: GTE, Art. 36 EGV (aF), Rn. 45; Leible in: Grabitz/Hilf, Art. 30 EGV, Rn. 8; Epiney in: Calliess/Ruffert, Art. 30 EGV, Rn. 41 ff.

[1248] Vgl. Epiney in: Calliess/Ruffert, Art. 30 EGV, Rn. 46; Becker in: Schwarze, EU-Kommentar, Art. 30 EGV, Rn. 64.

[1249] Müller-Graff in: GTE, Art. 36 EGV (aF), Rn. 45; Epiney in: Calliess/Ruffert, Art. 30 EGV, Rn. 47; Becker in: Schwarze, EU-Kommentar, Art. 30 EGV, Rn. 66 ff.

[1250] Ahlfeld, Zwingende Erfordernisse, S. 121 ff.; Schmitz, Die kommerzielle Kommunikation im Binnenmarkt, S. 299 ff. Siehe hierzu auch oben Teil 2 B.IV.1.b.(1).

[1251] Art. 3 IV lit. a ii) der E-Commerce-Richtlinie.

[1252] In diesem Sinne ausdrücklich Arndt/Köhler, EWS 2001, 102, 106, 107. Dieses zusätzliche Kriterium erwähnend Bodewig, GRUR Int. 2000, 475, 480.

[1253] Epiney in: Calliess/Ruffert, Art. 30 EGV, Rn. 23.

[1254] EuGH, Rs. C-17/93, van der Veldt, Slg. 1994, I-3537, 3560, Erwägung 17.

heitsfaktor im Sinne eines effektiven Schutzes der Rechtsgüter hingenommen werden muss.[1255] Es genügt also im Rahmen des Art. 30 EGV eine einfache Gefahr für das Rechtsgut. Art. 3 Absatz 4 lit. a ii) geht demgegenüber deutlich weiter, wenn eine Beeinträchtigung oder zumindest eine qualifizierte Gefahr für die Schutzgüter gefordert wird. Hieraus ist zu schließen, dass der europäische Gesetzgeber die Absicht hatte, die Prüfung der Rechtfertigung einer gegen Internet-Dienste gerichteten Maßnahme gegenüber den Grundfreiheiten zu erschweren.[1256] Die Beeinträchtigung oder qualifizierte Gefahr ist nicht wie die einfache Gefahr des Art. 30 EGV nur eine Anwendungsvoraussetzung des Rechtfertigungstatbestandes[1257], sondern vielmehr ein eigenständiger Prüfungspunkt.

Dieser sollte nach hier vertretener Auffassung als besonderes Abwägungskriterium in die im Anschluss abzuhandelnde Verhältnismäßigkeitsprüfung einbezogen werden. Denn wenn er für die Durchsetzung einer nationalen Maßnahme eine Beeinträchtigung oder qualifizierte Gefahr einer solchen fordert, so ist dies nichts anderes als ein zusätzlicher Umstand, welcher die besondere Gewichtung des freien Verkehrs der Dienste der Informationsgesellschaft betont. Eine Einschränkung des freien Verkehrs der Dienste soll nur unter der zusätzlichen Voraussetzung einer zumindest ernsthaften Gefahr für die Schutzziele in Betracht kommen. Diese besondere Gewichtung kann im Rahmen der Verhältnismäßigkeitsprüfung einbezogen werden, da dort sowohl die Schutzinteressen der Mitgliedstaaten als auch der Schutz des freien Verkehrs der Dienste der Informationsgesellschaft zunächst gewichtet und dann als solche in die abschließende Abwägung eingestellt werden.

(3) Verhältnismäßigkeit im engeren Sinne

Für die Prüfung der Verhältnismäßigkeit im engeren Sinne ist mithin neben den aus Art. 30 EGV bekannten Maßstäben[1258] die Wertung des Gesetzgebers zu beachten, dass eine Einschränkung von Internet-Diensten nur dann möglich sein soll, wenn auch eine tatsächliche Beeinträchtigung oder zumindest eine qualifizierte Gefahr für die Schutzziele der Mitgliedstaaten vorliegt. Diese gesetzgeberische Entscheidung zugunsten des freien Verkehrs von Diensten der Informationsgesellschaft entspricht dem Regelungsziel, für Internet-Dienste eine binnenmarktfreundliche Regelung zu schaffen, die über den Schutzbereich der Warenverkehrs- und Dienstleistungsfreiheit hinausgeht. Der europäische Gesetzgeber hält Dienste, die im elektronischen Geschäftverkehr erbracht werden, für besonders schutzwürdig. Dies begründet sich zum einen aus der besonderen wirtschaftlichen Relevanz der Dienste für den Binnenmarkt.[1259] Als weiterer gewichtiger Faktor ist der Grenzen ignorierende Charakter des Internet anzusehen. Dieser entspricht in idealer Weise dem Binnenmarkt als Raum ohne Binnengrenzen.[1260] Dieser Grenzen ignorierende Charakter des Internet hat aber auch ein erhöhtes Rechtanwendungsrisiko der Anbieter zur Folge, weil deren Tätigwerden gleichsam einheitlich und unteilbar auf verschiedene rechtliche Voraussetzungen in den einzelnen Mitgliedstaaten trifft.[1261]

[1255] Epiney in: Calliess/Ruffert, Art. 30 EGV, Rn. 24.
[1256] So im Ergebnis auch Arndt/Köhler, EWS 2001, 102, 106.
[1257] Vgl. Epiney in: Calliess/Ruffert, Art. 30 EGV, Rn. 23 ff.
[1258] Vgl. Müller-Graff in: GTE, Art. 36 EGV (aF), Rn. 45; Leible in: Grabitz/Hilf, Art. 30 EGV, Rn. 8; Becker in: Schwarze, EU-Kommentar, Art. 30 EGV, Rn. 73 ff.
[1259] Vgl. Erwägungsgrund 2 der E-Commerce-Richtlinie, die auf „*erhebliche Beschäftigungsmöglichkeiten in der Gemeinschaft, insbesondere in kleinen und mittleren Unternehmen*" und auf das „*Wirtschaftswachstum*" sowie „*Investitionen in Innovationen der europäischen Unternehmen*" abhebt.
[1260] Maennel, MMR 1999, 187.
[1261] Ausführlich oben Teil 1 B.III.

Im Bereich unteilbarer Wettbewerbshandlungen ist diese Gefahr für die Anbieter besonders relevant, da eine rechtliche Absicherung gegenüber der Anwendbarkeit verschiedener Marktortrechte nur in begrenztem Maße möglich ist, weshalb der Anbieter im Regelfall zur Beachtung des strengsten Werberechts verpflichtet ist, wenn er europaweit Werbung treiben will.[1262] Es wurde daher bereits zur Rechtfertigungsprüfung im Bereich der Grundfreiheiten die Auffassung vertreten, dass dieser Umstand in der Verhältnismäßigkeitsprüfung Berücksichtigung finden muss.[1263] Denn wenn eine unteilbare Internet-Werbung auch nur von der Werberegelung eines Staates betroffen ist, wird hierdurch unter Umständen die Werbefreiheit des Anbieters für den gesamten Binnenmarkt beeinträchtigt, wenn er deshalb seine Werbung an das strengste Recht anpassen muss.[1264] Hierin liegt eine besonders weitgehende Einschränkung des Anbieters, die durch die technischen Besonderheiten des Internet hervorgerufen wird. Es ist zwecklogisch, dass gegenüber dieser weitgehenden Beschränkung dann auf der anderen Seite auch besondere Gründe seitens des beschränkenden Mitgliedstaates ins Feld geführt werden müssen, um eine Rechtfertigung einzelner Schutzziele zu erreichen. Eine zumindest qualifizierte Gefahr für die vorgebrachten Schutzziele kann demgegenüber ein entsprechendes Gegengewicht darstellen.

d. Begrenzung auf den nicht harmonisierten Bereich

Die Rechtfertigung nationaler Vorschriften, die zu einer Einschränkung des freien Verkehrs von Waren und Dienstleistungen im europäischen Binnenmarkt führt, ist sowohl im Bereich zwingender Erfordernisse[1265] als auch im Rahmen des Vorbehalts des Art. 30 EGV[1266] auf solche Regelungen begrenzt, für die keine abschließende Gemeinschaftsregelung besteht. Dieser allgemeine Grundsatz ergibt sich daraus, dass der Schutzzweck entgegenstehender mitgliedstaatlicher Vorschriften durch eine gemeinschaftsrechtliche Harmonisierung des sachlichen Rechts erledigt wird, da im Falle der Harmonisierung das Gemeinschaftsrecht die Gewährleistung der betroffenen Schutzziele übernimmt.[1267] Würde dieser Grundsatz nicht eingehalten, bestünde zudem die Gefahr, dass die vorgenommene Gemeinschaftsregelung ausgehöhlt würde.[1268] Die Begrenzung des Anwendungsbereichs des Rechtfertigungstatbestandes für nationale Regelungen auf den nicht harmonisierten Bereich gilt freilich nur für die Existenz solcher Gemeinschaftsregelungen, die tatsächlich abschließend eine Harmonisierung des betroffenen Sachrechts herbeiführen.[1269] Nur dann entfällt aufgrund eines gemeinschaftsweit einheitlich hohen Schutzniveaus auch die Schutzverpflichtung der Mitgliedstaaten für die jeweiligen Rechtsgüter. Festzustellen ist also im Einzelfall, wie weit die jeweilige Harmonisierung der Regelungsmaterie reicht und ob damit eine abschließende Vereinheitlichung durch den Gemeinschaftsgesetzgeber erfolgt ist oder nur eine unzureichende Sicherung durch

---

[1262] Oben Teil 1 B.II.2.c.

[1263] Dethloff, JZ 2000, 179, 183; dies bestätigend nun Dethloff, Europäisierung des Wettbewerbsrechts, S. 210 ff. Dazu oben Teil 2.B.IV.2.a.

[1264] Dethloff, NJW 1998, 1596, 1601 ff.; dies., JZ 2000, 179, 182; Sack, WRP 2000, 269, 278; Mankowski, CR 2000, 763, 764. Zu den Einzelheiten vgl. oben Teil 1 B. III.1.

[1265] Statt aller Müller-Graff in: GTE, Art. 30 EGV (aF), Rn. 198 ff.; Epiney in: Calliess/Ruffert, Art. 28 EGV, Rn. 24, jeweils mit Nachweisen aus der Rechtsprechung des Gerichtshofs.

[1266] Statt aller Müller-Graff in: GTE, Art. 36 EGV(aF), Rn. 13 ff.; Epiney in: Calliess/Ruffert, Art. 30 EGV, Rn. 9 ff.; Leible in: Grabitz/Hilf, Art. 30 EGV, Rn. 10, jeweils mit Nachweisen aus der Rechtsprechung des Gerichtshofs.

[1267] Vgl. auch Müller-Graff in: GTE, Art. 36 EGV (aF), Rn. 13.

[1268] Müller-Graff in: GTE, Art. 30 EGV (aF), Rn. 198; Leible in: Grabitz/Hilf, Art. 30 EGV, Rn. 10.

[1269] Müller-Graff in: GTE, Art. 30 EGV (aF), Rn. 199 ff., sowie Art. 36 (aF), Rn. 14 ff.; Epiney in: Calliess/Ruffert, Art. 30 EGV, Rn. 10. In diesen Fällen sind die Mitgliedstaaten dann auf die Durchsetzung sog. Ausscherrechts nach Art. 95 IV EGV beschränkt.

die Festlegung von Mindeststandards vorliegt.[1270] Im letzteren Falle bleiben nationale Regelungen grundsätzlich anwendbar.

Diese zusätzliche Anwendungsvoraussetzung ist als ungeschriebenes Tatbestandsmerkmal auch des Art. 3 Absatz 4 lit. a der Richtlinie anzusehen. Dies ergibt sich zum einen aus der Parallelität der Rechtfertigungstatbestände im Gemeinschaftsrecht. Insbesondere folgt dies aber auch aus der Zwecksetzung der in Art. 3 der Richtlinie enthaltenen Systematik aus sekundärrechtlichem Herkunftslandprinzip einerseits und Rechtfertigungstatbestand andererseits. Denn erstrangiger Zweck des Herkunftslandprinzips ist die Schaffung eines möglichst freien Verkehrs von Internet-Diensten im Binnenmarkt. Da die bedingungslose Durchsetzung dieses Ziels jedoch aufgrund des Standes der Rechtsvereinheitlichung zu einem untragbaren Absinken des Schutzniveaus in verschiedenen Rechtsbereichen führen würde, existiert ein Rechtfertigungstatbestand in Form des Art. 3 Absatz 4 lit. a, der den Bestimmungsstaaten ein Aufrechterhalten des Schutzniveaus in sensiblen Bereichen gewährleistet.[1271] Liegt allerdings eine im oben definierten Sinne ausreichende gemeinschaftsrechtliche Regelung vor, so ist der durch diese geschaffene Standard der einzig maßgebliche und schließt somit eine Rechtfertigung weitergehender Belange durch die Mitgliedstaaten aus. Diese Frage ist im Bereich des Werberechts von besonderer Bedeutung, da dort einerseits bereits verschiedene Maßnahmen zur Rechtsvereinheitlichung ergriffen wurden[1272], andererseits eine weitere Harmonisierung zu erwarten ist.[1273]

III. Verhältnis zur Harmonisierung des Werberechts

Ist die Anwendung der Rechtfertigungsgründe den Mitgliedstaaten im Falle abschließender Harmonisierung der zugrundeliegenden Regelungsmaterie versperrt, so stellt sich unter dem Gesichtspunkt der Erhaltung eines Mindestschutzniveaus die Frage nach dem Verhältnis des sekundärrechtlichen Herkunftslandprinzips zu rechtsvereinheitlichenden Regelungen auf Gemeinschaftsebene. Die Frage ist nicht zuletzt im Bereich des Werberechts von Bedeutung, da dort einerseits bereits bestehende gemeinschaftsrechtliche Vorschriften berücksichtigt werden müssen, andererseits auch zukünftig zusätzliche Regelungen in die Prüfung zu inkorporieren sein werden.[1274] Gemeinschaftsrechtliche Schranken des sekundärrechtlichen Herkunftslandprinzips des Art. 3 Absatz 2 können über Art. 1 Absatz 3 der Richtlinie Beachtung finden.

Art. 1 Absatz 3 der Richtlinie stellt klar, dass die E-Commerce-Richtlinie das auf die Dienste der Informationsgesellschaft anwendbare Gemeinschaftsrecht *„ergänzt"* und *„dabei das Schutzniveau insbesondere für die öffentliche Gesundheit und den Verbraucherschutz, wie es sich aus Gemeinschaftsrechtsakten und einzelstaatlichen Rechtsvorschriften zu deren*

[1270] Als Abgrenzungskriterien kommen Formulierung, Zwecksetzung und Kontext der Regelungen in Betracht, vgl. Müller-Graff in: GTE, Art. 30 EGV (aF), Rn. 202.

[1271] Vgl. zu diesem Zusammenspiel von Harmonisierung und Rechtfertigungsmöglichkeiten auch oben Teil 3 C.I.

[1272] Zur Situation im europäischen Werberecht oben Teil 1 B.II.3.

[1273] In einer gemeinsamen Erklärung von Rat und Kommission hat sich die Kommission auf dem Binnenmarktrat vom 7.12.1999 gerade im Hinblick auf die Folgen des sekundärrechtlichen Herkunftslandprinzips im nicht harmonisierten Bereich verpflichtet, binnen eines Jahres nach Annahme der Richtlinie entsprechende Vorschläge für den Bereich der kommerziellen Kommunikationen zu unterbreiten. Vgl. zu dieser Erklärung auch Tettenborn, K&R 2000, 59, 62; Bodewig, GRUR Int. 2000, 475, 483.

[1274] Aus der Literatur hierzu allgemein Bodewig, GRUR Int. 2000, 475, 480, 481. In Bezug auf die Bedeutung des Art. 1 III im Spezialfall des grenzüberschreitenden Arzneimittelvertriebs und –werbung im Internet Eichler, K&R 2001, 144, 148; Mankowski, MMR 2001, 251, 254 ff.; LG Frankfurt/Main, CR 2001, 185, 190.

Umsetzung ergibt, unberührt" lässt, *„soweit die Freiheit, Dienste der Informationsgesellschaft anzubieten, dadurch nicht eingeschränkt wird"*. Diese Regelung wird in der Literatur zu Recht als „Scharniernorm"[1275] bezeichnet, wirft jedoch im Hinblick auf das Verhältnis zu rechtsvereinheitlichenden Gemeinschaftsvorschriften auf dem Gebiet des Werberechts Fragen auf. Erstens wird nicht explizit klargestellt, ob auch zukünftige Regelungen des Gemeinschaftsrechts von ihr umfasst sind. Zweitens stellt sich die Frage nach der Reichweite des Art. 1 Absatz 3. Denn wenn ein sich aus dem Gemeinschaftsrecht ergebendes Schutzniveau unberührt bleiben soll, ist zu klären, welche Regelungen zum Bestand dieses Schutzniveaus gehören. Namentlich geht es um die Abgrenzung zwischen solchen Regelungen, die in Umsetzung gemeinschaftsrechtlicher Vorgaben in allen Mitgliedstaaten gleichermaßen Geltung beanspruchen, und rein mitgliedstaatlichen Vorschriften, die auf der Grundlage von Öffnungsklauseln[1276] im Gemeinschaftsrecht durch die Mitgliedstaaten quasi im nationalen Alleingang erlassen werden können.[1277]

1. Bestehende und zukünftige Harmonisierung des Werberechts

Das sekundärrechtliche Herkunftslandprinzip wird sowohl durch bestehende als auch durch zukünftige Harmonisierungen des Werberechts ergänzt. Dies ergibt sich zwar nicht eindeutig aus dem Wortlaut des Art. 1 Absatz 3, der nur vom sich aus Gemeinschaftsrechtsakten ergebenden Schutzniveau spricht. Auch die Begründungserwägungen zur Richtlinie geben für diese Frage keinen Aufschluss, da auch dort nur davon die Rede ist, dass *„diese Richtlinie das durch Gemeinschaftsrechtsakte eingeführte Schutzniveau"* unberührt lässt und in aufzählender Form verschiedene Rechtsakte des Gemeinschaftsrechts, unter anderem auch die Richtlinie über irreführende Werbung nennt.[1278] Vergleicht man diese Formulierungen der E-Commerce-Richtlinie mit denen der Fernsehrichtlinie, so wird die Unsicherheit in diesem Punkt scheinbar verstärkt, denn dort wird im 17. Erwägungsgrund[1279] ausdrücklich klargestellt, das die Richtlinie bestehende und künftige Rechtsangleichungsmaßnahmen der Gemeinschaft unberührt lässt. Trotz der fehlenden Klarstellung durch den Gesetzgeber ist davon auszugehen, dass auch zukünftige gemeinschaftsrechtliche Werberegelungen im Geltungsbereich des sekundärrechtlichen Herkunftslandprinzips der E-Commerce-Richtlinie Anwendung finden können. Denn ein anderes Ergebnis liefe der in der Richtlinie deutlich zum Ausdruck kommenden Intention zuwider, dass *„diese Richtlinie in den Bereichen, in denen ein Handeln auf Gemeinschaftsebene geboten ist, ein hohes Schutzniveau für die dem Allgemeininteresse dienenden Ziele, insbesondere für (...) den Verbraucherschutz und den Schutz der öffentlichen Gesundheit, gewährleisten"* muss.[1280] Mit dieser Formulierung wird klargestellt, dass sämtliche zukünftigen Werberegelungen, die sich aus gemeinschaftsrechtlichen Rechtsakten auf den

[1275] So Mankowski, MMR 2001, 251, 254.

[1276] Öffnungsklausen oder Ermächtigungsklausel liegen dann vor, wenn der europäische Gesetzgeber im Rahmen der Harmonisierung einer Regelungsmaterie keine abschließenden, sondern lediglich Mindeststandards gesetzt hat und den Mitgliedstaaten ausdrücklich das Festhalten an oder die Einführung von strengeren Regelungen erlaubt. Vgl. Leible in: Grabitz/Hilf, Art. 28 EGV, Rn. 44. Zum Teil wird auch der Terminus „Mindestklausel" verwandt, vgl. Günther, CR 1999, 172, 174.

[1277] Vgl. Leupold/Bräutigam/Pfeiffer, WRP 2000, 575, 583; Bodewig, GRUR Int. 2000, 475, 481; Eichler, K&R 2001, 144, 148; Mankowski, MMR 2001, 251, 254 ff.; ders., ZVglRWiss 100 (2001), 137, 169 ff.; LG Frankfurt/Main, CR 2001, 185, 190

[1278] Erwägungsgrund 11 der E-Commerce-Richtlinie.

[1279] Richtlinie des Rates zur Koordinierung bestimmter Rechts- und Verwaltungsvorschriften der Mitgliedstaaten über die Ausübung der Fernsehtätigkeit, ABl. L 298/23, 17. Begründungserwägung zur ersten Fassung der Richtlinie. Die konsolidierte Fassung enthält die Begründungserwägungen zur ersten Fassung nicht.

[1280] Erwägungsgrund 10 der E-Commerce-Richtlinie. Vgl. auch Bodewig, GRUR Int. 2000, 475, 481.

betreffenden Gebieten und deren Umsetzung in nationales Recht ergeben, auch im Bereich des sekundärrechtlichen Herkunftslandprinzips der Richtlinie Anwendung finden können.

2. Bedeutung und Reichweite des Art. 1 Absatz 3 der Richtlinie

Bedeutung und Reichweite des Art. 1 Absatz 3 der E-Commerce-Richtlinie sind im Hinblick darauf zu klären, welche Regelungen des mitgliedstaatlichen Rechts vom Herkunftslandprinzip unberührt bleiben.[1281]

a. Auf Umsetzung von Gemeinschaftsrechtsakten beruhende nationale Regelungen

Augenscheinlich erfasst sind von der Vorschrift in jedem Falle Regelungen, die sich aus Gemeinschaftsrechtsakten selbst und einzelstaatlichen Rechtsvorschriften zu deren Umsetzung ergeben.[1282] Art. 1 Absatz 3 bezieht sich zunächst auf sich aus dem Gemeinschaftsrecht selbst ergebende Schranken.[1283] Dem steht auch nicht entgegen, dass diese Regelungen im Einzelfall zu einer Einschränkung des freien Verkehrs von Diensten der Informationsgesellschaft führen können, wie es Art. 1 Absatz 3 a.E. verbietet. Denn eine richtlinienwidrige Einschränkung dieser Freiheit kommt nur durch solche Regelungen in Betracht, die aufgrund nationaler Rechtsunterschiede nur in manchen Mitgliedstaaten gelten und daher Anbietern aus anderen Mitgliedstaaten strengere Verpflichtungen auferlegen können. Handelt es sich dagegen um Vorschriften, die auf Grundlage einer gemeinschaftsrechtlichen Harmonisierung in allen Mitgliedstaaten gleichermaßen gelten, so kann es nicht zu einer Einschränkung des Anbieters aus einem anderen Mitgliedstaat kommen. Denn dieselben Vorschriften sind dann auch im Herkunftsstaat des Anbieters zu beachten.

b. Auf Öffnungsklauseln beruhende nationale Regelungen

Fraglich ist aber, was in Bezug auf Art. 1 Absatz 3 E-Commerce-Richtlinie für solche nationalen Regelungen gilt, die zwar auf Gemeinschaftsrecht beruhen, jedoch nicht in Umsetzung gemeinschaftsrechtlich bestimmter Anforderungen, sondern auf Grundlage von Öffnungsklauseln in Rechtsakten des Gemeinschaftsrechts ergangen sind, die den Mitgliedstaaten einen über die im Gemeinschaftsrechtsakt getroffene Mindestharmonisierung hinausgehenden Regelungsspielraum belassen.[1284] Beispielhaft darstellen lässt sich diese Problematik im Bereich des Werberechts an Art. 7 der Irreführungsrichtlinie[1285] sowie an Art. 14 der Fernabsatzrichtlinie[1286]. Beide Richtlinien enthalten die gemeinschaftsrechtliche Festlegung eines Mindestschutzniveaus, überlassen darüber hinaus aber den Mitgliedstaaten in den genannten Tatbeständen weitergehende Regelungen auf Grundlage eigener gesetzgeberischer Entscheidung.

[1281] Bodewig, GRUR Int. 2000, 475, 480, 481; Eichler, K&R 2001, 144, 148; Mankowski, MMR 2001, 251, 254 ff.; LG Frankfurt/Main, CR 2001, 185, 190.

[1282] Vgl. den Wortlaut des Art. 1 III der E-Commerce-Richtlinie.

[1283] Vgl. Mankowski, MMR 2001, 251, 254.

[1284] Hierzu Leupold/Bräutigam/Pfeiffer, WRP 2000, 575, 583; Bodewig, GRUR Int. 2000, 475, 481; Eichler, K&R 2001, 144, 148; Mankowski, MMR 2001, 251, 254 ff.; ders., ZVglRWiss 100 (2001), 137, 169 ff.; Henning-Bodewig, WRP 2001, 771, 774 ff.; LG Frankfurt/Main, CR 2001, 185, 190.

[1285] Richtlinie 84/450/EWG des Rates zur Angleichung der Rechts- und Verwaltungsvorschriften der Mitgliedstaaten über irreführende Werbung, ABl. L 250/17 vom 19.9.1984. Richtlinie geändert durch die Richtlinie 97/55/EG des Europäischen Parlaments und des Rates zur Änderung der Richtlinie 84/450/EWG über irreführende Werbung zwecks Einbeziehung der vergleichenden Werbung, ABl. L290/18 vom 23.10.1997.

[1286] Richtlinie 97/7/EG des europäischen Parlaments und des Rates über den Verbraucherschutz bei Vertragschlüssen im Fernabsatz, ABl. L 144/19 vom 4.6.1997.

Für Art. 1 Absatz 3 der E-Commerce-Richtlinie, auf welchen sich Erwägungsgrund 11 der Richtlinie bezieht, kommen zwei unterschiedliche Interpretationsmöglichkeiten in Betracht. Zum einen kann man von Art. 1 Absatz 3 auch solche Regelungen erfasst ansehen, die aufgrund von Öffnungsklauseln ergangen sind, und die ihren Ursprung alleine in einer Willensentscheidung des nationalen Gesetzgebers haben.[1287] Diese wären dann von einer Rechtfertigungsprüfung gemäß Art. 3 Absatz 4 der Richtlinie befreit und blieben bereits auf Grund des Art. 1 Absatz 3 der Richtlinie unberührt. Zwingende Konsequenz wäre dann aber, dass derartige mitgliedstaatliche Vorschriften mit den Grundfreiheiten des EGV vereinbar sein müssten. Denn setzt eine Gemeinschaftsregelung keine abschließenden, sondern lediglich Mindeststandards und erlaubt den Mitgliedstaaten das Festhalten an oder die Schaffung von strengeren Vorschriften, so kann die Öffnungsklausel nicht dahin ausgelegt werden, dass sie den Mitgliedstaaten erlaubt, Bedingungen vorzuschreiben, die den Bestimmungen des Vertrages zuwiderlaufen.[1288] Das bedeutet, dass eine auf einer Ermächtigungsklausel beruhende nationale Regelung nur dann gemeinschaftsrechtskonform ist, wenn sie die Grundfreiheiten beachtet.[1289]

Die entgegengesetzte Sichtweise ließe in enger Auslegung nur solche Vorschriften unter Art. 1 Absatz 3 fallen, die in Umsetzung konkreter gemeinschaftsrechtlicher Vorgaben erfolgt sind. Nicht erfasst und somit weiterhin dem Rechtfertigungstatbestand des Art. 3 Absatz 4 unterfallend sind dann all diejenigen Werberegelungen, die auf Grundlage von Öffnungsklauseln in Richtlinien ergangen sind.[1290]

Beide Lösungsansätze können den Regelungswillen des europäischen Gesetzgebers für sich beanspruchen. Denn dieser hat einerseits durch die Schaffung von Öffnungsklauseln in den jeweiligen zu regelnden Materien zum Ausdruck gebracht, dass den Mitgliedstaaten ein Regelungsspielraum verbleiben soll.[1291] Andererseits entspricht es der gesetzgeberischen Intention der E-Commerce-Richtlinie, dass die Verkehrsfreiheit für Dienste der Informationsgesellschaft nicht durch voneinander abweichende mitgliedstaatliche Regelungen behindert werden soll.[1292]

Öffnungsklauseln wie Art. 7 der Irreführungsrichtlinie oder Art. 14 der Fernabsatzrichtlinie verfolgen den Zweck, den Mitgliedstaaten eine über die gemeinschaftsrechtliche Mindestharmonisierung hinausgehende Regelungskompetenz zu belassen. Diesen Zweck hat der Gerichtshof auch gegenüber dem Sendestaatsprinzip der Fernsehrichtlinie für bedeutsam erach-

---

[1287] So Leupold/Bräutigam/Pfeiffer, WRP 2000, 575, 583 zu nationalen Regelungen über die irreführende Werbung unter Bezugnahme auf Erwägungsgrund 11 der Richtlinie. Ebenso das LG Frankfurt/Main, CR 2001, 185, 190 im Hinblick auf Art. 14 der Fernabsatzrichtlinie, insbesondere auf Art. 14 S.2, welcher den Mitgliedstaaten gerade in Bezug auf den Vertrieb von Arzneimitteln Verbote unter Beachtung des EG-Vertrages gestattet. Nach Ansicht des LG Frankfurt habe der europäische Gesetzgeber die insoweit vorhandenen nationalen Verbote ausdrücklich als Teil des gemeinschaftsrechtlichen Schutzniveaus anerkannt. Dieser Argumentation folgend Mankowski, MMR 2001, 251, 255. Vgl. auch Bodewig, GRUR Int. 2000, 475, 481.

[1288] Leible in: Grabitz/Hilf, Art. 28 EGV, Rn. 44 mit Nachweisen aus der Rechtsprechung des Gerichtshofs.

[1289] Allg. M., vgl. Leible in: Grabitz/Hilf, Art. 28 EGV, Rn. 44. Ein Unberührtsein vom europäischen Gemeinschaftsrecht generell kommt aus diesem Grunde keinesfalls in Betracht. Ob die vorstehend genannte Entscheidung des LG Frankfurt/Main, CR 2001, 185, 190 in diese Richtung zu verstehen ist, bleibt offen. Zwar spricht das Gericht im Hinblick auf Art. 1 III von „Rechtfertigung", was den Schluss zulässt, dass Art. 1 III für einen, gleichsam neben Art. 3 IV tretenden, Rechtfertigungstatbestand gehalten wird. Jedoch prüft das Gericht zuvor die Vereinbarkeit der streitgegenständlichen Vorschrift mit Art. 28, 30 EGV, so dass die gemeinschaftsrechtliche Mindestvoraussetzung erfüllt ist.

[1290] Eichler, K&R 2001, 144, 148; Mankowski, ZVglRWiss 100 (2001), 137, 170 in Bezug auf Erwägungsgrund 11 der Richtlinie. Dies erwägend auch Bodewig, GRUR Int. 2000, 475, 480.

[1291] Bodewig, GRUR Int. 2000, 475, 481; Mankowski, MMR 2001, 251, 255.

[1292] Eichler, K&R 2001, 144, 148. Vgl. auch Bodewig, GRUR Int. 2000, 475, 480.

tet.[1293] In der Entscheidung „De Agostini"[1294] hatte er über die Anwendbarkeit bestimmungsstaatlicher Regelungen zur irreführenden Werbung zu entscheiden, welche die freie Sendetätigkeit eines Fernsehveranstalters aus einem anderen Mitgliedstaat beschränkten. Die Ausgangskonstellation war also dieselbe, wie sie auch im Rahmen der E-Commerce-Richtlinie auftreten könnte, wenn ein ausländischer Diensteanbieter die Einschränkung seiner Verkehrsfreiheit durch Regelungen über die irreführende Werbung eines Bestimmungsstaates vorbringt. Der Gerichtshof entschied, dass die Öffnungsklausel des Art. 7 der Irreführungsrichtlinie *„ihren Sinne verlöre, wenn der Empfangsstaat gegenüber einem Werbetreibenden keine Maßnahmen mehr treffen könnte; dies stünde im Gegensatz zur Willenskundgebung des Gemeinschaftsgesetzgebers"*.[1295] Aus dieser Feststellung des Gerichtshofs könnte sich der Schluss ziehen lassen, dass nationale Regelungen über die irreführende Werbung auch im Bereich des Herkunftslandprinzips der E-Commerce-Richtlinie geeignet sein könnten, eine zulässige Beschränkung der Dienste EU-ausländischer Anbieter zu bewirken.[1296] Denn die Willenskundgebung des Gemeinschaftsgesetzgebers in der Irreführungsrichtlinie bleibt grundsätzlich auch in anderen Rechtsbereichen relevant. Die Vergleichbarkeit des Sendestaatsprinzips der Fernsehrichtlinie und des Herkunftslandprinzips der E-Commerce-Richtlinie könnten ein weiteres Argument darstellen.

Dieser Interpretation im Bereich des Herkunftslandprinzips der E-Commerce-Richtlinie steht jedoch der ausdrückliche Wille des europäischen Gesetzgebers in Bezug auf die Gewährleistung der Freiheit der Dienste der Informationsgesellschaft gegenüber. Dieser manifestiert sich insbesondere in Art. 1 Absatz 3 der Richtlinie. Art. 1 Absatz 3 enthält die bedeutsame Einschränkung, nach der das durch das Gemeinschaftsrecht geschaffene Schutzniveau unberührt bleibt, *„soweit die Freiheit, Dienste der Informationsgesellschaft anzubieten, dadurch nicht eingeschränkt wird"*. Auf Gemeinschaftsrechtsakten beruhende Regelungen sollen unberührt bleiben, aber nur insoweit, als diese die Verkehrsfreiheit von Diensteanbietern aus anderen Mitgliedstaaten nicht berühren. Diese „subtil"[1297] erscheinende Anfügung stellt keinen Widerspruch zur intendierten Regelung dar. Denn eine gemeinschaftsrechtswidrige Beschränkung von Diensteanbietern aus anderen Mitgliedstaaten im Sinne des Art. 3 Absatz 2 der Richtlinie kann nur dann eintreten, wenn die Rechtsordnung des jeweiligen Bestimmungsstaates strengere Anforderungen stellt als die des Herkunftsstaates. Stehen also Vorschriften inmitten, die auf Grundlage einer gemeinschaftsrechtlichen Harmonisierung in allen Mitgliedstaaten gleichermaßen gelten, so kann es zu einer Einschränkung des Anbieters durch einen Bestimmungsstaat nicht kommen, wenn dieser dieselben Regelungen auch im Herkunftsstaat zu beachten hat. Durch mitgliedstaatliche Werberegelungen, welche in Umsetzung von gemeinschaftsrechtlichen Vorgaben erlassen worden sind, wird die Verkehrsfreiheit von Diensteanbietern aus anderen Mitgliedstaaten somit nicht behindert.[1298]

Demgegenüber können solche nationalen Rechtsvorschriften, die auf Grundlage von Öffnungsklauseln im Gemeinschaftsrecht erlassen worden sind, sehr wohl zu einer Einschränkung ausländischer Anbieter führen.[1299] Auch wenn diese ihren Ursprung im Gemeinschaftsrecht haben, beinhalten sie dennoch eine Willensentscheidung nur des jeweiligen nationalen Gesetzgebers. Dies hat zur Folge, dass auf der Grundlage von Öffnungsklauseln nationale

---

1293 Bodewig, GRUR Int. 2000, 475, 481; Henning-Bodewig, WRP 2001, 771, 774.
1294 EuGH, verb. Rs. C-34/95, C-35/95, C- 36/95, De Agostini, Slg. 1997, I-3843 ff.
1295 EuGH, verb. Rs. C-34/95, C-35/95, C- 36/95, De Agostini, Slg. 1997, I-3843, 3889, Erwägung 37.
1296 Dies erwägend, aber im Ergebnis offenlassend Bodewig, GRUR Int. 2000, 475, 481.
1297 Bodewig, GRUR Int. 2000, 475, 481. Vgl. auch Mankowski, MMR 2001, 251, 254.
1298 Siehe auch oben Teil 3 C.III.2.a. für auf Umsetzung von Gemeinschaftsrechtsakten beruhende Regelungen.
1299 Vgl. auch Eichler, K&R 2001, 144, 148.

Rechtsvorschriften entstehen, die nicht zwingend eine Entsprechung in den Rechtsordnungen der anderen Mitgliedstaaten haben. Werden im Bestimmungsstaat derartige Vorschriften auf einen Sachverhalt angewandt, kann hierdurch eine Beschränkung des Anbieters aus einem anderen Mitgliedstaat eintreten, wenn in diesem Mitgliedstaat entsprechende Vorschriften nicht erlassen worden sind. In diesem Fall liegt dann eine Einschränkung des Anbieters im Sinne des Art. 1 Absatz 3 der Richtlinie vor.

Diese Interpretation entspricht auch dem Wortlaut des Art. 1 Absatz 3, der ausdrücklich solche Bestimmungen unberührt lässt, die sich *„aus Gemeinschaftsrechtakten und einzelstaatlichen Rechtsvorschriften zu deren Umsetzung"* ergeben.[1300] Die Formulierung kann im Lichte der vorstehenden Interpretation als ausdrückliche Begrenzung auf rein gemeinschaftsrechtliche Regelungen und als Ausschluss gegenüber auf Öffnungsklauseln beruhenden nationalen Rechtsvorschriften verstanden werden.[1301]

Die Interpretation, die eine Einbeziehung von auf Öffnungsklauseln beruhenden Regelungen in den Bereich des Art. 1 Absatz 3 ausschließt, wird noch durch ein weiteres Argument gestützt. Der als Öffnungsklausel ausgestaltete Art. 14 Satz 1 der Fernabsatzrichtlinie gestattet den Mitgliedstaaten, im Bereich der E-Mail-Werbung aus Zwecken des Verbraucherschutzes weitergehende Regelungen zu treffen[1302], so dass auch mitgliedstaatliche Regelungen bis hin zu einem Verbot der E-Mail-Werbung[1303] durch die in der Fernabsatzrichtlinie geregelten Mindestanforderungen nicht verhindert werden. Art. 3 Absatz 3 der E-Commerce-Richtlinie schließt jedoch Regelungen der E-Mail-Werbung bewusst aus dem Anwendungsbereich des Herkunftslandprinzips aus.[1304] Es stellt sich daher die Frage, welchen Sinn eine explizite Ausnahme der E-Mail-Werbung aus dem Anwendungsbereich des Herkunftslandprinzips hätte, wenn weitergehende Regelungen schon über den Ausnahmetatbestand des Art. 1 Absatz 3 der Richtlinie zum Tragen kämen. Genau dies wäre nämlich der Fall, wenn man von Art. 1 Absatz 3 auch solche Regelungen als erfasst ansehen würde, die auf Grundlage von Öffnungsklauseln im nationalen Recht Bestand haben könnten. Ein mögliches Verbot der E-Mail-Werbung bliebe dann im Anwendungsbereich der E-Commerce-Richtlinie gemäß Art. 1 Absatz 3 schon als weitergehende Regelung im Sinne des Art. 14 Absatz 1 der Fernabsatzrichtlinie unberührt und müsste nicht gesondert vom Anwendungsbereich des Herkunftslandprinzips ausgenommen werden.

Es ergibt sich also im Rahmen der vorliegenden Fragestellung ein Aufeinanderprallen zweier gegenläufiger gesetzgeberischer Wertungen. Richtlinien, die Öffnungsklauseln enthalten, verlangen eine eigenständige Regelungskompetenz der Mitgliedstaaten in den Bereichen, für die durch den Gesetzgeber ein Spielraum geschaffen wurde. Art. 1 Absatz 3 erfordert eine Nichteinbeziehung von auf Grundlage von Öffnungsklauseln geschaffenen rein nationalen Werberegelungen und verhindert somit in seinem Anwendungsbereich, dass die so geschaffenen mitgliedstaatlichen Vorschriften Anwendung finden können. Die E-Commerce-Richtlinie stellt gegenüber bisher ergangenen Richtlinien *lex posterior* dar. Unter diesem Gesichtspunkt wären die gesetzgeberischen Wertungen des Art. 1 Absatz 3 vorrangig zu beachten. Die zeitliche Einordnung allein ist jedoch noch kein ausreichender Anhaltspunkt, da auch zukünftig im Bereich des Werberechts Richtlinien erlassen werden, die sich der Systematik aus Mindestharmonisierung gekoppelt mit Öffnungsklauseln bedienen werden. Der Vorrang der für

---

[1300] Erwägungsgrund 11 spricht ebenfalls nur vom *„durch Gemeinschaftsrechtsakte eingeführten Schutzniveau"*.
[1301] So auch Eichler, K&R 2001, 144, 148.
[1302] H. M., vgl. Günther, CR 1999, 172, 174 ff. mwN. Dazu oben Teil 2 B.III.2.a.
[1303] Dazu oben Teil 2.B.III.2.a.
[1304] Siehe oben Teil 3 B.I.3.

den elektronischen Geschäftsverkehrs getroffenen Wertungen ist daher durch die Einordnung als *lex specialis* zu begründen.[1305] Die E-Commerce-Richtlinie trifft in Bezug auf die Festlegung des Herkunftslandprinzips in Art. 3 Absatz 2 eine speziell für den Bereich des elektronischen Geschäftsverkehrs abschließende Regelung. Ziel ist die Gewährleistung des freien Verkehrs von Diensten der Informationsgesellschaft. Dieses spezielle Regelungsziel für den abgrenzbaren Bereich des E-Commerce und die dieses Regelungsziel schützenden Begleitregelungen, wozu auch Art. 1 Absatz 3 zu zählen ist, sind als Spezialregelung für den Bereich des elektronischen Geschäftsverkehrs anzusehen, die gegenüber anderen Regelungen vorrangig sind, wenn diese im durch die E-Commerce-Richtlinie geregelten Bereich Anwendung finden sollen.

Es ist also zu folgern, dass Art. 1 Absatz 3 keine rein nationalen Regelungen unberührt lässt, die auf Grundlage von Öffnungsklauseln im Gemeinschaftsrecht erlassen worden sind. Solche können nur im Wege der Rechtfertigung aus Gründen des Verbraucherschutzes im Sinne des Art. 3 Absatz 4 lit. a der Richtlinie durchgesetzt werden und unterliegen somit der vollen Kontrolle im Rahmen der Verhältnismäßigkeitsprüfung. Dieses Ergebnis stellt keinen Widerspruch zur Handhabung des Gerichtshofs im Bereich der Fernsehrichtlinie dar.[1306] Denn entscheidender Unterschied zwischen Sendestaatsprinzip und Herkunftslandprinzip ist deren unterschiedliche Reichweite im Hinblick auf den koordinierten Bereich.[1307] Während das Sendestaatsprinzip sich von vorneherein nur auf solche Regelungen bezieht, die zugleich auch im Rahmen der Fernsehrichtlinie harmonisiert worden sind, umfasst das Herkunftslandprinzip der E-Commerce-Richtlinie sämtliche Werberegelungen, also auch den nichtharmonisierten Bereich des Werberechts. Das Sendestaatsprinzip stand also in der Rechtssache „De Agostini" Vorschriften über die irreführende Werbung schon gar nicht entgegen, so dass die Sachlage eine andere war.[1308]

IV. Zusammenfassung

Dem Beschränkungsverbot des Art. 3 Absatz 2 wird in Gestalt des Art. 3 Absatz 4 lit. a der Richtlinie ein auch im Bereich des Werberechts einschlägiger Rechtfertigungstatbestand gegenübergestellt, welcher zwar gegenüber den Rechtfertigungsmöglichkeiten im Bereich der Warenverkehrs- und Dienstleistungsfreiheit deutlich engere Grenzen setzt, im Ergebnis aber dennoch grundsätzlich geeignet ist, das Mindestschutzniveau der Mitgliedstaaten aufrechtzuerhalten.[1309] Dem Grunde nach ergibt sich somit für Werbung im Internet nach der Spezialregelung in der E-Commerce-Richtlinie eine Situation, die mit der im Rahmen der Warenverkehrs- und Dienstleistungsfreiheit gegebenen vergleichbar ist.

Art. 3 Absatz 4 lit. a stellt für den Bereich nationaler Werberegelungen in systematischer Hinsicht einen vollwertigen Rechtfertigungstatbestand dar. Die Begrenzung auf Einzelmaßnahmen der Mitgliedstaaten steht dem ebenso wenig entgegen wie die durch die besonderen

---

[1305] A.A. Mankowski, MMR 2001, 251, 255 für Art. 14 Fernabsatzrichtlinie.
[1306] Bodewig, GRUR Int. 2000, 475, 481 hält das Verhältnis für ungeklärt.
[1307] Henning-Bodewig, WRP 2001, 771, 774. Vgl. auch Hoeren, MMR 1999, 192, 195.
[1308] Vgl. auch Erwägungsgrund 17 der Richtlinie zur Koordinierung bestimmter Rechts- und Verwaltungsvorschriften der Mitgliedstaaten über die Ausübung der Fernsehtätigkeit, ABl. L 298/23, in der demzufolge uneingeschränkt klargestellt wird, dass bestehende und zukünftige Rechtsangleichungsmaßnahmen unberührt bleiben, *„mit denen insbesondere zwingenden Erfordernissen zum Schutz der Verbraucher, der Lauterkeit des Handelsverkehrs und des Wettbewerbs entsprochen werden soll"*.
[1309] Vgl. auch Spindler, MMR-Beilage 7/2000, 4, 15; Arndt/Köhler, EWS 2001, 102, 106. A.A. Mankowski, ZVglRWiss 100 (2001), 137, 171.

Verfahrensvorschriften geschaffenen zusätzlichen Anforderungen. Denn letztere sind durch die Gerichte der Bestimmungsstaaten bei zivilrechtlichen Streitigkeiten grundsätzlich nicht zu beachten.[1310] Die Begrenzung auf Einzelmaßnahmen ändert nichts an der Möglichkeit der Mitgliedstaaten, bestehende Werberegelungen auf den streitigen Sachverhalt anzuwenden oder neue Rechtsvorschriften zu erlassen, und diese dann auch gegenüber Internet-Werbung zur Anwendung zu bringen.[1311]

Bedeutsame Einschränkungen gegenüber der Behandlung nationaler Werberegelungen nach den im Rahmen zwingender Erfordernisse bzw. zwingender Gründe des Allgemeininteresses geltenden Grundsätzen ergeben sich zunächst aus der Einordnung des Rechtfertigungstatbestandes als eng auszulegender Ausnahmeregelung. Vergleichbar dem Vorbehalt des Art. 30 EGV hat der europäische Gesetzgeber einen als abschließend anzusehenden Rechtfertigungstatbestand geschaffen, welcher mit einem hohen Maß an Bestimmtheit mögliche Ausnahmen vom allgemeinen Beschränkungsverbot des Art. 3 Absatz 2 genau festschreibt und damit nur geringen Auslegungsspielraum belässt. Im Zusammenhang mit dieser grundlegenden Einordnung sind sowohl die Interpretation des Schutzziels des Verbraucherschutzes als auch die restriktivere Prüfung der Verhältnismäßigkeit nationaler Werberegelungen zu sehen. Nach der Intention des Gesetzgebers sind Erwägungen der Lauterkeit des Handelsverkehrs nicht durch den Schutzgrund des Verbraucherschutzes erfasst. Für die Rechtfertigung von Vorschriften des allgemeinen Werberechts werden für den Bereich der Internet-Werbung aus diesem Grunde eigenständige Maßstäbe zu entwickeln sein. Obwohl die weitaus meisten wettbewerbsrechtlichen Regelungen sowohl verbraucherschutzrechtliche als auch Belange der Lauterkeit des Handelsverkehrs zu schützen beabsichtigen, wird sich in der Praxis nach hier vertretener Ansicht eine deutliche Verschiebung des Schutzniveaus ergeben müssen, will man die der Begrenzung der Rechtfertigungsmöglichkeiten auf den Verbraucherschutz innewohnende Wertung ausreichend berücksichtigen. Der zweite bedeutsame Unterschied ergibt sich für die Prüfung der Rechtfertigung aus dem zusätzlichen Erfordernis einer Beeinträchtigung oder ernsthaften und schwerwiegenden Gefahr für die mitgliedstaatlichen Schutzziele, welcher die Prüfung der Verhältnismäßigkeit nationaler Werberegelungen zugunsten der Verkehrsfreiheit von Diensten der Informationsgesellschaft beeinflusst und somit deren besondere Schutzbedürftigkeit unterstreicht.[1312]

Zusammengefasst lassen sich nach alledem zwar wichtige Unterschiede zwischen dem Rechtfertigungstatbestand des Art. 3 Absatz 4 lit. a und der Behandlung nationaler Werbevorschriften im Bereich der Warenverkehrs- und Dienstleistungsfreiheit ausmachen. Es verbleibt jedoch auch gegenüber Werbung im Internet bei tauglichen Rechtfertigungsmöglichkeiten der Mitgliedstaaten zur Aufrechterhaltung des Schutzniveaus im Bereich des Werberechts.

Ergänzt wird die Möglichkeit der Aufrechterhaltung eines Mindestschutzniveaus durch Art. 1 Absatz 3 der Richtlinie. Dieser gewährleistet, dass Werbevorschriften, die auf Grundlage bestehender und zukünftiger gemeinschaftsrechtlicher Harmonisierung erlassen worden sind, auch im Anwendungsbereich der E-Commerce-Richtlinie unberührt bleiben. Bedeutsam ist dabei vor allem die Beschränkung auf solche Regelungen, die in Umsetzung gemeinschaftsrechtlicher Vorschriften erlassen worden sind. Nur diese sind von Art. 1 Absatz 3 der Richtlinie umfasst, da nur so ein europaweit einheitliches Regelungsniveau gewährleistet, dass *„die Freiheit, Dienste der Informationsgesellschaft anzubieten, dadurch nicht einge-*

[1310] Ebenso Brenn, ÖJZ 1999, 481, 484; Arndt/Köhler, EWS 2001, 102, 106.

[1311] A.A. hinsichtlich der Begrenzung auf Einzelmaßnahmen A.A. Fezer/Koos, IPRax 2000, 349, 353; Fezer in: Staudinger, Internationales Wirtschaftsrecht, Rn. 452. Wie hier Brenn, ÖJZ 1999, 481, 484.

[1312] Vgl. Dethloff, JZ 2000, 179, 183.

schränkt wird". Nicht von Art. 1 Absatz 3 erfasst und daher auf die Rechtfertigung nach Art. 3 Absatz 4 beschränkt sind also solche rein mitgliedstaatlichen Regelungen, die aufgrund einer Öffnungsklausel erlassen worden sind.

Auf diese Weise ergibt sich aus Sicht der Mitgliedstaaten zur Aufrechterhaltung eines Mindestschutzniveaus gegenüber dem Herkunftslandprinzip eine „Zwei-Schranken-Systematik", bestehend aus der gemeinschaftsrechtlichen Schranke des Art. 1 Absatz 3[1313] und der rein mitgliedstaatliche Vorschriften betreffenden Schranke des Art. 3 Absatz 4 lit. a. Der Rechtfertigungstatbestand des Art. 3 Absatz 4 lit. a, welcher originär mitgliedstaatlichen Rechtsvorschriften zur Anwendung verhilft, und die Regelung des Art. 1 Absatz 3 für gemeinschaftsrechtliche Regelungen gehen Hand in Hand. Solange ein Schutzniveau auf gemeinschaftsrechtlicher Grundlage noch nicht gewährleistet ist, ermöglicht der Rechtfertigungstatbestand den Mitgliedstaaten die Durchsetzung rein mitgliedstaatlicher Schutzinteressen. Sofern aber der Gemeinschaftsgesetzgeber die betreffende Regelungsmaterie aufgegriffen hat oder aufgreift und abschließende Vorschriften schafft, ist eine Berufung auf den Rechtfertigungstatbestand ausgeschlossen. Die zunächst auf rein mitgliedstaatlichen Regelungen beruhende Aufrechterhaltung des Schutzniveaus wird dann durch ein einheitliches gemeinschaftsrechtliches Schutzniveau substituiert.

D. Die Anwendung des Herkunftslandprinzips

Der rechtliche Rahmen der Anwendung des sekundärrechtlichen Herkunftslandprinzips besteht, wie oben dargestellt, auch für Beschränkungen der Internet-Werbung nach der Neuregelung aus der Eröffnung des Anwendungsbereichs sowie der Prüfung einer möglichen Rechtfertigung nationaler Werbevorschriften durch die Mitgliedstaaten. Noch nicht beantwortet ist allerdings die Frage, wie die konkrete Anwendung des sekundärgemeinschaftsrechtlichen Herkunftslandprinzips in praxi erfolgen soll. Entscheidende Bedeutung für die Anwendung des sekundärgemeinschaftsrechtlichen Herkunftslandprinzips im Falle nationaler Beschränkungen der Internet-Werbung hat dessen Einordnung als kollisionsrechtliches oder gemeinschaftsrechtliches[1314] Rechtsprinzip. Sieht man in dem Herkunftslandprinzip ein kollisionsrechtliches Prinzip, so ist die Prüfung des Herkunftslandprinzips bereits auf der Ebene des Internationalen Privatrechts vorzunehmen und die bislang geltende Marktortanknüpfung würde verdrängt. Im Falle der Einschlägigkeit des Herkunftslandprinzips hätte dies eine Anwendung des Sachrechts[1315] des Herkunftsstaates durch das mitgliedstaatliche Gericht zur Folge. Ist das Herkunftslandprinzip dagegen als rein gemeinschaftsrechtliches Prinzip zu verstehen, kommt es vergleichbar mit der Anwendung der Warenverkehrs- und Dienstleistungsfreiheit

---

[1313] Vgl. Mankowski, MMR 2001, 251, 254.

[1314] Zur Terminologie: In der nachfolgenden Darstellung werden die Begriffe „kollisionsrechtliche" Einordnung und „gemeinschaftsrechtliche" Einordnung gegenübergestellt. Kollisionsrechtliche Einordnung meint ein Verständnis des Herkunftslandprinzips der E-Commerce-Richtlinie als Kollisionsregel. Gemeinschaftsrechtliche Einordnung meint eine parallele Anordnung der Regelungssystematik zur Wirkweise der Warenverkehrs- und Dienstleistungsfreiheit. Statt des Terminus gemeinschaftsrechtliche Einordnung käme auch die Bezeichnung „sachrechtliche" Einordnung in Betracht, da dadurch symbolisiert wird, dass ein nicht kollisionsrechtliches Herkunftslandprinzip sich nur auf Normen des Sachrechts bezieht. Die vorliegende Darstellung bevorzugt den Terminus gemeinschaftsrechtliche Einordnung, da hierdurch die parallele Wirkweise des Herkunftslandprinzips mit der Warenverkehrs- und Dienstleistungsfreiheit bezeichnet werden kann. Dabei wird nicht verkannt, dass auch eine Norm des europäischen Gemeinschaftsrechts kollisionsrechtlich gedeutet werden kann.

[1315] Ein renvoi auf das Recht des Bestimmungsstaates käme auch bei einer kollisionsrechtlichen Einordnung aus noch darzustellenden Gründen nicht in Betracht.

bei grundsätzlicher Anwendung des Sachrechts des Marktortes auf der Ebene der Prüfung des sachlichen Werberechts nur zu einer europarechtlichen Überlagerung, sofern eine Behinderung des freien Verkehrs eines Dienstes der Informationsgesellschaft vorliegt. Die Frage der kollisions- oder europarechtlichen Einordnung gehört zu den umstrittensten Problemen im Gefolge der E-Commerce-Richtlinie.[1316]

I. Ausgangssituation

1. Internationale Zuständigkeit der Gerichte des Bestimmungsstaates

Voraussetzung für die Anwendung des Herkunftslandprinzips im Bereich des Werberechts ist zunächst ein anhängiges wettbewerbsrechtliches Verfahren, in dem über einen Sachverhalt der grenzüberschreitenden Internet-Werbung aus einem anderen Mitgliedstaat zu entscheiden ist. Für die internationale Zuständigkeit der Gerichte des Bestimmungslandes der Werbung kann auf die oben in Teil 1 getroffenen Aussagen verwiesen werden.[1317] Aus diesen ergibt sich, dass gemäß Art. 5 Nr. 3 EuGVÜ für wettbewerbsrechtliche Klagen die internationale Zuständigkeit des Gerichts des Bestimmungsstaates der Werbung grundsätzlich eröffnet ist. Das Herkunftslandprinzip ändert an der Bestimmung der internationalen Zuständigkeit der Gerichte nichts. Insbesondere liegt daher auch keine Zuständigkeit nurmehr der Gerichte des Herkunftsstaates vor. Dies ist ganz herrschende Meinung[1318] und ergibt sich eindeutig aus dem Wortlaut und der Intention der Richtlinie. In der frühen Literatur zum Richtlinienentwurf wurde vertreten, dass Art. 3 Absatz 1 im Zusammenspiel mit Absatz 2 so verstanden werden könnte, dass die Gerichte des Bestimmungsstaates nicht mehr zur Entscheidung zuständig seien, wenn nicht eine Ausnahme im Sinne des Einzelfallausnahmetatbestandes vorläge.[1319] Diese Auffassung ist jedoch durch die Klarstellung in Art. 1 Absatz 4 der endgültigen Fassung der Richtlinie überholt.[1320] Art. 1 Absatz 4 regelt ausdrücklich, dass die Zuständigkeit

---

[1316] Für eine kollisionsrechtliche Einordnung insbesondere Mankowski, GRUR Int. 1999, 909, 912 ff.; ders., WRP 2000, 657; ders., MMR 2001, 251, 252; ders., ZVglRWiss 100 (2001), 137 ff.; Thünken, IPRax 2001, 15, 19 ff. Für eine gemeinschaftsrechtliche Einordnung Fezer in: Staudinger, Internationales Wirtschaftsrecht, Rn. 449; Tettenborn, K&R 2000, 59, 60; Schack, MMR 2000, 59, 63; Fezer/Koos, IPRax 2000, 349, 352 ff.; Ahrens, CR 2000, 835, 837 ff.; Arndt/Köhler, EWS 2001, 102, 106. In dieselbe Richtung auch Bodewig, GRUR Int. 2000, 475, 479 ff. Unentschieden zu dieser Frage Dethloff, JZ 2000, 179, 180. Gegen eine kollisionsrechtliche Einordnung nun aber dies., Europäisierung des Wettbewerbsrechts, S. 54. Unklar Apel/Grapperhaus, WRP 2000, 1247, 1252, die zwar einerseits von der Auswertung des Prinzips zu einem kollisionsrechtlichen Prinzip sprechen, schließlich aber offenbar doch von einem materiellen europarechtlichen Prinzip ausgehen. Auch der Referentenentwurf zum deutschen EGG, welches die E-Commerce-Richtlinie umsetzt, geht von einer europarechtlichen Einordnung aus, vgl. hierzu Bröhl, MMR 2001, 67, 70.

[1317] Siehe oben Teil 1 B.II.1.

[1318] Ausdrücklich Mankowski, GRUR Int. 1999, 909, 912; ders., CR 2000, 763, 768 ff.; ders., MMR 2001, 251, 252; Apel/Grapperhaus, WRP 1999, 1247, 1252; Bodewig, GRUR Int. 475, 479; Fezer/Koos, IPRax, 2000, 349, 352. Ebenso nun auch das LG Frankfurt/Main, CR 2001, 185, 186. Alle anderen Autoren setzen dies als selbstverständlich voraus, vgl. Fezer in: Staudinger, Internationales Wirtschaftsrecht, Rn. 447 ff.; Ahrens, CR 2000, 835, 837 ff.; Thünken, IPRax 2001, 15, 16 ff.; Arndt/Köhler, EWS 2001, 102, 104.

[1319] Spindler, MMR 1999, 199, 206. Jedoch betont Spindler bereits in diesem Zusammenhang die dieser Sichtweise entgegenstehende Bedeutung des 7. Erwägungsgrundes des Richtlinienentwurfes, welcher die endgültige Fassung der Richtlinie übernommene Aussage enthielt, dass die Zuständigkeit der Gerichte unberührt bleiben solle.

[1320] Verfehlt daher in Anbetracht der ausdrücklichen Regelung der Richtlinie insoweit die Ausführungen bei Bernreuther, WRP 2001, 384, 386, der auch in Ansehung der Vorschriften der Richtlinie zu dem Ergebnis kommt, dass das Herkunftslandgericht für die Rechtsdurchsetzung zuständig sein müsste.

der Gerichte unberührt bleibt.[1321] Auch die Erwägungsgründe 25 und 57 wären ohne Sinn, wenn die Gerichte des Bestimmungsstaates nicht mehr zur Entscheidung zuständig wären. Erwägungsgrund 57 der Richtlinie gestattet den Mitgliedstaaten, Maßnahmen gegen in anderen Mitgliedstaaten ansässige Anbieter zu erlassen. Nur Institutionen des Bestimmungsstaates können sinnvollerweise hiermit gemeint sein und solche Maßnahmen gegenüber einem in einem anderen Mitgliedstaat ansässigen Anbieter erlassen. Diese Auslegung geht einher mit der Intention des Herkunftslandprinzips, dessen Zweck es ausschließlich ist, eine Behinderung der Verkehrsfreiheiten der Anbieter im Binnenmarkt durch entgegenstehende Rechtsvorschriften einzelner Mitgliedstaaten zu verhindern. Eine Verlagerung der Zuständigkeit auf die Gerichte der Herkunftsstaates ist hierfür nicht erforderlich. Die Bestimmung der internationalen Zuständigkeit der Gerichte bleibt mithin durch das Herkunftslandprinzip unberührt. Ausgangssituation für die Anwendung des Herkunftslandprinzips ist also die Prüfung durch ein Gericht des Bestimmungsstaates der Internet-Werbung.

2. Der Anwendungsvorrang des Gemeinschaftsrechts

Die E-Commerce-Richtlinie stellt sekundäres Gemeinschaftsrecht dar, welches wie das Primärrecht grundsätzlich dem Anwendungsvorrang des europäischen Gemeinschaftsrechts unterfällt. Der Anwendungsvorrang des Gemeinschaftsrechts ist seit der Entscheidung „Costa/ENEL“[1322] fester Bestandteil der europäischen und nationalen Rechtsanwendung. Behindern nationale Werberegelungen die Warenverkehrs- und Dienstleistungsfreiheit, so sind die entsprechenden Vorschriften des EGV unmittelbar anwendbar und beeinflussen die Rechtsanwendung des die Werbung beschränkenden Mitgliedstaates, dessen Vorschriften unangewendet bleiben müssen.[1323] Für die Anwendung des sekundärrechtlichen Herkunftslandprinzips hat der Anwendungsvorrang ebenfalls zur Folge, dass sämtliche Gerichte der Mitgliedstaaten zur Beachtung dieses Rechtsgrundsatzes verpflichtet sind. Da es sich um eine Regelung im Rahmen einer Richtlinie handelt, ergibt sich die Anwendungsverpflichtung entweder aufgrund der Umsetzung der Bestimmungen aus dem nationalen Recht oder es kommt nach Ablauf der Umsetzungsfrist eine unmittelbare Anwendung der einschlägigen Bestimmung der Richtlinie in Betracht. Eine Umsetzung des Herkunftslandprinzips ist in Deutschland bereits geplant.[1324] Aber auch die für eine unmittelbare Anwendung erforderlichen Voraussetzungen lägen im Falle des Herkunftslandprinzips vor.[1325] Dies hat zur Folge, dass ein nationales Gericht des Bestimmungsstaates einer Internet-Werbung dann zur Beachtung der Grundsätze des Herkunftslandprinzips verpflichtet ist, wenn durch die Anwendung der nationalen Werbevorschrift eine Einschränkung des freien Verkehrs der Dienste eines EU-ausländischen Anbieters

---

[1321] Gleichlautend Erwägungsgrund 23 der E-Commerce-Richtlinie. Mankowski, GRUR Int. 1999, 909, 912; ders., MMR 2001, 251, 252; Fezer/Koos, IPRax, 2000, 349, 352; sowie LG Frankfurt/Main, CR 2001, 185, 186.

[1322] EuGH, Rs. 6/64, Costa/ENEL, Slg. 1964, 1251 ff.

[1323] Statt aller Streinz, Europarecht, Rn. 349.

[1324] Im Referentenentwurf zum EGG, BR-Dr. 136/01 v. 16.2.2001 wird eine Umsetzung des Herkunftslandprinzips in § 4 TDG nF. angestrebt. Vgl. hierzu Bröhl, MMR 2001, 67, 69 ff.; Härting, CR 2001, 271, 272 ff.; Spindler, ZRP 2001, 203, 204 ff. Dazu Teil 3 C.II.2 c.

[1325] Hierzu grundsätzlich Streinz, Europarecht, Rn. 394 ff., 402. Einer unmittelbaren Anwendung steht auch nicht entgegen, dass das Herkunftslandprinzip Auswirkungen auf Privatrechtsverhältnisse hat und somit mittelbar auch horizontale Wirkungen entfaltet. Regelungsgegenstand des Herkunftslandprinzips ist vielmehr die Anwendung von Vorschriften der Mitgliedstaaten, welche sich auf den freien Verkehr von Diensten der Informationsgesellschaft auswirken können. Der insoweit gegebene Fall ist mit der unmittelbaren Anwendung der Produktfreiheiten des EG-Vertrages vergleichbar. Misst man dagegen dem Herkunftslandprinzip kollisionsrechtlichen Gehalt bei, so wäre zu fragen, wie eine entsprechende Kollisionsnorm in mitgliedstaatliches IPR zu inkorporieren ist. Zur Anwendbarkeit kollisionsrechtlicher Regeln in EG-Richtlinien allgemein Sonnenberger, ZVglRWiss 95 (1996), 3, 33 ff.

in Betracht kommt. Da sowohl die Normen des internationalen Privatrechts als auch die des sachlichen Werberechts nationale Vorschriften darstellen, gilt der Anwendungsvorrang des Gemeinschaftsrechts in beiden Fällen.

3. Europäisches Gemeinschaftsrecht und Internationales Privatrecht

Fragen des Verhältnisses zwischen europäischem Gemeinschaftsrecht und internationalem Privatrecht gehen mit den zunehmenden Rechtswirkungen einher, die das Gemeinschaftsrecht in neuerer Zeit auch im Bereich des Zivilrechts entfaltet.[1326] Waren es in den Anfangszeiten des Integrationsprozesses vornehmlich öffentlich-rechtliche Regelungen der Mitgliedstaaten, die zu einer Beschränkung der Marktfreiheiten ausländischer Anbieter führten, so sind es heute im Zuge eines beschleunigten Zusammenwachsens der Märkte zunehmend zivilrechtliche Vorschriften, die zu einer Behinderung des freien Verkehrs von Waren und Dienstleistungen führen können.[1327] Diese Beschränkungen im Hinblick auf europäische Grenzen überschreitende Sachverhalte rufen im Bereich des Privatrechts zwangsläufig zwei Rechtsgebiete auf den Plan, zum einen das Gemeinschaftsrecht, zum anderen das internationale Privatrecht.[1328] Beide verfolgen unterschiedliche Ziele. Das Gemeinschaftsrecht dient in diesem Bereich dem Abbau von Behinderungen des freien Produktverkehrs[1329], das internationale Privatrecht als Kollisionsrecht der Bestimmung des anzuwendenden Rechts.[1330] Da beide Rechtsbereiche jedoch durch die Gemeinsamkeit verbunden sind, bei grenzüberschreitenden Sachverhalten in Erscheinung zu treten, kommt es zwangsläufig zu Überschneidungsproblemen.

Diese lassen sich –für die hier relevante Einordnung-[1331] in zwei Fragengruppen einteilen. Im Bereich des Primärrechts ist zum einen fraglich, ob das Kollisionsrecht als nationales Recht *im negativen Sinne*[1332] selbst mit dem Gemeinschaftsrecht konform ist.[1333] Zum anderen wird zunehmend die Frage aufgeworfen, ob das Gemeinschaftsrecht selbst *im positiven Sinne* kollisionsrechtliche Normen bereithalten kann. Diese Frage kann sich sowohl bei Regelungen des primären wie auch des sekundären[1334] Gemeinschaftsrechts stellen.

Von diesen beiden Fragestellungen zu unterscheiden ist die zwischen den Mitgliedstaaten seit langem betriebene Harmonisierung des Kollisionsrechts auf staatsvertraglicher[1335] sowie nun auch auf gemeinschaftsrechtlicher Ebene.[1336]

[1326] Vgl. auch v. Hoffmann, ZfRV 1995, 45, 46. Zu den Auswirkungen des EG-Vertrages auf zivilrechtliche Normen grundlegend Steindorff, EG-Vertrag und Privatrecht, S. 37 ff.

[1327] Vgl. auch Drasch, Das Herkunftslandprinzip im internationalen Privatrecht, S. 21.

[1328] Im Bereich öffentlich-rechtlicher Regelungen der Mitgliedstaaten war diese Überschneidungsproblematik deshalb nicht von Bedeutung, da dort eine durchgängige Anwendung des Territorialitätsprinzips erfolgt.

[1329] Dies ergibt sich bereits aus Art. 14 II EGV. Vgl. etwa Streinz, Europarecht, Rn. 652 ff.

[1330] Art. 3 I 1 EGBGB. Vgl. etwa Firsching/v. Hoffmann, Internationales Privatrecht, § 1 Rn. 3 ff.

[1331] Zu weiteren, vorliegend nicht bedeutsamen Fragestellungen aus dem Spannungsfeld zwischen Europarecht und IPR Sonnenberger in: MK, Einl. IPR, Rn. 126, 127; ders., ZVglRWiss 95 (1996), 3 ff.

[1332] Vgl. zur Begrifflichkeit Sonnenberger, ZVglRWiss 95 (1996), 3, 11.

[1333] Zur Frage der Vereinbarkeit des IPR der Mitgliedstaaten mit EG-Recht Roth, RabelsZ 55 (1991), 623, 641ff.; Sonnenberger, ZVglRWiss 95 (1996), 3, 13 ff.; ders. in: MK, Einl. IPR, Rn. 142 ff.; Ausführlich zur Europarechtskonformität des Marktortprinzips Grandpierre, Herkunftsprinzip kontra Marktortanknüpfung, S. 116 ff., der zwar grundsätzlich von einer Beschränkung der Verkehrsfreiheiten durch die Marktortregel ausgeht, jedoch im Ergebnis zu einer Vereinbarkeit mit dem Europarecht gelangt. Zurückhaltender schon bezüglich des Anwendungsbereichs der Grundfreiheiten Sonnenberger, ZVglRWiss 95 (1996), 3, 21 ff.

[1334] Hierzu Roth, IPRax 1994, 165 ff.; Sonnenberger, ZVglRWiss 95 (1996), 3, 31 ff.; ders. in: MK, Einl. IPR, Rn. 165 ff. Drasch, Das Herkunftslandprinzip im internationalen Privatrecht, S. 212 ff. zu einer möglichen Verankerung des Herkunftslandprinzips.

[1335] Das Rom I-Abkommen über das auf vertragliche Schuldverhältnisse anzuwendende Recht (EVÜ) beruht auf einer rein staatsvertraglichen Regelung zwischen den Mitgliedstaaten. Da sein Gegenstand nicht in Art. 293

Im vorliegenden Zusammenhang geht es ausschließlich um die Qualifikation des sekundärrechtlichen Herkunftslandprinzips der E-Commerce-Richtlinie als Kollisionsnorm des internationalen Privatrechts oder als gemeinschaftsrechtliches Regelungsinstrument, also die Frage *positiver* Wirkungen des Gemeinschaftsrechts auf das internationale Privatrecht. Nicht von Bedeutung ist dagegen die Frage, ob ein Herkunftslandprinzip dem Grunde nach gegenüber dem Marktortprinzip die probatere Kollisionsnorm darstellt.[1337] Diese Frage ist der Diskussion zum Internationalen Privatrecht anheim gestellt, hat aber mit der Frage der Einordnung des Herkunftslandprinzips der Richtlinie nichts gemeinsam. Sauber zu trennen ist deshalb grundsätzlich zwischen den gemeinschaftsrechtlichen Erfordernissen, die das Herkunftslandprinzip der E-Commerce-Richtlinie zu befriedigen versucht, und wünschenswerten Folgen für eine Vereinheitlichung der Kollisionsnormen im Bereich des unlauteren Wettbewerbs.[1338]

II. Verhältnis des Herkunftslandprinzips zum Kollisionsrecht

1. Kollisionsrechtlicher Gehalt der Grundfreiheiten?

Aus der Warenverkehrs- und der Dienstleistungsfreiheit folgt ein eingeschränktes Herkunftslandprinzip, welches zum freien Verkehr herkunftsstaatskonformer Waren und Dienstleistungen führen kann.[1339] Bereits im Rahmen der Anwendung der Grundfreiheiten wurde in der Literatur zum Internationalen Privatrecht die Frage diskutiert, ob sich aus diesem eingeschränkten Herkunftslandprinzip Folgen für das Kollisionsrecht, insbesondere im Bereich des Wettbewerbsrechts entnehmen lassen.[1340] Diese Frage ist naheliegend, da das Marktortprinzip, welches im internationalen Wettbewerbsrecht als Kollisionsnorm für grenzüberschreitende Werbesachverhalte Anwendung findet, in den weitaus meisten Fällen zur Anwendung des Sachrechts des Bestimmungsstaates führt, durch welches letztlich die Behinderung der Warenverkehrs- und Dienstleistungsfreiheit erfolgt. Hindern die genannten Grundfreiheiten dann das Bestimmungsland an der Anwendung seines sachlichen Werberechts und bringen stattdessen ein eingeschränktes Herkunftslandprinzip zur Anwendung, so wird im Ergebnis auch die Anwendung des Marktortprinzips in Frage gestellt, da das durch dieses zur Anwendung berufene Recht wegen Verstoßes gegen die Grundfreiheiten nicht mehr zur Anwendung kommt.[1341] Hieraus könnte man folgern, dass das Marktortprinzip somit ausgeschaltet und stattdessen ein aus dem Gemeinschaftsrecht folgendes Herkunftslandprinzip als Kollisions-

---

EGV genannt ist, nimmt die Präambel zum EVÜ im Gegensatz zu EuGVÜ auch nicht hierauf Bezug. Vgl. hierzu Basedow, NJW 1996, 1921, 1923.

[1336] So soll die ROM II-Verordnung zur Vereinheitlichung des IPR für außervertragliche Schuldverhältnisse seine Grundlage in Art. 65 lit. b EGV finden, welcher nun eine Kompetenzeröffnung für die Förderung der Vereinbarkeit von Kollisionsnormen enthält.

[1337] Zu dieser Thematik etwa, bejahend, Dethloff, JZ 2000, 179 ff. Dagegen, und für eine Beibehaltung der Marktortregel Mankowski, GRUR Int. 1999, 909, 913 ff.; ders., ZVglRWiss 100 (2001), 137, 157 ff.

[1338] Zu dieser Unterscheidung auch Rohe, RabelsZ 61 (1997), 1, 59.

[1339] Oben Teil 2 B.I. und C.I.

[1340] Bernhard, EuZW 1992, 437, 438 ff.; Sack, WRP 1994, 281, 285 ff.; Kort, GRUR Int. 1994, 594, 601; Basedow, RabelsZ 59 (1995), 1, 12 ff.; Reese, Grenzüberschreitende Werbung, S. 217 ff.; Drasch, Das Herkunftslandprinzip im internationalen Privatrecht, S. 312 ff.; Sonnenberger, ZVglRWiss 95 (1996), 3, 8 ff.; Grandpierre, Herkunftsprinzip kontra Marktortanknüpfung, S. 169 ff.; Fezer in: Staudinger, Internationales Wirtschaftsrecht, Rn. 433 ff. Vom Ausgangspunkt des sekundärrechtlichen Herkunftslandprinzips betrachtet Sack, WRP 2000, 269, 280 ff.; Fezer/Koos, IPRax 2000, 349, 350 ff.; Ahrens, CR 2000, 835, 838; Thünken, IPRax 2001, 15, 18.

[1341] Zutreffend insoweit Bernhard, EuZW 1992, 437, 438; Kort, GRUR Int. 1994, 594, 601, der von einem Spannungsverhältnis spricht; Fezer in: Staudinger, Internationales Wirtschaftsrecht, Rn. 433 hält das Markortprinzip für durch das primäre Gemeinschaftsrecht „überlagert“.

norm Platz greift. Auch für die Einordnung des sekundärrechtlichen Herkunftslandprinzips ist die Beantwortung dieser Frage von Bedeutung. So hat denn auch die Diskussion zum kollisionsrechtlichen Gehalt der Grundfreiheiten im Gefolge des sekundärgemeinschaftsrechtlichen Herkunftslandprinzips erneut an Bedeutung gewonnen.[1342] Denn wenn schon das Primärrecht Kollisionsnormen bereithalten kann, läge auch eine kollisionsrechtliche Einordnung des sekundärgemeinschaftsrechtlichen Herkunftslandprinzips nahe.[1343] Im Mittelpunkt der Problematik steht also zunächst die Frage, ob aus den faktischen Auswirkungen der Grundfreiheiten auf das durch das Kollisionsrecht ermittelte Sachrecht der Schluss gezogen werden kann, dass die Grundfreiheiten deshalb auch einen kollisionsrechtlichen Gehalt haben müssen.

a. In der Literatur vertretene Ansätze

(1) Kollisionsrechtliche Deutung der Grundfreiheiten

Vereinzelt wird die Auffassung vertreten, aus den Grundfreiheiten der Art. 28 ff., 49 ff. EGV folge, dass innerhalb Europas das Herkunftslandprinzip als Kollisionsnorm im Bereich des Wettbewerbsrechts gelte.[1344] Die durch das Marktortprinzip bewirkte Anknüpfung an das Bestimmungsland sei durch das aus der Warenverkehrs- und Dienstleistungsfreiheit folgende Herkunftslandprinzip verdrängt. Der Gerichtshof unterziehe genau die Bestimmungen, die aufgrund eines grenzüberschreitenden Sachverhalts durch das nationale IPR für anwendbar erklärt würden, einer Überprüfung anhand der ebenfalls nur für grenzüberschreitende Sachverhalte geltenden Grundfreiheiten. Im Ergebnis bedeute diese Vorgehensweise nichts anderes als eine Überprüfung auch der kollisionsrechtlichen Verweisung auf das Recht des Bestimmungsstaates.[1345] Die Verweisung auf das Recht des Bestimmungsstaates sei im Falle der gemeinschaftsrechtlichen Unanwendbarkeit des Sachrechts, also bei Anwendbarkeit der Grundfreiheiten einerseits und fehlender Rechtfertigung seitens des Bestimmungsstaates andererseits, dann ohne jegliche Bedeutung.[1346]

Eine modifizierte Auffassung einer kollisionsrechtlichen Anwendung des Herkunftslandprinzips vertritt *Reich*. Er ist der Ansicht, dass ein Herkunftslandprinzip die Marktortregel nur dann ersetzen könne, wenn im betroffenen Bereich des sachlichen Rechts eine inhaltliche Harmonisierung der Werbevorschriften stattgefunden habe.[1347] Diese Ansicht umgeht einerseits die Problematik, dass nationale Werberegelungen, die eine Behinderung der Warenverkehrs- und Dienstleistungsfreiheit darstellen, durch mitgliedstaatliche Erfordernisse gerechtfertigt sein können, was eine einheitliche Anknüpfung an das Herkunftslandrecht unmöglich macht.[1348] Andererseits führt die Koppelung des Herkunftslandprinzips an den harmonisierten

---

[1342] Siehe nur die Beiträge von Sack, WRP 2000, 269, 280 ff.; Fezer/Koos, IPRax 2000, 349, 350 ff.; Ahrens, CR 2000, 835, 838; Thünken, IPRax 2001, 15, 18.

[1343] So hält Hoeren, MMR 1999, 192, 195 in einer ersten Reaktion auf den der E-Commerce-Richtlinie zugrundeliegenden Richtlinienentwurf zu Recht die Reflexion des Verhältnisses zwischen Europarecht und IPR für einen möglichen Schlüssel zur Lösung der Abgrenzung auch in Bezug auf das sekundärrechtliche Herkunftslandprinzip im Bereich des elektronischen Geschäftsverkehrs. Siehe zur Gegenüberstellung der Wirkungen von primärrechtlichem und sekundärrechtlichen Herkunftslandprinzip auch Fezer in: Staudinger, Internationales Wirtschaftsrecht, Rn. 449; Fezer/Koos, IPRax 2000, 349, 350 ff.; Thünken IPRax 2001, 15, 18.

[1344] Drasch, Das Herkunftslandprinzip im internationalen Privatrecht, S. 312 ff., 320, zur Formulierung einer entsprechenden Kollisionsnorm S. 366; Apel/Grapperhaus, WRP 1999, 1247, 1250.

[1345] Drasch, Das Herkunftslandprinzip im internationalen Privatrecht, S. 313.

[1346] Drasch, Das Herkunftslandprinzip im internationalen Privatrecht, S. 315.

[1347] Reich, RabelsZ 56 (1992), 444, 510.

[1348] Sack, WRP 2000, 269, 281; Fezer in: Staudinger, Internationales Wirtschaftrecht, Rn. 435.

Bereich dazu, dass europaweit einheitliche Mindeststandards geschaffen sind, so dass die Auswirkungen der Anwendung des sachlichen Werberechts des Herkunftsstaates abgemildert sind. Diese Sichtweise steht zudem im Einklang mit der nun auch durch den Gerichtshof im Bereich des Sendestaatsprinzips der Fernsehrichtlinie bevorzugten Auslegung des koordinierten Bereichs, wonach die Anwendung des Sendestaatsprinzips auf die auch inhaltlich harmonisierten Bereiche begrenzt ist.[1349]

(2) Günstigkeitsprinzip

Nach anderer Ansicht folgt aus dem in den Grundfreiheiten enthaltenen Herkunftslandprinzip zwar grundsätzlich ebenfalls die Verdrängung des Marktortprinzips als wettbewerbsrechtliche Kollisionsnorm. Dies soll jedoch nur dann der Fall sein, wenn das Recht des Herkunftsstaates günstiger ist als das des Bestimmungsstaates mit der Folge, dass stets das weniger beschränkende Werberecht zur Anwendung gelangt.[1350] Diese Auffassung birgt also zwei Elemente in sich. Zum einen beinhaltet sie die grundsätzliche Entscheidung für eine kollisionsrechtliche Einordnung des aus den Grundfreiheiten folgenden Herkunftslandprinzips.[1351] Die Verweisung auf das Recht des Herkunftsstaates steht aber zum anderen unter dem Vorbehalt, dass durch das Kollisionsrecht des Bestimmungsstaates nicht auf ein günstigeres Sachrecht dieses Staates selbst verwiesen wird. In diesem Fall steht es dem Bestimmungsstaat frei, sein eigenes materielles Werberecht anzuwenden.[1352]

Nicht gelöst ist durch das Günstigkeitsprinzip jedoch die Problematik, dass ein aus den Grundfreiheiten hergeleitetes Herkunftslandprinzip freilich nur dann zum Tragen kommt, wenn die Voraussetzungen einer Gemeinschaftsrechtswidrigkeit nach der Warenverkehrs- und Dienstleistungsfreiheit im Einzelfall auch vorliegen.[1353] Das bedeutet neben der Eröffnung des Anwendungsbereichs auch, dass die Anwendung der mitgliedstaatlichen Werbevorschrift nicht gerechtfertigt sein darf. Denn in diesem Fall darf es im Ergebnis keinesfalls zur Anwendung des Herkunftslandprinzips kommen. Es bleibt vielmehr das Marktortrecht trotz tatbestandsmäßiger Beschränkung der Warenverkehrs- und Dienstleistungsfreiheit anwendbar. *Basedow* strebt zur Lösung dieses Problems die Gleichstellung der „zwingenden Erfordernisse“ und der gemeinschaftsrechtlichen Vorbehalte der Art. 30; 55, 46 EGV mit dem internationalprivatrechtlichen ordre public-Vorbehalt an, im Rahmen dessen er sämtliche, für die Rechtfertigung erforderlichen, gemeinschaftsrechtlichen Voraussetzungen prüfen will.[1354] Dies hat zur Folge, dass auch der gesamte Abwägungsvorgang innerhalb der Verhältnismäßigkeitsprüfung auf der Ebene des internationalprivatrechtlichen ordre public stattfindet und dass dessen Ergebnis entscheidend für die Ermittlung des anwendbaren Rechts sein kann.

[1349] Art. 2 a I der konsolidierten Fassung zur Fernsehrichtlinie, GRUR Int. 1998, 120, 123. EuGH, verb. Rs. C-34/95, C-35/95, C- 36/95, De Agostini, Slg. 1997, I-3843, 3888 ff., Erwägungen 32 ff. Ebenso bereits Roth, RabelsZ 55 (1991), 623, 670; ders., IPRax 1994, 165, 170 für die Fernsehrichtlinie.

[1350] Jayme/Kohler, IPRax 1991, 361, 369, zurückhaltender Jayme, IPRax 1994, 67; Basedow, RabelsZ 59 (1995), 1, 15 ff., 50 ff.; ihm folgend Müller-Graff in: GTE, Art. 30 EGV (aF), Rn. 191. Ebenso wohl auch Chrocziel, EWS 1991, 173, 178.

[1351] Basedow, RabelsZ 59 (1995), 1, 15.

[1352] Basedow, RabelsZ 59 (1995), 1, 17 spricht vom *favor venditoris* oder allgemein vom *favor offerentis*. Basedow ist dabei jedoch der Auffassung, dass der Bestimmungsstaat nicht gezwungen ist, das möglicherweise günstigere Bestimmungsstaatrecht anzuwenden. A.A. insoweit Sack, WRP 2000, 269, 283.

[1353] Ebenso Gebauer, IPRax 1995, 152, 156.

[1354] Basedow, RabelsZ 59 (1995), 1, 19 ff. zu den einzelnen Prüfungspunkten im Rahmen der Rechtfertigungsprüfung. Kritisch hierzu Sack, WRP 2000, 269, 281; Grandpierre, Herkunftsprinzip kontra Marktortanknüpfung, S. 185 ff.

(3) Gemeinschaftsrechtliche Einordnung

Die überwiegende Zahl der Autoren bevorzugt demgegenüber eine rein gemeinschaftsrechtliche Sichtweise des in den Grundfreiheiten enthaltenen Herkunftslandprinzips und spricht diesem jegliche kollisionsrechtliche Bedeutung ab.[1355] Für das internationale Privatrecht hat dies -jedenfalls implizit- zur Folge, dass es grundsätzlich bei der Anwendung des Marktortprinzips bleibt. Hierfür werden verschiedene Gründe angeführt.

Im Mittelpunkt steht die Herleitung aus den strukturellen Gegebenheiten der Warenverkehrs- und Dienstleistungsfreiheit. Sowohl aus dem Anwendungsbereich der Grundfreiheiten als auch aus den umfangreichen Rechtfertigungsmöglichkeiten des Bestimmungsstaates im Rahmen zwingender Gründe des Allgemeininteresses[1356] sowie des jeweiligen gemeinschaftsrechtlichen ordre public folge, dass eine Einordnung als Kollisionsnorm nicht in Betracht komme.[1357] Der Anwendungsbereich der Warenverkehrsfreiheit ist für Vorschriften, die nur zu einer Behinderung bestimmter Verkaufsmodalitäten führen, seit der Entscheidung „Keck“[1358] erheblich reduziert. Auch nationale Werbevorschriften sind hiervon in weitem Umfang betroffen und nur noch im Ausnahmefall geeignet, eine Beschränkung der Warenverkehrsfreiheit herbeizuführen.[1359] Folge für ein kollisionsrechtlich verstandenes Herkunftslandprinzip wäre, dass je nachdem, ob eine echte Diskriminierung, eine produktbezogene Regelung oder aber eine vertriebsbezogene Vorschrift vorliegt, einmal an das Recht des Herkunftsstaates, ein andermal aber an das Recht des Marktortes anzuknüpfen wäre.[1360] Die Feststellung, ob eine gemeinschaftsrechtswidrige Beschränkung der Warenverkehrs- und Dienstleistungsfreiheit durch Werberegelungen des Bestimmungsstaates vorliegt, setzt neben der Ermittlung des Anwendungsbereichs weiterhin voraus, dass die jeweilige Regelung des sachlichen Rechts nicht durch zwingende Gründe des Allgemeininteresses oder die Vorbehalte der Art. 30; 55, 46 EGV gerechtfertigt ist. In diesen Fällen stehen die Art. 28 ff., 49 ff. EGV der Anwendung des Rechts des Bestimmungsstaates nicht entgegen und das Recht des Herkunftsstaates setzt sich nicht durch.[1361] Dies hat zur Folge, dass im Ergebnis nur in manchen Fällen tatsächlich das Recht des Herkunftsstaates zur Anwendung gelangt.[1362]

Aus den vorgenannten Umständen wird zum einen gefolgert, dass ein aus den Grundfreiheiten des Gemeinschaftsrechts hergeleitetes Herkunftslandprinzip als Kollisionsnorm un-

---

[1355] Sack, WRP 1994, 281, 285 ff.; Kort, GRUR Int. 1994, 594, 601; Gebauer, IPRax 1995, 152, 155 ff.; Sonnenberger, ZVglRWiss 95 (1996), 3, 8 ff.; Fezer in: Staudinger, Internationales Wirtschaftsrecht, Rn. 433 ff. Vom Ausgangspunkt des sekundärrechtlichen Herkunftslandprinzips betrachtet Sack, WRP 2000, 269, 280 ff.; Fezer/Koos, IPRax 2000, 349, 350 ff.; Ahrens, CR 2000, 835, 838; Thünken, IPRax 2001, 15, 18.

[1356] Der Begriff soll in vorliegendem Zusammenhang als einheitlicher Oberbegriff für die Rechtfertigungstatbestände im Bereich der Warenverkehrs- und Dienstleistungsfreiheit verwendet werden.

[1357] Sack, WRP 1994, 281, 289 ff., ders., WRP 2000, 269, 281 ff.; Gebauer, IPRax 1995, 152, 156; Sonnenberger, ZVglRWiss 95 (1996), 3, 11; Fezer in: Staudinger, Internationales Wirtschaftsrecht, Rn. 435; Fezer/Koos, IPRax 2000, 349, 351.

[1358] EuGH, verb. Rs. C-267/91 und C-68/91, Keck und Mithouard, Slg. 1993, I-6097, 6131, Erwägung 16.

[1359] Ausführlich oben Teil 2 B.II.2 ff.

[1360] Kort, GRUR Int. 1994, 594, 601; Sonnenberger, ZVglRWiss 95 (1996), 3, 11ff.; Sack, WRP 2000, 269, 283. A.A. Drasch, Das Herkunftslandprinzip, S. 314, der zu dieser Annahme jedoch nur deshalb gelangen kann, weil er ganz grundsätzlich der Entscheidung „Keck“ jegliche Wirkung auf grenzüberschreitende Sachverhalte abspricht und so seine kollisionsrechtliche Einordnung auf eine unsichere Grundlage stellt. Auch Basedow, Basedow, RabelsZ 59 (1995), 1, 9 misst der Entscheidung „Keck“ nur reduzierte Bedeutung bei und kommt so zu einem kollisionsrechtlich verstandenen Günstigkeitsprinzip. Hierzu Stellung nehmend Sonnenberger, ZVglRWiss 95 (1996), 3, 12.

[1361] Sack, WRP 1994, 281, 289; ders., WRP 2000, 269, 281.

[1362] Sack, WRP 2000, 269, 280 ff. Vgl. auch Fezer in: Staudinger, Internationales Wirtschaftsrecht, Rn. 435.

tauglich ist.[1363] *Sonnenberger* weist dabei auf den Umstand hin, dass versteckte Kollisionsnormen in Tatbestand und Rechtsfolge eindeutig sein müssen.[1364] Genau diese Voraussetzung erfüllt ein aus Warenverkehrs- und Dienstleistungsfreiheit hergeleitetes Herkunftslandprinzip aber nicht. Die durch die Entscheidung „Keck" hervorgerufene begriffliche Unsicherheit steht einer Einordnung als versteckte Kollisionsnorm entgegen.[1365]

Weiterhin spreche die Möglichkeit der Bestimmungsstaaten, nationale Werberegelungen durch Gründe des Allgemeininteresses zu rechtfertigen, per se gegen eine kollisionsrechtliche Einordnung eines aus den Grundfreiheiten bezogenen Herkunftslandprinzips.[1366] Bei einem kollisionsrechtlich verstandenen Herkunftsland- oder Günstigkeitsprinzip blieben diese unberücksichtigt.[1367] Die Möglichkeit eines Mitgliedstaates zur Rechtfertigung nationaler Regelungen könne auch nicht im Rahmen eines international-privatrechtlichen ordre public wie Art. 6 EGBGB verortet werden.[1368] Die Eingriffsschwellen des Allgemeininteresses und der Art. 30; 55, 46 EGV einerseits und des international-privatrechtlichen ordre public andererseits seien unterschiedlich.[1369] Zum einen sei der international-privatrechtliche ordre public ein von den Mitgliedstaaten festgelegter Vorbehalt, während die Gründe des Allgemeininteresses und Art. 30; 55, 46 EGV durch das EG-Recht eingeräumt seien.[1370] Zum anderen anerkenne der international-privatrechtliche ordre public im Gegensatz zu den gemeinschaftsrechtlich Rechtfertigungstatbeständen nur fundamentale Normen der Mitgliedstaaten zur Rechtfertigung an.[1371]

Darüber hinaus wird konstatiert, dass eine kollisionsrechtliche Einordnung eines aus den Grundfreiheiten hergeleiteten Herkunftslandprinzips ein unnötiger Umweg sei. Man müsse zunächst das anwendbare ausländische Recht des Herkunftsstaates ermitteln, um anschließend zu prüfen, ob sich das Recht des Bestimmungsstaates im Wege der Rechtfertigung durchsetzt.[1372] Da Warenverkehrs- und Dienstleistungsfreiheit nur zum Ziel hätten, Behinderungen des Binnenmarktes durch nationale Sachnormen abzustellen, sei der Umweg über das IPR nicht erforderlich.

Zu beachten ist in diesem Zusammenhang auch, dass ein kollisionsrechtlich verstandenes Herkunftslandprinzip dazu führen würde, dass der nationale Richter das Sachrecht des Herkunftsstaates aktiv zur Anwendung bringen müsste. Die Reichweite der Grundfreiheiten des EGV geht soweit aber nicht. Diese verlangen lediglich, dass das Gericht des Bestimmungsstaates die jeweils behindernde Werbevorschrift unangewendet lässt.[1373] Zwar ist dem nationalen Gericht durch das Gemeinschaftsrecht nicht verboten, das ausländische Werberecht

---

[1363] Deutlich Sonnenberger, ZVglRWiss 95 (1996), 3, 12, der die Frage stellt, wie eine solche Lehre entstehen konnte. In diesem Sinne auch Sack, WRP 2000, 269, 281; Fezer in: Staudinger, Internationales Wirtschaftsrecht, Rn. 435; Thünken, IPRax 2001, 15, 19.

[1364] Sonnenberger, ZVglRWiss 95 (1996), 3, 12. Zur Frage der Auslegung des sekundärgemeinschaftsrechtlichen Herkunftslandprinzips als Kollisionsnorm unter diesem Gesichtpunkt unten Teil 3 D.I.3.a.

[1365] Sonnenberger, ZVglRWiss 95 (1996), 3, 12.

[1366] Gebauer, IPRax 1995, 152, 155; Sack, WRP 2000, 269, 281; Fezer in: Staudinger, Internationales Wirtschaftsrecht, Rn. 435; Fezer/Koos, IPRax 2000, 349, 351; Thünken, IPRax 2001, 15, 19.

[1367] Gebauer, IPRax 1995, 152, 155 ff.; ; Fezer in: Staudinger, Internationales Wirtschaftsrecht, Rn. 435; Fezer/Koos, IPRax 2000, 349, 351; Thünken, IPRax 2001, 15, 19.

[1368] Sack, WRP 1994, 281, 290; ders., WRP 2000, 269, 281; Fezer/Koos, IPRax 2000, 349, 351; Grandpierre, Herkunftsprinzip kontra Marktortanknüpfung, S. 185 ff. So aber Basedow, RabelsZ 59 (1995), 1, 19 ff. 51.

[1369] Grandpierre, Herkunftsprinzip kontra Marktortanknüpfung, S. 185.

[1370] Sack, WRP 1994, 281, 290; ders., WRP 2000, 269, 281. Grandpierre, Herkunftsprinzip kontra Marktortanknüpfung, S. 185.

[1371] Sack, WRP 2000, 269, 281.

[1372] Sack, WRP 2000, 269, 283.

[1373] Zutreffend Bernhard, EuZW 1992, 437, 438; ihm folgend Sonnenberger, ZVglRWiss 95 (1996), 3, 11. A. A. Basedow, RabelsZ 59 (1995), 1, 15.

auch anzuwenden.[1374] Eine gemeinschaftsrechtliche Verpflichtung ergibt sich aber nicht, weshalb in praxi davon auszugehen ist, dass das nationale Gericht, welches das Recht des Herkunftsstaates erst ermitteln müsste, nur die Möglichkeit eines Verstoßes des eigenen Rechts mit dem des Herkunftsstaates prüfen würde.[1375]

Als weiteres Argument gegen eine kollisionsrechtliche Einordnung eines aus Warenverkehrs- und Dienstleistungsfreiheit folgenden Herkunftslandprinzips wird angeführt, dass dieses selbst nicht mit der Warenverkehrs- und Dienstleistungsfreiheit zu vereinbaren sei, weil es durch die Anwendung des Rechts des Herkunftsstaates zu einer europarechtswidrigen Diskriminierung ausländischer Anbieter kommen könne.[1376] Denn sieht man das Herkunftslandprinzip als Kollisionsnorm, so ist das Gericht des Bestimmungsstaates zur Anwendung des Herkunftslandrechts auch dann gezwungen, wenn das Marktortprinzip Werberegelungen des Bestimmungsstaates zur Anwendung berufen würde, die für den Anbieter günstiger sind als die des Herkunftsstaates. Es käme also auch in dem Fall unter Umständen zur Anwendung des Werberechts des Herkunftsstaates, in dem das Recht des Bestimmungsstaates für den Anbieter günstigere Werberegelungen bereithält. Hierin wird eine unzulässige Diskriminierung des ausländischen Werbetreibenden gesehen, wenn der inländische Anbieter sich auf ihm günstigeres Werberecht berufen kann.[1377]

b. Sichtweise des Gerichtshofs

Der Gerichtshof hat zur Frage des kollisionsrechtlichen Gehalts der Warenverkehrs- und Dienstleistungsfreiheit bisher keine Stellung genommen.[1378] Aus seiner Rechtsprechung lässt sich aber schließen, dass er eine kollisionsrechtliche Einordnung des aus Art. 28, 49 EGV hergeleiteten Herkunftslandprinzips aus gemeinschaftsrechtlichen Erwägungen heraus zumindest nicht für erforderlich hält.[1379] In sämtlichen Entscheidungen, in denen der Gerichtshof über die Vereinbarkeit nationalen Wettbewerbsrechts mit der Warenverkehrs- und Dienstleistungsfreiheit zu entscheiden hatte, kam er zu einer inhaltlichen Überprüfung der jeweils beschränkenden Sachnormen.[1380] Die jeweiligen Sachnormen wären aber schon gar nicht anwendbar gewesen, wenn das Herkunftslandprinzip bereits auf der Ebene des Kollisionsrechts Geltung erlangt hätte. Der Gerichtshof wäre durch nichts gehindert gewesen, eine kollisions-

---

[1374] Sonnenberger, ZVglRWiss 95 (1996), 3, 11.

[1375] Mit praktischen Argumenten Sack, WRP 2000, 269, 282.

[1376] Reese, Grenzüberschreitende Werbung, S. 218; Grandpierre, Herkunftsprinzip kontra Marktortanknüpfung, S. 183 ff.; Sack, WRP 2000, 269, 283. Dies andeutend Ahrens, CR 2000, 835, 838. Ebenso für eine Unvereinbarkeit Basedow, RabelsZ 59 (1995), 1, 17, der allerdings bezüglich der Einordnung als Einfuhrbeschränkung unentschlossen ist und eher zu einer Ausfuhrbeschränkung tendiert.

[1377] Reese, Grenzüberschreitende Werbung, S. 218; Grandpierre, Herkunftsprinzip kontra Marktortanknüpfung, S. 183 ff.; Sack, WRP 2000, 269, 283. Unentschieden insoweit Basedow, RabelsZ 59 (1995), 1, 17, der darauf hinweist, dass nur solche Verhaltensweisen durch die Grundfreiheiten geschützt seien, die nach dem Recht des Herkunftsstaates rechtmäßig seien. Dies sei jedoch für eine Werbung, die im Herkunftsland unzulässig sei, gerade nicht der Fall.

[1378] Sack, WRP 1994, 281, 285; ders., WRP 2000, 269, 282; Grandpierre, Herkunftsprinzip kontra Marktortanknüpfung, S. 169.

[1379] Sack, WRP 2000, 269, 282.

[1380] Siehe nur EuGH, Rs. 286/81, Oosthoek, Slg. 1982, 4575 ff.; EuGH, Rs. C-362/88, GB-INNO-BM, Slg. 1990, I-667 ff.; EuGH, Rs. C-126/91, Yves Rocher, Slg. 1993, I-2361 ff.; EuGH, Rs. C-315/92, Clinique, Slg. 1994, I- 317 ff.; EuGH, Rs. C- 470/93, Mars, Slg. 1995, I-1923 ff.; EuGH, Rs. C-368/95, Familiapress, Slg. 1997, I-3689 ff.; EuGH, verb. Rs. C-34/95, C-35/95, C- 36/95, De Agostini, Slg. 1997, I-3843 ff.

rechtliche Anwendung des Herkunftslandprinzips zu bevorzugen, wenn er die Auffassung vertreten hätte, die Durchsetzung der Grundfreiheiten erfordere dies.[1381]

c. Stellungnahme

Eine kollisionsrechtliche Einordnung des aus den Grundfreiheiten folgenden eingeschränkten Herkunftslandprinzips ist abzulehnen.

Das aus Warenverkehrs- und Dienstleistungsfreiheit hergeleitete eingeschränkte Herkunftslandprinzip lässt sich vielmehr nur gemeinschaftsrechtlich verstehen. Betroffen ist ausschließlich das Sachrecht.[1382] Nur anhand der inhaltlichen Überprüfung nationaler Werberegelungen zeigt sich, ob eine gemeinschaftsrechtswidrige Beschränkung der Verkehrsfreiheiten angenommen werden kann. Denn zum einen spielt die Qualität der beschränkenden Norm spätestens seit der Entscheidung „Keck" bereits für die Eröffnung des Anwendungsbereichs der Warenverkehrsfreiheit eine Rolle. Noch gewichtiger ist aber, dass Inhalt und Intention der werbebeschränkenden Regelung maßgeblich über deren Tauglichkeit zur Rechtfertigung einer mitgliedstaatlichen Beschränkung entscheiden. Allein daraus, dass die Anwendung der Warenverkehrs- und Dienstleistungsfreiheit im Falle fehlender Rechtfertigung der jeweils inmitten stehenden nationalen Regelung zu einer der kollisionsrechtlichen Bestimmung gegenläufigen Entscheidung führen können, lässt sich ein kollisionsrechtlicher Gehalt nicht schließen.[1383] Diese Auswirkung ist lediglich mittelbar und stellt eine gemeinschaftsrechtliche Überlagerung des internationalen Privatrechts dar. Bei momentanem Rechtsstand des Gemeinschaftsrechts[1384] sind solche durch die Anwendung der Grundfreiheiten bedingte Disharmonien hinzunehmen. Das Primärrecht des EG-Vertrages dient dem Ausgleich von Konflikten zwischen den Zielen des Binnenmarktes und den Regelungsinteressen der Mitglied-

---

[1381] Zutreffend Sack, WRP 2000, 269, 282. Sack ist darüber hinaus der Auffassung, dass sich der Rechtsprechung des Gerichtshofes sogar ein positives Bekenntnis zur Geltung des nach dem Recht der Mitgliedstaaten zu bestimmenden Kollisionsrechts entnehmen lässt. Er leitet dies aus Entscheidungen des EuGH zum Internationalen Immaterialgüterrecht her, für welches das Schutzlandprinzip als kollisionsrechtlicher Anknüpfungsgrundsatz Anwendung fand. Dieses weist Ähnlichkeiten mit der Marktortregel des Internationalen Wettbewerbsrechts auf, weil auch danach im Regelfall das sachliche Immaterialgüterrecht des Bestimmungsstaates zur Anwendung berufen wird. In der Entscheidung „Ideal Standard", EuGH, Rs. C-9/93, Slg. 1994, I-2789, 2844, Erwägungen 22, 23, zum Markenrecht hatte der Gerichtshof in Bezug auf das Schutzlandprinzip ausdrücklich anerkannt, dass eine Rechtfertigung nationaler Maßnahmen durch den Vorbehalt des Art. 30 EGV voraussetze, dass *„grundsätzlich die Rechtsvorschriften des Einfuhrstaates auf die Handlungen Anwendung finden"*. Diese für das internationale Markenrecht zweifelsohne eindeutige Feststellung gegen eine kollisionsrechtliche Einordnung des Herkunftslandprinzips überträgt Sack, WRP 2000, 269, 282 nun auch auf das Marktortprinzip. Gegen diese Sichtweise spricht aber die nur beschränkte Interpretationsfähigkeit der Aussagen des Gerichtshofs, welcher in erster Linie den Einzelfall entscheidet.

[1382] Ebenso Sonnenberger, ZVglRWiss 95 (1996), 3, 11; Sack, WRP 1994, 281, 285 ff.; ders., WRP 2000, 269, 281; Fezer in: Staudinger, Internationales Wirtschaftsrecht, Rn. 433; Fezer/Koos, IPRax 2000, 349, 350 ff.; Ahrens, CR 2000, 835, 838.

[1383] Sack, WRP 2000, 269, 281; Fezer in: Staudinger, Internationales Wirtschaftsrecht, Rn. 433; Fezer/Koos, IPRax 2000, 349, 350.

[1384] Dies gilt insbesondere für die durch die Entscheidung „Keck" bewirkten Unsicherheiten im Anwendungsbereich der Produktfreiheiten, aber auch für die Möglichkeit der Rechtfertigung nationaler Maßnahmen. In Bezug auf letzteren Einwand könnte sich eine andere Sichtweise in vollständig harmonisierten Bereichen anbieten, in denen dem Bestimmungsstaat ein Berufen auf Rechtfertigungsgründe nicht mehr möglich ist. Beinhalten die betroffenen Rechtsordnungen des Herkunfts- und Bestimmungsstaates nämlich im Wesentlichen dieselben Regelungen, so entfallen aus Sicht des Bestimmungsstaates weitergehende zur Rechtfertigung taugliche Regelungsinteressen.

staaten und somit der Schaffung von Einzelfallgerechtigkeit.[1385] Getroffen wird lediglich eine Entscheidung über die Unanwendbarkeit einer Norm des Sachrechts im konkreten Sachverhalt. Es ist vom Ansatz her zwar zutreffend, nach Lösungen zu suchen, die eine Koordination der international-privatrechtlichen Anknüpfung mit den gemeinschaftsrechtlichen Vorgaben bewirken können. Hinsichtlich der Wirkung der Grundfreiheiten stellt eine kollisionsrechtliche Einordnung derselben jedoch eine Überinterpretation dar.[1386]

2. Kollisionsrechtliche oder gemeinschaftsrechtliche Einordnung des sekundärgemeinschaftsrechtlichen Herkunftslandprinzips im E-Commerce

Auch das in der E-Commerce-Richtlinie enthaltene Herkunftslandprinzip wirft die Frage nach dem Verhältnis der Regelung zum internationalen Privatrecht auf. Im vorliegend zu untersuchenden Werberecht[1387] ergibt sich ein Widerspruch zur geltenden Marktortregel, da diese regelmäßig an den Bestimmungsort der Werbung anknüpft, das Herkunftslandprinzip jedoch an die Niederlassung des Diensteanbieters, was auf den ersten Blick als eine Verdrängung der international-privatrechtlichen Marktortanknüpfung verstanden werden kann. Zu untersuchen ist daher, ob das in der Richtlinie geregelte Herkunftslandprinzip als international-privatrechtlicher Grundsatz mit allen hieraus folgenden Konsequenzen aufzufassen ist oder ob ein rein gemeinschaftsrechtliches Verständnis dem Regelungsgehalt eher gerecht wird.

a. In der Literatur vertretene Auffassungen

Die Reaktionen in der Literatur zum sekundärrechtlichen Herkunftslandprinzip im E-Commerce waren gerade im Hinblick auf das Verhältnis des Rechtsinstituts zum internationalen Privatrecht sehr kritisch[1388] und die Regelung wurde anfangs in sehr unterschiedlicher Weise interpretiert. Die zur Qualifikation des Herkunftslandprinzips vertretenen Ansätze lassen sich im wesentlichen in zwei Gruppen einteilen. Teilweise wird eine kollisionsrechtliche Einordnung vertreten mit der Folge, dass das Herkunftslandprinzip die Marktortregel als Kollisionsnorm verdrängt.[1389] Die Gegenauffassung neigt demgegenüber einer rein gemein-

---

[1385] Insoweit zutreffend Bernhard, EuZW 1992, 437, 438, der die Wirkung der Freiheiten auf das Sachrechts als „Kassation" bezeichnet.

[1386] Ebenso Reese, Grenzüberschreitende Werbung, S. 218. Fezer/Koos, IPRax 2000, 349, 351 sind der Auffassung, eine kollisionsrechtliche Einordnung gehe über die" traditionellen Ziele der Grundfreiheiten des EG-Vertrages" hinaus. Sonnenberger, ZVglRWiss 95 (1996), 3, 12 meint, die Heranziehung der Grundfreiheiten für den Bereich des internationalen Privatrechts könne man unterstützen, es handele sich aber um „Rechtspolitik, die Wünschenswertes verwirklichen will". Ahrens, CR 2000, 835, 838 geht noch weiter und bezeichnet eine kollisionsrechtliche Interpretation als „geistvolles Gedankenspiel", welches weit über das Ziel hinausschieße, das mit den Grundfreiheiten des EG-Vertrages verfolgt werden darf.

[1387] Das Verhältnis zum internationalen Privatrecht der anderen, von der Richtlinie geregelten Rechtsgebiete bespricht Spindler, MMR-Beilage 7/2000, 4, 12 ff. für das Vertragsrecht, 4, 19 für das internationale Deliktsrecht. Zum internationalen Strafrecht vgl. ders., MMR-Beilage 7/2000, 4, 19.

[1388] Hoeren, MMR 1999, 192, 195 (ihm folgend Bernreuther, WRP 2001, 184, 186) spricht im Zusammenhang mit dem Verhältnis des Herkunftslandprinzips zum Kollisionsrecht von einer der „dunkelsten Stellen des Richtlinienentwurfs". Dem Grunde nach derselben Auffassung offenbar Bodewig, GRUR Int. 2000, 475, 479; Spindler, MMR-Beilage 7/2000, 4, 12.

[1389] Mankowski, GRUR Int. 2000, 909, 912 ff.; ders., WRP 2000, 657 in der Besprechung von Grandpierre, Herkunftsprinzip contra Marktortanknüpfung; ders., MMR 2001, 251, 252; ders., ZVglRWiss 100 (2001), 137 ff.; Thünken, IPRax 2001, 15, 19 ff. Aus der Aussage von Brenn, ÖJZ 1999, 481, 482, die Prüfung und Kontrolle der Rechtmäßigkeit der Dienste müsse an der „Quelle" stattfinden, lässt sich nach hier vertretener Auffassung keine Hinwendung zu einer kollisionsrechtlichen Einordnung entnehmen. So aber Thünken, IPRax 2001, 15, 19 (Fn. 90). Die Aussage bezieht sich schlicht auf die fraglos gegebene Kontrollverpflichtung der Herkunftsstaaten, schaftsrechtlichen Interpretation zu, die sich an das Anwendungsschema der Grundfreiheitenprüfung anlehnt.[1390]

(1) Kollisionsrechtliche Einordnung

Thünken ist der Ansicht, dass das in der E-Commerce-Richtlinie enthaltene Herkunftslandprinzip einen kollisionsrechtlichen Grundsatz darstelle.[1391] Er begründet dies zum einen mit dem Regelungsgehalt des Art. 3 der Richtlinie, zum anderen mit der Regelungsintention der E-Commerce-Richtlinie. Art. 3 der Richtlinie ginge über die Regelungen der Grundfreiheiten des EG-Vertrages hinaus und stelle für Dienste der Informationsgesellschaft Spezialregelungen auf mit der Folge, dass seine kollisionsrechtliche Prägung deutlich hervorträte.[1392] Insbesondere nimmt *Thünken* dabei auf die Auslegung des Einzelfallausnahmetatbestandes des Art. 3 Absatz 4 Bezug. In Art. 3 Absatz 4 lit. a werde dem Bestimmungsstaat zugestanden, „Maßnahmen" zu ergreifen, die in bestimmten Fällen des Schutzes wichtiger Gemeinschaftsgüter notwendig würden. Hätte die Richtlinie das Ziel, grundsätzlich das Recht des Bestimmungsstaates anwendbar sein zu lassen, würde sie nicht in Art. 3 Absatz 4 lit. b die Klausel beinhalten, dass vor Eingreifen solcher Maßnahmen das Herkunftsland aufgefordert werden müsse, solche Maßnahmen zu ergreifen. Hierin läge eine Subsidiarität der Maßnahmen des Bestimmungsstaates.[1393]

Auch die Regelungsintention der E-Commerce-Richtlinie führt nach Ansicht *Thünkens* zu einem kollisionsrechtlichen Verständnis des Herkunftslandprinzips. Ein verstecktes Günstigkeitsprinzip, welches zu einer Anwendung des Herkunftslandprinzips nur im Falle einer Einschränkung des freien Verkehrs der angebotenen Dienste führe, sei zwar im Wortlaut des Art. 3 Absatz 2 angelegt, widerspreche aber der Absicht, größtmögliche Rechtssicherheit für den Diensteanbieter aus einem anderen Mitgliedstaat zu schaffen, da sich der Anbieter dann doch nach dem Inhalt möglicherweise günstigerer Rechtsordnungen erkundigen müsse.[1394] Auch der Wortlaut des Art. 3 Absatz 1, welcher ausdrücklich fordert, dass die Vorschriften des Herkunftsstaates eingehalten werden müssten, stehe einem Günstigkeitsprinzip entgegen.[1395] Da Art. 3 der Richtlinie auch in Tatbestand und Rechtsfolge eindeutig sei, sei er für die Annahme einer versteckten Kollisionsnorm geeignet.

Die mit der Einordnung als Kollisionsnorm verbundene Problematik, dass das Herkunftslandprinzip grundsätzlich im Sinne einer Gesamtnormverweisung auch auf das Kollisionsrecht des Herkunftsstaates verweist und es damit möglicherweise zu einer Rückverweisung auf das Recht des Marktorts kommt, wenn das Kollisionsrecht des Herkunftslandes die Verweisung nicht annimmt, kann dabei nach zutreffender Ansicht *Thünkens* durch die Annahme einer bloßen Sachnormverweisung vermieden werden.[1396]

---

sagt aber nichts über eine Rechtsanwendungsregelung im Sinne des internationalen Privatrechts aus, zumal die Regelung des Art. 3 ja nicht nur die Anwendung privatrechtlicher Regelungen, sondern auch umfassende Kontrollverpflichtungen der Herkunftsstaaten auf dem Gebiet des öffentlichen Rechts betrifft.

[1390] Fezer in: Staudinger, Internationales Wirtschaftsrecht, Rn. 449; Tettenborn, K&R 2000, 59, 60; Schack, MMR 2000, 59, 63; Fezer/Koos, IPRax 2000, 349, 352 ff.; Ahrens, CR 2000, 835, 837 ff.; Arndt/Köhler, EWS 2001, 102, 106. In dieselbe Richtung auch Bodewig, GRUR Int. 2000, 475, 479 ff.

[1391] Thünken, IPRax 2001, 15, 19 ff.

[1392] Thünken, IPRax 2001, 15, 19.

[1393] Thünken, IPRax 2001, 15, 19.

[1394] Thünken, IPRax 2001, 15, 20. Härting, CR 2001, 271, 273 sieht in einem Günstigkeitsprinzip die Versuchung des Anbieters gestärkt, aktives „forum shopping" zu betreiben.

[1395] Thünken, IPRax 2001, 15, 20.

[1396] Thünken, IPRax 2001, 15, 20; ebenso Härting, CR 2001, 271, 273. So im Ergebnis auch Fezer/Koos, IPRax 2000, 349, 353. Zu diesem Problem siehe auch Hoeren, MMR 1999, 192, 195; Spindler, MMR-Beilage 7/2000, 4, 9.

Auch *Mankowski* hält nur ein kollisionsrechtliches Verständnis des sekundärrechtlichen Herkunftslandprinzips für möglich.[1397] Er stützt seine Auffassung dabei zum einen auf die verweisungsrechtlichen Elemente des Art. 3 Absatz 1 der Richtlinie.[1398] Diese enthielten eine klare Vorgabe für die Frage des anwendbaren Rechts. Wenn aber eine derartige Vorgabe gegeben sei, müsse diese auch kollisionsrechtlich verstanden werden, da eine Differenzierung zwischen einer Bestimmung des internationalen Anwendungsbereichs von Rechtsnormen einerseits und Kollisionsnormen andererseits nicht möglich sei. Die Bestimmung, wann Rechtsnormen eines bestimmten Rechts anwendbar sein sollten, sei immer eine Kollisionsnorm.[1399] Zum anderen sei eine anerkennungsrechtliche Sichtweise, wie sie für öffentlichrechtliche Vorschriften in Betracht käme, für privatrechtliche Regelungen nicht möglich. In diesem Bereich gebiete vielmehr das IPR eine Anwendung der Rechtsvorschriften des Herkunftsstaates.[1400] Wie *Thünken* ist *Mankowski* der Auffassung, dass dem Ziel des Herkunftslandprinzips, den Anbieter nicht zu einer Beachtung verschiedener Werberechte mit unterschiedlichen Restriktionen in den einzelnen Mitgliedstaaten zu zwingen, nur durch ein kollisionsrechtlich verstandenes Herkunftslandprinzip genügt werden könne.[1401]

(2) Gemeinschaftsrechtliche Einordnung

Andere Stimmen in der Literatur streiten für ein gemeinschaftsrechtliches Verständnis des sekundärrechtlichen Herkunftslandprinzips mit der Folge, dass die Bestimmung des anwendbaren Rechts weiterhin nach dem Marktortprinzip erfolgt und das Herkunftslandprinzip vergleichbar der Wirkung der Warenverkehrs- und Dienstleistungsfreiheit nur korrigierend auf der Ebene der Anwendung des Sachrechts eingreift.

Fezer und *Koos* sind der Auffassung, dass Art. 3 der E-Commerce-Richtlinie dahin zu verstehen sei, dass von dem nach internationalem Zivilprozessrecht zuständigen mitgliedstaatlichen Gericht diejenigen Sachnormen des nach allgemeinen kollisionsrechtlichen Grundsätzen anwendbaren Sachrechts nicht anzuwenden seien, die als gemeinschaftsrechtswidrig zu beurteilen sind.[1402] Dies leiten sie aus dem Wortlaut und der erklärten Zielsetzung des Normgebers her. Art. 1 Absatz 4 der Richtlinie stellt ausdrücklich klar, dass die Richtlinie keine zusätzlichen Regeln im Bereich des Internationalen Privatrechts schaffen wolle.[1403] Dies werde zudem durch die Begründungserwägung 23 der Richtlinie gestützt, die in Halbsatz 1 inhaltlich der Regelung des Art. 1 Absatz 4 entspricht.[1404] Über die Wortlautauslegung hinaus stützen *Fezer* und *Koos* ihr Ergebnis auf einen Vergleich der Richtlinienregelung als sekundärem Gemeinschaftsrecht mit dem Herkunftslandprinzip im Bereich des primären Gemein-

---

[1397] Mankowski, GRUR Int. 1999, 909, 912 ff.; ders., MMR 2001, 251, 252; ders., ZVglRWiss 100 (2001), 137 ff. Trotz des nach Auffassung Mankowskis gegebenen Erfordernisses einer kollisionsrechtlichen Einordnung der Richtlinienregelung spricht sich dieser entschieden gegen eine Ablösung der Marktortregel durch ein Herkunftslandprinzip als Kollisionsnorm aus, wobei er sieben gewichtige Gegenargumente aufstellt, ders., GRUR Int. 1999, 909, 913-915.

[1398] Mankowski, ZVglRWiss 100 (2001), 137, 141, 144 ff.; ebenso ders., GRUR Int. 1999, 909, 912, 913.

[1399] Mankowski, GRUR Int. 1999, 909, 913.

[1400] Mankowski, ZVglRWiss 100 (2001), 137, 141, 146 ff.

[1401] Mankowski, GRUR Int. 1999, 909, 912; ders., ZVglRWiss 100 (2001), 137, 140.

[1402] Fezer in: Staudinger, Internationales Wirtschaftsrecht, Rn. 449; Fezer/Koos, IPRax 2000, 349, 352.

[1403] Fezer/Koos, IPRax 2000, 349, 352.

[1404] Fezer/Koos, IPRax 2000, 349, 352; Fezer in: Staudinger, Internationales Wirtschaftsrecht, Rn. 447 zur insoweit fast gleichlautenden Erwägungsgrund 7 des Richtlinienentwurfs.

schaftsrechts, welches ebenfalls sachrechtlich zu verstehen sei.[1405] Das Herkunftslandprinzip der Gemeinschaftsrichtlinien bezwecke nichts anderes als das primärgemeinschaftsrechtliche Herkunftslandprinzip in seiner durch die Cassis-Rechtsprechung gegebenen Ausprägung.[1406] Gestützt wird diese Gleichstellung zudem auf den Wortlaut des Art. 3 Absatz 2 der Richtlinie, der regelt, dass die Mitgliedstaaten den freien Verkehr von Diensten eines in einem anderen Mitgliedstaat niedergelassenen Anbieters nicht beschränken dürfen. Käme es nämlich bereits kollisionsrechtlich nur auf das Recht des Herkunftsstaates an, so wäre die Regel, dass ein Mitgliedstaat den freien Verkehr von Diensten eines in einem anderen Mitgliedstaat niedergelassenen Anbieters nicht einschränken darf, nicht erforderlich.[1407]

Ahrens ist ebenfalls der Ansicht, dass die geltende IPR-Anknüpfung nicht durch das Herkunftslandprinzip verdrängt wird. Die Sicherung des freien Verkehrs für Dienste der Informationsgesellschaft durch Abstellen auf das am Herkunftsort geltende Recht sei als Tertium zu verstehen, welches zur notwendigen Kanalisierung des Zivilrechts, des Verwaltungsrechts und des Strafrechts auf eine einzige Rechtsordnung benötigt werde.[1408] Dieses Herkunftslandrecht weiche im Bereich des Zivilrechts zwar unter Umständen von der Rechtsordnung ab, die im Wege der maßgeblichen IPR-Norm ermittelt worden sei, verdränge deshalb aber die IPR-Anknüfung nicht, sondern nehme nur das Sachrecht des Herkunftslandes in Bezug, nicht aber dessen Kollisionsrecht, was richtlinienwidrig zu einer Rück- und Weiterverweisung führen könnte.[1409] Auch Ahrens begründet seinen Ansatz vorwiegend mit dem Wortlaut des Art. 1 Absatz 4 und der Begründungserwägung 23 der E-Commerce-Richtlinie.[1410] Dieses Ergebnis sei zudem durch die Parallele zur rein sachrechtlichen Einordnung des primären Gemeinschaftsrechts gestützt.[1411]

Auch *Tettenborn*[1412], *Schack*[1413] und *Arndt/Köhler*[1414] sehen keine kollisionsrechtliche, sondern vielmehr eine materiell- gemeinschaftsrechtliche Einordnung des Herkunftslandprinzips der E-Commerce-Richtlinie als gegeben an. Auch sie stützen ihr Ergebnis auf den entsprechenden Wortlaut des Art. 1 Absatz 4 der Richtlinie oder auf den Aussagegehalt der Begründungserwägung.[1415]

Bodewig lässt zwar die Frage, ob es sich bei dem Herkunftslandprinzip der Richtlinie um eine Regelung des IPR handelt, ausdrücklich dahingestellt, setzt aber in seiner nachfolgenden Prüfung die Anwendung der Marktortregel als Kollisionsnorm voraus und wendet das Herkunftslandprinzip auf der Ebene des sachlichen Rechts an.[1416]

[1405] Fezer in: Staudinger, Internationales Wirtschaftsrecht, Rn. 449; Fezer/Koos, IPRax 2000, 349, 352. Zustimmend Ahrens, CR 2000, 835, 838. Ablehnend Thünken, IPRax 2001, 15, 19.

[1406] Fezer in: Staudinger, Internationales Wirtschaftsrecht, Rn. 449; Fezer/Koos, IPRax 2000, 349, 352.

[1407] Fezer in: Staudinger, Internationales Wirtschaftsrecht, Rn. 449.

[1408] Ahrens, CR 2000, 835, 837.

[1409] Ahrens, CR 2000, 835, 837. Siehe zu letztgenannten Argument jedoch Thünken, IPRax 2001, 15, 20. Die richtlinienwidrige Möglichkeit eines renvoi lässt sich in jedem Falle unproblematisch durch Annahme einer Sachnormverweisung umgehen.

[1410] Ahrens, CR 2000, 835, 837.

[1411] Ahrens, CR 2000, 835, 838.

[1412] Tettenborn, K&R 2000, 59, 60.

[1413] Schack, MMR 2000, 59, 62 ff.

[1414] Arndt/Köhler, EWS 2001, 102, 106.

[1415] Tettenborn, K&R 2000, 59, 60; Schack, MMR 2000, 59, 63; Arndt/Köhler, EWS 2001, 102, 106.

[1416] Bodewig, GRUR Int. 2000, 475, 479 ff.

(3) Sonstige Ansätze

Spindler unterzieht das Verhältnis des Herkunftslandprinzips zum Kollisionsrecht einer kritischen Analyse.[1417] Zwar erkennt er die eindeutige Regelung des Art. 1 Absatz 4 im Hinblick auf das Verhältnis zum IPR an. Auch in Ansehung der endgültigen Regelung in der E-Commerce-Richtlinie ist er aber der Auffassung, dass unklar bliebe, ob das Herkunftslandprinzip ein *„rein materiell-(europa-)rechtlicher"* Grundsatz sei, der immer gegenüber dem vom nationalen Kollisionsrecht bestimmten Sachrecht zur Anwendung gelangte und der auch das Kollisionsrecht des Herkunftsstaates ausschalte.[1418] *Spindler* zieht demgegenüber einen Sonderweg vor, der zwar im Grundsatz von einer materiellrechtlichen Einordnung ausgeht, jedoch unter die Vorschriften des Herkunftsstaates, auf die Art. 3 verweist, auch diejenigen des Kollisionsrechts des Herkunftsstaates fasst.[1419] Diese Auffassung hat zur Folge, dass durch das Herkunftslandprinzip auch das Kollisionsrecht des Herkunftsstaates Anwendung findet. Dieses regelt aber –zumindest nach den Ansätzen des ROM II-Abkommens- durchgängig das Markortprinzip.[1420] Im Regelfall würde nach dieser Ansicht also das IPR des Herkunftsstaates durch Anwendung des Markortprinzips auf das Recht des Bestimmungsstaates zurückverweisen.[1421] Die eigentlichen Zwecke des Herkunftslandprinzips, Rechtssicherheit für die Anbieter durch die schlichte Beachtung des Sachrechts ihres Mitgliedstaates zu erlangen, wären durch diese Auslegung völlig verfehlt.[1422]

Apel/Grapperhaus stellen einerseits fest, dass das IPR durch das Herkunftslandprinzip solange zugelassen werden soll, *„wie es nicht vorrangigen Regelungen des EU-Vertrages widerspreche"*[1423], woraus sich eine kollisionsrechtliche Sichtweise schließen lässt. Andererseits wird jedoch ausdrücklich konstatiert, dass durch die Richtlinie kein Kollisionsrecht geschaffen, sondern das geltende Recht vielmehr überlagert werde.[1424]

b. Stellungnahme

Nach hier vertretener Auffassung ist auch das sekundärrechtliche Herkunftslandprinzip der E-Commerce-Richtlinie als rein gemeinschaftsrechtlich zu verstehendes Rechtsprinzip anzusehen, welches sich nur auf das angewandte Sachrecht auswirkt. Dies hat zur Folge, dass die im Rahmen des nationalen IPR erfolgende Markortanknüpfung im Bereich des Werberechts er-

---

[1417] Spindler, MMR-Beilage 7/2000, 4, 9. Zutreffend ist dabei insbesondere der Hinweis, dass der Ausnahmetatbestand des Art. 3 III, der auch die Freiheit der Rechtswahl vom Herkunftslandprinzip ausnimmt, systematisch wenig überzeugend sei. Denn wenn das Herkunftslandprinzip nicht kollisionsrechtlich zu verstehen ist, die freie Rechtswahl aber zum Kollisionsrecht gehört, ist eine gesonderte Ausnahme überflüssig.

[1418] Spindler, MMR-Beilage 7/2000, 4, 9. Dies bestätigend ders., ZRP 2001, 203, 204.

[1419] Spindler, MMR-Beilage 7/2000, 4, 9 ff. Ablehnend Mankowski, GRUR Int. 1999, 909, 913; Fezer in: Staudinger, Internationales Wirtschaftsrecht, Rn. 448; Fezer/Koos, IPRax 2000, 349, 353; Thünken, IPRax 2001, 19, 20.

[1420] Siehe hierzu oben Teil 1 B.II.3. Schon vor Inkrafttreten des ROM II-Abkommens gehen die Kollisionsrechte verschiedener Mitgliedstaaten von ähnlichen Ansätzen aus.

[1421] Zu dieser Folge einer Einbeziehung auch des Kollisionsrechts des Herkunftsstaates auch Hoeren, MMR 1999, 192, 195. Spindler, MMR-Beilage 7/2000, 4, 9 ff. sieht in dieser Folge die wesentlichen Probleme des Herkunftslandprinzips behoben und meint, dass dieser Ansatz die Rechtsanwendung der Anbieter zumindest dadurch erleichtere, dass sie sich nur auf ihre Heimatkollisionsrechtsordnung verlassen müssten.

[1422] Zutreffend Mankowski, GRUR Int. 1999, 909, 913; ders., ZVglRWiss 100 (2001), 137, 152; Fezer in: Staudinger, Internationales Wirtschaftsrecht, Rn. 448; Fezer/Koos, IPRax 2000, 349, 353; Thünken, IPRax 2001, 19, 20. Dies andeutend auch Hoeren, MMR 1999, 192, 195.

[1423] Apel/Grapperhaus, WRP 1999, 1247, 1252 zum Richtlinienvorschlag.

[1424] Apel/Grapperhaus, WRP 1999, 1247, 1252. Kritisch zu diesem Widerspruch Ahrens, CR 2000, 835, 837 (Fn. 11).

halten bleibt. Erst wenn nach dieser das sachliche Werberecht des Bestimmungsstaates zu einer Einschränkung des freien Verkehrs der Dienste der Informationsgesellschaft eines Anbieters aus einem anderen Mitgliedstaat führt, kommt es zu einer gemeinschaftsrechtlich motivierten Überlagerung des materiellen Werberechts. Eine aktive Anwendung des Werberechts des Herkunftsstaates findet dabei nicht statt. Vielmehr führt die Überlagerung dazu, dass mitgliedstaatliches Werberecht, welches zu einer Beschränkung des freien Verkehrs des jeweiligen Dienstes führt, unangewendet bleibt. Die nachfolgende Darstellung setzt sich dabei zunächst mit den gegen eine gemeinschaftsrechtliche Einordnung angeführten Argumenten auseinander und stellt sodann die für ein solches Verständnis sprechenden Gesichtspunkte dar.

(1) Art. 3 Absatz 1 und Absatz 2 der E-Commerce-Richtlinie

Die Frage, ob das sekundärrechtliche Herkunftslandprinzip kollisionsrechtlich oder gemeinschaftsrechtlich einzuordnen ist, hängt wesentlich von der Einordnung der Absätze 1 und 2 des Art. 3 der Richtlinie ab. Art. 3 Absatz 1 regelt, dass die Dienste der Informationsgesellschaft, die von einem in seinem Hoheitsgebiet niedergelassenen Diensteanbieter erbracht werden, den in diesem Mitgliedstaat geltenden Vorschriften entsprechen müssen. Demgegenüber wird in Art. 3 Absatz 2 klargestellt, dass die Bestimmungsstaaten den freien Verkehr dieser Dienste nicht einschränken dürfen. Soll eine kollisionsrechtliche Sichtweise vertreten werden, muss der in Absatz 1 enthaltenen Zuweisung an den Niederlassungsstaat kollisionsrechtlicher Gehalt beigemessen[1425] und die eigenständige Funktion des Absatzes 2 zurückgedrängt[1426] werden. Neigt man demgegenüber einer gemeinschaftsrechtlichen Sichtweise zu, so ist eine entgegengesetzte Deutung der beiden Absätze erforderlich. Absatz 1 bedarf in diesem Falle eines anderen als eines kollisionsrechtlichen Erklärungsansatzes und Absatz 2 kann dann als allgemeines Beschränkungsverbot im gemeinschaftsrechtlichen Sinne gedeutet werden.[1427]

So nimmt *Mankowski* zur Begründung einer kollisionsrechtlichen Einordnung vor allem Art. 3 Absatz 1 in den Blick und begründet seinen Ansatz über die in Absatz 1 enthaltenen verweisungsrechtlichen Elemente.[1428] Absatz 1 enthalte eine Zuweisung von ausschließlicher Regulierungskompetenz an das Herkunftsland. Das Herkunftsland werde durch die Niederlassung des Diensteanbieters definiert.[1429] Ein nur sachrechtliches Verständnis werde diesem Gehalt des Art. 3 Absatz 1 nicht gerecht. Das Herkunftslandprinzip des Absatzes 1 beschränke sich nicht darauf, diejenigen Sachnormen des nach allgemeinem IPR berufenen Rechts unangewendet zu lassen, die gemeinschaftsrechtwidrig seien.[1430] Es habe darüber hinaus die positive Folge, dass es besage, welche Rechtsnormen anzuwenden seien. Es gehe also um

[1425] So Mankowski, GRUR Int. 1999, 909, 912, 913; ders., ZVglRWiss 100 (2001), 137, 144, 145; Thünken, IPRax 2001, 15, 20.

[1426] Vgl. den Erklärungsansatz zu Art. 3 II bei Mankowski, ZVglRWiss 100 (2001), 137, 143, der die Bedeutung des Absatz 2 auf den Bereich des Eingriffsrechts reduziert.

[1427] Vgl. Fezer in: Staudinger, Internationales Wirtschaftsrecht, Rn. 449.

[1428] Mankowski, GRUR Int. 1999, 909, 912, 913; ders., ZVglRWiss 100 (2001), 137, 144, 145. Vgl. auch Thünken, IPRax 2001, 15, 20.

[1429] Mankowski, ZVglRWiss 100 (2001), 137, 141. Wenn Mankowski die Ansicht vertritt, das Herkunftslandprinzip trage den kollisionsrechtlichen Anknüpfungspunkt schon im Namen, so ist dem entgegenzuhalten, dass der Begriff des Herkunftslandprinzips eine Wortschöpfung der Literatur darstellt, die nicht der Diktion der E-Commerce-Richtlinie entspringt. Das in Art. 3 der Richtlinie geregelte Rechtsprinzip kann zutreffenderweise auch als Binnenmarktprinzip bezeichnet werden, was den umfassenden Regelungsgehalt des Absätze 1 und 2 des Art. 3 besser wiedergibt.

[1430] Mankowski, ZVglRWiss 100 (2001), 137, 144.

eine positive Ersetzung des Sachrechts der lex causae und nicht um eine ordre public-ähnliche Überlagerung.[1431]

Dieser Ansicht ist zuzugeben, dass die Annahme verweisungsrechtlicher Elemente in Ansehung der Formulierung des Absatzes 1 nahe liegt.[1432] Daraus ist jedoch noch nicht zwingend ein kollisionsrechtliches Verständnis zu folgern. Die vorgenannte Deutungsweise beinhaltet lediglich ein Indiz für die Einordnung des Absatzes 1 als versteckte Kollisionsnorm. Nach hier vertretener Auffassung ergibt sich der vollständige Gehalt des Art. 3 jedoch erst aus einer Gesamtschau der Absätze 1 und 2.

Für Art. 3 Absatz 1 kommt auch eine andere Deutungsweise in Betracht. Unstreitig ist dabei, dass durch Art. 3 Absatz 1 das Ziel verfolgt wird, zum Zwecke der Rechtssicherheit eine einheitliche Rechtskontrolle für Diensteanbieter im Internet zu schaffen.[1433] Dies geschieht durch die grundsätzliche Zuweisung der Regulierungskompetenz an den Staat der Niederlassung.[1434] Durch die Zuweisung von Regulierungskompetenz ist jedoch nach hier vertretener Ansicht noch keine abschließende Aussage für eine kollisionsrechtliche Einordnung des Absatzes 1 getroffen. Es handelt sich bei der Festlegung auf die Niederlassung vielmehr nur um die Bereitstellung eines rechtlich bedeutsamen Merkmals, nach welchem für den Bereich des Internet die grundsätzliche Verteilung von Zuständigkeiten und Regulierungskompetenzen vorgenommen werden kann.

Auf den ersten Blick erscheint es selbstverständlich, dass die Behörden des Herkunftsstaates ihre eigenen Rechtsvorschriften anwenden, so dass man einwenden könnte, Art 3 Absatz 1 würde etwas regeln, was sowieso der Fall sei. Betrachtet man aber die Gegebenheiten des Internet, so ist die Gefahr durchaus naheliegend, dass sich aufgrund unklarer rechtlicher Voraussetzungen kein Staat zur Kontrolle der Anbieter berufen fühlt.[1435] Würde man nämlich den so verstandenen Art. 3 Absatz 1 subtrahieren, so wäre die rechtliche Zuordnung zu einem Regelungsstaat überhaupt nicht geklärt und der Anbieter wüsste nicht, ob das Recht des Serverstandortes, seiner Haupt- oder etwa Zweigniederlassung oder gar nur das Recht auf seine Tätigkeiten Anwendung findet, welches an wechselnden Markt- oder Erfüllungsorten für einzelne Geschäftsvorfälle anwendbar ist. Sinn und Zweck des Art. 3 Absatz 1 ist es nach hier vertretener Auffassung in erster Linie, in Zusammenhang mit der Anknüpfung an die Niederlassung einen für Rechtshandlungen im Internet verantwortlich zeichnenden Mitgliedstaat zu benennen, dessen Rechtssystem auf Internet-Sachverhalte im koordinierten Bereich grundsätzlich Anwendung findet.

Die Vorschrift des Art. 3 Absatz 1 setzt nach hier vertretener Ansicht also in einem der kollisionsrechtlichen Entscheidung vorgelagerten Stadium an.[1436] Noch bevor eine Entscheidung über das anwendbare Recht getroffen werden kann, muss im Bereich grenzüberschreitender Internetdienste zunächst definiert werden, nach welchen Kriterien generell eine Zuweisung der Zuständigkeiten erfolgen kann.

[1431] Mankowski, ZVglRWiss 100 (2001), 137, 144.

[1432] Abzustreiten ist auch nicht, dass die Niederlassung zu den klassischen Anknüpfungspunkten des modernen IPR gerade auch im europäischen Rechtsraum zählt, wie Mankowski, ZVglRWiss 100 (2001), 137, 141 zutreffend anführt.

[1433] Zu dieser in der Diskussion um das Herkunftslandprinzip vernachlässigten Zielsetzung Maennel, MMR 1999, 187, 189; Lindholm/Maennel, CR Int. 2000, 65, 66. Diese Zielsetzung ergibt sich aber gerade auch aus dem Wortlaut des Art. 3 I, wenn dieser dem Herkunftsstaat die „Sorge" für die Einhaltung der Rechtsvorschriften durch die Diensteanbieter überträgt.

[1434] Vgl. Erwägungsgrund 23 S.4. So auch Mankowski, ZVglRWiss 100 (2001), 137, 141.

[1435] Lindholm/Maennel, CR Int. 2000, 65, 66 weisen dabei insbesondere auf die effektive Rechtsdurchsetzung durch das Herkunftsland gegenüber illegalen Aktivitäten des Anbieters hin.

[1436] Vgl. auch Fezer/Koos, IPRax 2000, 349, 352 unter Bezugnahme auf die entsprechende Vorschrift in der Satellitenrichtlinie.

Art. 3 Absatz 2 setzt –um das zuvor aufgeworfene Bild zu vervollständigen- in einem dem Kollisionsrecht nachgelagerten Stadium an und ergänzt diese grundsätzliche Zuweisung von Zuständigkeiten und Regulierungskompetenzen um ein für den grenzüberschreitenden Sachverhalt bedeutsames allgemeines Beschränkungsverbot. Nur Absatz 2 normiert den für den *„freien Verkehr von Diensten der Informationsgesellschaft"* erforderlichen Schutz gegenüber beschränkenden Regelungen des Bestimmungsstaates eines Dienstes. In Art. 3 Absatz 1 ist demgegenüber der Schutz des freien Dienstleistungsverkehrs noch nicht enthalten. Eine kollisionsrechtliche Einordnung des Absatzes 1 würde aber dazu führen, dass für Absatz 2 praktisch kein relevanter Regelungsbereich mehr verbliebe.[1437] Denn wie sollte eine Behinderung durch Vorschriften des Bestimmungsstaates entstehen, wenn dessen Vorschriften aufgrund einer Anwendung des Rechts der Herkunftsstaates gar nicht anwendbar sind. Die Anwendung des Art. 3 Absatz 2 auf den Bereich des Eingriffsrechts zu reduzieren, wie *Mankowski*[1438] vorschlägt, wird der Bedeutung und dem Aussagegehalt des Absatzes 2 nicht gerecht. Von einer differenten Deutungsweise des Art. 3 bei zivilrechtlichen und öffentlich-rechtlichen Vorschriften ist an keiner Stelle der Richtlinie die Rede. Gerade der Hinweis auf den Rechtfertigungstatbestand des Art. 3 Absatz 4[1439] zeigt, dass die Vorschrift des Art. 3 Absatz 1 und 2 einheitlich für alle Rechtsbereiche zu verstehen ist. Dieser enthält nicht nur Rechtfertigungsgründe, die öffentlich-rechtliche Vorschriften betreffen. Durch die Einbeziehung des Verbraucherschutzes wird vielmehr klargestellt, dass gerade auch privatrechtliche Vorschriften aus dem Bereich des Werberechts geeignet sein können, eine Durchbrechung des allgemeinen Beschränkungsverbots des Absatzes 2 zu bewirken. Alle in Art. 3 Absatz 4 genannten Rechtfertigungsgründe beziehen sich aber einheitlich auf Ausnahmen von Art. 3 Absatz 2.[1440] Daraus folgt, dass auch Art. 3 Absatz 2 einheitlich für alle vom Herkunftslandprinzip betroffenen Rechtsvorschriften anzuwenden sein muss.

(2) Möglichkeit eines anerkennungsrechtlichen Verständnisses des Herkunftslandprinzips

Eine gemeinschaftsrechtliche Einordnung des Herkunftslandprinzips birgt stets auch einen anerkennungsrechtlichen Ansatz in sich.[1441] Denn wenn der freie Verkehr von Diensten der Informationsgesellschaft aus einem anderen Mitgliedstaat nicht durch eine werberechtliche Vorschrift des Bestimmungsstaates gemäß Art. 3 Absatz 2 eingeschränkt werden darf, so liegt in dem Verbot einer Beschränkung zugleich auch eine Aufforderung an den Bestimmungsstaat zur Anerkennung der im Herkunftsland geltenden werberechtlichen Standards.

Es wird die Ansicht vertreten, echte Anerkennungsmechanismen seien dem Internationalen Privatrecht fremd.[1442] Nur die im kollisionsrechtlichen Sinne einseitige Perspektive[1443] des öffentlichen Rechts müsse eine Entscheidung über die Gleichwertigkeit ausländischen Rechts im Sinne eines Anerkennungsprozesses fällen.[1444] Das IPR hingegen gewährleiste die Anerkennung fremder Rechtsordnungen, in dem es deren Regelungen zur Anwendung bringe.[1445]

1437 So Fezer in: Staudinger, Internationales Wirtschaftsrecht, Rn. 449. A.A. Mankowski, ZVglRWiss 100 (2001), 137, 143.
1438 Mankowski, ZVglRWiss 100 (2001), 137, 143.
1439 Vgl. Mankowski, ZVglRWiss 100 (2001), 137, 143.
1440 Dies erkennt auch Mankowski, ZVglRWiss 100 (2001), 137, 143 an.
1441 Zutreffend Mankowski, ZVglRWiss 100 (2001), 137, 146.
1442 Mankowski, ZVglRWiss 100 (2001), 137, 148.
1443 Zum internationalen öffentlichen Recht insoweit auch oben Teil 1 B.II.2.a.
1444 Mankowski, ZVglRWiss 100 (2001), 137, 150.
1445 Mankowski, ZVglRWiss 100 (2001), 137, 149.

Materiellrechtliche Anerkennung sei für das IPR nichts anderes als simple Rechtsanwendung.[1446] Mankowski folgert daraus, dass, wer für das Herkunftslandprinzip der E-Commerce-Richtlinie einen Anerkennungsgedanken als IPR-Ersatz einführe, eingriffsrechtlichen und kollisionsrechtlichen Bereich verwechsle.[1447]

Diese Erwägungen beschreiben zwar zutreffend eines der Hauptprobleme im Überschneidungsbereich zwischen europäischem Gemeinschaftsrecht und Internationalem Privatrecht, wenn auf der einen Seite die gemeinschaftsrechtliche Intention des Abbaus von Beschränkungen für den Binnenmarkt und auf der anderen Seite eine Einpassung der aus Sicht des Gemeinschaftsrechts erforderlichen Ergebnisse in die Struktur des Internationalen Privatrechts inmitten steht.[1448] Sie sind jedoch nicht geeignet, einer gemeinschaftsrechtlichen Einordnung des Herkunftslandprinzips entgegenzutreten.

Es ist richtig, dass dem Internationalen Privatrecht ein anerkennungsrechtlicher Ansatz fremd ist. Dem europäischen Gemeinschaftsrecht wohnt dieser Ansatz im Bereich der Produktfreiheiten jedoch in hohem Maße inne. Dies gilt auch für Bereiche, in denen das Privatrecht Ursache von Behinderungen des freien Waren- und Dienstleistungsverkehrs ist. Denn es es ist nichts anderes als Anerkennung, wenn der Importstaat einer Ware entgegen einer dort bestehenden wettbewerbsrechtlichen Vorschrift, die den Verkauf von Waren unter Preisnachlass außerhalb von Schlussverkäufen beschränkt, aufgrund Art. 28 EGV tolerieren muss, dass Waren aus anderen Mitgliedstaaten unter Nichtbeachtung dieser Rechtsvorschriften verkauft werden dürfen.[1449] Es handelt sich ebenfalls um Anerkennung, wenn der Importstaat entgegen einer dort geltenden Rechtsvorschrift, die blickfangmäßige Werbung durch eine Gegenüberstellung von alten und neuen Preisen verbietet, aufgrund Art. 28 EGV tolerieren muss, dass Waren aus einem anderen Mitgliedstaat dennoch unter Anwendung dieser Werbung verkauft werden können.[1450] Das europäische Gemeinschaftsrecht differenziert (noch) nicht zwischen Anerkennung von Rechtsvorschriften und deren Anwendung nach den Grundsätzen des Internationalen Privatrechts. Denn Ziel des Gemeinschaftsrechts ist es in diesem Bereich, Verbotsnormen gegenüber Beschränkungen durch mitgliedstaatliche Regelungen aufzustellen, die den freien Verkehr von Waren und Dienstleistungen im Binnenmarkt behindern, und auf diese Weise bestehende Behinderungen abzubauen.[1451]

Daraus folgt, dass es zwar unter dem Gesichtspunkt eines dem IPR nicht entsprechenden anerkennungsrechtlichen Verständnis durchaus möglich ist, eine kollisionsrechtliche Einordnung des sekundärrechtlichen Herkunftslandprinzips vorzunehmen. Zwingend erforderlich ist dies aber aus Sicht des europäischen Gemeinschaftsrechts keineswegs. Der europäische Gesetzgeber hat in Fortsetzung der gemeinschaftsrechtlichen Tradition der gegenseitigen Anerkennung die Regelung des Art. 3 Absatz 2 der Richtlinie getroffen, um eine Fortsetzung des aus dem Gemeinschaftsrecht bekannten Verständnisses zu ermöglichen.

[1446] Mankowski, ZVglRWiss 100 (2001), 137, 149.
[1447] Mankowski, ZVglRWiss 100 (2001), 137, 151.
[1448] Auch bei der Frage der kollisionsrechtlichen Einordnung der Warenverkehrs- und Dienstleistungsfreiheit geht es letztlich um nichts anderes. Vgl. dazu oben Teil 3 D.II.1.
[1449] EuGH, Rs. C-362/88, GB-INNO-BM, Slg. 1990, I-667 ff.
[1450] EuGH, Rs. C-126/91, Yves Rocher, Slg. 1993, I-2361 ff.
[1451] Vgl. auch Fezer/Koos, IPRax 2000, 349, 351.

(3) Art. 3 Absatz 4 der E-Commerce-Richtlinie

Auch die von *Thünken*[1452] für erheblich erachtete Regelung des Einzelfallausnahmetatbestandes des Art. 3 Absatz 4 spricht nicht für eine kollisionsrechtliche Einordnung. Wenngleich die dort getroffenen Regelungen im Einzelfall in systematischer und inhaltlicher Hinsicht strengere Anforderungen an die Rechtfertigung nationaler Maßnahmen stellen, so bleibt es bei einer grundsätzlichen Vergleichbarkeit mit den Schrankenbestimmungen zur Warenverkehrs- und Dienstleistungsfreiheit.[1453] Das Argument, Art. 3 Absatz 4 lit. b stelle eine „Subsidiarität" des Eingreifens des Bestimmungsstaates klar, verfängt gerade im Zusammenhang mit wettbewerbsrechtlichen Vorschriften nicht. Denn deren Durchsetzung erfolgt im Regelfall im Wege des gerichtlichen Verfahrens und so nach dem Willen des Richtliniengebers gerade unter Außerachtlassung dieses zusätzlichen Verfahrensschrittes.[1454]

(4) Regelungsintention der E-Commerce-Richtlinie

Eine gemeinschaftsrechtliche Einordnung des Herkunftslandprinzips wird auch der Regelungsintention der E-Commerce-Richtlinie im Allgemeinen und dem Herkunftslandprinzip im Besonderen in vollem Umfang gerecht. Das sekundärrechtliche Herkunftslandprinzip stellt – ebenso wie die Grundfreiheiten des EGV- nur eine Verbotsnorm gegenüber mitgliedstaatlichen Beschränkungen und zugunsten des Binnenmarktes dar. In diesem Charakter einer Verbotsnorm spiegelt sich wider, dass letztlich nur ein Günstigkeitsprinzip aus den gemeinschaftsrechtlichen Regelungen folgt. Das Gemeinschaftsrecht fühlt sich in diesem Bereich immer dann zur Anwendung berufen, wenn durch die beschränkende Wirkung einer mitgliedstaatlichen Vorschrift der freie Verkehr von Waren oder Diensten aus einem anderen Mitgliedstaat behindert ist. Liegt keine Beschränkung vor, besteht für ein Eingreifen gemeinschaftsrechtlicher Vorschriften kein Anlass.

In der Literatur wird die Ansicht vertreten, ein als Günstigkeitsprinzip zu verstehendes sekundärrechtliches Herkunftslandprinzip werde den Zielen der E-Commerce-Richtlinie nicht gerecht, da der Anbieter sich auf kostenintensive Weise nach dem Recht etwaiger Zielstaaten erkundigen müsse, um zu wissen, ob er nun sein Recht zu beachten habe.[1455] Das Herkunftslandprinzip würde auf diese Weise verwässert.[1456] Dieser Auffassung ist zum einen entgegenzuhalten, dass der Anbieter durch ein Günstigkeitsprinzip in keiner Weise zu Ermittlung anderer Rechtsordnungen gezwungen ist. Er kann sich durchaus auf die Relevanz seines Herkunftslandrechts verlassen. Denn wenn der Werbeanbieter im Internet eine Werbung konzipiert, die den rechtlichen Maßstäben seines Niederlassungsstaates genügt, so kann er sich bei einem europarechtlich verstandenen Herkunftslandprinzip in vollem Umfang darauf verlassen, dass diese Werbung in anderen Mitgliedstaaten nicht durch weitergehende Bestimmungen eingeschränkt werden darf. Er ist also von einer Ermittlungspflicht vollständig frei und erfährt jede erforderliche Rechtssicherheit. Wenn ein Anbieter, der sich nach dem Werberecht seines Niederlassungsortes unrechtmäßig verhält, darüber hinaus durch das günstigere Recht

---

[1452] Thünken, IPRax 2001, 15, 19; hierzu oben Teil 3 D.II.2.a.(1).

[1453] Ebenso Bodewig, GRUR Int. 2000, 475, 480; Arndt/Köhler, EWS 2001, 102, 107. Ausführlich oben Teil 3 C.II.

[1454] Ebenso Arndt/Köhler, EWS 2001, 102, 106. Siehe auch oben Teil 3 C.II.2.

[1455] Thünken, IPRax 2001, 15, 20. In diese Richtung auch Mankowski, GRUR Int. 1999, 909, 912; ders., ZVglRWiss 100 (2001), 137, 140.

[1456] Thünken, IPRax 2001, 15, 20.

eines Bestimmungsstaates einen Vorteil erlangt, so liegt hierin eine Rechtswohltat, welche die erforderliche Rechtssicherheit für den Anbieter nicht beeinträchtigt.[1457]

Eine Einordnung des sekundärrechtlichen Herkunftslandprinzips nach gemeinschaftsrechtlichen Grundsätzen genügt in vollem Umfang der Zielsetzung der E-Commerce-Richtlinie. Der Anbieter benötigt nichts mehr als die Rechtssicherheit, dass er durch rechtmäßiges Verhalten in seinem Mitgliedstaat seine rechtlichen Verpflichtungen erfüllt und daher in keinem anderen Staat in seiner Freiheit der Diensterbringung eingeschränkt werden kann. Ein wirkliches Problem für die Rechtssicherheit des Anbieters ist einzig, dass den Mitgliedstaaten durch den Einzelfallausnahmetatbestand des Art. 3 Absatz 4 die Möglichkeit der Rechtfertigung ihrer Werberegelungen verbleibt. Diese Vorschrift wäre aber auch bei einer kollisionsrechtlichen Einordnung zu beachten, weshalb dem Anbieter auch dadurch nicht geholfen wäre.

(5) Art. 1 Absatz 4 der E-Commerce-Richtlinie

Für ein gemeinschaftsrechtliches Verständnis des sekundärrechtlichen Herkunftslandprinzips spricht der Wortlaut des Art. 1 Absatz 4 der Richtlinie, der besagt, dass durch die Richtlinie keine zusätzlichen Regeln im Bereich des Internationalen Privatrechts geschaffen werden.[1458] Art. 1 Absatz 4 entspricht auch der in der insoweit fast gleichlautenden Begründungserwägung 23 Halbsatz 1 beschriebenen Zielsetzung des europäischen Gesetzgebers, die geltenden Regelungen des nationalen IPR unberührt zu lassen.[1459] Insoweit liegt zwar kein eine kollisionsrechtliche Deutung ausschließendes Gegenargument vor.[1460] Denn die Entscheidung des Normgebers besagt nur, dass aus Sicht des Gemeinschaftsrechts die Schaffung einschlägigen Kollisionsrechts nicht für erforderlich erachtet wird. Die Mitgliedstaaten sind dadurch aber nicht gehindert, eine weitergehende kollisionsrechtliche Interpretation vorzunehmen, wenn diese dem Regelungszweck der Richtlinie nicht entgegensteht oder ihm sogar ggf. sogar näher kommt.[1461] In jedem Fall lässt sich Art. 1 Absatz 4 aber als Willenskundgebung des europäischen Gesetzgebers verstehen, die zeigt, dass eine kolisionsrechtliche Einordnung zur Erreichung des Regelungszwecks der Richtlinie nicht erforderlich ist.

[1457] Im Hinblick auf die Wirkung der Grundfreiheiten ebenso Basedow, RabelsZ 59 (1995), 1, 16, *„favor offerentis"*.

[1458] Ebenso Fezer/Koos, IPRax 2000, 349, 352; Fezer in: Staudinger, Internationales Wirtschaftsrecht, Rn. 447 zur insoweit fast gleichlautenden Erwägungsgrund 7 des Richtlinienentwurfs; Ahrens, CR 2000, 835, 837; Tettenborn, K&R 2000, 59, 60; Schack, MMR 2000, 59, 63; Arndt/Köhler, EWS 2001, 102, 106; Spindler, MMR-Beilage 7/2000, 4, 9. Dies erkennen auch Vertreter einer kollisionsrechtlichen Einordnung an, vgl. Thünken, IPRax 2001, 15, 18. Mankowski, MMR 2001, 251, 252 ist allerdings der Ansicht, Art. 1 Absatz 4 sei „schlicht unzutreffend, soweit er behauptet, man schaffe keine neuen Regeln des Internationalen Privatrechts".

[1459] Vgl. zur Entstehungsgeschichte der endgültigen Richtlinienfassung Tettenborn, K&R 2000, 59, 60.

[1460] Härting, CR 2001, 271, 273; Mankowski, ZVglRWiss 100 (2001), 137, 138. Dies zugrundelegend Mankowski, GRUR Int. 1999, 909, 912; Thünken, IPRax 2001, 15, 18 ff.

[1461] Mankowski, ZVglRWiss 100 (2001), 137, 138 stellt insoweit zu Recht fest, dass den Organen der Gemeinschaft keine Definitionskompetenz im Hinblick darauf zukomme, was Internationales Privatrecht sei und was nicht. Eine Umsetzung des Herkunftslandprinzips in nationales Kollisionsrecht kommt grundsätzlich auch unter dem Gesichtspunkt in Betracht, dass eine solche nicht gegen die Regelungsintention des europäischen Gesetzgebers verstößt, da sie den freien Verkehr von Diensten der Informationsgesellschaft sogar noch weitergehend schützt als ein gemeinschaftsrechtliches Verständnis im Sinne eines allgemeinen Beschränkungsverbots.

(6) Parallelität zum primärrechtlichen Herkunftslandprinzip

Wie in der Literatur[1462] zutreffend vertreten wird, folgt aus der Parallelität zwischen dem sekundärrechtlichen Herkunftslandprinzip einerseits und der Handhabung der Warenverkehrs- und Dienstleistungsfreiheit andererseits eine gemeinschaftsrechtliche Einordnung des sekundärrechtlichen Herkunftslandprinzips.[1463] Dieses Ergebnis ist zum einen durch die gleichartige Zielsetzung und Regelungsstruktur in Primär- und Sekundärrecht gerechtfertigt. Zum anderen -und hier liegt das entscheidende Gegenargument gegen eine kollisionsrechtliche Einordnung- ist eine gemeinschaftsrechtliche Sichtweise aufgrund der Probleme dringend geboten, die eine kollisionsrechtliche Einordnung dieses aus dem europäischen Gemeinschaftsrecht herrührenden Rechtsinstituts mit sich bringen würde.

Warenverkehrs- und Dienstleistungsfreiheit und sekundärrechtliches Herkunftslandprinzip verfolgen als gemeinsames Schutzziel die Verwirklichung des Binnenmarktes. Der dogmatische Ursprung der in Art. 3 Absatz 2 enthaltenen besonderen Verkehrsfreiheit beruht auf diesen beiden Grundfreiheiten.[1464] Der europäische Gesetzgeber hat dem sekundärrechtlichen Herkunftslandprinzip dieselbe Prüfungssystematik zugrundegelegt, die sich auch im Bereich der Grundfreiheiten findet.[1465] Es ist zunächst der Anwendungsbereich zu eröffnen. Im Rahmen der Warenverkehrs- und Dienstleistungsfreiheit ist dies –vorbehaltlich des Eingreifens der Grundsätze der Entscheidung „Keck“- immer dann der Fall, wenn eine nationale Regelung geeignet ist, eine Beschränkung der Freiheiten des Warenlieferanten oder Dienstleistungserbringers zu bewirken. Nichts anderes regelt auch Art. 3 Absatz 2 der Richtlinie, wenn er dem Bestimmungsstaat verbietet, den freien Verkehr von Diensten der Informationsgesellschaft einzuschränken.[1466] Und auch auf der Rechtfertigungsebene weisen Primär- und Sekundärrecht substantielle Gemeinsamkeiten auf. Können sich die Mitgliedstaaten hier auf „zwingende Gründe des Allgemeininteresses“ oder den jeweiligen ordre public-Vorbehalt berufen, sind ihnen dort Einzelfallausnahmen zugunsten weitergehender Maßnahmen zugestanden.[1467]

So sind es denn auch ähnliche Gründe wie bei der Frage der kollisionsrechtlichen Einordnung der Grundfreiheiten, die gegen ein kollisionsrechtlich zu verstehendes sekundärrechtliches Herkunftslandprinzip sprechen. Zwar sind durch das allgemeine Beschränkungsverbot des Art. 3 Absatz 2 die für eine kollisionsrechtliche Einordnung schädlichen Unsicherheiten nicht gegeben, die im Bereich des Art. 28 EGV aufgrund der Entscheidung „Keck“ zum Tragen kamen.[1468] Auch das sekundärrechtliche Herkunftslandprinzip ist aber nach der eindeutigen Entscheidung des europäischen Gesetzgebers in Gestalt des Art. 3 Absatz 4 ff. durch einen Rechtfertigungstatbestand eingeschränkt, so dass es eine Frage des Einzelfalles sein wird, ob das nationale Werberecht tatsächlich zu einer relevanten Einschränkung der EU-

---

[1462] So auch Fezer in: Staudinger, Internationales Wirtschaftsrecht, Rn. 449; Fezer/Koos, IPRax 2000, 349, 352 ff.; Ahrens, CR 2000, 835, 838. A.A. Mankowski, ZVglRWiss 100 (2001), 137, 139.

[1463] Zuzugeben ist der Gegenauffassung aber, dass allein der fehlende kollisionsrechtliche Charakter der Produktfreiheiten noch nicht den Schluss zulässt, dass auch ein sekundärrechtliches Herkunftslandprinzip kein Internationales Privatrecht darstellen kann. So zutreffend Mankowski, ZVglRWiss 100 (2001), 137, 139. Zu zeigen ist dagegen vielmehr, dass eine parallele Einordnung auf Grund der Gleichartigkeit der Regelungssysteme und der mit einer kollisionsrechtlichen Einordnung verbundenen Probleme gerechtfertigt ist.

[1464] Fezer/Koos, IPRax 2000, 349, 352. Dazu oben Teil 3 B.III.1.b.

[1465] Hierzu schon oben Teil 3 B. und C.

[1466] Ebenso Arndt/Köhler, EWS 2001, 102, 106, „wenn man so will, wird das Herkunftslandprinzip seit 25 Jahren vom Europäischen Gerichtshof aus den Freiheiten des EG-Vertrages hergeleitet.“

[1467] Vgl. Bodewig, GRUR Int. 2000, 475, 480; Arndt/Köhler, EWS 2001, 102, 106 ff.

[1468] Sonnenberger, ZVglRWiss 95 (1996), 3, 12.

ausländischen Dienste führt oder ob nicht doch Maßnahmen des Bestimmungsstaates durchgreifen können.[1469] Ordnete man das Herkunftslandprinzip als Kollisionsnorm ein, so ergäbe sich die Konsequenz, dass die Gestaltungsspielräume des Bestimmungsstaates im Rahmen des Rechtfertigungstatbestandes weitgehend leer liefen.[1470] Zur Vermeidung dieser Folge müsste dann die Kollisionsnorm selbst durch einen ordre public-Vorbehalt durchbrochen werden, um dem Rechtfertigungstatbestand Geltung zu verschaffen. Dieser Lösungsansatz, etwa im Rahmen des Art. 6 EGBGB, wurde aber zu Recht bereits im Bereich der Grundfreiheiten abgelehnt.[1471] Die Möglichkeit einer Rechtfertigung nationaler Werberegelungen ist elementarer Bestandteil des Herkunftslandprinzips und wird dies solange sein, bis auch eine inhaltliche Harmonisierung des betroffenen Werberechts in dem Maße stattgefunden hat, dass ein Schutz zugunsten der Bestimmungsstaaten im Wege eines Rechtfertigungstatbestandes entfallen kann. Solange dem jedoch noch nicht so ist, kann eine europarechtliche Norm wie die des Art. 3 der E-Commerce-Richtlinie noch nicht reif sein, ein kollisionsrechtliches Herkunftslandprinzip zu begründen, da ein solches nie geeignet wäre, Rechtfertigungstatbestände zugunsten des Bestimmungslandes zu berücksichtigen. Eine Überlagerung des materiellen Rechts ist daher nach momentanem Rechtsstand der einzig mögliche Interpretationsweg.

(7) Vergleich mit der Fernsehrichtlinie

Eine parallele Betrachtung der Fernsehrichtlinie verdeutlicht dieses Ergebnis. Für das Sendestaatsprinzip wird überwiegend eine kollisionsrechtliche Einordnung vertreten, sofern aufgrund der Berührung zivilrechtlicher Vorschriften das Internationale Privatrecht überhaupt betroffen ist.[1472] Diese Sichtweise des Sendestaatsprinzips spricht aber nicht etwa auch für eine kollisionsrechtliche Einordnung auch des Herkunftslandprinzips der E-Commerce-Richtlinie[1473], sondern vielmehr für das Gegenteil. Denn wesentliche Besonderheit des Sendestaatsprinzips ist dessen Geltung nur im materiell koordinierten Bereich der Fernsehrichtlinie.[1474] Das Sendestaatsprinzip im koordinierten Bereich für eine Kollisionsnorm zu halten, ist in Ansehung vorstehender Ausführungen freilich weithin unproblematisch.[1475] Denn in koordinierten Bereichen gibt es keine Einwände des Bestimmungsstaates mehr, die zu einer Rechtfertigung nationaler Eigenheiten führen könnten. Das Sendestaatsprinzip kann aus diesem Grund eine taugliche Kollisionsnorm darstellen. Im Bereich des Herkunftslandprinzips der E-Commerce-Richtlinie liegen die Dinge jedoch genau umgekehrt. Erfasst ist das gesamte Werberecht ohne Rücksicht auf den Stand der Harmonisierung, so dass Rechtfertigungsmöglichkeiten zugunsten der Bestimmungsstaaten zwingend erforderlich sind. Solange dies so ist,

---

[1469] Zu Rechtfertigungsmöglichkeiten im Rahmen des Art. 3 IV oben Teil 3 C.II.

[1470] Vgl. für den Bereich der Grundfreiheiten Fezer in: Staudinger, Allgemeines Wirtschaftsrecht, Rn. 435. Ebenso Thünken, IPRax 2001, 15, 19, der dieses Argument allerdings nur gegen eine kollisionsrechtliche Einordnung der Grundfreiheiten anführt und die Bedeutung des Rechtfertigungstatbestandes des Art. 3 IV der Richtlinie insoweit außer acht lässt.

[1471] Sack, WRP 1994, 281, 290; ders., WRP 2000, 269, 281; Fezer/Koos, IPRax 2000, 349, 351; Grandpierre, Herkunftsprinzip kontra Marktortanknüpfung, S. 185 ff. A.A. Basedow, RabelsZ 59 (1995), 1, 19 ff. Vgl. oben Teil 3 D.I.2.

[1472] So etwa Schricker, Recht der Werbung, Rn. 79; ders., GRUR Int. 1990, 771, 775; Sack, WRP 1994, 281, 285; ders., WRP 2000, 269, 284 unter Bezugnahme auf die entsprechenden Regelungen des Rundfunkstaatsvertrages, die als Spezialregelungen Art. 40, 41 EGBGB verdrängen.

[1473] So aber Mankowski, ZVglRWiss 100 (2001), 137, 142.

[1474] Art. 2 a I der konsolidierten Fassung zur Fernsehrichtlinie, GRUR Int. 1998, 120, 123. Hierzu Bodewig, GRUR Int. 2000, 475, 478 ff.

[1475] Und nur in diesem koordinierten Bereich ist es auch als Kollisionsnorm anzusehen, vgl. Sack, WRP 2000, 269, 284.

kann das Gemeinschaftsrecht in diesem Bereich keine Kollisionsnorm aufstellen, die ein durchgängiges Herkunftslandprinzip vorsieht.

c. Geplante Umsetzung des deutschen Gesetzgebers

Auch der deutsche Gesetzgeber intendiert nach dem mittlerweile vorliegenden Referentenentwurf zum EGG, welches die E-Commerce-Richtlinie umsetzen soll, eine Einordnung des Herkunftslandprinzips auf sachrechtlicher Ebene.[1476]

Vorgesehen ist demnach zum einen die eindeutige Klarstellung des Verhältnisses zum IPR in Anlehnung an Art. 1 Absatz 4 der Richtlinie, welche in § 2 Absatz 6 TDG (nF) aufgenommen werden soll: *„Dieses Gesetz schafft weder Regelungen im Bereich des internationalen Privatrechts noch befasst es sich mit der Zuständigkeit der Gerichte."*[1477]

Art. 3 der Richtlinie soll in § 4 TDG (nF) umgesetzt werden[1478], wobei § 4 Absätze 1 und 2 im wesentlichen den Vorschriften des Art. 3 Absatz 1 und 2 der Richtlinie entsprechen sollen. § 4 Absatz 1 TDG regelt die grundsätzliche Geltung deutscher Vorschriften für im Inland niedergelassene Anbieter. Neben der Regelung des Beschränkungsverbots erfolgt in § 4 Absatz 2 zusätzlich die Klarstellung, dass die nach den Regeln des Internationalen Privatrechts geltenden Normen nicht anwendbar sein sollen, wenn eine Einschränkung der Dienste der Informationsgesellschaft erfolgt, wodurch ausdrücklich eine Auswirkung des Herkunftslandprinzips nur auf das sachliche Recht betont wird.[1479]

III. Zusammenfassung

Das sekundärrechtliche Herkunftslandprinzip hat auf die Bestimmung der Internationalen Zuständigkeit der mitgliedstaatlichen Gerichte keinen Einfluss.
Einer gemeinschaftsrechtlichen Einordnung stehen zwingende Gründe nicht entgegen. Die in dem Regelungsmodell des Art. 3 enthaltene Willensäußerung des europäischen Gesetzgebers entspricht vielmehr einem rein gemeinschaftsrechtlichen Verständnis und lässt eine kollisionsrechtliche Einordnung nicht zu.

E. Ergebnis

Für grenzüberschreitende Internet-Werbung im europäischen Binnenmarkt ergibt sich durch die E-Commerce-Richtlinie nach alledem eine Neuregelung. Nationale Werbevorschriften, die sich gegen Werbung eines Anbieters aus einem anderen Mitgliedstaat richten, unterfallen dem sekundärrechtlichen Herkunftslandprinzip.[1480] Hiervon ausgenommen sind nur Regelun-

---

[1476] Entwurf eines Gesetzes über rechtliche Rahmenbedingungen für den elektronischen Geschäftsverkehr , BR-Dr. 136/01 v. 16.2.2001. Zum Entwurf Bröhl, MMR 2001, 67 ff.; Härting, CR 2001, 271 ff.; Spindler, ZRP 2001, 203 ff.

[1477] Vgl. auch Bröhl, MMR 2001, 67, 70.

[1478] Entwurf eines Gesetzes über rechtliche Rahmenbedingungen für den elektronischen Geschäftsverkehr , BR-Dr. 136/01 v. 16.2.2001; vgl. Bröhl, MMR 2001, 67, 69.

[1479] Bröhl, MMR 2001, 67, 70; Härting, CR 2001, 271, 272.

[1480] Fezer in: Staudinger, Internationales Wirtschaftsrecht, Rn. 447; Hoeren, MMR 1999, 192, 194; ders., EuZ 2000, 74; Apel/Grapperhaus, WRP 1999, 1247, 1248; Schack, MMR 2000, 59, 63; Tettenborn, K&R 2000, 59, 61; Gierschmann, DB 2000, 1315, 1316; Lehmann, EuZW 2000, 517, 518; Bodewig, GRUR Int. 2000, 475, 479; Spindler, MMR-Beilage 7/2000, 4, 7, 15 ff.; Karenfort/Weißgerber, MMR-Beilage 7/2000, 38, 39; Fezer/Koos, IPRax 2000, 439; Ahrens, CR 2000, 835; Thünken, IPRax 2001, 15, 17; Arndt/Köhler, EWS 2001, 102, 106; LG Frankfurt/M., CR 2001, 185, 190.

gen, welche die nicht angeforderte Zusendung von E-Mail-Werbung betreffen. In dieser den dritten Teil der Untersuchung abschließenden Darstellung soll das auf Werbebeschränkungen im Internet anwendbare Gemeinschaftsrecht noch einmal zusammengefasst werden. Die folgende Zusammenfassung hat neben der übersichtlichen Darstellung sämtlicher Ergebnisse zum Ziel, die konkrete Wirkweise des sekundärrechtlichen Herkunftslandprinzips zusammenhängend zu erläutern. Ausgangspunkt soll dabei die Sichtweise eines deutschen Gerichts[1481] sein, welches sich an der Anwendung nationaler werbebeschränkender Regelungen gegenüber einem Werbeanbieter aus einem anderen Mitgliedstaat durch das Herkunftslandprinzip gehindert sieht.[1482]

Das Herkunftslandprinzip findet auf nationale Werbevorschriften immer dann Anwendung, wenn ein grenzüberschreitender Sachverhalt mit Bezug zum europäischen Gemeinschaftsrecht gegeben ist, im Regelfall also, wenn ein Anbieter aus einem anderen Mitgliedstaat im Internet für Waren oder Dienstleistungen wirbt, welche auch im Bestimmungsstaat erhältlich sind. Wird im Hinblick auf diese Werbung im deutschen Bestimmungsstaat durch einen Konkurrenten oder klagebefugten Verband[1483] gerichtlich vorgegangen, so prüft das deutsche Gericht aufgrund des Vorliegens eines grenzüberschreitenden Sachverhalts zunächst seine Internationale Zuständigkeit. Deren Bestimmung wird durch das Herkunftslandprinzip der Richtlinie nicht berührt[1484], sie erfolgt nach den allgemeinen Grundsätzen, woraus sich regelmäßig eine Internationale Zuständigkeit des Bestimmungsstaates einer Internet-Werbung ergeben kann.[1485] Im Anschluss an die Bejahung der Internationalen Zuständigkeit schreitet das Gericht dann zur Feststellung des anwendbaren Sachrechts. Es wendet dabei nach dem lex fori-Grundsatz die Regeln des deutschen Internationalen Privatrechts an. Bei der Feststellung der maßgeblichen Kollisionsregel erfolgt die erste entscheidende Weichenstellung. Nach hier vertretener Auffassung lässt das sekundärrechtliche Herkunftslandprinzip die Bestimmung des anwendbaren Rechts unberührt.[1486] Das bedeutet, dass die Marktortregel weiterhin für grenzüberschreitende Werbesachverhalte zur Anwendung kommt. Anzuknüpfen ist also an den Ort der wettbewerblichen Interessenkollision.[1487] Dieser ist regelmäßig dort belegen, wo die Werbung den potenziellen Kunden erreicht. Das deutsche Werberecht kann also dann Anwendung finden, wenn Deutschland einer der Bestimmungsstaaten der Werbung ist.[1488]

[1481] In Betracht kommt entweder nach Klageerhebung eine Prüfung im Rahmen des Hauptsacheverfahrens oder aber es findet zunächst ein einstweiliges Verfügungsverfahren gem. § 935 ZPO statt.

[1482] Siehe hierzu auch die oben im Rahmen der Prüfung der Warenverkehrs- und Dienstleistungsfreiheit gebildeten Beispielfälle in Teil 2 B.III. und Teil 2 C.III. Weitere Beispiel bei Bodewig, GRUR Int. 2000, 475, 479 ff. zu Rabatten und Zugaben; Ahrens, CR 2000, 835, 840 zur Werbung einer Internet-Apotheke.

[1483] Zur Klagebefugnis im Rahmen von Unterlassungsansprüchen im deutschen Wettbewerbsrecht vgl. § 13 II UWG, der sowohl dem Konkurrenten (Nr. 1), rechtsfähigen Vereinen zur Förderung gewerblicher Interessen (Nr. 2), Verbraucherschutzverbänden (Nr. 3), sowie den Industrie- und Handelskammer und Handwerkskammern (Nr. 4) eine Klagebefugnis insbesondere im Hinblick auf § 1, 3 UWG zugesteht.

[1484] H.M. Mankowski, GRUR Int. 1999, 909, 912; ders., CR 2000, 763, 768 ff.; ders., MMR 2001, 251, 252; Apel/Grapperhaus, WRP 1999, 1247, 1252; Bodewig, GRUR Int. 475, 479; Fezer/Koos, IPRax, 2000, 349, 352; LG Frankfurt/M., CR 2001, 185, 186. Oben Teil 3 D.I.1.

[1485] Oben Teil 1.B.II.1.

[1486] Ebenso Fezer in: Staudinger, Internationales Wirtschaftsrecht, Rn. 449; Tettenborn, K&R 2000, 59, 60; Schack, MMR 2000, 59, 63; Fezer/Koos, IPRax 2000, 349, 352 ff.; Ahrens, CR 2000, 835, 837 ff.; Arndt/Köhler, EWS 2001, 102, 106. So wohl auch Bodewig, GRUR Int. 2000, 475, 479 ff. A.A. Mankowski, GRUR Int. 1999, 909, 912 ff.; ders., WRP 2000, 657; ders., CR 2000, 763, 767; ders., MMR 2001, 251, 252; Thünken, IPRax 2001, 15, 19 ff. Unentschieden insoweit Dethloff, JZ 2000, 179, 180.

[1487] Oben Teil 1 B.II.2.b.(1)

[1488] Zu Ausgrenzung unbeachtlicher Spillover-Effekte der Internet-Werbung oben Teil 1.B.II.2.a.(2)(c).

Erst auf der nun zu prüfenden Ebene des Sachrechts kommt dem sekundärrechtlichen Herkunftslandprinzip Bedeutung zu. Das Herkunftslandprinzip ist gemäß Art. 3 Absatz 1 und Absatz 2 einschlägig, wenn der freie Verkehr von Diensten der Informationsgesellschaft aus einem anderen Mitgliedstaat durch die Anwendung der jeweiligen deutschen Werberegelung eingeschränkt ist. Dies ist immer dann der Fall, wenn der Anbieter sich mit seiner Internet-Werbung im Herkunftsstaat rechtmäßig verhält und das strengere deutsche Werberecht eine Werbemaßnahme untersagen oder beschränken würde, welche ihm nach dem Recht des Herkunftsstaates erlaubt ist. Die Feststellung dieser Folge setzt mehrere Prüfungsschritte voraus.

Zunächst sind die Anwendungsvoraussetzungen des Herkunftslandprinzips im Sinne des Art. 3 Absatz 1 und Absatz 2 der Richtlinie zu prüfen. Das bedeutet, dass ein Dienst der Informationsgesellschaft sowie einer Regelung aus dem koordinierten Bereich der Richtlinie gegeben sein müssen. Beide Voraussetzungen werden im Falle von Internet-Werbung und hierauf bezogenen Werberegelungen regelmäßig vorliegen.[1489] Weiterhin muss der Anbieter seine Niederlassung in dem Mitgliedstaat der Gemeinschaft haben, auf dessen Werberecht er sich beruft. Neben den oben dargestellten Kriterien zur Bestimmung der relevanten Niederlassung bei mehreren Niederlassungen des Anbieters[1490], kann hier im Einzelfall problematisch sein, ob eine missbräuchliche Umgehung der Anwendung des Rechts des Bestimmungsstaates durch Verlegung der Niederlassung seitens des Anbieters vorliegt. Liegen die Voraussetzungen einer missbräuchlichen Umgehung vor, so findet das Recht des Marktortes entgegen dem Herkunftslandprinzip dennoch Anwendung.[1491] Der Missbrauchstatbestand ist durch den Kläger darzulegen und zu beweisen, da die Abweichung vom Herkunftslandprinzip nach Feststellung des Vorliegens einer Niederlassung im Herkunftsstaat die Ausnahme vom Regelfall darstellt.

Ist nach diesen Grundsätzen festgestellt, dass auf die jeweilige Werbung das Herkunftslandprinzip anzuwenden ist, muss ermittelt werden, ob durch die Anwendung der nach dem IPR einschlägigen deutschen Rechtsvorschrift eine Einschränkung des freien Verkehrs von Diensten der Informationsgesellschaft eintritt. Dies ist dann der Fall, wenn nach dem Recht des Herkunftslandes des Anbieters die in Streit stehende Werbung zulässig wäre. Fraglich ist, auf welche Weise die Rechtmäßigkeit der Werbung nach dem Recht des Niederlassungsstaates zu ermitteln ist. In Betracht kommt einerseits eine Amtsermittlungspflicht des Gerichts entsprechend § 293 ZPO. Nach dieser Vorschrift ist das Gericht verpflichtet, das nach den Grundsätzen des Internationalen Privatrechts anzuwendende Recht von Amts wegen zu ermitteln. Eine Beweislast trifft die Parteien dabei grundsätzlich nicht.[1492] Andererseits kann man dem Anbieter aus einem anderen Mitgliedstaat auch die Darlegungs- und Beweislast für den für ihn günstigen schwächeren Standard des Werberechts im Herkunftsstaat auferlegen.[1493] Letztgenannte Auffassung erscheint vorzugswürdig. Nur sie wird einer effektiven Prozessführung in den Mitgliedstaaten gerecht. Dies gilt insbesondere im einstweiligen Verfügungsverfahren, welches durch zeitliche Verzögerungen in hohem Maße beeinträchtigt werden würde.[1494] Der Antragsteller oder Kläger und das Gericht haben demnach zunächst nur das Werberecht des Bestimmungsstaates

---

1489 Oben Teil 3 B.I.1.

1490 Oben Teil 3 B.II.2.

1491 Vgl. Bodewig, GRUR Int. 2000, 475, 482; Gierschmann; DB 2000, 1315, 1316; Spindler, MMR-Beilage 7/2000, 4, 15; Ahrens, CR 2000, 835, 838. Oben Teil 3 B.II.3.

1492 H.M., Firsching/von Hoffmann, Internationales Privatrecht, § 3, Rn. 134; Sommerlad/Schrey, NJW 1991, 1377, 1378 mit Nachweisen auch zur Gegenansicht.

1493 So insbesondere Ahrens, CR 2000, 835, 838.

1494 Dies befürchtend Bodewig, GRUR Int. 2000, 475, 480; Arndt/Köhler, EWS 2001, 102, 107. Auch bei der Ermittlung des anzuwendenden Rechts nach § 293 ZPO hat die Praxis für das einstweilige Verfügungsverfahren besondere Grundsätze entwickelt. Zwar gilt der Grundsatz der Amtsermittlung auch hier. Im Rahmen der Ermesberecht des Bestimmungsstaates zu beachten. Erst auf den beweisbedürftigen Einwand des beklagten Anbieters muss der Standard des Herkunftsstaates in den Prozess einbezogen werden. Diese Beweislastverteilung widerspricht nicht dem Grundsatz des Anwendungsvorrangs des Gemeinschaftsrechts. Dieser bezieht sich nur auf die Voraussetzungen einer gemeinschaftsrechtlichen Norm, nicht aber auf die Inhalte ausländischer Rechtsordnungen. Der Anbieter erleidet nach zutreffender Auffassung auch keinen richtlinienwidrigen Nachteil.[1495] Denn der Anbieter, der regelmäßig über das geltende Recht seines Niederlassungsstaates informiert ist, muss, wenn er grenzüberschreitend im Internet werben will, nichts weiter tun, als sich nach seinem Herkunftslandrecht rechtmäßig zu verhalten und sich im Prozess auf dieses rechtmäßige Verhalten berufen. Es ergibt sich somit eine ausgewogene Risikoverteilung, welche sowohl dem Herkunftslandprinzip, als auch dem Interesse einer sachgerechten Rechtsanwendung im Bestimmungsland gerecht wird.

Kann der Anbieter darlegen, dass die streitgegenständliche Werbung nach der Rechtsordnung seines Herkunftslandes zulässig ist, greift Art. 3 Absatz 2 der Richtlinie als allgemeines Beschränkungsverbot ein.[1496] Denn durch die Anwendung einer strengeren Werbevorschrift wird die besondere Verkehrsfreiheit des Anbieters eingeschränkt. Folge des Beschränkungsverbotes ist die Nichtanwendung des nationalen Sachrechts[1497], welches aufgrund der bewirkten Einschränkung im Einzelfall als gemeinschaftswidrig anzusehen ist.[1498] Durch die Nichtanwendung des nationalen Werberechts entsteht keine Regelungslücke, die eine positive Anwendung des Rechts des Herkunftsstaates erforderlich machen würde. Denn nur wenn im Herkunftsstaat eine entsprechende Vorschrift nicht existiert oder die existierenden Vorschriften den Sachverhalt nicht regeln, kommt es überhaupt zum Eingreifen des Herkunftslandprinzips. Existieren in einem Mitgliedstaat aber keine einschlägigen Regelungen, so zeigt deren Nichtexistenz, dass auch keine Regelungslücke besteht.[1499] Auch bei positiver Anwendung

---

sensentscheidung kann das Gericht aber den Eilcharakter des Verfahrens berücksichtigen und eine Entscheidung auch ohne Berücksichtigung des ausländischen Rechts treffen, wenn eine Ermittlung aufgrund der Eilbedürftigkeit zu einer nicht hinnehmbaren Verzögerung führen würde. Lässt sich das ausländische Recht nicht schnell genug ermitteln, kann das Sachrecht der lex fori angewandt werden. Auf diese Weise besteht faktisch eine Beweislast der Parteien für die Inhalte des ausländischen Rechts, da sie durch eine ausreichende Darlegung und Glaubhaftmachung des ausländischen Rechts dessen Anwendung herbeiführen können. Zur letztgenannten Fragestellung Sommerlad/Schrey, NJW 1991, 1377, 1381 ff. sowie neuerdings auch Dethloff, Europäisierung des Wettbewerbsrechts, S. 79 ff.

1495 Ahrens, CR 2000, 835, 838.

1496 Oben Teil 3 B.I.2.

1497 Fezer/Koos, IPRax 2000, 349, 352.

1498 Nach Ansicht von Gebauer, IPRax 1995, 152, 154 steht der nationale Richter im Falle eines primärrechtlichen Beschränkungsverbotes vor dem „Torso" einer gemeinschaftsrechtlich beschränkten Sachnorm. Gebauer sieht drei theoretische Möglichkeiten zur Lösung der Frage, was an die Stelle dieser beschränkten Sachnorm treten soll. Die erste Möglichkeit ist die Verweisung auf ein anderes Recht, also die gemeinschaftsrechtliche Korrektur der kollisionsrechtlichen Verweisung. Die zweite Möglichkeit ist die Anwendung des nach der kollisionsrechtlichen Verweisung maßgebenden Rechts und die Ersetzung der gemeinschaftsrechtlichen Sachnorm durch eine andere Sachnorm. Auch hierin liegt eine Modifikation des kollisionsrechtlichen Anwendungsergebnisses. Zuletzt kommt die Anwendung des nach der kollisionsrechtlichen Verweisung maßgebenden Sachrechts ohne die beschränkte Sachnorm in Betracht. Die beiden erstgenannten Möglichkeiten hätten zur Folge, dass das Kollisionsrecht durch die Anwendung des Gemeinschaftsrecht zumindest modifiziert wird und damit dem Gemeinschaftsrecht kollisionsrechtlicher Charakter zukäme. Wie oben dargestellt, ist dies jedoch gerade nicht der Fall. Weder der Warenverkehrs- und Dienstleistungsfreiheit noch dem sekundärrechtlichen Herkunftslandprinzip ist ein kollisionsrechtlicher Gehalt zu entnehmen. Es handelt sich vielmehr um Beschränkungsverbote einer vorrangig anzuwendenden Rechtordnung, deren Ziel es ist, eine Entscheidung über die Unanwendbarkeit einer Norm des Sachrechts im konkreten Sachverhalt zu treffen.

1499 So zutreffend Gebauer, IPRax 1995, 152, 156.

des Rechts des Herkunftsstaates käme es also nicht zu einer Regelung des zu entscheidenden Sachverhalts. Die Nichtanwendung der mitgliedstaatlichen Vorschriften ist auch aus Sicht des europäischen Gemeinschaftsrechts die einzig erforderliche Folge der Gemeinschaftsrechtswidrigkeit einer nationalen Rechtsvorschrift.[1500] Dies entspricht der Sichtweise des Gerichtshofs im Bereich der Warenverkehrsfreiheit[1501] und gilt aufgrund der vergleichbaren Sachlage auch für das sekundärrechtliche Herkunftslandprinzip, welches in Form eines allgemeinen Beschränkungsverbotes derselben Regelungssystematik folgt, wie die Warenverkehrsfreiheit vor der Entscheidung „Keck". Das nationale Gericht verhält sich also EG-rechtskonform, wenn es die nach dem Internationalen Privatrecht anwendbare, gegen Art. 3 Absatz 2 der Richtlinie verstoßende Sachnorm unangewendet lässt.[1502]

Ist eine nationale Werberegelung mit dem Herkunftslandprinzip unvereinbar und nach vorgenannten Grundsätzen nicht anzuwenden, so wird sich in vielen Fällen die Frage nach dem verbleibenden Schutzniveau des Bestimmungsstaates stellen.[1503] Dieses kann dem Herkunftslandprinzip entweder als gemeinschaftsrechtliches Schutzniveau entgegengehalten werden, welches sich aus Gemeinschaftsrechtsakten oder nationalen Vorschriften zu deren Umsetzung ergibt.[1504] Oder aber es steht dem Bestimmungsstaat im nicht harmonisierten Bereich ein Berufen auf den Einzelfallausnahmetatbestand des Art. 3 Absatz 4 der Richtlinie offen.[1505] Da die nationalen Gerichte von den besonderen Verfahrensvorschriften des Art. 3 Absatz 4 lit. b und Absatz 5 nicht erfasst sind[1506], ergeben sich für die systematische Anwendung des Rechtfertigungstatbestandes keine Unterschiede gegenüber den Grundfreiheiten des EGV. Das deutsche Gericht hat demzufolge zur Rechtfertigung einer einschränkenden Maßnahme im ersten Schritt einen Rechtfertigungsgrund aus dem abschließenden Katalog des Art. 3 Absatz 4 lit. a der Richtlinie aufzufinden[1507] und sodann für das einschlägige Schutzziel eine Rechtfertigungsprüfung durchzuführen, welche sich nach den vorgegebenen besonderen Prüfungsvoraussetzungen richten muss.[1508] Die Prüfung der Rechtfertigung einer Maßnahme obliegt dabei nach allgemeinen Grundsätzen dem Gericht des Mitgliedstaates, welches jedoch bei Auslegungsproblemen hinsichtlich der Voraussetzungen der Richtlinie auf das Vorabentscheidungsverfahren gemäß Art. 234 EGV zurückgreifen kann oder muss, in welchem dem nationalen Gericht dann die notwendigen Beurteilungsmaßstäbe an die Hand gegeben werden können.[1509] Die „Darlegungslast" für eine Rechtfertigung einer nationalen Einzelmaßnahme im Sinne des Art. 3 Absatz 4 lit. a der Richtlinie obliegt, wie auch im Bereich des Art. 30

1500 Sonnenberger, ZVglRWiss 95 (1996), 3, 11. Vgl. auch Bernhard, EuZW 1992, 437, 438, der die Wirkung der Warenverkehrsfreiheit auf die zur Anwendung berufene nationale Norm als Kassation bezeichnet.

1501 Vgl. etwa EuGH, Rs. C-362/88, GB-INNO-BM, Slg. 1990, I-667, 690, Leitsatz: *„Die Art. 30 und 36 EWGV sind dahin auszulegen, dass nationale Rechtsvorschriften, wonach es verboten ist, in der geschäftlichen Werbung für ein Sonderangebot die Dauer des Angebots und den früheren Preis anzugeben, auf eine in einem anderen Mitgliedstaat rechtmäßig durchgeführte Werbeaktion nicht angewandt werden dürfen"*.

1502 Sonnenberger, ZVglRWiss 95 (1996), 3, 11 für Art. 28 EGV.

1503 Dazu oben Teil 3 C.

1504 Dazu oben Teil 3 C.II.

1505 Dazu oben Teil 3 C.III.

1506 Brenn, ÖJZ 1999, 481, 484; Arndt/Köhler, EWS 2001, 102, 106. Vgl. jetzt auch die Begründung zum Gesetzentwurf der Bundesregierung, BR-Dr. 136/01 v. 16.2.2001, S. 43, wonach sich sämtliche Konsultationsverpflichtungen ausschließlich an Träger hoheitlicher Gewalt und nicht an Gerichte richten. Dazu oben Teil 3 C.II.2.a.

1507 Oben Teil 3 C.II.3.b.

1508 Oben Teil 3 C.II.3.c.

1509 Ständige Rechtsprechung des EuGH; vgl. verb. Rs. C-34/95, C-35/95, C-36/95, De Agostini, Slg. 1997 I, 3843 ff., 3891. Erwägung 45. Müller-Graff in: GTE, Art. 36 EGV (aF), Rn. 185, 186; Leible in: Grabitz/Hilf, Art. 30, Rn. 26.

EGV, dem Mitgliedstaat.[1510] Das bedeutet aus Sicht des zivilgerichtlichen Verfahrens, dass die Darlegungs- und Beweislast denjenigen Privaten trifft, welchem eine Rechtfertigung und damit Anwendung der nationalen Norm günstig ist. Dies ist regelmäßig der Kläger oder Antragsteller des Wettbewerbsprozesses.

[1510] Leible: in Grabitz/Hilf, Art. 30, Rn. 8 mit Nachweisen aus der Rechtsprechung des Gerichtshofs.

Teil 4: Schlussbetrachtung

A. Zusammenfassung der Ergebnisse

Internet und elektronischer Geschäftsverkehr sind gleichsam über Nacht zu einem wirtschaftswissenschaftlichen und wirtschaftsrechtlichen Untersuchungsgegenstand geworden, der aufgrund des grenzenüberschreitenden Charakters des Mediums auch das europäische Gemeinschaftsrecht in hohem Maße tangiert. Das Internet als neues Werbemedium eröffnet im europäischen Binnenmarkt für Anbieter aus allen Mitgliedstaaten Chancen, sich auf einfache und kostengünstige Weise auch andere Märkte als die ihrer Heimatstaaten zu erschließen. Der Anbieter von Werbung im Internet trifft jedoch auf erhebliche rechtliche Grenzen. Das Marktortprinzip des Internationalen Wettbewerbsrechts, welches in den Mitgliedstaaten der Gemeinschaft als vorherrschende Kollisionsnorm zur Anwendung gelangt, bewirkt, dass das Recht eines Mitgliedstaates dann zur Anwendung gelangt, wenn auf die Marktgegenseite auf dem jeweiligen Markt eingewirkt wird. Für Multistate-Werbung im World Wide Web hat dies zur Folge, dass potentiell die Werberechtsordnungen sämtlicher Mitgliedstaaten auf eine einheitliche Wettbewerbshandlung Anwendung finden können. Zwar kann das Marktortprinzip nach Spürbarkeitskriterien begrenzt werden, wenn ein Anbieter im Einzelfall seine Werbung nicht auf den Markt eines bestimmten Mitgliedstaates ausrichten will. Beabsichtigt der Anbieter jedoch, den gesamten Binnenmarkt mit seinem Angebot zu erreichen, so finden auf seine Werbung sämtliche mitgliedstaatlichen Rechtsordnungen Anwendung. Da die Rechtsordnungen der Mitgliedstaaten im Bereich des Werberechts erhebliche Unterschiede aufweisen und eine Angleichung des Sachrechts durch sekundäres Gemeinschaftsrecht bislang noch nicht in ausreichendem Maße erfolgt ist, trifft den Anbieter einer Werbung im World Wide Web ein gegenüber sonstigen Werbemaßnahmen qualifiziertes Rechtsanwendungsrisiko, welches nur durch Anpassung der Werbemaßnahme an das jeweils strengste in Europa geltende Werberecht umgangen werden kann. Aus Sicht des europäischen Gemeinschaftsrechts muss zum Schutze des europäischen Binnenmarktes daher im Ergebnis eine Kanalisierung auf eine Rechtsordnung erfolgen.

Werbebeschränkende Vorschriften der Mitgliedstaaten können eine Behinderung des freien Warenverkehrs darstellen, wenn für körperliche Produkte geworben wird.
Nach der Entscheidung „Keck“ ist für die Eröffnung des Anwendungsbereichs der Warenverkehrsfreiheit grundsätzlich zwischen produktbezogenen und vertriebsbezogenen Regelungen zu unterscheiden.

Erfordern Werberegelungen die Umgestaltung eines Produkts, so sind sie als Behinderung der Warenverkehrsfreiheit des Warenanbieters anzusehen.

Aber auch für auf den Vertrieb von Waren bezogene Werbevorschriften verbleibt ein Anwendungsbereich für die Warenverkehrsfreiheit. Dieser ist nach der Rechtsprechung des Gerichtshofs jedenfalls dann eröffnet, wenn ein umfassendes Werbeverbot vorliegt, weil ein solches zu einer Behinderung des Marktzugangs für ausländische Erzeugnisse führen kann. Wird durch eine Vorschrift eine bestimmte Form der Werbung gänzlich verboten, ist Art. 28 EGV anwendbar, wenn der Anbieter nachweist, dass ihm hierdurch der Zugang zum jeweiligen Markt versperrt ist. Neben diesen beiden Fallgruppen kommt eine Anwendung der Warenverkehrsfreiheit dann in Betracht, wenn der Anbieter seine einheitlich für den gesamten Binnenmarkt konzipierte Werbung aufgrund der Vorschriften eines Mitgliedstaates anpassen muss. Entstehen ihm hierdurch Anpassungskosten, so kann eine Beschränkung des Marktzugangs vorliegen. Für die diese Beschränkung bewirkenden Tatsachen trägt der Anbieter ebenfalls die Beweislast.

Wird für Waren im World Wide Web geworben, können dieser Werbung entgegenstehende Werberegelungen ebenfalls eine Beschränkung der Warenverkehrsfreiheit darstellen. Werbeverbote sind stets als taugliche Beschränkungen anzusehen. Aber auch im Falle sonstiger Werbevorschriften kann der Anwendungsbereich der Warenverkehrsfreiheit eröffnet sein. Die den Anbieter treffende Anpassungsverpflichtung hinsichtlich seiner Werbestrategie kann eine Marktzugangsbehinderung für ausländische Waren beinhalten.

Auch Beschränkungen der grenzüberschreitenden Werbung im Wege der E-Mail können den Anwendungsbereich des Art. 28 EGV eröffnen. Das in Deutschland bestehende Verbot der Zusendung unverlangter E-Mail-Werbung hält zwar dem sekundären Gemeinschaftsrecht stand, ist aber an den Grundfreiheiten des EGV zu messen. Die Warenverkehrsfreiheit kommt gegenüber diesem Verbot zur Anwendung, weil dem Anbieter eine Werbemethode zur Gänze entzogen und so der Zugang zu anderen Märkten zumindest erschwert werden kann.

Für die Rechtfertigung nationaler Werberegelungen sind insbesondere Belange des Verbraucherschutzes, der Lauterkeit des Handelsverkehrs sowie Gründe des Schutzes der öffentlichen Gesundheit von Bedeutung. Im Bereich des Verbraucherschutzes hat der Gerichtshof ein Verbraucherleitbild entwickelt, welches geeignet ist, ein eigenständiges gemeinschaftsrechtliches Schutzniveau zu konstituieren. Für Beschränkungen der Internet-Werbung sind ebenfalls diese Rechtfertigungsgründe relevant. Besonderheiten können sich aber im Hinblick auf die Prüfung der Verhältnismäßigkeit einer Maßnahme ergeben, wenn ein Anbieter durch Vorschriften eines Mitgliedstaates zur Anpassung seiner Werbestrategie auch für alle anderen Staaten gezwungen wird.

Einen immer bedeutsameren Faktor zur Beurteilung der Gemeinschaftsrechtskonformität nationaler Werbevorschriften stellt die Dienstleistungsfreiheit dar. Dies liegt zum einen an der stetigen Zunahme grenzüberschreitender Dienstleistungen, für die Werbung erforderlich ist, sowie zum anderen an der zunehmenden Einbeziehung dritter Werbedienstleister in die grenzüberschreitende Werbung.

Werbevorschriften beschränken die Freiheit der Dienstleistungserbringung eines Anbieters, wenn sie dessen Möglichkeiten, für seine Dienstleistungen zu werben, einschränken. Taugliche Beschränkungen können dabei sowohl durch den Empfänger- wie auch den Erbringerstaat erfolgen.

Werbevorschriften können aber auch den freien Verkehr von Werbedienstleistungen behindern. Ausgangspunkt der Entwicklung der Fallgruppe „Werbung als Dienstleistung" ist die Rechtsprechung des Gerichtshofs zur Fernsehwerbung. Der Gerichtshof sieht dabei sowohl die Tätigkeit von Fernsehveranstaltern zugunsten Werbetreibender als auch die der Kabelnetzbetreiber gegenüber Fernsehveranstaltern als Dienstleistungen im Sinne des Art. 49 EGV an. Die grenzüberschreitende Erbringung dieser Dienstleistungen kann durch nationale Werberegelungen jedweder Art behindert werden. Dies gilt auch in dieser Fallgruppe gleichermaßen für Werberegelungen des Empfangs- und des Erbringerstaates. Auch die Veröffentlichung von Werbeanzeigen in Zeitschriften kann eine Werbedienstleistung darstellen, die durch eine nationale Werbevorschrift beschränkt sein kann. Neben diesen im Rahmen der Mediawerbung erbrachten Dienstleistungen kommen auch sonstige Werbedienstleistungen, etwa solche von Werbeagenturen, als Schutzgegenstand der Dienstleistungsfreiheit in Betracht. Werberegelungen, die auf die grenzüberschreitende Erbringung solcher Dienstleistungen einwirken, berühren die Hauptleistung des Werbeanbieters und sind deshalb zur Beschränkung der Dienstleistungsfreiheit geeignet.

Die für die Warenverkehrsfreiheit im Rahmen der Entscheidung „Keck" entwickelten Grundsätze sind auf die Dienstleistungsfreiheit nicht übertragbar. Ist eine Werbedienstleistung durch eine Werbevorschrift betroffen, so scheidet eine Einordnung der Vorschrift als Verkaufsmodalität schon deshalb aus, weil das „Produkt“ des Dienstleisters durch die Regelung berührt ist. Aber auch, wenn für Dienstleistungen geworben wird, ist eine Unterscheidung zwischen produktbezogenen und vertriebsbezogenen Regelungen nicht probat, da Werberegelungen in Bezug auf die Dienstleistungsfreiheit andere Wirkungen zeitigen als im Hinblick auf den freien Verkehr eines Produkts.

Auch bei Werbung im Internet können beide Fallgruppen Bedeutung erlangen, wobei der Schwerpunkt der Relevanz der Dienstleistungsfreiheit eindeutig auf den im Internet in mannigfacher Weise erbrachten Werbedienstleistungen liegt.

Wird im World Wide Web für Dienstleistungen geworben, stellen umfassende Werbeverbote stets eine Beschränkung der Dienstleistungsfreiheit dar. Auch sonstige Werberegelungen können aufgrund der Anpassungsverpflichtung des Anbieters an das strengste Recht den Marktzugang des Anbieters beschränken und so eine Behinderung seiner Dienstleistungsfreiheit darstellen. Von besonderer Bedeutung ist aber die Beschränkung grenzüberschreitender Werbedienstleistungen im World Wide Web. Als grenzüberschreitende Dienstleistungen kommen dabei vor allem die Servicedienstleistungen von Providern, die von der Gestaltung bis zur technischen Betreuung eines Werbeauftritts reichen können, als auch die Werbedienstleistungen von Inhabern werbetragender Websites in Betracht. Wird durch nationale Werberegelungen in deren insoweit zu erbringende Hauptleistung eingegriffen, so stellt dies eine Beschränkung der Dienstleistungsfreiheit dar.

Wirbt ein Anbieter für grenzüberschreitende Dienstleistungen im Wege der E-Mail und wird ihm diese Werbeform durch ein mitgliedstaatliches Verbot untersagt, so liegt hierin ebenfalls eine Beschränkung der Dienstleistungsfreiheit. Gleiches gilt, wenn im Zusammenhang mit E-Mail-Werbung Werbedienstleistungen, etwa durch auf diese Werbeform spezialisierte Werbeagenturen erbracht werden, und diese Dienstleistungen durch ein nationales Verbot der Werbeform behindert werden.

Werbevorschriften des Staates, in dem der Leistungserbringer ansässig ist, können zu einer Behinderung des Dienstleistungsexports und somit zu einem Verstoß gegen Art. 49 EGV führen, wenn der Zugang des Anbieters zu den Märkten anderer Mitgliedstaaten versperrt oder eingeschränkt ist. Wird für Dienstleistungen geworben, so ist bei Werbung im World Wide Web eine Beschränkungskonstellation aufgrund der Möglichkeit der Anbringung von Disclaimern und der Nichterbringung der beworbenen Dienstleistung im Herkunftsstaat kaum denkbar, weil der Anbieter so seine Leistungen auf allen anderen Märkten unter Ausnahme des Herkunftsmarktes anbieten kann. Auch ein Verbot der E-Mail-Werbung durch den Erbringerstaat kann faktisch keine Beschränkung der Dienstleistungsfreiheit darstellen, weil auf eine E-Mail-Werbung, die zielgerichtet auf andere Staaten erfolgen kann, das Recht des Herkunftsortes schon gar nicht zur Anwendung kommt. Eine Beschränkung des Dienstleistungsexports liegt dagegen dann vor, wenn Werberegelungen des Staates, in dem der Dienstleistungserbringer ansässig ist, Werbedienstleistungen im Internet beschränken. In diesen Fällen kann eine Werberegelung geeignet sein, das Dienstleistungsangebot des Werbedienstleisters gegenüber in anderen Mitgliedstaaten ansässigen Werbetreibenden zu beschränken.

Beschränkungen der Dienstleistungsfreiheit durch nationale Werberegelungen unterliegen der Rechtfertigung durch zwingende Gründe des Allgemeininteresses der Mitgliedstaaten. Von besonderer Bedeutung sind auch im Rahmen der Dienstleistungsfreiheit der Verbraucherschutz sowie die Lauterkeit des Handelsverkehrs, wobei eine weitgehend kongruente Ausgestaltung der Handhabung der Rechtfertigungsgründe mit der Warenverkehrsfreiheit zu verzeichnen ist.

Durch das sekundärrechtliche Herkunftslandprinzip, welches die E-Commerce-Richtlinie auch für den Bereich nationaler Werberegelungen vorsieht, ergibt sich ein weitgehend eigenständiger Regelungsrahmen für die Werbung im Internet.

Sowohl die Werbung des Werbetreibenden selbst als auch das Dienstleistungsangebot externer Werbedienstleister sind als Dienste der Informationsgesellschaft vom Anwendungsbereich des Herkunftslandprinzips erfasst. Auf der Regelungsebene erstreckt sich das Herkunftslandprinzip auf alle nationalen Werbevorschriften mit Ausnahme solcher, die sich aus dem Bereich der gewerblichen Schutzrechte ergeben.

Explizit ausgenommen vom Anwendungsbereich des Herkunftslandprinzips sind Regelungen betreffend die Zulässigkeit nicht angeforderter kommerzieller Kommunikation mittels elektronischer Post. Das bedeutet, dass Rechtsvorschriften, die sich auf die Regelung unaufgeforderter E-Mail-Werbung beziehen, weiterhin dem zuvor dargestellten Regelungsregime der Grundfreiheiten des EG-Vertrages unterfallen. Von dieser Ausnahme erfasst ist insbesondere das in Deutschland bestehende Verbot der Zusendung nicht angeforderter Werbe-E-Mail. Der Anwendungsbereich des sekundärrechtlichen Herkunftslandprinzips ist aber für solche Vorschriften eröffnet, die durch den Kunden angeforderte E-Mail-Werbung betreffen. Diese unterfallen dem eindeutig formulierten Ausnahmetatbestand nicht.

Aus der Natur des Herkunftslandprinzips folgt weiterhin, dass Beschränkungen des Erbringerstaates durch dieses nicht gehindert, sondern vielmehr verfestigt werden. Sofern sich also Beschränkungen des Dienstleistungsexports als Verstoß gegen Art. 49 EGV erweisen, hat dies auch zukünftig Bedeutung.

Für die Anwendung des Herkunftslandprinzips ist die Bestimmung des relevanten Herkunftsortes eines Anbieters von entscheidender Relevanz. Dieser richtet sich in Anlehnung an die zur Fernsehrichtlinie bestehenden Grundsätze nach der Niederlassung des Anbieters, bei mehreren Niederlassungen in verschiedenen Mitgliedstaaten nach dem Mittelpunkt der Tätigkeit des Anbieters in Bezug auf die konkret erbrachte Werbeleistung. Im Falle der rechtsmissbräuchlichen Umgehung der Anwendung des Rechts eines Bestimmungsstaates durch Berufung auf eine Niederlassung in einem anderen Mitgliedstaat kann der Bestimmungsstaat seine Rechtsordnung entgegen dem Herkunftslandprinzip anwenden.

Das Herkunftslandprinzip im Sinne des Art. 3 Absätze 1 und 2 der E-Commerce-Richtlinie statuiert eine einheitliche, eigenständige, besondere Verkehrsfreiheit für Dienste der Informationsgesellschaft. Eine Unterscheidung zwischen Werbung für Waren oder Dienstleistungen findet nicht mehr statt. Es liegt vielmehr ein einheitlich zu verstehender besonderer Dienstleistungsbegriff vor, welcher sämtliche Werbehandlungen erfasst, die im World Wide Web stattfinden. Gegenüber nationalen Werberegelungen des Bestimmungsstaates einer Werbung begründet diese besondere Verkehrsfreiheit für Dienste der Informationsgesellschaft gemäß Art. 3 Absatz 2 der E-Commerce-Richtlinie ein weitreichendes allgemeines Beschränkungsverbot, das bei jeder denkbaren Beschränkung der Werbung zur Anwendung gelangt und somit über die Reichweite der Produktfreiheiten des EGV entscheidend hinausgeht.

Das mitgliedstaatliche Schutzniveau der Bestimmungsstaaten wird durch einen Einzelfallausnahmetatbestand abgesichert. Die in diesem enthaltenen besonderen Verfahrensvorschriften erlangen im Bereich des deutschen Werberechts im zivilgerichtlichen Verfahren keine Bedeutung. Art. 3 Absatz 4 lit. a der E-Commerce-Richtlinie stellt einen richtlinienspezifischen Rechtfertigungstatbestand dar, welcher auch nationale Werberegelungen erfasst. Dieser fügt sich in systematischer Hinsicht in das aus dem Bereich der Produktfreiheiten des EGV bekannte Schema ein, reicht jedoch sowohl im Hinblick auf den abschließenden Katalog der Rechtfertigungsgründe als auch im Hinblick auf die Prüfung der Verhältnismäßigkeit weniger weit als diese. Eine bedeutsame Beschränkung liegt zum einen darin, dass das Schutzziel des Verbraucherschutzes nicht auch die Lauterkeit des Handelsverkehrs umfasst, was eine spezifische Definition dieses Schutzgrundes im Hinblick darauf erforderlich macht, dass viele wettbewerbsrechtliche Vorschriften von beiden Schutzzielen getragen sind. Zum anderen ist durch den europäischen Gesetzgeber eine modifizierte Verhältnismäßigkeitsprüfung vorgegeben, welche die Interessen des Anbieters am freien Verkehr seiner Dienste von vorneherein höher gewichtet.

Neben dieser Schranke aus dem nationalen Recht stellt Art. 1 Absatz 3 klar, dass weitergehende gemeinschaftsrechtliche Sachrechtsangleichung auch im Anwendungsbereich der E-Commerce-Richtlinie Berücksichtigung findet. Sofern jedoch nationale Regelungen auf Grundlage von Öffnungsklauseln erlassen worden sind, sind diese als rein nationales Recht zur Beschränkung der Dienste der Informationsgesellschaft geeignet und müssen daher dem Rechtfertigungstatbestand des Art. 3 Absatz 4 standhalten.

Das sekundärrechtliche Herkunftslandprinzip berührt weder die Bestimmung der Internationalen Zuständigkeit der Gerichte noch wirkt es als kollisionsrechtliche Regelung. Es ist vielmehr ausschließlich im gemeinschaftsrechtlichen Sinne als allgemeines Beschränkungsverbot zu verstehen und führt zur Nichtanwendung entgegenstehender nationaler Werberegelungen. Eine kollisionsrechtliche Interpretation ist zwar durch die entgegenstehende Klarstellung in der Richtlinie nicht ausgeschlossen. Jedoch ist eine solche Einordnung des sekundärrechtlichen Herkunftslandprinzips zum einen nicht erforderlich, zum anderen dem Rechtsstand des europäischen Gemeinschaftsrechts nicht angemessen.

B. Wertende Betrachtung der Ergebnisse und Ausblick

In Ansehung der zuvor zusammengefassten Ergebnisse stellt sich Frage, ob und in welcher Form das sekundärrechtliche Herkunftslandprinzip der E-Commerce-Richtlinie ein taugliches Integrationsmodell im Bereich der grenzüberschreitenden Internet-Werbung darstellen kann. Zum Zwecke einer wertenden Betrachtung sollen die gefundenen Ergebnisse unter drei wesentlichen Aspekten beleuchtet werden. Zuerst ist das sekundärrechtliche Herkunftslandprinzip in seinem Verhältnis zu den Grenzen der Produktfreiheiten im Bereich der Werbung im Internet zu betrachten und so eine Gegenüberstellung dieser beiden gemeinschaftsrechtlichen Lösungsmöglichkeiten vorzunehmen. Im Anschluss daran soll das sekundärrechtliche Herkunftslandprinzip als Kompromissmodell zur Lösung des zugrundeliegenden Problemsachverhalts gewürdigt werden, bevor auf die Tauglichkeit des im sekundärrechtlichen Herkunftslandprinzip enthaltenen Integrationsmodells eingegangen werden kann.

I. Die Grenzen der Produktfreiheiten des EGV

Die Diskussion über die Reichweite der Warenverkehrs- und Dienstleistungsfreiheit fokussiert seit langer Zeit auf die Frage, ob diese Freiheiten lediglich als Diskriminierungsverbote oder als allgemeine Beschränkungsverbote zu verstehen sind. In den Blick tritt diese Fragestellung, weil es nicht nur formell oder materiell benachteiligende nationale Regelungen sein können, die den Verkehr von Waren und Dienstleistungen zwischen den Mitgliedstaaten behindern können. Vielmehr kann es auch die bloße Unterschiedlichkeit der Rechtsordnungen der Mitgliedstaaten sein, die zu einer massiven Beeinträchtigung des Binnenmarktes führt.[1511]

[1511] Vgl. auch Roth in: FS für Großfeld, 929, 944 ff., der die Ansicht vertritt, ein Diskriminierungsverbot sichere den Grundsatz der Marktgleichheit, ein Beschränkungsverbot hingegen die Freiheit des Marktzugangs.

Das Internet im Allgemeinen und die Situation für grenzüberschreitende Werbung in diesem Medium im Besonderen lassen diese Problematik besonders offen zu Tage treten. Dem Anbieter, der sich für eine Werbemaßnahme im Internet auf 15 verschiedene Rechtsordnungen einstellen muss, wird es gleichgültig sein, ob die jeweilige Regelung auch für Inländer Geltung beansprucht oder nicht. Entscheidend ist für ihn einzig, dass sein durch das Internet wesentlich erleichterter Zugang zu allen Märkten der Europäischen Gemeinschaft nicht durch divergierende Regelungen verstellt oder behindert ist. Spätestens die Konstellation der Werbung im Internet erfordert also zum Zwecke des Schutzes der Anbieter im europäischen Binnenmarkt ein allgemeines Beschränkungsverbot gegenüber jeglichen behindernden Werbevorschriften der Mitgliedstaaten.

Die Produktfreiheiten des EGV können einen derart weitreichenden Schutz des Binnenmarktes nach derzeit geltendem Verständnis nur bei entsprechend extensiver Auslegung leisten, welche zwar im Ergebnis erforderlich, der Sache nach jedoch zu Recht nicht unumstritten ist.

Die Entscheidung „Keck“ hat dies für den Anwendungsbereich der Warenverkehrsfreiheit deutlich gemacht. Insoweit soll an dieser Stelle die bedeutungsvolle und vielzitierte Aussage des damals an der Entscheidung beteiligten Richters am Europäischen Gerichtshof *Joliet* aufgegriffen werden, der in einer der Entscheidung nachfolgenden Stellungnahme folgende Frage aufwarf: *„Können wir, die wir dreizehn sind, behaupten, über mehr Weisheit und Intelligenz als alle Regierungen und Parlamente der Gemeinschaft zu verfügen?“* [1512] Denn soll die Unterschiedlichkeit der Rechtsordnungen der Mitgliedstaaten zu einer beachtenswerten Behinderung der Warenverkehrsfreiheit führen, so wird auf der Ebene des primären Gemeinschaftsrechts, genauer gesagt im Rahmen der dann erforderlichen Prüfung der Rechtfertigung der Vorschriften, letztlich über die Richtigkeit und Unrichtigkeit nationaler Regelungen und Regelungskonzeptionen entschieden. *Joliet* fragt insoweit zu Recht, in wessen Namen der Gerichtshof zwischen liberaleren und weniger liberalen entscheiden kann.[1513]

Diese Entscheidung können nur die nationalen Parlamente und Regierungen selbst oder aber -und auch dies folgert *Joliet* aus seiner Erläuterung der Entscheidung „Keck“- der europäische Gesetzgeber treffen.[1514] Jede Institution muss im Rahmen ihrer Zuständigkeit handeln.[1515] Die Zuständigkeit für die Harmonisierung der Rechtsvorschriften liegt aber beim europäischen Gesetzgeber und nicht beim Gerichtshof.[1516]

Was folgt aus dieser Feststellung nun für die Regelung des sekundärrechtlichen Herkunftslandprinzips im Bereich der grenzüberschreitenden Internet-Werbung? Betrachtet man die E-Commerce-Richtlinie, so stellt man fest, dass der europäische Gesetzgeber so gut wie keine Rechtsangleichungsmaßnahmen im Bereich des Werberechts getroffen hat.[1517] Aktiv-Integration im einleitend beschriebenen Sinne[1518] hat kaum stattgefunden.

Jedoch hat der europäische Gesetzgeber eine Grundentscheidung getroffen, die der Gerichtshof nach vorstehend Gesagtem zu treffen kaum in der Lage gewesen wäre. Der Gesetzgeber hat sich, motiviert durch die besondere Situation grenzüberschreitender Internet-Sachverhalte[1519], für die Einführung eines weitreichenden Beschränkungsverbotes entschie-

[1512] Joliet, GRUR Int. 1994, 979, 984.
[1513] Joliet, GRUR Int. 1994, 979, 984.
[1514] Joliet, GRUR Int. 1994, 979, 987.
[1515] Vgl. Art. 7 I 2 EGV.
[1516] Joliet, GRUR Int. 1994, 979, 987.
[1517] Ausnahmen stellen die Vorschriften der Art. 6 bis 8 der E-Commerce-Richtlinie dar.
[1518] Oben Teil 1 B.III.
[1519] Begründungserwägung 6 der E-Commerce-Richtlinie.

den. Diese Entscheidung beschreibt, dass auch bloße Rechtsunterschiede zwischen den Mitgliedstaaten für geeignet angesehen werden, eine Behinderung der besonderen Verkehrsfreiheit für Dienste der Informationsgesellschaft darzustellen. A priori beinhaltet diese Entscheidung also auch eine Entscheidung zugunsten des Binnenmarktes. Zwar ist der Gerichtshof nun im Rahmen des Rechtfertigungstatbestandes des Art. 3 Absatz 4 der E-Commerce-Richtlinie gegebenenfalls auch zur Entscheidung über die Frage berufen, inwieweit nationale Werberegelungen zu einer Beschränkung grenzüberschreitender Werbung im Internet führen dürfen. Entscheidender Unterschied ist aber, dass der insoweit bestehende Auftrag an den Gerichtshof durch den Gesetzgeber erteilt wurde.

Aber nicht nur unter dem vorgenannten Aspekt war eine eigenständige sekundärrechtliche Festschreibung des Herkunftslandprinzips für den Bereich der Werbung im Internet erforderlich. Denn die Darstellung der parallelen Handhabung der Warenverkehrs- und Dienstleistungsfreiheit[1520] hat gezeigt, dass die internetspezifische Problematik der Einschaltung verschiedener Dienstleister zu einer Diskrepanz zwischen Warenverkehrs- und Dienstleistungsfreiheit führen kann.

Die insoweit bestehenden Divergenzen zwischen den Produktfreiheiten sind eine Folgeerscheinung der Entscheidung „Keck".[1521] Zunächst waren nationale Werberegelungen in weitem Umfang vom Anwendungsbereich der Warenverkehrsfreiheit erfasst.[1522] Im Bereich der Dienstleistungsfreiheit wurde durch den Gerichtshof frühzeitig ein eigenständiger Schutz für die Fallgruppe Werbung als Dienstleistung entwickelt. Der zunächst bestehende Gleichlauf beider Freiheiten wurde durch die Entscheidung „Keck" durchbrochen. Seither entwickelten sich Warenverkehrs- und Dienstleistungsfreiheit in diesem Bereich inkongruent. Da der Bereich der Fernsehwerbung einen immer höheren Stellenwert erlangte und somit häufiger Gegenstand von Entscheidungen des Gerichtshofs wurde, kam es immer öfter zu einer divergierenden Handhabung, die einerseits unter Berufung auf die Entscheidung „Keck" die Eröffnung des Anwendungsbereichs der Warenverkehrsfreiheit verneinte[1523], andererseits aber den im Zusammenhang mit der Produktwerbung erbrachten Fernsehwerbedienstleistungen einen umfassenden Schutz zubilligte.[1524]

Ob und wie sich diese Diskrepanz unter Beachtung der Vorgaben der Entscheidung „Keck" für die Warenverkehrsfreiheit einerseits und der Erfordernisse des freien Dienstleistungsverkehrs andererseits auflösen lässt, muss anderen Darstellungen vorbehalten bleiben.[1525] Für das Medium Internet, bei welchem in entscheidendem Maße Dritte durch die

---

1520 Oben Teil 2 B. und C.

1521 Zu dieser Problematik auch Grandpierre, Herkunftsprinzip kontra Marktortanknüpfung, S. 77 ff.; Roth in: FS für Großfeld, 929, 957; Dethloff, IPRax 1999, 347, 352; dies., Europäisierung des Wettbewerbsrecht, S. 235 ff., 252.

1522 Vgl. oben Teil 2 B.II.1.

1523 EuGH, verbundene Rechtssachen C-34/95, C-35/95, C-36/95, De Agostini, Slg. 1997, I-3843 ff., 3890, Erwägungen 39 ff.; EuGH, Rs. C-6/98, ARD/Pro Sieben, Slg. 1999 I, 7599 ff., Erwägungen 45 ff. zur Warenverkehrsfreiheit.

1524 EuGH, verbundene Rechtssachen C-34/95, C-35/95, C-36/95, De Agostini, Slg. 1997, I-3843 ff., 3892, Erwägungen 48 ff.; EuGH, Rs. C-6/98, ARD/Pro Sieben, Slg. 1999 I, 7599 ff., Erwägungen 49 ff. zur Dienstleistungsfreiheit.

1525 Grandpierre, Herkunftsprinzip kontra Marktortanknüpfung, S. 77 ff. plädiert dafür, Werbevorschriften einheitlich nur an Art. 49 EGV zu messen. Roth in: FS für Großfeld, 929, 957, ist der Ansicht, dass es keinen Sinne mache, Werbung, die ein Hersteller einer Ware selbst betreibt, im Rahmen des Art. 28 EGV anders zu behandeln als Werbung, die durch das Fernsehen übertragen wird. Er folgert daraus, auch die Werbung des Herstellers selbst den großzügigeren im Rahmen der Dienstleistungsfreiheit geltenden Maßstäben unterliegen solle. Dethloff, Europäisierung des Wettbewerbsrecht, S. 235 ff. überträgt die Grundsätze der Entscheidung „Keck" auf die Dienstleistungsfreiheit, kommt aber dadurch im Ergebnis nicht zu einer Einschränkung des Anwen-

Erbringung von Werbedienstleistungen an der Werbung beteiligt sind, stößt das zweispurige System aus Warenverkehrs- und Dienstleistungsfreiheit jedenfalls an seine Grenzen. Denn wenn durch die bloße Einschaltung ausländischer Werbedienstleister die durch die Entscheidung „Keck“ für die Warenverkehrsfreiheit gezogenen Grenzen umgangen werden können, verbleibt für diese Grundsätze im Ergebnis kein Anwendungsbereich mehr. Die Problematik der Entscheidungskompetenz des Gerichtshofs würde letztlich nur auf die Dienstleistungsfreiheit verlagert.

Auch unter diesem Gesichtspunkt muss das sekundärrechtliche Herkunftslandprinzip gesehen werden. Dieses gilt einheitlich für alle Anbieter, gleich ob sie selbst Werbetreibende oder die Werbung ausführende Dienstleister sind. Es knüpft zudem einheitlich an den Herkunftsort der zu erbringenden Dienstleistung und damit an den Herkunftsort der Werbung an, ohne vor dem Problem zu stehen, dass Herkunftsort der Ware, der beworbenen Dienstleistung und Werbdienstleistung auseinanderfallen. Es entsteht somit ein auf Grund der Gegebenheiten der Internet-Werbung erforderliches einheitliches Regelungsregime für den gesamten Bereich der Werbung im Internet.

II. Das Herkunftslandprinzip als Kompromissmodell

Will man das sekundärrechtliche Herkunftslandprinzip als Integrationsmodell würdigen, so ist auf den Ausgangspunkt der zu lösenden Problematik zu rekurrieren. Werbung im Internet führt regelmäßig zur Entstehung grenzüberschreitender Sachverhalte. Werbung im World Wide Web ist unteilbare Multistate-Werbung, bei der potentiell die Rechtsordnungen sämtlicher Mitgliedstaaten zur Anwendung kommen. Aufgrund der Unterschiedlichkeit der Rechtsordnungen in Europa führt diese Konstellation für den Werbeanbieter zu einem erheblichen Rechtsanwendungsrisiko.[1526] Die hierin liegende Behinderung des freien Waren- und Dienstleistungsverkehrs bedeutet eine schwerwiegende Beeinträchtigung des europäischen Binnenmarktes. Bestmögliche Lösung zugunsten des Binnenmarktes ist die Kanalisierung des anzuwendenden Rechts auf eine maßgebliche Rechtsordnung.[1527] Neben einer umfassenden Harmonisierung des Rechts der Werbung in Europa kann dieses Ziel durch ein Herkunftslandprinzip erreicht werden. Dem gegenläufig sind aber die Regelungsinteressen der Mitgliedstaaten der Gemeinschaft. Denn durch ein Herkunftslandprinzip werden die Bestimmungsstaaten einer Internet-Werbung verpflichtet, fremde Rechtserscheinungen in ihrem Territorium hinzunehmen und zu respektieren. Eine Toleranz gegenüber Erscheinungen fremden Rechts lässt sich allerdings regelmäßig nur erreichen, wenn die Wertungen der ausländischen Rechtsordnungen nicht allzu stark von den inländischen abweichen.[1528] Aus Sicht der Mitgliedstaaten ist also ein Gegenpol gegenüber dem Herkunftslandprinzip erforderlich. Ein solcher kann sich entweder durch die Angleichung wesentlicher Regelungen ergeben, weil dann aufgrund einer Mindestharmonisierung den Sachrechtsordnungen der Mitgliedstaaten zumindest vergleichbare Wertungen zugrunde liegen. Oder aber, wenn oder solange solche Mindeststandards nicht bestehen, muss ein mitgliedstaatliches Mindestschutzniveau durch Schaffung von Rechtfertigungsmöglichkeiten gegenüber dem Herkunftslandrecht durchsetzbar sein.

---

dungsbereichs der Dienstleistungsfreiheit, weil sie die Entscheidung „Keck“ im Bereich des Werberechts restriktiv deutet.

[1526] Oben Teil 1 B.II. und III.

[1527] Ahrens, CR 2000, 835, 836.

[1528] Basedow, RabelsZ 59 (1995), 1, 5.

Das sekundärrechtliche Herkunftslandprinzip der E-Commerce-Richtlinie stellt insoweit ein Kompromissmodell dar, welches die zuvor aufgezeigten konträren Interessen in Einklang zu bringen versucht. Vorderhand schützt das allgemeine Beschränkungsverbot des Art. 3 Absatz 2 der E-Commerce-Richtlinie die Freiheit von Diensten der Informationsgesellschaft im Binnenmarkt. In einem Mitgliedstaat niedergelassene Anbieter müssen sich nur auf das in diesem Staat geltende Recht einstellen und können unter den gegebenen rechtlichen Voraussetzungen Internet-Werbung im gesamten Binnenmarkt verbreiten. Erstes Korrektiv zugunsten einer möglichen Rechtsanwendung der Bestimmungsstaaten ist die Ausgestaltung des Missbrauchstatbestandes im Rahmen der Bestimmung der Niederlassung des Anbieters. Das durch den europäischen Gesetzgeber gewählte Modell lehnt sich bewusst[1529] nicht an die für die Fernsehrichtlinie herrschende Handhabung an, nach der erschwerte Voraussetzungen für den Nachweis einer missbräuchlichen Umgehung bestehen[1530], sondern gewährt den Bestimmungsstaaten vielmehr die Anwendung der eigenen Rechtsordnung gegenüber dem Herkunftslandprinzip, wenn die Tätigkeit des Anbieters bei bestehender Umgehungsabsicht ausschließlich oder überwiegend auf den Bestimmungsstaat gerichtet ist.[1531] Das gewichtigste Korrektiv aber ist der Rechtfertigungstatbestand des Art. 3 Absatz 4 der Richtlinie, der die Aufrechterhaltung der mitgliedstaatlichen Regelungsinteressen im nichtharmonisierten Bereich ermöglicht. Aber auch dieser Rechtfertigungstatbestand ist seinerseits wiederum zugunsten der Dienstleistungsfreiheit und damit zugunsten des Binnenmarktes begrenzt. Im Hinblick auf die besonderen Verhältnisse im Internet ist er als eng auszulegender Ausnahmetatbestand ausgestaltet, der mögliche Rechtfertigungsgründe abschließend festschreibt und auf der Ebene der Verhältnismäßigkeit erhöhte Anforderungen an den Nachweis einer Beeinträchtigung mitgliedstaatlicher Schutzziele stellt und somit die besondere Beschränkungssituation im Falle von Multistate-Werbung berücksichtigt.

Erforderlich wurde dieses Kompromissmodell auf Grund des Fehlens ausreichender Sachrechtsharmonisierung gerade auch im Bereich des Werberechts. Denn je weitergehend die Harmonisierung der betreffenden Rechtsvorschriften erfolgt ist, desto weniger Rechtsunterschiede bestehen, die zu einer Behinderung von Anbietern aus anderen Mitgliedstaaten führen können. Extremfall ist die vollständige Vereinheitlichung von Rechtsvorschriften in einem bestimmten Bereich. Ein Herkunftslandprinzip wäre dann überflüssig. Im Falle der Harmonisierung nur von Mindeststandards stellt ein Herkunftslandprinzip ein verträgliches Mittel auch aus Sicht der Mitgliedstaaten dar, in denen strengere Standards gelten, weil die bestehenden Rechtsunterschiede dann nicht allzu groß sind. Ein Rechtfertigungserfordernis besteht nur dann, wenn einheitliche Mindeststandards -wie im Bereich des Werberechts der Fall- noch nicht erreicht werden konnten. Demonstrieren lässt sich dieses Verhältnis des Herkunftslandprinzips zum Stand der Harmonisierung am Beispiel des Sendestaatsprinzips der Fernsehrichtlinie. Dem Sendestaatsprinzip liegt für den Bereich des Fernsehrechts derselbe Regelungszweck zugrunde wie dem Herkunftslandprinzip. Auch dort ist die grenzüberschreitende Tätigkeit der Fernsehveranstalter durch die Geltung unterschiedlicher Rechtsordnungen begrenzt. Grundlegender Unterschied zwischen Fernsehen und elektronischem Geschäftsverkehr ist aber die Reichweite des Regelungssachverhalts. Das Fernsehrecht im Allgemeinen und das Recht der Fernsehwerbung im Besonderen ist ein spezifisch abgrenzbarer Bereich. Aus die-

---

[1529] Erwägungsgrund 57 der E-Commerce-Richtlinie.

[1530] Dazu oben Teil 3 B.III.3.a.

[1531] Zur Würdigung der Missbrauchsklausel auch Spindler, MMR-Beilage 7/2000, 4, 9; Gierschmann, DB 2000, 1315, 1316; a.A. im Hinblick auf die in praxi zu erwartende Effektivität Mankowski, ZVglRWiss 100 (2001), 137, 159 ff.

sem Grunde war eine Mindestharmonisierung der betreffenden Vorschriften und eine Einbeziehung nur dieser in den koordinierten Bereich des Sendestaatsprinzips möglich. Die Beschränkung des Sendestaatsprinzips auf diesen koordinierten Bereich bewirkt, dass die Regelungsinteressen der Mitgliedstaaten nicht mehr in Form eines weiterreichenden Rechtfertigungstatbestandes[1532] berücksichtigt werden mussten. Wenn nämlich im Anwendungsbereich des Sendestaatsprinzips einheitliche Standards gelten, ist eine zusätzliche Rechtfertigung mitgliedstaatlicher Vorschriften grundsätzlich nicht mehr erforderlich.

Im elektronischen Geschäftsverkehr war eine solche Begrenzung auf einen harmonisierten Bereich von vorneherein nicht denkbar. Der elektronische Geschäftsverkehr umfasst horizontal viele verschiedene Rechtsgebiete[1533] und innerhalb dieser Rechtsgebiete eine Vielzahl von Vorschriften. Im Bereich des Werberechts sind sämtliche Regelungen des allgemeinen und besonderen Werberechts gleichermaßen relevant. Das Herkunftslandprinzip musste so, um effizient sein Ziel erreichen zu können, auf all diese Regelungen bezogen werden, gleich ob eine Harmonisierung der Vorschriften stattgefunden hat oder nicht. Das vorliegend gegebene Kompromissmodell aus allgemeinem Beschränkungsverbot und Rechtfertigungstatbestand war dann aber bei Einbeziehung auch nicht harmonisierter Vorschriften zum Zwecke des Schutzes weiterhin existierender Regelungsinteressen der Mitgliedstaaten notwendig.

Das Erfordernis eines solchen Kompromissmodells, bestehend aus Beschränkungsverbot und Rechtfertigungstatbestand zeigt zugleich, dass ein Herkunftslandprinzip als Kollisionsnorm beim momentanen Stand des Gemeinschaftsrechts noch nicht oder nur mit entsprechenden Modifikationen in Betracht kommen kann. Dies gilt sowohl für eine kollisionsrechtliche Einordnung des Herkunftslandprinzips der Richtlinie als auch für die eigenständige Entwicklung eines Herkunftslandprinzips als Kollisionsnorm für Multistate-Wettbewerbshandlungen in Europa, wie es *Dethloff* in ihrer erst kürzlich erschienenen Abhandlung vorschlägt. *Dethloff* [1534] entwickelt dabei mit gewichtigen Argumenten unter gleichmäßiger Berücksichtigung sowohl der Belange des europäischen Gemeinschaftsrechts als auch des Internationalen Privatrechts für den Bereich der Multistate-Wettbewerbshandlungen das Herkunftslandprinzip als maßgebliche Kollisionsnorm. Aber auch dieser Lösungsansatz kann die Erfordernisse der Aufrechterhaltung eines Mindestschutzniveaus nicht umgehen. So kommt *Dethloff* schließlich ebenfalls zu dem Ergebnis, dass das von ihr entwickelte kollisionsrechtliche Herkunftslandprinzip im Wege der Sachrechtsangleichung zu ergänzen ist. Vorgeschlagen werden insoweit zwei Wege. Zum einen fordert *Dethloff* eine Angleichung, wobei durch Richtlinien ein Mindestschutzniveau herzustellen sei.[1535] Zum anderen sollen einheitlich zwingende Erfordernisse der Bestimmungsstaaten gemeinschaftsrechtlich festgelegt oder zumindest Obergrenzen für nationale Schutzvorschriften normiert werden.[1536] Auch *Dethloff* erkennt also an, dass ein Herkunftslandprinzip nicht ohne Korrekturen zugunsten eines in allen Mitgliedstaaten geltenden Mindestschutzniveaus auskommt. Das bedeutet im Ergebnis nichts anderes, als dass auch

---

[1532] Art. 2 a der Fernsehrichtlinie, konsolidierte Fassung, abgedruckt in GRUR Int. 1998, 120 ff., ist mit dem Rechtfertigungstatbestand der E-Commerce-Richtlinie nicht vergleichbar, da er nur vorübergehende Abweichungen ermöglicht.

[1533] Oben Teil 1 A.I.2.

[1534] Dethloff, Europäisierung des Wettbewerbsrechts, S. 292 ff. Dethloff verfolgt dabei die auch der vorliegenden Arbeit zugrundeliegende Unterscheidung zwischen teilbaren und unteilbaren Wettbewerbshandlungen. Die von ihr vorgeschlagene Sonderanknüpfung an das Herkunftsland des Anbieters differenziert also zutreffend danach, ob dieser, wie etwa bei Werbung im World Wide Web einem qualifizierten oder aber, wie bei Werbung im Wege der E-Mail, nur einem einfachen Rechtsanwendungsrisiko ausgesetzt ist.

[1535] Dethloff, Europäisierung des Wettbewerbsrechts, S. 307.

[1536] Dethloff, Europäisierung des Wettbewerbsrechts, S. 308.

ein kollisionsrechtliches Verständnis diese Grenzen berücksichtigen muss. Der Ansatz einer tragfähigen kollisionsrechtlichen Lösung entspricht also weitgehend dem durch die E-Commerce-Richtlinie geschaffenen sekundärrechtlichen Herkunftslandprinzip. Einziger Unterschied ist die Sichtweise der Umsetzung eines Herkunftslandprinzips. Der kollisionsrechtliche Ansatz berücksichtigt dieses bereits auf der Ebene des anzuwendenden Rechts, der gemeinschaftsrechtliche Ansatz lässt das Kollisionsrecht unberührt und folgt dem gemeinschaftsrechtlichen Rechtsprinzip der gegenseitigen Anerkennung von Rechtsvorschriften. Das hieraus folgende Ergebnis ist letztlich ein sehr ähnliches. Der Anbieter kann sich auf die Geltung des Rechts des Herkunftsstaates grundsätzlich verlassen. Dies gilt bis zu einer Grenze, an welcher ein einheitlich zu verstehendes Mindestschutzniveau berührt ist. An dieser Stelle muss der Schutz des Anbieters und damit auch der des Binnenmarktes zurücktreten. Denn weiterreichende Folgen wären dem Rechtsstand des Gemeinschaftsrechts nicht angemessen.

III. Das Herkunftslandprinzip als taugliches Integrationsmodell?

Die Frage, ob das sekundärrechtliche Herkunftslandprinzip der E-Commerce-Richtlinie ein taugliches Integrationsmodell darstellt, ist in der Literatur zur Richtlinie umstritten. Zwangsläufig werden dabei, je nachdem welcher -auch rechtspolitisch geprägter- Standpunkt eingenommen wird, zwei unterschiedliche Sichtweisen vertreten. Aus der Position der Mitgliedstaaten betrachtet wird beklagt, dass das Herkunftslandprinzip zu einer Harmonisierung auf dem niedrigsten Standard, einem sog. „race to the bottom“ führen würde.[1537] Dies stelle eine erhebliche Gefahr für das in der Gemeinschaft bestehende Schutzniveau in den vom Herkunftslandprinzip erfassten Bereichen dar. Aus der Sicht des Binnenmarktes wird unter Hinweis auf die Rechtfertigungsmöglichkeiten der Mitgliedstaaten bezweifelt, ob das Herkunftslandprinzip das eingangs dargestellte Problem des Rechtsanwendungsrisikos überhaupt effizient zu lösen geeignet ist.[1538]

Befürchtungen sowohl in die eine wie auch in die andere Richtung sind, wie es für ein Kompromissmodell nicht erstaunt, durchaus berechtigt.

Ein Herkunftslandprinzip führt stets zum Problem der Inländerdiskriminierung. Wenn Anbieter aus anderen Mitgliedstaaten sich bei der Durchführung ihrer Werbemaßnahmen auf den niedrigeren Standard ihres Heimatrechts berufen können, sind die im Inland ansässigen Anbieter, deren Werbung strengeren rechtlichen Anforderungen standhalten muss, diesen gegenüber benachteiligt. Tatsächliche[1539] Konsequenz dieser Inländerdiskriminierung kann entweder die Abwanderung inländischer Anbieter in Mitgliedstaaten mit niedrigerem Schutzniveau, oder aber -und dies ist wahrscheinlicher- die Anpassung auch der inländischen Rechtsordnungen an niedrigere Standards, also ein „race to the bottom“ sein. Dass diese Befürchtungen nicht fernliegend sind, zeigt sowohl die Entwicklung im Bereich der Fernsehrichtlinie wie auch die bereits einsetzende Diskussion zum Herkunftslandprinzip der E-Commerce-Richtlinie, wozu jeweils ein Beispiel angeführt werden soll. Zum Sendestaatsprinzip entstammt dieses Beispiel der Diskussion um die Anwendung des Brutto- oder Nettoprinzips auf die Berechnung der Zeitdauer von Werbeunterbrechungen bei Spiel- und Fernsehfil-

---

[1537] Zur umfangreichen Kritik in diese Richtung siehe etwa Hoeren, EuZ 2000, 74; Tettenborn, K&R 2000, 59, 61; Bender/Sommer, RIW 2000, 260, 262; Lehmann, EuZW 2000, 517, 518; Bodewig, GRUR Int. 2000, 475, 483; Spindler, MMR-Beilage 7/2000, 4, 8; Karenfort/Weißgerber, MMR-Beilage 7/2000, 38, 39.

[1538] Arndt/Köhler, EWS 2001, 102, 107.

[1539] Zur rechtlichen Behandlung des Problems der Inländerdiskriminierung siehe etwa Schilling, JZ 1994, 8 ff.

men.[1540] Der Gerichtshof entschied sich in binnenmarktfreundlicher Auslegung für das Bruttoprinzip als Mindeststandard, stellte aber klar, dass die einschlägige Vorschrift der Fernsehrichtlinie den Mitgliedstaaten auch die Beibehaltung des weniger werbefreundlichen Nettoprinzips ermöglichte.[1541] Dennoch erfolgte von deutscher Seite eine Anpassung des Rundfunkstaatsvertrages, so dass nach Art. 44 Absatz 4 nun auch in Deutschland vom Bruttoprinzip auszugehen ist.[1542] Der Grund für diese Anpassung liegt nach zutreffender Ansicht in dem sich durch die Inländerdiskriminierung ergebenden Druck auf den nationalen Gesetzgeber, welcher durch die in Deutschland ansässigen privaten Fernsehveranstalter ausgeübt wurde, für die ansonsten strengere Regeln gegolten hätten als für Anbieter aus dem europäischen Ausland.[1543] Auch für das Herkunftslandprinzip der E-Commerce-Richtlinie sind ähnliche Effekte zu erwarten. Als erstes Zugeständnis ist die geplante Aufhebung des RabattG und der ZugabeVO zu nennen.[1544] Im Hinblick auf die in diesen Gesetzen enthaltenen Regelungen nimmt das deutsche Wettbewerbsrecht im europäischen Vergleich eine besonders strenge Position ein, die sich in Ansehung des Herkunftslandprinzips gegenüber ausländischen Anbietern als nicht haltbar erweisen wird.[1545] Auch hier führte eine Fortgeltung beider Gesetze zu einer Inländerdiskriminierung, die durch die in Deutschland ansässigen Anbieter kaum hingenommen werden dürfte, weshalb eine Anpassung erforderlich geworden ist. Ein gewisser „race to the bottom“-Effekt ist also auch schon in diesem Bereich zu erkennen.

Betrachtet man hingegen das Kompromissmodell der E-Commerce-Richtlinie vom Standpunkt des Binnenmarktes aus, so lässt sich kritisieren, dass dieses den Schutz der Anbieter im grenzüberschreitenden Verkehr nicht ausreichend verwirklicht. Denn der Rechtfertigungstatbestand wird dazu führen, dass in einer erheblichen Anzahl von Fällen letztlich doch das verbraucher- oder gesundheitsschützende Recht des Bestimmungsstaates Anwendung finden wird. Trotz des Herkunftslandprinzips wird so auf den Anbieter von Werbung im Internet weiterhin ein nicht zu vernachlässigendes Rechtsanwendungsrisiko zukommen.

Schon die Existenz derart gegenläufiger Sichtweisen legt die Vermutung nahe, dass sich das Herkunftslandprinzip in seiner bestehenden Form als Kompromissmodell weder in die eine noch in die andere extreme Richtung entwickeln wird. Nach hier vertretener Ansicht ist es im Ergebnis vielmehr als positiv zu würdigendes Integrationsmodell anzusehen, welches dem Grundsatz „Wettbewerb der Rechtsordnungen begrenzt durch Aufrechterhaltung des Schutzniveaus zugunsten der Mitgliedstaaten“ folgt.

Der aus dem Herkunftslandprinzip folgende Anpassungsdruck auf die Rechtsordnungen der Mitgliedstaaten darf nicht nur negativ betrachtet werden. Neben einer Harmonisierung auf Gemeinschaftsebene kann er nämlich einen tauglichen zweiten Weg zur Angleichung der Rechtsordnungen der Mitgliedstaaten darstellen und so die Integration im Binnenmarkt fördern. Das Herkunftslandprinzip in seiner in der E-Commerce-Richtlinie vorliegenden Ausprägung stellt nationale Vorschriften, deren gemeinschaftsrechtliche Harmonisierung mangels konsensfähiger Lösungen nicht zu verwirklichen war, auf den Prüfstand des Gemeinschaftsrechts. Ein allgemeines Beschränkungsverbot führt zur Nichtanwendung einer mitgliedstaatlichen Regelung, die einen Anbieter über das Schutzniveau seines Herkunftsstaates hinaus in seiner Tätigkeit beschränkt. Wenn die Vorschrift dennoch auf den Sachverhalt angewandt werden soll, muss sie eine Rechtfertigung nach den in Art. 3 Absatz 4 der Richtlinie festge-

---

[1540] Siehe etwa Bodewig, JZ 2000, 659 ff.
[1541] EuGH, Rs. C-6/98, ARD, Slg. 1999, I-7599, Erwägung 33.
[1542] Hierzu Weisser, NJW 2000, 3526, 3530.
[1543] Bodewig, JZ 2000, 659, 663.
[1544] SZ vom 18./19.11.2000; FAZ vom 25.11.2000.
[1545] Vgl. etwa Henning-Bodewig, WRP 2000, 886 ff.; Heil/Dübbers, ZRP 2001, 207 ff.

legten Kriterien erfahren. Die abschließende Definitionskompetenz für die Inhalte des Rechtfertigungstatbestandes obliegt dem Gemeinschaftsrecht. In diesem Punkt liegt die Chance, auf der Ebene der Rechtfertigung gemeinschaftseigene taugliche Kriterien zu entwickeln, welche Regelungsziele der Mitgliedstaaten in Ansehung der durch ihre Anwendung eintretenden Behinderung des freien Verkehrs von Diensten der Informationsgesellschaft tolerabel sind. Dass diese so zu entwickelnden Kriterien zu einem unerträglichen Absinken des Schutzniveaus im europäischen Binnenmarkt führen werden, darf bezweifelt werden. Denn blickt man auf die Rechtsprechung des Gerichtshofs zu den Produktfreiheiten des EGV, denen letztlich derselbe Regelungsmechanismus zugrunde liegt, so hat sich erwiesen, dass der Gerichtshof in den meisten Fällen zu einer ausgewogenen Würdigung der inmitten stehenden Belange gefunden hat. Folge für das so auf den Prüfstand gestellte nationale Werberecht wird also sein, dass Regelungen wie Rabattgesetz und Zugabeverordnung, die in der Europäischen Rechtgemeinschaft nicht konsensfähig, im übrigen aber auch in Deutschland seit langer Zeit umstritten sind, dem Herkunftslandprinzip und so letztlich den Erfordernissen des Binnenmarktes zum Opfer fallen werden. Andererseits ist aber die Beibehaltung solcher Regelungen zu erwarten, deren Hingabe den schutzwürdigen nationalen Interessen nicht gerecht würde und für die auch das Gemeinschaftsrecht keinen hinreichenden Schutz leisten kann, wie etwa die Vorschriften des Arzneimittelwerberechts im Rahmen des Beispielfalls der europaweit operierenden Internet-Apotheke.[1546]

Das in Art. 3 der E-Commerce-Richtlinie enthaltene Kompromissmodell verwirklicht also letztlich nichts anderes als einen Wettbewerb der Rechtsordnungen mit gemeinschaftsrechtlicher Mediation im Rahmen der Prüfung der Rechtfertigung nationaler Regelungen. Die Prüfung von Sinn und Zweck mitgliedstaatlicher Werberegelungen wird ein Stück weit dem europäischen Gemeinschaftsrecht auferlegt. Dies mag man im Hinblick auf die Regelungsautonomie der Mitgliedstaaten bedauern. Die Erfordernisse des freien Produktverkehrs im europäischen Binnenmarkt, die im Bereich der grenzüberschreitenden Dienste der Informationsgesellschaft in besonderem Maße ausgeprägt sind, lassen aber gerade in Ansehung der nicht durchsetzbaren Harmonisierung materieller Rechtsvorschriften keinen anderen Weg zu, will man nicht den -ohnehin schon unvollkommenen[1547]- Binnenmarkt zum Erliegen bringen.

Die weitergehende Angleichung von Rechtsvorschriften wird dadurch aber nicht ausgeschlossen. Parallel zu diesem durch das Herkunftslandprinzip bewirkten Harmonisierungsdruck nach innen entsteht durch das Kompromissmodell der E-Commerce-Richtlinie zusätzlich ein Harmonisierungsdruck auf das europäische Gemeinschaftsrecht. Denn wenn das Herkunftslandprinzip durch einen Rechtfertigungstatbestand zugunsten der Mitgliedstaaten abgemildert ist, ergeben sich aus den auf dieser Grundlage entstehenden Möglichkeiten der Rechtfertigung mitgliedstaatlicher Vorschriften wiederum negative Auswirkungen auf den Binnenmarkt, wenn sich das Recht des Herkunftsstaates im Einzelfall doch nicht durchsetzen kann. In diesem Fall ist dann der europäische Gesetzgeber aufgefordert, die in dem jeweils betroffenen Bereich bestehenden Rechtsunterschiede im Wege der Sachrechtsangleichung anzupassen.

[1546] So im Ergebnis bereits das LG Frankfurt/Main, K&R 2001, 153 ff. = CR 2001, 185, 189.
[1547] Steindorff, ZHR 158 (1994), 149, 160.

IV. Ausblick

Status quo, der durch die E-Commerce-Richtlinie und das sekundärrechtliche Herkunftslandprinzip geschaffen wurde, ist eine schnell durchsetzbare Kompromisslösung, welche in der gegenwärtigen Situation erforderlich war. Die sich sprunghaft entwickelnde wirtschaftliche Nutzung des Mediums Internet und die damit verbundenen Chancen für in diesem Bereich tätige europäische Unternehmen erforderte ein schnelles Tätigwerden des europäischen Gesetzgebers. Um das Funktionieren des Binnenmarktes in diesem Bereich herzustellen, kam nur das Herkunftslandprinzip als Lösungsmöglichkeit in Betracht. Die demgegenüber bestehende Möglichkeit einer umfassenden Harmonisierung der betroffenen Rechtsbereiche wäre nicht denkbar gewesen, wie der mittlerweile fast vierzigjährige Versuch einer Harmonisierung des Werberechts eindrucksvoll demonstriert. Aus demselben Grund war auch das Mindestschutzniveau der Bestimmungsstaaten ad hoc nur durch einen Rechtfertigungstatbestand abzusichern. Die im Werberecht noch immer bestehenden erheblichen Divergenzen ließen in absehbarer Zeit keine ausreichende Aufstellung einheitlicher Mindeststandards erwarten, die zu einem vollständigen Absehen von einem Rechtfertigungstatbestand führen können. Diese Kompromisslösung für die grenzüberschreitende Werbung im Internet steht nach dem Modell der Produktfreiheiten des EGV unter der Mediation des Europäischen Gerichtshofs. Dieser hat auf der Ebene des Rechtfertigungstatbestandes Gelegenheit, dem jeweiligen Rechtsstand des Gemeinschaftsrechts entsprechende, taugliche Grenzen für nationale Werbevorschriften zu setzen, die zugleich den Erfordernissen der grenzüberschreitenden Internet-Werbung entsprechen. Auf diese Weise kann sowohl ein angemessenes Mindestniveau erhalten als auch Harmonisierungsdruck auf die Mitgliedstaaten erzeugt werden.

Der europäische Gesetzgeber hat also die Entscheidung über die materiell zu ziehenden Grenzen zunächst auf die Rechtsprechung verlagert. Das bedeutet aber nicht, dass an diesem status quo auf unbegrenzte Zeit festgehalten werden sollte. Vielmehr sind, einerseits zum Zwecke der Abmilderung der Folgen des Herkunftslandprinzips, andererseits zum Zwecke der Reduzierung der Berufungsmöglichkeiten der Bestimmungsstaaten auf rechtfertigende Erfordernisse, weitere Harmonisierungen des Werbesachrechts in die Wege zu leiten. *Bodewig* bringt es auf den Punkt, wenn er postuliert, dass die Zukunft weder *„Herkunftslandprinzip statt Harmonisierung"* noch *„Herkunftslandprinzip und später eventuell einmal Harmonisierung"* heißen dürfe.[1548] Denn nur in der Kombination beider Wege liegt eine effiziente, zugleich aber auch unabdingbare Schutzinteressen berücksichtigende Realisierung des europäischen Binnenmarktes.

[1548] Bodewig, GRUR Int. 2000, 475, 483.

Literaturverzeichnis

Ackermann, Warenverkehrsfreiheit und Verkaufmodalitäten – Zu den Entscheidungen „Keck" und „Hünermund", RIW 1994, S. 189 ff.

Adrian, Axel, Juristische Methodenlehre und die „Keck-Entscheidung" des EuGH, EWS 1998, S. 288 ff.

Ahlfeld, Thomas, Zwingende Erfordernisse im Sinne der Cassis-Rechtsprechung des Europäischen Gerichtshofs zu Art. 30 EGV, Baden-Baden 1997.

Ahrens, Hans-Jürgen, Das Herkunftslandprinzip in der E-Commerce-Richtlinie, CR 2000, S. 835 ff.

Apel, Jürgen / Grapperhaus, Tanja, Das Offline-Online-Chaos oder wie die Europäische Kommission den grenzüberschreitenden Werbemarkt zu harmonisieren droht, WRP 1999, S. 1247 ff.

Arndt, Hans-Wolfgang, Warenverkehrsfreiheit innerhalb der Europäischen Union: der Fall „Keck" – EuGH, NJW 1994, 121-, JuS 1994, S. 469 ff.

Arndt, Hans-Wolfgang/Köhler, Markus, Elektronischer Handel nach der E-Commerce-Richtlinie, EWS 2001, S. 102 ff.

Basedow, Jürgen, Der kollisionsrechtliche Gehalt der Produktfreiheiten im Europäischen Binnenmarkt: favor offerentis, RabelsZ 59 (1995), S. 1 ff.

Basedow, Jürgen, Europäisches Internationales Privatrecht, NJW 1996, S. 1921 ff.

Baumbach, Adolf /Hefermehl, Wolfgang, Wettbewerbsrecht – Gesetz gegen den unlauteren Wettbewerb, Zugabeverordnung, Rabattgesetz und Nebengesetze, 21. Auflage, München 1999.

Becker, Ulrich, Von Dassonville über Cassis zu Keck – Der Begriff der Maßnahmen gleicher Wirkung in Art. 30 EGV, EuR 1994, S.162 ff.

Bender, Gunnar /Sommer, Christian, E-Commerce-Richtlinie: Auswirkungen auf den elektronischen Geschäftsverkehr in Deutschland, RIW 2000, S. 260 ff.

Bernhard, Peter, Cassis de Dijon und Kollisionsrecht – am Beispiel des unlauteren Wettbewerbs, EuZW 1992, S. 437 ff.

Bernreuther, Friedrich, Die Rechtsdurchsetzung des Herkunftslandrechts nach Art. 3 Abs. II EC-RiL und das Grundgesetz, WRP 2001, S. 384 ff.

Bleckmann, Albert, Europarecht – Das Recht der Europäischen Union und der Europäischen Gemeinschaften, 6. Auflage, München 1997.

Bleisteiner, Stephan, Rechtliche Verantwortlichkeit im Internet, Köln, Berlin, Bonn, München 1999.

Bodewig, Theo, Elektronischer Geschäftsverkehr und Unlauterer Wettbewerb, GRUR Int. 2000, S. 475 ff.

Bodewig, Theo, Vorrang wirtschaftlicher Interessen im Medienrecht – Zur Auslegung der Fernsehrichtlinie durch den EuGH, JZ 2000, S. 659 ff.

Bodewig, Theo /Henning-Bodewig, Frauke, Rabatte und Zugaben in den Mitgliedstaaten der Europäischen Union, WRP 2000, S. 1341 ff.

Boehme-Neßler, Volker, Europäisches Internetrecht – Das Internet-Gap: Herausforderung für das europäische Wirtschaftsrecht, EWS 2001, S.149 ff.

Boehme-Neßler, Volker, CyberLaw – Lehrbuch zum Internetrecht, München 2001.

Borges, Georg, Weltweite Geschäfte per Internet und deutscher Verbraucherschutz, ZIP 1999, S. 565 ff.

Bornkamm, Joachim, Anmerkung zu „Yves Rocher", GRUR 1993, S. 748 ff.

Boyle, Martin, Das Recht des unlauteren Wettbewerbs in Großbritannien, WRP 1990, S. 159 ff.

Brenn, Christoph, Der elektronische Geschäftsverkehr, ÖJZ 1999, S. 481 ff.

Brisch, Klaus M., EU-Richtlinienvorschlag zum elektronischen Geschäftsverkehr, CR 1999, S. 235 ff.

Bröhl, Georg M., EGG – Gesetz über rechtliche Rahmenbedingungen des elektronischen Geschäftsverkehrs, Erläuterung zum Referentenentwurf, MMR 2001, S. 67 ff.

Busche, Jan/ Kraft, Hartmut, Werbung per electronic mail: Eine neue Herausforderung für das Wettbewerbsrecht?, WRP 1998, S. 1142 ff.

Calliess, Christian /Ruffert, Matthias, Kommentar zum EU-Vertrag und EG-Vertrag, Neuwied 1999, (zitiert Bearbeiter in: Calliess/Ruffert).

Calliess, Gralf-Peter, Heimatstaatsprinzip und Europa-Pass (single licence principle) im europäischen Finanzmarktrecht: Wettbewerb der Finanzdienstleister oder der Finanzplätze? – Im Blickpunkt: „Forum-Shopping" und Augsichtsarbitrage im Investmentrecht, EWS 2000, S. 432 ff.

Charissé Peter, „Bruttoprinzip" mit „Netto"-Option, Anmerkung zu EuGH, Rs. C-6/98, Arbeitsgemeinschaft Deutscher Rundfunkanstalten (ARD)/Pro Sieben Media AG, K&R 2000, S. 85 ff.

Chrocziel, Peter, Die eingeschränkte Geltung des Gesetzes gegen Unlauteren Wettbewerb für EG-Ausländer, EWS 1991, S. 173 ff.

Classen, Claus Dieter, Auf dem Weg zu einer einheitlichen Dogmatik der EG-Grundfreiheiten?, EWS 1995, S. 97 ff.

Corsten, Hans, Lexikon der Betriebswirtschaftslehre, 3. Auflage, München 1995.

Dauses, Manfred A. (Herausgeber), Handbuch des EU-Wirtschaftsrechts, Loseblattsammlung Stand November 1999. (Zitiert: Bearbeiter in: Dauses, HdbEGWiR).

Dauses, Manfred A., Die Rechtsprechung des EuGH zum Verbraucherschutz und zur Werbefreiheit im Binnenmarkt, EuZW 1995, S. 425 ff.

Dauses, Manfred A., Information der Verbraucher in der Rechtsprechung des EuGH, RIW 1998, S. 750 ff.

Determann, Lothar, Kommunikationsfreiheit im Internet - Freiheitsrechte und gesetzliche Beschränkungen, Baden-Baden 1998.

Dethloff, Nina, Marketing im Internet und Internationales Wettbewerbsrecht, NJW 1998, S. 1596 ff.

Dethloff, Nina, Grenzüberschreitende Telefaxwerbung und Grundfreiheiten, IPRax 1999, S. 347 ff.

Dethloff, Nina, Europäisierung des Wettbewerbsrechts – Einfluss des europäischen Rechts auf das Sach- und Kollisionsrecht des unlauteren Wettbewerbs, Tübingen 2001.

Dethloff, Nina, Europäisches Kollisionsrecht des unlauteren Wettbewerbs, JZ 2000, S. 179 ff.

Dieselhorst, Jochen, Anwendbares Recht bei Internationalen Online-Diensten, ZUM 1998, 293 ff.

Doepner, Ulf, Heilmittelwerbegesetz – Kommentar, 2. Auflage, München 2000.

Dörr, Dieter, Auslegung der Fernsehrichtlinie – Brutto- oder Nettoprinzip, Anmerkung zu EuGH, Rs. C-6/98, Arbeitsgemeinschaft Deutscher Rundfunkanstalten (ARD)/Pro Sieben Media AG, EuZW 2000, S. 81 ff.

Drasch, Wolfgang, Das Herkunftslandprinzip im internationalen Privatrecht – Auswirkungen des europäischen Binnenmarktes auf Vertrags- und Wettbewerbsstatut, Baden-Baden 1997.

Ebenroth, Carsten Thomas, Neue Ansätze zur Warenverkehrsfreiheit im Binnenmarkt der Europäischen Union, Festschrift für Henning Piper, München 1996, S. 133 ff.

Eichhorn, Bert, Internet-Recht – Ein Lehrbuch für das Recht im World Wide Web, Köln 2000.

Eichler, Alexander, Arzneimittel im Internet – Anmerkung zu LG Frankfurt a.M., Urteile vom 9.11.2000, K&R 2001, 153 ff., K&R 2001, S. 144 ff.

Ehricke, Ulrich, Die richtlinienkonforme Auslegung nationalen Rechts vor Ende der Umsetzungsfrist einer Richtlinie, EuZW 1999, S. 553 ff.

Engel-Flechsig, Stefan /Maennel, Frithjof A. /Tettenborn, Alexander, Das neue Informations- und Kommunikationsdienstegesetz, NJW 1997, S. 2981 ff.

Erichsen, Hans-Uwe /Martens, Wolfgang, Allgemeines Verwaltungsrecht, 8. Auflage, Berlin, New York 1988. (zitiert Bearbeiter in: Erichsen/Martens).

Fezer, Karl-Heinz, Europäisierung der Wettbewerbsrechts – Gemeinschaftsrechtliche Grenzen im Recht des unlauteren Wettbewerbs – Kommentar zur jüngsten Entwicklung der Rechtsprechung des EuGH zum Warenverkehrsrecht, JZ 1994, S.318 ff.

Fezer, Karl-Heinz /Koos, Stefan, Das gemeinschaftsrechtliche Herkunftslandprinzip und die e-commerce-Richtlinie – Zur dringenden Notwendigkeit einer Harmonisierung des Wettbewerbsrechts in den Mitgliedstaaten der Europäischen Union als einer gemeinschaftsrechtlichen Aufgabe, IPRax 2000, S. 349ff.

Firsching, Karl /von Hoffmann, Bernd, Internationales Privatrecht – einschließlich der Grundzüge des Internationales Zivilverfahrensrechts, 5. Auflage, München 1997.

Fikentscher, Wolfgang /Möllers, Thomas M. J., Die (negative) Informationsfreiheit als Grenze von Werbung und Kunstdarbietung, NJW 1998, S, 1337 ff.

Friedman, Thomas L., The Lexus and the Olive Tree – Understanding Globalization, New York 2000.

Fritze, Ulrich /Holzbach, Christoph, Die Electronic-Commerce-Richtlinie – Ende oder Chance für das deutsche Wettbewerbsrecht, WRP 2000, S. 872 ff.

Gebauer, Martin, Internationales Privatrecht und Warenverkehrsfreiheit in Europa, IPRax 1995, S. 152 ff.

Geiger, Rudolf, EUV/EGV – Vertrag über die Europäische Union und Vertrag zur Gründung der Europäischen Gemeinschaft, 3. Auflage, München 2000.

Gierschmann, Sybille, Die E-Commerce-Richtlinie, DB 2000, S. 1315 ff.

Glöckner, Jochen, „Cold Calling“ und europäische Richtlinie zum Fernabsatz – ein trojanisches Pferd im deutschen Lauterkeitsrecht, GRUR Int. 2000, S. 29 ff.

Gößmann, Christine, Electronic Commerce – Die EU-Fernabsatzrichtlinie und ihre Auswirkungen auf den Handel über neue Medien, MMR 1998, S. 88 ff.

Grabitz, Eberhard /Hilf, Meinhard, Das Recht der Europäischen Union, Loseblattsammlung Stand: 16.Ergänzungslieferung 2000 (zitiert: Bearbeiter in: Grabitz/Hilf).

Grabitz, Eberhard /von Bogdandy, Armin, Vom Gemeinsamen Markt zum Binnenmarkt – Statik und Dynamik des Europäischen Marktes, JuS 1990, S. 170 ff.

Grandpierre, Andreas, Herkunftsprinzip kontra Marktortanknüpfung – Auswirkungen des Gemeinschaftsrechts aus die Kollisionsregeln im Wettbewerbsrecht, Frankfurt am Main, 1999.

Greissinger, Christian, Die EuGH-Rechtsprechung zur Fernsehrichtlinie, CR 1999, S. 112 ff.

Griese, Joachim /Sieber, Pascal, Internet als erste Ausbaustufe des Information Highway, in: Hilty, Reto M. (Hrsg.), Information Highway – Beiträge zu rechtlichen und tatsächlichen Fragen, Bern/München 1996, S. 43 ff.

Groeben von der, Hans /Thiesing, Jochen /Ehlermann, Claus-Dieter, Kommentar zum EWG-Vertrag, Band 1, 5. Auflage, 1997 (zitiert: Bearbeiter in: GTE) .

Gruber, Michael /Mader, Peter, (Hrsg.), Internet und e-commerce – Neue Herausforderungen an das Privatrecht, Wien 2000. (zitiert: Bearbeiter in: Gruber/Mader).

Gumming, Christian, Rechtsfragen bei Werbung im Internet, ZUM 1996, S. 573.

Günther, Andreas, Erwünschte Regelung unerwünschter Werbung? – Zur Auslegung von Art. 10 der Fernabsatzrichtlinie 97/7/EG, CR 1999, S. 172 ff.

Härting, Niko, Gesetzesentwurf zur Umsetzung der E-Commerce-Richtlinie, CR 2001, S. 271 ff.

Hailbronner, Kay /Nachbaur, Andreas, Die Dienstleistungsfreiheit in der Rechtsprechung des EuGH, EuZW 1992, S. 105 ff.

Hamann, Andreas, Der Entwurf einer E-Commerce-Richtlinie unter rundfunkrechtlichen Gesichtspunkten, ZUM 2000, S. 290 ff.

Hamm, Ingo, Werbung im Internet – Von der strategischen Konzeption zum erfolgreichen Auftritt, Stuttgart 2000.

Hammer, Kristina, Handbuch zum freien Warenverkehr: Eine Analyse der Rechtsprechung zu Art. 30 EGV vor und nach dem Urteil „Keck und Mithouard", Wien 1998.

Hatzopoulos, Georgios, Anmerkung zur Entscheidung „Alpine Investments", CML Rev., 1995, S. 1427 ff.

Heckmann, Dirk, E-Commerce: Flucht in den virtuellen Raum – Zur Reichweite gewerberechtlicher Beschränkungen des Internethandels, NJW 2000, S. 1370 ff.

Heermann, Peter W., Das deutsche Wettbewerbsrecht und die „Keck“-Rechtsprechung des EuGH – Missverständnisse und Argumentationsansätze rund um den Begriff der Verkaufsmodalitäten, WRP 1999, S. 381 ff.

Heermann, Peter W., Vertrags- und wettbewerbsrechtliche Probleme bei der E-Mail-Nutzung, K&R 1999, S. 6 ff.

Heil, Ulf /Dübbers, Robert, Abschaffung von Rabattgesetz und Zugabeverordnung – Ein erster Schritt zur Begrenzung der Inländerdiskriminierung auf Grund der E-Commerce-Richtlinie im Wettbewerbsrecht, ZRP 2001, S. 207 ff.

Helberger, Natali, Die Konkretisierung des Sendestaatsprinzips in der Rechtssprechung des EuGH, ZUM 1998, S. 50 ff.

Henning-Bodewig, Frauke, Das Grünbuch der EU-Kommission über die „Kommerzielle Kommunikationen“, GRUR Int. 1997, S. 515 ff.

Henning-Bodewig, Frauke, Das Folgedokument zum Grünbuch über die kommerziellen Kommunikationen im Binnenmarkt: Ein neuer Ansatz der Kommission?, GRUR Int. 1999, S.233 ff.

Henning-Bodewig, Frauke, Werbung nach der Fernsehrichtlinie, in: Schwarze, Jürgen, (Hrsg.), Werbung und Werbeverbote im Lichte des europäischen Gemeinschaftsrechts, Baden-Baden 1999.

Henning-Bodewig, Frauke, Abschaffung von Rabattgesetz und Zugabeverordnung?, WRP 2000, S. 896 ff.

Henning-Bodewig, Frauke, E-Commerce und irreführende Werbung – Auswirkungen des Herkunftslandprinzips auf das europäische und deutsche Irreführungsrecht, WRP 2001, S. 771 ff.

Hoeren, Thomas, Cybermanners und Wettbewerbsrecht – Einige Überlegungen zum Lauterkeitsrecht im Internet, WRP 1997 S. 993 ff.

Hoeren, Thomas, Rechtsfragen des Internet – Ein Leitfaden für die Praxis, Köln 1998.

Hoeren, Thomas, Vorschlag für eine EU-Richtlinie über E-Commerce, Eine erste kritische Analyse, MMR 1999, S 192 ff.

Hoeren, Thomas, Internet und Recht – Neue Paradigmen des Informationsrechts, NJW 1998, S. 2849 ff.

Hoeren, Thomas, Die Electronic-Commerce-Richtlinie – einige erste Überlegungen zu einem zentralen Regelwerk, EuZ 2000, S. 74 ff.

Hoeren, Thomas /Sieber, Ulrich, Handbuch Multimedia Recht – Rechtsfragen des elektronischen Geschäftsverkehrs, München 1. Ergänzungslieferung 2000, (zitiert: Bearbeiter in: Hoeren/Sieber).

Hoffmann von, Bernd, Richtlinien der Europäischen Gemeinschaft und Internationales Privatrecht, ZfRV 1995, S. 45 ff.

Hoffmann, Helmut, Die Entwicklung des Internet-Rechts, Beilage zu NJW 2001, Heft 14, S. 5 ff.

Hüßtege, Rainer, Internationales Privatrecht – Examenskurs für Rechtsreferendare, 3.Auflage, München 1999.

Idot, Laurence, Anmerkung zur Entscheidung „Leclerc-Siplec", CML Rev. 1996, S. 113 ff.

Immenga, Ulrich, Binnenmarkt durch europäisches Gemeinschaftsrecht, JA 1993, S. 257 ff.

Immenga, Ulrich /Lübben, Natalie /Schwintowski, Hans-Peter (Hrsg.), Das Internationale Wirtschaftsrecht des Internet, Baden-Baden 2000.

Jayme, Erik /Kohler, Christian, Das Internationale Privat- und Verfahrensrecht der EG 1991 – Harmonisierung oder Mehrspurigkeit des Kollisionsrechts, IPRax 1991, S. 361 ff.

Jayme, Erik /Hausmann, Rainer, Internationales Privat- und Verfahrensrecht –Textausgabe-, 9. Auflage, München 1998.

Jestaedt, Thomas /Kästle, Florian, Kehrtwende oder Rückbesinnung in der Anwendung von Art. 30 EGV: Das Keck-Urteil, EWS 1994, S. 26 ff.

Jöhri, Yvonne, Werbung im Internet - Rechtsvergleichende, lauterkeitsrechtliche Beurteilung von Werbeformen, Zürich 2000.

Joliet, Rene, Der freie Warenverkehr: Das Urteil Keck und Mithouard und die Neuorientierung der Rechtsprechung, GRUR Int. 1994, S. 979 ff.

Karenfort, Jörg /Weißgerber, Arnd, Lauterkeit des Wirtschaftsverkehrs in Gefahr? – Die Konsequenzen der E-Commerce-Richtlinie für RabattG und ZugabeVO, MMR-Beilage 7/2000, S. 38 ff.

Kegel, Gerhard /Schurig, Klaus, Internationales Privatrecht –Ein Studienbuch, 8. Auflage, München 2000.

Kieninger, Eva-Maria, Verbot des Multi-Level Marketing in Deutschland – Verstoß gegen die Warenverkehrsfreiheit des EGV?, EWS 1998, S. 277 ff.

Kiethe, Kurt, Werbung im Internet, WRP 2000, S. 616 ff.

Knobl, Peter, Ein Meilenstein im Europarecht der Bank- und Wertpapierdienstleistungen sowie im Anwendungsbereich der Dienstleistungsfreiheit – Das EuGH-Urteil „Alpine Investments, WBl. 1995, S. 309 ff.

Koch, Frank A., Internet-Recht – Praxishandbuch mit dem neuen Medien- und Teledienste-recht, Checkliste und Musterverträgen, München 1998.

Koenig, Christian /Loetz, Sascha, Sperrungsanordnungen gegenüber Network- und Access-Providern, CR 1999, S. 438 ff.

Koenig, Christian /Engelmann, Christina, E-Commerce mit Arzneimitteln im Europäischen Binnenmarkt und die Freiheit des Warenverkehrs, ZUM 2001, S. 19 ff.

Koenig, Christian /Haratsch, Andreas, Europarecht, 3. Auflage, Tübingen 2000.

Koenig, Christian /Müller, Eva-Maria/Trafkowski, Armin, Internet-Handel mit Arzneimitteln und Wettbewerb im EG-Binnenmarkt, EWS 2000, S. 97 ff.

Koenig, Christian /Müller, Eva-Maria, Der werbliche Auftritt von Online-Apotheken im Europäischen Binnenmarkt, WRP 2000, S. 1366 ff.

Köhler, Markus /Arndt, Hans-Wolfgang, Recht des Internet, 2. Auflage, Heidelberg 2000.

Kort, Michael, Zur „multistate"-Problematik grenzüberschreitender Fernsehwerbung, GRUR Int. 1994, S. 594 ff.

Kort, Michael, Schranken der Dienstleistungsfreiheit im europäischen Recht, JZ 1996, S. 132 ff.

Kotthoff, Jost, Werbung ausländischer Unternehmen im Inland – Die Beurteilung grenzüberschreitender Werbung nach dem internationalen Privatrecht, dem Wettbewerbsrecht und dem Recht der Europäischen Union, Baden-Baden, 1995.

Kotthoff, Jost, Der Schutz des Euro-Marketings über Art. 30 EGV, WRP 1996, S. 79 ff.

Kotthoff, Jost, Die Anwendbarkeit des deutschen Wettbewerbsrechts auf Werbemaßnahmen im Internet, CR 1997, S. 676 ff.

Kotthoff, Jost, Anmerkung zu OLG Frankfurt „Anwendbares Recht bei Werbung im Internet", K&R 1999, S. 139 ff.

Krause, Jörg, Electronic Commerce und Online-Marketing – Chancen, Risiken und Strategien, 2. Auflage, München, Wien, 2000.

Kur, Annette, Das Recht des unlauteren Wettbewerbs in Finnland, Norwegen und Schweden, GRUR Int. 1996, S. 38 ff.

Ladeur, Karl-Heinz, Brutto –oder Nettoprinzip für die Berechnung der Werbeunterbrechungen nach Art. 3 Abs. 3 der Europäischen Fernsehrichtlinie? – Anmerkungen zu Methode und Interpretation des Europarechts am Beispiel der Entscheidung des EuGH vom 28.10.1999-Rs. C-6/98 -, EWS 2000, S. 478 ff.

Landfermann, Hans-Georg, Der Richtlinienvorschlag „Elektronischer Geschäftsverkehr" – Ziele und Probleme, ZUM 1999, S. 795 ff.

Lehmann, Michael, Rechtsgeschäfte im Netz – Electronic Commerce, Stuttgart 1999, (zitiert: Bearbeiter in: Lehmann, Electronic Commerce).

Lehmann, Michael, Electronic Commerce und Verbraucherschutz in Europa, EuZW 2000, S. 517 ff.

Leible, Stefan, KfZ-Parallelimporte und deutsches Irreführungsverbot – Einige Anmerkungen zu OLG Dresden, WRP 1997, 197 -, WRP 1997, S. 517 ff.

Leible, Stefan, Anmerkung zu EuGH, Rs. C-405/98, Konsumentenombudsmannen/Gourmet International Products AB (GIP), EuZW 2001, S. 253 ff.

Leible, Stefan /Sosnitza, Olaf, Telefonwerbung und Fernabsatzrichtlinie, K&R 1998, S. 283 ff.

Lensdorf, Lars, Das deutsche Werberecht im Rahmen des Euro-Marketing – Liberalisierung im Wege der Harmonisierung?, Konstanz 1998.

Lenz, Carl Otto, Unlauterer Wettbewerb und freier Warenverkehr in der Rechtsprechung des Europäischen Gerichtshofs, ZEuP 1994, S. 624 ff.

Leupold, Andreas /Bräutigam, Peter /Pfeiffer, Markus, Von der Werbung zur Kommerziellen Kommunikation: Die Vermarktung von Waren und Dienstleistungen im Internet, WRP 2000, S.575 ff.

Lindholm, Pia /Maennel, Frithjof A., Directive on Electronic Commerce (2000/31/EG), CR Int. 2000, S. 65 ff.

Loewenheim, Ulrich /Koch, Frank A., Praxis des Online-Rechts, Weinheim 1998 (zitiert Bearbeiter in: Loewenheim/Koch).

Löffler, Severin, Werbung im Cyberspace – Eine kollisionsrechtliche Betrachtung, WRP 2001, S. 379 ff.

Lüder, Tilman E., Die Grenzen der Keck-Rechtsprechung – Neue Entwicklungen im Bereich grenzüberschreitender Werbung im Binnenmarkt, EuZW 1996, S. 615 ff.

Mälzer, Susanne, Die Werbemöglichkeiten von Rechtsanwälten in den Mitgliedstaaten der Europäischen Gemeinschaft, AnwBl. 1993, S. 481 ff.

Maennel, Frithjof A., Elektronischer Geschäftsverkehr ohne Grenzen – der Richtlinienvorschlag der Europäischen Kommission, MMR 1999, S. 187 ff.

Mankowski, Peter, Internet und internationales Wettbewerbsrecht, GRUR Int. 1999, S. 909 ff.

Mankowski, Peter, Das Internet im Internationalen Vertrags- und Deliktsrecht, RabelsZ 63 (1999), S. 203 ff.

Mankowski, Peter , E-Commerce und Internationales Verbraucherschutzrecht, MMR-Beilage 7/2000, S. 22 ff.

Mankowski, Peter, Wettbewerbsrechtliches Gerichtspflichtigkeits- und Rechtsanwendungsrisiko bei Werbung über Websites – Zugleich Anmerkung zu OLG Bremen v. 17.2 .2000 -, CR 2000, 763 ff.

Mankowski, Peter, Anmerkung zu LG Berlin: DocMorris, MMR 2001, S. 251 ff.

Mankowski, Peter, Das Herkunftslandprinzip als Internationales Privatrecht der e-commerce-Richtlinie, ZVglRWiss 100 (2001), S. 137 ff.

Martinek, Michael, Verbraucherschutz im Fernabsatz – Lesehilfe mit Merkpunkten zur neuen EU-Richtlinie, NJW 1998, S. 207 ff.

Matthies, Heinrich, Artikel 30 EG-Vertrag nach Keck, in: Festschrift für Ulrich Everling, Band I, Baden-Baden 1995, S. 803 ff.

Mayer, Franz C., Europe and the Internet: The Old World and the New Medium, EJIL 14 (2000), S. 149 ff.

Mayer, Patrick G., Das Internet im öffentlichen Recht – unter Berücksichtigung europarechtlicher und völkerrechtlicher Vorgaben, Berlin 1999.

Merz, Michael, Electronic Commerce – Marktmodelle, Anwendungen und Technologien, Heidelberg 1999.

Moritz, Hans-Werner, Quo vadis elektronischer Geschäftsverkehr?, CR 2000, S. 61 ff.

Mülbert, Peter O., Privatrecht, die EG-Grundfreiheiten und der Binnenmarkt – Zwingendes Privatrecht als Grundfreiheitenbeschränkung im EG-Binnenmarkt, ZHR 159 (1995), S. 2 ff.

Müller, Stefan /Kornmeier, Martin, Grenzen der Standardisierung im internationalen Marketing, JAV 1996, S. 4 ff.

Müller-Graff, Peter-Christian, Binnenmarktauftrag und Subsidiaritätsprinzip?, ZHR 159 (1995), S. 34 ff.

Münchner Kommentar zum Bürgerlichen Gesetzbuch, Band 10, Einführungsgesetz zum Bürgerlichen Gesetzbuch (Art. 1-38) Internationales Privatrecht, 3. Auflage, München 1998. (zitiert: Bearbeiter in: MK).

Nacken, Gert A., Das Grünbuch über die Kommerzielle Kommunikation – der Beginn einer Harmonisierungsdiskussion?, WRP 1997, S. 929 ff.

Naumann, Tino, Präsentation im Internet als Verstoß gegen §§ 1, 3 UWG, Frankfurt am Main 2001.

Oppermann, Thomas, Europarecht, 2.Auflage, München 1999.

Palandt, Bürgerliches Gesetzbuch, 59. Auflage, München 2000 (zitiert: Bearbeiter in: Palandt).

Perau, Guido, Werbeverbote im Gemeinschaftsrecht – Gemeinschaftsrechtliche Grenzen nationaler und gemeinschaftsrechtlicher Werbebeschränkungen, Baden-Baden 1997.

Perau, Guido, Die „Clinique"-Entscheidung des EUGH – Anmerkungen zum Urteil des EUGH vom 2. Februar 1994, ZIP 1994, 394 - ZIP 1994, S. 513 ff.

Reese, Ulrich, Grenzüberschreitende Werbung in der Europäischen Gemeinschaft – unter besonderer Berücksichtigung der Auswirkungen des Gemeinschaftsrechts auf das deutsche Recht des unlauteren Wettbewerbs -, München 1994.

Reich, Norbert, Die Freiheit des Dienstleistungsverkehrs als Grundfreiheit, ZHR 153 (1989), S. 571 ff.

Reich, Norbert, Rechtsprobleme grenzüberschreitender irreführender Werbung im Binnenmarkt –dargestellt am deutschen, französischen und englischen Recht unter besonderer Berücksichtigung des EG-Rechts, RabelsZ 56 (1992), S. 444 ff.

Reich, Norbert, Anmerkung zu „Keck und Mithouard", ZIP 1993, S. 1815 ff.

Reich, Norbert, Anmerkung zur Entscheidung „Alpine Investments", EuZW 1995, S. 407 ff.

Reich, Norbert, Die neue Richtlinie 97/7/EG über de Verbraucherschutz bei Vertragsabschlüssen im Fernabsatz, EuZW 1997, 581.

Remien, Oliver, Grenzen der gerichtlichen Privatrechtsangleichung mittels der Grundfreiheiten des EG-Vertrages, JZ 1994, S. 349 ff.

Reuthal, Klaus-Peter, Verstößt das deutsche Irreführungsverbot gegen Artikel 30 EGV?, WRP 1997, S. 1154 ff.

Rohe, Mathias, Binnenmarkt oder Interessenverband? –Zum Verhältnis von Binnenmarktziel und Subsidiaritätsprinzip nach dem Maastricht-Vertrag, RabelsZ 61 (1997), S. 1 ff.

Ross, Malcolm, Article 59 and the marketing of financial services, Anmerkung zur Entscheidung "Alpine Investments", ELR 1995, 507 ff.

Roth, Wulf-Henning, Die Entwicklung der deutschen Fernsehwerbemärkte: EG-Fernsehrichtlinie und deutsches Kartellrecht, AfP 1991, S. 504 ff.

Roth, Wulf-Henning, Der Einfluss des Europäischen Gemeinschaftsrecht auf das Internationale Privatrecht, RabelsZ 55 (1991), S. 623 ff.

Roth, Wulf-Henning, Die Freiheiten des EG-Vertrages und das nationale Privatrecht – Zur Entwicklung internationaler Sachnormen für europäische Sachverhalte, ZEuP 1994, 5 ff.

Roth, Wulf-Henning, Angleichung des IPR durch sekundäres Gemeinschaftsrecht, IPRax 1994, S. 165 ff.

Roth, Wulf-Henning, Anmerkung zu „Keck und Mithouard", CML Rev. 1994, S. 845 ff.

Roth, Wulf-Henning, Freier Warenverkehr nach „Keck", in: Festschrift für Bernhard Großfeld, Heidelberg 1999, S. 929 ff.

Sack, Rolf, Art. 30, 36 EGV und das internationale Wettbewerbsrecht, WRP 1994, S. 280 ff.

Sack, Rolf, Staatliche Werbebeschränkungen und die Art. 30 und 59 EGV, WRP 1998, S. 103 ff.

Sack, Rolf, Auswirkungen der Art. 30, 36 und 59 ff. EG-Vertrag auf das Recht des unlauteren Wettbewerbs, GRUR 1998, S. 871 ff.

Sack, Rolf, Das internationale Wettbewerbs- und Immaterialgüterrecht nach der EGBGB-Novelle, WRP 2000, S. 269 ff.

Schack, Haimo, Internationale Urheber-, Marken- und Wettbewerbsrechtsverletzungen im Internet – Internationales Privatrecht-, MMR 2000, S. 59 ff.

Schilling, Theodor, Gleichheitssatz und Inländerdiskriminierung, JZ 1994, S.8 ff.

Schippan, Martin, Electronic Commerce – wie fit ist das sekundäre Gemeinschaftsrecht ?, Eine Anregung zur „Europäischen Initiative für den elektronischen Geschäftsverkehr", ZUM 1997, S. 813 ff.

Schmelz, Christoph, Ende der E-Mail-Werbung oder E-Mail-Werbung ohne Ende, JA 2000, S. 242 ff.

Schmid, Gregor, Freier Dienstleistungsverkehr und Recht des unlauteren Wettbewerbs, dargestellt am Beispiel der Telefonwerbung, Köln, Berlin, Bonn, München 2000.

Schmitz, Volker, Die kommerzielle Kommunikation im Binnenmarkt im Lichte der neueren Rechtsprechung zur Warenverkehrsfreiheit, Baden-Baden 2000.

Schotthöfer, Peter (Hrsg.), Handbuch des Werberechts in den EG-Staaten, Österreich, Schweiz und USA, Köln 1991.

Schricker, Gerhard, in: Schricker (Herausgeber), Recht der Werbung in Europa, Band 1 Einführung in das Recht der Werbung, internationales und EWG-Recht, Bonn 1990.

Schricker, Gerhard, Die europäische Angleichung des Rechts des unlauteren Wettbewerbs – ein aussichtloses Unterfangen?, GRUR Int. 1990, S. 771 ff.

Schricker, Gerhard, Anmerkung zu EuGH „Yves Rocher, WRP 1993, S. 617 ff.

Schroeder, Dirk /Federle, Anne, Das Keck-Urteil: Tatsächlich eine Abkehr von „Yves Rocher" ?, ZIP 1994, S. 1428 ff.

Schulte-Nölke, Hans /Schulze, Reiner (Hrsg.), Europäische Rechtsangleichung und nationale Privatrechte, Baden-Baden 1999.

Schuster, Fabian /Müller, Ulf, Entwicklung des Internet- und Multimediarechts von Januar 1998 bis Juni 2000, MMR-Beilage 10/2000.

Schwappach, Jürgen (Hrsg.), EU-Rechtshandbuch für die Wirtschaft, München 1996.

Schwarz, Matthias, Recht im Internet – Der Rechtsberater für Online-Anbieter und –Nutzer, Band 1 und Band 2, 15. Ergänzungslieferung, Stand September 2000 (zitiert: Bearbeiter in: Schwarz).

Schwarze, Jürgen, (Hrsg.), Werbung und Werbeverbote im Lichte des europäischen Gemeinschaftsrechts, Baden Baden 1999. (zitiert: Bearbeiter in: Schwarze, Werbung und Werbeverbote).

Schwarze, Jürgen, Medienfreiheit und Medienvielfalt im Europäischen Gemeinschaftsrecht, ZUM 2000, S. 779 ff.

Schwarze, Jürgen, (Hrsg.), EU-Kommentar, 1. Auflage, Baden-Baden 2000, (zitiert: Bearbeiter in: Schwarze, EU-Kommentar).

Sieber, Ulrich, Verantwortlichkeit im Internet – Technische Kontrollmöglichkeiten und multimediarechtliche Regelungen, München 1999.

Sieber, Ulrich, Kontrollmöglichkeiten zur Verhinderung rechtswidriger Inhalte in Computernetzen (Teil I), CR 1997, 581 ff.

Sommerlad, Klaus /Schrey, Joachim, Die Ermittlung ausländischen Rechts im Zivilprozess und die Folgen der Nichtermittlung, NJW 1991, S. 1377 ff.

Sonnenberger, Hans Jürgen, Europarecht und Internationales Privatrecht, ZVglRWiss 95 (1996), S. 3 ff.

Spickhoff, Andreas, Die Tatortregel im neuen Deliktskollisionsrecht, IPRax 2000, S. 1 ff.

Spindler, Gerald, Verantwortlichkeit von Diensteanbietern nach dem Vorschlag einer E-Commerce-Richtlinie, MMR 1999, S. 199 ff.

Spindler, Gerald, Der neue Vorschlag einer E-Commerce-Richtlinie, ZUM 1999, S. 775 ff.

Spindler, Gerald, E-Commerce in Europa, Die E-Commerce-Richtlinie in ihrer endgültigen Fassung, MMR-Beilage 7/2000, S. 4 ff.

Spindler, Gerald, Internationales Verbraucherschutzrecht im Internet – Auswirkungen der geplanten neuen Verordnung des Rates über die gerichtliche Zuständigkeit und die Anerkennung und Vollstreckung von Entscheidungen in Zivil –und Handelssachen, MMR 2000, S. 18 ff.

Spindler, Gerald, Der Entwurf zur Umsetzung der E-Commerce-Richtlinie, ZRP 2001, S. 203 ff.

Staudingers, Kommentar zum Bürgerlichen Gesetzbuch mit Einführungsgesetz und Nebengesetzen, EGBGB/IPR, Internationales Wirtschaftsrecht, Berlin 2000. (zitiert: Bearbeiter in: Staudinger, Internationales Wirtschaftsrecht).

Steindorff, Ernst, Gemeinsamer Markt als Binnenmarkt, ZHR 150 (1986), S. 687 ff.

Steindorff, Ernst, Unvollkommener Binnenmarkt, ZHR 158 (1994), S. 149 ff.

Steindorff, Ernst, EG-Vertrag und Privatrecht, 1. Auflage, Baden-Baden 1996.

Streinz, Rudolf, Europarecht, 4. Auflage, Heidelberg 1999.

Strömer, Tobias H., Online-Recht – Rechtsfragen im Internet, Heidelberg 1999.

Taupitz, Jochen /Kritter, Alexander, Electronic Commerce – Probleme bei Rechtsgeschäften im Internet, JuS 1999, S. 839 ff.

Tettenborn, Alexander, Auf dem Weg zu einem einheitlichen Rechtsrahmen für den elektronischen Geschäftsverkehr – der 2.Versuch, K&R 1999, S. 442 ff.

Tettenborn, Alexander, E-Commerce-Richtlinie: Politische Einigung in Brüssel erzielt, K&R 2000, S. 59 ff.

Tettenborn, Alexander, E-Commerce-Richtlinie – Erste Überlegungen zur Umsetzung in Deutschland, K&R 2000, S. 386 ff.

Timmermans, Christiaan, Werbung und Grundfreiheiten in: Schwarze, Jürgen (Hrsg.), Werbung und Werbeverbote im Lichte des europäischen Gemeinschaftsrechts, Baden-Baden 1999.

Thomas, Heinz /Putzo, Hans, Zivilprozessordnung mit Gerichtsverfassungsgesetz und den Einführungsgesetzen, dem Brüsseler EWG-Übereinkommen und dem Luganer Übereinkommen über die gerichtliche Zuständigkeit und die Vollstreckung gerichtlicher Entscheidungen in Zivil- und Handelssachen, 22. Auflage, München 1999.

Thünken, Alexander, Die EG-Richtlinie über den elektronischen Geschäftsverkehr und das internationale Privatrecht des unlauteren Wettbewerbs, IPRax 2001, S. 15 ff.

Troberg, Peter, Mediawet und kein Ende: Dienstleistungsfreiheit und Fernseh-Rechtsprechung des EuGH, ZEuP 1994, S. 100 ff.

Wagner, Rolf, Ein neuer Anlauf zur Vereinheitlichung des IPR für außervertragliche Schuldverhältnisse auf EU-Ebene, EuZW 1999, S. 709 ff.

Waldenberger, Arthur, Electronic Commerce: der Richtlinievorschlag der EG-Kommission, EuZW 1999, S. 296 ff.

Wegner, Ralf, Rechtlicher Schutz von Internetdomains –Kollisionsrecht-, CR 1998, S. 676 ff.

Wellan, Maria, Die Auswirkungen der Harmonisierung der Fernsehrichtlinie auf die Anwendbarkeit des UWG auf grenzüberschreitende, ausländische Fernsehsendungen, München 1996.

Weisser, Ralf, Der neue Rundfunkstaatsvertrag, NJW 2000, S. 3526 ff.

Wolff, Hans J. /Bachof, Otto /Stober, Rolf, Verwaltungsrecht Band I, 11. Auflage, München 1999.

Ziem, Claudia, Spamming –Zulässigkeit nach § 1 UWG, Fernabsatzrichtlinie und E-Commerce-Richtlinienentwurf, MMR 2000, S. 129 ff.

Kolibri 360 GmbH
Ferdinand-Jühlke-Straße 7
99095 Erfurt, Deutschland
produktsicherheit@kolibri360.de

Druck:
CPI Druckdienstleistungen GmbH
im Auftrag der
Kolibri 360 GmbH
Ferdinand-Jühlke-Str. 7
99095 Erfurt